汽车技术创新与研发
系列丛书

汽车内外饰设计与实战手册

主　编	曹　渡	苏　忠			
副主编	李长荷	苏　童	苏建波	王　晓	邓佳辉
参　编	陈传荣	陈　雷	陈莉娅	邓　晶	傅　强
	胡邦强	华安柱	黄海峰	赖礼汇	李　江
	林昌勇	刘建才	罗　鸣	莫利琼	秦宇志
	苏小平	王司民	王志白	幸向玲	杨　勇
	张晓飞	周　川			

DESIGN AND PRACTICE HANDBOOK
FOR AUTOMOTIVE INTERIOR
& EXTERIOR TRIM

机械工业出版社
CHINA MACHINE PRESS

本书系统地介绍了汽车内外饰设计流程、设计工具与方法、材料选择、加工工艺、试验验证等内容，并从可行性分析、结构设计、制造工艺、试验验证等方面对仪表板系统、门内饰板系统、立柱门槛、NVH 系统、座椅系统、保险杠系统、外装饰件、内外饰功能件进行了详细的阐述，并辅以实际案例说明，几乎涵盖汽车内外饰系统设计的全部内容。

本书为汽车内外饰设计及相关零部件制造工程师提供了系统设计与制造必备的知识与技能；也可作为高等院校车辆工程专业的教材，及相关机械制造与工艺专业的辅助教材；同时适合汽车及其零部件开发过程项目管理工程师阅读。

图书在版编目（CIP）数据

汽车内外饰设计与实战手册/曹渡，苏忠主编. —2 版. —北京：机械工业出版社，2017.3（2024.8 重印）

（汽车技术创新与研发系列丛书）

ISBN 978-7-111-56137-8

Ⅰ.①汽…　Ⅱ.①曹…②苏…　Ⅲ.①汽车-装饰设计-手册　Ⅳ.①U472-62

中国版本图书馆 CIP 数据核字（2017）第 032666 号

机械工业出版社（北京市百万庄大街 22 号　邮政编码 100037）
策划编辑：赵海青　责任编辑：赵海青　徐　霆
责任校对：刘志文　责任印制：邓　博
北京盛通数码印刷有限公司印刷
2024 年 8 月第 2 版第 4 次印刷
184mm×260mm · 32.75 印张 · 2 插页 · 805 千字
标准书号：ISBN 978-7-111-56137-8
定价：259.00 元

电话服务	网络服务
客服电话：010-88361066	机　工　官　网：www.cmpbook.com
010-88379833	机　工　官　博：weibo.com/cmp1952
010-68326294	金　　书　　网：www.golden-book.com
封底无防伪标均为盗版	机工教育服务网：www.cmpedu.com

序

制造业是立国之本、兴国之器、强国之基，“中国制造2025”要求实现“制造”到“创造”的核心转变，完成制造业由大变强的历史跨越。“中国制造2025”将是我国由汽车大国步入汽车强国之列的有力推手，然而大而不强、自主设计和研发能力薄弱、核心技术缺失等一系列问题制约着中国品牌汽车的快速发展。长安汽车一直以“引领汽车文明，造福人类生活”为己任，不断努力实现中国品牌汽车的强国之梦。因此，我赞同和鼓励我们的工程师将多年积累下来的实战经验和成果，与中国汽车工业的同仁共同分享，这将对提升行业整体水平起到积极的作用，这也是我们汽车研发人员应有的责任与担当。

随着社会经济水平的不断提高以及消费者健康、安全意识的增强，国人购买汽车时的品牌导向逐渐理性化，人们在追求汽车外形、动力性、经济性、安全性的同时，越来越关注汽车内饰的精致性、舒适性和豪华性，以及内饰材料的安全、环保和健康危害等问题。汽车内外饰的品质是整车质量及产品竞争力的重要组成，内外饰是顾客购车或使用时最先、最直接感知的部分，其设计水平、做工精致化直接影响顾客对整车的评价及购车的决定。

曹渡先生在海外从事汽车内外饰研发工作多年，回国后一直致力于中国品牌汽车内外饰品质提升工作，其工作作风严谨、技术功底扎实，与内外饰中心领导苏忠带领长安内外饰工程团队在研发设计上不断创新，使长安汽车内外饰在模块化、安全性、舒适性上均有很大突破，并逐步得到市场认可。

中国梦是民族的梦，也是品牌梦，中国品牌汽车快速发展是我们汽车人共同的梦想与责任。振兴中国品牌不仅仅是一个企业、一个品牌的事情，而是整个产业链乃至整个社会的责任，需要企业的眼光更加长远、坚定，需要众多仁人志士的共同奋斗。众人拾柴火焰高，我衷心希望有更多的同仁们著书立说、言传身教，更多的同行能交流经验、分享智慧，一起早日实现民族工业的强国梦！

前进，与你更近。

长安汽车总裁 朱华荣

前 言

在汽车工业被列入我国支柱产业的大背景下，近年来中国品牌汽车有了极大的发展和进步。但在涉及汽车内外饰整车精致工程和可靠耐久等方面，与国际先进水平差距明显，严重制约了中国品牌汽车产品质量的提升。《汽车内外饰设计与实战手册》自 2011 年初版以来，对促进我国汽车内外饰产品质量提升起到了极大的促进作用，得到了行业的广泛应用和认可。2016 年，应机械工业出版社委托，我们组织人员对《汽车内外饰设计与实战手册》进行修订再版，以适应汽车工业技术快速发展的需要。

本书共分为 16 章，与初版比较新增了 7 章内容，其中包含试验验证、仿真分析、工装设计以及立柱门槛、NVH 系统、外装饰件、内外饰功能件设计。其余章节根据技术的最新发展，也做了大篇幅的修改与更新。第 1 章介绍了汽车内外饰的构成；第 2 章以整车开发流程为轴线，介绍从造型概念设计直到最终产品验证认可过程中，内外饰产品开发的流程、设计要点和注意事项，并简单介绍了精致工艺；第 3 章重点阐述产品设计开发过程中常用的技术工具及其应用，以及产品设计与校核的正确方法；第 4 章介绍内外饰产品常用材料和加工成型工艺；第 5 章从结构仿真与工艺仿真两个方面介绍了模拟仿真分析在内外饰产品开发过程中应用；第 6 章着重介绍了内外饰产品的法规安全类、品质感官类及可靠性的常规性能试验；第 7 章从基础知识、设计、实例应用逐步介绍，详细讲解汽车内外饰工装设计的一些要点；第 8~15 章通过实例详细地阐述汽车内外饰主要零部件的可行性分析、结构设计、制造工艺及试验验证；第 16 章对汽车内外饰产品开发的新理念和发展趋势进行了展望。

长安汽车作为中国品牌的领头羊，始终致力于自主创新研发，一直在中国品牌汽车的舞台上真情演绎。在此，谨以此书献给为中国品牌汽车不断奋斗的内外饰设计从业者和相关专业的同仁们，希望对我国汽车内外饰设计产生积极影响，为我国汽车内外饰人才培养做出有益探索。

感谢以下人员对本书编写过程给予的大力支持和帮助，他们是：冷云飞、贺姗姗、张家旺、周洋、朱冰、罗茜元、周海林、杜秋燕、王维兵、忽波、王佩珊、王位、孙建刚、左伟、夏维、周辉、陈志强、任均、唐嘉等。

本书借鉴了大量业内从事内外饰设计相关领域专家的发言、报告、软件培训等相关资料，在此对他们表示特别感谢。

由于企业技术机密的限制和编者水平有限，书中难免有不够深入和错误之处，恳请广大读者不吝赐教、共同探讨、一起进步。联系方式：13744491@ qq. com。

《汽车内外饰设计与实战手册》编写组

目 录

第1章

汽车内外饰概述

1.1 汽车内外饰的发展与现状

汽车刚刚诞生的时候，其外部形式和内部结构都与马车神似。汽车的内饰设计材料一般也是按照当时显贵们的需求，采用大量的名贵木材，放置真皮座椅以及镶嵌贵重金属的设计手法标榜其贵族身份（图 1-1）。

20 世纪初，现代汽车内饰布局方式的雏形已经在福特 T 型车上出现了（图 1-2），从车身内部可以看出明显的几大功能分区，虽然形式上比较丑陋粗糙，但至少都已粉墨登场。

图 1-1　老式的汽车

图 1-2　福特 T 型车

德国发明了汽车，美国则把这个行业带入了艺术设计的圣殿。20 世纪 20 年代艺术色彩开始出现，镀铬装饰得到了应用。圆润的线条、锥形的尾部、修长低矮的轮廓、复杂曲面构建的流线形车身，汽车从单纯的交通工具变成了艺术和时尚的象征（图 1-3）。

第二次世界大战时，很多难以操作的战争设备使参战部队每天都发生大量的自伤事件，这种情况客观上促使了人机工程学的诞生。战后，人机工程学的学术成果在民用设备上得以广泛应用。在 20 世纪五六十年代的汽车里面，很容易就看到制作精致的真皮座椅，闪亮夺目的金属镀铬件和夸张的中控面板。当时的内饰设计已经出现了能起到烘托、映照颜色效果的装饰板条（color-trim）的雏形，相当一部分的汽车内饰设计已经进行了生动的分色处理，中控台的布局一般是采取上下分体式设计，整个车内都洋溢着奢华和富足（图 1-4）。

图 1-3　流畅的车身

图 1-4　奢华的内饰

20 世纪 70 年代受石油危机的影响，汽车开始向多样化的实用性发展。来自军用、农用、远征等领域的设计，凭借特别“缺少风格”的怀旧情结和强烈的实用性特点，在汽车界掀起波澜。这期间出现了大量的精品紧凑型小车（图 1-5），其方方正正、功能至上的内饰设计不但有效拓展了汽车的内部使用空间，也从侧面反映出当时内饰设计的主要思路——平面直角和多元化、简单实用而又安全可靠，排除过分夸张而无实际意义的装饰元素。

20 世纪 90 年代，现代经济发展迅速，人们更加追求个性，更加挑剔，思想更加多元化，这也导致多种设计风格同时涌现。计算机与汽车工业的交叉发展促使汽车曲面辅助设计技术的出现，设计师可以更加自如地设计造型而不必过分考虑技术上的可行性。这一时期的汽车内外饰造型多变，设计风格总体上呈现出曲线化的趋势，形体圆润饱满，造型流畅而且优雅（图 1-6）；另一方面，内外饰设计的内容和所涉及的学科门类也逐渐复杂和丰富起来。各个部件的设计和合理规划布局，要求设计师把设计细节和美感等要素拿捏到位，设计语言要求与外形设计相匹配，同时自身又不失鲜明的特点和风格。内饰设计师在做好造型设计的同时，还要强调触觉、手感、舒适性和可视性，以及驾驶者心理感受等属性的协调。

图 1-5　汽车向紧凑型发展

图 1-6　圆润饱满的现代汽车设计

如今，人们对于汽车所寄予的期待，不仅仅在于驾驭，而是越来越强调车的艺术性。充分发挥汽车行驶性能只是其作为“车”的基础，就算拥有最为出色的行驶性、驾驭性，没有艺术性的“车”亦不能满足人们对感知质量的要求。

汽车内外饰的不断进化，正是为了满足成就这种逐渐被强调的车辆艺术性的需要。现今，通过对消费者的调研，我们发现人们对于内外饰艺术性的理解，早已不再局限于丰富华美的色调、奢华舒适的皮革实木制品，简单流畅的几何线条、整体和谐性被放在了更为重要的位置（图 1-7）。

图 1-7 时尚的概念设计展示

> 消费者关注的整体和谐性，又包括哪些方面呢？在对调研的结果做了详尽的分析研究后，归纳出五个方面：颜色的匹配、材料和纹理的选择、工艺制作精致性、造型设计和整体风格的一致性（包括内外饰的设计）以及功能设计的和谐。
>
> 上述五点中最难理解的是功能设计的和谐。所谓的和谐是指，功能并不是越多越好，相对于烦琐复杂而缺乏实用性的功能，消费者更青睐风格独特、时尚且结合传统经典元素的设计。

为了应对越来越大的市场竞争压力和树立品牌特色的需求，诸多车企和配套厂商均已开始在汽车内外饰的研发设计上力求突破创新。

首先，在内外饰设计时考虑的元素更为宽泛。诸如环保节能、跨界设计、多媒体功能，科技感元素尤其突出，并旨在通过内外饰与外形设计的相互呼应以及完善照明系统等手段，在更广阔的范畴内展现科技带来的人性化。

其次，更加注重契合消费者的需求和接受度。如今的消费者随着对制造工艺流程逐渐熟悉，变得相当理智。做工方面，消费者希望厂家以先进的生产工艺、完善的生产流程、科学的生产制造方法来保证更精湛的工艺品质。材料方面，基于对现今汽车饰件的各类宣传，消费者清楚地认识到，虽然实木、真皮和金属有着奢华的意味，代表了更高的品质，但是它们通常多被用在豪华车型上。如果在小型车出现了这样的材料，消费者反而会将这些理解为廉价甚至伪冒的材料。由此可见，现今消费者并不再盲目地追求奢华的观感，而是更注重车辆内在的品质是否与车的档次相匹配。外观方面，消费者一如既往地倾向于平滑的表面以及舒适的手感，针对接缝，则希望它们更加细致均匀。

此外，车型的不同，消费者对内外饰材料的接受程度也是不同的。比如 SUV 的购买者，他们往往喜欢挑战，享受尝试的乐趣，因此会更加容易接受新的材料，特别是运动型材料。

汽车内外饰包含的每个部件都需要我们做到精益求精，也只有如此才能沉着应对内外饰领域的优胜劣汰，推动其向更舒适、更美观、更科学的方向进化。

1.2 汽车内饰主要系统简介

汽车内看得见摸得着的零部件，基本上都属于内饰件，如仪表板、座椅、门护板、立柱护板、地毯、顶篷等（图 1-8）。

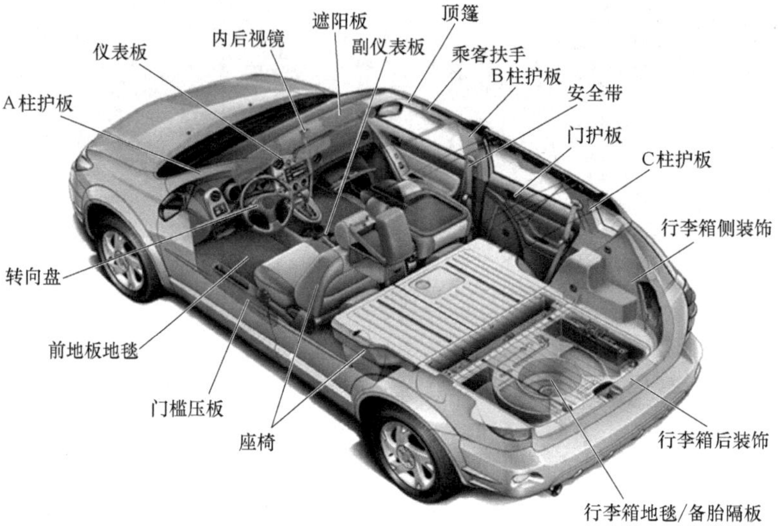

图 1-8　汽车内饰示意图

1.2.1　主副仪表板系统

仪表板系统主要由仪表板与副仪表板构成，关于仪表板与副仪表板的设计将在第 8 章中详细讲述，以下是对仪表板系统的简单介绍。

仪表板简称 IP（Instrument Panel），是汽车内饰中非常重要的部件，集安全性、功能性、舒适性与装饰性于一身。人们对于仪表板的要求已经不再局限于良好的刚性及吸能性，对其手感、纹理、光泽、色调的要求也愈来愈高（图 1-9）。

图 1-9　汽车仪表板系统

仪表板系统因其得天独厚的空间位置，使越来越多的操作功能分布于其中。这些功能部件不仅向驾驶者提供了车辆行驶的基本状态，而对出风口、娱乐系统、空调系统、灯光、储物空间等的控制也给行车带来了更多的安全和驾驶乐趣、人机舒适性。在设计仪表板时，首先，它需要有一定的刚性用以支撑附在其上的零件，并保证在高速、振动的状态下正常工作；其次，又需要具备较好的吸能性，使其在发生意外遭受碰撞时，可减少外力对于正、副驾驶席的冲击。与此同时，随着人们对汽车产品理解的逐步深入、审美意识的不断提升，仪表板的手感、纹理、光泽、色调也随之成为评判整车层级的重要标准。

仪表板系统通常包含仪表板总成、副仪表板总成、转向支撑总成等零部件。其中仪表板总成主要包含本体（软质、硬质）、前除霜盖板、风道/风管、组合仪表罩、主驾下护板、杂物箱、左右端盖、出风口、储物盒、装饰件、组合仪表、空调控制系统、娱乐控制系统、线束以及其他各类电器模块等零件。副仪表板总成主要包含本体、扶手、驻车制动器盖板、吹脚风管、储物盒、金属加强件、烟灰盒、点烟器、杯托等功能性零件。转向支撑总成主要包含管梁、横梁左右固定支架、转向管柱支架、副驾驶安全气囊支架、电器部件安装支架等零件。

随着消费者对乘员保护意识的不断提高，带副驾驶气囊（PAB）、膝部气囊（KAB）仪表板的需求也逐渐增加，主机厂更将此作为卖点。然而，气囊打开在保护乘客的同时，也可能在一定程度上伤害到乘客，尤其是儿童。因此，现在设计仪表板气囊时，已开始加装气囊屏蔽开关。

为保证气囊的正常开启，在气囊上方多设计有气囊盖板，在其打开时释放气囊。但传统的气囊盖板与仪表板匹配处存在可视装接线，影响了整体的美观。为解决这个问题，近年来高档车型的仪表板设计都采用无缝气囊仪表板，既能保证气囊的正常开启，又无可视装接线。

舒适性方面，仪表板又可分为硬塑仪表板和软质仪表板。仪表板本体以注射工艺制成的为硬塑仪表板，因其具有工艺简单、成本低等优势而被广泛应用，尤其是中低档车。而软质仪表板，是在注射骨架外吸附粘结或在注射时复合表皮，使其外观有皮质感，同时在骨架和表皮之间填充聚氨酯泡沫，吸塑表皮的背面也可以直接附带一层泡沫，这样既提高了触感，又增加了吸收能量的能力。目前，吸塑表皮主要有真空热成形表皮和搪塑表皮。前者是传统的仿真皮工艺，后者在近年因其具有花纹均匀、无内应力、设计宽容度高等特点被广泛应用，并得到客户高度认可，成为中高档车主导。

按驾驶方向来区分，仪表板还可分为转向盘左置仪表板和右置仪表板。

在仪表板的实际生产中，针对不同的零件和性能要求有很多成型工艺和表面处理工艺。随着现有工艺的不断成熟以及经验积累、各类新工艺门类的日臻完善以及科学技术的发展，给新工艺的应用创造无限机会。三者的结合给仪表板工艺发展描绘出美妙的蓝图，同时也进一步提升整车内饰品质，满足消费者日益多元化和高性价比的要求。

1.2.2 门内饰板系统

门内饰板系统主要由侧门内饰板系统与背门内饰板系统构成，关于门内饰板系统的设计将在第 9 章中详细讲述，以下是对门内饰板系统的简单介绍。

汽车门内饰板是汽车的重要零部件之一，主要功能是包裹金属门板，提供优美外观，同时满足人机工程、安全、舒适性、密封性等要求。门内饰板上的地图袋、储物盒是车内的主要储物空间之一，有时门内饰板上还会有卡片夹、烟灰盒等，以满足更多的储物要求。此外，当车辆发生侧面碰撞时，“二次碰撞”会使乘员和门内饰板接触，内饰板总成可以大幅吸收车内乘员撞击门内饰板的能量。

门内饰板系统（图 1-10）具有良好的人机伸及性和人机操作性，车窗玻璃升降器开关或摇机手柄、内开手柄、外后视镜调节按钮、低音扬声器、高音扬声器及部分车型的座椅调节按钮等都可布置在门内饰板系统上。这些功能部件的布置不仅使乘员操作更方便，也使门内饰板系统更具备科技感。

在设计门内饰板时，首先，它需要有一定的刚性用以支撑附在其上的零件及乘员靠压动作，同时保证在不同路况行驶状态下能正常工作；其次，又需要具备较好的吸能性，当车辆发生侧面碰撞时，可减少外力对于乘员的冲击。与此同时，随着人们对汽车产品理解的逐步深入，审美意识的不断提升，门内饰板系统的手感、纹理、色调等也随之成为评判整车层级的重要标准之一。

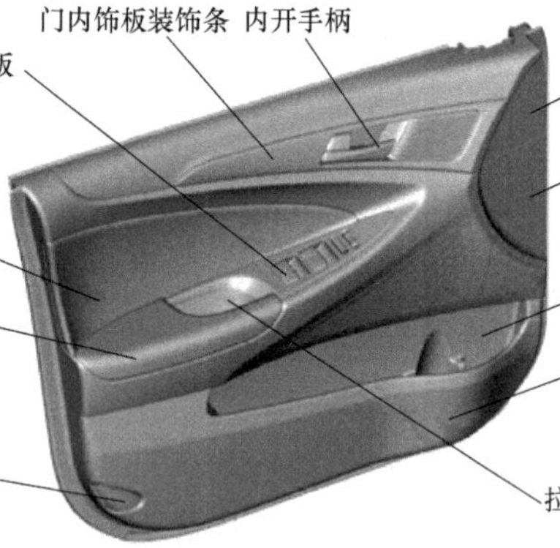

图 1-10　汽车门内饰板系统

门内饰板系统通常包含门内饰板本体、嵌饰板总成、肘靠、开关面板、车窗玻璃升降器开关、地图袋、扶手盒、内开手柄、装饰亮条、前门槛照明灯、门板下部密封条、三角窗装饰件、窗框装饰件、防水薄膜及背门内饰板等；此外，在中高档车型上还设有氛围灯、座椅调节按钮等高端配置。

安全性一直是消费者选择车型的重要条件之一。在满足汽车内部凸出物要求的前提下，门内饰板系统通常还在肩部空间、肘部空间、臀部空间进行设计规避，如肩部空间凸出设计的选择、肘靠的弱化设计及臀部吸能块的设计等。

舒适性方面，门内饰板又可分为硬塑和软质门内饰板。门内饰板本体以注射工艺制成的为硬塑，因其具有工艺简单、成本低等优势而被广泛应用，尤其是中低档车。而软质门内饰板，是在注射骨架外吸附粘结或在注射时复合表皮，使其外观有皮质感，同时在骨架和表皮之间填充聚氨酯泡沫，吸塑表皮的背面也可以直接附带一层泡沫，这样既提高触感，又增加了吸收能量的能力。目前，软质包覆主要有阳模成型和阴模成型。前者对造型要求较高，当成型深度较大时，皮革转角处易出现皮纹纹理扭曲变形等质量问题；后者在近年因其具有花纹均匀、无内应力、设计宽容度高等特点被广泛应用，并得到客户高度认可，逐渐成为中高档车的主导。

密封性方面，门内饰板通常配合门框密封条进行密封，避免通过门缝进风、进水。同时防水薄膜与钣金配合，防止水通过钣金孔进入车内。

随着科技水平的迅猛发展，现有工艺不断更新换代，使门内饰板系统成形及表面处理工艺有了更多的选择。同时，客户对汽车内饰要求越来越高，迫使各主机厂不断运用各类新工艺，促使现今汽车行业门内饰板系统形成百花齐放的局面。

1.2.3 立柱系统

一般轿车有 A、B、C 三个立柱，有的结构类型还有 D 柱，如更复杂则依次类推（图 1-11）。立柱护板固定在汽车侧围立柱内钣金上，主要具有内部装饰美化、乘员保护等功能。因此，设计立柱护板的目的也正是从内饰造型、乘员保护角度出发，达到汽车内饰美观协调、辅助乘员保护的效果。

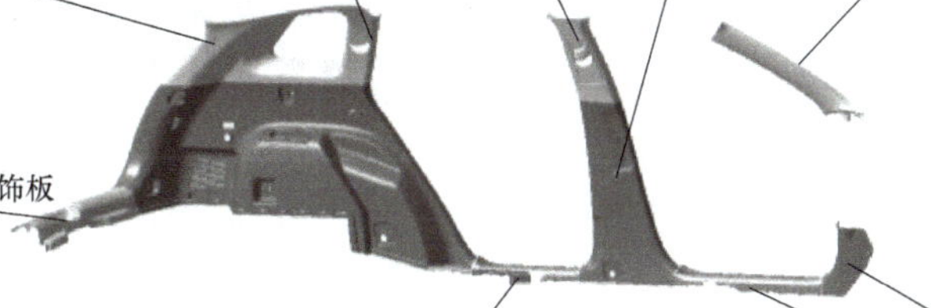

图 1-11 汽车立柱护板

> 立柱护板作为内饰件必须去除可能影响装配、操作安全、外观和功能的毛刺和飞边。表面不允许存在有任何影响安装、功能和美观的缺陷，如形变、翘曲、波纹等，外观表面不允许有不均匀，以及光亮点、皱折、裂缝、污迹或折叠、覆盖层分离等现象。

一般车型上护板本体可以采用 PP-T20 材料，下护板可以采用 PP-T20+EPDM 材料（增强韧性，方便与周边件的配合），亮条可以采用 ABS 材料，金属装饰板可以采用不锈钢材料，滑道挡板可以采用 PVC 材料，包布护板会用到针织面料，等等。

针对不同市场，立柱护板有着不同的法规要求，我国有 GB 11552《车辆内部突出物标准》、GB 8410《汽车内饰材料的燃烧特性》、GB 11562《前方视野要求及测量方法》、GB 15084《汽车后视镜的性能和安装要求》，欧洲有 ECE R21、2000-53-EC、2000-673-EC，美国有 FMVSS201。

设计时应考虑立柱护板与钣金的间隙、与前风窗玻璃的配合间隙、与玻璃黑边的配合、与门洞密封条的配合、与顶盖内衬的配合、与安全带导向环的配合、与地毯的配合等。

立柱护板的工艺主要分为三类，其主要工艺流程如下：

1）注射立柱护板：注射（立柱护板本体等零件）→焊接（主要零件）→装配（相关零件）。

2）包布立柱护板：注射（立柱护板本体等零件）→覆压面料→焊接（主要零件）→装配（相关零件）。

3）植绒立柱护板、注射面料一体立柱护板：低压注射（立柱护板本体和面料或植绒）→焊接（主要零件）→装配（相关零件）。

三种工艺都是以立柱护板本体为基础的，而本体的主要工艺是注射工艺。注射成型（Injection Molding）工艺是指受热熔化的材料由高压射入模腔，经冷却固化后，得到成型品的方法。该方法适用于形状复杂部件的批量生产，是主要的加工方法之一。

1.2.4 NVH 系统

NVH 系统主要包含了以顶盖内衬为主的车内顶部装饰件，以地毯、减振垫为主的地板装饰件，以前壁板隔音垫为主的前围装饰件，以发动机舱隔音隔热为主的机舱装饰件，以行李箱地毯、减振泡沫为主的行李箱装饰件等软内饰部件，下面简单介绍顶盖内衬和地毯。

1. 顶盖内衬系统

顶盖内衬是汽车整车内饰的重要组成部分，主要作用是提高车内的装饰性，同时还可达到提高与车外的隔热、绝热，降低车内噪声，提高吸音，提高乘员乘坐的舒适性和安全性的效果。由于太阳直射车顶，汽车顶部温度较高，对顶篷的耐热性和耐候性指标要求较严。

目前，汽车顶盖内衬主要由基材+缓冲隔热层+表皮层叠一体成型，利用大型成套生产设备，用热压成型法将它们复合成一个整体，成为具有一定刚性和立体形状的内饰件。基材可采用 PU 发泡片材、PP 发泡片材、瓦楞纸、浸渍树脂的再生棉或玻璃纤维等，缓冲隔热层采用硬质聚氨酯泡沫塑料板，表皮材料则主要采用织物、TPO 或 PVC 膜。

顶盖内衬的主要功能是装饰。正常使用时，虽不承受自重以外的其他应力，但因跨度较大，所以需要一定刚度。另外，由于面积大，对车内隔音、隔热效果起着重要的作用，具有重量轻、比强度高、导热系数低等特点的泡沫塑料、蜂窝结构基材将成为发展方向。但综合考虑环保及资源再生利用，热塑性材料，尤其是价格低、性能优的聚丙烯材料，将会得到更多的应用。

顶盖内衬上通常还集成了乘客扶手、遮阳板、天窗、顶灯等部件（图 1-12）。

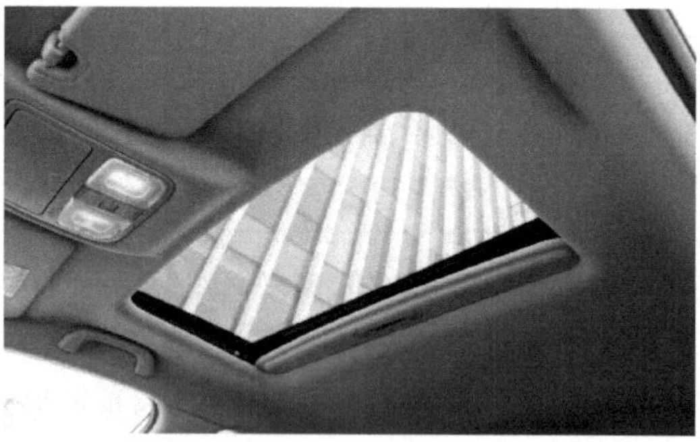

图 1-12 汽车顶盖内衬

2. 地毯系统

也许因为地毯一直被人们“踩”在脚下，所以关注的人并不多。人们最初使用地毯的时候，完全是为了生存的需要，用于铺地，达到御寒湿而利于坐卧的作用。在后来的发展过程中，由于民族文化的陶冶和手工技艺的发展，地毯逐步发展成为一种高级的装饰品，既具隔热、防潮、舒适等功能，也有高贵、华丽、美观、悦目的效果，从而成为高级建筑装饰的必备产品。当地毯被用于工业时，汽车地毯也随之出现，而早期的汽车地毯，也只是为了遮盖车厢底部的钣金、线束等，渐渐地也被赋予了隔音、减振、隔尘、隔热、防水、耐磨等方面的作用，当然，美观也一直是地毯的重要作用之一。

车用成型地毯一般由四个组成部分构成，如图 1-13 所示。

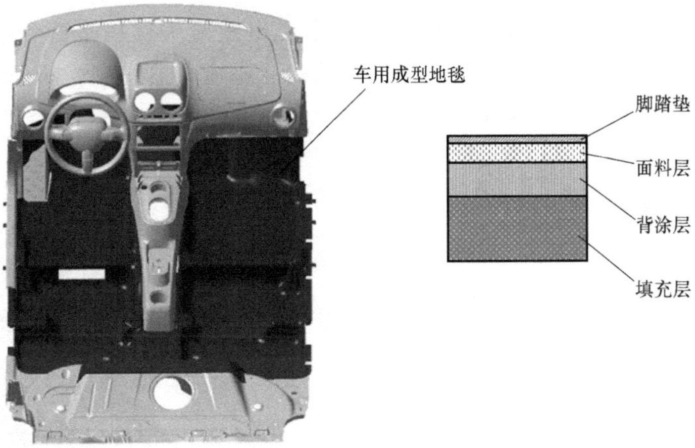

图 1-13　车用成型地毯及构成

车用成型地毯的构成

（1）脚踏垫　一般材料为 PVC 或 TPO，主要设置在驾驶人侧，因为此处的使用频率最高，增加一层脚垫可有效地起到防磨的作用。

（2）面料层　可以分为针刺地毯（PET）、簇绒地毯（PA/PP）与其他塑料地毯（PVC），最常用的就是针刺地毯；而在豪华车上一般使用簇绒地毯，显得更加高档；PVC 地毯材料的挥发性能不是十分优良，对轿车的整体性能会产生一定影响，因此只有在少量低档车与专用车上使用。

（3）背涂层　起支撑面料、优化地毯性能的作用。为了使地毯更好地成型，一般会使用 PE 或 EVA 材料的涂层，这些材料对隔音、隔热等也可起到一定的作用。

（4）填充层　此层根据不同的设计要求，会加以 PU 发泡或一些废纺毡与毛毡材料进行填充，起到隔音、吸声等作用，主要能改善整车的 NVH 性能；而踩上去舒适的弹性与脚感，也可随之提升整车的档次。

1.2.5　座椅系统

汽车座椅系统属于汽车的基本装置，是汽车的重要安全部件。在汽车中，它将人体和车身联系在一起，直接关系到乘员的驾乘舒适性、安全性及操控方便性。汽车座椅和其他家用、办公用座椅的基本功能一样，只不过在汽车这一特定的环境下，附加了许多额外的功能和诉求。座椅系统的主要作用是支承人体的重量，给驾乘者提供可靠支撑，并在保证方便进出和驾驶操作的前提下，给驾乘者提供有效的安全约束，衰减不平路面传递给人体的冲击和振动，使乘员拥有舒适和安全的乘坐环境，同时，座椅系统还应该提供驾乘者预期的可调节性和长途驾驶的舒适感。

目前，市场上在销汽车的座椅形式多样。汽车座椅按结构形式可分为整体式座椅、组合式座椅、可调式座椅、固定式座椅等数种；按形状可分为长条座椅、分体式座椅、桶式独立座椅；按用途及位置可分为单人座椅、多人座椅等。

汽车座椅是一个多零件集成的系统部件，主要由座椅头枕、座椅骨架、座椅调节机构件、座椅发泡及面套、座椅塑料件、座椅操作手柄、座椅电器线束等部分组成，有的座椅还含有鞋盒结构，如图 1-14、图 1-15 所示。

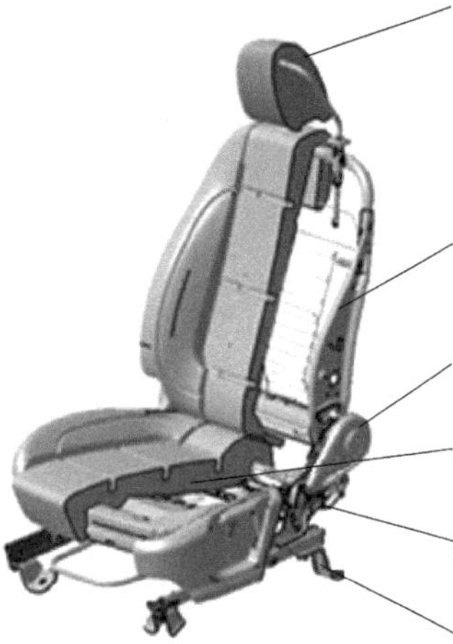

图 1-14　座椅组成简图

图 1-15　儿童座椅

座椅系统常见的调节功能有前后、上下调节，靠背角度前倾、后倾，座椅 180°旋转折叠，后座椅折叠、翻转，头枕上下调节等。高端车座椅还装配有 DVD 显示屏，方便后排的乘客娱乐，并具备加热、通风、按摩、座垫角度调节、座垫长短调节、座椅侧翼支撑调节等许多附加功能，以提升乘员舒适度。可以说，现代化的汽车座椅作为一个载体，已经承载并体现了很多当代科技的成果。

座椅系统在整车内饰中，无论从功能上、体积上还是用户关注度上来说，它都占据着极其重要的地位。设计时，在追求令人满意外观效果的同时，应平衡好转向盘、其他操纵机构、乘员的空间、视野、头部间隙、腿部间隙等之间的关系，使座椅的形状、尺寸和人机布置与设计的目标人群相符。座椅也要有良好的振动衰减特性以及有足够的强度和刚度，能承受人的各种动作的反应，在汽车发生撞击时保证安全。座椅系统是整车中成本较高的部件，设计时还应充分考虑成本与性能、品质要求的平衡。更详细的座椅设计介绍请参见本书的第 12 章。

随着科技的发展和人们对汽车要求的提高，座椅系统进一步集成了更多的先进技术。例如：镁合金骨架、高强度塑料骨架的批量应用，座椅 22 向调节，感应信号联动式座椅调节，可拆式面套，座舱空气质量检测装置，CCT 成型工艺的面套和靠背背板等。随着这些技术的日益成熟应用，设计座椅时所面临的技术领域将更多，这给设计人员提出了更高的要求。

1.3 汽车外饰主要系统简介

汽车外部大部分非金属件都属于外饰系统，如前罩装饰件、扰流板、车身下护板、防擦条、轮罩护板、外后视镜、行李架、顶饰条、前后保险杠等（图1-16）。

图1-16 汽车外饰示意图

1.3.1 前后保险杠系统

前后保险杠系统主要是由前保险杠总成及后保险杠总成构成的。

保险杠系统是轿车车身的重要组成部分，其作用为当轿车与其他车辆或障碍物发生碰撞时，能保护车身和附件，具体说是保护翼子板、散热器、发动机罩和灯具等部件。轻微事故时，保险杠系统能吸收冲击能量，碰撞后自动恢复原状，有效地降低了轿车的修理费用。遇上严重的撞车事故时，冲击力经保险杠横梁被合理导向分散给整个车身，以避免局部区域变形过大，保证乘客有足够的生存空间。

保险杠系统是汽车的前后脸，对于汽车造型而言，保险杠系统造型设计的重要性也就不言而喻，前后保险杠是产品家族特征的重要载体。在竞争日益激烈的市场环境下，车辆制造商的成本压力越来越大，同时为迎合顾客需求，优先抢占市场，汽车改型换代的周期也越来越快。由此可见，在越来越苛刻的法规要求、相互冲突的功能设计、节能减排的轻量化要求、低成本的竞争压力、越来越短的开发周期等众多约束条件下，汽车开发企业必须运用先进的设计理论与管理方法来实现保险杠系统的设计与开发。

常见的轿车保险杠系统由外蒙皮、横梁及缓冲吸能元件组成。外蒙皮通常由非金属材料制成。横梁一般为传统金属结构，部分企业已经开始使用轻量化的塑料复合材料结构。缓冲吸能元件的不同是区分不同类型保险杠系统的主要特征。其主要结构形式大致可以分为三类：

第一类为结构形式简单、成本较低的简易非金属材料保险杠。可直接用螺栓固定到车身的托架上。此类保险杠的缓冲吸能能力较差，通常装备于低档的经济型轿车（尤其是微型轿车）。

第二类由外蒙皮、横梁和树脂类的泡沫填料等组成。碰撞时利用泡沫材料或非金属内衬元件的变形吸收能量。此类结构多用于中、低档轿车。

第三类则带有缓冲减振器，即在保险杠外蒙皮与车身底部纵梁之间安装有缓冲减振器。此类保险杠通常装配在中高档轿车上。缓冲减振器的结构形式各异，但工作原理大致相同。

一般车型的保险杠外蒙皮可以采用 PP+EPDM-TD 材料，缓冲泡沫可以采用 EPP 材料，采用发泡工艺。

针对不同市场，保险杠系统有着不同的法规要求，我国有 GB 11566《车辆外部凸出物标准》、GB 15741《汽车和挂车号牌板（架）及其位置》、GB 17354《汽车前、后端保护装置》、GB 15084《机动车辆间接视野装置性能和安装要求》、GB 20071《汽车侧面碰撞的乘员保护》、GB 1589《道路车辆外廓尺寸、轴荷及质量限值》等，欧洲有 ECE R42、2003/102/EC、EC-78-2009、CE R26、EEC 74/483、EEC 79/488、EEC 70/422 等，美国有 FMVSS 581、SAE-J686 等。

保险杠系统往往还会集成前后雾灯、底部橡胶条等零件。设计时应考虑保险杠总成与前罩钣金的间隙、与翼子板钣金的间隙及面差、与前照灯配合间隙、与背门的间隙配合及与后灯的配合等。

保险杠各子系统的主要生产工艺如下：

1）保险杠本体：注射→喷涂、注射（皮纹）。

2）保险杠格栅：注射→电镀、注射（皮纹）、注射→喷涂、高光免喷涂注射。

3）保险杠缓冲泡沫：发泡。

4）横梁：模压。

5）底部橡胶条：挤出。

6）保险杠本体与格栅：焊接。

> 保险杠系统作为整车的一个重要零部件，为确保零件的质量稳定性及可靠性，需对零件进行严格的试验，其中包括耐高低温循环、耐热老化性、耐低温冲击、耐油性、表面刚度及油漆性能等。

1.3.2 外后视镜系统

外后视镜是汽车中一个简单而又重要的零件，车辆行驶在路上，外后视镜的使用率绝对是最高的。虽然它看似不起眼，但却是驾驶人的“眼”，没它甚至会直接影响行车安全。驾驶人坐在驾驶室座位上通过外后视镜直接获取汽车后方、侧方和下方等外部信息（图1-17）。

外后视镜是能在规定的视野内，映出汽车后方清晰图像的装置（但不包括潜望镜这类复杂的光学系统）。一般由镜片、保持件（镜体、镜座等）、方向调节件、支架等组成，其功能可以扩展到集成镜片加热（除霜）、盲区监测、镜片位置记忆、转向灯、照地灯、摄像头、电子防眩、温度传感器等。

各部件功能如下：

1）镜片总成：用于后视镜成像。

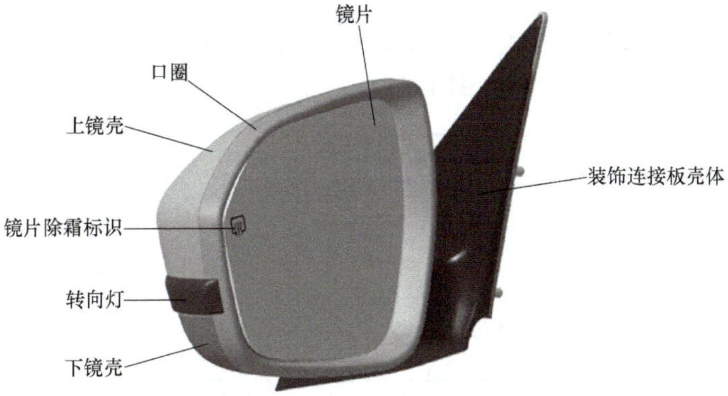

图 1-17　汽车外后视镜

2）镜片调节器：用于镜面调节。

3）安装座装饰件：用于底座装饰。

4）安装座：固定后视镜。

5）安装连接板壳体：装饰作用。

6）镜体支架：支撑作用。

7）转轴：折叠功能。

8）镜壳：装饰作用。

9）侧转向灯总成：转向信号。

1.3.3　汽车其他外装饰件

1. 前罩装饰件

前罩装饰件在一些主机厂又称为流水槽盖板或刮水器盖板，英文名称为 Cowl Garnish。前罩装饰件作为汽车上较大的外覆盖件之一，它对车辆的造型及防水效果有着较大的影响。前罩装饰件属于汽车前部外覆盖件之一，主要是使用塑料材料制作，重量轻，外观效果好。

2. 扰流板

扰流板一般安装在车身背门上部，主要作用：一方面，在汽车高速行驶情况下，通过改变气流方向，使之作用于汽车尾部表面，有效地减少了车辆在高速行驶时产生的空气阻力，既节省了燃料，同时也提高了车辆行驶的稳定性；另一方面，它使轿车外形增添了动感，使整车更美观。

3. 车身下护板

车身下护板主要用于 SUV 车型，主要是保护车身下部免受碎石飞溅的伤害，同时对侧围钣金受到的刮擦也有一定的防护作用。车身下护板最重要的功能还用于遮蔽装饰，遮蔽车身底部钣金焊接间隙，防止雨水浸透腐蚀钣金。

1.4　汽车内外饰开发概述

作为技术高度密集的汽车产业，整车研发是一个庞大而系统的工程，涉及设计、制造、工艺装备开发、质量策划及控制、零部件研发及采购、市场预测、销售战略等诸多方面。一般认为汽车新产品研发项目可分为项目规划，总布置分析，造型，整车、系统及零部件设计，零部件研发，批量试装等流程（图 1-18）。

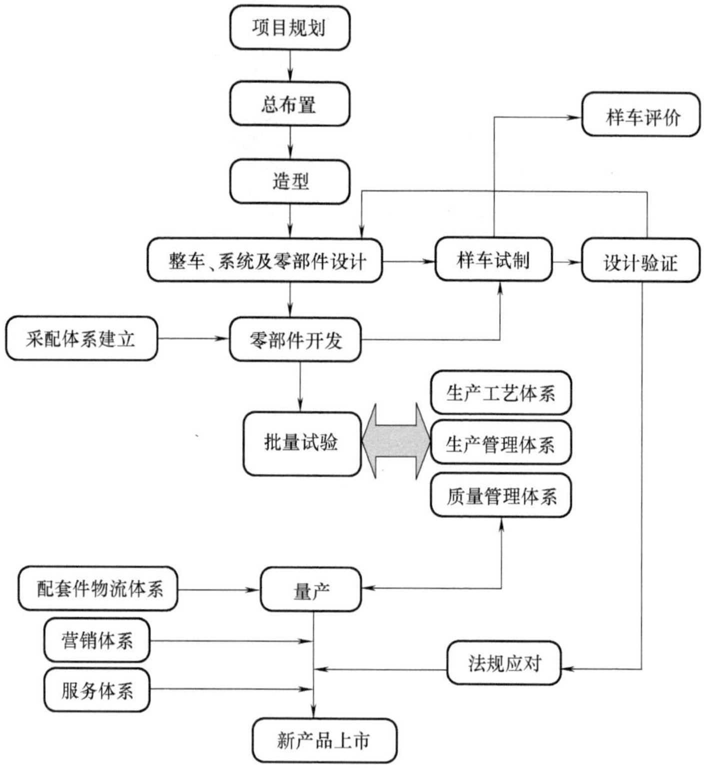

图 1-18　汽车新产品研发流程示意

产品开发需要与之相关的所有部门（包括零部件供应商）共同努力和配合，在不同的开发阶段，不同部门参与的工作量有所不同。因此，一个新产品的开发，需要所有相关部门以及供应商的共同参与，提前介入，才能保证信息的畅通、各环节工作的连贯顺畅。做好同步工程，即要求开发人员从方案设计一开始就考虑产品寿命周期的所有要素，包括质量、费用、进度和用户要求等，直到产品报废。因此，作为一名汽车开发相关人员，非常有必要了解整车的开发流程，了解整车开发流程中的重要时间节点，明确每个时间节点的交付清单和各研发部门的职责，了解自身在整车开发过程中不同阶段所扮演的不同角色。不同的公司对于产品开发阶段的划分有所不同，产品开发流程如图 1-19 所示。此处以 G0～G9 这 10 个阶段为例来讲述整车开发流程。

内外饰开发同步整车开发流程，每个开发阶段制定开发任务，明确各阶段工作重点，修订各车型内外饰交付物清单。在项目预研阶段，内外饰部门需要完成产品性能目标确定、标杆车型确定、内外饰技术路线确定、草图分析等工作任务；在方案阶段，内外饰部门就要细化性能目标，细化系统及技术方案，分析效果图可行性、CAS 可行性，制作并发布内外饰主断面等；到了设计/验证阶段，就要完成内外饰中小件开模数据冻结及模具方案评审，确认及验收内外饰检具和工装方案，零部件设计验证，试模等工作任务……每个阶段内外饰部

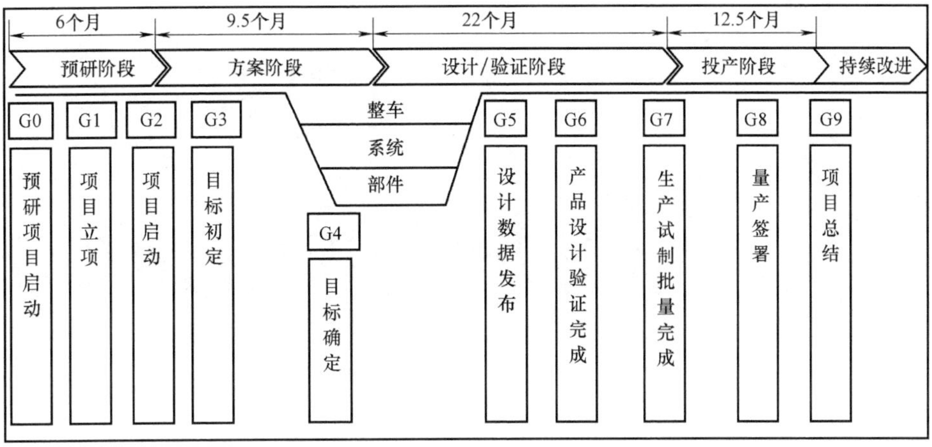

图 1-19 整车开发流程简图

门都需要和其他部门交流与合作，共同推动整车开发的顺利进行。

第2章 设计开发流程与内外饰设计

在汽车行业，设计开发流程是界定一辆汽车从概念设计经过产品设计、工程设计到制造加工，最后转化为商品的整个过程中各业务部门责任和活动的描述。整车产品开发流程是构建汽车研发体系的核心，直接体现研发模式的思想。

我国的乘用车市场发展日新月异，汽车产品在消费者心中渐渐从一种交通工具提升成为一种个人生活方式的表现。我国的汽车消费群体日益成熟，提升了汽车设计的难度。可用性对于汽车设计来说已经成为基础要求，而更高的目标，是以消费者需求为中心，设计满足目标消费者情感诉求的汽车。显然，一辆符合消费者内心喜好，能“打动”消费者的车，必将比它的竞争对手具有更强的市场竞争力。

汽车内外饰作为汽车造型的一个重要组成元素，是消费者直接接触的部分，综合了美观性、功能性、实用性等一系列要求，其设计的好坏对整车在市场中的命运有着重要的影响。

2.1 设计开发流程

产品开发周期一般是有固定的时间期限的如图 1-19，如果由于在某个过程中出现的某些缺陷引起返工，就会影响到下一步工作，甚至影响市场信誉。随着全球汽车行业的普及以及整车性能技术的日益成熟，顾客的选择标准也在逐渐发生变化，汽车产品的竞争力很大程度上取决于外观、舒适性等方面的品质，因此对于内外饰工程师来说，在整车开发过程中，需要提前介入，从概念设计到数据设计直至售后，都需要融入更加精细、更加人性化的设计理念。了解流程，可以缩短产品开发周期，规范产品开发行为，提高产品的竞争力，迎接市场的挑战。下文将针对整车开发流程做简单概述。

2.1.1 预研阶段

产品预研阶段也是项目概念阶段，一般包括 G0~G1（图 2-1），该时期主机厂会根据产品战略规划，进行产品发展战略评审，包括新研发产品的市场定位、竞争对手的产品分析、新研发产品的市场调研、确定项目的边界条件、市场总体目标、效益整体目标、产品性能总体目标、产品型谱规划、主导产品投放市场的时间、外部环境、内部条件等方面；同时提出新产品开发建议，可以反映出产品周期和范围、市场的基础、竞争的优势和关键技术、主要性能、主要设计元素、项目边界条件、制造地、生产纲领、质量目标等项目可行性的战略文件。

新车项目开发规划完成之后，会着手进行项目战略准备，如产品定位、财务状况、销售市场、采购清单、人力资源、质量规划、可行性分析、风险计划等。市场的需求是新车型开发的出发点，制定新车型的开发规划必须正确把握市场的需求及发展动向。在该阶段会进行大量的市场调研，一方面调研消费者对新车型的接受程度和爱好及对新车型的要求，如新车型的性能、功能、外形、质量、色彩、装备、价格等方面；另一方面是对产品的使用调查，比如对使用地区、使用环境条件、使用状况、功能需求的调查。这里需要补充说明的是，产品的使用调查不仅对新车型的开发是必要的，而且对正在生产的车型进行换型和提出系列产品计划、性能改进、局部装饰性修改等也是不可缺少的环节。市场调研中涉及与产品相关的内容可作为提供给设计人员的初步输入信息，供设计人员进行产品概念设计时使用。

同时，进行任何设计都不能从零开始，都应有一定积累，那么积累在哪里呢？一部分在书本里，但是大部分在产品中，尤其是最新的产品，获取这些积累最有效的办法就是使用标杆比对（Benchmark），对竞争车型进行分析，然后根据自己车型的定位，进行借鉴和应用。

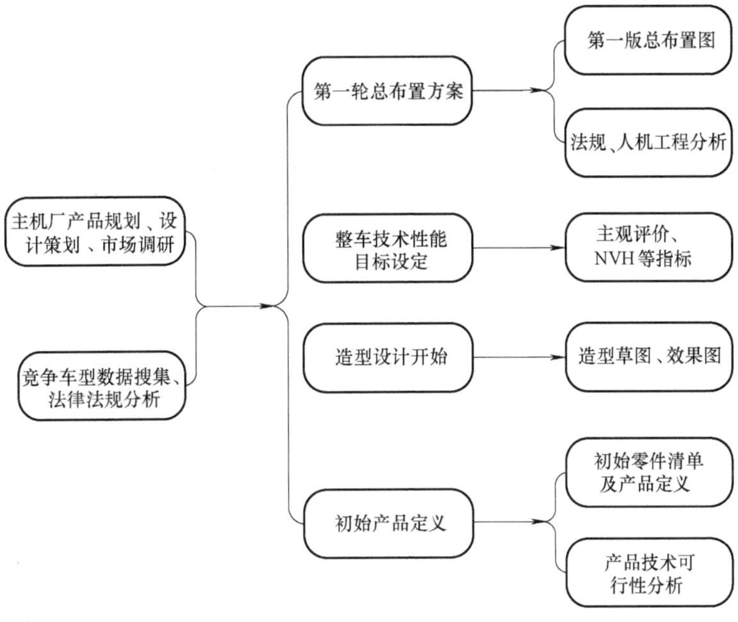

图 2-1　G0～G1 阶段流程简图

例如，在产品规划阶段策划一款高档豪华轿车，设计人员即可介入对仪表板的产品定义。由于定位较高，对仪表板的视觉、触感、安全性、环保、NVH 等方面都有较高的要求，在定义仪表板的加工工艺时可以选择搪塑、PU 喷涂及发泡等质感较好且价格相对昂贵的工艺；在定义分块时可以适当增加储物盒、杯托、硬币盒、名片夹等储物空间；在定义材料时可以选择尺寸相对稳定的 PC+ABS 以及可以满足环保要求的搪塑表皮；在定义与副驾驶安全气囊的关系时选择无缝式仪表板等。有了概念设计，再结合造型效果图即可进行相关技术可行性分析，如效果图上仪表板是否存在制造工艺完全不可能实现的造型，或者是否存在四个部件匹配产生的“老鼠洞”；同时在第一轮总布置图上特别去关注布置在仪表台上的各种操作件，如组合仪表、开关、换档等是否满足相关法规和人机工程要求。

在整车规划阶段，产品工程师介入得越早，发现问题也会越早，对于规避原则性问题、重大问题有很好的预防作用，同时亦能打好后期详细设计的基础，做到设计工作有的放矢、不盲目，避免造成产品设计的先天不足，对后期工作开展有利无弊。

2.1.2 方案阶段

方案阶段一般是 G2～G4 阶段（图 2-2），即项目启动到目标确定。该阶段是在产品战略明确并且可行性得到批准的基础上，完成产品项目方案的开发。这些方案包括动力总成的方案、整车的 VTS（整车技术规范）目标、全尺寸主题模型、关键零部件的设计、整车的物料成本、制造规划方案、产品质量目标等。

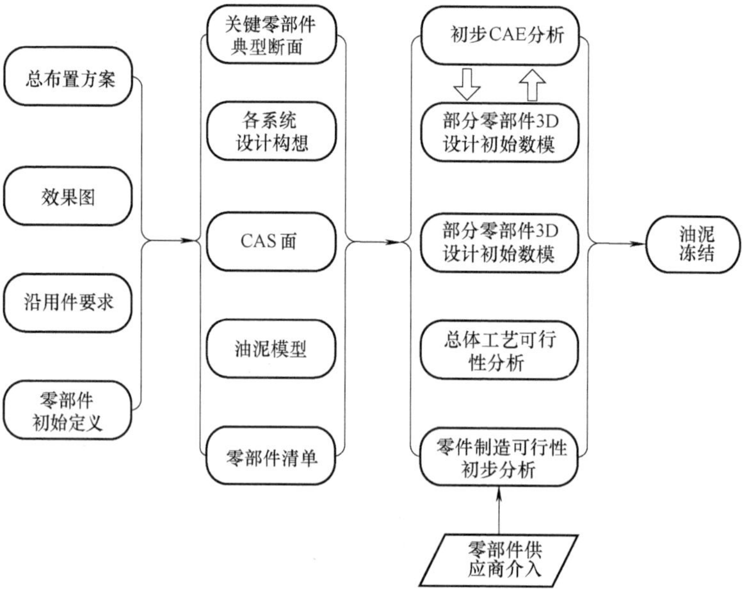

图 2-2　G2～G4 阶段流程简图

根据战略意图报告设定的边界条件，进一步进行产品的造型、工程设计，最终需要完成车型配置并确定车型造型的相关数据，开始进行油泥模型制作至冻结。该阶段概念设计如效果图、造型、总布置方案等得到批准，规划部门即开始策划总体工艺路线，制定初始设备、设施、工装等清单；采购部门会制作潜在供应商目录、进行供应商询价等；销售部门会对产品概念的市场进行验证。

在该阶段，油泥等造型方案会根据市场需求及技术可行性分析结果反复修改，最终会得到确认，设计人员也将启动并完成部分零部件初始设计。

造型设计是整车设计中确定产品形象的过程，是汽车参与市场竞争的重要因素，是整车设计非常重要且最具创造性的工作，也是工程设计与美学设计完美结合的产物。一方面造型设计应适合时代特点和人类的审美爱好，另一方面，造型设计又要满足结构强度的要求和整车布置设计的要求，满足车身空气动力学的要求并适应各种材料技术的发展，可以说该阶段是产品技术与艺术技巧高度交融的结晶。内外饰是除了车身之外与造型关系最为密切的模块，产品工程师在该阶段需要与造型工程师保持良好的信息沟通，一方面通过详细设计尽量满足造型师的意图，另一方面将工艺或结构难以实现的困难向造型师提出并给予合理的优化建议。

该阶段总布置初始方案已经确定，完成如 H 点等重要设计硬点、内/外部空间主要尺寸、法规校核、主要部件布置分析等；产品性能确定并分解，结合造型及总布置进行总体工艺可行性分析以及产品技术方案的可行性分析，期间会运用设计软件（CATIA/CAD 等）、计算机辅助设计（CAE）、潜在失效模式及影响分析（DFMEA）、设计验证计划（DVP）等工具，这些内容将在第 3 章着重介绍。

产品工程师在此阶段非常重要的工作是对造型和主断面进行可行性分析，比如通过关键零部件的典型断面，校核组合仪表是否反光，A 柱障碍角是否满足法规，转向盘是否遮挡组合仪表的视野，前后排假人的头部空间，驾驶人的腿部空间，开启前舱盖的人机性等；还可以通过典型断面定义各个关联件的配合方式，比如前舱盖与保险杠和前照灯的配合关系，立柱护板与密封条以及顶篷的搭接方式。这些断面输入给造型师，可以对造型细节进行优化，以便将来的产品结构设计更加合理，满足制造要求，并达到良好的外观匹配效果。

2.1.3　设计验证阶段

设计验证是产品概念的实现阶段，通过产品工程、制造工程、前期质保和采购的同步工作完成产品概念的早期验证，最终完成产品图纸的设计工作。

1. 整车设计完成

该阶段用虚拟手段将零部件组成整车（一般是指 G5 阶段，如图 2-3 所示）。验证产品设计的可行性，并获得工艺部门的认可，是整车数据设计完成的节点；产品设计已经提供了对产品和零部件的所有要求和细节，不会发生重大的设计更改，几乎所有部门都要介入对数据设计的评价和确认。比如销售部门对备件可维修性进行分析，并根据市场需求对产品提出改进要求；规划部门针对设计数据进行过程设计和生产准备，如装配工艺、工位布局、过程控制点、设备工装及设施清单、技术要求等；采购部门会依据技术方案、成本分析、质量评估进行供应商询价和确定零部件供应商；质量部门会针对售后市场及历史常见问题核查新车数据质量，全程监控数据设计及过程设计质量，综合评估项目风险。图 2-3 简单显示了 G5 阶段的主要工作。

设计部门在该阶段投入大量精力对整车及零部件进行详细的数据设计，根据 A 面和典型断面完成详细的结构设计，形成一版工艺数模，主要用于定位点讨论和结构分析，启动检具、夹具、模具的概念设计，方便供应商介入。同时根据产品设计任务的标准和技术要求与供应商签署技术合同，借助专业零部件供应商的结构设计及分析能力，对数据进行工艺分析，以确保数据的可加工性。最终经过校核完成的试制正式数模将用于模具正式设计，可以进行制造手工样件和试制模具。

该阶段有两个非常重要的原则：一是整车三维数据均具规模，虽然前期做过布置及空间

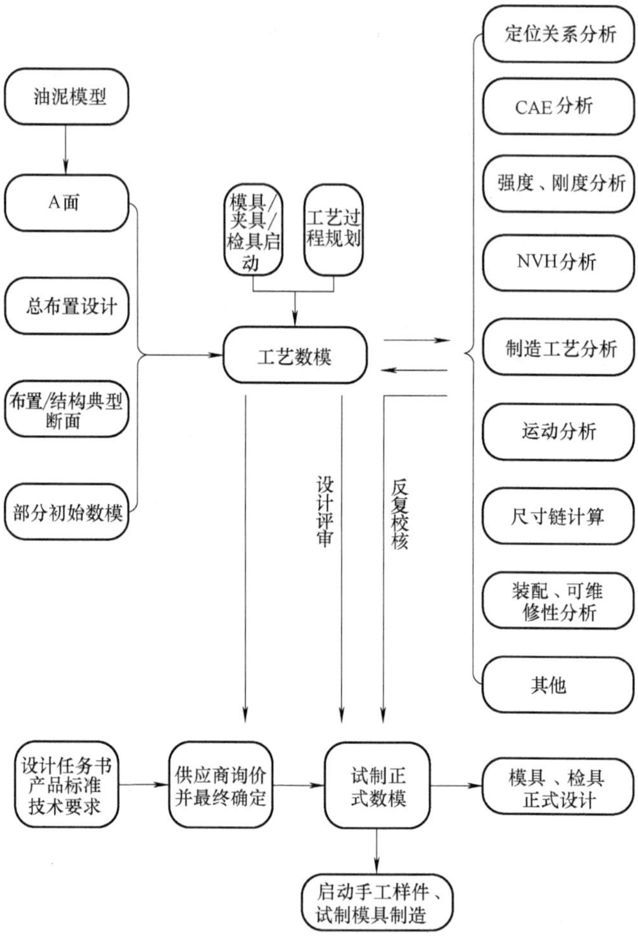

图 2-3　G5 阶段流程简图

分析，但仍需对所有关联件三维数据进行装配和校核，要求相关设计人员保持数据传递及时、最新和完整。比如在典型断面中有线束的布置，但由于线束属于柔性体，如果仅仅在某些位置的断面中体现而不在三维数据中完整体现，很容易出现与其他覆盖件的配合问题。二是数据设计的过程不是单一的建模操作，需要融入众多的可行性分析和反复的校核，因此在设计过程中数据评审的工作尤为重要，一方面借助如 CAE 分析、校核规范等工具进行全面性校核，另一方面需要针对常见历史问题进行逐一排查，还需要有丰富设计和试制经验的工程师参与校核并提出宝贵意见，这样不仅能全方位规避设计问题，还能将数据设计最优化。

2. 设计验证完成

为了验证设计（一般是指 G6 阶段，如图 2-4 所示），保证正式模具最低风险的投入，在该阶段会完成一轮样车试制，根据试制数模，进行手工样件的制作、试制模具的制造，包括两方面的验证：

1）零部件产品设计验证。如材料试验验证、尺寸匹配验证、功能件可靠性试验验证，主要是对产品的尺寸设计、结构设计、功能定义等进行验证。评估过程中如果发现设计问题，将由设计部门提出整改方案、优化设计，将 G3 阶段的试制数据进行更改后，最终将设计数据冻结，以开始正式模具的制作。同时，有一部分简单、制作周期相对较短的零部件很

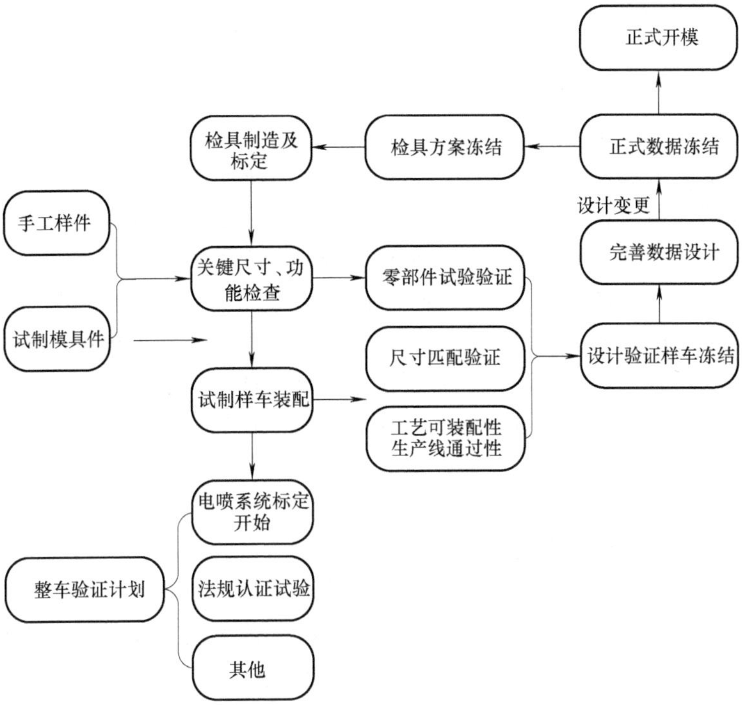

图 2-4　G6 阶段流程简图

快会得到设计验证的确认，会立即进行模具制作，进而在后续的试制样车过程中可以提供正式模具件。

2）整车设计验证。周期较长的系统匹配试验可以在该阶段根据设计验证计划进行匹配验证。由于试制样件的种类较多，有手工件、CNC 加工件、软模件等，整车验证项目中需要装配对试验结果不造成影响的样件。比如空调系统的环境模拟试验，对风管、风口等塑料件强度无要求，只需尺寸满足设计状态，所以提供 CNC 加工件即可。后续章节中会进行详细介绍。

在该阶段参与的部门与 G5 阶段相同，只不过是对试制样车的评价和确认，更为直观和准确，比如规划部门可以根据试制样车的装配过程，制定将来生产线上的工艺装配路线。

3. 设计确认样车

经历了设计验证阶段，正式模具已经投入，工装样件陆续提供。设计确认样车主要是指 G6~G7 阶段（图 2-5），该阶段完成规定的试验项目，发现的问题已查明原因，产品设计更改完成，产品

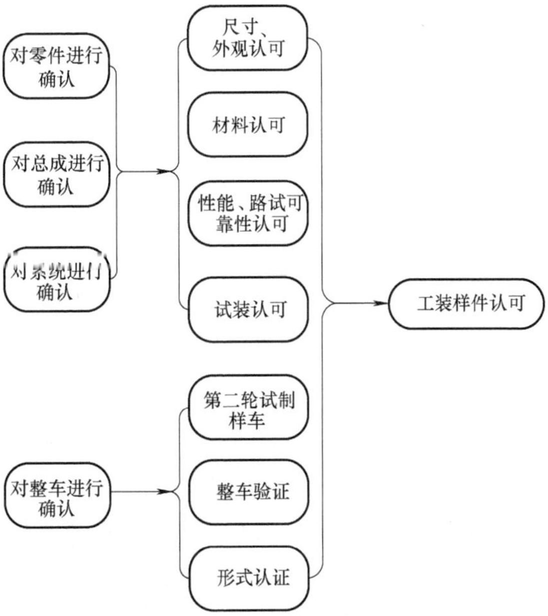

图 2-5　G6~G7 阶段流程简图

设计冻结，工艺设计完成，开始对用于批量工装生产的零件进行认可。

2.1.4 投产阶段

1. 生产试制小批量阶段

生产试制小批量阶段，一般是指 G7 阶段。这是一种批量生产练习，所有的单件和总成件都已到位，并都是用批量生产的设备及工装模具、试生产控制计划制造出来的件；对作业人员进行理论、线下、线上的培训，整个生产过程可以在不连续的条件下进行，从而对各工序加工能力、生产设备、试生产控制计划是否适当，以及生产线的制造可行性、装配可行性、通过性、批量生产的适应性进行实际验证，获得哪些设备和过程可以确保所有要求的批量节拍和质量要求。若发现薄弱环节，必须在零批量生产启动前予以消除，其主要目的是通过生产的试运行来对其产品质量进行验证。这个阶段小批量试制的车主要用来提供特定评价用车和培训用车，以及用于部分系统验证试验的整车或路试车。同期，应该完成对整车和零部件的认证工作。

在这个阶段，会暴露很多在批量生产过程中可能出现的问题，比如流水线零部件装配困难会影响到生产节拍，需要对产品结构进行更改或者调整装配顺序，进而对已经认可的产品进行设计变更。同时，在 G5 阶段会遗留一部分制作或试验周期较长的零部件在 G6 阶段继续进行相关认可工作，最终需要在 G7 阶段完成所有零部件的工装样件认可。质量和采购部门启动生产件批准程序的工作，对零部件供应商进行相关审核。销售部门开始进行上市研究，制定维修手册、备件手册，进行服务培训等。

2. 零批量和批量阶段

零批量阶段一般是指 G7—G8 阶段，是在批量生产条件下，按规划的批量生产节拍进行批量生产前的总演习。其前提条件是外购件都成功通过了批量条件的两日生产验收（供应商批量生产前的总演习，考察供应商是否能够确保其在批量生产运行进度下保持良好的供货状态）；生产线、装配线、物流和各验收区域都已经达到了批量生产状态，整个系统如生产、物流、质量保证、人员培训都按照批量生产的要求接受检查。该阶段主机厂会对外协件进行生产件批准（即 PPAP，Production Part Approval Process）。

> 批量阶段即所有要求的各种认可都已获得；车型检验和形式认证已经成功完成并获得政府部门的使用批准；所有小批量阶段、零批量阶段的问题都已经得到了解决；整个生产线都具有批量生产能力，所有零部件都已经供应到位，整个生产线能按照设计节拍、正式控制计划等正常条件下连续生产可销售状态的整车。
>
> 不论是零批量还是批量阶段，一旦发现设计或质量问题，均需要对产品进行相应变更和切换工作。

3. 量产签署

量产签署一般是指 G9 阶段。该阶段产品正式上市获得批准，按既定销售策略和方案进行导入市场。至此，对于整车项目开发阶段来说可以画一个句号，这时会对项目目标和实际情况进行总结和评价，分享经验和教训，为下一款新车开发做充分的积累。

产品上市后，难免会出现一些售后问题，还有批量生产中也会暴露一些过程质量问题，因此市场问题与批量过程问题的发现与解决仍需要相关部门的配合工作，需要对出现的问题进行整改，进而做产品变更和批量切换。

为合理调配资源，压缩开发时间，可按流程将整车开发项目分为以下六种类型：

1）年度款车型：指现有配置重新组合、部分内外饰颜色极小更改，通常 1 年内完成上市。

2）小改型项目：造型更改不涉及车身钣金更改，更多的是内外饰造型的更改。

3）动力总成提升项目：新的动力总成或对原有的动力总成进行提升。

4）大改型项目：造型更改涉及钣金更改，上车体结构和门小幅更改，侧围、下车体维持不变。

5）全新造型项目：在原有架构基础上，开发全新内外饰造型的整车项目。

6）新架构项目：全新开发。

各大主机厂为了提高产品竞争力，会在产品上市后某个特定阶段提出改款需求，比如精细化提升、特定市场适应性开发、年度款车型改款等。为了满足这些需求将会重新成立项目组，但不同于整车开发，而是在沿用底盘、发动机等平台的前提下，仅从 G2 阶段开始重新对车身或内外饰造型，开发流程与整车相似，在此不再详述。

2.2　造型设计开发

随着对汽车理解的深入，人们对于汽车的品位和要求也越来越高，而直接反映人们汽车品位的关键因素是汽车造型设计质量。因为汽车造型可以直接影响客户感知，好的造型能够增强它在人们心中的印象。同时汽车造型不仅包括汽车的外观也包含内饰，作为汽车中最具客户感知价值的部分，除了能够提升企业在汽车市场的竞争力，更能体现一个企业文化内涵与技术。因此，在当今越来越激烈的汽车竞争市场，汽车造型开发已经成为全球各大汽车企业提高销量、提升品牌地位的关键手段。

造型设计属于产品设计的前期工作，是在产品目标设定之后，指从产品构思开始，经历确定产品设计指标（性能指标）和确定造型与总布置定型阶段，最终下达产品设计任务书这一过程的设计工作。按照整车 G0~G9 的开发节点，造型设计阶段主要是 G2 阶段，造型设计在汽车内外饰设计中，尤其是内饰设计中占有极其重要的地位。

1. 概念设计阶段

经过大量的市场调查和分析后，市场部门提出设计目标、设计方向和风格，造型部门根据市场部门提出的设计目标及风格，主要由创意设计师负责，通过构思草图来表现自己的设计意图。经过一轮对整体造型的评审和筛选后，会产生 2~4 组造型方案。然后将这几组方案根据评审提出的要求进行调整和细化，绘制成二维效果图。效果图经过评审后，最终确定造型设计方案。

目前，越来越多的年轻设计师喜欢在计算机上绘制效果图。在计算机绘图软件高度发展的今天，借助 Wacom 笔和手绘板，在计算机屏幕上制作的二维设计效果图不但能够同样表现手绘的笔触等效果，而且可以做到手工表现难以达到的艺术效果，并且在喷绘、剪贴、修改、复制、缩放、保存等方面更加方便。目前，在汽车设计中常用的效果图绘制软件有

AliasSketchBook、Painter 和 Photoshop。

从概念设计到完成计算机绘制的设计效果图是正向数字设计开发的第一步，这一步是整个正向数字设计开发过程的灵魂。

2. 创建初始外表面数模

确定设计方案后，接着就要将二维效果图转化为三维数字化模型，这个阶段是承上启下的关键一步，它要求数字化设计师理解设计方案，把握好产品形态和前后相互的配合关系。由于二维效果图是平面的，没有量化的尺寸要求，在这个阶段负责数字化建模的设计师与提供方案的创意设计师必须密切配合、互相沟通，确保三维数据的整体风格特征符合创意设计师的要求。在可能影响局部外观的地方，如遇到断面的形状、产品的轮廓、特征线的走势、零件间的断差和间隙等造型方面的问题时，需要征求创意设计师的意见。

从概念设计到创建初始外表面数模的过程是一个塑造产品空间的造型过程，是从“无形到有形”的过程。它需要设计师具备创意和对美感的把握，同时能够通过工程化的高级曲面建模完成对产品形体虚拟空间的塑造来表达自己的设计意图。因此，鼓励创意设计师掌握 Alias 等 CAS 计算机辅助造型软件，同时兼任建模设计师，将自己的设计方案用三维设计软件表现，使其更贴近设计方案所要表达的设计意图。

创建初始三维外表面数模也有不同的阶段：

（1）第一阶段是构建主要的型面，反映造型的总体特征，主要目的是提供给结构工程师、CAE 工程师做初步的空间布置分析和人机工程校核，如驾控舒适性、驾驶人视野及盲区、反光等。

（2）第二阶段要反映具体的产品分块、面的过渡和连接、零件相互间的落差和间隙，并形成初步的设计公差规定（Design Tolerance Specification，DTS）文件，提供给结构工程师进行产品制造的可行性分析，比如拔模斜度、产品分块的位置是否合理、零件之间的装配关系、运动干涉、安全间隙等校核，并且结构设计师将据此开始产品结构的概念设计。

（3）第三阶段是要将上面工程分析和校核中发现的问题在外表面数模上得以解决，并完成所有零件表面的细节设计，包括零件的倒角。

初始表面数模还能够生成三维渲染的效果图。在汽车设计中，可将 Alias 和 Maya 结合使用，来体现产品的色彩、材质，并在虚拟状态下直观地体现产品的内容。经过评审确认后的初始三维外表面就可以用于数控加工油泥模型了。要将油泥模型整体风格和造型特征，与原先的二维效果图对比，确定其是否符合设计方案所表现的意图。

考虑到在后面油泥模型冻结前会对数控加工的油泥模型外表面和局部细节进行调整，从缩短项目的开发时间考虑，对初始表面数模不要求其达到很高的曲面质量，除主要型面之外，倒角一般达到一阶（相切）连续就可以了。

3. 油泥模型数控加工

以往制作油泥模型主要依靠手工，借助胶带图、划线机和卡板等，通过油泥模型局部的断面来逐渐完成整个油泥模型的制作，制作周期长，精度差。自 20 世纪 90 年代中期起，随着 CAM 软件的发展，以数控加工油泥模型为代表的油泥制作先进方式在汽车造型设计中被广泛运用。利用初始外表面数模，经过专业的 CAM 软件编程，生成三轴或五轴的刀具加工轨迹（Cutter Path）后，可以直接加工出油泥模型，既快速又精确。一辆汽车驾驶室的内饰造型的油泥模型可在一周内加工完成，极大地缩短了设计开发的时间并降低了油泥制作成本。

此时的油泥模型反映的是数据设计的状态，将初始外表面数模转变成实体外表面模型。参与评审的人员对直观的油泥模型提出一些调整建议。经过一轮或几轮的调整后，油泥模型的造型和外表面才能正式冻结。

油泥模型一经冻结，就要对油泥模型扫描、采集点云数据，用于最终的外表面 A 级曲面设计。在开展最终的外表面设计之前，需要将扫描的点云和初始三维外表面数模在相同车身坐标下进行对比，对没有改动的主要型面继续沿用。

4. 设计数据冻结输出

外表面数模设计完成并认可后，整个正向数字化设计过程就完成了 80%。因为大量的可行性分析和结构概念设计已在外表面设计过程中同步进行，确保后面的开发风险降至最低。

此阶段需要大量的数据校核和检测，也需要不断对造型设计方案进行细节的完善。这一过程中主要考虑的工程方面的因素很多，如空气动力、造型结构特性等。实体车身模型表面轮廓经过测量后转化为数据，将这些数据对车身表面线条做光滑平顺等的细微修改。最后，将数据整理成可以指导生产的试制数据，进行样车生产，一般汽车造型开发工作到此就基本结束，而后就会进入样车的制造与检验阶段，并在原型车做出来后进行全面的评审。在常规的汽车造型开发中，新车型的设计内容，主要包括三个方面：外形设计，涵盖汽车外板的基本形状、保险杠、轮毂、后视镜等主要构件及一些车身外表附件的形状；内饰设计，则涵盖室内乘员和设施布置，内饰件、座椅及汽车驾驶室内其他附件的设计；色彩设计，包括车身外部和内饰的总体色彩，内饰材料和织物纹样等。

汽车造型设计的主要流程如图 2-6 所示。

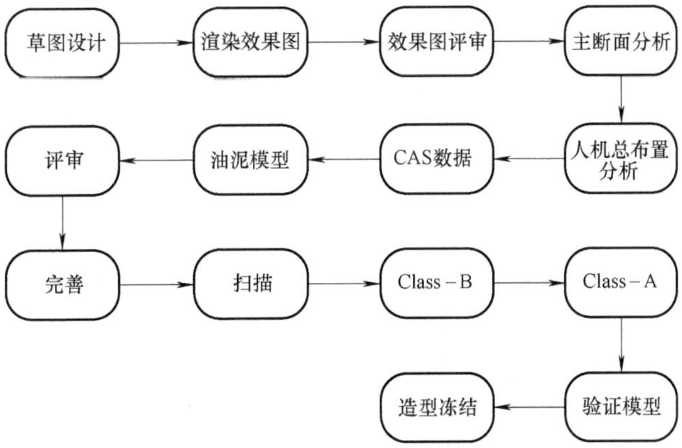

图 2-6　造型设计主要流程

2.2.1 前期定义

1. 标杆分析

做任何设计都不能从零开始，都需要有一定的积累。汽车内外饰设计也是如此。一百多年的汽车制造史，给我们留下了丰厚的积淀，给我们积累了宝贵的经验和教训。这些积淀部分体现在书本中，但从汽车产品中体现得更加形象、直观，尤其是最新的产品。我们获取这些知识最有效的办法就是使用标杆比对。标杆车内外饰对标研究能够快捷获取标杆车型的优秀设计元素与理念，在设计中取其精华，去其糟粕，快速提升我国品牌轿车内外饰品质、缩短研发周期、减少研发费用，以适应汽车行业日益激烈的市场竞争。世界汽车行业部分后进而崛起的汽车企业当年一般都曾用过此类方法。首先购买几款不同厂家的同类型汽车，然后解体测量，分析收集相关数据，最后根据自己设计的车型定位，进行分析、借鉴和应用。

一般标杆车分析，根据产品细节的不同所做的分析科目也不同，但总的方向大致相同，一般包括间隙面差的测量、细部结构分析（包括安装点的布置/产品定位/特殊结构等）、布置空间、操作舒适性、可维修性等。表 2-1 列举的是一个门内饰板系统标杆车分析的简单概述。

表 2-1 标杆分析示例

<table>
<tr><th>分类</th><th>对比内容</th><th>标杆车信息收集要求</th></tr>
<tr><td rowspan="4">外观</td><td>CTF</td><td>色彩方案：单色（深色、浅色）、双色皮纹方案：皮纹类型（主要为粗/细皮纹）及区域</td></tr>
<tr><td>DTS</td><td>1. 测出门内饰板内部表面各件间的间隙面差
2. 与周边搭接的间隙面差</td></tr>
<tr><td>外观/表面质量</td><td>1. 分模线设置位置及后处理情况
2. 是否有表面缺陷，具体为：
①塑料件：零部件表面是否有缩痕、熔接线、划痕等
②电镀件：表面是否有麻点、气泡、瑕疵、裂纹、漏镀区、收缩痕等外观缺陷
③喷涂件：表面是否有因涂料溶剂等造成的漆膜缺陷</td></tr>
<tr><td>装饰性</td><td>是否有水转印、镀铬饰条等装饰件或安装位置</td></tr>
<tr><td rowspan="5">基本信息</td><td>设计尺寸</td><td>1. 整体外廓尺寸：长、宽、高
2. 内部零部件设计尺寸
3. 喇叭罩（形状、孔径、分型槽深度及宽度）
4. 立扶手（横截面长宽、手握有效长度）
5. 内开手柄（开启角度、扣手长度、开启时的操作空间尺寸、手部握手柄的操作深度尺寸）
……</td></tr>
<tr><td>材料</td><td>各零部件所用的材料</td></tr>
<tr><td>料厚</td><td>各零部件的料厚</td></tr>
<tr><td>重量</td><td>总成重量及各零部件总重</td></tr>
<tr><td>标准件</td><td>使用的标准件类型、规格、数量等信息</td></tr>
<tr><td>结构</td><td>结构</td><td>1. 门板整体结构
2. 各零部件结构
3. 是否有特殊结构</td></tr>
</table>

（续）

分类	对比内容	标杆车信息收集要求
功能	锁止功能	门锁止实现方式及警示标示
	扬声器	扬声器个数、位置
	电子集成	开关集成情况
	储物功能	储物空间、空间大小、位置
性能	刚度	门饰板、内开手柄、地图袋等的刚度
	强度	门饰板、内开手柄、地图袋等的强度
	承载力	1. 扶手面板 2. 门板上端
	保持力	1. 立扶手盖板 2. 开关和开关面板 3. 迎宾灯保持力
	锁止按钮操作力	1. 带锁体时的操作力 2. 空行程下的操作力
布置与安装	分块方式	如何进行分块、分块方式的优缺点
	定位/安装方式	包括定位方式、安装点布置方式、数量： 1. 门饰板上下本体间的定位/安装方式 2. 门内饰板与车门钣金间的定位/安装方式 3. 内开手柄与门板间的定位/安装方式 4. 立扶手与门饰板间的定位/安装方式 ……
	配合方式/搭接方式	门板与周边件之间、门板内部件之间的关系 1. 门饰板与车门钣金的配合搭接方式 2. 门饰板与内夹条的配合搭接方式 3. 门饰板与内开手柄及手柄盒的配合搭接方式
工艺	制造工艺	1. 表面处理工艺：是否喷漆、整体喷涂、分色喷涂等位置；镀铬、水转印工艺使用零件及位置 2. 门板本体成型工艺：注射/搪塑等 3. 特殊型工艺：双色注射等 ……
	模具工艺	1. 浇口的数量及分布位置 2. 分型方式及位置
新技术新工艺应用		如应用了新技术、新工艺，则对其进行详细研究

在预研阶段，对标研究工作的重点是确定标杆车型。标杆分为市场标杆和技术标杆。

市场标杆：进行市场研究，对即将研发的车型定位。进入哪一个细分市场？上市后主要竞争对手是哪一款（或几款）车型？从而确定市场标杆车型（一两款）。内外饰研发中力争做到内外饰品质超越市场标杆。

技术标杆：选择市场上品质和性能略高于市场标杆车（一两款），不同专业领域可以有不同的技术标杆，如底盘选择 A 车型作为技术标杆，而内外饰品质可以选择 B 车型作为技术标杆。内外饰设计中，重点对技术标杆车进行全面、系统、深入的对标研究，在设计中借鉴优秀、成熟的设计元素，力争达到技术标杆车的内外饰品质水平。

在造型设计时，就要对标杆车型进行分析。此阶段对于标杆车型分析，主要是针对零部件的结构设计、间隙面差、安装点的布置、目标市场、配合概念等的分析。对于仪表板来说，欧标与美标的头部碰撞区域的划分方法及测试方法就有着很大的差异，而膝部保护、除霜除雾要求等也是如此。对零部件的配合结构等的分析，不同车型的结构相差也很大，要通过对竞争车型的结构进行分析，找出其优缺点，来优化我们的结构设计等。

在实际开展内外饰对标研究时，要求技术标杆车为新车，收集的信息更接近设计状态。首先进行内外饰品质主观评价，完成外观信息及功能信息记录等；其次，借助扫描、车辆拆解手段获得材料/料厚/重量/标准件基本信息、结构、定位/安装方式等信息，并分析获得工艺、新技术等信息；然后，对零部件进一步测试获得强度、刚度等数据信息；最后，进行对比分析，分析优缺点，得出分析结论。上述过程不可完全分割，工作开展后需要交叉进行。

2. 设计构想

汽车造型确定后，就可以着手进行汽车结构设计。但在开始结构设计之前，先对 A 面进行分析，看阶次、曲率等参数是否满足设计要求，并且分析此内饰面拔模角度是否足够。汽车的结构设计，是确定汽车整车、部件（总成）和零件结构的工作。也就是说，设计师需要考虑由哪些零件组合成部件，又由哪些部件组合成整车。零件是构成产品的最基本的、不可再分解的单元。毫无疑问，零件设计是产品设计的根基。零件设计时，首先要考虑这个零件在整个部件中的作用和要求；其次，为了满足这个要求，零件应选用什么材料和设计成什么形状；最后，零件如何与部件中其他零件相互配合和安装。

作为设计师，必须充分考虑零件的受力情况，经过周密的计算，确保零件的强度和刚度的数值在允许的范围内。

3. 目标设定及造型输入

在新车型的开发设计中，一些原则性的问题必须在产品设计正式展开以前加以明确，从而做到设计工作有的放矢，避免产品设计的先天不足。

在概念设计阶段应明确一些指导产品设计的原则性问题，明确产品的目标设定。这些原则性问题一般包括以下内容：新车型的开发目标，开发的必要性与可行性，产品的基本形式，系列产品发展规划，产品投放市场及相关交通法规，汽车标准、法规及发展动向，生产纲领，产品的设计水平，产品的造型、内部布置及结构要求，未来市场上的竞争力等。

一般造型输入是将整车的关键性指标进行约束，根据整车的目标客户，来定义整车的风格。包括整车的舒适性，操作空间的方便性，需要满足的法规要求等。表 2-2 是内外饰造型输入的一个简单列举。

表 2-2　内外饰造型输入要求

造型输入要求	名　称	重要度级别
布置空间	驾驶人最大有效腿部空间	★★★
	转向盘最大直径	★★★
	驾驶人有效的头部空间(带/不带天窗)	★★★

（续）

造型输入要求	名　　称	重要度级别
布置空间	PRP 到转向盘中心的距离	★★
	转向盘最后端至躯干线的距离	★★
	脚踵点到转向盘中心的水平距离	★★
	转向盘至大腿的距离	★★
	转向盘安装角度	★★
	H 点的水平移动行程，H 点的垂直移动行程	★★
	前排座椅的角度调节范围	★★
	两 R 点间的距离	★★
进入方便性	前排脚部进入空间	★★
	后排脚部进入空间	★★★
	前排进车门高度	★★
舒适性	转向盘中心至踵点的垂直距离	★★
	第二排乘员腿部空间	★★★
	第二排有效头部空间	★★★
	第二排最小乘坐空间	★
	第二排膝部空间	★
	第二排肘部空间（扶手处的整车宽度）	★
	前排座椅深度	★
	第二排座椅深度	★★
	前排有效座垫深度	★★
	第二排有效座垫深度	★★
法规要求	前方视野要求	★★★
	行人保护要求	★★★
	内部突出物/外部突出物	★★★
	前后座椅的高度范围	★★★
	A 柱障碍角	★★★

注：★越多越重要。

对内外饰造型设计来说，舒适性和操作空间是比较关键的要素。因此对关键要素的约束值及经验值的输入要做到清晰、明确。图 2-7 显示的是对座椅人机舒适性的一个简单的输入（图中的输入要求仅是参考值）。

2.2.2　造型设计

1. 草图设计

草图设计主要使用手绘方式来表现设计师的基本构思及造型的初步效果，可以是单纯用线条表示的白描方式，也可以带色彩，一般都比较粗糙，只是基本原始概念的体现，是设计的开始阶段。一组整车外饰草图一般都包括三张视图，至少要有两张前后 2/3 视

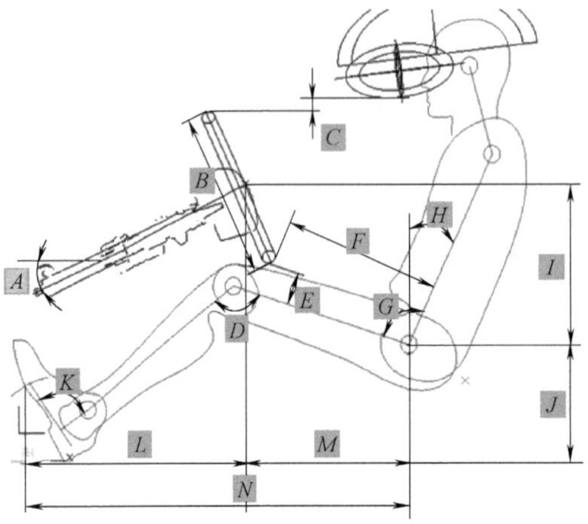

	标杆车	输入要求
A	25.2°	23°～26°
B	φ379.3	φ370～φ390
C	31.6mm	30～40mm
D	125.1°	95°～135°
E	74.7mm	70～85mm
F	383.1mm	385～395mm
G	97.9°	95°～110°
H	25°	20°～30°
I	367mm	360～380mm
J	271.7mm	260～320mm
K	87°	85°～110°
L	544.6mm	490～550mm
M	406.2mm	400～420mm
N	950.7mm	890～970mm

图 2-7　座椅人机造型输入

角的草图（图 2-8）。

图 2-8　草图

2. 渲染效果图

主要是在草图的基础上进行细化，尽量做到逼真的效果。表现手法有手绘、计算机绘制、手绘和计算机的结合。目前常用的表现手法是手绘和计算机的结合。手绘是比较原始的表现技法，主要工具是使用色粉、马克笔、颜料、彩色铅笔等。计算机使用的主要软件有 Photoshop、3D-MAX、ALIAS 等。一般设计师先手绘出主要的大纲轮廓线和结构线，再扫描进计算机用 Photoshop 进行处理，一张比较细致的效果图要体现出造型的关键点（图 2-9）。

3. 计算机辅助造型设计（CAS）

计算机辅助造型设计，是现代造型设计中的新应用。主要是根据造型要求的硬点及相关数据布置要求，用一些计算机软件如 ALIAS，按照效果图生成一个三维的数字模型，用来进行相关的布置及法规的校验。

4. 模型

模型主要包括油泥模型和验证模型。油泥模型就是根据造型效果体现的实物。一般有1∶1和1∶5两种。虽然现代科技技术发达，但是制作油泥模型依然是汽车设计生产中的必要环节。油泥是一种类似橡皮泥的黏土，成型的细节需要用刀刮削才能完成。一般先要制作比例小的油泥模型作为提案，通常由设计师亲自操刀，一般的制作周期为2~3个月（图2-10）。

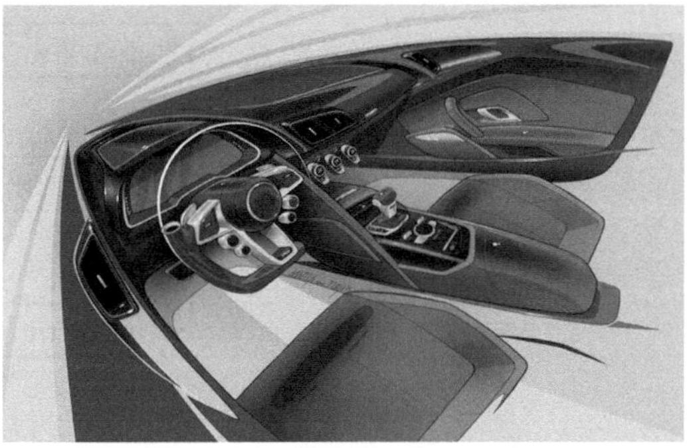

图2-9　仪表板渲染效果图

图2-10　油泥模型制造

验证模型是当硬模型做完后，按照造型效果进行喷涂，就得到了验证模型，验证模型就是平常所说的数字样车，以后的真车便是在验证模型的基础上进行开模和验证的。

2.2.3　造型确认

经过上述造型设计，通过不断的评审优化及一系列的可行性分析后，最终确定内外饰造型。此时一般要做验证模型（内外饰的造型色彩完全与最终产品一致）进行最终造型的验证确认。然后进行详细的工程设计。

2.3　内外饰开发设计

产品工程设计阶段的工作一般是指从造型冻结开始到数字样车完成这一过程中所有的工作。

内饰产品开发阶段的主要流程如图2-11所示。

2.3.1　开发目标设定

目标设定包含目标分解、目标验证和目标变更三个方面，是平衡质量、成本、功能、重量、时间的关系，以交付最好产品的过程。

设计目标的确定对于产品设计是关键，其指引设计的方向，从而克服产品设计工作中的

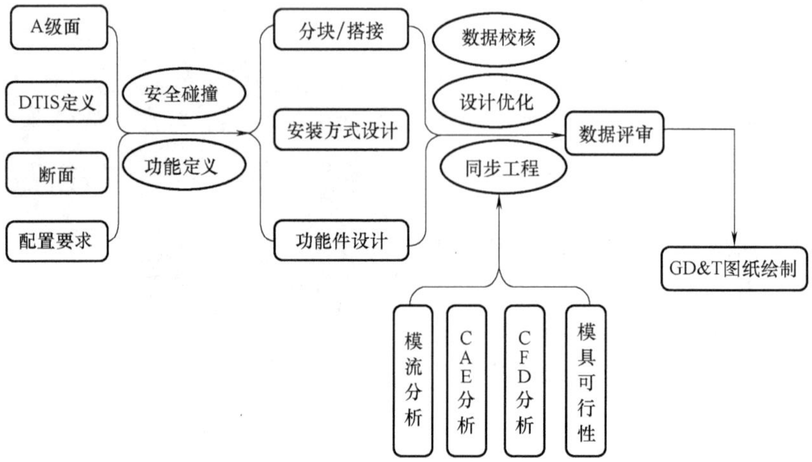

图 2-11　内饰产品开发阶段流程图

随意性和复杂性，保证产品质量，同时，使产品的成本目标、时间目标得以实现。内外饰设计作为整车开发的关键环节，设计过程复杂，专业性较强。工程设计人员设计的过程是将产品目标转变为零部件组装的技术要求的过程。因此，制定科学的设计目标也是整车开发的关键。

1. 功能目标

功能是以市场需求为导向的，产品开发设计目的是要满足客户要求。因此，分析设计目标，首先要明确客户需求的功能，考虑产品的市场定位以及客户期望，从市场需求当中提取设计的功能目标。内外饰的功能包括多方面，分析其基础功能包括安全、可靠地承载乘客、货物以及免受恶劣环境的影响，减少汽车行驶时的空气阻力，增加汽车的美观性、舒适性和安全性。

内外饰，顾名思义就是起装饰保护的作用。随着汽车的日益普及，人们对内外饰的要求也越来越高，比如说储物盒的数量、杯托的操作方便性、内饰的美观度、乘员的保护性能等都受到特别的关注。

> 以仪表板为例说明一下其功能设计：
>
> 仪表板是汽车中非常重要的部件，集安全性、功能性、舒适性及装饰性于一体。由于其位置独特，很多的操作功能集成在其中，除了满足自身功能外，还要有较好的吸能性，在发生意外事故时减少对乘员的伤害，以更好地保护乘员。

2. 质量目标

制定质量目标是量化功能目标的过程，需要对标。确定同一细分市场内的竞争对手，了解竞争产品的质量状态和主要性能，作为新产品质量目标的参考，主要途径为竞争产品的分析对比。

3. 成本目标

用户需求表现为产品的质量目标，质量越高，产品成本越高。因此，产品的质量目标决定了产品的成本。同一产品，不同材料的组合、不同工艺的组合以及不同材料和工艺的组合都会对产品的成本造成很大的波动。

4. 时间目标

设计的时间目标即设计进度，根据项目主计划，制定具体的设计进度。主要工作包括定义项目活动、任务、活动排序、每项活动的合理工期估算、制定项目完整的进度计划、资源共享分配、监控项目进度等内容。

开发目标的变更在日本汽车生产厂家也是常见的事。市场需求在不断地发生变化，但是汽车开发的时间长、费用大，一种车型必须连续4~5年盈利，因此设定目标时必须要做到慎重再慎重。

通常，日本汽车生产厂家在大多数情况下是暂时将目标确定下来，从规划阶段起进行全面审视。汽车行业的外围企业多，从实际开始销售起，产品寿命周期所发生的成本要大于开发本身所需要的费用。另外，销售陷入停顿后，生产线停工所造成的成本还要追加进去。

2.3.2 可行性分析

1. 造型可行性分析

造型可行性分析开始于油泥模型制作结束后。造型设计以造型方案加实物模型为设计主体，绘制效果图、制作油泥模型为主要设计手段，制作出的实物模型依靠各种测量设备测量离散点输入到计算机中，利用CAD软件完成三维表面的设计，供造型可行性研究、结构设计及有限元分析。

在概念、效果图设计阶段，需要工程设计人员为造型提供以下支持：工程可行性分析、结构分块假设。

基于效果图对产品进行剖析，确定产品结构的主要特征和设计的整体思路。确定产品结构的主要特征，需要分清哪些是基本特征（如配合面，保证产品外形轮廓的特征），哪些是构造特征（如面与面之间的过渡、凸台、凹腔、倒圆角等）。

作为经验丰富的工程设计人员，在得到概念图和效果图以后，应该能够大致划分出车身结构的分块，并对各部分的工程可行性有一定的判断，在没有准确设计依据的情况下，对可能在工程设计阶段的问题应有一定的预先判断，并能针对相应的情况提出相应的解决办法，这是对工程设计人员本身能力的一种要求。

在油泥模型阶段，通过三维软件，结合边界及工程约束条件，将二维效果图正确反映到三维，形成与效果图一致的三维效果数据，提交工程方案设计及油泥模型制作和扫描，进一步细化结构分块分析，确定各主要零部件拔模方向，确定总成各外观零部件的配合信息（圆角、间隙、面差），进行一系列的可行性分析、评审、校核，最终确定产品造型。

2. 内外饰法规可行性分析

根据车型所定义的不同市场进行相关法规的校核。例如，满足北美市场的车要符合FM-VSS和IIHS标准，满足欧洲市场的车要符合ECE和EEC标准，国内市场的车要满足GB的标准要求等。满足法规要求是整车设计的最低门槛。例如，仪表板系统和转向盘系统要满足我国国标要求，设计校核和相关试验中一般要考虑到的标准见表 2-3。

表 2-3　仪表板系统和转向盘系统校核标准

仪表板	1	GB 11552—1999	轿车内部凸出物
	2	GB 11562—1994	汽车驾驶员前方视野要求及测量
	3	GB 11556—1994	风窗玻璃除霜系统的性能要求
	4	GB 11557—1998	防止汽车转向机构对驾驶员伤害的规定
	5	GB 11562—1994	汽车驾驶员前方视野要求及测量方法
	6	GB 8410—2006	汽车内饰材料的燃烧特性
	7	GB 16735—2004	道路车辆车辆识别代码(VIN)
转向盘	1	GB 11557—1998	汽车防止汽车转向机构对驾驶人伤害的规定
	2	GB 11562—1994	汽车驾驶员前方视野要求及测量
	3	GB 11551—2003	安全气囊保护乘员性能符合标准
	4	GB 8410—2006	汽车内饰材料的燃烧特性

3. 布置可行性分析

通过前期的断面布置，来分析造型的布置可行性。例如，组合仪表的反光校核，转向盘是否挡住组合仪表的视野，前后排假人的头部空间，座椅与门护板和副仪表板的布置空间，驾驶人的腿部空间，膝部保护空间，气囊的打开空间等。要通过不断的布置及校核，从而确定造型的布置可行性。

4. 工艺可行性分析

为了能尽早发现并解决装配工艺性问题，设计初期在配置选择确定后，对零部件的装配顺序装配通道应加以考虑，以保证装配时不仅所装零部件能在其位，还要留出一定的操作空间。好的造型给人以视觉的美感，但是再美的造型如果工艺实施上不可行，也是枉然。因此要对产品的造型进行工艺可行性分析，也就是常说的制造可行性。如图 2-12 所示，门护板上本体的分模线外露，影响美观，需调整造型面，造型不符合定义的工艺等。

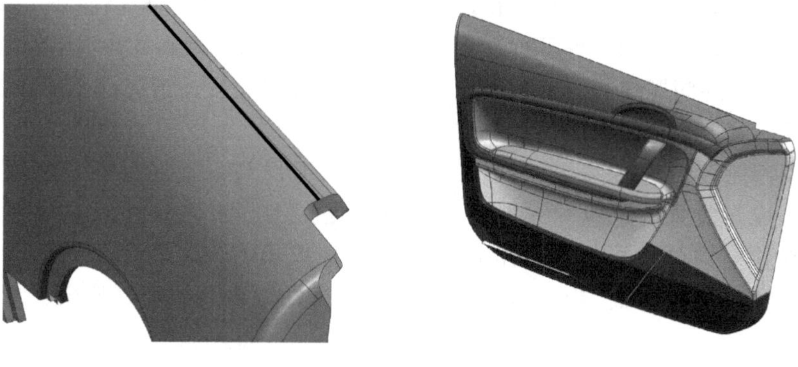

图 2-12　门护板的工艺性分析

5. 人机工程分析

人机工程分析采用专门用于汽车内饰设计的人机工程分析软件 GENPAD，它充分考虑了诸如可触及区域、驾驶情况下的视野及反射区域、汽车仪表被转向盘遮挡范围、出风口位置、膝盖安全区域及头部冲击等各项因素。它可以迅速、准确地得到在驾驶状态下五十多项人机工程分析结果。

分析内容包括：

1）模态分析：用于迅速找到产品的薄弱环节。

2）静力分析：提供包括对线性、非线性、屈曲等问题在内的各种分析。

3）频率响应分析：模拟产品在汽车颠簸过程中刚度和强度的表现。

4）热载荷分析：模拟产品在光照等热载荷作用下的产品变形和受力情况。

5）空调及风道的流动分析：通过对空调内部的流场分析模拟气流在不同管道中的分布、热传导和流动阻力。

6）除冰分析：模拟前除霜分管对风窗下板的除冰效果，从而判断其是否达到相应的法规要求。

7）碰撞分析：模拟在碰撞发生时对驾驶人和乘员的伤害情况。

如图 2-13 所示是侧除霜风口吹风方向的布置要求。

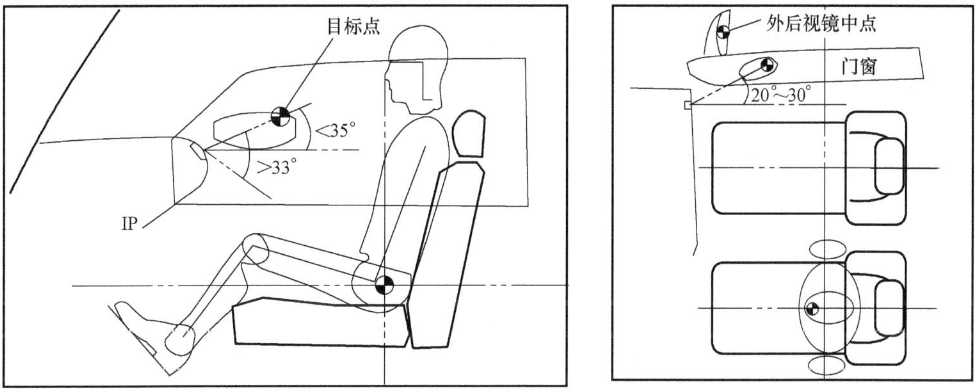

图 2-13 侧除霜风口吹风方向布置要求

6. 间隙面差确定

间隙面差是内外饰最直接的感观评价。一般来说，间隙面差与制造工艺和制造精度及尺寸链有关。间隙面差要求越高，其工艺可行性要求就越高。产品的制造公差越大，设定的间隙面差也要相对大些。有时候要根据实际情况，以造型的方式避免一些难控制的间隙面差。例如，内饰仪表板的设计要考虑杂物箱的分界线与仪表板的造型，从造型设计中避免出现一些不利于控制的间隙面差因素。具体参见图 2-14 虚线所示。杂物箱、仪表板的上本体和下本体、主仪表板和副仪表板等处的配合在造型上进行了很好的优化，使间隙面差易于控制。

2.3.3 工程化设计

产品工程设计阶段的工作一般是指从造型冻结开始到数据发布完成这一过程中所有的工作。产品工程设计阶段的流程如图 2-15 所示。

1. 结构设计

内外饰结构设计大致从以下几个方面进行考虑确定：

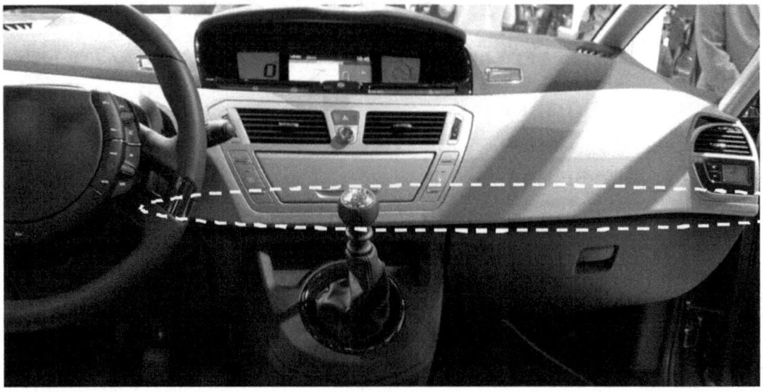

图 2-14　造型考虑间隙面差示例

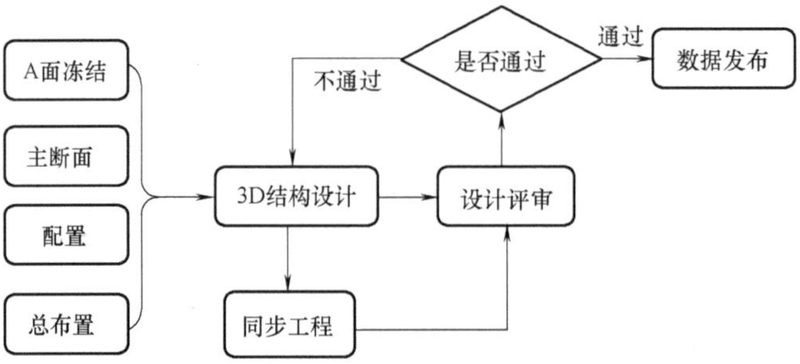

图 2-15　产品工程设计阶段流程图

(1) 定位和安装设计　由于装配、尺寸控制，提高生产效率的需要，近几年定位系统被广泛应用于汽车产品的各个环节，而且在内外饰设计中也受到了广泛的关注，逐渐应用到每个零件的设计中。因此，在汽车内外饰设计时，考虑定位成了一个不可或缺的关键步骤。

1) 定位系统的作用。

① 产品装配工艺的方便性。有定位时，使产品装配更加方便，效率更高；同样使检查更方便，给检具提供了一个基准。

② 必要配合尺寸的保证，如配合间隙、配合间差等。

③ 零件本身公差精度的保证，如零件的边界尺寸、开孔尺寸和位置精度等。

④ 降低零件的成本。可以有效地降低装配过程中由于操作问题造成零件报废的概率。

⑤ 在图纸中的标注更方便、更有序。

2) 定位选取的原则。在零件设计中，如果想要达到上述作用和目的，就需要定位，但特别小的零件、与周围没有配合关系的零件可以考虑不用定位。

3) 定位形式。

① 定位柱形式：主要应用于较小的零件、配合零件，限制零件某个方向的运动等。

② 十字交叉型：主要用于大件的配合及总成与车身装配时的定位。

③ 利用卡扣座本身的结构来定位：主要用在不太长、又不太宽的零件上。

④ 利用配合结构进行定位：配合结构有很多种。

⑤ 利用零件本身的加强筋进行定位：如加强筋与钣金的配合，以限制零件某个方向的运动、限制零件的旋转等。

4）定位的具体要求。

① 要求布置合理，一般情况下采用四分法进行布置，主定位点和副定位点分别布置在零件长度方向两侧各四分之一的地方，特殊情况下进行稍微调整，主定位一定要布置在靠近配合边的地方，以保证配合尺寸。

② 定位结构要有一定的强度，同时考虑工艺成型性。

③ 定位布置时，定位方向要明确，X、Y、Z 三个方向及绕三个坐标轴旋转的 6 个限位要分别考虑，要同时满足 6 个自由度。

④ 定位结构要求尺寸合理。尺寸要求包括两个方面：一是自身的结构尺寸，二是配合尺寸。

5）与车身的安装方式。对于内饰件与车身的安装方式，主要要求能达到安装简单、快捷、牢固、可靠等。一般安装都是选用卡扣连接安装，对每个部位工作环境、性能要求、安装要求等进行分析，以选择或设计合理的卡扣，达到最佳的性能。在安装方式设计过程中，有一点比较重要，就是要求各护板或总成在 Z 轴方向有一硬安装方式，可以是金属卡片安装，也可以是在护板上用一些加强筋安装，或是某一零件支撑护板等，其作用主要是使护板在 Z 轴方向有一支撑力，以防卡扣损坏，而影响护板安装。

6）内饰件间的安装方式。影响内饰件外观品质的两个主要因素是间隙和面差，而这两个因素主要是由内饰件间的安装方式来控制的，除了要注意合理的安装方式（包括结构、位置等），还要有合理的定位方式（尽量用点、线定位，避免用面定位，特别是大面定位）。同时，各内饰件间安装是相互影响的，要考虑整体安装布局，比如各门护板总成与其他各饰件间没有什么安装影响，可以单独以门护板总成安装来考虑，但其他饰板间的安装却是互相影响的，顶篷饰板与各上护板间虽没有安装要求，却有间隙、面差要求，上下护板间又有安装、间隙、面差等要求，而下护板与各门槛护板、地毯也有此要求。因此这些件都不能单独考虑安装方式，必须综合考虑。

7）相关件的安装方式。内饰关联件与内饰的安装方式有两种：一种是安装在内饰件或通过内饰件安装在车身等其他件上（与内饰件有配合关系）；另一种是不与内饰件发生安装关系，但有边界约束条件。在内饰结构设计时，需为这些相关件留出安装空间。

（2）搭接结构设计　以立柱护板的配合结构为例，目前比较流行的结构有对接结构和搭接结构。对接结构对零件本身和车身焊接精度等要求比较高，需要控制多个方向的配合；搭接结构相对对接来说要好控制一些，对车身等的要求也低一点。如 B 柱上下护板的配合，对接要控制 Y 和 Z 向的配合，而搭接只要控制 Y 向的配合就可以了。具体如图 2-16 和图 2-17所示。

（3）加强结构设计　在注射件的设计中，加强筋是不可或缺的功能部分。加强筋能够有效地增加产品的刚性和强度而无须大幅增加产品切面面积，对一些经常受到压力、扭力、弯曲的塑胶产品尤其适用。此外，加强筋更可充当内部流道，有助模腔充填，对帮助塑料流入部件的支节部分有很大的作用。

加强筋一般被放在塑胶产品的非接触面，其伸展方向应跟随产品最大应力和最大偏移量

图 2-16 对接结构

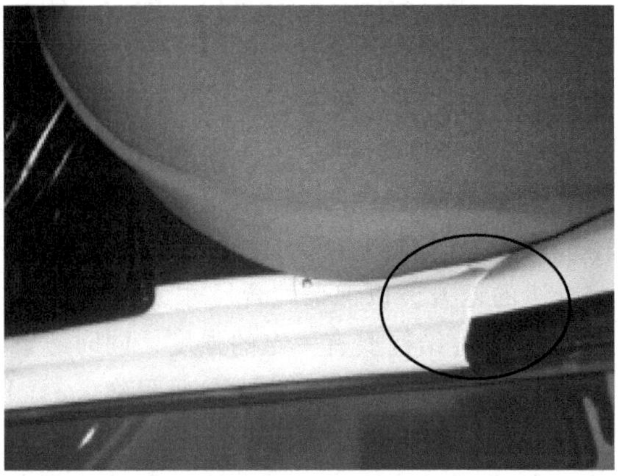

图 2-17 搭接结构

的方向，选择加强筋的位置亦受制于一些生产上的考虑，如模腔充填、缩水及脱模等。加强筋的长度可与产品的长度一致，两端相接产品的外壁，或只占据产品部分的长度，用以局部增加产品某部分的刚性。如果加强筋没有接上产品外壁，末端部分亦不应突然终止，应该渐次地将高度减低，直至完结，从而减少出现困气、填充不满及烧焦痕等问题，这些问题经常发生在排气不足或封闭的位置上。

> 从生产的角度考虑，使用大量短而窄的加强筋优于使用数个深而阔的加强筋。模具生产时（尤其是首试模具），加强筋的阔度（或深度）和数量应尽量留有余额，当试模时发觉产品的刚性及强度有所不足时，可适当地增加，因为在模具上去除钢料比使用烧焊或加上插入件等增加钢料的方法简单及便宜。
>
> 不同材料的加强筋设计要点是不相同的。

（4）运动件设计　运动件设计即内外饰功能件设计。功能件具有阻尼器、扭簧、外盖，且外盖绕固定轴转动。设计过程中需要注意以下三个方面：一是功能布置空间要求，有操作空间、运动包络等；二是结构运动副设计；三是止位或运动行程设计。

运动校核内容：一是从整车角度出发进行运动学正确性的校核；二是对于有相对运动的零部件或零件进行运动干涉校核。

例如，遮阳板既是内饰件，又是功能件。高档轿车上的遮阳板还增加了可调节色差的防眩目功能。因此，遮阳板的设计应达到遮光的目的，同时还要兼顾美观、轻便、操作方便、灵活等方面的要求。

门手柄不仅是开、闭门的功能件，同时也是装饰件。因此，门手柄的设计要注意其实用性和观赏性，要使驾乘人员开、关门方便，符合人手扣、抓的人体力学特点，不能有尖角和毛刺，而且还要有一定的强度。

烟灰缸和杂物箱是汽车中的功能件和装饰件。杂物箱的设计要考虑其实用性和方便性，要具有耐磨、耐冲击的特性，并能与仪表板相统一。烟灰缸是一个复杂的小总成，在设计中要考虑其使用性和观赏性的要求。一个设计好的烟灰缸甚至可以作为一个艺术品，可以通过使用卷簧、弹簧、齿条、齿轮等结构达到阻尼效果。

（5）装配和维修性设计　产品制造出来后要经过相应的装配方法及装配顺序才能实现产品的功能，这就需要我们在设计过程中充分考虑装配的方便性。如果等产品出来才发现装配有问题，比如说工具的空间不够、不方便安装等，那将会产生很大的损失。装配是一项劳动密集型的工作，据统计，装配成本在产品总成本中的比重可以达到40%。法国对355家公司的调查结果表明，装配自动化的一个主要障碍是，通常的产品设计不是面向装配的，这使产品装配已成为制造业最薄弱的环节之一。如何有效地降低装配费用，是当今企业所面临的突出问题。可装配性就是为了解决这一问题而成长起来的高新技术。简单地说，可装配性是一种优化产品设计，以获得最低装配费用的技术。可装配性在产品设计阶段，通过分析影响产品可装配性的各种因素，对产品的可装配性进行评价，并在此基础上，给出产品再设计的建议，通过再设计，使产品易于装配，以达到降低产品装配费用的目的。

任何一种产品在使用过程中，都不可避免地会出现故障及损坏，这时就要对产品进行维修及拆卸，那么维修和拆卸的方便性就显得尤为重要。维修性是设计所赋予产品的固有属性，是系统能够保持或恢复到有效使用状态的能力，与系统能够可靠地完成规定任务的能力具有相同的重要性。维修性设计就是在设计早期赋予产品便于维修的特点，确保要求的维修性特征能够包括在系统的设计中，目标是尽量减少或降低由维修引起的停机时间、维修费用、维修复杂性、人员要求和可能的维修差错。

只有把这些装配/维修性分析贯穿于整个设计过程中，才能保证生产的产品是好产品，才能提高一个公司的效益及声誉，延长产品的寿命。

2. 数据校核及优化

（1）校核　为了使得设计数据合理，方便装配和维修等，需要对设计数据进行校核，校核的主要范围有：

1）零部件的空间布置：如储物空间、烟灰缸、杯托大小，内部零部件间的安全间隙等。

2）匹配状态控制检查：如零件公差、公差积累、定位方式、可见分型线等。

3）装配可行性：如装配顺序、装配干涉、空间要求、辅助工装信息等。

4）制造工艺可行性：如基本壁厚、最小壁厚、表面缩痕、最小拔模角、可见分型线等。

5）通常的校核方法有DMU校核、CFD分析、模流分析、强度分析、刚度分析、设计优化分析等内容。

6）DMU校核主要是检查装配的可行性及方便性，避免干涉等问题。

强度是结构在正常工作时能承受的载荷，一般用工作应力的峰值来表示结构强度的水平。在解决实际工程问题时，要根据分析目的和分析对象的受力状态，选择描述或评价分析对象力学性能的物理量，并用这个物理量进行强度分析，这是一个非常重要的问题。指导原则是有限元分析输出的物理量应与试验分析时测试的物理量相同，以便于试验验证。

刚度是结构在正常工作时的许可变形，用刚度表示结构抵抗变形的能力，刚度是结构在外力作用下发生单位变形所需要的力。

（2）优化　设计优化分析意味着在满足约束的前提下产生最佳设计的可能性。汽车结构的设计优化分析以轻量化为设计目标，以强度和刚度为约束条件，以设计的形状和尺寸为设计变量，进行多方案比较，选择较优的设计方案。设计人员在设计优化有了初步结果之后，一定要用力学分析和设计经验进行合理的解释，进一步确认设计优化结果的正确性。

3. GD&T 图纸设计

GD&T 全称为 Geometric Dimensioning and Tolerancing，即几何尺寸和公差。标准中包含有尺寸标注方法（属我国技术制图标准）与几何公差（属我国形状和位置公差标准）两大部分。产品工程制图是传递设计要求和合格部件几何形状的真正功能限制的基本手段。为了确保所有图纸的统一解释，每个使用人对图纸上的所有符号必须有共同的理解。3D 数据设计完成后，工程人员就应该进行图纸设计，通过 GD&T 图纸，就可以看到产品是如何定位的，同时可以很好地指导检具设计。

在汽车设计、制造和检测过程中，采用基准系统的目的是避免基准的变换，保证汽车零部件在设计过程、生产过程、检测过程以及装配过程中基准存在统一性，使零件制造、检测、装配偏差达到最小，更好地保证汽车品质。通常在汽车零件的概念设计阶段就应该考虑到各个部件的基准系统定义，以方便后续的设计。在 GD&T 图中，基准的合理定义是更好地进行尺寸控制的基础。

基准应该考虑选择在零件装配的配合面上，而且被选作基准特征的基准应该比较稳定，存在的装配偏差较小，同时零件的基准应该能够代表实际零件的某些特征关系，如平面、轴、孔及凸台等特征。

建立的基准参考体系最好在零件的设计、制造、检测和装配过程中共用且一致。对于汽车内外饰件，由于大部分零件为注射、吸塑及模压件，均为一次成型件，这些零件的设计基准、检测基准和装配基准应该保持一致，以保证内外饰的品质要求。

基准特征自身必须在制造过程中保持尺寸稳定，即基准点必须定位于零件的稳定区域。对于顶篷内、地毯等非刚性材料制件，需要考虑是否要添加辅助基准来限制部件的扭曲和变形。基准特征必须具有可重复性，不会因装配等因素而变化，理想的情况是同一套基准既决定了与其他部件的配合关系，又能够作为其生产的定位基准，同时又适合作为测量的定位特征。

在 GD&T 图中，通常不标注零部件的形状尺寸，而主要通过形位尺寸公差来体现零部件某些特征的定义要求和外观品质设计要求。

针对汽车内外饰件来说，通常会存在一些圆柱销、十字销、卡钩、卡扣座、弹性夹片配合结构、簧片螺母配合结构等。由于这些特征通常都会作为基准，或者与其他零部件有配合要求，对整个汽车品质有很大的影响，在 GD&T 图中，需要进行尺寸控制。

> 在汽车内外饰的设计过程中定义的尺寸技术规范（DTS），即间隙面差要求，就是对内外饰的外观品质要求。而 GD&T 图最大的用途之一就是通过轮廓度公差来表现对零部件之间的配合品质要求。因此在检测过程中只需要对标注的公差要求进行检测即可进行内外饰零件的尺寸控制，从而控制内外饰件间隙面差要求，最终保证内外饰的外观品质。

4. 工程设计中的注意事项

1）确定零件的结构形式，自身的结构、固定、定位以及周围零件配合时的配合结构等，要有一个清楚的规划和构想，并且要以工程能够实现为首要目标，同时要兼顾造型和成本的需求。

2）在确定零件的出模方向时，要根据提供的CAS面调整到最佳状态，然后根据调整好的拔模方向检查CAS面是否满足拔模要求，并对以后的A面进行同样的检查校核。出模方向原则：首选与三维方向平行的角度，其次选择与X、Y、Z中一个平行的角度为出模方向，尽量不要选与三个方向都有夹角的拔模，否则模具设计较为困难。而且拔模角要充分考虑CAS表面皮纹的要求，一般皮纹要求拔模角在8°以上，细皮纹在5°以上，否则容易出现皮纹拉伤。相邻两个件的拔模角度尽量一致，如果拔模角度相差太大，那么这两个件的配合翻边和结构较难设计，且间隙面差在实际生产中也较难控制。

3）零件总成与其他系统的配合间隙在满足美观的前提下，一般是越远越好，但如果空间实在有限，间隙应该不少于3mm。如果其他系统的零件为运动件，则间隙应该不小于5mm。系统内部零件的配合，应该尽量考虑制造厂家的工艺控制，一般间隙小于0.5mm，如果是运动件应该不大于2.5mm且运动件一定要校核三个状态的配合情况，即关闭状态、半开启状态和完全开启状态。在设计时，为了兼顾造型的需求，有的地方倒角往往很小，有的只有0.5mm，通常塑料件的壁厚是2.5mm，为了保证壁厚均匀，倒角背部一定要做减壁处理，防止样件表面产生缩痕、应力痕等影响表面外观的缺陷。

4）紧固结构的布置也要合理，塑料卡扣的紧固距离一般为200mm，焊接柱的紧固距离一般为80~120mm，与本体一起成型的卡接结构一般能紧固40mm的距离，且过盈量要设计合理，卡接在PP材料上一般过盈量为1mm，卡接在ABS材料上过盈量一般为0.5mm。紧固结构要布置在易变形、间隙面差重要的区域，要充分考虑如果结构有倒扣的出模问题。

5）零件内部需要滑块机构脱模成型时，需要检查滑块尺寸、滑块滑动方向及滑动距离。滑块的尺寸，宽度和厚度不能小于5mm，如果不能满足该尺寸，需要调整零件内部结构，以满足滑块的尺寸要求。滑块的滑动方向选择与滑块结构和本体面的夹角有关，一般本体平面与卡扣配合平面在0°以上才能顺利滑动，滑动方向要在本体平面及卡扣配合平面的夹角范围内。一般滑动距离空间要在实际作用滑块尺寸的2倍以上。

6）检查内部结构、空间大小、零件与周围的配合等是否合理，尺寸是否合适。配合结构的形式有很多种，要选择一种最有效的配合及结构方式，既节省空间，又能满足功能要求及强度要求。

7）总成内部由很多零件组成，一般情况下，一个总成的内部零件出模方向一致，当总成内部的零件出模方向不一致时，要注意零件与本体的配合结构：既要符合各自的出模要求，又要实现配合的功能要求。

8）总成内部有旋转机构时，要进行运动分析，既要满足配合间隙又要满足运动间隙。

9）固定结构不但能起到固定零件的作用，还能起到其他各方面的作用，如定位、保证配合间隙、控制面差等作用，所以在布置固定结构时一定要布置合理，并且选择合适的类型。

2.3.4 同步分析

汽车公司为了满足顾客的多种要求，需要在缩短开发周期、提升品质、降低成本等方面持续做出努力。按照传统的开发方式，开发工作分阶段进行，但这种方式对满足多重要求具有一定的限制。

传统方法遵循每个步骤之间的顺序流程，各专业的工程师只考虑本专业的工作，所以频繁出现以下的问题：当项目管理者和每个部门的沟通不足时，导致开发时间很长、质量差。产品开发负责人不和生产部门交流就开展产品设计。生产的问题只在生产方法需要变更时才强调。质量问题和顾客要求在设计和验证结束、上市准备之前才考虑。

因此，开发周期相对较长，和其他部门相关的问题出现时解决较困难。

为了解决这些问题，就要推行同步工程（Simultaneous Engineering，SE）模式，从开发阶段初期开始所有部门的项目组工程师齐聚一堂，讨论各自负责领域的要求和问题，寻找最优方案，从设计阶段开始反映需求。

1. SE 开发模式

传统方式和 SE 方式开发模式的对比如图 2-18 所示。

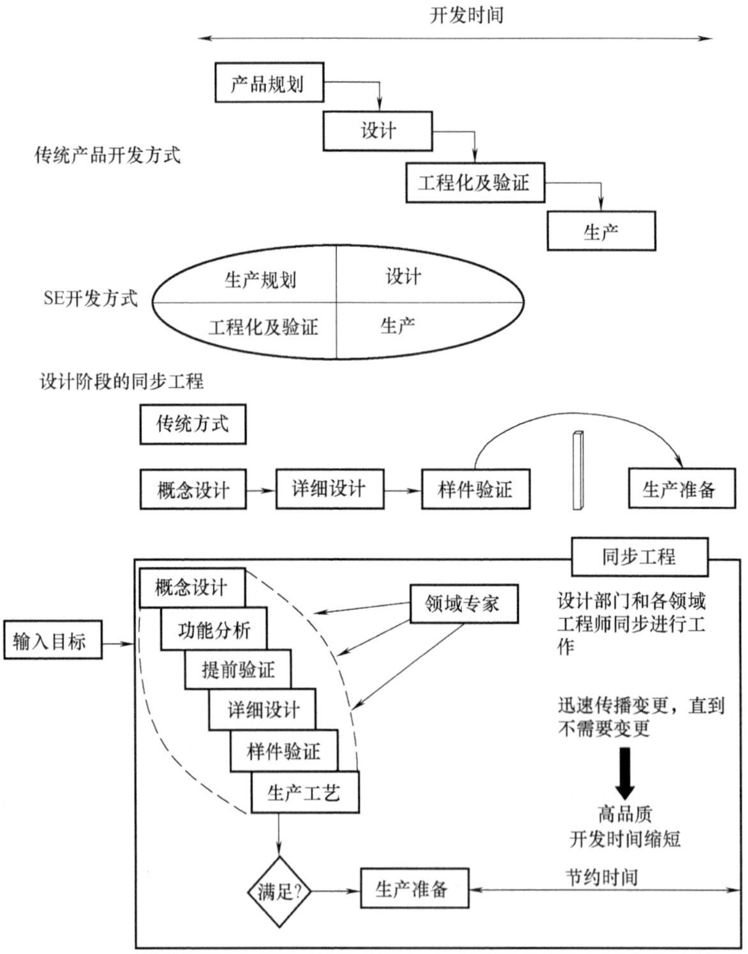

图 2-18　传统方式和 SE 方式开发模式对比

传统方式和 SE 方式的特点对比见表 2-4。

表 2-4 传统方式和 SE 方式的对比

传统方式	SE 方式
• 各部门分开进行阶段性开发工作 • 信息共享及水平沟通不足 • 提前研究不足(调研结果、应规避问题分析) • 问题整改讨论不足,方案有效性不足 • 输出结果的评审,针对其他领域的影响评估不够	• 相关部门同步进行开发工作 • 从概念设计阶段,反映相关部门的要求 • 通过信息共享及沟通,提高工作推进力度 • 综合考虑多种方案的有效性 • 充分评估工作输出及针对其他领域的影响

SE 活动的主要目的是缩短开发周期、提升质量、降低成本、满足客户要求。为了达到上述目的开展具体的 SE 活动，通过有关人员积极参加和定期召开会议来实现信息共享，由协助相关部门的工作、分担工作、安排工作、输出结果评估、要求和问题的分析与讨论、得出想法等构成。

2. SE 活动具体工作（表 2-5）

表 2-5 SE 活动

SE 主要目的	手段	参与部门	主 要 活 动
• 缩短开发周期 • 质量提升 • 降本、用户要求满足	开发全程继续进行 SE 活动(包括定期 SE 会议)	• 项目组 • 营销 • 产品设计 • 采购 • 试验 • 质量 • 生产工艺	• 信息共享 • 工作协调及分摊,工作安排 • 设计输入分析(产品定位、成本、调研结果、对标、性能目标、法规、应规避问题) • 设计输出评审(设计概念、详细设计、DFMEA,技术指标) • 设计方案有效性分析(CAE 分析、部分结构的提前验证) • 验证计划及方案讨论(整车/系统/零部件 DV 计划、验证办法优化、试验问题分析及整改、验证结果评审) • 功能及性能评价 • 生产工艺分析及问题讨论,整改

（1）概念设计阶段

1）进行用户调研、用户要求分析。

2）根据产品定位，进行竞争产品调查及分析。

3）通过竞争产品对标，设定开发目标。

4）应规避问题梳理，分析原因。

5）成本分析。

6）按照以上的分析结果制定及通报初步设计方案。

7）各领域评审初步设计方案后提出要求（包括工程化问题、成本问题、生产工艺问题、制造可行性问题、质量稳定性问题等），进行讨论。

（2）详细设计阶段

1）按设计方案检查表进行设计方案评审（包括 DFMEA、DV 试验计划和试验项、技术指标）。进行合理性及有效性的具体检查，提出建议。

2）重点检查质量问题规避方案。

3）针对各领域要求的建议，通过讨论建立初步方案。

4）进行设计方案的提前验证（CAE 分析、部分结构验证）。

5）和供应商交流工程化方案、成本。

6）完成具体设计方案。

（3）验证及工程化阶段

1）验证过程中的问题分析，给出整改方案，重新验证。

2）整改方案针对各领域的影响分析。

3）验证办法优化。

4）验证结果的有效性分析。

5）供应商一致性管控方案。

6）进行设变流程，发布。

（4）生产准备

1）集中讨论生产工艺问题及整改方案。

2）整改方案针对其他领域的影响分析。

3）生产一致性管控方案。

现在大部分汽车公司从概念设计阶段开始，就运用同步工程，产品企划、设计、试制、零部件开发、生产、销售等各个部门实时联系，项目的开发周期变短，同时也在质量提升、降低成本、满足用户要求等各个方面取得了显著成效。

2.3.5　模具/工装开发

内外饰模具工装工作流程一般如图 2-19 所示。

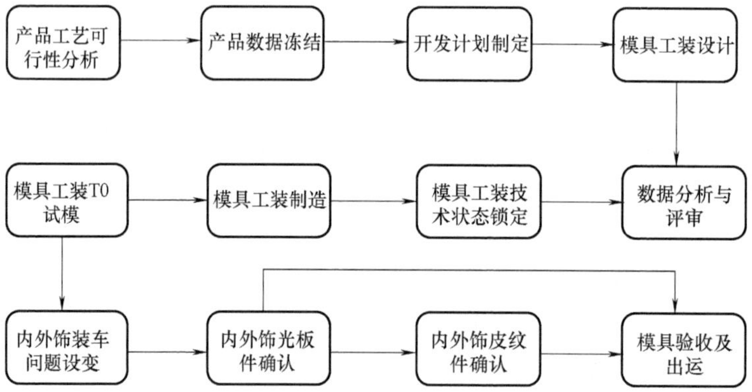

图 2-19　汽车内外饰模具工装工作流程

> 内外饰模具工装管控要点：
>
> ●技术部门按新产品开发的开发需求，对产品进行分析、评审，对影响生产稳定性、制造可行性进行分析，同步优化产品结构，降低工装成本。
>
> ●技术部门联合供应商按照项目装车节点，顺排或倒排模具工装开发计划，制定具备可操作性的时间节点，后期以计划节点进行管控。

- 供应商根据主机厂输入的产品数据或图档，按双方达成的技术要求或技术指标，输出模具数据供主机厂分析与评审，并将模具工装技术状态锁定，使模具能满足产品开发需求、模具制作要求。
- 供应商按模具数据进行制作，其中重点管控产品零部件关键尺寸是否按数据制作，模具制作进度是否按计划推进，模具加工质量是否按技术要求执行。
- 模具完成装配后进行T0试模，技术部门将试模现场的工艺、模具状态、产品问题等全部登记造册，约束完成时间及责任单位，在模具验收前逐步解决模具本身的问题和因装车发现的产品结构问题。
- 针对不同的产品表面要求制定不同的后续工作方式，例如皮纹，造型部门需提前输出给供应商皮纹方案，在光板件确认好以后，再输出给皮纹厂家做表面特殊处理，并提前做好相关计划和措施。
- 提前半个月输出给供应商模具验收时间及要求，特殊结构模具或关键件模具都必须进行拆模检验，对保险杠本体、仪表板本体需进行500次以上的空打来验证模具结构稳定性。供应商需在模具出运时同步将模具备件、模具验收报告、模具数据、相关检测或证明报告发运。

2.3.6 设计验证

整车设计验证确认阶段的内外饰工作流程一般如图2-20所示。

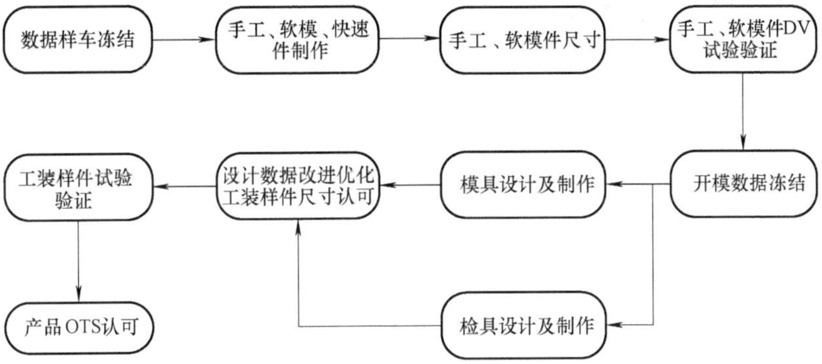

图2-20 整车设计验证确认阶段内外饰工作流程

1. 手工、软模件制作及尺寸匹配

1）手工、软模、快速件是指供应商按照主机厂提供的数字化定义、图纸、技术资料或样件、边界条件、功能要求，经过技术转化、设计、创新和零件试制等产品开发过程所制造的零部件。此样件是通过手工处理、快速成型或简易模具生产出来的样件，理论上符合关键尺寸要求，并满足各项性能要求。

2）手工、软模、快速件的尺寸（功能）需要按图纸上面标注的尺寸（功能）进行检查。供应商提供手工、软模件之前，必须与相关的设计部门产品工程师共同确认尺寸（功能）检验用零件简图（需标注认可尺寸的序号标识）。

3）尺寸检查合格后进行装车和零部件尺寸匹配验证，产品设计、质保、采购质量、销售等部门共同对装车匹配状态进行评估，评估合格后可冻结设计数据或进行下一步的 DV 设计验证。如存在设计问题将由产品设计部门牵头针对问题进行数据分析，并出具更新数据的解决方案，经各部门确认整车匹配无问题后方可进行下一轮的设计数据冻结。

例如，很多内外饰件如仪表板、杂物箱、风道、出风口、仪表框、立柱护板、门护板等就可以在数据冻结前通过制作快速样件来验证设计尺寸。

快速成型制造技术又称为快速原型制造技术（Rapid Prototyping Manufacturing, RPM)，其基本原理是利用 CAD 三维设计的结果和逐层堆积的方式制造零件（图 2-21)。传统零件制造方法有去除法和变形法，而 RPM 方法是靠添加材料来制造零件，又称为材料添加制造法，其制造流程如图 2-22 所示。

必须注意的是，由于一般快速成型件的材料特性偏脆、强度较弱，不适合作为强度、耐久性等的参考。

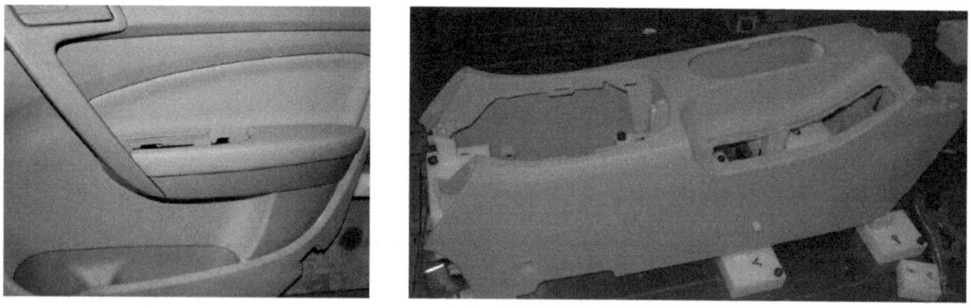

图 2-21　内外饰中的快速样件

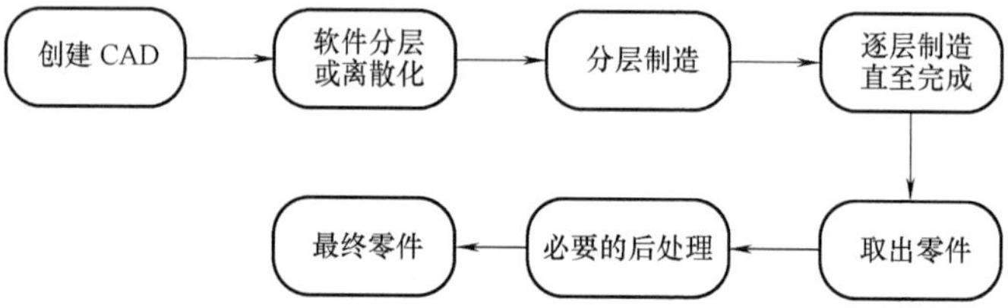

图 2-22　快速成型制造流程

2. 手工、软模件验证

尺寸合格后进行装车和零部件的部分 DV 项目验证，产品设计、质保、采购质量等部门共同对试验结果进行评估，评估合格后可冻结设计数据。如存在设计问题将由产品设计部门牵头针对问题进行数据分析，并出具更新数据的解决方案，经再次试验无问题后方可进行设计数据冻结。

样件验证主要有两种类型：

1）一种是外观验证模型，是在外表面设计数据完成后用高密度代木加工出的一个实体模型，只用于评审产品外观和反映数据设计在 DTS 等方面的控制状态。外观验证模型一旦确认，外表面数据就可以冻结了。

2）另一种是快速样件，它是在3D零件设计完全结束后制作的样件，有外表面也有背面的结构。它主要反映实际装车的匹配效果和结构设计是否合理。快速样件一经装车确认后，零件设计的数据就可以冻结了。

例如，行李箱通风框在开模之前可以用快速成型件进行通风性的DV设计验证，验证内容见表2-6。

表2-6 出风口DV设计验证内容

关于×××车型出风口的DV试验验证结果				
序号	试验描述	接 受 标 准	目 标 要 求	试验结果
1	低温性能	-40℃×24h	要求：总成功能不能失效，也不得产生形状、颜色和表面可见的变化	□合格 □不合格
2	温度交变试验	(80±1)℃，3h→室温，1h→(-30±1)℃，3h→室温，1h→(38±1)℃，(98±2)%空气湿度，12h	出风口在试验后必须仍具有完全的功能，外观不得改变（无变形或其他缺陷）；试验结束后，操作力必须满足图纸要求；密封性能必须满足图纸要求	□合格 □不合格
3	操作力	在环境温度下测量（23℃±5℃），操作速度：15°/s	水平叶片组操作力(3±1.5)N 垂直叶片组操作力(3±1.5)N，操作力变化应规律，不能有任何的跳动和阻滞	□合格 □不合格
4	振动性能	100h的振动试验：上下50h，1.5mm，40Hz的双振幅；前后50h，3.0mm，30Hz的双振幅	试验结束后无裂纹，无“啪嗒啪嗒”声；操作力不允许从起始值下降超过30%和低于规范规定的最低值	□合格 □不合格
5	密封性能	在叶片闭合状态下在出风口前100mm处通入250Pa的压力	不允许有可听见的风噪声	□合格 □不合格
6	疲劳强度	对出风口的调整件各进行10000次动作（1次动作=一个极端位置到另一个极端位置再回到开始的极端位置）；频次：(8±2)次动作每分钟	完成试验后，叶片不允许有断裂和发生干扰噪声；操作力、密封性、调节的可逆性必须满足要求	□合格 □不合格
7	出风口叶片自行调整	中间出风口通过流量为240kg/Hr的气流，左右侧出风口通过流量为160kg/Hr的气流	水平叶片组和垂直叶片组的叶片方向不能改变	□合格 □不合格

3. 模具设计及制作

1）供应商按照主机厂提供的数字化定义、图纸、技术资料或样件、边界条件、功能要求及模具相关标准，进行具体的模具设计。

2）产品设计部门根据产品零部件的技术要求设计出检具技术方案及GD&T图纸，供应商根据检具方案及技术要求进行消化和具体检具3D数据、2D图纸的设计。

3）供应商提交的检具3D数据、2D图纸经过产品设计部门批准后方可进行检具制作。

4）供应商提交的检具由主机厂采购质量工程师组织标定合格后方可投入使用。

4. 整车试验验证

（1）试验分类　汽车试验可按其试验目的、试验对象和试验方法等进行分类，分类方法如下：按照试验目的分为质量检查试验、新产品认证试验、科研型试验；按照试验对象分为整车试验、机构及总成试验、零部件试验；按照试验方法分为室内试验、室外道路试验、试验场试验、使用试验；按照试验内容分为性能试验、可靠性试验、强度试验、模拟试验；按照试验评价方式分为客观评价试验、主观评价试验。

（2）试验计划与组织

1）试验准备阶段。

① 制定试验大纲。试验大纲是开展汽车试验的纲领性文件，它关系到试验的好坏与成败。试验大纲应根据汽车试验任务提出的要求，按相应的国家或行业试验规范编制，并经过讨论、审批后付诸实施。试验大纲一般包括以下内容：

a. 试验目的和任务。明确规定试验必须完成的任务以及要达到的目的。

b. 试验对象和试验内容。试验大纲应填写样品的名称、型号、零部件代码、数量等，说明获取样品的方法（送样或抽样），写明为了完成试验任务所需的试验内容、试验程序以及试验工作量，对每项试验内容和条件应简要说明，必要时应附有试验原理图。

c. 试验项目和测试内容。大纲中应根据试验内容，详细列出必须进行的试验项目和每个项目中必须测量的参数，并说明由测量参数求得最后性能标准的计算方法，附必要的计算公式。

d. 试验仪器。根据试验项目和测量参数，选择试验仪器设备，并写明名称、型号和规格，提出其精度要求。

e. 试验方法和所依据的标准。按照不同的试验项目，确定各自的试验方法及其所依据的标准（国家标准、行业标准、企业标准）。

f. 试验条件。试验条件界定了将试验对象置于什么环境中进行测试，其中包括气象条件、道路条件、汽车所用燃料和油料的规格，以及汽车载荷等。如果是室内试验，还应写明试验室名称和基本指标要素。

g. 人员组织和分工。

h. 试验数据的处理和误差分析。应说明试验数据的处理方法：人工处理、专项分析仪器处理还是计算机处理。

i. 试验进度计划。

② 仪器设备准备。所有测试仪器与设备都应满足试验的测量范围、容量、精度和分辨率的要求；使用的电源与仪器设备相适应；需要固定在车上的仪器，如非接触式速度计等，要使其安装支架适合试验车型的需求。试验前应对各种传感器、测试仪器和仪表进行预热、调试、校正等。

③ 人员配备和记录表格准备。

④ 后勤准备。准备足够的资金，必要的汽车配件，试验所用的特殊燃料、油料和材料。

⑤ 安全措施准备。应对试验人员进行安全教育；配备灭火器、救险钢丝绳，汽车驾驶人和试验员应配备安全帽、太阳镜、急救包和防寒服等劳保用品。如果是多辆车外出试验，还应配备无线电对讲机。

2）试验实施阶段。

① 试验实施中应遵守的原则。

a. 试验现场不能轻易改变项目或内容，以避免考虑不周、试验准备不足而发生意外事故。

b. 试验中发现车辆、设备及仪器异常情况或出现故障，应停止试验，进行检修。

c. 不得超出试验大纲中规定的允许最大负荷、最高转速、最大压力及最大车速等极限值。

d. 试验中，为确保人身安全必须做出明确规定，同时还要采取相应的安全措施。

② 数据采集原则。数据采集是指通过测试仪器采集测试信号并通过记录仪将其记录下来的过程。在采集数据中应注意以下几点。

a. 分析、比较所记录的数据是否可信，有无不符合规律的谬误之处，发现问题应及时在试验中解决。

b. 在试验之前，应将试验背景资料（试验对象、型号、零件号、试验日期、地点、时间等）输入到仪器中或手写到纸带上。

c. 纸带上记录数据的测试精度或打印间隔应符合试验大纲的要求。

d. 粘贴记录纸带的记录本应有页码编号和试验员、驾驶人等不少于两人的签字。

③ 原始记录。原始记录是试验人员在试验现场的手工记录。如果试验人员记录有误，必须在原有记录上用杠更改并签字。

3）试验总结阶段。

① 试验完成后的总结工作，包括对试验中观察到的现象和发现的问题进行分析研究；对测得的数据进行处理，获取必要的信息和参数，以确定实测的性能指标和参数间的关系；在强度、疲劳及磨损试验完毕后，对试验数据和资料再进一步归纳上升到理论高度，得出规律，对试验样件进行评价，并得出结论，写出试验报告。

② 试验报告的内容一般包括以下几个方面：试验依据及任务来源、试验目的、试验对象、试验项目及试验方法、试验条件、试验结果及分析、试验结论及建议、试验组织、附录（如典型试验记录曲线、数据处理结果表、试验规律曲线及试验中的照片等）。

5. 工装样件尺寸认可

1）工装样件定义。工装样件指供应商依据主机厂提供的数字化定义、图纸、技术资料或样件、边界条件、功能要求，经过技术转化、设计、创新和零件试制等产品开发过程所制造的零部件和材料。此样件是通过采购质量部门验收的批产状态的模具、夹具生产出来的样件，理论上符合图纸要求，并能满足各项性能要求。

2）工装样件尺寸认可文件资料准备。工装样件认可的尺寸及功能认可按图纸上面标注的需要检查的尺寸及功能进行全尺寸检查。供应商提供工装样件之前，必须与相关的设计部门产品工程师共同确认尺寸及功能检验用零件简图（需标注认可尺寸的序号标识）和检具方案。

3）工装样件尺寸认可样件准备。设计部门根据工装样件认可计划，确认供应商提交的工装样件保证书，并要求供应商提交 5 套尺寸及功能合格的工装样件到主机厂设计部门，样件上必须贴有工装样件状态标识。

4）工装样件尺寸认可完成。设计部门产品工程师在接到合格的工装样件后，完成工装样件的尺寸及功能的检测，并进行装车匹配验证，在外观匹配合格后，出具尺寸及功能的认可报告。

2.4 精致工艺

对于名匠辈出、工艺历史悠久的中国来说，“精致工艺”这个词并不陌生。但是对于汽车而言，精致工艺又意味着什么呢？它可以成为“感知质量”。换言之，它是消费者可以通过视觉、触觉、嗅觉、听觉及使用所感知到的产品质量。比如有人喜欢钢笔，并且酷爱收集各种设计精美的钢笔，他在购买钢笔时，不仅会考虑钢笔的正常使用功能，还会评估其看起来是否名贵、做工是否良好、手感是否舒适，之后才会决定购买。换句话说，他在做出购买决定前，看中的是钢笔的设计和精致工艺水平。所以，在这种情况下，精致工艺是把消费者与产品联系起来的一个“销售工具”。

现代汽车精致工艺水平于1997年发生重大变革。当时，奥迪和大众在汽车内外饰，甚至是发动机舱的精致工艺方面取得飞跃性突破。这一优势直接体现在他们的销量增长上。从此以后，众多汽车制造商纷纷效仿，采取类似行动来提升精致工艺水平和其产品的竞争力。现在，精致工艺已经成为全球汽车品牌在市场竞争中制胜的关键性区分点之一。

与成熟市场相比，我国汽车消费者的成熟度尚处于起步阶段，因此精致工艺看起来对很多首次购车的消费者来说也许并没有太大的影响。虽然我国是一个相对年轻的汽车市场，但是就可选汽车品牌和车型数量而言，它可能是全球竞争最激烈的市场，这就意味着消费者有丰富的选择权来进行比较和购买。此外，我国消费者趋向成熟的速度也比其他市场更快。

> 精致工艺与质量的主要区别在于，“精致工艺”是消费者根据感官感知到车辆的“好、坏”，强调第一印象带给消费者的总体感受。而“质量”是消费者反复多次地使用同一件产品，随着时间的流逝，久而久之消费者所体验到的感受。

2.4.1 精致工艺评价

1. 评价工具

消费者根据人体感官，即视觉、触觉、嗅觉、听觉用来对车辆外观和内饰进行评价，如图2-23所示。

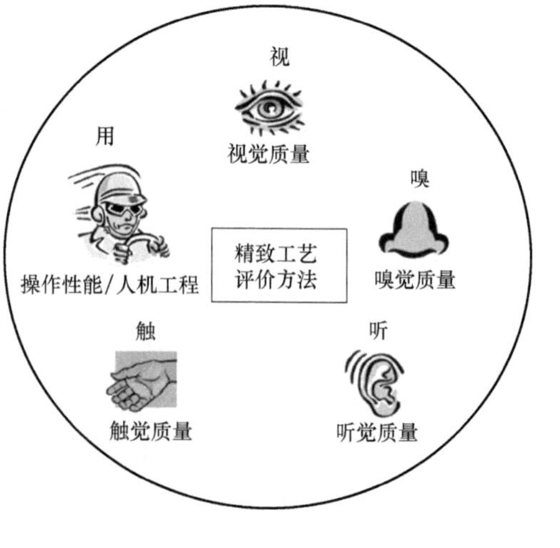

图2-23 精致工艺评价方法

评价特性如下：

（1）视觉 视觉质量主要评价点：对所有仪表板、门饰板、组合仪表等部件评价直接视觉质量、比较视觉质量、配合、图形外观、照明。

（2）听觉 听觉质量主要评价点：对内开手柄、杂物箱等活动部件评价操作声音质量、部件操作声音比较质量。

（3）触觉 触觉质量主要评价点：对常接触的转向盘、副仪表板扶手、门饰板等部件评价直接触觉质量、功能感觉质量、触觉/功能感觉比较质量。

（4）嗅觉　嗅觉质量主要评价点：对车内评价直接嗅觉质量、嗅觉比较质量。

（5）用　操控性能/人机工程主要评价点：对标识等要易发现，对按钮、电器旋钮等活动部件要易接近、易操控。

总结以上评价要素，归纳到表 2-7。

表 2-7　评价要素

	视觉质量	听觉质量	触觉质量	嗅觉质量	操控性能/人机工程
评价要点	直接视觉质量	部件操作声音质量	直接触觉质量	直接嗅觉质量	易发现
	比较视觉质量	部件操作声音比较质量	功能感觉质量	嗅觉比较质量	易接近
	配合		触觉/功能感觉比较质量		易操控
	图形外观				易意会
	照明				

2. 评价标准

在对车辆进行评价时，要站在顾客的角度审视，评价分值按照从 1 分（完全不能接受）到 10 分（完全没有问题）阶梯式打分。从顾客满意度来说，也从“相当不满意”到“完全满意”分层次表达。具体的评价打分可参考表 2-8。

表 2-8　代用特征值

评价基准								90%顾客满意		
评价分值	1	2	3	4	5	6	7	8	9	10
车辆生产建议	不合格（不能生产）				再检查	合格（能生产）				
问题程度	完全不能接受	不能接受	可接受	不满意	不太满意	轻微程度	非常小	很小	没有特别问题	完全没有问题
顾客满意度	相当不满意				有点不满意	较满意	满意	非常满意	完全满意	
希望改进人群	所有顾客				一般顾客	比较挑剔顾客		受训实验员		无

3. 评价

（1）外观评价　评价人员身高要求涵盖 5%女性身高和 95%的男性身高，在对车辆外观进行精致工艺评价时，评价人员要站在以车辆为中心、距离车辆 3m 以内的圆内进行评价，如图 2-24、图 2-25 所示。

（2）内部评价　评价人员身高要求涵盖 5%女性身高和 95%的男性身高，在对车辆内部进行精致工艺评价时，评价人员要坐在主驾驶位置，座椅停留在滑动范围内任何位置，视野范围以人体为中心，360°范围内进行重点评价，如图 2-26 所示。

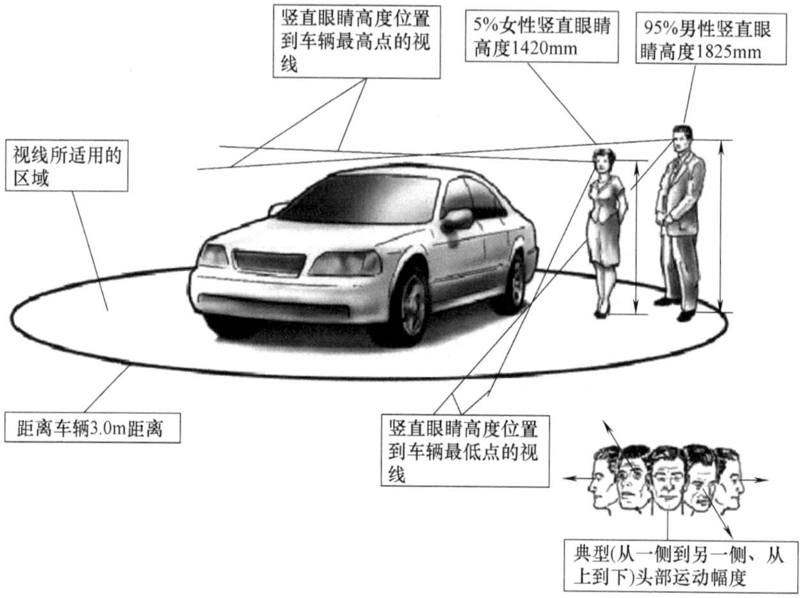

图 2-24　外观评价示意 1

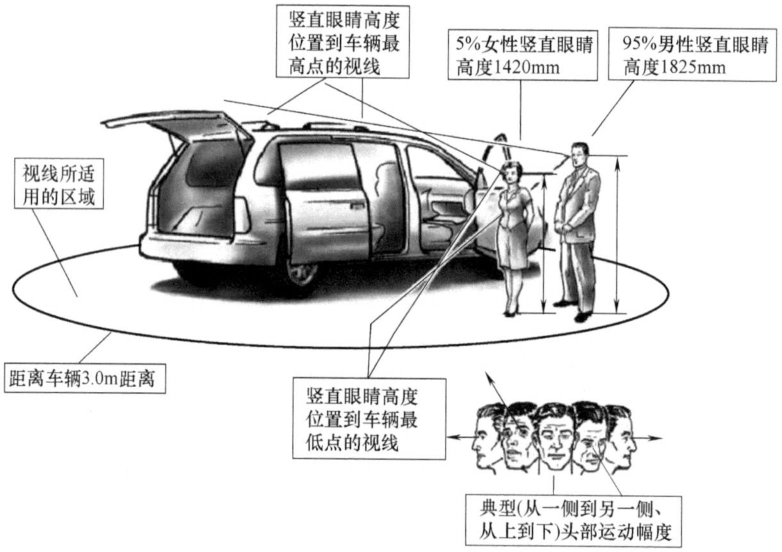

图 2-25　外观评价示意 2

4. 评价记录表

在对车辆进行精致工艺评价时，现场要做好评价记录。评价记录表格式和内容可参考表 2-9。

5. 样件整改

根据样件或工装车评价，要求产品部门对不达标的问题进行整改。样件整改如图 2-27 所示。

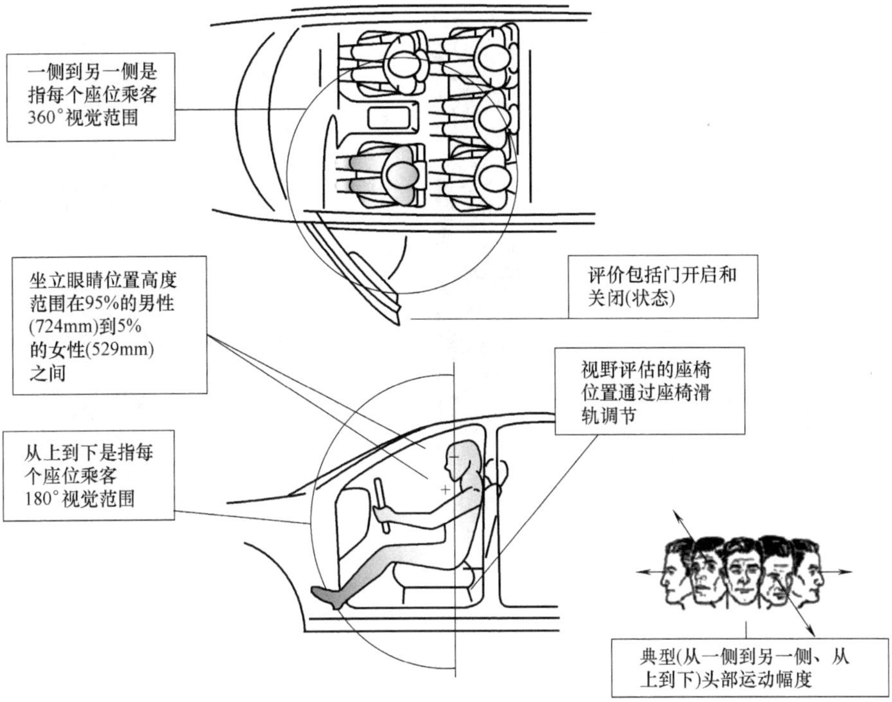

图 2-26 内部评价示意

表 2-9 评价记录参考

序号	评价对象	评价点	评分	评论
一	外部评价			
1	涂装	直接视觉质量:光泽/色调/色差	7	光泽度好,无明显橘皮现象,整车无明显色差
2	外饰部件	配合:间隙/断差	6	整体控制较好;外后视镜壳体边缘存在断差,与底座间隙不均
…	……	……	……	……
二	内部评价			
1	仪表板、门饰板等	视觉比较质量:皮纹 & 色调统一感 配合:间隙/断差	7	皮纹一致性较好,间隙均匀,过渡平顺
2	车内气味	直接嗅觉质量:刺鼻、刺激眼睛、无明显气味	7	无明显刺激性气味
…	……	……	……	……

2.4.2 精致工艺流程

在整个项目开发过程中，精致工艺流程依附于项目开展，但开发节点总是先于项目节点，如图 2-28 所示。

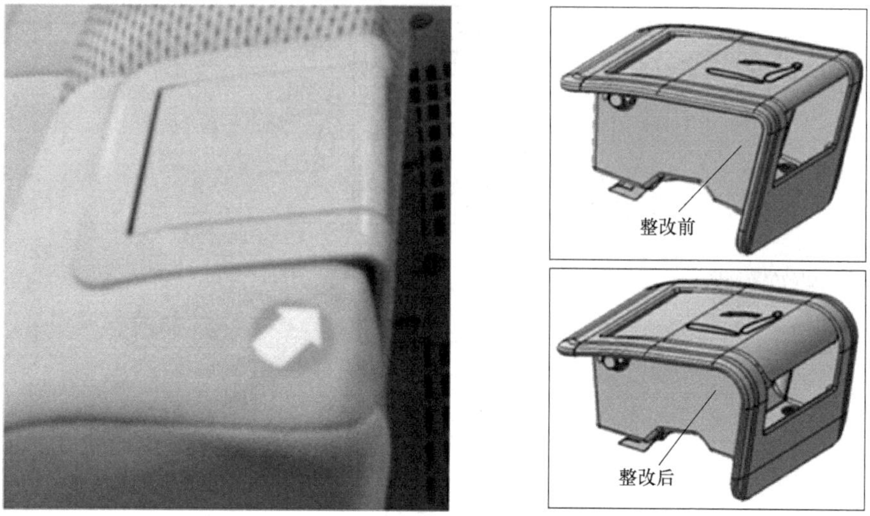

图 2-27　样件整改示例

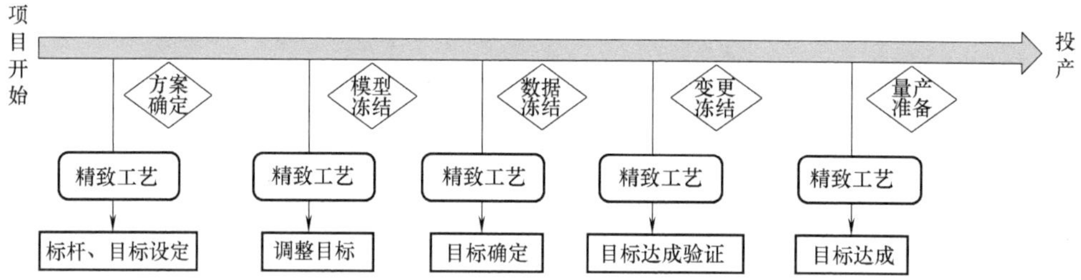

图 2-28　精致工艺流程

2.4.3　精致工艺影响因素

对精致工艺影响的因素很多，如设计、工程、材料、成本、供应商能力、制造工艺等，如图 2-29 所示。

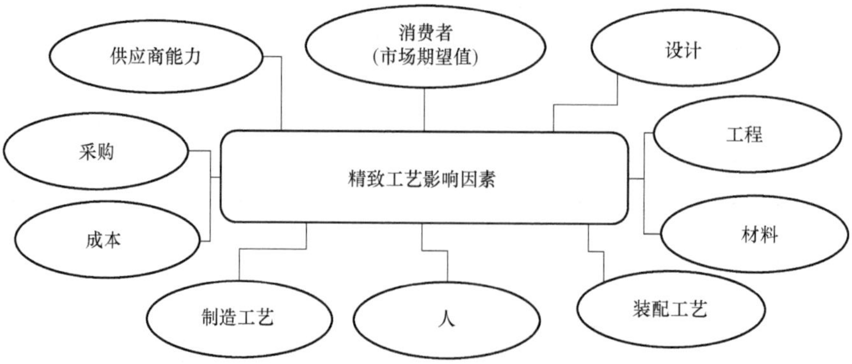

图 2-29　精致工艺影响因素

2.4.4　执行精致工艺的优点

执行精致工艺，能降低研发整体成本，如图 2-30 所示。

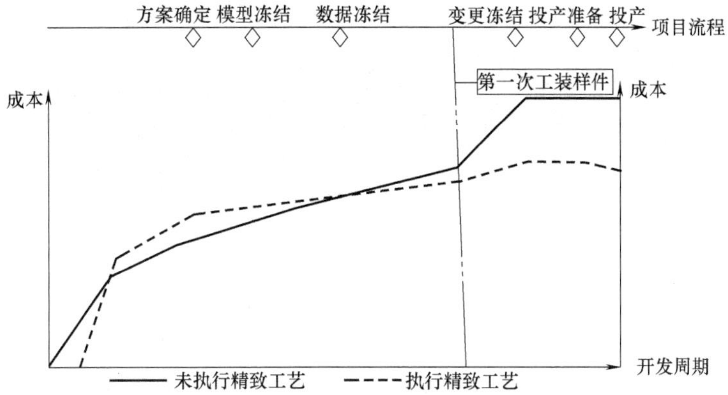

图 2-30　精致工艺成本对比

2.4.5　精致工艺总结

1）精致工艺的目标是满足大多数最挑剔的消费者的需求，如果在项目早期设计阶段投入精致工艺质量审查，很多精致工艺方案都可以以很低的成本来实现。

2）精致工艺的开展是持续性的，贯穿于项目的整个生命周期，并不是项目在进入量产阶段就结束。

3）精致工艺不是一个人可以实现的，需要每一个人的努力。

4）精致工艺永远都有改进的空间，始终追求完美。

第3章 内外饰设计常用工具与设计方法

汽车设计是一个复杂的系统工程，一款新车从概念设计到批量上市一般需要各个专业的工程师经过数十个月的辛勤工作。如果你是其中的内外饰设计人员，是否经历过这样的情况：辛苦数月的工作成果（设计方案）被推翻，工作的反复让你非常沮丧；设计成果终于变成了实物（快速成型件或者工装件），但是装车试验的效果却不像你的计算机中显示得那么美好，甚至问题百出；终于下达开模指令了，试验试制部门却告诉你，产品性能不达标，如果设计变更将造成模具报废……

图 3-1 翼子板与前保险杠间隙大

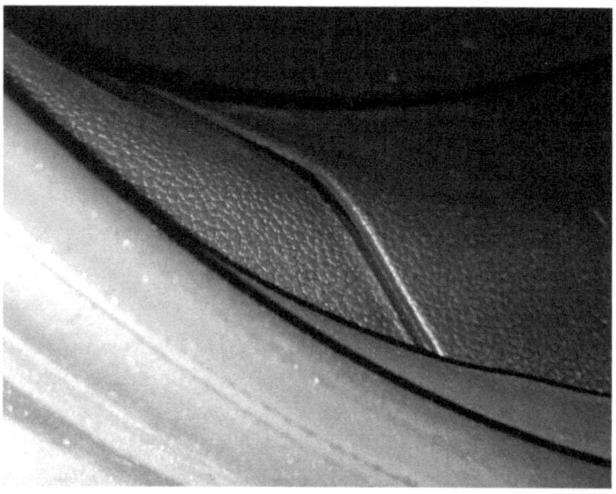

图 3-2 护板间隙不均

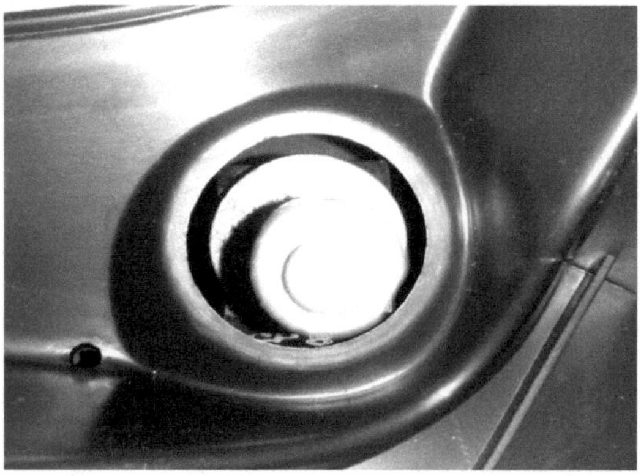

图 3-3 刮水器饰板开孔与刮水器转轴不对中

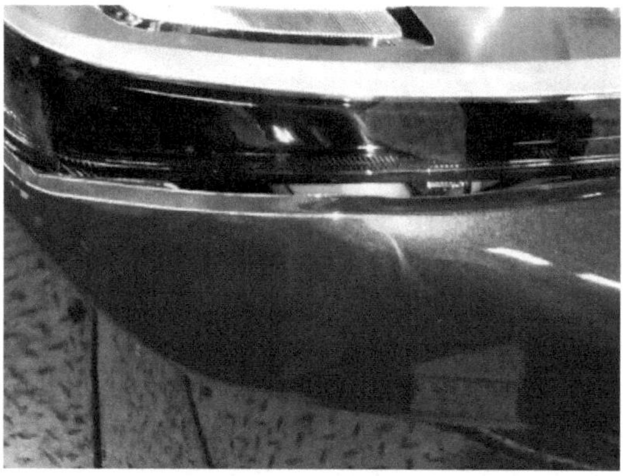

图 3-4 前保险杠与前照灯间隙高差大

我们可以从图 3-1~图 3-4 看到部分零件试制装车以后出现的问题：图 3-1 显示的是某车型翼子板与保险杠的配合，设计师设计成零间隙，但实际装车后形成了一条宽度不一的狭缝；图 3-2 显示的是某车型后门槛与护板的配合，理论上高差 1mm，但由于变形的原因，装车后出现高差不均且不稳定状态；图 3-3 显示的是某车型设计的刮水器饰板开孔与刮水器转轴不对中；图 3-4 展示的是某车型前保险杠与前照灯间隙高差不合格的情况。

目前国内各大汽车制造厂内外饰设计工程师普遍比较年轻，设计过程中发生错误在所难免，但设计整改不仅耗费大量人力和财力，还会浪费很多宝贵的时间。如何避免或者减少设计过程中出现的问题，从而提升内外饰设计的品质？答案是：有力的工具和有效的控制方法。使用好这些工具与方法，可以有效避免或减少设计问题的发生，能为企业节约宝贵的时间与金钱，更能及时为顾客提供满意的产品。本章分别从常用的工具和设计验证方法两个方面详细讲解。

3.1 工程设计常用工具

本节分别介绍了三维数据、二维图纸、尺寸工程、数字样车技术、设计检查清单、CAE 分析等常用工具。合理使用这些工具，可以缩短开发周期，提高设计的质量和效率。

3.1.1 三维数模工程设计

目前汽车行业应用的设计软件主要有 UG 和 CATIA 两种。这些 CAD 三维设计软件的应用可以缩短产品设计周期，在一个平台上就可以完成零件设计、装配、工程图绘制等工作，大大提高了效率。

UG 和 CATIA 两款软件具备强大的曲线架构和编辑功能，针对模具设计、汽车设计、计算机辅助制造（CAM）等都有独立的设计模块。

CATIA 拥有远远强于其竞争对手的曲面设计模块，例如：创成式风格造型设计（Generic Shape Design，GSD），具有非常完整的曲线操作工具和最基础的曲面构造工具，除了可以完成所有曲线操作以外，还可以完成拉伸、旋转、扫描、边界填补、桥接、修补碎片、拼接、裁剪、光顺、投影和高级投影、倒角等功能；自由风格造型（Free Style Surface，FSS），除了包括 GSD 的所有功能以外，还可完成诸如曲面控制点、自由约束边界、去除参数、达到汽车 A 级曲面设计标准。凭借 GSD 和 FSS，CATIA 曲面功能已经超越了所有 CAD 软件。

设计过程中最常用到的 CATIA 模块主要有零部件设计、装配设计、创成式风格造型设计、自由风格造型、二维图五个主要的模块。运用好这五个模块，足以满足一般设计需求。现在市场上专门介绍 CATIA 工具的教程很多，读者可根据需要深入了解学习。

3.1.2 几何公差产品图纸

1. 几何尺寸与公差（GD&T）概述

产品设计意图包括外观和功能两方面，最终是靠零部件装配完成后的尺寸和配合来保证。零部件基准和公差以及关键特性的定义至关重要，而这些定义和功能要求如何在设计、工艺、制造、工装、质量等专业和工程师之间准确无误地表达和传递，是产品达成最终目标的重要保证。信息传递不仅要齐全完整，而且要准确无误，不易产生歧义。

工程图纸是传递信息的介质和工具，在不同的国家、不同的工业体系中，图纸的表述方式有差异。就尺寸与公差的表示方法而言有多种做法，比较普遍的有定义尺寸范围、坐标法（定义正负偏差）、一般描述法等。现在被多数国家工业体系广泛接受和应用的是几何尺寸与公差（GD&T）法。GD&T 是一种“图形”语言，它用标准代码和符号清楚地表达了零部件要素的所有尺寸和精度技术要求，包括基准系统、形状、方向、位置等公差要求，以及配合面的匹配功能要求，甚至还有加工要求、材料特性等。GD&T 图纸既是产品目标的定义，也是设计、制造加工、焊接装配等过程共同遵守的标准，是模具、夹具和检具设计与制造的共同依据。

GD&T 是产品设计工程技术人员经常使用的工具。设计工程技术人员在设计产品的时候要考虑零件之间的装配关系，考虑零件单个要素的功能和作用，然后制定公差要求，既要满足功能与装配要求，又要经济合理，满足成本要求。

GD&T 日益变成工业（当然包括汽车业）普遍应用的工程技术语言。在对汽车车身精度要求日益提高的今天，GD&T 图纸的制定有着非常重要的意义，是尺寸质量管理的基础，对整车质量的控制起着至关重要的作用。

2. 尺寸与形位公差重要概念介绍

（1）尺寸公差　在汽车内外饰设计中，零件上要素（例如孔）都会有尺寸公差要求，这是零件精度控制中最基本的要求。尺寸公差指允许尺寸的变动量，它规定了线性尺寸的特征，如直径、半径、长度、宽度等。如图 3-5 所示，直径为 $\phi10$ 的孔，规定它的尺寸公差为 0/+0.2，则此孔的直径范围为 $\phi10\sim\phi10.2$。

（2）几何公差　为了达到质量要求，内外饰零件的设计对尺寸配合有严格的要求，而尺寸配合的好坏首先取决于零件本身的精度，所以除了对零件有尺寸公差要求外，还应有几何公差的要求，如位置度、面轮廓度、线轮廓度等。以上例中的零件为例，如图 3-6 所示，除了对孔径进行控制外，还要对此孔的位置进行控制，规定位置度公差为 $\phi1.0$。

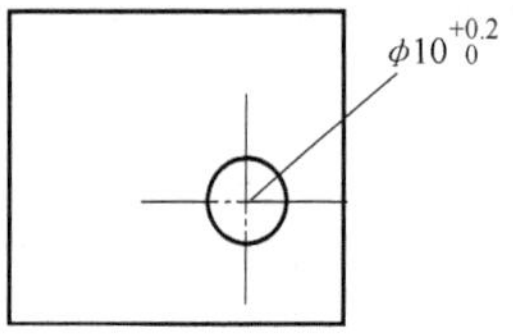

图 3-5　尺寸公差

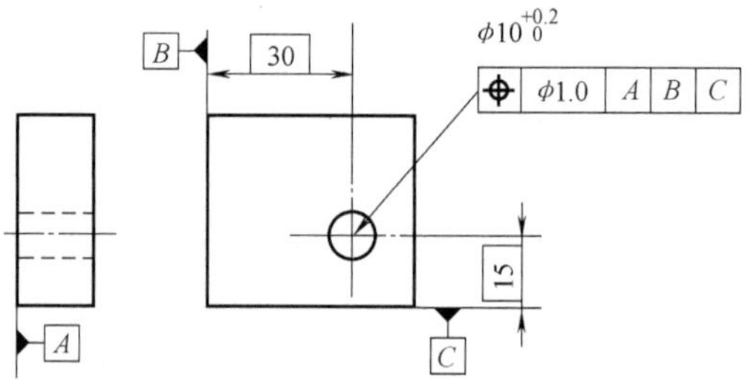

图 3-6　几何公差

3. 几何尺寸与公差图纸描述

我国通用的是 GB/T 1184—1996，北美通用的是 ASME-14.5M，这两种标准与国际标准（ISO）绝大部分内容相近。在此以 ASME-14.5M 为例简要说明各种公差及其符号定义和一些重要原则及其应用。详细内容请参考标准本身。

（1）GD&T常用符号　ASME-14.5M中GD&T常用的符号共有14个，见表3-1。其中形状公差4个，没有基准要求；位置公差有8个，在大多数情况下有基准要求；形状或位置（轮廓）公差有2个，若无基准要求，则为形状公差，若有基准要求，则为位置公差。

表3-1　几何公差的项目及符号

	公差	特征项目	符号	有或无基准要求
形状公差	形状	直线度	⏤	无
		平面度	⏥	无
		圆度	○	无
		圆柱度	⌭	无
形状或位置公差	轮廓	线轮廓度	⌒	有或无
		面轮廓度	⌓	有或无
位置公差	定向	平行度	∥	有
		垂直度	⊥	有
		倾斜度	∠	有
	定位	位置度	⌖	有或无
		同轴（同心）度	◎	有
		对称度	⌯	有
	跳动	圆跳动	↗	有
		全跳动	⌰	有

（2）公差原则

1）最大实体原则：在规定尺寸公差的范围内，形体所含材料最多的情形。比如，轴的最大直径，孔的最小直径，用Ⓜ表示。最大实体原则要求应用于被测要素时，被测要素的几何公差值是在该要素处于最大实体状态时给出的，当被测要素的实际轮廓偏离其最大实体状态，即其实际尺寸偏离最大实体尺寸时，几何公差值可超出在最大实体状态下给出的几何公差值，即此时的几何公差值可以增大。

2）最小实体原则：在规定尺寸公差的范围内，形体所含材料最少的情形。比如，轴的最小直径，孔的最大直径，用Ⓛ表示。最小实体原则要求应用于被测要素时，被测要素的几何公差值是在该要素处于最小实体状态时给出的，当被测要素的实际轮廓偏离其最小实体状态，即其实际尺寸偏离最小实体尺寸时，几何公差值可超出在最小实体状态下给出的几何公差值，即此时的几何公差值可以增大。

3）独立原则：不论特征尺寸在尺寸公差内如何变化，其几何公差要求不变（没有补偿），用Ⓢ表示。采用独立原则时，其特点为尺寸公差与形状公差、位置公差相互无关，各自满足要求。

（3）几何公差的选用　正确合理地选择几何公差，对于保证产品的功能、提高产品质量、获得较好的综合经济效益是非常重要的。几何公差的选用，包括正确选择几何公差特征项目、基准要素和公差数值等方面的内容。

1）几何公差特征项目的选用。根据零件要素的几何特征和结构特点，充分考虑和满足各要素的功能要求，尽可能考虑检测方便和经济性，结合对比各几何公差项目的特点，正确合理地选择几何公差项目。例如零件的要素为圆柱时，适宜选用圆柱度综合控制圆柱的形状误差；如果考虑圆柱度在某些情况下检测不便，则可选用圆度、直线度和平行度等项目来控制圆柱的形状误差；也可选用径向全跳动，既控制圆柱度误差，又可控制同轴度误差。

2）几何公差数值的选用。几何公差值分为注出公差和未注公差两类。对于要求不高、用一般的机械加工方法和加工设备就能保证加工精度，或由线性尺寸公差或角度公差所控制的几何公差已能保证零件的要求时，不必将几何公差在图纸上注出，而用未注公差来控制，这样做既可以简化制图，又突出了注出公差的要求。而对于零件几何公差要求较高，或者功能要求允许大于未注公差值，而这个较大的公差值会给工厂带来经济效益时，这个较大的公差值应采用注出公差值。

几何公差数值的选用要考虑零件的加工难易程度和其他参数影响，应使零件的性能和经济费用都具有最佳效果。几何公差值可以采用计算法或类比法确定。计算法是指对于某些位置公差值，可以用尺寸链分析计算来确定；类比法是指将所设计的零件与具有同样功能要求且经使用表明效果良好而资料齐全的类似零件进行对比，经分析后确定所设计零件有关要素的几何公差值。

3）基准要素的选用。在确定被测要素的位置精度时，必须确定基准要素。基准要素的选择主要根据零件的功能和设计要求，并兼顾基准统一原则和零件的结构特征。基准要素必须选在零件成型性好且比较稳定的部位上，这些部位即使在后续开发和生产过程中也不会发生变化。在提出基准点时，必须注意网格的平行性（孔和平面），对回转系统来说还应注意坐标面的平行性。基准点必须按标准化的几何规律进行说明（孔、平面），这些几何规律在个别情况下必须予以定义。基准点的首选是孔，通常由一个双向孔和一个单向孔将零件主要平面的三个自由度限制住。如果在一个零部件中提不出孔，则必须选择平面或棱边作为所确定的基准点。当选择棱边为基准点时，需要考虑实际的可行性。

（4）GD&T 图纸示例　以某车型 A 柱护板为例，如图 3-7 所示，A1、A2、A3、A4 四个面作为定位面，限制了 A 柱护板沿 *Y* 方向的移动以及绕 *X* 轴和 *Z* 轴的旋转；用其中的定位销作为四向定位孔，限制了 A 柱护板沿 *X* 和 *Z* 方向的移动；用卡扣座作为两向定位孔，限制了 A 柱护板绕 *Y* 轴的旋转。这样就很好地控制了 A 柱护板在空间中的六个自由度。

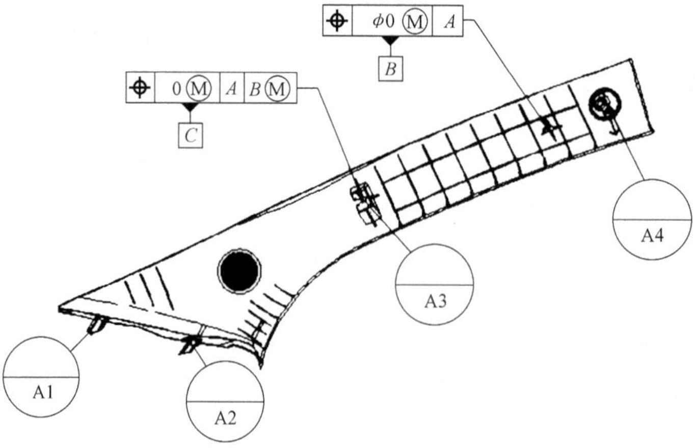

图 3-7　A 柱护板 GD&T 图纸

A 柱护板上部和顶篷配合，影响车身内饰缝隙的配合好坏，所以剖切 A—A 处控制了 A 柱护板周边的面轮廓度和线轮廓度；A 柱护板周边和前风窗玻璃以及门玻璃配合，所以也需要控制它的面轮廓度。可以看出，GD&T 图纸完整地定义和表达了 A 柱护板的尺寸和精度要求。

3.1.3　尺寸工程

在汽车内外饰设计研发过程中，尺寸工程目标制定主要是定义顾客对产品感知质量标准的尺寸工程要求。基于顾客对外观及性能的需求，我们引入了整车 DTS 控制标准。

DTS（Dimensional Technical Specifications）通常是指车身各零部件之间间隙、面差的设计标准，以及由间隙、面差衍生的外观尺寸匹配控制要素，如平行度、对称度、对齐度、R 角控制以及感知质量指数等。所以更多的时候我们用 DTS 这个英语缩写来代替产品外观尺寸目标。外观 DTS 直接面对用户静态评价，是汽车外观造型的重要组成部分，同时也是汽车工艺水平的最终体现。

随着用户对汽车需求的升级，和汽车产业的发展（图 3-8、图 3-9），DTS 要求不仅包含零部件之间的外观尺寸匹配情况，还应包含零部件内部性能要求，如密封性能、法规、运动件性能、异响、可靠性等。因为引起这些性能问题的原因，通常是零部件内部的尺寸匹配问题。

图 3-8　早期汽车车型——外观 DTS 需求少

图 3-9　当代汽车车型——外观 DTS 成为基本需求

1. 尺寸控制目标 DTS 定义

完整的 DTS 要求，需要包含每条分缝的间隙、断差、平行度、对称度、对齐度、R 角、敏感度七大要素，如图 3-10、表 3-2 所示。

表 3-2　DTS 要素明细表

DTS 要素	表示方法	定　义
间隙	G	通过视觉能够看到的两个具有装配关系零部件之间形成的缝隙，此缝隙影响外观质量和性能要求，称之为间隙
断差	F	通过视觉能够看到的两个具有装配关系零部件之间形成的“高差”，此高差影响外观质量和性能要求，称之为断差
平行度	P	指相互匹配的零部件形成的缝隙或者断差，最大值与最小值的差值，称之为平行度
对称度	S	指相互匹配的的零部件形成的间隙或者断差，左右之间间隙、断差值差异程度称之为对称度

（续）

DTS 要素	表示方法	定　义
对齐度	A	指具有装配关系零部件两端或造型棱线（腰线）的一致性，称之为对齐度
R 角	R	指为保证整车外观棱角分明以及相应外观视觉间隙而制定的整车外观 R 角技术标准。R 角的大小在一定程度上会影响视觉间隙效果
敏感度	Sev	视觉敏感度的研究是为了保证敏感度高的区域能够获得更好的视觉表现，或者降低不利于工程/制造控制的区域的敏感度，从而降低工艺难度，节约成本

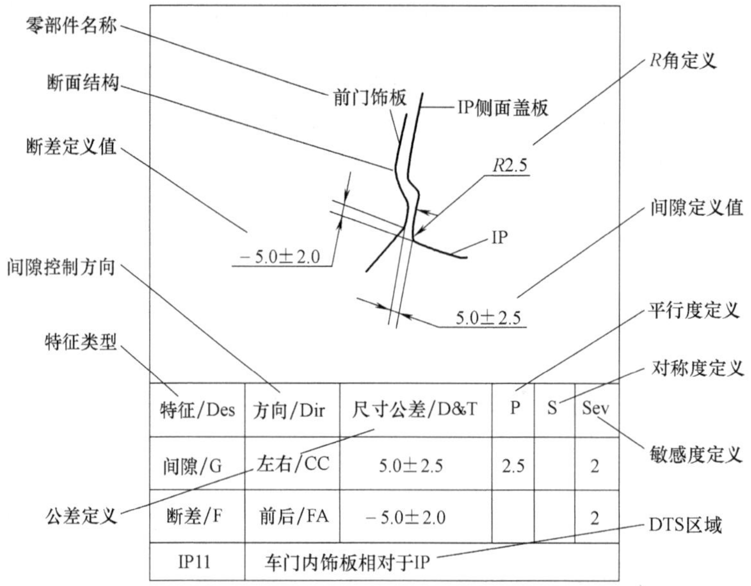

图 3-10　DTS 定义要素

2. 尺寸控制目标 DTS 开发流程

伴随整车开发流程，尺寸工程在各个阶段都需要发布相应的 DTS 要求，通常需要有方案阶段 DTS、设计验证阶段 DTS、实车验证阶段 DTS。

各个汽车主机厂由于技术背景等条件不一样，DTS 版数也不一定相同，每版在整车开发中的具体时间节点基本一致。一般有初版和三个正式版本，每个版本作用也不尽相同。

（1）初版 DTS：在项目前期，尺寸工程师根据竞品车测量数据和以往车型经验定义出初版 DTS。初版 DTS 内容较少，一般只有关键区域间隙、面差，局部细节未定义。它作为造型油泥模型的参考，同时指导初版 CAS 的制作。

（2）第一版 DTS：尺寸工程师根据造型分缝与内外饰产品工程师、造型工程师一起讨论具体细节，然后制定出一版 DTS，造型工程师根据这版 DTS 和内外饰产品提供的断面信息制作 A 面。第一版一般在 A 面数据冻结前发布。

（3）第二版 DTS：结构设计过程中，尺寸工程师对 DTS 进行设计验证，结合内外饰产品工程师在工程化的问题，以及供应商的制造能力，优化部分 DTS 要求。经各部门反复讨论和验证，最终在数据冻结前发布第二版 DTS，理论上要求每个断面均有控制方案和结构来满足各自 DTS 要求。

（4）第三版 DTS：在试制和匹配阶段，由于零部件和白车身已是实物状态，可以验证前期的结构和控制方案，实物匹配能反映真实的零件状态，能定量分析问题原因，从而验证实际装车是否能达到DTS要求。对于无法满足DTS的截面提出方案，通过一系列手段保证DTS，期间会根据实际匹配结果更新DTS。一般会在匹配结束后发布第三版DTS。这版DTS是最终版，正式量产车型以该版次DTS做交车标准。

3. DTS控制手段

尺寸工程师需要在整个内外饰产品开发过程中，与内外饰产品工程师一起协同作战，对零部件的匹配结构方式、定位方案、公差分配、测量计划的合理性进行分析，保证DTS目标达成（图3-11）。

（1）定位基准设计　零部件结构设计初期，就需要对各零部件进行定位设计，作为加工、检测、装配等工艺过程的定位基准。注射件的定位基准设计三要素是稳定性、功能性和工艺可行性。

1）稳定性：定位系统的稳定性，是评判零部件定位系统是否合理的第一要素。定位的稳定性是指，基准所在位置成型的稳定；零部件本身在自由状态下，在夹检具上放置的稳定；测量系统的稳定，满足检测系统重复性与再现性要求。

2）功能性：指实际生产过程中，采用该定位系统，能够满足客户对该零部件的功能要求，包括外观DTS、匹配要求、装配要求和性能要求等。这是判断定位系统是否合理的重要因素。

3）工艺可行性：在实际装配生产过程中，由于工艺规程、操作空间等实际因素限制，需要对零部件的检测、装配基准进行优化。

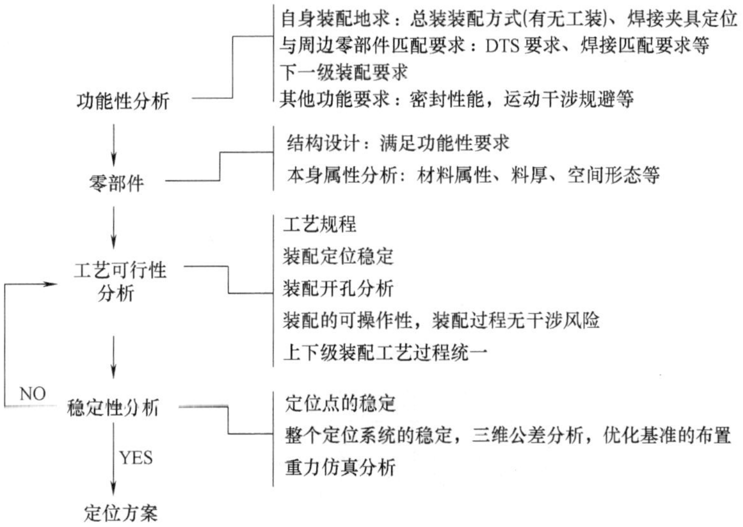

图3-11　定位设计的一般流程

实际定位基准设计过程中，往往需要综合各个环节的意见，找出定位稳定、工艺可行，而又能满足零部件本身的种种功能要求的最优方案。

（2）同步SE分析　在内外饰产品开发的各个阶段，尺寸工程师需要与产品工程师一起协同工作，就零部件的开孔方案、间隙断差匹配方式、定位结构设计与方案的一致性、功能的实现性等方面进行分析。以满足性能要求、DTS要求为目标，从尺寸链传递、公差的累积方面入手，提出优化产品结构意见。

通常内外饰的同步分析有以下几个方面：

1）造型 SE 分析。在内外饰整体风格确定后，进入造型 CAS 设计时，尺寸工程师需要对内外饰零部件的分缝位置、每条缝的 DTS 要求，即间隙断差要求等，进行确认。尽可能减少 DTS 要求，即利用外造型曲面设计，对分缝进行遮蔽，使该分缝区域弱化、甚至没有 DTS 要求，以降低零部件的要求。

2）定位 SE 分析。结合前面提到的定位设计，在内外饰产品设计的各个阶段，对内外饰零部件的定位结构进行稳定性、功能性和工艺可行性分析，保证 DTS 要求。

3）结构 SE 分析。结合定位方案、造型分缝特征、DTS 等因素，对内外饰零部件之间的配合关系进行分析确认。

（3）虚拟验证　在内外饰结构设计过程中，尺寸工程师需要进行设计验证。即通过虚拟装配，分析装配过程中各个零部件公差的累计对功能要求的影响，评估是否满足客户对产品的要求，如图 3-12 所示。

图 3-12　用虚拟现实技术分析尾灯的偏差敏感度

在进入尺寸虚拟验证分析之前，让我们先了解一下尺寸链的基本知识。

1）正态分布：汽车零部件公差分布普遍遵循正态分布规律，产品设计的公差定义往往也是遵循正态分布规律的。图 3-13 所示为正态分布曲线。

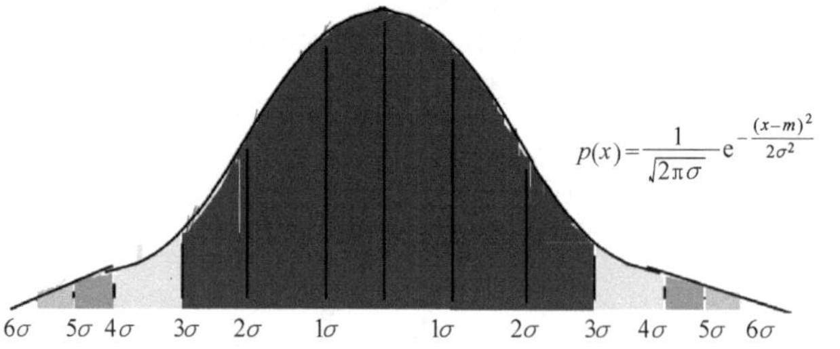

Sigma	% is "O.K."	缺陷(PPM)	Cpk
+/−3	99.73	2700	1
+/−4	99.9937	63	1.33
+/−5	99.999943	0.57	1.67
+/−6	99.9999998	0.002	2

图 3-13　正态分布曲线

2）6σ：六倍标准偏差，即过程所加工产品的质量特性数据的标准偏差的 6 倍，常用来评估生产稳定状态下所具有的加工精度，表征实际加工能力。从图 3-13 可知，6σ 包括过程加工产品的 99.73%，即几乎包括了全部产品。目前，一些先进制造企业已经启用 8σ 质量标准。

3）尺寸链：在零件加工或机器装配过程中，由互相联系的尺寸按一定顺序首尾相接排列而成的封闭尺寸组。组成尺寸链的各个尺寸称为尺寸链的环。其中，在装配或加工过程最终被间接保证精度的尺寸称为封闭环，其余尺寸称为组成环。组成环可根据其对封闭环的影响性质分为增环和减环。若其他尺寸不变，那些本身增大而封闭环也增大的尺寸称为增环，那些本身增大而封闭环减小的尺寸则称为减环。图 3-14 为典型尺寸链环示意图（参见 GB/T 5804—2004）。

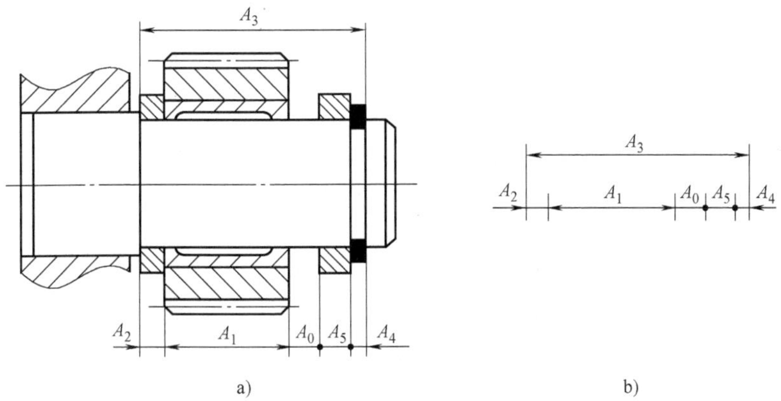

图 3-14　尺寸链环

4）极限法：即完全互换法，极限法是从尺寸链各环的极值出发来进行计算的，能够完全保证互换性。应用此法不用考虑实际尺寸的分布情况，装配时，全部产品的组成环都不需调整或改变其大小和位置，装入后即能达到封闭环的公差要求。常用于一些装配问题分析，且组成环较少的情况。

例 1　图 3-14a 所示的结构，已知各零件的尺寸 $A_1=30_{-0.13}^{\ 0}$mm，$A_2=A_5=5_{-0.075}^{\ 0}$mm，$A_3=43_{0.02}^{0.18}$mm，$A_4=3_{-0.04}^{\ 0}$mm，设计要求间隙 A_0 为 0.1～0.45mm，试做校核计算。

解：

① 先确定封闭环及其技术要求。

由于间隙 A_0 是装配后自然形成的，确定封闭环为要求的间隙 A_0。此间隙在 0.1～0.45mm，即 $A_4=0_{+0.10}^{+0.45}$mm。

② 寻找全部组成环，画尺寸链图（图 3-15），并判断增、减环。

依据查找组成环的方法，找出全部组成环为 A_1、A_2、A_4 和 A_5，如图 3-14b 所示。依据“回路法”判断出 A_3 为增环，A_1、A_2、A_4 和 A_5 皆为减环。

③ 计算封闭环的基本尺寸：

$$A_0=A_3-(A_1+A_2+A_3+A_4+A_5)=43-(30+5+3+5)=0\text{mm}$$

封闭环的基本尺寸为 0，说明各组成环的基本尺寸满足封闭环的设计要求。

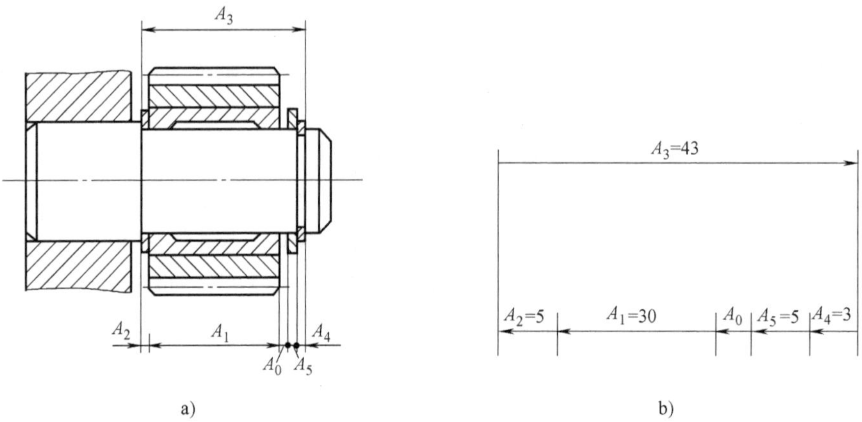

图 3-15　齿轮部件尺寸链图

④ 计算封闭环的极限偏差：

$$ES_0 = ES_3 - (EI_1 + EI_2 + EI_4 + EI_5) = 0.18 - (-0.13 - 0.075 - 0.04 - 0.075) = +0.50\text{mm}$$

$$EI_0 = EI_3 - (ES_1 + ES_2 + ES_4 + ES_5) = 0.02 - (0+0+0+0) = 0.02\text{mm}$$

⑤ 计算封闭环的公差：

$$T_0 = T_1 + T_2 + T_3 + T_4 + T_5 = 0.13 + 0.075 + 0.16 + 0.075 + 0.04 = 0.48\text{mm}$$

校核结果表明，封闭环的上、下偏差及公差均已超过规定范围，必须调整组成环的极限偏差。

5）概率法：根据各组成环尺寸分布情况，按统计公差公式进行计算。应用此法装配时，绝大多数产品的组成环不需要挑选或改变其大小和位置，装入后即能达到封闭环的公差要求。概率法是以一定置信概率为依据的，本章规定各环都趋向正态分布，置信概率为 6σ，即 99.73%。采用此法应有适当的工艺措施，排除个别超出公差范围或极限偏差的产品。常用于组成环较多的大批量生产问题分析。

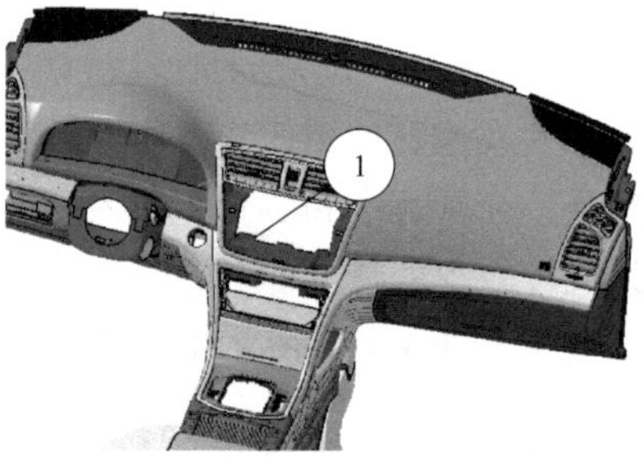

图 3-16　内饰中控区域图例

了解了尺寸链分析的基本概念后，接下来介绍常用虚拟验证的两种方法：一种是一维尺寸链验证；另一种是借助 CAE 手段，对零部件进行三维公差仿真分析。一维尺寸链验算能够迅速、较准确地分析一些空间形态简单、配合结构简单、单一方向的匹配情况；三维公差分析结果更精确，能够分析复杂的整车级精度验算问题，缺点是三维软件建模时间较长。常用的分析软件有 VisVSA、3DCS 软件等。

6）一维尺寸链验证：结合内外饰产品的工艺流程、定位信息、公差要求，对目标区域公差进行一维尺寸链验算。

例： 如图 3-16 所示，计算中控面板与仪表板本体（图示 1 处）间隙尺寸公差。

情形一：无局部基准设计的装配尺寸链示意如图 3-17 所示。

尺寸链计算见表 3-3。

表 3-3 内饰装配尺寸链计算

代号	尺寸链环要素	方向	公差	角度矢量	公差带	平方	分布形式	正态分布 N	均匀分布 U	极值分布 C	备注
ST1	仪表板本体面轮廓度(相对于局部基准)	+	0.2	1	0.40	0.16	N	0.16			
		-	0.2								
G1	中控面板四周卡筋与仪表板卡槽设计间隙	+	0	1	0.20	0.04	C			0.20	
		-	0.2								
ST2	中控面板面轮廓度(相对于局部基准)	+	0.2	1	0.40	0.16	N	0.16			
		-	0.2								
目标公差		+	1.5	极限法	1.00		+	0.40		CP	3.92
		-	1.5				-	0.60			
Legend:ST=Stamping P=Pin T=Clamp 图例:冲压 销 工具 W=Welding G=Gap H=Hemming 焊接 间隙 包边				统计法	0.77		+	0.28		CPK	3.66
							-	0.48			

情形二：有局部基准设计的装配尺寸链示意如图 3-18 所示。

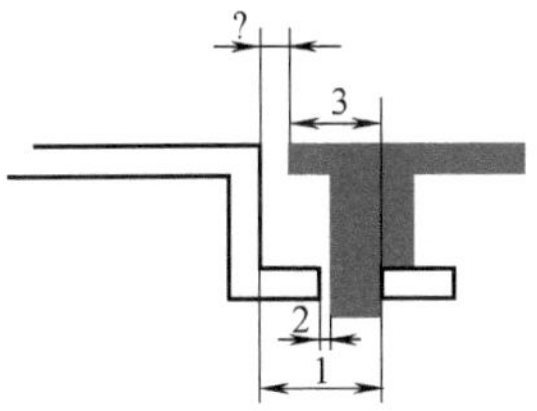

图 3-17 内饰装配尺寸链示意图

1—仪表板本体面轮廓度（相对于局部基准）

2—中控面板四周卡筋与仪表板卡槽设计间隙

3—中控面板面轮廓度（相对于局部基准）

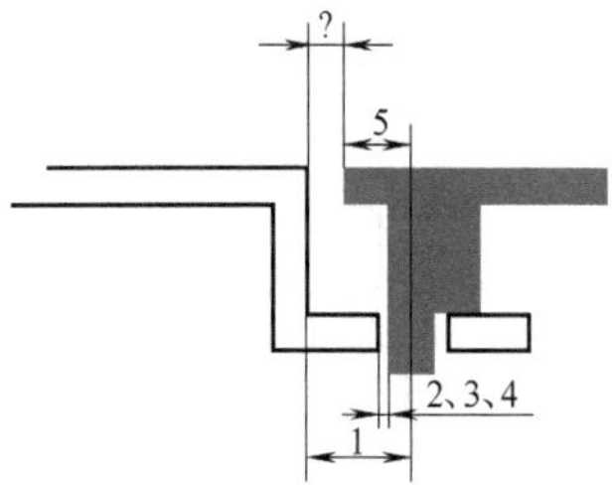

图 3-18 内饰装配尺寸链示意图

1—仪表板本体面轮廓度（相对于局部基准）
2—仪表板本体卡槽尺寸公差 3—仪表板本体卡槽与中控面板卡筋设计间隙 4—中控面板卡筋尺寸公差 5—中控面板面轮廓度（相对于局部基准）

尺寸链计算见表 3-4。

表 3-4 内饰装配尺寸链计算

代号	尺寸链环要素	方向	公差	角度矢量	公差带	平方	分布形式	正态分布 N	均匀分布 U	极值分布 C	备注
ST1	仪表板本体面轮廓度(相对于局部基准)	+	0.2	1	0.40	0.16	N	0.16			
		-	0.2								
ST2	仪表板卡槽尺寸公差	+	0. 025	1	0. 05	0. 00	N	0. 00			
		-	0. 025								
G1	中控面板四周卡筋与仪表板卡槽设计间隙	+	0. 1	1	0.20	0.04	C			0.20	
		-	0.1								
ST3	中控面板卡筋尺寸工差	+	0.025	1	0.05	0.00	N	0.00			
		-	0.025								

（续）

代号	尺寸链环要素	方向	公差	角度矢量	公差带	平方	分布形式	正态分布 N	均匀分布 U	极值分布 C	备注
ST4	中控面板面轮廓度（相对于局部基准）	+	0.2	1	0.40	0.16	N	0.16			
		-	0.2								
目标公差		+	1.5	极限法		1.10	+		0.55	CP	3.90
		-	1.5				-		0.55		
Legend：ST = Stamping P = Pin T = Clamp 图例：冲压 销 工具 W = Welding G = Gap H = Hemming 焊接 间隙 包边				统计法		0.77	+		0.39	CPK	3.90
							-		0.39		

7）三维公差仿真分析：运用 CAE 技术，进行自下而上的虚拟堆叠，得出目标的公差能力，并对其进行优化，满足客户要求。三维公差分析一般流程如图 3-19 所示。

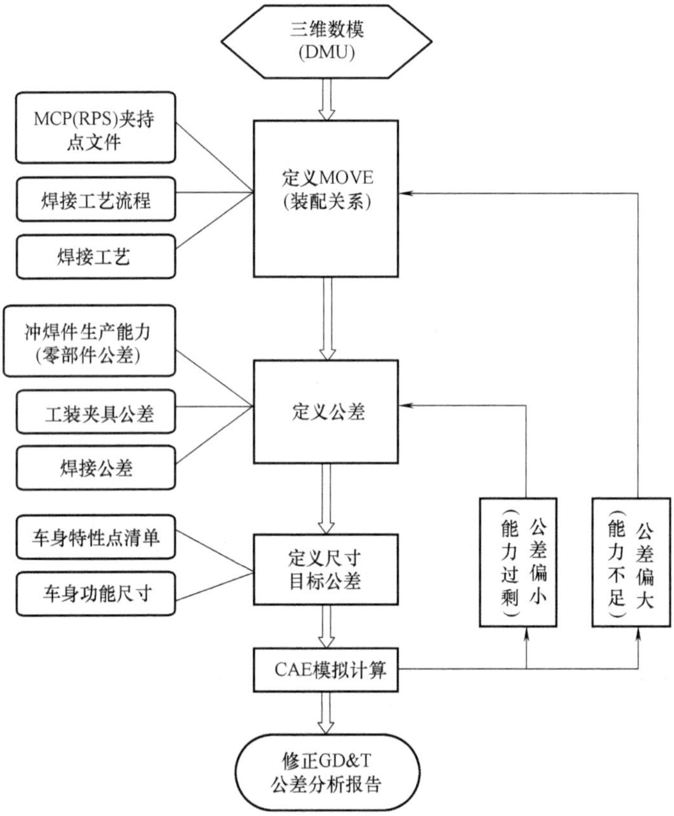

图 3-19 三维公差分析流程

3.1.4 数字样车技术

1. 数字样车的定义

数字样车技术（Digital Mock-Up，DMU）指在计算机中利用 CATIA 和 Vis-mokup 工具软件所具有的装配、干涉检查、功能部件校核、拆装、人机工程学检查等功能对实车进行虚拟的模仿和再现，使其具有物理模型的特性，从而取代物理模型验证产品的设计、功能（运动）、工艺、制造和维护等方面内容的产品开发技术。以此技术形成一辆模拟现实的数字样车，可以对产品的真实化进行计算机模拟。随着产品更新换代速度的加快，现有样车的制造周期和制造成本已难以适应产品开发的需求，使用计算机三维设计技术建立数字样车，可实现实物样车的作用，有效缩短周期、降低成本。

2. 数字样车的作用

1）提供各类、各种档次的可视化功能，用不同方式对电子样车的所有部位进行审视、评估，漫游和模拟真实的视觉效果。尽可能在数字化环境中看到与产品在真实世界中相同的效果，实现低成本、高效率的产品可视化模拟，让复杂区域的可视化变得非常容易，使可视化的应用范围得到扩展。

2）提供各类对车型或部件间进行功能性分析的手段，包括机构运动、干涉分析、拆装分析、空间分析和管理等。尽可能在数字化环境中进行与真实世界中相同的分析，使设计师在设计早期就发现问题所在，在设计的各个阶段，及时、大量地进行各种分析，提高产品设计质量。

3）应用关联设计，按照自顶向下的设计方式，实现装配之间、零部件之间、一个模型文件中的多个几何实体之间、曲面模型和实体模型之间、特征之间等多种层次的端到端的各类关联。基于架构的 DMU 设计分析方式，实现了数字样车的快速更改，降低成本，快速地进行多方案的评估与研讨，通过建立关联性的设计模板进行管理，提高设计效率。

3. 数字样车的主要模块

（1）电子样车漫游　电子样车漫游使设计人员可以通过最优化的观察、漫游和交流功能实现高级协同的 DMU 检查、打包和预装配等。

（2）电子样车优化　电子样车优化能够生成零件或装配件的几何描述替代体，以减少模型数据量，或更好地满足特定应用的特殊要求。如保护知识产权等。

（3）电子样车装配模拟　电子样车装配模拟用来定义、模拟和分析装配过程和拆卸过程，通过模拟维护修理过程的可行性（安装/拆卸）来校验原始设计的合理性。

（4）电子样车运动机构模拟　通过调用大量已有的多个种类的运动副或者通过自动转换机械装配约束条件而产生的运动副，对任何规模的电子样车进行运动机构定义。通过运动干涉检验和校核最小间隙进行机构运动分析。

（5）电子样车空间分析　电子样车空间分析设计使用先进的干涉检查与分析工具、高级的断面分析工具、测量工具、距离分析工具和三维几何对比工具等进行最佳的 DMU 校验。

总之，在内外饰的设计过程中，充分利用数字样车技术工具能有效地发现前期设计问题，及时修订设计方案，缩短产品开发周期，降低产品开发成本，提高产品开发质量。

4. 数字样车的使用方法

在实际内外饰产品开发过程中，DMU 检查主要包括静态干涉检查、运动分析、可拆装性分析、人机工程学检查等，下面详细介绍使用方法。

（1）DMU 静态干涉检查　静态干涉检查是 DMU 中，也是内外饰乃至整车设计中最重要的部分。干涉检查根据项目周期可以分为设计过程中干涉检查、后期验证过程中干涉检查，以及后期发生设计变更后的干涉检查。对于设计过程中的干涉检查需要对分析的结果进行实时跟踪，并检查所关注的干涉是否已经消除。可参考图 3-20 所示的流程图实施。

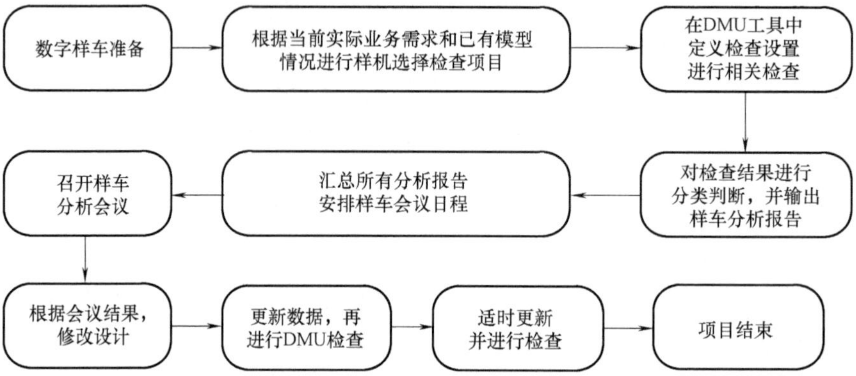

图 3-20　静态干涉检查流程图

零件更新后，零部件的干涉检查又分为单个零件与系统之间的干涉检查和一组零件与周围零件的干涉检查。在产品设计过程中，设计变更是不可避免的，在这种情况下，适合应用单个零件或者一组零件更新后的干涉检查。利用临近查询命令可以实现将周边零件全部找到，再进行查找到的零件与当前零件的干涉检查。检查流程、报告结果输出同上。

断面分析也是静态干涉检查分析主要使用的工具，它是利用一个平面去切割产品，从而实现对产品内部结构进行分析。

（2）DMU 运动分析　机构运动分析是在虚拟的环境中模拟产品实际的运动状况，在动态过程检验机构设计是否符合概念设计阶段对机构所做的定义。同时，在动态过程中对产品的位置信息、运动特性信息进行检查和分析。

根据表格显示内容，可清晰地看出零件转到每一个角度的时候所对应的两零件之间地间隙值，右侧生成相应的间隙值趋势图，可直观地看出零件运动中间隙变化趋势。依据表格及趋势图可分析出在整个运动过程中每个位置或区间之间的间隙值是否符合设计要求，如不符合，将问题处或问题区间反馈给设计工程师进行更改。

另外通过运动模拟可以生成运动零件的包络体，将生成的包络体进行单独保存，利用包络体文件可进行静态下的两配合零件之间的各个位置间隙检查。

（3）可拆装性分析　产品拆装分析是对产品拆装过程的演示和在拆装过程中动态地检查产品同周围零部件之间的关系，包括产品拆装路径的定义和优化、拆装过程中的动态干涉检查和工具空间校核等。

在进行产品拆装分析时，首先要规划产品拆装方案，对产品的拆卸要有清晰的思路，然后需要定义产品拆装路径，最后通过定义拆装路径的序列，对整个产品的拆装过程进行模拟和分析。可检查产品在拆装过程中是否符合产品预定的拆装方案，是否为工具留下足够的空间，以及拆装过程中是否会同周围产品存在着一定的干涉问题等。

1）首先进行动态干涉检查。动态干涉检查就是校核物体在拆装过程中是否同周围的零部件存在着数据上的干涉情况。如果出现了干涉情况，拆装模拟过程会有什么样的动作。另外，可以通过模拟试验来定量地检查干涉出现的位置以及干涉大小的变化。通过这种方式可以定量地进行动态干涉检查，并记录干涉检查的历史。

2）其次，进行工具空间检查。工具空间检查是产品拆装分析的一项重要内容，通过检查工具空间来检查产品拆装的方便性和可行性。有两种方法来进行工具空间检查：

① 使用工具的3D模型。使用该方法需要提供工具的3D模型，通过模拟3D工具的工作过程，生成3D工具工作空间包络体，同时还要生成产品拆装过程包络体，通过检查这两个包络体之间的最小距离来进行工具空间检查。

② 通过模拟试验。模拟试验方法可以在不提供3D工具模型和生成包络体的前提下来进行工具空间的检查，仅需要3D工具所占用的空间范围值。即将工具所占用的立体空间在装配中做出一个盒状体，只要模拟盒状体在装配位置与周边环境不发生干涉即可满足要求，干涉则表示装配数据需要调整。检查方法同使用工具的3D模型检查方法。

3）最后，可以创建动态包络体，记录产品拆装过程中经过的空间位置。通过记录包络体，可以将动态的干涉检查转化为静态的干涉检查。

（4）人机工程学检查　将合适人体与系统数据集成在一起，利用校核工具对人机舒适性及法规参数进行设置，并生成相关体及对可视性文件进行校核。

以人体舒适性评价为例说明人机工程检查方法。首先建立人体模型，根据H点定位调整好人体坐姿后，对人体舒适性参数进行设定，定义舒适性颜色控制，并对舒适性进行评分，这样人体姿态就根据评分区间对身体部位进行不同颜色的显示。然后在部件环境中调整好驾驶姿态，这时，人体姿态会根据定义颜色显示其舒适性（绿色为舒适性较好，黄色为舒适性较差，红色为极为不舒服）。如图3-21和图3-22所示，后者在舒适性方面较前者稍差。通过此项操作，可以对人体坐姿舒适性进行直观的评价。

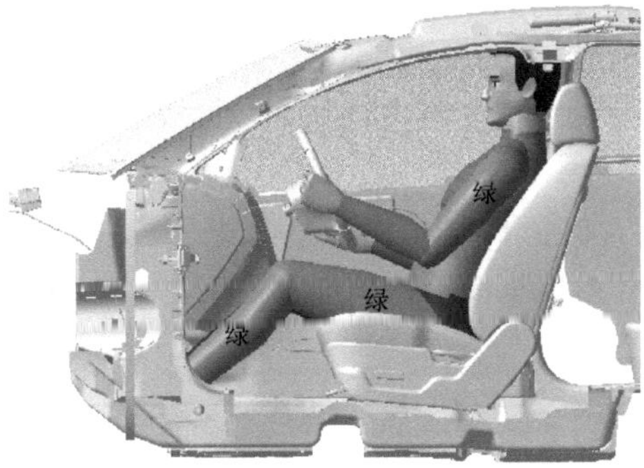

图3-21　人体坐姿舒适性（较好）

图3-22　人体坐姿舒适性（较差）

> 使用DMU检查分析可以帮助工程师快速解决整车设计中最为关键的静态干涉、空间尺寸、运动干涉和可拆卸性分析等问题，大大提高产品研发效率，缩短产品研发时间，提高产品研发质量，降低研发成本。

3.1.5 设计检查清单

1. 概念定义

检查清单：对汽车设计而言，是将法规、人机工程、DTS、功能、安装、定位、结构、工艺及前期项目积累下来的经验教训等开发过程中需要控制的重点整理出来，形成一个清单，作为以后开发过程中数据校核的参照模板。这个过程贯穿于数据校核与冻结的整个设计阶段，用来规避一些设计本身带来的缺陷，减少后期模具更改，同时这些经验经过评审作为企业技术积累下来，用以指导新员工的工作。

2. 模板介绍

数据校核与优化是设计的主要任务之一，检查清单（Checklist）是纲领性文件，对设计的校核将围绕其内容展开。“项目”指出了校核方向；其中“可能存在问题描述或目标要求”和“校核内容”两项是核心内容，它给出一些建议和可量化的指标，是校核的出发点和解决问题的着眼点；“类别”：法规项采用“L”，非法规项采用“P”；“是否合格”：合格采用“Y”，不合格采用“N”；按照这些内容对设计数据进行逐一校核，将会发现设计数据存在的问题，将过程整理成校核报告后提交专家组进行评审，确定更改的方向。在设计阶段对其进行优化，可显著地缩短开发周期并节约节省开发费用。例如，保险杠作为重要的法规和功能件，有许多方面需要校核，表3-5是检查清单的典型模板举例。

表3-5　检查清单

		检查清单				日期		
						版本		
评审组						页　码		
序号	项目	可能存在的问题描述或目标要求	校核内容	类别	结论		目标值	实测值
					是否合格	报告内容（详见X页）		
1	法规校核	前后端保护装置 GB 17354—1998、ECE R42 行人保护：EEC、102	保险杠正碰、角碰时与发动机舱盖、灯的缓冲空间校核；小腿保护的布置是否满足要求	L	N			

3. 功能及使用

下面以法规校核（一般包括低速碰撞校核、行人保护校核、外部凸出物校核、牌照板安装空间四大方面）项目中的牌照板的安装为例，介绍检查清单的功能及使用。

1）牌照板安装空间的法规要求：我国牌照尺寸标准是（140×440），固定点距离225mm，欧洲标准是（520×120），固定点距离为270mm，号牌应基本垂直于水平面，前号牌正面允许后仰不大于15°，如图3-23、表3-6所示。

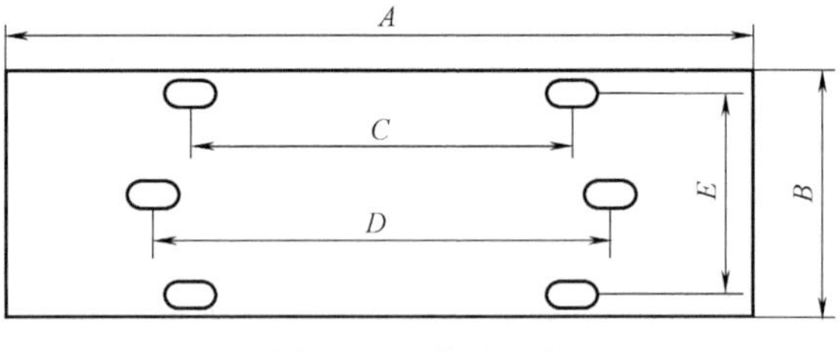

图3-23　牌照尺寸

2）校核内容：前后牌照面安装面的尺寸、角度、高度等是否满足法规要求。

表3-6　中欧美牌照尺寸要求

尺寸 / 区域	*A*	*B*	*C*	*D*	*E*
中国	440	140	225	/	115
西欧	520	120	/	270	/
美国	306.3	154	/	178.6	/

上面的过程是按照检查清单的法规要求对某车型的前保险杠牌照板安装空间进行的校核，其他方面如人机工程、间隙面差分析、功能、安装等的校核也需要按照此种形式展开。校核过程中相信一定能发现一系列的问题，在数据校核阶段发现问题是幸运的，可对其进行优化调整来满足要求。若将这些问题带到样车试制阶段，后果将是不可想象的，轻则导致项目延期、费用增加，重则导致车型具有无法弥补的先天缺陷甚至无法上市销售。因此要充分认识到检查清单及校核过程的重要性，在设计中不断强化这种思维，形成习惯，指导设计，减少开发过程的反复性。

3.1.6 CAE 分析

计算机辅助工程（Computer Aided Engineering，CAE）是用计算机辅助求解复杂工程和产品结构强度、刚度、屈曲稳定性、动力响应、热传导三维多体接触弹塑性等力学性能的分析计算以及结构性能的优化设计等问题的一种近似数值分析方法。它的理论基础是有限元理论和数据计算方法。

CAE 在汽车产品设计制作中的应用非常广泛，包含结构强度分析、车身覆盖件成形仿真、碰撞安全性分析、整车系统性能仿真、结构设计优化、汽车运动学动力学仿真等。下面讲到的 CFD 和 Moldflow 也属于 CAE 的内容，在汽车内外饰设计中应用非常普遍。在此小节以汽车内饰 A 柱护板头部伤害值为例说明 CAE 在分析整车碰撞安全方面的一个应用。

头部伤害是汽车在碰撞过程中，乘员头部撞到内饰结构所造成的伤害。它已经被美国国家公路交通安全局（NHTSA）确定为潜在死亡的主要因素。1995 年，NHTSA 颁布了乘员内饰碰撞保护（FMVSS201）法规，该法规是关于车内突出物试验的统称，这一规范包含的内容很多并且对于不同的子系统有不同的要求。对 A 柱碰撞而言，采用的是重 4.538kg 的 Hybird III 假人头部模型，以时速 24km/h 对 A 柱碰撞，要求头部伤害值（HICd）小于 1000，安全值要求小于 800。具体分析过程：首先，根据内饰部件和白车身数据建立网格模型，然后依据该法规确定 A 柱护板上的 3 个碰撞点（碰撞最危险位置），接着建立分析的 CAE 模型，最后完成 3 个碰撞点的头部伤害值分析，如图 3-24 所示。

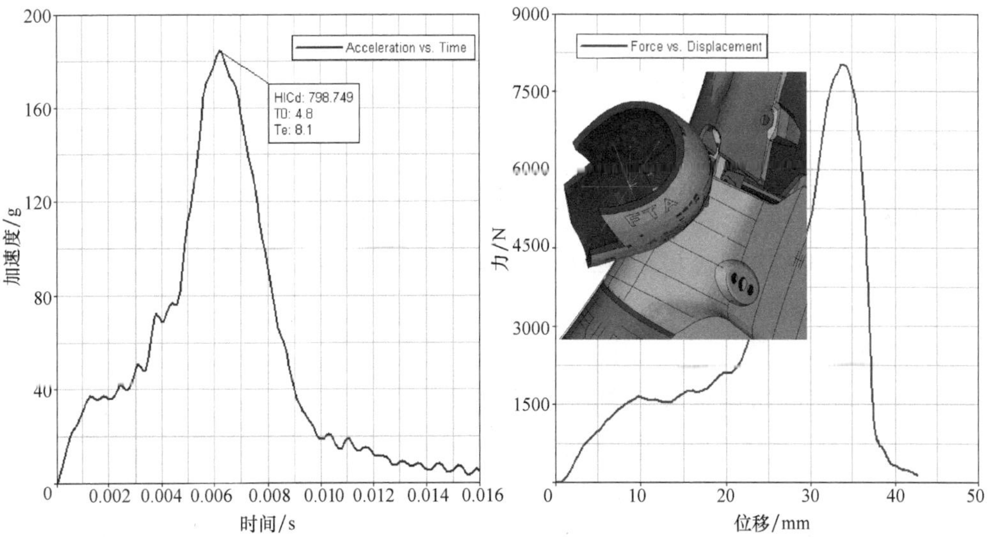

图 3-24 某车型 A 柱护板 1 碰撞点 CAE 分析结果

通过CAE分析，我们可以判断出该点的头部伤害值小于800，但加速度曲线和峰值均偏大。根据分析结果我们需要对A柱护板的结构进行进一步的优化，如改进卡扣安装座的位置、改变加强筋的布置和高度等以进一步降低伤害值和改善加速度曲线。

3.1.7 模流分析

1. 概述

汽车产品中有很多零部件都是塑料产品，其中绝大多数为注射成型。目前，注射业已经广泛运用数字设计分析——CAD/CAE/CAM 技术，来缩短注射产品及其模具的设计和制造周期，提高塑料制品制造精度与性能。Moldflow 是一款用于塑料产品、模具设计与制造的行业 CAE 软件，是公认的全球注射行业中使用最广泛、技术最先进的软件产品。它可以为注射产品的设计及制造过程中出现的多方面问题提供优化及解决方案，帮助工程人员轻松完成整个流程中各个关键点的工作。

作为一款塑料工程模拟工具，Moldflow 拥有强大的深入分析功能，通过优化塑料产品及与之关联的模具，模拟当今最先进的注射成型过程，让客户于确定最终方案之前先在计算机上进行不同材料、产品模型、模具设计和成型条件的试验。工程人员可以预先得到可能出现的各种产品缺陷，并运用软件对产品结构及注射相关条件进行优化，达到改善或解决问题的目的，从而避免制造阶段的成本提高和时间延误，使企业可以用更低的开发成本将新产品更快、更好地推向市场。通过 CAE 分析，可以在设计阶段消除或降低缺陷的发生，提高一次试模的成功率。

具体地说，应用 Moldflow 模流分析软件模拟注射时的模流过程，包括填充、流动、冷却、翘曲等各种注射参数的仿真分析，可以准确预测塑料熔胶在模腔内的流动状况，温度、压力、剪切应力、体积收缩等变量在整个充填过程中某瞬间的分布情况，获得熔接线位置、填充水平、流前温度、填充时间、压力降、注射压力、制品质量、表面温度变化、冷凝时间变化、冷却质量、排气点位置等预测结果，然后再根据分析结果对产品数模或模具的设计进行修改，从而在设计阶段就可以确切了解塑料在型腔中的充填和流动情况、预测产品质量，进而优化模具的设计流程、缩短设计周期。

Moldflow 主要关注外观质量（熔接线、气穴等）、材料选择、结构优化（壁厚等）、浇口位置和流道（冷流道和热流道）优化等问题。还可分析双色注射、气体辅助注射、共注成型、注压成型、发泡注射成型、光学的双折射分析，此外还可进行热流道动态进料模拟、分析热固性材料的反应成型以及电子芯片的封装成型等。

2. 具体案例解析

下面举例说明 Moldflow 可以完成的常见优化项。

（1）生产工艺　传统注射都是靠经验去逐步调整生产工艺的，Moldflow 可以模拟不同生产工艺产生的不同效果。举个简单的例子进行说明，图 3-25 所示为一个平板数模，采用软件的默认工艺，对保压时间进行更改，由原来的 10s 保压延长到 15s 保压（图 3-26）。

图 3-27a 所示为 10s 保压的翘曲结果，翘曲量为 5.597－1.483＝4.114mm；图 3-27b 所

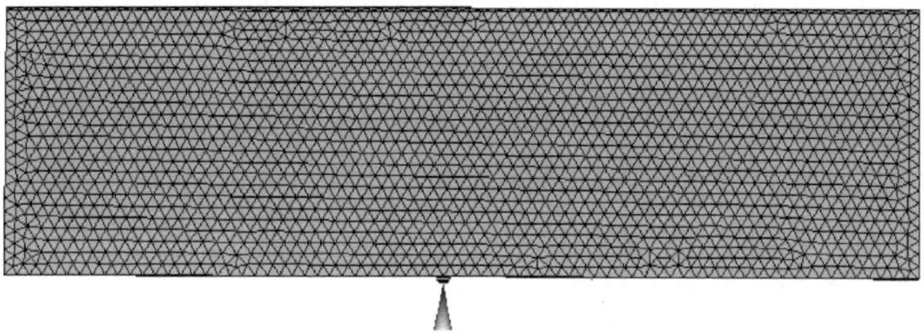

图 3-25 平板数模

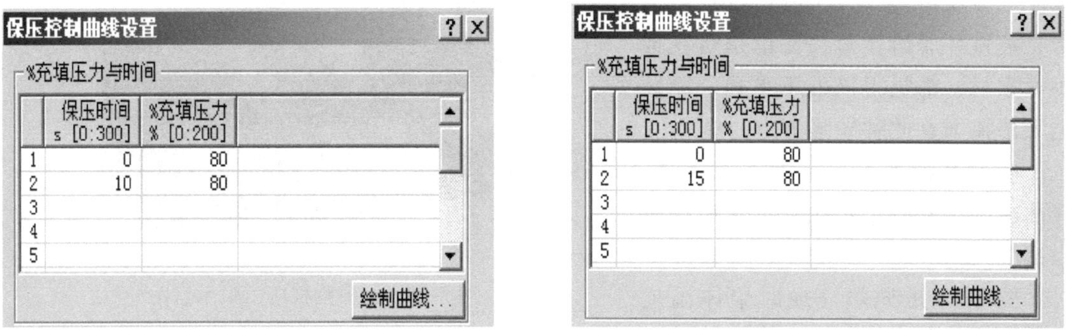

a) 10s　　b) 15s

图 3-26 保压设置

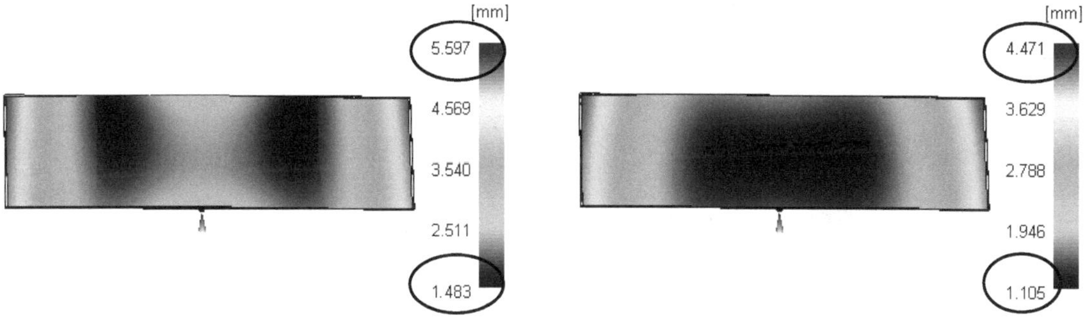

a) 10s　　b) 15s

图 3-27 保压的翘曲结果

示为15s保压的翘曲结果，翘曲量为4.471−1.105=3.366mm。可以看出，翘曲量有明显的改善效果：4.114−3.366=0.748mm。在优化生产工艺方面，Moldflow分析可针对填充时间、V/P切换点（即注射阶段/保压阶段切换点）、保压时间及压力、冷却时间、注射件材料、注射机型等参数进行更改、变化，以达到较好的分析结果，从而对实际的生产工艺进行指导，减少试模次数、提高试模效率。

（2）浇口　注射件的质量在很大程度上取决于模具设计，而浇口数量和位置是重要的模具结构参数，所以，浇口设计对注射件的质量具有十分重要的影响。不合理的浇口位置常常造成熔体充填不均，从而引起过保压、高剪切应力、熔接线性质差和翘曲等一系列缺陷。

（3）熔接线　熔接线的力学性能低于注射件的其他区域，是个薄弱环节，它的存在影响到制品的强度和质量。在实际注射过程中，熔接线是不可能完全避免的，但是可以通过合理的设计减少其数量，缩短其长度，改变其产生位置，使之出现在不重要的区域内。

熔接线是 Moldflow 模拟分析效果最准确的项目。针对熔接线问题，Moldflow 软件一般会通过以下几种方法对模拟注射过程进行优化：增加模具温度和熔体温度，使两个相遇的熔体前沿融合得更好；增加螺杆速率；改进浇注系统；通过改变浇口位置、数量来改变熔接线的出现位置；通过改变制件壁厚来减轻熔接线的深度，甚至是完全消除。

（4）应力痕　某车型的前保险杠于试装阶段发现产品主外观面（图 3-28中圈出位置，图中 G 为浇口）处有一细带状痕迹，经过分析发现：此带状痕迹并非熔接痕，无论是目视或触摸素材，都觉得该处不平顺，涂装也无法掩饰，此种缺陷为应力痕。

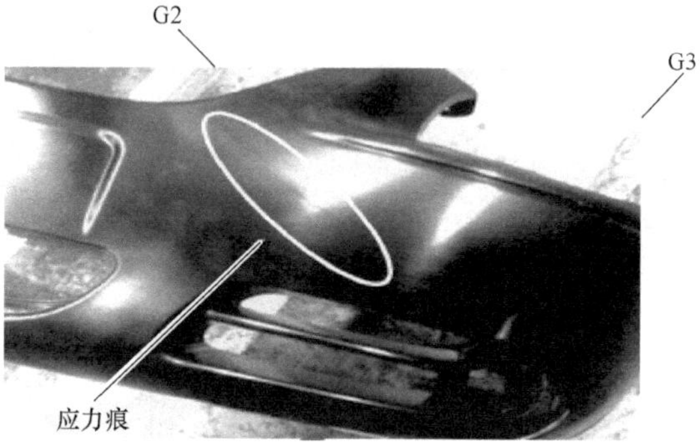

图 3-28　前保险杠应力痕示意图

应力痕特征：光泽度略有差异；表面曲率半径变化不顺；带状痕迹中心部位无细缝。

图 3-29 是充填完成时熔体温度的等温线分布图，左图为原方案，D1 箭头所示位置的熔体温度等温线密集，表示该处单位距离熔体温度差异大，这样极易出现应力痕缺陷。可以看出分析结果与实物缺陷痕迹发生位置相吻合。右图为优化方案，熔体温度图显示仍有等温线密集（D2 处）的情形，但温度梯度远小于原况 D1 处，主外观面亦无严重的熔接痕问题。

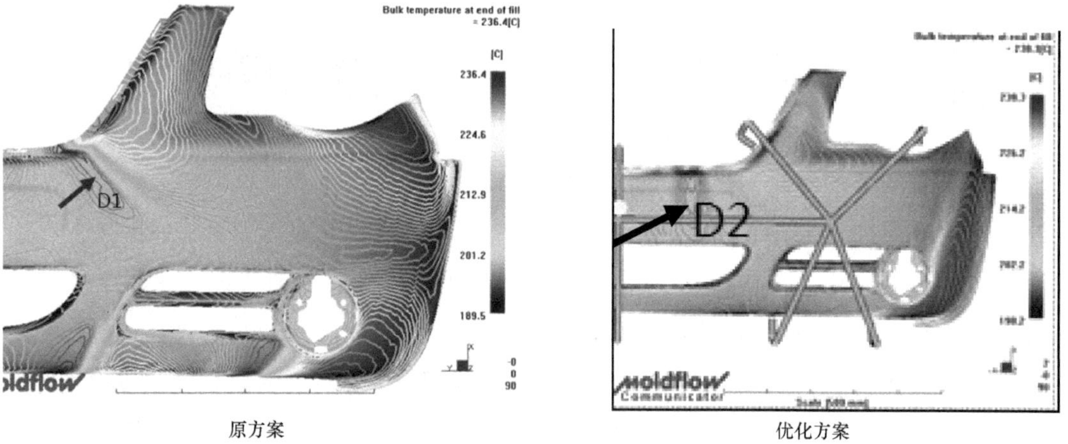

图 3-29　熔体温度等温线分布图

（5）翘曲　翘曲是由不均匀的内部应力导致的缺陷，是评定塑料产品质量的重要指标。Moldflow 将翘曲形成的主要原因归结为四类：冷却不均、收缩不均、角落效应、分子取向不一致。在分析时可以通过对比得出哪个是产生翘曲的主要原因，而大多数的翘曲都是由于收缩不均引起的。通过 Moldflow 分析提出相应的解决方案：优化制件的数模结构；修改模具结构（包括浇注系统、冷却系统、顶出系统）；调整工艺参数；选用较小收缩率或收缩更均匀的材料等。

前风窗下装饰板是一种很容易出现翘曲缺陷的注射件。翘曲不仅影响其外观，对其装配也会有严重影响，而其结构也较复杂，通过模流分析提前对制件及模具进行优化整改，就能够大大提高设计、试模的工作效率。下面举例说明某款车前风窗下装饰板的模流分析及优化。

此件为一模一穴、半热流道三点进浇，图 3-30 标示出通过软件设计的冷却水路排布。一般来说，注射件在填充末端位置的收缩量最大。

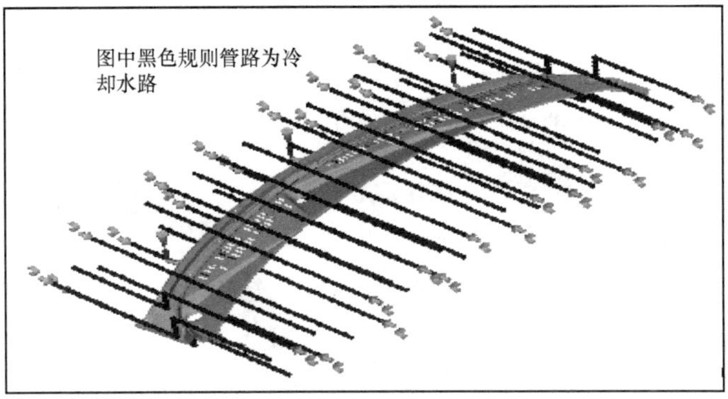

图 3-30　冷却水路排布示意图

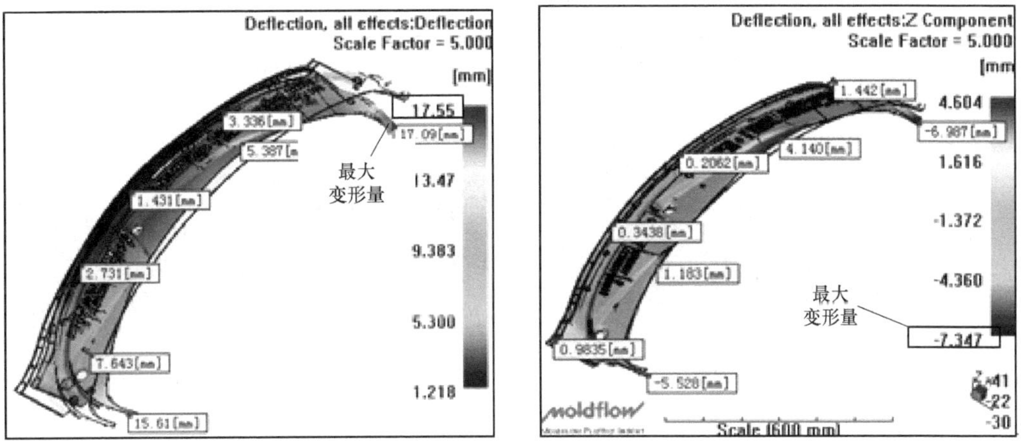

a) 总体变形趋势图　　b) Z向变形趋势图

图 3-31　变形趋势图

图 3-31a 展示的是总体变形趋势 5 倍放大效果图，最大整体变形为 17.55mm；图 3-31b 展示的是 Z 向变形趋势 5 倍放大效果图，最大 Z 向收缩变形为-7.35mm。

通过冷却不均、收缩不均、角落效应和分子取向不一致四种变形情况对比可以得出，此件的主要变形原因是收缩不均，如图 3-32 所示。XY 向一般为自然收缩，在模具设计时需要设定适当的缩水率进行控制。

优化方案：主要的优化措施为适当减少部分区域的料厚，如图 3-33 所示。

图 3-34a 展示的是总体变形趋势 5 倍放大效果图，最大整体变形为 11.88mm；图3-34b 展示的是 Z 向变形趋势 5 倍放大效果图，最大 Z 向收缩变形为-4.23mm。与优化前相比都有明显改善。

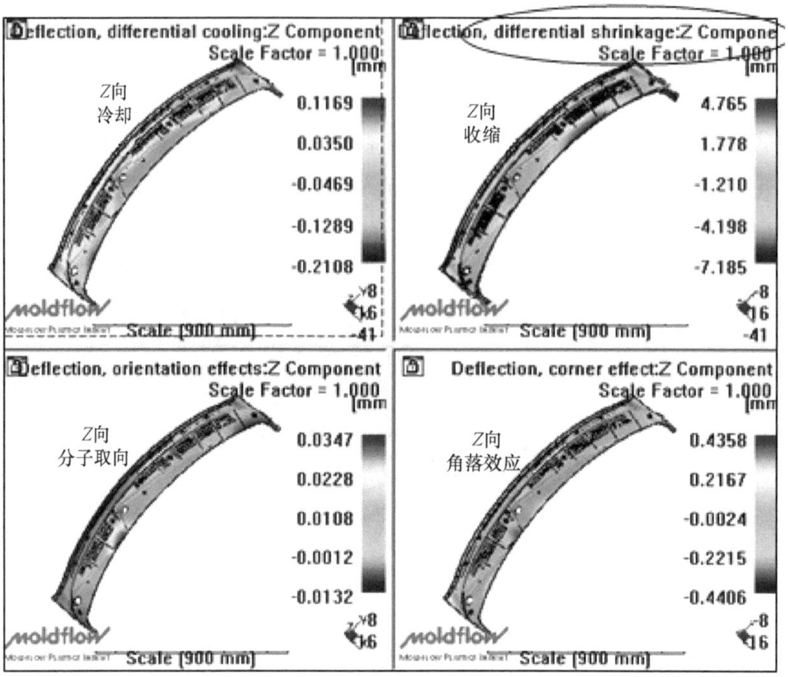

图 3-32　变形四大主要原因比较

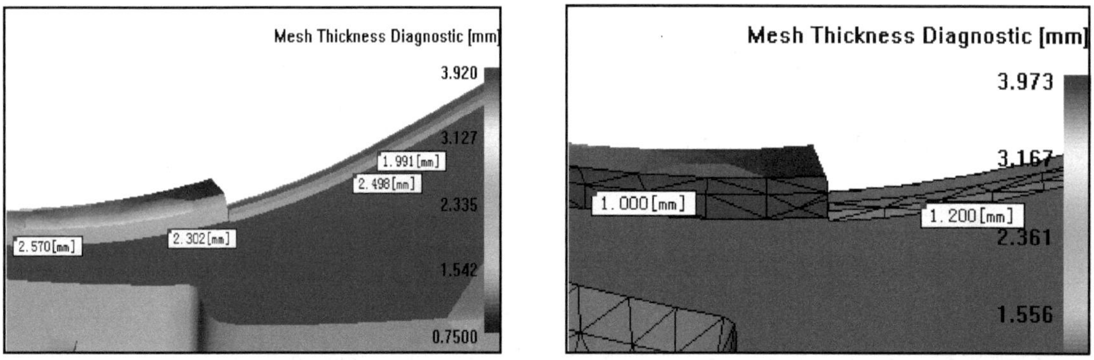

图 3-33　局部料厚改进方案

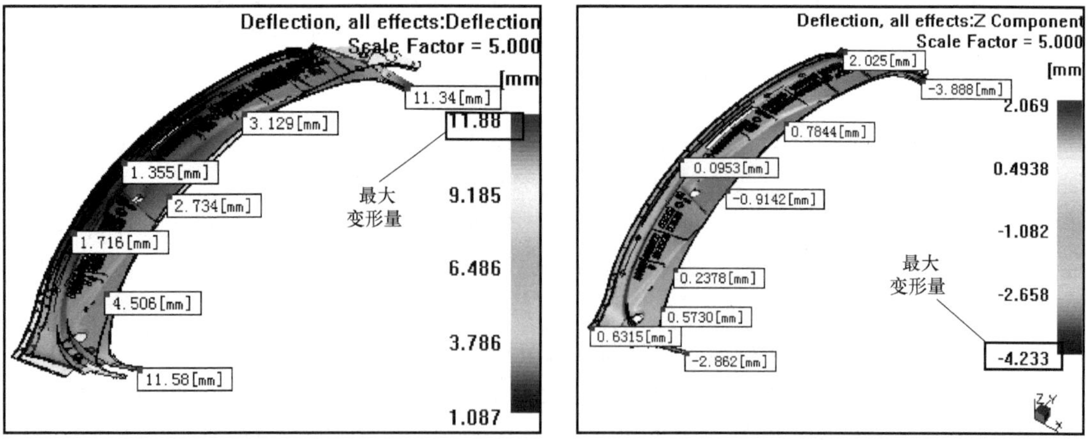

a) 总体变形趋势　　b) Z向变形趋势

图 3-34　变形趋势

（6）冷却水路的布置　冷却水路的布置是否合理，主要取决于能否让制件冷却均匀，从而减小变形及缩短成型周期。Moldflow 正是通过软件模拟判断，避免了模具制作好后存在冷却不均的缺陷。

（7）缩痕　塑胶在冷却和减压的时候，冷却过程中的体积缩小率要比压力释放时的体积增加率大，所以在降温和压力释放的过程中，零件的体积有收缩的趋势。在零件厚度差异比较大的地方，厚的部分体积收缩时受到的应力比薄的部分要大，如果这个应力差在零件表面固化之前就已经足够大的话，就会使相应的部位表面产生下陷的现象。如果注射压力太低、注射及保压时间太短、注射速率太慢、料温及模温太高、塑件冷却不足、拔模时温度太高、嵌件处温度太低或供料不足、都会引起塑件表面出现凹陷或橘皮状的细微凹凸不平。

图 3-35 为一款汽车中门裙板的 Moldlflow-缩痕分析结果，缩痕深度最大为 0.083mm，超过 0.01mm，肉眼可以清晰辨认。

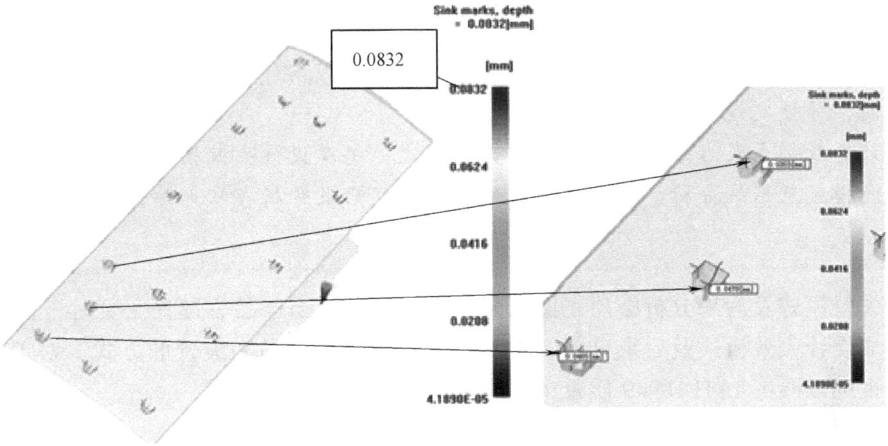

图 3-35　缩痕原方案分析结果示意图

优化：常见的缩痕优化方案为修改壁厚或更换材料，本案例是通过适当地修改壁厚进行优化。结果如图 3-36 所示，缩痕深度最大为 0.008mm，小于 0.01mm，肉眼难以辨认。

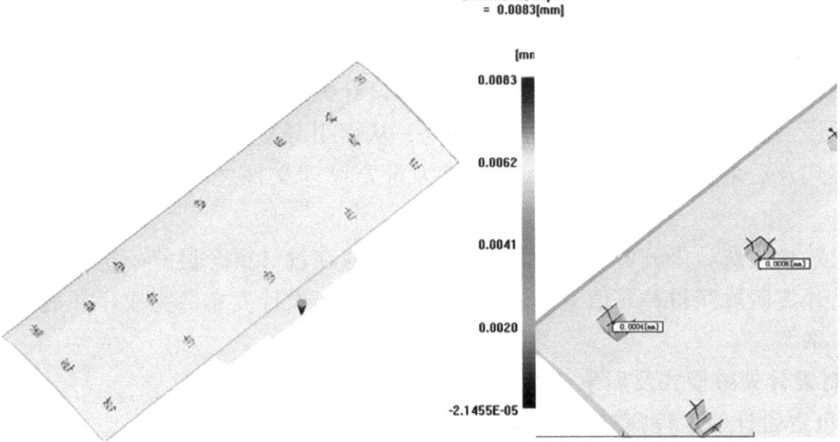

图 3-36　缩痕优化分析结果示意图

3.1.8 设计失效模式及后果分析

1. 设计失效模式及后果分析的基本概念（Design Failure Mode and Effects Analysis，DFMEA）

这是在产品策划设计阶段，对构成产品的各子系统、零部件的构成过程及服务的各个程序逐一进行分析的系统化活动。它可以找出潜在的失效模式，分析其可能的后果，评估其风险，从而预先采取措施，减少失效模式的严重程度，降低其可能发生的概率，以有效地提高质量与可靠性、确保顾客满意。它是从设计阶段把握产品质量预防的一种手段，是在设计研发阶段保证产品在未来的正式生产及交付客户过程中，如何满足产品质量的一种控制工具。

> 设计失效模式及后果分析是一种用于对产品和过程开发（APQP）中潜在问题予以考虑并描述的分析方法学。它最直观的结果是跨功能小组的知识积累的文件化，并以其最严密的形式总结了设计一个零部件、子系统或系统时一个工程师和设计组的思想（其中包括根据以往的经验和教训对一些环节的分析），评估最后的产品以及每个与之相关的系统、子系统和零部件。它与一个工程师在任何设计过程中正常经历的思维过程是一致的，并使之规范化、文件化。
>
> 设计失效模式及后果分析主要分为四个层次：整车设计失效模式及后果分析、系统设计失效模式及后果分析、子系统设计失效模式及后果分析、零部件设计失效模式及后果分析。

设计失效模式及后果分析必须在图纸发放之前完成，当产品、过程变更时，首先在必要的时间完成设计失效模式及后果分析，是减少后续变更最容易和廉价的方式。对 DFMEA 的理解读者也可以参考 IATF16949 质量体系中的五大工具。

2. 设计失效模式及后果分析的作用

设计失效模式及后果分析有助于对设计中问题的早期发现，从而避免和减少晚期修改带来的损失，使开发的成本下降；有助于制造和装配要求的最初设计，提高在设计、开发过程中已考虑潜在失效模式及其对系统和产品运行/使用影响的可能性；有助于采用更有利的设计控制方法，为制定试验计划、质量控制计划提供正确的、恰当的根据；能够发挥集体的经验与智慧，使设计表现出组织的最佳水平，提供一个公开讨论的机会。设计失效模式及后果分析是一个组织的经验积累，为以后的设计开发项目提供了宝贵的参考，还是识别特殊特性的重要工具，其结果也用来制订质量控制计划。设计失效模式及后果分析给出了失效模式的风险评估顺序，提供改进设计的优先控制系统，从而引导资源去解决需要优先解决的问题。设计失效模式及后果分析的文件化，使它成为重要设计文件之一，并成为设计评审的重要内容。

设计失效模式及后果分析是一份动态的文件，应在设计概念最终确定前开始，在更改发生时或产品开发阶段获得补充信息时进行更新，在生产设计发布前完成，并成为以后重新设计时的经验来源。

3. 编制设计失效模式及后果分析的人员

1）由负责设计的工程师/工程小组制定，依靠小组的共同努力。

2）组成一个包括设计、制造、装配、售后服务及可靠性等方面的专家小组。

3）吸收与设计有关的上游（如供应商、材料、上一个相关系统设计师）和下游（如下一个相关系统设计师）的部门。

4）对有专利权的设计，可由组织制定。

4. 设计失效模式及后果分析使用时间

1）新的产品设计。

2）是在原设计基础上设计变更。

3）应用条件或环境发生变化。

4）顾客要求或希望发生变化。

5）竞争环境、业务环境或法律环境发生变化。

6）有设计责任且需提交生产件批准程序（PPAP）。

7）发生实际失效。

5. 设计失效模式及后果分析表格填写

设计失效模式及后果分析需要设计的功能和接口要求文件的编制，在此文件中必须考虑以下清单中所包括的内容：

1）总则：主要分析产品开发的目的和产品的整体设计意图。

2）安全、法律法规和可靠性（功能寿命）。

3）负载和使用周期：顾客产品使用方面。

4）安静的运作：噪声，振动和刺耳杂音。

5）流体力学、使用环境、人机工程及其对环境的影响。

6）外形、包装和运输。

7）服务、装配设计及可生产性设计。

6. 重点填写说明

（1）项目/功能　填入被分析项目的名称和编号。利用工程图纸上标明的名称并指明设计水平。在最初发布之前，应使用试验性编号。

（2）潜在失效模式　潜在失效模式是指系统、子系统或零部件有可能未达到设计意图的形式，它有可能引起更高一级子系统、系统的潜在失效，也可能是它低一级的零部件潜在失效的影响后果。它包含：

1）对一个特定项目及其功能列出每一个潜在失效模式，前提是这种失效可能发生但不一定发生。

2）可以将以往运行不良的研究问题报告以及小组集思广益的评审作为出发点。

3）只可能在特定的运行环境条件下（如热、冷、干燥、灰尘等），以及特定的使用条件下（如汽车超过平均里程、行驶在不平的路段等）发生的潜在失效模式也应当考虑。

4）典型的失效模式可以是但不限于下列情况：裂纹、变形、松动、泄漏、黏性、短路（电器）氧化、断裂等。

（3）潜在失效影响　潜在失效的后果，就是失效模式对系统功能的影响，就如顾客承受的一样，产生噪声、工作不正常、不良外观、不稳定、间歇性运行、粗糙、不起作用、异味、工作感弱等。填写时需要注意：

1）要根据顾客可能发现或经历的情况来描述失效的后果。

2）要清楚地说明该功能是否会影响到安全性或与法规不符。

3）失效的后果必须依据所分析的具体系统、子系统或零部件来说明。还应记住不同级别系统、子系统和零件之间存在着系统层次上的关系。

（4）严重度数（S） 严重度是潜在失效模式发生时对下序零件、子系统、系统或顾客影响后果的严重程度的评价指标。严重度仅适用于后果，评估分为1~10级（表3-7）。要减少失效严重度级别数值，只能通过修改设计来实现。

表3-7 严重度数（S）评定参考表

后果	评定准则：后果的严重度	严重度
无警告的严重危害	这是一种非常严重的失效形式，它是在没有任何失效预警的情况下影响到行车安全或违反了政府的有关章程	10
有警告的严重危害	这是一种非常严重的失效形式，是在具有失效预警的前提下发生的，并影响到行车安全或违反了政府的有关章程	9
很高	车辆（或系统）不能运行，丧失基本功能	8
高	车辆（或系统）能运行，但性能下降，顾客不满意	7
中等	车辆（或系统）能运行，但舒适性或方便性部件不能工作，顾客感觉不舒服	6
低	车辆（或系统）能运行，但舒适性或方便性项目性能下降，顾客感觉有些不舒服	5
很低	配合、外观或尖响、卡嗒响等项目不符合要求，大多数顾客发现有缺陷	4
轻微	配合、外观或尖响、卡嗒响等项目不符合要求，有一半顾客发现有缺陷	3
很轻微	配合、外观或尖响、卡嗒响等项目不符合要求，但很少有顾客发现有缺陷	2
无	无影响	1

（5）潜在失效原因/机理 潜在失效起因是指一个设计薄弱部分的迹象，其作用结果就是失效模式。在尽可能广的范围内，列出每个失效模式的所有可以想到的失效起因及机理。尽可能简明扼要、完整地将其列出来，使得对相应的起因能采取适当的纠正措施。

1）典型的失效起因可能包括但不限于下列情况：规定的材料不对、设计寿命估计不当、应力过大、维修保养说明不当、环境保护不够、计算错误。

2）典型的失效机理可能包括但不限于：屈/伸、疲劳、材料不稳定性、蠕变、磨损和腐蚀。

（6）频度数（O） 频度是指某一特定失效起因或机理出现的可能性。潜在失效起因/机理出现频度的评估分为1~10级（表3-8），描述频度级别数着重在其意义而不是具体的数值。

表3-8 频度数（O）推荐的评价准则

失效发生可能性	可能的失效率	频度数
很高：失效几乎是不可避免的	≥1/2	10
	1/3	9
高：反复发生的失效	1/8	8
	1/20	7

（续）

失效发生可能性	可能的失效率	频度数
中等:偶尔发生的失效	1/80	6
	1/400	5
	1/2000	4
低:相对很少发生的失效	1/15000	3
	1/150000	2
极低:失效不太可能发生	≤1/1500000	1

（7）现行设计控制　列出预防措施设计确认/验证（DV）或其他活动，这些活动将保证该设计对于所考虑的失效模式或机理来说是恰当的。

1）措施包括：设计评审、失效与安全（减压间）计算研究、台架/试验室试验和使用试验等。

2）有三种设计控制方法可考虑，它们是：①防止起因/机理或失效模式/后果的出现，或减少它们出现率；②查出起因/机理并找到纠正措施；③查明失效模式。

3）如有可能应优先运用第①种控制方法，然后再用第②种，最后是第③种方法。

4）如果把它们所用作为设计意图的一部分，那么最初的失效频次等级将受到第①种控制方法的影响。

5）如果样件和车型代表设计意图，那么最初的不易探测度又将取决于第②、③种现行方法。

（8）不易探测度数（*D*）　不易探测度是指在零部件、子系统或系统投产之前，探测潜在失效原因/机理（设计薄弱部分）能力的评价指标，或用查明失效模式的设计控制方法探测可发展为后序的失效模式能力的评价指标（表3-9）。

表3-9　不易探测度数（*D*）评定参考

探测性	评定准则:由设计控制可探测的可能性	不易探测度数
几乎不可能	设计控制将不能和/或不可能找出潜在的原因/机理及后续的失效模式,或根本没有设计控制	10
非常细微	设计控制只有微弱的能力找出潜在原因/机理及后续的失效模式	9
极少	设计控制只有极少的机会能找出潜在原因/机理及后续的失效模式	8
很少	设计控制有很少的机会能够找出潜在原因/机理及后续的失效模式	7
少	设计控制有较少的机会能找出潜在原因/机理及后续的失效模式	6
中等	设计控制有中等机会能找出潜在原因/机理及后续的失效模式	5
中上	设计控制有中等以上的机会能找出潜在原因/机理及后续的失效模式	4
多	设计控制有较多的机会能找出潜在原因/机理及后续的失效模式	3
很多	设计控制有很多机会能够找出潜在原因/机理及后续的失效模式	2
几乎肯定	设计控制几乎肯定能够找出潜在原因/机理及后续的失效模式	1

（9）风险顺序数（RPN） RPN＝$S\times O\times D$

风险顺序数是严重度数（S）、频率数（O）和不易探测数（D）三者的乘积，是对设计风险性的度量。

风险顺序数应当用于对设计中那些担心事项进行排序（如用比例图）。RPN 取值在 1～1000 之间，如果 RPN 很高，设计人员必须采取纠正措施努力减小该值。在一般实践中，不管 RPN 大小如何，当严重度（S）高时，就应予特别注意。

（10）建议措施 主要有试验设计（特别是在多种因素或相互作用时）、修改试验设计、修改设计、修改材料性能要求四种措施。如果对某一特定的原因没有建议措施则此栏内填写“无”。

当失效模式按 RPN 排出次序后，应首先对级数最高的事和最关键的项目采取纠正措施。任何建议措施的目的都是为了减小出现频次（O）、严重度（S）及不易探测度三者中的任一个或所有的数值。增加设计确认/验证工作只能减小不易探测度（D），通过修改设计来消除或控制一个或多个失效模式的起因/机理来实现减小频率数（O）及严重度数（S）。

（11）新的风险顺序数 当明确了纠正措施后，估算并记录下纠正后的严重度、出现频次及不易探测度数值。计算并记录 RPN 结果。如果没采取什么纠正措施，将“纠正后的RPN”栏及对应的取值栏空白即可。所有纠正后的 RPN 都应复查，而且如果有必要考虑更进一步的措施，还应重复上述的步骤。

7. 设计失效模式及后果分析实例

下面就顶篷对设计失效模式及后果分析进行举例说明（表 3-10）。

表 3-10 设计失效模式和后果分析（DFMEA）

<table>
<tr><td colspan="2">系统</td><td colspan="8">内外饰</td><td colspan="3">DFMEA 编号</td><td colspan="3">2010-EI-××</td></tr>
<tr><td colspan="2">子系统</td><td colspan="8">顶饰系统</td><td colspan="3">编制人</td><td colspan="3">×××</td></tr>
<tr><td colspan="2">零部件</td><td colspan="8">顶篷总成</td><td colspan="3">DFMEA 日期</td><td colspan="3">20××-××-××</td></tr>
<tr><td colspan="2">设计责任人</td><td colspan="4">×××、×××</td><td colspan="4">关键日期
20××-××-××</td><td colspan="3">修订日期</td><td colspan="3"></td></tr>
<tr><td colspan="2">核心小组</td><td colspan="4">×××、×××、×××、×××</td><td colspan="4">年型/车型
××/20××</td><td colspan="3">页码</td><td colspan="3">××</td></tr>
<tr><td rowspan="2">项目/功能</td><td rowspan="2">潜在失效模式</td><td rowspan="2">潜在失效影响</td><td rowspan="2">严重度数</td><td rowspan="2">潜在失效原因/机理</td><td rowspan="2">频度数</td><td rowspan="2">现行设计控制</td><td rowspan="2">不易探测度数</td><td rowspan="2">风险顺序数</td><td rowspan="2">建议措施</td><td rowspan="2">责任人及目标完成日期</td><td colspan="5">措施执行后的结果</td></tr>
<tr><td>采取的措施</td><td>新的严重度数</td><td>新的频度数</td><td>新的不易探测度数</td><td>新的风险顺序数</td></tr>
<tr><td>顶篷和立柱护板的配合</td><td>顶篷和护板的配合不良</td><td>外观间隙大或不均</td><td>5</td><td>顶篷下面缺少支撑块，下陷</td><td>4</td><td>在顶篷下面加支撑块，防止顶篷变形</td><td>3</td><td>60</td><td>在设计之初考虑顶篷的支撑</td><td>张三/20××-××-××</td><td>在与立柱护板配合的顶篷下面增加支撑块</td><td>5</td><td>2</td><td>2</td><td>20</td></tr>
</table>

3.2 内外饰设计验证方法

本小节中讲述了内外饰设计中常用的各种有效的验证方法，这些方法可以让设计更加规范，在成本、质量、周期方面都能带来有效的改善。

3.2.1　同步工程的应用

同步工程（Simultaneous Engineering，SE）是对产品开发及其相关（制造和支持等）过程进行集成、并行的系统化工作模式。IT技术和计算机辅助造型（CAS）、辅助设计（CAD）、辅助工程分析（CAE）和辅助制造（CAM）等新技术的运用，为同步工程提供了强大的技术支持。由于顺序工程方法存在产品开发周期长、成本高以及开发质量难以保证等问题，无法适应激烈市场竞争环境下汽车企业的需要。随着国内、国际汽车市场竞争的加剧，产品质量要求越来越高，汽车换代周期越来越短，因此，同步工程技术得到了迅速的推广应用。

同步工程之所以能促使产品开发在速度和质量上取得如此飞速的进步，主要是因为其具有以下特点：

1. 强调开发过程的并行性

通过成立项目组及项目例会等及时发布相关信息，使有关部门和相关供应商能及早参加项目，并开展市场、工艺、模具和关键零部件的可行性分析等。通过不同专业过程的并行开展，使占项目开发周期较长的开发过程得以同步进行，从而有效缩短开发周期。

2. 强调开发过程的系统性

同步工程要求设计人员在造型阶段就要开始综合考虑产品生命周期的各个方面，包括产品定位、市场需求、成本、产品性能（可靠性、安全性、动力性、经济性和舒适性等）、工艺性、质量控制及报废与回收等。这就要求各专业人员及时提供各方面的意见，以便系统地考虑设计方案，在产品设计阶段做出正确的工程决策，把错误和缺陷消除在设计阶段，从而提高设计质量，降低项目后续开发成本、制造成本及售后服务成本。

3. 强调各相关职能间的工作协同与集成

在同步工程中，设计、制造、质量控制和销售等环节不再作为相互独立的过程，而是作为一个系统的有机组成部分。各相关职能部门在开发过程中遇到复杂问题能够及时沟通信息，发挥集体智慧，寻求最佳解决方案，有效地提高工作效率和产品质量。

3.2.2　断面可行性分析

典型断面是汽车设计中非常重要的部分。在正向开发的过程中，需要定义各个零件之间的配合概念，同时进行相关的人机校核、法规校核等，而这些内容，一般都是通过断面来表达的。

典型断面一般多用于前期布置阶段。它的绘制方法并没有什么特别，但通过断面所体现出来的工程思想对于A面制作和数据结构制作等的影响却是决定性的。

通过其中的H点位置主断面，来具体说明典型断面的绘制方法。

1）比如假人H点的Y向坐标是$Y=-305.5$，我们做一个相对XZ平面偏置-305.5的平面，以$Y=-305.5$为断面草绘平面。

2）在H点截面中（图3-37），边界条件包括前风窗玻璃、左遮阳板、后背门、各顶盖钣金等。在草绘平面内依次做各边界的断面，将有利于断面的更新与修改。

3）通过整个过H点断面，可以清楚地反映出车内的头部间隙（图3-38）、遮阳板的视野校核（图3-39）、及与顶盖各钣金的配合概念（图3-40）。

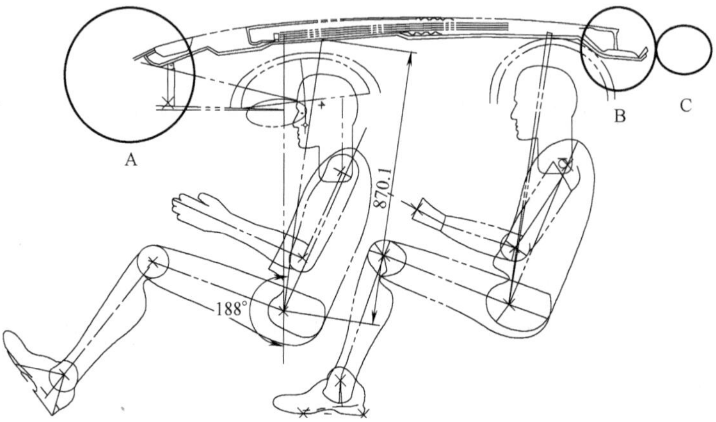

图 3-37　过 H 点截面（Y=−305.5）

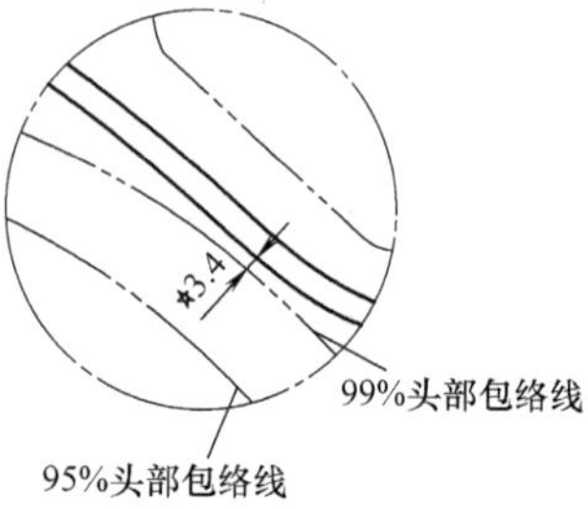

图 3-38　细节 B（头部间隙）

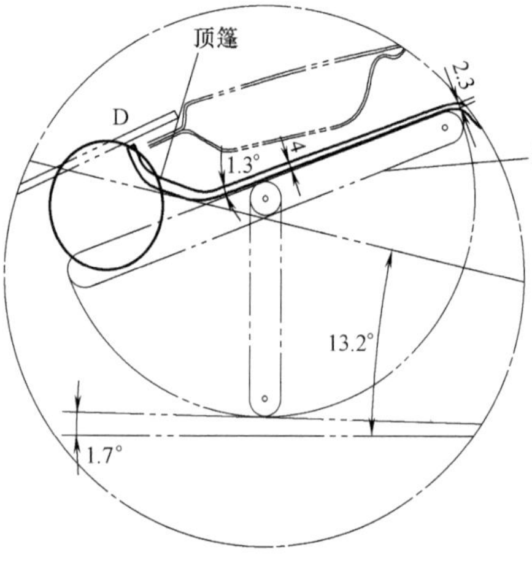

图 3-39　细节 A（遮阳板视野校核）

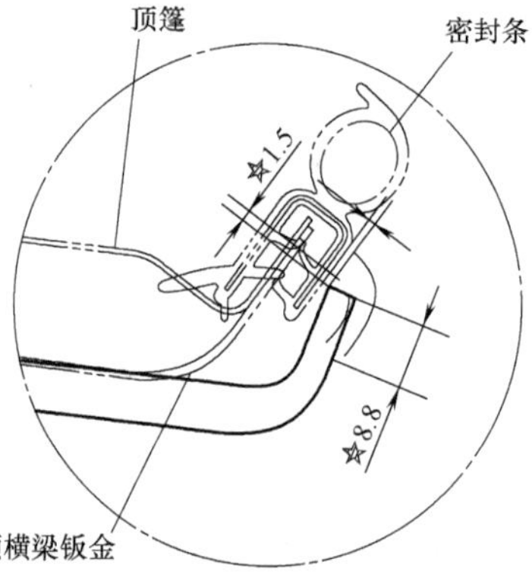

图 3-40　细节 C（与尾门密封条配合）

4）同理，按同样的方法做截面清单所示的各个典型断面。这一版断面线会用来调整 A 面，而 A 面的修改和校核同样需要通过断面来表达。当 A 面数据最终确认完毕后，断面也会相对冻结，这时的断面会将顶篷不同区域的料厚、周边件的配合概念一一表达清楚，从而成为 3D 数据制作的重要依据。

通过结构断面可以了解具体的配合方式和结构。断面的修改一直贯穿于数据设计过程中。特别是在 CAS 前后，以及调整 A 面过程中都要进行多次断面评审。所有的配合断面都处于不断更新的过程中，因为数据在设计过程中修改的次数比较多，所以截面的更新是比较频繁的，期间可以不断地校核数据是不是符合设计概念。

由此可见，断面的制作在整个开发阶段是十分重要的，设计人员必须学会断面的制作。典型断面制作对于正向开发是必不可少的工具。

3.2.3 人机工程虚拟仿真与样车验证

1. 概述

车辆人机的开发包含三方面的内容：虚拟的主观评价体系、人机数据库和评价体系、人机工程试验台架。通过车辆人机的开发，能够形成系统化的基础研发数据库，为正向开发新车型提供强有力的技术支持，减少项目开发中的人机问题，缩短开发周期。

2. 匹配主模型的定义及作用

（1）匹配主模型　也叫功能主模型，是依据车身三维数模设计，按照 1∶1 比例制造的标准白车身，门盖等钣金总成件及内外饰安装件可以在主模型检具上进行装配，实现相关零件之间的匹配。匹配主模型主要由底座、骨架、标准模块等构成（图 3-41）。

图 3-41　整车匹配主模型

（2）匹配主模型的作用　匹配各零件之间的间隙和面差（DTS），控制单件质量，提高内外饰件、开合件和白车身的匹配，是努力实现产品目标定义的主要工作内容，而匹配主模型便是帮助提高匹配质量的重要工具。由于在生产准备的工业化阶段，车身状态比较差且不稳定，因而难以对内外饰零件的整改提供指导。而匹配主模型最大程度上模拟了总装在实车上的装配模式，实现车身、内外饰、电子电器等安装件之间的精细匹配，比较容易直观地暴露一些在单件检具上难以发现的问题，有效指导内外饰件的整改与提升。匹配主模型可以结合单件和总成检具一起使用，零部件首先在检具上进行检测，满足尺寸质量要求后在主模型上进行匹配，最后综合分析检测与匹配的结果，发现问题，反馈给相关责任部门进行整改。匹配主模型是目前先进的设计和质量控制理念，不仅控制汽车内外饰的尺寸及匹配效果，还在产品研发、生产的各个阶段验证产品、树立标杆。

（3）匹配主模型的设计理念

1）最大程度上满足零部件的装配需求，内外兼顾、匹配合理。以玻璃升降系统为例，匹配主模型能够满足玻璃升降系统的真实状态模拟，甚至包括滑门滑动轨迹模拟，而前后风窗玻璃安装后，玻璃胶的固化时间和玻璃因自身重量产生下滑的关系也可在匹配主模型上进行模拟和验证。

2）工艺性尤为重要。众所周知，外观再好的一个设计，如果无法制成产品，那这只能是一幅漂亮的图画而已。所以匹配主模型不仅要满足功能需要，更要易于加工和装配。

3）结构简单、稳定，避免干涉，为运输和装卸相关模块设置滑动和推车装置。

4）匹配主模型必须考虑轻量化，如后保险杠型面块仅需要设计与其相关零件：尾灯、后盖及侧框等配合面及自身轮廓；型面块翼子板、前照灯、前盖、散热器格栅只需设计自身轮廓框架。

5）材料上必须考虑型面块的耐磨性、变形系数等。例如，当模块的大小约为1400mm×1200mm，壁厚最薄处为3~5mm时，加工后变形量大，虽可以经过热处理降低变形量，但如果选择不合适的材料，不仅报废率高，对制造也是一个严重的考验。

6）考虑使用环境。周围的温度、湿度、振动等都会对主模型的材料和结构有要求。

（4）匹配主模型的制造过程　主要包含铸造、机加工和组装。

1）首先是铸造，主模型检具的分块与铸造直接相关：分块太多，精度上难以保证；分块太少，铸造外观的质量将难以保证。如何权衡这个分歧，也是国内铸造水平急需提高的课题。

2）其次是机加工，基准转换和超薄复杂曲面的加工是机加工的主要难点。

3）最后是组装，保证所有的单件合格固然重要，更重要的是装配后整个模型车身的尺寸精度满足要求。很多模块装配到一起，经过了多层的偏差积累，保证最后的精度并非易事，需要精调细作。三坐标仪是测量、装配、调整匹配主模型不可缺少的工具。

3.2.4　快速成型件验证

1. 模型概述

1）用油泥或者树脂来做造型设计，然后反求出数模，在造型设计中还一直在沿用。无论哪种设计方法，最后都要用树脂材料做出展示模型及主模型。

2）用模型糊制作车模：用模型糊制作车模的方法之一是先用苯乙烯泡沫塑料制作一个略小于实际尺寸的整体模型做基体骨架，然后在其上均匀覆盖上适当厚度的模型糊，使其大于车的尺寸，待模型糊完全固化后，即可用数控铣床来加工。数控加工完成后，再经过刮腻子、打磨、喷漆等后续工序，最后完成汽车模型的制作。

3）用可加工树脂板制作模型（俗称手板模型）：用可加工树脂板制作模型更为简单，即将板材切割成所需尺寸粘接成毛坯后数控加工即可。

使用模具树脂的模型材料特点：①模型材料具有极好的机械加工性能，加工速度快，且加工过程中粉尘少；②尺寸稳定，不易变形，边缘强度好，加工表面光滑细腻，能制作极度精确的模型表面，质感好，无纹理，任何方向性能一致，经喷漆烤漆后效果更佳；③加工时无须昂贵刀具，普通刀具即可，且刀具损坏率低，节约刀具成本，加工完毕的模型存放条件不苛刻，且不受化学品侵蚀，可长期保存；④易于表面处理，可以进行抛光、喷砂、喷漆、丝印、电镀、阳极处理等等；⑤材质可为ABS、PP、POM、PA、PC、PMMA、电木、代木等；⑥易于粘接，易于改型及修补，由于在车型的设计过程中，修改是极为普遍的，模型修补后和原先已固化的材料之间的粘接性能好，修补部分不会脱落，在机械加工过程中，新老材料也不会出现加工差异。

以上这些优点，都是铝、木材、油泥等材料无法比拟的。数控加工的普及和UG、Pro/E等三维设计软件的广泛应用，使CNC模型效果完全可以同开模具后生产出来的产品媲美，外观和结构能完全体现设计思想。

> 手板模型的作用：①检验外观设计。手板不仅是可视的，而且是可触摸的，它可以很直观地以实物的形式把设计师的创意反映出来，避免了“画出来好看而做出来不好看”的弊端。因此手板制作在新品开发、产品外形推敲的过程中是必不可少的。②检验结构设计。因为手板是可装配的，所以它可直观地反映出结构的合理与否，安装的难易程度，便于及早发现问题，解决问题。③避免直接开模具的风险性。由于模具制造的费用一般很高，比较大的模具价值数十万元乃至上百万元，如果在开模具的过程中发现结构不合理或其他问题，其损失可想而知。而手板制作则能避免这种损失，减少开模风险。④使产品面世时间大大提前。由于手板制作的超前性，你可以在模具开发出来之前利用手板做产品宣传，甚至前期的销售、生产准备工作，及早占领市场。

2. 塑料产品的快速制造

随着塑料在工业中日益广泛的应用，尤其是汽车、通信、电子、家电等领域，塑料制品的制造已成为工业制造的重要组成部分。传统上产品由金属注射模具加工，但金属注射模具制造周期长、成本高。在新产品开发未定型阶段，不可能投入大量资金和时间，试制的成本和周期制约了新产品快速响应市场的需求。同时各种金属快速注射模具制作方法都不同程度地受各种因素、条件的限制，在现实生产中还难以广泛应用。

当制造的零件件数较少（批量在20~50件）时，一般采用真空注型工艺，以RP原型为基础，配备真空注型机和制作硅橡胶模具，以PU为原料，在真空环境配料、搅拌、灌注、成型。该工艺易操作，复制效果好，是汽车内外饰件开发试制阶段快速成型的有效手段。由于硅橡胶良好的柔性和弹性，对于结构复杂、花纹精细、无拔模角度（甚至有一定倒拔模角度）以及具有深凹槽的零件来说，制件浇注完成后均可直接取出。

汽车制造业车型开发过程对应的模具制造方法见表3-11。

表3-11 模具制造方法

序号	开发过程		产品批量	对应方法	模具材料	备注
1	工艺分析 造型效果		制作一两套	快速原型制造 CNC手板制作	ABS、PP、POM、PA、 PC、PMMA、电木、代木等	检验造型效果、工程 结构设计、工艺设计
	功能分析 装配验证		制作30套以下	真空注型 低压灌注	硅胶模具、中低 熔点合金模具	
2	少量试产		1500模以下	试作模	中低熔点合金模具 低成本钢模S45C	—
3	量产	少量	1万模以下	量产模	低成本钢模	部分结构手动
		中量	5万模以下		P20(HRC25)	结构自动
		大量	20万模以上		1.2738(HRC35)	结构全自动
		超大量	50万~100万模		模具特殊钢,硬模(>HRC50)	结构全自动

3.2.5 零部件设计验证

DV（Design Verification）是设计验证的通用叫法，主要内容是验证设计的产品功能是否能满足客户的期望，也包括验证工装件在产品的整个有效使用环境中能否满足客户的预期。DV 分为零部件 DV、系统 DV 和整车，其中零部件 DV 是由供应商负责开展的零部件及子系统设计开发验证；系统 DV、整车是由整车厂负责开展的整车及系统设计开发验证。

1. 试验计划的制定（DVP）

1）供应商须在接到开发任务后根据项目开发节点和 DV 内容要求制定 DV 试验计划（DVP）给主机厂 DV 主管工程师。

2）主机厂 DV 主管工程师组织对供应商提供的试验计划进行评审确认并完成会签。

3）制定零部件 DVP 时，应满足以下条件：包含图纸、规范要求的所有试验目的；试验标准满足图纸规范要求和国家、行业的最新标准；试验样本容量满足图纸规范要求，并对试验样本进行分组；试验的实施和完成时间应满足项目时间的要求；可以借鉴其他阶段试验或借用其他同类产品的试验项目，须提供相关证据和所借用的试验报告，并在 DVP&R 中注明。

2. 试验计划的变更要求

1）由于样件开发计划而引起试验延期。

2）技术状态发生变化，导致试验计划变更。

3）如果是零部件 DV 试验不合格或者供应商试验计划发生变更，必须重新提交最新的试验计划；已完成试验的试验报告，要进行历史问题跟踪。

4）零部件试验计划变更时，供应商与主机厂 DV 部门需进行确认会签。

3. 试验前确认及样件要求

1）根据项目计划需要在试验开始前 1 周内对试验工装、试验标准方法、试验大纲等试验相关内容进行确认。

2）试验开始前对试验样件的技术状态（工装样件、手工样件）进行确认，并输出《样件检查成绩表》，只有样件符合产品图纸要求才能试验。

3）供应商必须按照试验计划中编号按顺序进行分组试验，如计划中未特别指明，那么所有的试验都必须使用新的样件进行。

4）样件每进行一个试验前，供应商都必须负责把与试验大纲一致的试验名称写在零部件上，并写上序号，例如：高温试验-001。

4. 试验后的要求

1）供应商负责对所有零部件试验的试验样件进行分类及有效保存，直至产品正式量产半年。

2）试验后样件的状态在要求时间段内由于保存不当发生变化或者遗失的，由供应商承担全部责任。

5. DV 试验报告要求

1）报告中应体现以下信息：样件的规格和型号、样件的名称、样件所属的项目、样本量。

2）报告中应包含试验前后的样件照片，尤其是破坏性试验。

3）报告中的试验名称应与 DVP 中的试验一致。

4）报告中应有明确的测试方法和评价标准，需提供单体的性能及可靠性试验过程数据，明确试验结果。

5）报告中应包含试验时间、试验设备、试验单位、评价标准以及试验单位的有效签字及盖章。

3.2.6 可靠性设计方法

1. 汽车产品的可靠性概念

产品在规定条件下和规定时间内，完成设计（或随时间预期适当减弱）规定功能的能力。

2. 质量与可靠性的关系

（1）可靠性是产品质量的核心内容　提高产品的可靠性，减少故障的发生，是从根本上保证产品质量的措施，因此可靠性是产品质量的技术核心，这个观点是近几年提出并被广为接受的。换句话说，为了保证产品的质量水平，最根本的工作是提高产品的可靠性。

（2）产品质量涵盖可靠性　TQM、PDCM、APQP、主次图、鱼骨图、SPC 等是广为人知的质量管理工具，但是这些并不适合在设计过程中对产品的可靠性进行有效控制。而质量和可靠性的潜在问题需要尽早发现并控制，这样就需要专门的可靠性设计和分析工具进行控制，如可靠性预计、FMEA、FTA、可靠性设计准则等。

3. 产品的合理设计决定了产品的固有可靠性

1）可靠性的工作目标。

2）改善产品的可靠性水平，提高市场竞争能力。

3）提高系统的安全性，减少法律纠纷。

4）降低产品全生命周期费用。

5）保持产品的型号/批次的性能稳定性。

6）可靠性使命：在车辆使用寿命期，满足用户可靠性期望。

4. 可靠性工程技术分类

可靠性工程可分为三类：可靠性管理技术、可靠性设计分析技术、可靠性试验技术。

5. 可靠性设计要求

1）通用设计准则　零部件的选用控制、降额设计要求、热设计要求、容错设计要求。

2）专用设计准则

1）历史上相似产品曾经出现过哪些故障。

2）这些故障的发生频次以及影响如何。

3）故障原因。

4）纠正措施。

5）实施效果。

3.2.7 检具

1. 检具概述

1）检具从广义上来讲，是用于产品检验的专用测量工具的总称。狭义上来讲通常把一般用于检验的专用工具称为检验夹具；把测量精度较高又有一定通用性的检验工具称为测量仪。检具是一种用来测量和评价零件尺寸质量的专用检验设备。

2）在零件生产现场，通过检具可实现对零件的在线检测。为此需要将零件准确地安装于检具上，然后通过目测、测量表或卡尺对零件型面、周边进行检查，也可以借助检验销或目测对零件上不同性质的孔及零件与零件之间的连接位置进行检测，从而保证在试生产及起步生产时实现零件质量状态的快速判断。在此情况下，通过目测或测量可以判断：零件轮廓周边大小和形状区域以及相对位置与通过 CAD/CAM 直接加工的检具理论值之间的偏差。

3）对于零件上的某些极其重要的功能性尺寸，还能利用检具进行数值检测。通常不能借助检具直接获得零件基于车身坐标系统精确的坐标值，而是将零件置于检具上通过三坐标测量机测量方可获得。现代检具的结构在设计时同时考虑其可以作为测量支架使用。但是当检具的在线检查功能与测量支架功能不能同时满足时，应首先满足检具的在线检查功能 。

4）测量支架是用三坐标测量机测量零件时的一种辅助支架，其所有的支撑面（点）和定位基准面（点）均必须根据零件的 CAD 数据铣削加工，有些特殊零件的测量支架还应具有部分检具的功能。

5）检具是按需方要求定制的专用检验设备，检具的设计必须按照客户提供的最终 3D 数据及 2D 图纸进行。3D 数据必须具备正确的汽车坐标系，检具的设计及制造都需要通过客户的认可才能进行加工和交付。

总的来说，检具就是直接用于检验产品尺寸、形状、位置特性的专用夹具和检测附件的集合。

2. 检具分类

1）汽车检具按难易程度通常可分为测量支架、简易检具和完整检具。

2）按使用厂家可分为自制件检具和外协件检具。

3）按零件类别可分为冲压件、织物地毯、玻璃、塑料件检具等。

4）按产品特性分为总成检具和零件检具。

5）按定位方式和检测评价功能的特点不同可分为测量支架、综合匹配检具（PCF、UCF、meisterbock）、功能主模型（Cubing、整车检具）、功能性检具、开口检具。

第4章

汽车内外饰材料与工艺

汽车内外饰零件大部分材料都是高分子材料，种类涵盖非常广，主要有塑料、橡胶、织物、皮革、涂料、胶等。根据车型设计需要和车型档次不同，零件的选材并不是一成不变的，主要零部件用到的材料类型概括见表 4-1。

表 4-1　内外饰零件典型使用材料

序号	零部件名称	典型使用材料	备　注
1	硬质仪表板	PP-TD	
2	软质仪表板骨架	PP-TD、PP-GF、ABS+PC	
3	软质仪表板泡沫层	PU、PP 泡沫	
4	软质仪表板表皮	真皮、PU、PVC、TPO	
5	仪表板装饰条	ABS+PC、ABS	表面喷漆、水转印或 IMD、INS 等装饰工艺
6	出风口、杂物箱等仪表板附件	ABS、ABS+PC、POM、PA、PP-TD	
7	副仪表板	PP-TD、PP-GF、ABS、ABS+PC、PU 皮、真皮、PVC 皮、胶、油漆	
8	门内饰板	PP-TD、ABS、ABS+PC、PVC 皮、胶、油漆	
9	立柱、门槛装饰件	PP-TD、PP/PE	
10	座椅	PU 泡沫、真皮、PU 皮、PVC 皮、针织面料、PP、ABS、ABS+PC、PA	除金属骨架外
11	顶篷	PU 玻纤板、PP 玻纤板、针织面料、无纺面料	
12	地毯	针刺面料、棉毡、PU 泡沫	
13	前壁板隔热垫	EVA、EPDM、棉毡、PU 泡沫	
14	衣帽架	木粉板、PP 玻纤板、麻纤维板、无纺布面料、针织面料	
15	保险杠总成	PP-TD、ABS、ABS+PC、POM、ASA、PC+PET	
16	扰流板	ABS、PP-TD	
17	防擦条	PP-TD、ABS	
18	后视镜	ABS、PA、ASA	

4.1 内外饰材料

4.1.1 塑料

汽车内外饰用材主要是非金属材料，包括塑料、橡胶以及织物等，其中塑料用量最大，其次是纤维织物。塑料密度比较小，符合汽车工业通过减少整车重量达到节约能源和有效利用能源的要求。在过去40年间，汽车的塑料用量已从20世纪60年代初的10kg/辆左右上升到21世纪初的180kg/辆左右，而且这个数字还在不断增加，因此塑料行业被誉为21世纪最有前途的行业。

塑料除了密度小之外，还有很多优点，如可实现理想的造型和颜色、不会腐蚀和生锈、可绝热和保温、成型容易且能大批量生产、触觉和视觉效果好等，从而成为汽车内外饰零件的首选材料。汽车用塑料零部件分为内饰件、外饰件和功能件共三大类。常用的塑料种类有PP、PVC、PU、ABS、PE、PA、PC和POM等。

塑料是指以树脂（或在加工过程中用单体直接聚合）为主要成分，以增塑剂、填充剂、润滑剂、着色剂等添加剂为辅助成分，在加工完成时呈现固态形状，在制造以及加工过程中，能流动成型的材料。

一般的塑料从合成塔合成出来都是面粉状的粉末，不能用来直接生产产品，称为树脂，也叫粉料。这是一种纯净的塑料，流动性差，热稳定性低，易老化分解，不耐环境老化。因此，材料生产商为了改善以上缺陷，在树脂粉中加入热稳定剂、抗老化剂、抗紫外光剂、增塑剂等助剂，生产出适应各种加工工艺的、有特殊性能的、不同牌号的塑料品种，如图4-1所示。

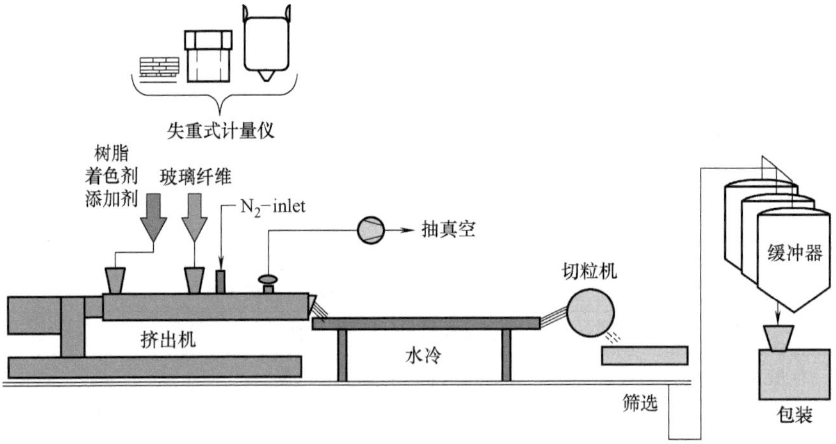

图4-1 树脂改性流程

在塑料、合成橡胶、合成纤维三大合成材料中，因聚合物分子结构和聚集态不同，其物理性质也不同。橡胶具有高弹性；纤维具有分子链的取向排列和晶相结构；塑料则具有柔韧性和刚性。

1. 塑料的组成

塑料是以合成树脂为主要成分，加入一些助剂制成的一种人工材料。合成树脂决定塑料的类型和主要性能，如机械性能、物理性能、电性能、化学性能等，合成树脂在塑料中的比例一般不低于40%。助剂是指在塑料成型加工前或加工过程中，为有利于制品生产和性能改善而加入的各种辅助性材料。助剂品种很多，按其作用大致可分为几类，详见表4-2。

表4-2 助剂类型及功能

序号	作用	助剂类型	备 注
1	提高制品稳定性	热稳定剂、抗氧化剂、光稳定剂、抗菌剂等	减缓各种环境条件引起材料的分解或降解
2	提高材料性能	填充剂、增韧剂等	改善塑料的机械性能、热性能、电性能，调节成型收缩率，扩大材料的应用范围，同时正确选择添加剂还可以降低材料成本
3	提高加工性能	增塑剂、润滑剂等	改善塑料熔体的流动性，减少或避免对加工设备的摩擦和粘附，同时改善塑料制品表观
4	改进表面性能	抗静电剂、耐刮擦等	防止表面静电荷的积聚吸附灰尘和提高塑料制品表面耐刮擦能力
5	改变塑料颜色	着色剂	主要调节材料颜色，起美观和装饰作用
6	提高塑料阻燃性能	阻燃剂	降低材料燃烧速度或使其不能燃烧

2. 塑料中英文对照

常用塑料中英文对照见表4-3。

表4-3 常用塑料缩写标识

代码简称	英文全名	中文名
ABS	Acrylonitrile Butadiene Styrene	丙烯腈-丁二烯-苯乙烯
ASA	Acrylonitrile Styrene Acrylic ester	丙烯酸-苯乙烯-丙烯腈
EP	Epoxide Resin	环氧树脂
E/P	Ethylene-Propylene copolymer	乙烯-丙烯共聚物
EPDM	Ethylene-Propylene-Diene Monomer	三元乙丙橡胶
EVA	Ethylene Vinyl Acetate	乙烯-醋酸乙烯脂
HDPE	High Density Polyethylene	高密度聚乙烯
LCP	Liquid Crystal Polymer	液晶聚合物
LDPE	Low Density Polyethylene	低密度聚乙烯
PA	Polyamide	聚酰胺
PAI	Polyamide-imide	聚酰胺酰亚胺
PAN	Polyacrylonitrile	聚丙烯腈
PBT	Polybutylene Terephthalate	聚对苯二甲酸丁二醇脂
PC	Polycarbonate	聚碳酸脂
PE	Polyethylene	聚乙烯
PEEK	Poly(ether-ether-ketone)	聚醚醚酮
PEKK	Poly(ether-ketone-ketone)	聚醚酮酮

（续）

代码简称	英文全名	中文名
PEI	Polyetherimide	聚醚酰亚胺
PES	Polyether Sulfone	聚醚砜
PET	Polyethylene Terephthalate	聚对苯二甲酸乙二醇脂
PF	Phenol-formaldehyde	苯酚-甲醛树脂
PI	Polyimide	聚酰亚胺
PMMA	Polymethylmethacrylate	聚甲基丙烯酸甲酯
POM	Polyoxymethylene, Polyformaldehyde, Polyacetal	聚甲醛
PP	Polypropylene	聚丙烯
PPA	Polyphtalate Amide	聚苯酰胺
PPO	Polyphenylene Oxide	聚苯醚
PPS	Polyphenylene Sulfide	聚苯硫醚
PSU	Polysulfone	聚砜
PTFE	Polytetrafluoroethylene	聚四氟乙烯
PUR	Polyurethane	聚氨酯
PVA	Polyvinyl Alcohol, Viny Alcohol Polymer, Poval	聚乙烯醇
PVC	Polyvinyl Chloride	聚氯乙烯
PVDC	Polyvinylidene Chloride	聚偏二氯乙烯
PVDF	Polyvinylidene Fluoride	聚偏二氟乙烯
UHMWPE	Polyethylene with Ultrahigh Molecular Weight	超高分子量聚乙烯
UP	Unsaturated Polyester	不饱和聚酯
SMC	Sheet Moulding Compound	预制片状模塑料
BMC	Bulk Moulding Compound	预制整体模塑料
MF	Melamine-Formaldehyde Resin	三聚氰氨甲醛树脂

3. 塑料的分类

塑料的种类有很多，分类方法及适用范围大致有以下几类：按理化特性（热行为和是否具备反复成型加工性），一般将塑料分为热固性塑料和热塑性塑料。热固性塑料是在加工过程中通过不可逆的化学反应形成的具有网状结构的聚合物，不能直接再生利用；而热塑性塑料具有多次重复加工性和回收性。汽车上使用的塑料大部分为热塑性塑料，一般分类方式如下：

1）按塑料的耐热性或用途，一般分为通用塑料（相对温度指数 RTI≤100℃）、工程塑料（100℃<RTI≤150℃）和高性能塑料（RTI>150℃）。聚合物的耐热性分布如图 4-2 所示。

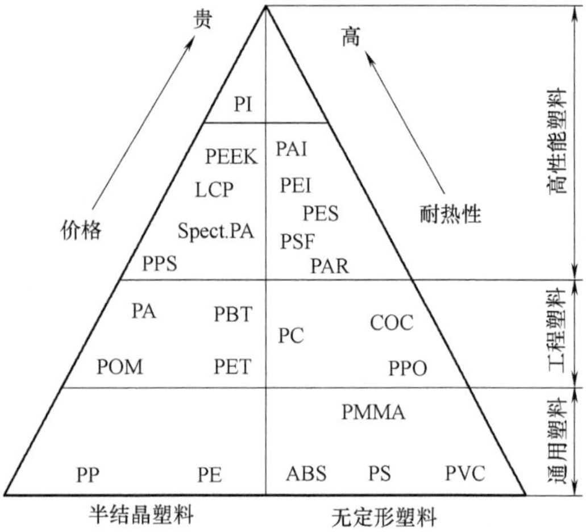

图 4-2　热塑性塑料分类

2）按聚合物的形态或结晶度，一般分

为半结晶塑料和无定形塑料，如图 4-2 所示。半结晶塑料具有耐化学性好、耐温性能好、韧性好、耐磨性好等优点，但其表面装饰性差、收缩率大、尺寸稳定性差，使用时多需要改性；无定形塑料则恰恰相反，具有表面装饰性好、收缩率小、尺寸稳定性好、刚性好等优点，但不耐磨、耐化学性差、耐温性差，使用时基本不需进行改性。

4. 塑料材料主要性能

（1）物理性能

1）密度。通常，金属的密度最大，一般在 2.7~9.0g/cm^3，钨高达 22.7g/cm^3。陶瓷材料在 2.1~5.3g/cm^3 之间。常用塑料密度见表 4-4。

表 4-4 常用塑料的密度 （单位：g/cm^3）

材料	密度	材料	密度	材料	密度
PP	0.89~0.93	PA6	1.12~1.15	PMMA	1.17~1.20
PP-T10	0.95~0.99	PA6-GF15	1.20~1.26	PC	1.18~1.22
PP-T20	1.03~1.07	PA6-GF20	1.22~1.28	PC-HT	1.12~1.20
PP-T30	1.10~1.14	PA6-GF30	1.33~1.40	PAR	1.2~1.26
PP-T40	1.19~1.25	PA6-GF35	1.38~1.44	ABS	1.04~1.08
PP-GF20	1.10~1.14	PA6-GF40	1.40~1.46	AES	1.02~1.06
PP-GF30	1.12~1.18	PA6-GF50	1.54~1.60	ASA	1.06~1.09
PP-GF40	1.19~1.25	PA6-(GF10+M20)	1.33~1.41	PC+ABS	1.10~1.6
PP-LGF20	1.02~1.06	PA6-(GF15+M25)	1.40~1.52	PC+ASA	1.12~1.18
PP-LGF30	1.10~1.14	PA6-M30	1.30~1.44	PC+PBT	1.18~1.23
PP-LGF40	1.19~1.25	PA66	1.12~1.16	PS	1.03~1.07
GMT-20	1.02~1.08	PA66-GF15	1.20~1.26	PA+ABS	1.04~1.10
GMT-30	1.07~1.17	PA66-GF20	1.24~1.30	TPS	0.9~1.2
GMT-40	1.17~1.27	PA66-GF30	1.33~1.39	TPO	0.9~1.05
PP+EPDM	0.86~1.92	PA66-GF35	1.36~1.44	TPV	0.95~1.0
PP+EPDM-T10	0.94~1.00	PA66-GF40	1.43~1.51	TPU	1.05~1.25
PP+EPDM-T15	1.00~1.04	PA66-GF45	1.45~1.55	TPC	1.15~1.4
PP+EPDM-T20	1.03~1.07	PA66-GF50	1.51~1.61	TPA	1.0~1.15
PP+EPDM-T25	1.07~1.11	PA66-GF55	1.59~1.69	PPS	1.33~1.39
PP+EPDM-T30	1.10~1.16	PA66-GF60	1.67~1.77	PPS-GF40	1.62~1.70
LDPE	0.91~0.94	PA66-M40	1.46~1.54	PPS-(GF+MD)65	1.90~2.01
HDPE	0.93~0.97	PA11	1.03~1.06	PSU	1.21~1.27
POM	1.40~1.44	PA12	1.00~1.06	PSU-GF30	1.48~1.56
PPO	1.03~1.07	PA46	1.16~1.20	LCP-GF30	1.58~1.66
PPO+PA	1.06~1.10	PA46-GF30	1.38~1.44	LCP-M30	1.59~1.67
PBT	1.30~1.35	PA46-GF40	1.47~1.53	PES	1.34~1.40
PBT-GF10	1.40~1.45	PA612	1.05~1.07	PES-GF30	1.50~1.56
PBT-GF20	1.45~1.50	PA6/6T	1.13~1.19	PEI	1.24~1.30
PBT-GF30	1.50~1.55	PA6/6T-GF30	1.33~1.41	PI	1.35~1.41
PBT/PET-T20	1.47~1.53	PA66/6T	1.12~1.8	PEEK	1.27~1.33
PET-GF20	1.47~1.53	PA66/6T-GF33	1.44~1.52	PEEK-GF30	1.46~1.54
PET-GF30	1.54~62	PA66/6T-M30	1.44~1.49	PEEK-CF30	1.37~1.43
PET-GF40	1.63~73	PA-MXD6(PAA)-GF30	1.39~1.47	PTFE	2.12~2.17

半结晶塑料在填充和增强后，性能得到大幅度提升，应用范围变大，材料密度随着填充物的种类变化和比例而随之变化。

2）吸湿性。塑料本身的分子基团存在亲水性。塑料中的添加剂也使其对水分具有不同的亲疏程度，所以塑料一般大致可分为吸湿、粘附水分、不吸水也不粘附水分。塑料的含水量必须控制在允许的范围内，不然在高温、高压下，水分变成气体或发生水解作用，使树脂起泡、流动性下降、外观及机电性能不良。所以，吸湿性塑料必须按照要求采用适当的加热方法及规范进行预热，在使用时还需要红外线照射以防止再吸湿。

涉及亲水性的官能团主要有酰胺基和酯基。酰胺基（—NHCO）的存在，可以在大分子中间形成氢键，使分子间作用力增大，同时也使其吸水率增大。酰胺键的比例越大，吸水率越高。脂肪族 PA 制品在加工成型前一般都需要做吸湿处理。

酯键（—CO—O—）高温和水蒸气存在下容易水解。因此，酯类塑料如 PC、PBT、PET 等在加工前均需要烘干，以防止加工熔融时水汽对材料的分解作用。

吸湿倾向小的塑料有 PE，PP 等。

3）熔融指数。熔体流动速率是指热塑性材料在一定的温度和压力下，熔体每 10min 通过规定的标准口模的质量或体积，称为质量流动速率（简称 MFR）或体积流动速率（简称 MVR），单位分别为 g/10min 或 cm^3/10min。

熔融指数又称为塑料熔体流动速率，它不是聚合物的基本性质，只表征热塑性聚合物熔体的流动性能。通过对它的测量可以了解聚合物的分子量及其分布、交联程度、加工性能等。

塑料熔融指数反映熔体的流动性能。熔融指数越大，流动性越好，成型加工比较方便。常用塑料的熔融指数见表 4-5。

表 4-5　常用塑料熔融指数

材料	MVR/(cm^3/10min)	条件		材料	MVR/(cm^3/10min)	条件	
		温度/℃	质量/kg			温度/℃	质量/kg
HDPE	1.85	190	2.16	PS	15	200	5
PP-T20	7	230	2.16	ABS	6	220	10
PP-T30	6	230	2.16	AES	14	220	10
PP-T40	6	230	2.16	ASA	5	220	10
PP-GF30	16	230	2.16	PA+ABS	30	240	10
PA12	51	235	2.16	PC	12	300	1.2
PA11	30	235	2.16	PC+ABS	9	260	5
PA6	160	275	5	PC+ASA	18	260	5
PA66	115	275	5	PC-HT	18.5	330	2.16
PA6-GF30	50	275	5	PC+PBT	3	260	2.16
PA66-GF30	40	275	5	PSU	90	360	10
PPO+PA	11	280	5	PES	150	360	10
均聚 POM	1.9~21	190	2.16	PEI	12.7~19	337	6.7
共聚 POM	1~12	190	2.16	PMMA	3.7	230	3.8
PBT	40	250	2.16	TPEE	9	220	2.16
PBT-GF30	11	250	2.16	PPO	13	280	5

（2）机械性能。机械性能主要包括弹性、塑性、刚度、强度、硬度、冲击韧性、疲劳强度和断裂韧性等。下面主要介绍拉伸强度、弯曲强度和冲击强度。

1）拉伸强度。塑料的拉伸性能是塑料力学性能中最重要、最基本的性能之一。

拉伸强度是指在规定的试验温度、湿度和拉伸速度下，沿试样的纵轴方向施加拉伸载荷，测定试样破坏时的最大载荷。拉伸试验测出的应力、应变对应值，可绘制出应力-应变曲线（图 4-3）。通常以应力值作为纵坐标，应变值作为横坐标。曲线下方所包括的面积代表材料的拉伸破坏能，它与材料的强度和韧性相关。强而韧的材料，拉伸破坏能大，使用性能也佳（图 4-3）。

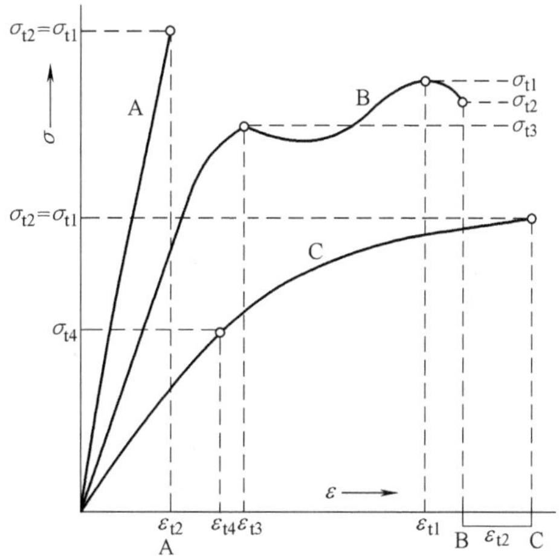

图 4-3 拉伸应力-应变曲线

A—脆性材料 B—具有屈服强度的韧性材料 C—无屈服强度的韧性材料 σ_{t1}—拉伸强度 σ_{t2}—拉伸断裂应力 σ_{t3}—拉伸屈服应力 σ_{t4}—偏置屈服应力 ε_{t1}—屈服时的应变 ε_{t2}—断裂时的应变 ε_{t3}—拉伸时的应变 ε_{t4}—偏置屈服时的应变（%）

> 应力-应变曲线一般分两个部分：弹性变形区和塑性变形区。在弹性变形区域，材料发生可完全恢复的弹性变形，应力和应变呈正比例关系。曲线中直线部分的斜率即是拉伸弹性模量值，它代表材料的刚性。弹性模量越大，刚性越好。在塑性变形区，应力和应变增加不再呈正比例关系，最后出现断裂。

由于不同的高分子材料，在结构上不同，表现为应力-应变曲线的形状也不同，目前大致可归纳成五种类型，如图 4-4 所示。

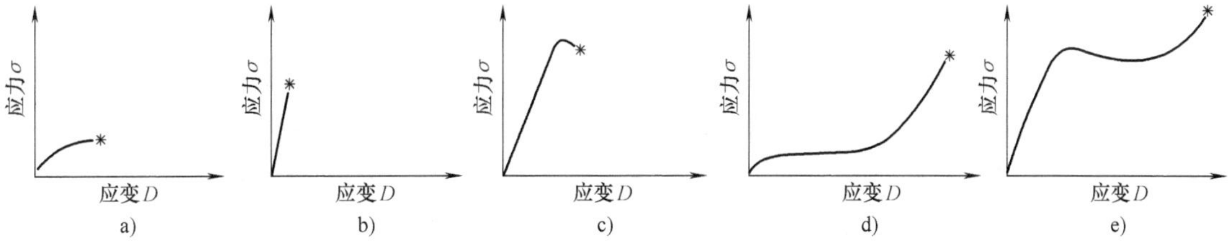

图 4-4 各种应力-应变曲线

① 软而弱：拉伸强度低，弹性模量小，且伸长率也不大，如溶胀的凝胶等。

② 硬而脆：拉伸强度和弹性模量较大，断裂伸长率小，如 PS 等。

③ 硬而强：拉伸强度和弹性模量大，且有适当的伸长率，如硬 PVC 等。

④ 软而韧：断裂伸长率大，拉伸强度也较高，但弹性模量低，如 NR，BR 等。

⑤ 硬而韧：弹性模量大，拉伸强度和断裂伸长率也大，如 PBT，PA 等。

塑料属于粘弹性材料，它的应力松弛过程与变形速率紧密相关，应力松弛需要一个时间过程。当低速拉伸时，分子链来得及位移、重排，呈现韧性行为。表现为拉伸强度减小，而断裂伸长率增大。高速拉伸时，高分子链段的运动跟不上外力作用速度，呈现脆性行为。表现为拉伸速度增大，断裂伸长率减小。

由于塑料品种繁多，不同品种的塑料对拉伸速度的敏感不同。硬而脆的塑料对拉伸速度比较敏感，一般采用较低的拉伸速度。韧性塑料对拉伸的敏感性小，一般采用较高的拉伸速度，以缩短试验周期，提高效率。

高分子材料的力学性能表现出温度的依赖性，随着温度的升高，拉伸强度降低，而断裂伸长率则随温度升高而升高。因此试验要求在规定的温度下进行。

2）弯曲强度。弯曲强度是指试样在两个支点上，施加集中载荷，使试样变形或直至破裂时的强度。

弯曲试验主要是用来检测材料在经受弯曲负荷作用时的性能，生产中常用弯曲试验来评定材料的弯曲强度和塑性变形的大小，是质量控制和应用设计的重要参考指标。

弯曲指标的影响因素主要有操作、试验速度、跨距。

随着应变速率和试验速度的增加，弯曲强度也增强。各标准对试验速度都有统一的规定，且试验速度一般都比较低，这是因为塑料在常温下均属于粘弹性材料，只有在较慢的试验速度下，才能使试验在外力作用下近似地反映其松弛性能和试验材料自身存在不均匀或其他缺陷的客观真实性。

3）冲击强度。冲击强度是指试样受冲击破断时，单位面积上所消耗的能量值。对于某些冲击强度高的塑料，常在试样中间开有规定尺寸的缺口，这样可以降低它在破断时所需要的能量值。

冲击性能试验是在冲击负荷作用下测定材料的冲击强度。冲击强度用于评价材料抵抗冲击的能力或判断材料的脆性或韧性程度，因此，冲击强度也称冲击韧性。塑料材料的冲击韧性在工程应用上是一项重要的性能指标，它反映不同材料抵抗高速冲击而破坏的能力。

常用的测试方法有悬臂梁（Izod）和简支梁（Charpy）方法。包括材料破坏时消耗的能量、样品投出去的动能、材料内发生永久变形的能量、摆锤克服空气阻尼和机械摩擦所消耗的能量等。冲击强度值均随冲击速度的增加而降低；且热塑性塑料比热固性塑料影响更为显著。同一试样的厚度越大，冲击强度值越高；而在相同的试样厚度下，试验跨度越大，冲击强度也越高。

通常，冲击性能试验对工程塑料的缺陷很敏感，而且影响因素也很多，特别是对高分子材料，其抵抗冲击性能常常受到温度、湿度、冲击速度、试验的集合形状以及应力方式等影响，因此冲击性能用于工程设计一般作为参考指标。冲击测试的主要影响因素如下：

① 温度：冲击强度随温度的降低而降低。温度的下降，材料从韧性状态转变为脆性状态，这种转变在一个较窄的温度范围内产生，试样在脆性温度下呈现脆性断裂，其冲击强度

值较低。而在高于脆性温度下发生的韧性断裂，其冲击强度较高。

② 缺口加工方式：一次注射的缺口试样冲击强度较高（拔模后缺口底部曲率半径变化较大），二次机械加工成型的缺口试样冲击强度较低。标准试验方法推荐使用机械加工方式加工试验缺口，以减少对结果的影响并提高试验结构的可比性。

③ 湿度：湿度越大，试样吸湿越多，冲击值越高。

④ 试样缺口底部曲率半径：半径越小，冲击强度值越低。原因是缺口底部的曲率半径越小，冲击时产生的初始裂纹所需要的能量也越小，因此冲击强度值较低；而随着缺口底部曲率半径的增大，使产生初始裂纹所需能量变大，因而冲击强度值也较高。

试样的缺口是为了使应力集中，以减少塑性形变并使裂痕发生在缺口的底部，以减少试验结果的分散性。缺口底部曲率半径越小，则应力集中系数也越大，因而冲击强度值越低。

⑤ 试样加持力：加持力过大，冲击强度一般偏低；加持力过小，冲击强度一般偏高。

（3）热性能

1）耐高温性能。

① 无定形塑料。

对无定形塑料，T_g 是其最高工作温度，在 T_g 附近弹性模量显著变化，如图 4-5 所示。

对结晶形塑料，其性能在 T_m（结晶熔点温度）附近发生显著变化；熔融温度是结晶聚合物使用的上限温度，如图 4-6 所示。

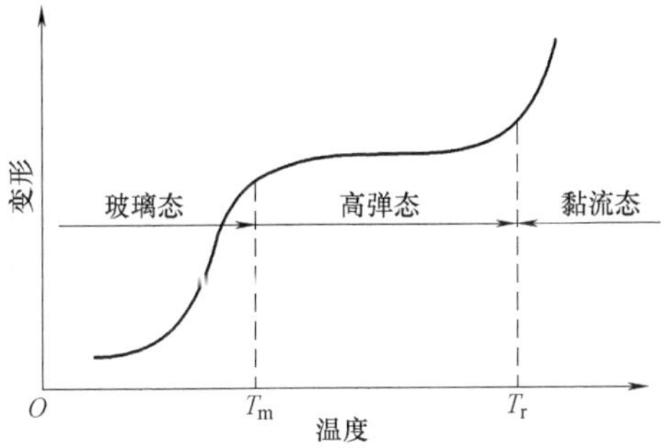

图 4-5　无定形聚合物的三种力学状态

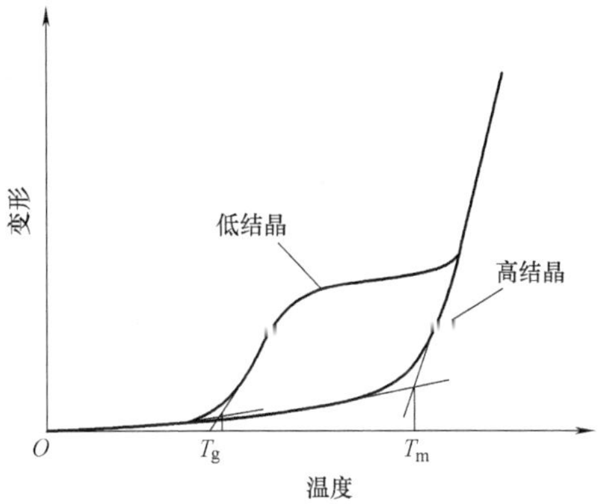

图 4-6　结晶型聚合物形变-温度曲线

对橡胶，T_g 是最低工作温度。

常用塑料的玻璃化温度 T_g 见表 4-6。

表 4-6　常用塑料的玻璃化转变温度　（单位：℃）

无定形塑料	T_g/℃	半结晶塑料	T_g/℃
ABS	90～100	HDPE	-68
PC+ABS	120～150	PP	-20
PS	100	PBT	40
PC	150	PET	69
PMMA	105	PA6	50
PVC	87	PA66	57
PPO	220	POM	-83

② 半结晶塑料。半结晶塑料结晶熔融温度 T_m 是结晶高聚物的主要热转变温度。

由于结晶存在缺陷，并有分子量分布等原因，结晶聚合物熔点有一范围。

由于晶格的束缚，在熔点 T_m 以下时，结晶高聚物只能处于柔韧状态。如分子量不大，加热到 T_m 后直接产生流动而进入黏流态；分子量大时，则要经过一个小的高弹形变区，最后进入粘流态。

影响高分子聚合物熔融温度的因素：

1. 分子间作用力

由熔融热力学得出的平衡熔点方程可以看出，减小熔融熵，提高熔融热是提高熔融温度的有效手段。增大分子间的作用力可以有效地增加高分子聚合物晶体由有序向无序转变所需要的热量。因此在实际工作中，为了提高高分子聚合物的熔融和使用温度，一个通用的做法是在分子链上增加极性基团，如在主链上引入—CONH—、—CONCO—、—NHCOO—、—NH—CO—NH—；侧链上引入—OH、—NH2、—CN、—CF3 等。极性基团的引入增大了分子间的作用力，并可能形成氢键。而氢键的形成则会降低分子链段的柔性，导致熔融熵的减小。

2. 分子链的柔顺性

分子链的刚性与熔融熵相关。刚性分子链对应于较小的熔融熵。增大分子链刚性的基本方法是在分子主链上引入刚性基团，如苯环、芳杂环，或共轭双键等。分子主链上接入较大体积的侧基或氢键的形成也可以达到增大刚性的目的。

在分子主链上引入醚键或非共轭双键等柔性基团则能有效增大分子链的柔性，增大熔融熵的数值。

3. 增塑剂或添加剂

在高分子聚合物材料的加工过程中，往往需要加入一定量的增塑剂和添加剂以改善加工和使用性能。这些助剂通常会减弱分子间的相互作用力，使结晶高分子聚合物的熔融温度降低。这一现象被称为增塑剂和添加剂的稀释效应。

2）耐低温性能。脆化温度 T_b：塑料的刚性随所处的环境温度的变化而变化，在标准环境温度下表现为软性或非刚性的塑料，当环境温度向低温方向变化而达到某一低温区域时，就表现出刚性，继而变成脆性。脆化温度的测定，就是塑料试样在规定的受力及变形条件下，测出其试样显示脆性破坏时的温度。脆化温度 T_b 为塑料使用的下限温度，低于 T_b 会发生开裂。

3）尺寸稳定性。

① 线性膨胀系数。线性膨胀系数是指温度升高 1℃ 时，每 1cm 的塑料伸长的厘米数，若表示塑料在某一温度区间的线胀特性时，就称为平均线胀系数。塑料的线性膨胀系数一般是钢材的 10 倍左右。常用塑料的线性膨胀系数见表 4-7。

② 蠕变。所谓蠕变，是指在恒温、恒负荷下，高聚物材料的形变随时间延长而逐渐增加的一种现象。

表 4-7 常用塑料线性膨胀系数

材料	CTE(23~80℃):10-5/K	材料	CTE(23~80℃):10-5/K
PP	9.05	PA6	10~11
PP-T20	8.281	PA66	7~10
PP-T40	10.37	POM	14
PP+EPDM-T20	8.682	PBT	13~16
ABS	9.5	TPV	22.3
PC+ABS	6.7	TPA	17
PMMA	7	TPEE	17
PC	6	TPU	9.65~11.1
PC-HT	7	PES	0.55

蠕变影响因素：

a. 温度：温度升高，蠕变速率增大，蠕变程度变大。因为外力作用下，温度高使分子运动速度加快，松弛加快。

b. 外力作用大，蠕变大，蠕变速率高（同于温度的作用）。

c. 受力时间：受力时间延长，蠕变增大。

d. 分子结构：刚性的主链分子运动性差，外力作用下，蠕变小；交联与结晶：交联使蠕变程度减小，结晶也类似于交联作用，使蠕变减小。

凡是能增加分子间作用力和链段运动阻力的结构因素，均能提高聚合物抗蠕变和应力松弛能力。例如：主链刚性大；相对分子质量高；分子极性强，分子间作用力大；聚合物交联等。

聚四氟乙烯分子链虽然刚性大，但分子间作用力小，所以抗蠕变松弛能力弱；聚氨酯橡胶由于分子极性强，分子间作用力大，抗蠕变性能好；聚氯乙烯塑料抗蠕变性能差。$E_t=E_1t^{-\beta}$，E_1 和 E_t 为一个单位时间和 t 时间的弹性模量，β 为材料的蠕变速率常数。常用塑料的蠕变速率常数见表 4-8。

表 4-8 常用塑料的蠕变速率常数

塑料	20℃下承载 1h 后的模量/MPa	β	塑料	20℃下承载 1h 后的模量/MPa	β
POM	2730	0.0644	PE	336	0.1004
ABS	1610	0.0292	PP	406	0.0773
PC	24150	0.0155	PTFE	350	0.1124

4）耐化学性。耐化学性是指塑料抵抗酸、碱、有机溶剂、油料、气体、盐水、铜等化学药品侵蚀的能力。在化学药品的长期作用下，塑料的外观和物性会发生失光、变色、雾化、开裂、龟裂、翘曲、分解、溶胀、溶解、发黏等变化。此外，在受力情况下，会引发银纹和龟裂，引起应力开裂。

塑料的结晶性和化学结构对其在溶剂中的行为影响很大，通常结晶性材料比无定形塑料的耐化学性好。塑料的耐化学性见表 4-9。

表 4-9 常用塑料的的耐化学性

缩写	中文名称	耐化学性
ABS	丙烯腈-丁二烯-苯乙烯共聚物	耐:水、无机盐、碱及弱酸和稀酸
		不耐:氧化性酸(如浓硫酸、浓硝酸);大多数烃类和醇类、矿物油、植物油等化学介质与ABS长期接触会引起应力开裂;酮、醛、酯及氯代烃会使ABS溶解或形成乳浊液。ABS可溶于二氯甲烷
PP	聚丙烯	耐:在100℃以下,能耐大多数无机酸、碱、盐;能耐大多数极性有机熔剂,如醇类、酚类、醛类、酮类和大多数羧酸
		不耐:强氧化性的酸,如发烟硫酸、浓硝酸和次磺酸、次氯酸盐、过氧化氢、铬酸等;低分子量的脂肪烃、卤代烃及芳烃等非极性溶剂易使PP溶胀或溶解;80℃以上芳烃和氯代烃,如十氢化萘、四氢化萘及1,2,4三氯代苯等对PP有溶解作用,酯类和醚类对它也有侵蚀作用。PP可溶于四氢化萘、对二甲苯、三氯苯
PMMA	聚甲基丙烯酸甲酯	耐:水溶性盐、弱碱和某些稀酸;对长链烷烃、简单的醚类、油脂较为稳定;不溶于水、甲醇、甘油等。对臭氧和二氧化硫等气体具有良好的抵抗能力
		不耐:浓的无机酸、氧化性酸和强碱,如氰氢酸、铬酸、王水、浓硫酸、硝酸等;温热的氢氧化钠、氢氧化钾可使它侵蚀,吸收醇类溶胀,并产生应力开裂,不耐酮类、氯代烃和芳烃。在许多氯代烃和芳烃中可以溶解,如二氯乙烷、三氯乙烯、氯仿、甲苯等,乙酸乙烯和丙酮也可以使它溶解
PA	聚酰胺(尼龙)	耐:室温下耐稀酸、弱碱和大多数盐类(除某些饱和盐溶液,如硫酸氰钾);能耐烃类、油类及一般的溶剂,如四氯化碳、乙酸甲酯、环已酮、苯、四氢呋喃等
		不耐:强酸、较高浓度的酸、强氧化剂,如甲酸、浓硫酸等;水和醇及其类似的化合物能使PA产生溶胀,常温下可溶于极性的酚类化合物和氯化钙的甲醇溶液
POM	聚甲醛	耐:能耐大多数的有机溶剂,如烃类、醇类、醛类、酯类和醚类;对油脂类也较为稳定,如汽油、润滑油等,优良的耐水解性,80℃热水中可长期使用
		不耐:不耐强酸和强氧化剂,浓硝酸可以迅速侵蚀POM,可溶于二甲基甲酰胺、二甲基亚砜
PC	聚碳酸酯	耐:室温下,PC耐无机和有机的稀酸溶液、食盐溶液、饱和的溴化钾溶液,能耐脂肪烃、环烷烃及大多数醇类和油类
		不耐:碱液、浓硫酸、浓硝酸、王水和糠醛、氢氧化钠等;因PC结构中含有酯基,易与极性有机溶剂作用,它可溶于四氯乙烷、二氯甲烷、1,2-二氯乙烷、三氯甲烷、三氯乙烯、三氯乙烷、二氯六环、吡啶、四氢呋喃、三甲酚、噻酚、磷酸三甲酯等溶剂中,能被氯化烃类(如四氯化碳)、芳香族溶剂(如苯)、酮(如丙酮)和酯(乙酸乙酯)等所溶胀,甲酸和乙酸对其也有轻微的侵蚀作用
PPO(PPE)	聚苯醚	耐:耐酸、耐碱、耐沸水蒸馏
		不耐:酮类、芳香烃和氯代烃类
PPS	聚苯硫醚	耐:PPS的耐化学性极好,在191~204℃没有可溶解它的溶剂
		不耐:氯代联苯及氧化性酸、氧化剂、浓硫酸、浓硝酸、王水、过氧化氢及次氯酸钠等
PBT	聚对苯二甲酸丁二醇酯	耐:醇、醚、大分子量的酯、脂肪烃、酸和盐的水溶液;能耐四氯化碳
		不耐:在二氯乙烷中溶胀厉害,对芳香烃、醋酸、醋酸乙烯也有些溶胀,而在浓硝酸和硫酸中则分解

5. 内外饰常用塑料及要求

汽车内外饰部件常用塑料主要有PP类、PU类、ABS类(包括ABS和PC+ABS合金)、PE类、PA类和POM等,其中用量最大的为PP类材料。某车型内外饰部件常用塑料种类如图 4-7 所示。

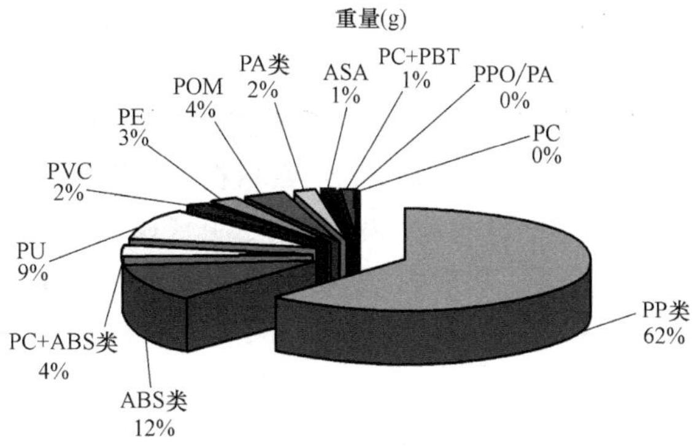

图 4-7 汽车内外饰常用塑料种类及其使用比例

（1）PP 中文名称聚丙烯，是由丙烯单体经自由基聚合而成的聚合物。它无毒、无臭、无味，是一种高密度、无侧链、高结晶度的乳白色线性聚合物。汽车工业使用等规聚合物。PP 类材料优点：

1）密度小（最轻的塑料），质量轻。

2）吸水率低，几乎完全不受水分侵蚀。

3）加工流动性能好，易成型，制品外观质量好。

4）原料来源丰富，价格便宜。

5）耐温性能好（但热负荷变形能力差）。

6）耐化学性能好。

由于 PP 的玻璃化转变温度 T_g 为-20℃和叔碳原子上的氢易氧化，最应预防的缺点为低温脆化和耐候老化性能。低温脆化可通过弹性体的填充改性或其他单体，如乙烯的共聚改性来提高；耐候老化性通过加入抗氧剂和光稳定剂等助剂改善。同时 PP 材料由于是结晶性材料，收缩率较大，尺寸稳定性差。

由于 PP 材料成本较低廉，且通过改性可以在很宽的范围内调整其性能，以满足不同零件的性能需求，PP 类材料在内外饰部件用量最大，主要使用部件为零件本体，如仪表板本体、副仪表板本体、杂物箱、储物盒、门护板本体、立柱护板本体、门槛压板、座椅护板、行李箱护板、乘客扶手、前/后保险杠蒙皮、侧裙护板、前风窗下装饰板、挡泥板等。纤维增强 PP 类材料具有较高的刚性，尤其是长玻纤增强和玻璃纤维毡改性，在结构件上使用较多，以替代金属为主，应用在备胎舱、座椅骨架、门模块等部件上。

> PP 类材料应用在外饰和内饰件的要求不同，如保险杠由于外表面喷漆，不对材料本身要求耐光照老化，主要要求 PP 材料具有高熔融指数、高刚性、高冲击、低线性膨胀系数，以满足薄壁化、短加工周期、高冲击、零装配间隙的部件要求。而内饰件如仪表板对 PP 类材料的要求比较多：刚性和韧性平衡，耐老化性和高低温环境下不发生变形或脆裂，此外还要求 PP 材料具有低气味、低 VOC 散发、低雾度，以使车内空气洁净；同时对于未包覆软质表皮的硬质 PP 塑料零件，还需要考虑其表面耐刮擦性能，以及在大气暴晒时不产生发粘现象。

（2）ABS ABS 是一种无定形材料，为丙烯腈-丁二烯-苯乙烯共聚物。三种单体的聚合产生了具有两相的三元共聚物，一个是苯乙烯-丙烯腈的连续相，另一个是聚丁二烯橡胶的分散相。ABS 的特性主要取决于三种单体的比例及两相中的分子结构。丙烯腈组分特性是耐热性、耐化学性、高刚性；丁二烯表现的特性是抗冲击强度；苯乙烯表现的特性是加工流动性、光泽性、高强度。改变三组分的比例、化合方法、颗粒的尺寸，便可生产出不同的品种。ABS 最出色的性能为表面装饰性和二次加工性，包括喷漆、电镀、焊接、粘接等，而且其尺寸稳定性和耐蠕变性能好。其主要缺点为耐化学性差，耐紫外线不佳（丁二烯组分具有双键），光泽度高。因此，在 ASA 和 AES 中分别用丙烯酸橡胶和三元乙丙橡胶替换丁二烯橡胶来提升耐候性。此外，耐热性不高也是限制其使用的主要原因。

ABS 在内外饰部件上主要应用于采用喷漆、电镀、水转印、IMD 等工艺的装饰件，例如喷漆装饰条、电镀亮条、电镀格栅、电镀标牌、后视镜外壳等。同时因其尺寸稳定性特别是高温稳定性较好，所以也被用于组合仪表罩、转向柱护罩、门护板中部嵌板、开关按钮、出风口面板等。吹塑级的 ABS 还可用于扰流板。零件温度要求是决定选择不同耐热等级 ABS 的主要考虑因素。另外，由于 ABS 较差的耐候性，一般不用于暴露于阳光直射的外饰皮纹件。

（3）PC+ABS　PC+ABS 是 PC 和 ABS 共混的合金塑料。PC 与 ABS 共混物可以综合 PC 和 ABS 的优良性能。PC+ABS 合金中 PC 贡献耐热性、韧性、冲击强度和阻燃性；ABS 贡献良好的加工性、表观质量和低密度。对于 ABS，因 PC 的掺入，使冲击强度、热变形温度、弯曲强度和硬度均有提高，从而合金特别适用于高强度结构件。对于 PC，混入 ABS 后不仅降低了单位成本，也可以降低 PC 的熔体黏度，提高加工性能，减少制品内应力，改善了 PC 的低温冲击韧性和缺口冲击强度对制品厚度的敏感性，同时也改善了 PC 的电镀性、喷涂性。作为两种无定形塑料的合金，PC+ABS 的优点为综合性能优良，无明显缺点。

PC+ABS 应用于一些需要一定耐热性且对冲击要求较高的装饰件，如电镀门把手、中控台装饰板等。由于具有优秀的低温性能、尺寸稳定性以及与泡沫出色的粘结性能，PC+ABS 还常应用于高档车型的仪表板本体。

（4）POM　POM 是一种半结晶塑料，中文名为聚甲醛。POM 分为均聚和共聚两种。均聚 POM 是三聚甲醛或甲醛的均聚体；共聚 POM 是三聚甲醛与 1，3-二氧戊环的共聚体。均聚甲醛结晶度高，机械强度、刚性、热变形温度等指标比共聚甲醛好，共聚甲醛熔点低，热稳定性、耐化学腐蚀性、流动特性、加工性和连续使用温度均优于均聚甲醛。POM 的端基为半缩醛（—CH2OH），当温度高于 100℃时，端基易断裂，一般需经封端基处理使其稳定化，提高其热稳定性和耐热使用温度。POM 的典型优点为耐磨性高、比强度和比刚性接近于金属、耐疲劳性好。缺点为耐温不高、阻燃性差、收缩率大。

1）应用：POM 主要应用于耐蠕变性、耐疲劳性、耐磨要求高或者有自润滑要求的部件，如保险杠安装支架、开启手柄、卡扣、风口内部机构件、杂物箱内部机构件、玻璃升降系统等。

2）要求：使用 POM 的部件，如保险杆安装支架、卡扣等主要要求刚性和疲劳性，其性价比较高且无附加要求。而扬声器面罩和玻璃升降系统除考虑材料本身具有耐磨和疲劳性能外，还要考虑老化因素及声学因素。仪表板区域的扬声器面罩由于受光的直接照射，需要 5 个老化周期的考验，一般选用 UV 改性的共聚 POM。而玻璃升降机构的托架、导轨、滑轮等要求材料自润滑性好、制品噪声低，多采用均聚 POM。

（5）HDPE　HDPE 为高密度聚乙烯，是一种结晶度高、非极性的热塑性树脂，为 PE 的一个重要分支材料。其性能主要受密度、分子量、分子量分布和添加剂四个因素影响。密度主要是受共聚单体（丁烯、己烯、辛烯等）加入的影响，但较少程度也受分子量影响。高密度会提升机械强度、热性能和防渗透性（透气性和透水性），但会影响冲击性能和抗环境应力开裂；高分子量会增强熔体强度、冲击性能和抗环境应力开裂性能；分子量的分布主要针对不同的加工工艺；添加剂主要针对制品用途。和其他材料相比，HDPE 在耐寒性、耐环境应力开裂性和阻隔性能上具有出色的表现。汽车应用中最应注意的缺点是其耐高温性能。

HDPE 在内外饰部件上应用于吹塑部件，主要为仪表板风道系统，一般选择熔指比较低的 HDPE，熔体强度高。

风道对 HDPE 的主要性能要求为耐温性，包括高温性、低温性和温度交变稳定性。高温要求 80℃/24h，低温要求-40℃/24h，温度交变在-40～80℃之间进行，对温度、湿度和升降温时间进行调节。经过考验后的 HDPE 吹塑风道不能出现轮廓和曲面歪斜、接合面分离、生成气泡、粉化、渗出、缩孔、偶然性纹理消失、装饰层膨胀以及其他可察觉的变化，装配件还要求装配点处不能失效，不能翘曲变形。其他性能要求 HDPE 具有低散发性、低气味性。

（6）PA　俗称尼龙，学名聚酰胺，是分子主链上含有重复酰胺基团—[NHCO]—的热塑性树脂总称。脂肪族尼龙是最主要的品种，其命名由合成单体具体的碳原子数而定，最常用的为 PA6 和 PA66。纯 PA6 和 PA66 的主要优点为耐磨损，自润滑性好，韧性好，亚甲基/酰胺基的比例越大，柔性越好；最大的缺点为吸水性、尺寸稳定性不佳，酰胺键的比例越大，吸水率越高。各种尼龙按韧性大小排序为 PA66<PA6<PA610<PA11<PA12；按吸水性大小排序为 PA6>PA66>PA610>PA11>PA12。PA6 和 PA66 作为半结晶塑料，在玻纤增强后性能得到成倍提升，尤其是刚性和耐热性，但短玻纤的引入也会导致取向翘曲和表面浮纤问题。

尼龙在内外饰部件中主要发挥其耐磨自润滑性和刚性好的优点。纯 PA66 在卡扣、扎带和齿轮中应用较多，玻纤增强的尼龙多应用于结构件，如外开把手、内开手柄、后视镜底座、安全气囊安装支架等。考虑到尼龙材料的承受高温能力，绝大部分尼龙材料应用在发动机舱领域。纤维级尼龙称为锦纶，可应用在地毯上。

> 纯尼龙的应用主要利用其韧性和耐磨自润滑性，齿轮的应用还应关注其对油脂等溶剂的耐化学性。玻纤增强的尼龙应用偏重于结构件，因此机械强度是主要性能。由于尼龙具有吸湿性，对所有的应用部件应特别预防尺寸变化，一般要求吸湿处理。

（7）PVC　PVC 为聚氯乙烯，物理外观为白色粉末。纯的聚氯乙烯（PVC）树脂属于强极性类聚合物，其分子间作用力较大，从而导致了 PVC 软化温度和熔融温度较高，一般需要 160～210℃才能加工。PVC 分子内含有的取代氯基容易导致 PVC 树脂脱氯化氢反应，从而引起 PVC 的降解反应，所以 PVC 对热极不稳定，温度升高会大大促进 PVC 脱 HCl 反应，从而导致了 PVC 降解。HCl 具有自催化作用，会使 PVC 进一步降解。另外，如果有氧存在或有铁、铝、锌、锡、铜和镉等离子存在，都会对 PVC 降解起催化作用，加速其老化。为提高 PVC 的使用性和用途，经常需要加入助剂，特别是增塑剂，可提高树脂的可塑性，使制品柔软、耐低温性能好。

PVC 塑料在内外饰部件上主要应用于仪表板表皮和门板上装饰板表皮，而有些变速杆球头采用 PVC 塑料。

PVC 搪塑表皮的部件由于所处的位置基本上为阳光直射的地方，并且处于前排主视野区，因此主要性能为耐热老化性和耐光照色牢度。一般测试条件为 120℃/500h，测试样品可分为发泡前表皮和发泡后与泡沫粘结的表皮两种情况评估。耐光照色牢度要求≥250h。由于更多车型采用隐藏式气囊表皮，副驾驶位置涉及低温气囊爆破，低温性能是PVC搪塑表皮另一个主要性能，需要进行-40℃/5h的评估。

（8）PBT　PBT为聚对苯二甲酸丁二醇酯，是一种半结晶塑料，属于聚酯系列，与PET一起统称为热塑性聚酯，或饱和聚酯。PBT最出色的性能在于电性能，不受湿度变化的影响。玻纤增强后其强度和耐热性得到大幅提升，可用于结构件。使用PBT需要注意其在高温高湿环境下酯键的水解是否导致长期使用性能下降。水解作用受酸环境的催化，PBT的羧基端基数也影响水解稳定性。因此加工时含水量必须非常低，某些应用应使用抗水解牌号。

纯PBT或低玻纤含量增强的PBT多应用于电器件，如接插件等，高玻纤含量的PBT多应用于结构件，如后视镜底座、行李架支座等。PBT的合金材料PC+PBT可用于保险杠吸能块、门把手、加油口盖等。

使用高玻纤含量的PBT做结构件，因为直接替代金属或玻纤增强尼龙，主要性能要求为机械强度。

（9）PU　PU即聚氨酯，是由异氰酸酯与多元醇反应而制成的一种具有氨基甲酸酯链段重复结构单元的聚合物。聚氨酯由两相组成，包括软段和硬段，软段是长链多元醇，硬段由异氰酸酯和扩链剂构成。聚氨酯由异氰酸酯和多元醇反应先生成预聚体，然后与扩链剂反应硫化制得。也可使用“一步法”来合成聚氨酯以降低成本和增加反应速度。一步法就是将多元醇、异氰酸酯及扩链剂混合，一步反应生成聚氨酯。聚氨酯泡沫的主要优点在于压缩变形能力、回弹性好、良好的声学性能。

聚氨酯主要应用于汽车座椅泡沫、仪表板软质发泡层、地毯/前壁板隔音垫吸音层。此外，硬质的聚氨酯片材经过与玻纤组成复合板材大量用于顶篷基材。

聚氨酯泡沫通过调节异氰酸酯和多元醇的比例来改善其性能参数。但聚氨酯面临的主要问题在于环保压力，环保发泡剂、降低VOC和中间体游离甲苯二异氰酸酯（TDI）含量是主要改善方向。

4.1.2　橡胶

橡胶是高分子材料的一种。在常温条件下，橡胶材料具有独特的高弹性，它具有良好的吸振性、耐磨性、绝缘性、隔音性，以及优良的伸缩性，广泛应用于制造轮胎、减振缓冲件、传动件、密封件等。

1. 橡胶的组成

橡胶主要是以生胶为原料，加入适量的配合试剂而制成的。

（1）生胶　即尚未被交联的橡胶，由线性大分子或带有支链的线性大分子构成。按照生胶的来源可分为天然橡胶和合成橡胶两种。

1）天然橡胶是橡胶树上流出的胶乳，经过凝固、干燥等工序加工而成的弹性固状物；是一种以异戊二烯为主要成分的不饱和状态的天然高分子化合物。现代橡胶工业使用的天然橡胶大都是三叶橡胶树上采集的天然橡胶，而古塔波橡胶、马来树胶等用途有限，产量也相对较少。

2）合成橡胶是以石油、天然气、煤等为原料，通过化学方法合成的橡胶材料。按其性质和用途分为通用合成橡胶和特种合成橡胶两大类。通用合成橡胶性能与天然橡胶近似，物理性能、加工性能、力学性能较好。特种合成橡胶具有某种特殊性能，如耐化学腐蚀、耐油、耐热等。合成橡胶种类繁多，汽车上常用的橡胶品种有乙丙橡胶、氯丁橡胶、氟橡胶、硅橡胶等。

（2）配合剂　配合剂是为了提高和改善橡胶性能而加入的物质。常用的配合剂包括硫化剂、促进剂、活化剂、软化剂、补强剂、防老剂等。其中，硫化剂的作用主要是硫化生胶，赋予生胶稳定的网状交联结构；软化剂可提高橡胶的柔软性和可塑性；补强剂用于提高橡胶的力学性能和耐磨性；防老剂主要防止橡胶老化。

2. 橡胶的分类

目前橡胶主要按来源及用途加以区分（图 4-8）。同时，也可以按照化学结构、形态以及交联方式进行分类。

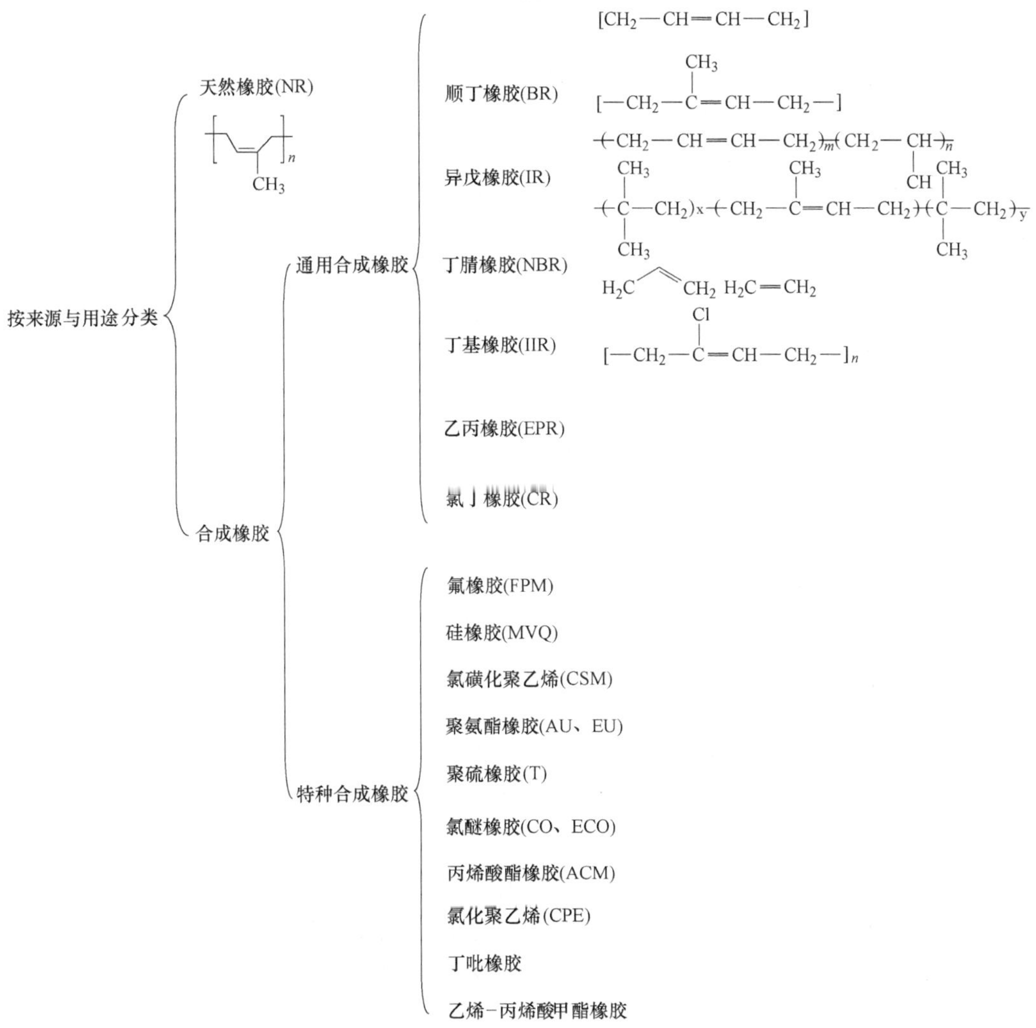

图 4-8　橡胶分类

3. 橡胶的性能

（1）极高的弹性　这是橡胶独有的特性。在外力作用下，橡胶伸长率可达 100%～1000%。橡胶在开始受负荷时变形量很大，随着外力的增加，抵御变形的力也迅速增加，起到一种缓冲的作用。因此，橡胶可作为减振材料，用于制造各种减轻冲击和吸收振动的零件。

（2）良好的热可塑性　在塑性条件下，橡胶可以很容易地加工成不同形状、尺寸的样件，当加工外界因素去除后，橡胶则可稳定地保持加工后的状态。根据这一特性，可将橡胶加工成不同形状的零件。

（3）较强的黏着性　黏着性是指橡胶与其他材料粘接在一起而不分离的能力。橡胶材料可牢固地与金属、塑料、棉毛等材质粘接在一起，制成稳固的整体材料。如多层橡胶管、轮胎等都是利用橡胶材料这一特性制备而成的。

（4）其他性能　橡胶材料还普遍具有良好的耐磨性、绝缘性、耐寒性，不同橡胶种类，彼此间也有较明显的性能差异。

橡胶赋予了产品独特的性能，而在材料使用过程中同样也要注意规避橡胶性能上的缺点，如导热性能差、硬度和拉伸强度不高等问题，尤其是容易老化。

> 在长期的热氧、光照等使用环境下，橡胶的弹性、机械性能、硬度都会随时间发生变化，出现龟裂、脆化、发粘、变色等现象。因此，为提高橡胶材料的使用寿命，在使用或储存过程中应尽量避免高温、光照及溶剂的长期腐蚀。特别是针对不同的使用环境，要合理地选择橡胶材料类型及配方设计，以避免产品质量问题的出现。

4. 常用橡胶制品及性能

橡胶是汽车上常用的材料之一，在所有的车用橡胶制品中，轮胎的橡胶用量最大，目前全世界生产的橡胶材料 80%用于轮胎的制品。此外，橡胶减振缓冲配件、流体输送管路、密封制件等在内外饰系统仍会有较广泛的应用。

1）减振缓冲件，要求产品具有良好的弹性保持及抗压缩性能，如车门缓冲垫，大梁谐振器。此类零件多为块状，在形状上虽与减振弹簧等有较大不同，但其具有内摩擦和三向减振常数、减振效率高的特点，在横向、纵向以及垂直方向都有良好的减振功能。与其他车用减振零件相比，橡胶减振制品具有明显的特点：

① 弹性模量小、隔振性能优良。

② 内摩擦作用衰减振动能量，可有效避免谐振现象的发生。

③ 产品形状、弹簧常数自由设计度高。

④ 可有效粘接其他材料，形成集成的减振体，实现减振零件轻量化。

减振零件的材料选择，除自身机械性能的考虑外，还要兼顾材料使用环境要求，如温度、溶剂等的影响，因对材料性能要求较高，一般采用 NR、SBR、EPDM、CR、IR、IIR 等作为主体材料。

2）汽车胶管主要是指发动机、底盘、内外饰、车身等系统的橡胶管路制品。其主要功能是为实现流体的有效输送以及缓冲部件间的振动能量，如散热器进出气管、空调软管、天窗排水管、底盘燃油管等。

汽车上的橡胶软管，按照产品工作压力可分为高压软管、低压软管；按照输送介质大致可分为油系、水系、气系三大类胶管。软管的结构虽各有不同，但大致由内胶层、增强层、外胶层三个基本部分组成。内胶层是软管接触介质的工作层，长期经受介质的摩擦、侵蚀作用，同时还起着密封及增强层的保护作用。因此，要求内层橡胶材料具有良好的耐介质、耐温以及良好的气密性和强度。软管外层是整个管路的保护层，不仅要求具有一定的耐磨性能，同时还必须具备良好的耐环境性，如耐臭氧、耐老化等。

在材料的选择上，软管根据接触介质以及使用温度、耐渗透性等要求的不同，会有比较明显的差异。如水系胶管的内、外层材料多以 EPDM 材料为主，而随着汽车节能、低污染的发展趋势，发动机舱的温度也逐渐提升，因此，EPDM 材料硫黄硫化体系生产管路制品的工艺也逐渐被过氧化物体系所替代。

4.1.3 面料

汽车内饰面料的主要功能是美化车内环境，增加人们驾驶与乘坐的舒适度，设计与开发必须符合安全性、功能性、舒适性、绿色环保等原则。汽车内饰常用的面料有真皮、超纤、PVC 人造革、TPO 表皮、织物面料等。

1. 真皮

以动物的皮经过加工处理而制成的皮带面料称为真皮，选用真皮作为内饰零部件材料有以下优点：提高汽车档次、容易清洁、冬暖夏凉、透气性和散热性好、省事、省钱、省时间。

(1) 原材料选取　原材料选取原则以成革使用率高为核心，主要基于以下三个方面：

1) 皮源稳定。

2) 粒面紧致，伤残面小。

3) 皮质纤维组织紧密，张幅均匀。

(2) 真皮结构及分类

1) 真皮的结构如图 4-9 所示。

2) 按皮质类型，真皮分为以下几类：黄牛皮（A 级）、水牛皮（B 级）、黄牛和水牛的二层皮（C 级），各皮质的的特点见表 4-10。

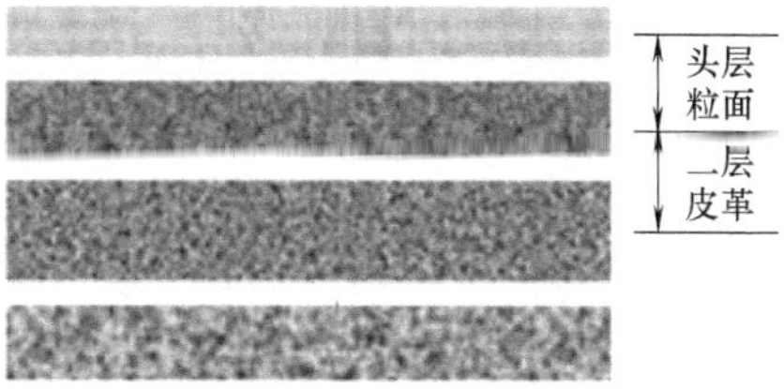

图 4-9　真皮结构

表 4-10　皮质分类及特点

皮质	特　点
黄牛皮(A 级)	表面细腻、手感柔软;几乎看不到毛孔;质地结实又非常具有韧性
水牛皮(B 级)	结实耐磨;不够柔软、手感差、韧性差;表面粗糙、毛孔清晰
黄牛和水牛的二层皮(C 级)	价格便宜、但寿命短;质量和美观性都和 A/B 级皮差很多

3) 按鞣制过程是否添加三价铬分为铬鞣和无铬鞣皮革，各个特点见表 4-11。

(3) 生产工艺　真皮生产工艺如图 4-10 所示。

(4) 性能要求

表 4-11　鞣制过程皮革分类及特点

皮质	特　　点
无铬鞣皮	吸水性强 易降解,环境友好 尺寸稳定性较好 收缩温度低 皮革着色牢度较弱
铬鞣皮	收缩温度高 耐化学试剂、耐老化性能好 铬鞣皮难生物降解,铬对环境造成污染

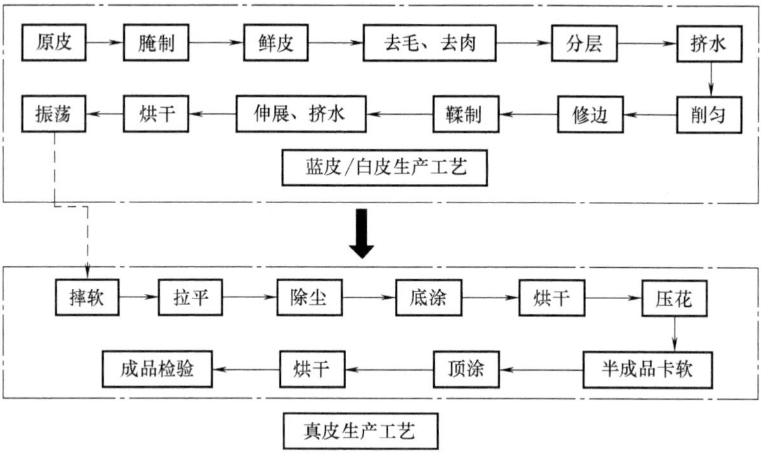

图 4-10　真皮生产工艺流程

1）基本要求：皮源稳定；粒面紧致，伤残面小；皮质纤维组织紧密，张幅均匀；成革使用率高。

2）关重性能及影响因素：

触感：表面处理剂，振软工艺；耐磨性：表面处理剂类型及用量；透气性：天然皮革自身的透气性，涂饰量；环保性：表面处理剂，涂饰树脂、添加剂以及真皮本身特性。

3）基础物性：真皮基础物性满足 QB/T 2703—2005《汽车装饰用皮革》性能要求。

2. PVC 人造革

人造皮革作为天然皮革的替代品，不仅能够克服真皮利用率低、耐磨性差、撕裂强度低、质地不匀和难以裁剪等缺点，而且解决了真皮资源日趋紧张及其在加工过程中对环境造成极大污染的问题。人造皮革因具有手感柔软、纹路清晰、自然、成品色牢度好、易清洗、阻燃性和散热性好、易于机械打孔等优点，被广泛用于汽车内饰领域。随着我国汽车产量的不断提高，汽车用革量也在大幅提高。

（1）原材料选取

1）PVC 树脂（主体材料）。为了提高 PVC 人造革的耐磨性和力学性能，应选用聚合度较高的树脂；但 PVC 相对分子质量增大，泡孔平均直径增大，独立性下降。实际生产中，制品的性能与原材料的加工性能都需要兼顾。乳液法 PVC 树脂主要用于涂覆工艺，悬浮法 PVC 树脂主要用于压延工艺。

2）增塑剂。增塑剂在 PVC 中的相关性能，包括与 PVC 的相容性、塑化温度、增塑效率，耐久性以及耐寒性等。

3）热稳定剂。PVC 制品中热稳定剂种类较多，有碱式铅盐、金属皂、有机锡、环氧化合物、亚磷酸脂、稀土化合物、硫醇锑等。

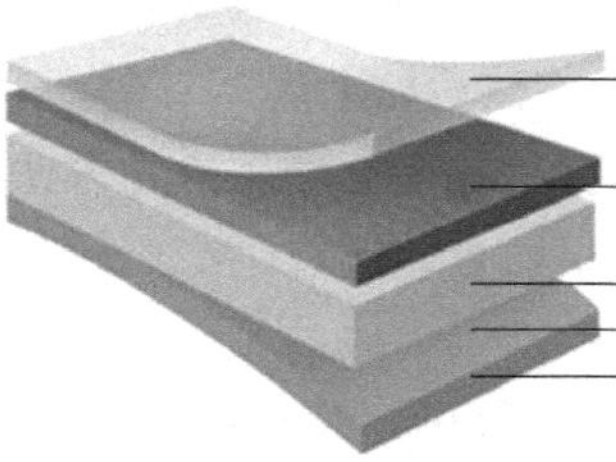

图 4-11 PVC 人造革结构

4）其他助剂。为了降低成本、提高刚性和耐热性、改善耐候性、增加尺寸稳定性等需要，需要在 PVC 配方中加入一定量的其他助剂，如填充剂、发泡剂、稳定剂等。

5）表面处理剂。为了改进 PVC 人造革表面的发黏、吸尘、手感及耐磨性能，有时需要进行表面处理。

6）底基材料。底基是组成人造革的结构之一，底基的种类和质量直接关系到人造革的性能、质量和加工工艺。

（2）PVC 人造革结构

1）PVC 人造皮革采用针织材料或机织布为底基、以 PVC 树脂为涂层，其结构如图4-11所示。

2）各结构层作用见表 4-12。

表 4-12 PVC 各层作用

序号	结构层	作用
1	处理层	关系 PVC 皮表面性能，如触感、耐磨、摩擦、静音性等；防止 PVC 树脂层中各种助剂挥发、渗出导致性能下降
2	PVC 树脂层	主体材料层，关系阻燃、耐光、耐热、耐寒、弯曲度等性能
3	黏着层	粘接底布与 PVC 树脂
4	底布层	关系拉伸、撕裂、破裂等物理性能

（3）生产工艺　由于使用的原材料、产品性能、要求和用途不同，所采用的加工工艺也不相同。常用的加工工艺有以下三种：涂覆法，压延法和层合法。

1）涂覆法。将增塑溶胶用刮胶刀或辊筒涂覆于循环的载体上进行预凝胶化，把底基与半凝胶化的涂层贴合在一起，经完全塑化、冷却后，贴合物从载体上剥离下来，再经贴膜和表面处理，轧花而制造 PVC 人造革。该工艺称为载体转移涂覆法。此工艺适合针织布或非纺织物为底基的泡沫人造革生产，使用的载体有不锈钢带、金属网、离型纸、硅橡胶带等。

2）压延法。将捏合好的混合料在压延机上制成所需的薄膜或片材，与预热的织物底基贴合，再经压花、冷却、表面处埋剂等制造成人造革。该法成为压延法，它可以生产一般人造革和发泡人造革。生产泡沫革时，压延前的各步操作温度必须控制在发泡剂分解温度以下，发泡要在塑化之后进行。为了提高膜层与底基的贴合强度，防止胶料渗入底基，通常需要在底基上涂一层粘合剂。此法生产效率高，原料易解决（用悬浮法树脂），是人造革主要生产方法。

3）层合法。此法是首先用压延的方法制作片材，粘合剂预先涂在底基上，用同时能压花的层压装置把已经处理的织物底基和片材贴合在一起。层压的方法有两种：一种是把胶黏剂涂到 PVC 片材上，然后贴上底基；另一种是根据热塑性塑料的热熔性能，使预制的片材加热后与织物底基粘合在一起。用这种方法可生产普通革和泡沫革。其特点是操作简单，调换品种方便，可多层贴合，适宜生产 1mm 以上的厚革，如阳模用 PVC。

（4）性能要求

1）基本要求：精致压纹效果；优越的印刷性能，手感好以及防雾性好；可以根据客户要求提供各种颜色，花纹以及不同特性的产品。

2）汽车内饰 PVC 人造革关键性能及影响因素见表 4-13。

表 4-13　PVC 关键性能

关键性能	影响因素	关键性能	影响因素
耐久性	PVC 粉 发泡层倍率及泡孔均匀性 表面处理剂的厚度及硬度 底布平整性	环保性	增塑剂 表面处理剂 底布粘接胶 PVC 粉
耐候性	增塑剂 稳定剂 PVC 粉	低温性	增塑剂 发泡层倍率 底布强度

3）汽车内饰 PVC 人造革的物理性能要满足 QB/T 4043—2010《汽车用聚氯乙烯人造革标准》和 GB/T 8948—2008《聚氯乙烯人造革》性能要求。

3. 超纤革

超纤革全称为超细纤维聚氨酯合成革，于 1968 年由日本的东丽公司和可乐里公司研发生产。它以聚酰胺超细纤维和聚氨酯为主要原料，得到了目前最接近于真皮的合成皮革。这是因为天然皮革是由许多粗细不等的胶原纤维“编织”而成的，分粒面层和网状层两层，粒面层由极细的胶原纤维编织而成，网状层由较粗的胶原纤维编织而成。而超纤皮革表面层是由与天然皮革粒面层结构相近的聚氨酯层组成的，底基层是超细纤维非织造布，其结构和天然皮革的网状层极其相似，因而超纤皮革与天然皮革有极其相似的结构与性能。对比普通 PVC 革和 PU 革，超纤革透气透湿性得到了有效的提高，其机械强度、耐油耐候性也优于天然皮革。目前超纤革在汽车内饰的应用范围主要有座椅、转向盘、仪表板、中控箱等。

（1）超纤革的定义和分类

1）超纤革是指以海岛纤维制成的非织造布为基底，经聚氨酯树脂浸渍或涂层涂覆，并减量（苯减量或碱减量）后形成纤度低于 0.55dtex 的超细纤维，再经后加工制成的具有类似天然皮革微观结构的高档合成革。

2）超纤革又可分为不定岛超纤革和定岛超纤革。不定岛超纤革通常采用聚酰胺和聚乙烯按 50∶50 比例共混抽丝的短纤维制成非织造基布，再用甲苯抽出聚乙烯进行开纤，单丝线密度细的可达 0.001dtex，粗的可达 0.1dtex 以上。定岛超纤革通常采用聚酰胺和 PET 按 70∶30 比例复合抽丝的短纤维制成非织造基布，再用氢氧化钠抽出碱溶性聚酯进行开纤，单丝线密度为 0.05~0.08dtex。

（2）超纤革的制备工艺　超纤革的制备主要包括纺丝工序、无纺布工序、浸渍工序、减量工序、基布后加工工序、干法加工工艺及表面后处理工序。其工艺示意图如图 4-12 所示。

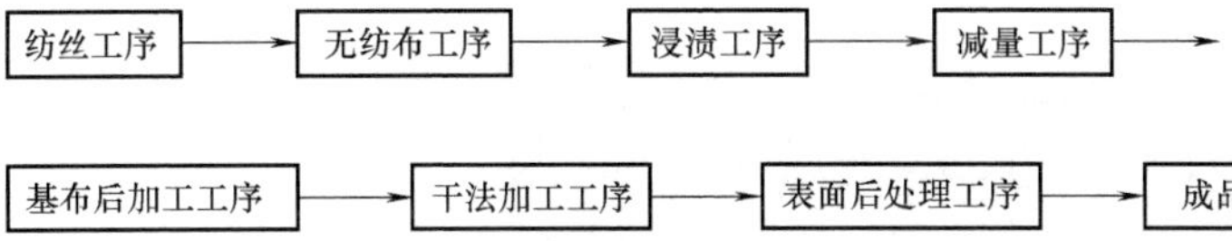

图 4-12 超纤革的制备工艺

（3）汽车用超纤革的性能要求 超纤革作为汽车内饰真皮材料及第一代、第二代合成革的替代物，也需满足相关应用领域实际使用时的性能要求。目前超纤革在汽车中的主要应用有座椅、仪表板、侧门板、换档器，其一般需要检测的性能及测试方法见表 4-14。

表 4-14 汽车用超纤革的性能评估项目及其测试标准

评估项目	单 位	测试参考标准
拉伸强度	N/10mm	QB/T 2710
断裂伸长率	%	QB/T 2710
撕裂强度	N	QB/T 2711
柔软度	mm	—
耐摩擦色牢度	级	QB/T 2537
耐脏污和清洗性	级	—
耐光色牢度	级	SAE J2412
耐磨耗性能	级	QB/T 2726
耐热老化性	—	—
涂层黏着牢度	N/10mm	GB/T 4689.20
阻燃性	mm/min	GB 8410
气味性	级	—
VOC	—	—

根据汽车厂要求和应用部位的不同，对超纤面料的性能要求也各不相同，关注的焦点有阻燃性、耐光色牢度、耐磨耗性能、湿热老化性能、气味及 VOC。

4. TPO 革

（1）TPO 组成 TPO 革由橡胶和聚烯烃构成，通常橡胶组分为三元乙丙橡胶（EPDM）、丁腈橡胶（NBR）和丁基橡胶；聚烯烃组分主要为聚丙烯（PP）和聚乙烯（PE）。图 4-13 所示为 TPO 材料扫描电镜照片。

（2）TPO 生产工艺 TPO 表皮的生产经过以下步骤，将 TPO、稳定剂、颜料按照配方进行称量，混合搅拌，用螺杆挤出机挤出后进行电晕处理，得到 TPO 表皮；将 TPO 表皮用处理剂进行表面处理；最后进行压花贴合、裁剪、检查得到最终的 TPO 产品。TPO 工艺流程如图 4-14 所示。

（3）汽车用 TPO 的性能要求 TPO 革作为 PVC 革的替代物，相比 PVC 有以下优点：轻量化，最多可减重 60%；低散发、低气味、不含卤素和增塑剂，环保性好；挤出成型后

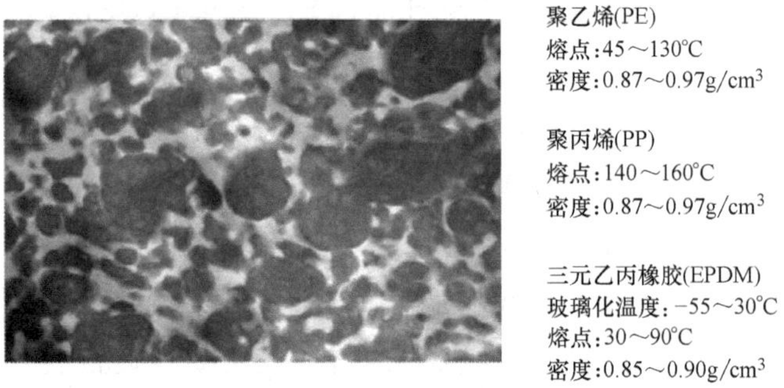

图 4-13　以 EPDM 为基材混合 PE/PP 的 TPO 微观结构

100%可回收；优异的耐光、耐热、耐化学性及良好的物理机械性能（表 4-15）。

TPO 具有良好的低温柔软性，可采用灵活的加工方式，包括阴模成型、阳模成型、低压注射等。而且，TPO 还有 IMG 工艺成型花纹稳定性好等其他优点。因此 TPO 已有逐渐取代 PVC 材料。目前 TPO 表皮在汽车上应用的部位主要有仪表板、遮阳板、中控台、脚垫、杂物箱、门板、立柱、座椅后靠背等。当 TPO 表皮应用于汽车领域时，一般要求满足表 4-16 汽车用 TPO 性能评估及测试方法。

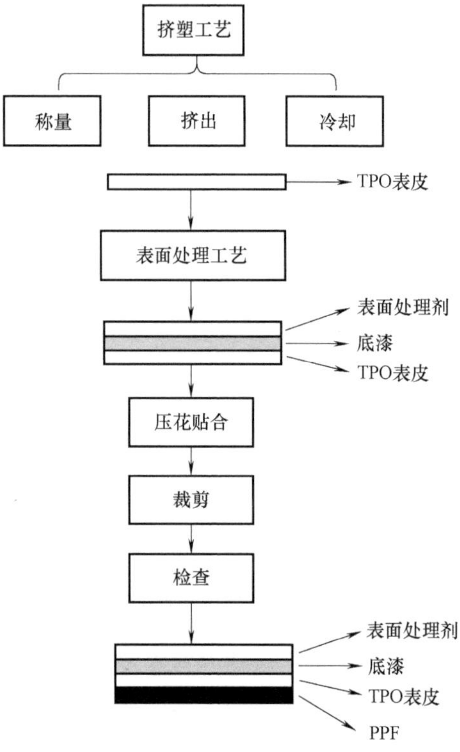

图 4-14　TPO 生产工艺流程

5. 织物面料

织物是用天然纤维或合成纤维制成的纺织品，是由细小柔长物通过交叉、绕结或连接构成的平软片块物。众多纱线构成稳定的关系后就形成了织物。纺织品用于车辆内装饰（座椅、车内顶、侧面板、地毯和行李箱）、外装饰（车篷、盖布等）、里衬、垫底织物、轮胎、过滤材料、皮带、软管、气囊、消声器和隔热材料等。

（1）织物的组成与分类　纤维是构成织物的基本单元，纤维的性能决定了织物的性能。纺织纤维主要分为天然纤维、人造纤维及合成纤维三种。

1）织物基本分类为机织物、针织物、无纺织物（非织造布）、三向织物（多向）、立体织物及复合织物等。

① 机织物：由存在交叉关系的纱线构成的织物。

② 针织物（经编、纬编）：由存在绕结关系的纱线构成的织物。

③ 第三织物：不同方向运行的纱线组，相邻纱线绕结前行，相遇后交叉，构成的一类织物。

表 4-15 TPO 表皮和 PVC 革对比

序号	指标	PVC	TPO	对 比
1	轻量化	/	/	轻量化,TPO 表皮比 PVC 轻
2	耐寒性	-30℃	-40℃	PVC 主要用在门板,对于整体式仪表板(带安全气囊),不采用 PVC,主要是 PVC 表皮低温脆化,爆破过程会有尖锐物质飞出,影响安全
3	环保性	PVC 不能回收	挤出 TPO 可以 100%回收	TPO 革的环保性能更加优异
4	散发和气味性	含卤素和增塑剂	不含卤素和增塑剂	TPO 表皮低散发、低气味
5	表皮与 PPF 的贴合	PVC 与 PPF 贴合需要粘合剂	TPO 与 PPF 贴合不要粘合剂	PVC 与 PPF 不相容,而 TPO 里面有 PP 组分,加热条件下易与 PPF 相容

表 4-16 汽车用 TPO 革性能评估及测试方法

评估项目	单 位	测试参考标准
拉伸强度	MPa	GB/T 528—2009
断裂伸长率	%	GB/T 528—2009
撕裂强度	N/mm	GB/T 529—2008
硬度	A	GB/T 2411—2008
燃烧性	mm/min	GB 8410—2006
耐摩擦色牢度	级	GB/T 3920—2008
涂层粘结性	级	HG/T 3052—2008
气味性	级	/
VOC	/	/
耐脏污和清洗性	级	/

④ 无纺织物（非织造布）：纱线由连接关系构成的织物。

⑤ 三向织物（多向）：有三个方向运行的纱线组。

⑥ 立体织物：纱线朝不同方向弯曲，可构成立体织物。

⑦ 复合织物：如果采取缝接、穿绕的方法固定纱线组，可构成复合织物。

2）按原料分类又可分为纯纺织物、混纺织物、混并织物、交织织物等。

3）按是否染色又可分为白坯织物、染色织物、印花织物、色织织物。

车用纺织材料按其在车内的作用，基本上可分为装饰性和功能性两大类。装饰性材料有座椅面料、背衬、车顶、门饰、护壁、窗帘、地毯、篷盖布等，要求它们手感柔软、透气性好、使整车色彩协调、图案豪华大方、耐磨、防污、阻燃、有一定的摩擦系数与抗静电性。功能性材料有遮阳板、门窗封条、安全带、安全气囊、过滤材料、软管、轮胎、车辆外壳、行李舱、发动机壳等构件中的复合材料，要求它们强度高、韧性强、抗紫外线、耐磨等。功能性材料占 42% 左右，它的优势对整车性能、成本、安全有重大意义。上述装饰材料可以兼具功能性，功能性材料也可以兼具装饰性。

（2）生产制备工艺

1）非织造布工艺流程。非织造布的生产方法较多，但基本工艺路线如下：

① 原料准备：包括纤维的开松、混合、除杂、加油等，是保证纤维质量的准备工序。

② 成网：是由纤维形成纤维网的阶段。一般采用机械或气流的方法，按一定要求铺置成网，或由聚合物在纺丝阶段直接铺置成网，然后进行加固。

③ 纤网加固：通过一定手段使纤网中纤维缠结或粘合，使纤网具有一定强力，是形成非织造布结构的重要工序。

④ 后整理：目的是改善半成品的性能，提高质量或赋予产品某些特殊性能。包括干燥、整理、轧光、轧花、涂层、染色、印花、切割等；是否需要进行后整理由最终产品的用途来决定。

⑤ 成卷：整理后的非织造布按要求进行检验，然后包装成卷。

2）针刺法工艺流程。合成革对非织造布的厚度、表观密度、强力、剥离等指标要求很高，通常采用机械成网和针刺加固的方法。本书重点介绍机械成网的针刺法非织造布加工工艺。

① 针刺法非织造布：针刺机带动刺针往复上下运动，对经过梳理并按不同纤维取向铺叠而成并具有一定厚度的纤网层进行穿刺，使纤维自身相互缠结，从而形成具有一定强度、密度、弹性、平整度等性能的三维骨架结构材料。

② 针刺法非织造布主要工艺流程：开包机→输送机→粗开松机→输棉风机→多仓混棉机→精开松机→输棉风机→储棉箱→纤维分离器→输棉风机→滤尘机组→喂棉箱→带式自调匀整装置→梳理机→交叉铺网机→喂入机→针刺机→张力架→卷绕机。

3）机织布工艺流程。机织布生产工艺流程如图 4-15 所示。

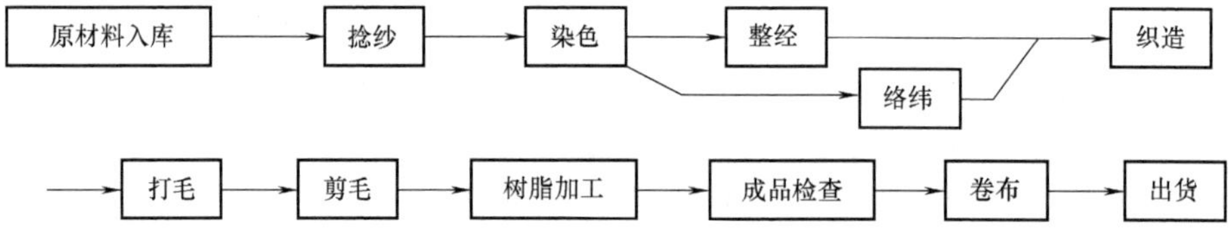

图 4-15　机织布工艺流程

（3）性能要求　汽车内外饰材料的优劣对汽车整车形象和风格有着重要的影响。由于人们对舒适方便性和实用性的要求，汽车内饰材料得到迅速发展，并越来越多地使用新型纺织材料。汽车内装饰的好坏已成为影响顾客购买与否的一个考虑因素。内外饰面料具有装饰性和功能性兼容的特点，对其外观和材质都有特殊的要求，因而，其技术含量、生产难度都不是一般纺织品可比的，成为现代都市型纺织品的标志产品之一。根据织造方法和汽车的设计原则，汽车内饰面料有表 4-17 所列类型与性能要求。

6. 汽车面料发展趋势

随着汽车业的快速发展，消费群体结构更趋向于年轻化，消费理念逐步成熟，更多的人追求用车生活的功能性、环保性、舒适性、便捷性、个性化等，尤其对于车内空间要求更高，期待其凸显自我及家的氛围。

表 4-17 汽车内饰面料类型与性能要求

面料	性能要求
机织面料 针织面料（包括经编与纬编、提花） 割绒面料（包括针织割绒、机织割绒） 非织造面料	1. 舒适美观：柔软、手感好、图案新颖、结构设计灵活性强、色牢度稳定、美学性佳 2. 经济耐用：价格适中、工艺合理、原料来源广、耐磨、耐压、不起球、尺寸稳定 3. 工艺：弹性模量稳定，延伸性、热收缩性能满足模塑成型的要求，伸长率在5%～200%之间 4. 抗气候、拒油污：抗紫外线、防水、拒油、拒污 5. 环保：对人体无刺激、无异味、无毒、无害、最好能回收利用 6. 标准：符合各种测试要求

4.1.4 泡沫类材料

常用的汽车内外饰发泡类材料是指将塑料（如 PP、PE、PUR、EPDM、MF 等）通过物理或者化学方式进行发泡，形成连续或者独立孔洞结构的材料，主要起填充、支撑、吸音、隔热、密封、减振、轻量化等作用。

发泡过程通常可分为气泡成核、气泡生长、微相分离、熟化聚合四个阶段（图 4-16）。

各类发泡材料主要由以下部分构成：

主要原料：聚氨酯、PP、PE 等。

主要发泡助剂：

1）催化剂：加快反应速度，提高生产效率。

2）发泡剂：发泡气体产生源，有物理发泡剂和化学发泡剂。

3）阻燃剂：提高产品阻燃性，有卤素阻燃剂和金属粒子阻燃剂。

4）抗老化剂：改善产品的耐温性、抗氧化性等。

5）色料：加入不同色浆，使产品具有不同颜色。

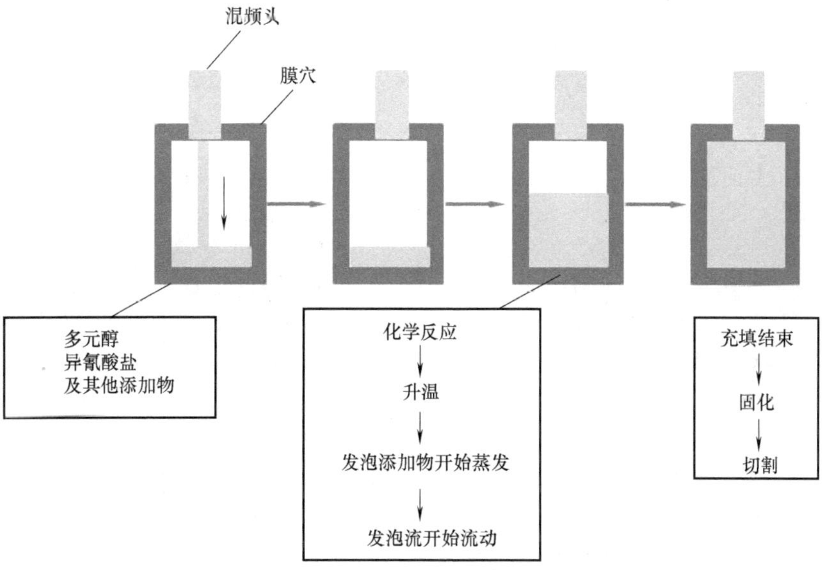

图 4-16 发泡过程

1. 发泡材料分类

根据发泡塑料材料类型及泡沫材料的特性可进行分类。

1）按发泡塑料材料不同，可分为 PP 泡沫（EPP、XPP）、PUR 泡沫、PE 泡沫、EPDM 泡沫、NBR 泡沫及相关改性泡沫材料。

2）按照泡沫材料开孔情况，可分为开孔泡沫、闭孔泡沫。

3）按照泡沫材料硬度不同，可分为软质泡沫、半硬泡沫、硬质泡沫。

2. 各类材料的特性

汽车内外饰发泡类材料在汽车内外饰应用广泛，所有的系统都有应用，部分零部件如座椅系统、顶篷系统、门饰板系统、空调系统、仪表板系统等甚至会用到多种不同类型泡沫材料组合，以达到相应的功能性、舒适性目标。

汽车本身所处的环境条件比较复杂，包括高温、高湿、低温、冷热循环等，同时各个系统应用泡沫材料需要实现的功能也不同，通常同一泡沫材料会有几种作用。如座椅骨架 PU 泡沫，起填充、支撑、减振、吸音等多重功能；面料背层 PU 泡沫，起填充、吸音等功能。不同类型泡沫材料或者同一类型不同密度泡沫材料其特性也存在差异，我们在定义材料时需要综合考虑成本、性能、加工工艺等，根据需要合理选用材料。

（1）PP 泡沫　主要有闭孔发泡聚丙烯泡沫（EPP）、交联发泡聚丙烯泡沫（XPP）。PP 粒子如图 4-17 所示，EPP 泡沫颗粒如图 4-18 所示，发泡工艺如图 4-19 所示。

1）EPP 粒子在发泡前，呈塑料粒子状态，直径在 1mm 以内，在发泡模具中在高压（约 0.3MPa）及高温水蒸气（约 130℃）的条件下发泡成型，由于该状态的 EPP 泡沫（闭孔结构）内部与外部环境压力不平衡，需将零件在标准大气压及高温条件下（约 80℃）进行熟化，以平衡内外气压并对零件状态定型。发泡之后 EPP 泡沫也呈粒子状，直径根据倍率不同而不同。由于其优秀的特性，如质轻、抗冲击性好、支撑性好、永久变形低、耐候性好等，在汽车中大量应用，如作为前后保险杠防撞泡沫、行李箱工具盒支撑泡沫等。

图 4-17　PP 粒子

图 4-18　EPP 泡沫颗粒

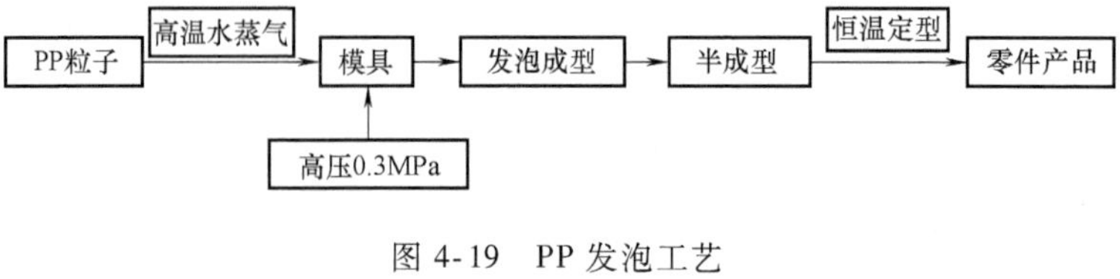

图 4-19　PP 发泡工艺

2）XPP 泡沫的原材料条状 PP 塑料，在光辐照及加热条件下发泡成连续片材型泡沫材料。目前主要应用在仪表板或门板的 TPO 表皮的 IMG、IMG-L、阳模、阴模工艺成型的背层泡沫材料。

（2）PUR 泡沫　也称为聚氨酯泡沫，是由异氰酸酯与多元醇及反应助剂反应交联而制成的一种具有氨基甲酸酯链段重复结构单元的网状孔洞型聚合物。异氰酸酯有甲苯二异氰酸酯（TDI，分 2，4 和 2，6 两种异构体）、二苯基甲烷二异氰酸酯（MDI）、多亚甲基对苯基多异氰酸酯（PAPI）。多元醇指多羟基聚合物，分为聚醚多元醇、聚酯多元醇。根据性能需求的不同，选用不同异氰酸酯和多元醇组合反应生产不同类型的 PU 泡沫。发泡工艺如图 4-20所示。

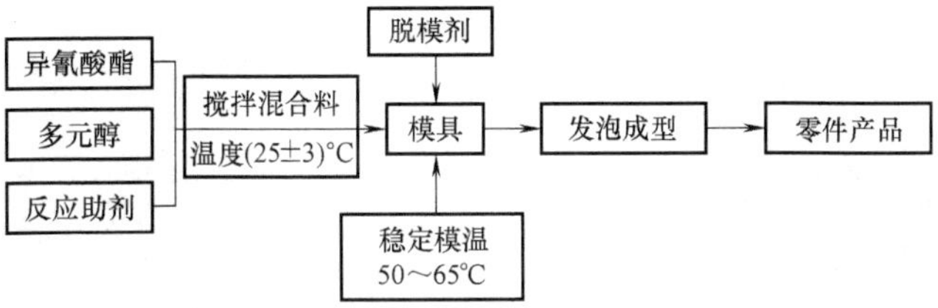

图 4-20　PU 发泡工艺

1）软质 PU 泡沫，指具有一定弹性的柔软性聚氨酯泡沫，该类材料多属于开孔发泡。由于其具有良好的吸音性、缓冲性、密封性，在车内环境中大量应用，如座椅支撑泡沫、面料背衬泡沫、前壁板隔音垫泡沫、地毯泡沫、空调风管密封泡沫、翼子板泡沫件等。

2）硬质 PU 泡沫，多为闭孔泡沫，具有良好的隔音、防振、比强度大等优点，在车上主要作为车体加强材料使用，以提升车身强度和改善车体碰撞性能。

3）半硬质 PU 泡沫的硬度介于软质泡沫和硬质泡沫之间，由于其结构原因，具有一定的加强、支撑、吸音作用，在车上主要应用于顶篷本体、发动机罩隔音垫本体等。

目前车内环境对于挥发性物质（VOC）、气味性、禁限用物质等环保健康问题要求较高，对于 PU 泡沫材料，主要的风险在于 VOC、气味性。从材料配方上来看，有异氰酸酯、多元醇、胺类催化剂、交联剂、发泡剂、阻燃剂等，可以看出 PU 泡沫反应助剂中的胺类催化剂、发泡剂等属于无机低分子物质，容易挥发产生异味，是对泡沫气味的主要贡献源。而异氰酸酯、多元醇、交联剂等都属于化学合成材料，合成反应不完全时有残留，会对 VOC 造成较大的影响。随着国家车内挥发性物质标准的发布及实施，PU 泡沫 VOC 整改也迈入更深的层次，仅对原材料纯化已经不能满足要求，开始对反应过程副产物、反应机理进行优化。

（3）PE 泡沫　主要有普通 PE 泡沫、交联 PE 泡沫（XPE、IXPE），通常为闭孔泡沫，有支撑、缓冲作用，但受压状态容易蠕变，因此压缩永久变形大。XPE 泡沫由于其较好的压缩性能及强度，可用于空调风管替代 PE 吹塑件。发泡工艺如图 4-21 所示。

（4）EPDM 类泡沫　指由乙烯、丙烯及非共轭二烯烃的三元产物。由于其良好的耐候性、密封性、压缩性能，以及密度调整范围大，改性多元化产品种类多，在汽车密封、减

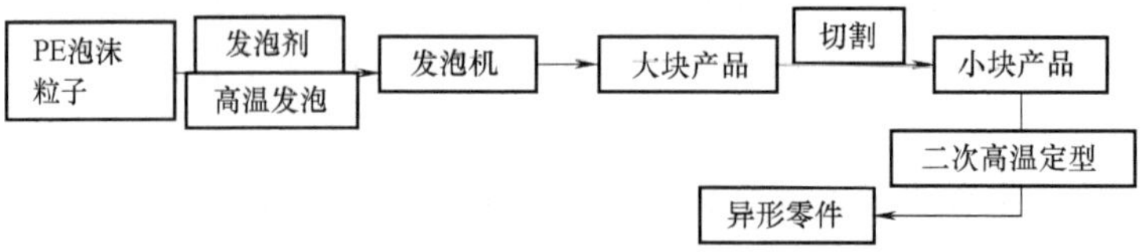

图 4-21　PE 泡沫工艺

振、缓冲等部位应用较多（图 4-22）。

(5) MF 泡沫　也称为三聚氰胺泡沫，由于其具有超低密度、高阻燃性、吸音性等优点，在高铁车厢中大量应用，目前也开始在汽车发动机舱中应用（图 4-23）。

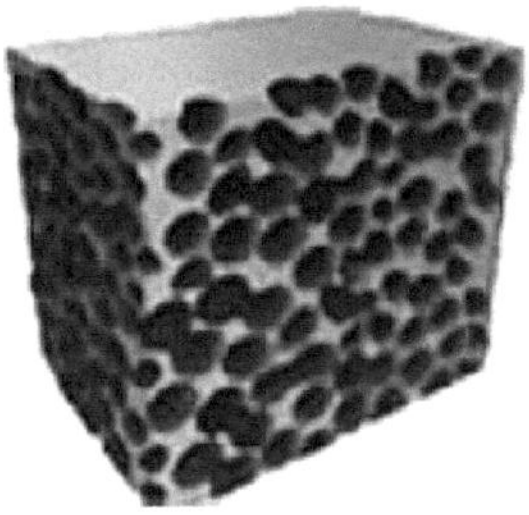

图 4-22　EPDM 类泡沫

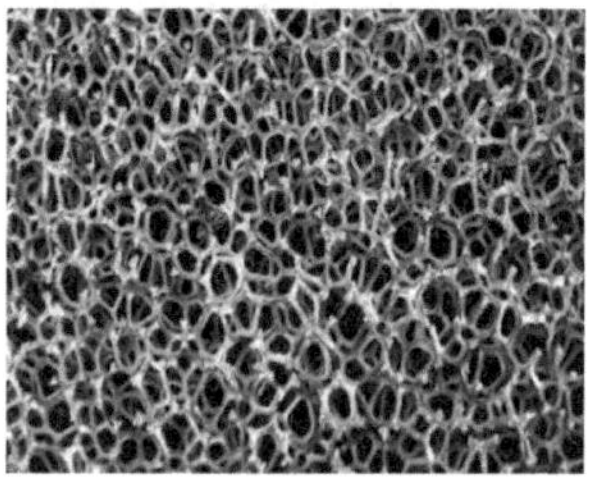

图 4-23　MF 泡沫结构

4.1.5　声学包装材料

声学包装是从噪声源（动力总成、进排气、轮胎噪声等）到乘员舱传播噪声过程中合理使用一定手段，使噪声在传播过程中得到有效阻隔的一定方法。因此为降低车内噪声水平，提升整车 NVH（Noise 噪声、Vibration 振动和 Harshness 声振粗糙度）性能，提高乘坐舒适性，在内外饰零件设计中会大量运用声学包装材料。

声学包装材料主要作用为吸音、隔音，因此按照用途可分为吸音材料、隔音材料；此外还有一类刚强度材料，这类材料作为骨架除了起支撑作用，也有一定的声学性能。

1. 吸音材料

吸音材料一般为多孔材料，按照微孔形状，一般分为纤维型、泡沫型、颗粒型。多孔材料吸音原理：当声波进入吸声材料孔隙后，立即引起孔隙中的空气和材料的细小纤维振动，由于摩擦和粘滞阻力，声能转变为热能，被吸收和耗散掉，从而起到吸音降噪的作用。

(1) 影响材料吸音性能的因素

1) 材料结构参数：流阻、孔隙率、结构因子。

2) 几何物理参数：厚度、密度。

3) 环境因素：温度、湿度。

(2) 常用类型　现阶段汽车行业主要应用的吸音材料有 PET 纤维毡、PP/PET 双组分吸音棉、PU 泡沫、玻璃纤维、半聚合毡等。

1) PET 纤维毡。

① PET 纤维毡指以聚酯（PET）纤维为主体的纤维型多孔材料，一般分为纯 PET 纤维

毡（材料组成为PET纤维、低熔点纤维）、回收棉毡（材料组成为PET纤维、低熔点纤维、开松回收棉纤维）。PET纤维毡常规克重在600~2000g/m²，厚度在5~30mm。其材料主要特性为吸音性能优，且具备一定支撑效果，因此主要应用于乘员舱主地毯、隔音垫、发动机装饰罩等部位（图4-24）。

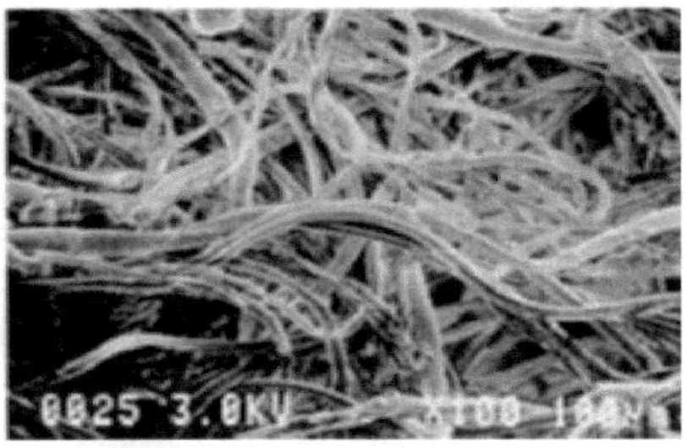

图4-24 纤维毡微观结构

② PET纤维毡常规的生产工艺有梳理成型、气流成型。梳理成型是将纤维梳理成网后通过针刺或烘烤方式成型；气流成型是通过空气流动将纤维吹散层叠堆积成网，再通过烘烤成型（图4-25）。

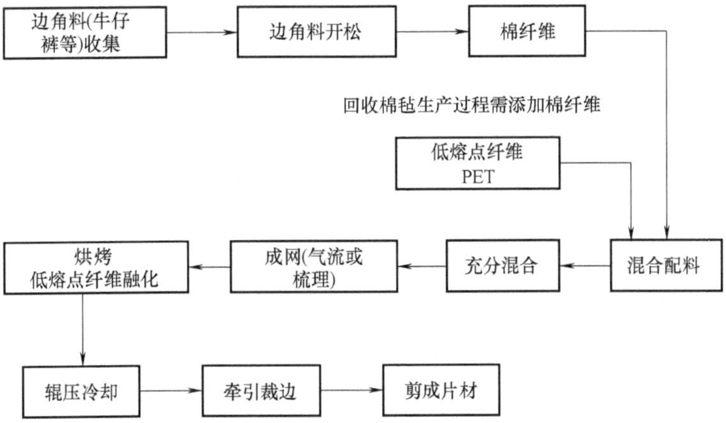

图4-25 PET纤维毡生产工艺

2）PP/PET双组分吸音棉

① PP/PET双组分吸音棉是由2μm聚丙烯（PP）纤维及25μm聚酯（PET）纤维组成的，一般比例为65%、35%。PET纤维作为吸音棉骨架，PP纤维附着于PET骨架上，形成三维吸音空腔，使得声波在空腔中振荡实现优越的吸音效果。其微观结构如图4-26所示。

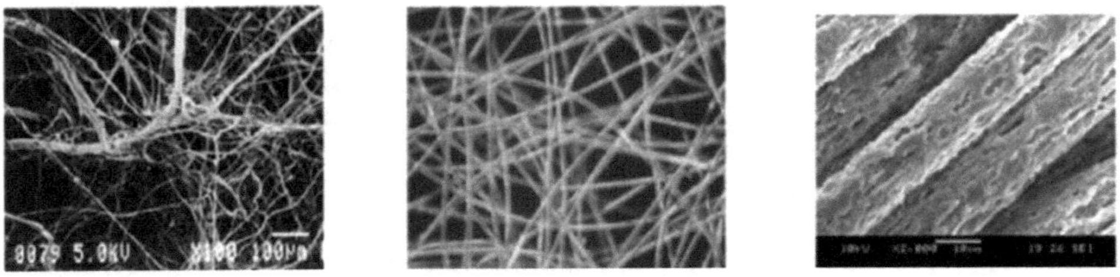

吸音棉吹熔微纤技术　　100% PP　　100% PET

图4-26 PP/PET微观结构

② PP/PET吸音棉克重一般在100~600g/m²，厚度在5~30mm之间，由于其质量轻，且在低克重范围可实现高吸音水平，作为轻量化的材料在整车上有广泛的应用，如图4-27所示。

③ PP/PET双组分吸音棉是两种材料通过不同生产工艺组合在一起的，详细生产工艺如图4-28所示。

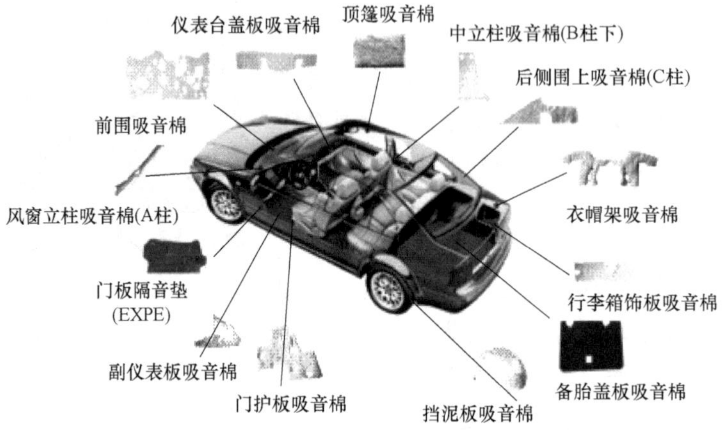

图 4-27　PP/PET 双组分吸音棉在整车应用

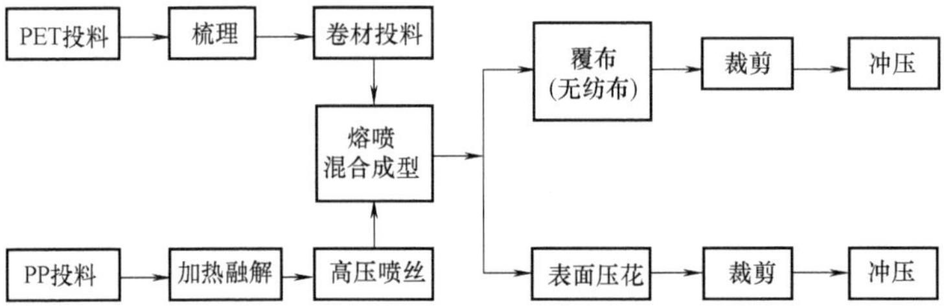

图 4-28　PP/PET 双组分吸音棉生产工艺

3）PU 泡沫。

① PU 泡沫是由大量微细孔及聚氨酯树脂孔壁经络组成的多孔性泡沫材料（图 4-29）。

② PU 泡沫按硬度可分为软质、半硬质和硬质 PU 泡沫，其中用于吸音材料的主要为软质 PU 泡沫和半硬质 PU 泡沫。软质 PU 泡沫在整车上应用广泛，包括座椅、隔音垫、主地毯、软质仪表板（搪塑、IMG-S 工艺）发泡层、面料背泡海绵等，起到吸音、填充作用；半硬质 PU 泡沫主要应用在前罩/机舱隔音垫、顶盖内衬、天窗遮阳板等部件，起吸音、支撑的作用。不同部位使用泡沫密度有差异，常规密度选择见表 4-18。

图 4-29　PU 泡沫微观结果

表 4-18　常规泡沫密度

类型	零件	应用密度/(kg/m³)	备注
软质 PU 泡沫	座椅	40～60	—
	地毯	55～80	—
	隔音垫	55～80	—
	面料背泡	20～45	—
	软质仪表板发泡层	60	—
半硬质 PU 泡沫	前罩/机舱隔音垫	14～18	轻质泡沫
	顶盖内衬	22～40	—

③ PU 泡沫作为吸音材料应用主要生产工艺有模塑发泡和块状发泡。模塑发泡是将聚氨酯原料混合后直接注入模具发泡成型，泡沫制品形状完全由模具决定。典型应用有地毯及前壁板隔音垫吸音层。块状发泡指通过连续法生产工艺生产的大体积泡沫再切割成所需形状的泡沫制品，典型应用有前罩隔音垫轻质泡沫、面料背泡、顶篷 PU 骨架泡沫。生产工艺流程如图 4-30 所示。

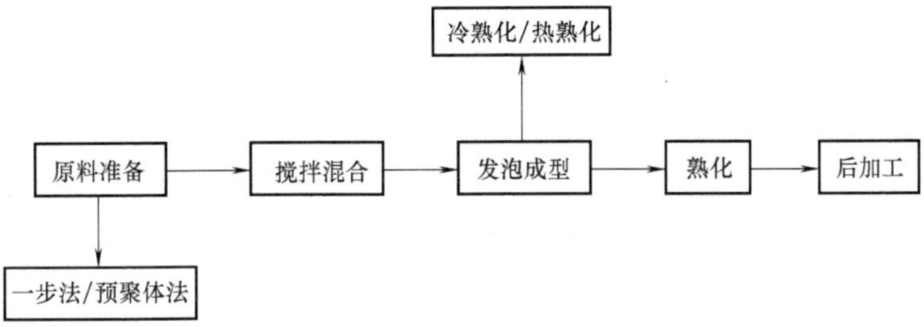

图 4-30　PU 泡沫生产工艺

4）其他类型材料。

① 三聚氰胺泡沫：三聚氰胺泡沫由三聚氰胺与甲醛按一定比例混合形成原液后再经乳化剂、发泡剂、催化剂等作用下经发泡而成。三聚氰胺泡沫是一种热固性的泡沫塑料，其是由 C-N 键构成的三维网络结构，开孔率一般可达 97%以上，因此具有很高的耐热性、高阻燃和吸音性，但价格十分昂贵。

② 半聚合毡：由回收棉毡与热固性树脂（主要为酚醛树脂）组成。该材料成本低廉、耐热性好、吸音性能优越。但由于酚醛树脂主要原料苯酚与甲醛均有毒，不环保，该材料主要用于发动机舱内的吸音部件，如发动机舱隔音垫等。

③ 玻璃棉：将融熔玻璃纤维化，再加上以热固型树脂为主的粘结剂加工而成的制品，纤维直径仅几微米。由于该材料纤维极细且内部纤维极为蓬松交错，存在大量微小的孔隙，且玻纤纤维导热系数低，该材料具备良好的吸音性能和隔热性能，主要用于发动机舱内部件及车底消声器隔热部件。玻璃棉和半聚合毡这两种材料由于材料本身或者加工过程不环保，行业内已经逐渐淘汰使用，被轻质 PU 泡沫、三聚氰胺泡沫等材料取代。

5）各类吸音材料性能对比见表 4-19。

表 4-19　各类吸音材料性能对比

主要性能	纯 PET 纤维毡	回收棉毡	PP/PET 双组分吸音棉	PU 泡沫（软质）	PU 泡沫（半硬质）-轻质 PU	玻璃棉	三聚氰胺泡沫
轻量化	☆	☆	☆☆	☆	☆☆	☆	☆☆☆
成本	☆	☆	☆☆	☆☆	☆☆	☆	☆☆☆
耐高温性	☆☆	☆	☆	☆	☆☆	☆☆☆	☆☆☆
吸音性能	☆	☆☆	☆☆☆	☆☆	☆☆	☆☆☆	☆☆
加工环境友好性	☆☆	☆	☆☆☆	☆☆	☆☆	☆	☆☆☆
VOC	☆☆	☆	☆☆	☆☆	外饰应用，不关注		
气味	☆☆☆	☆	☆☆	☆			

注：☆越多表示该性能越好。

2. 隔音材料

隔音是采用特殊的材料和结构将外界声源与接收环境隔离开来，使得环境的噪声降低。隔音材料一般多为密实材料，其原理为：当声音从空气入射到另外结构表面时，一部分声能被反射回来，另一部分声能透过这个材料，继续在空气中传播。通常用传声系数（透射声能与入射声能之比）来表征隔音性能的好坏，值越大，代表隔音性能越好。

（1）影响材料隔音性能的因素

1）材质：结构因子（不同材料结构因子不同）。

2）几何物理参数：厚度、密度。

3）环境因素：温度、湿度。

（2）常用类型　弹性体类隔音片材、各类复合增强板材料（表 4-31）。

1）弹性类隔音片材：隔音片材主要有 EVA、EPDM、PVC、TPE。其材料组成均为弹性聚合物、填料和助剂三种材料。其中填料主要有金属粉末、石英粉末、重钙等，填料添加要控制比例，否则会使隔音材料失去弹性和韧性。为了增强隔音片材的弹性、黏性、韧性、防火性能及抗撕裂强度等物理性能，通常会添加助剂。助剂不但会影响隔音毡的物理性能，还会对环保性能产生重要影响。隔音片材主要应用于车内各类隔音垫，与吸音纤维毡、PU 泡沫组合使用。

图 4-31　常用隔音材料

2）隔音片材生产工艺过程主要为配料、混料、高温挤出、压延、冷却、牵引、电晕（图 4-32）。

几类主要隔音弹性体片材性能特点见表 4-20。

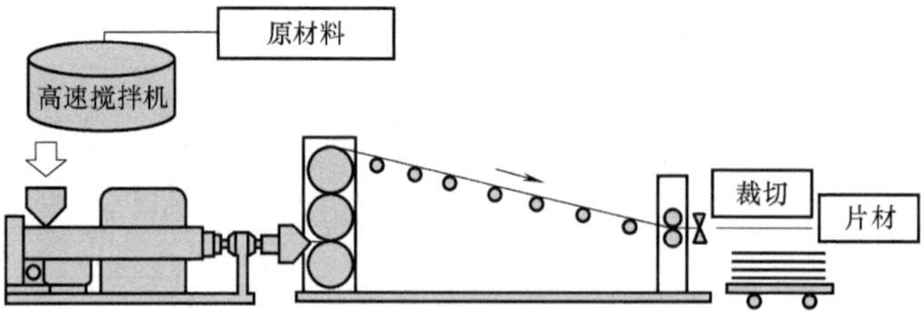

图 4-32　隔音片材生产工艺流程

4.1.6　刚强度复合材料

汽车内饰刚强度材料一般为复合材料，通常以高分子材料为基体，通过不同生产工艺

表 4-20　几类主要隔音弹性体片材性能特点

材料	性能特点
EVA(乙烯-醋酸乙烯共聚物)	具有良好的柔顺性、橡胶般的弹性,在-50℃下能够具有较好的可挠性 透明性和表面光泽性、化学稳定性良好 抗老化和耐臭氧强度好,无毒性 与填料的掺混性好,着色和成型加工性好
PVC(聚氯乙烯)	气味、VOC 性能差,不环保
EPDM(三元乙丙橡胶)	优良弹性和阻尼性能 突出的耐老化性 低密度高填充性

(热压成型、挤出成型、注射成型等) 把两种或两种以上的不同材料复合在一起而形成一种具有一定形状、结构和强度的新型材料。这种材料常常应用于汽车内饰中对声学性能、硬度、强度性能有一定要求的结构件或半结构部件。

常见的刚强度材料主要由高分子基体和增强材料组成，如图 4-33 所示。

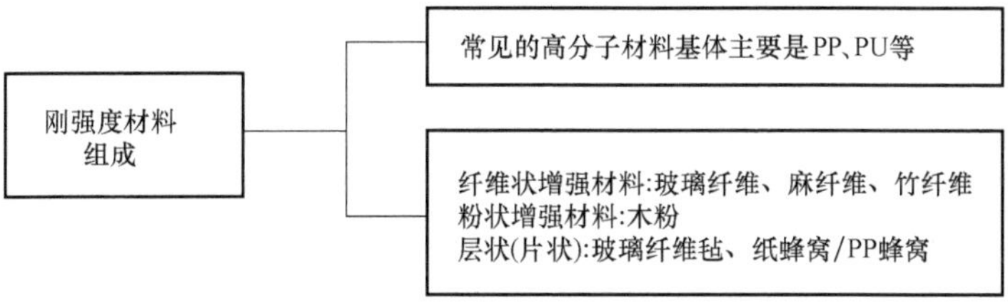

图 4-33　刚强度材料组成成分

1. 刚强度复合材料种类

目前在汽车上应用比较常见的刚强度材料主要有单层复合板材和多层复合板材两类。其中单层复合板材主要有麻纤维板、竹纤维板、PP 玻纤板、PP 木粉板；多层复合板材主要有 PP 蜂窝板、PP 玻纤纸蜂窝板、PU 玻纤纸蜂窝板。

(1) 木纤维板　木纤维板由一定比例的木纤维和合成纤维通过特定粘合剂热压而成，主要成分是 80% 的木纤维、20% 的合成纤维和胶黏剂。纤维毡的克重可以做到面密度在 $800g/m^2$ 到 $2800g/m^2$ 之间。木纤维板的生产工艺如图 4-34 所示。

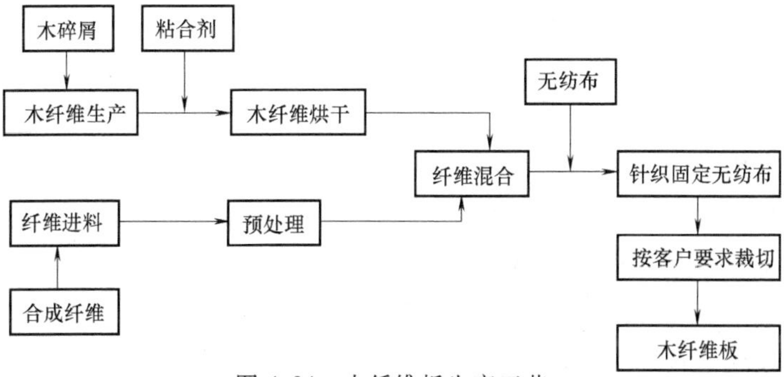

图 4-34　木纤维板生产工艺

木纤维板材料强度高、轻量化、成本低，并带有天然树木的气味，在欧洲已经被广泛应用 10 多年，成为欧系车的标准配置。具体应用包括奔驰、宝马、奥迪、大众等很多车型的门板、门嵌饰板、座椅靠背、仪表板，如图 4-35 所示。

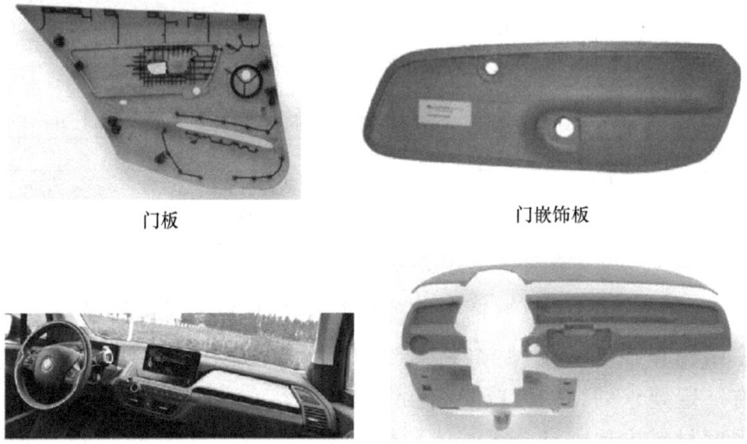

图 4-35　木纤维板在汽车内饰上应用

（2）纤维基复合板　麻纤维板由 PP 纤维和洋麻纤维、PE 膜组成。生产过程简述如下：将麻纤维和 PP 纤维机械混合，通过针刺设备调节 PP 纤维和洋麻纤维比例和厚度，制成洋麻毡。洋麻毡通过加热复合 PE 膜后加工成洋麻板，再进行切割，如图 4-36 所示。

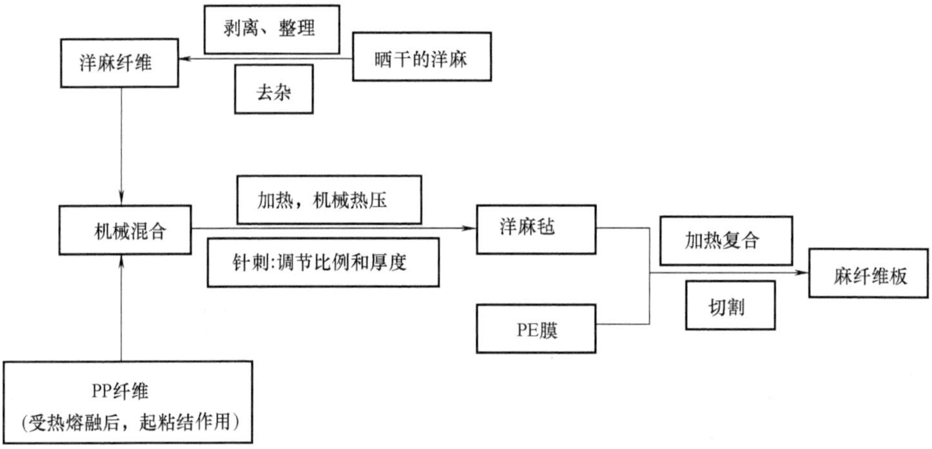

图 4-36　麻纤维板生产工艺

麻纤维板采用热粘接工艺，具有重量轻（850～1600g/m^2）吸音性好、隔热、耐冲击、高延展性、可回收利用等优良的物理性能，目前主要应用于制作汽车顶篷内衬等。

（3）PP 木粉板　PP 木粉板由 50% PP 和 50%木粉混合，经过一次热压成型制得。该材料优点是利用木屑，成本低廉，可制成中空类衣帽架，刚性较好，不足之处是尺寸热稳定性差、不防潮、韧性差。其生产工艺如图 4-37、图 4-38 所示。

（4）PP 玻纤板　PP 玻纤板简写为 PP/GF 板，是将 PP 纤维和玻璃纤维按一定比例混合，通过针刺，热压成型制备的板材。其生产工艺如图 4-39 所示。

PP 玻纤板面密度为 400～1800g/m^2，其具有良好的吸音性能，优异的力学性能，成本

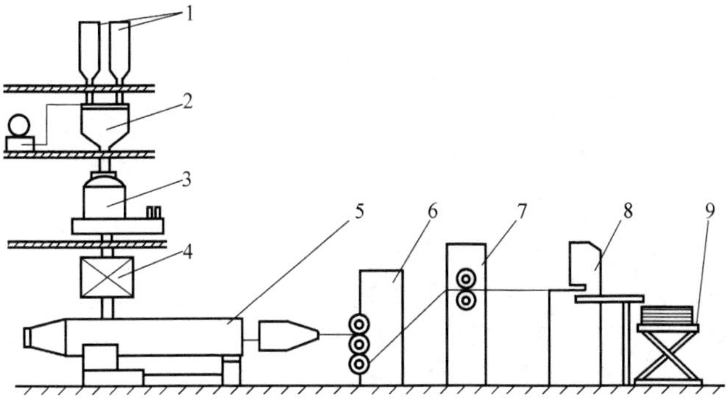

图 4-37 PP 木粉板生产工艺简图

1—原料储罐 2—计量秤 3—混合机 4—加料机 5—挤出机 6—压光机 7—牵引机 8—切割机 9—堆放机

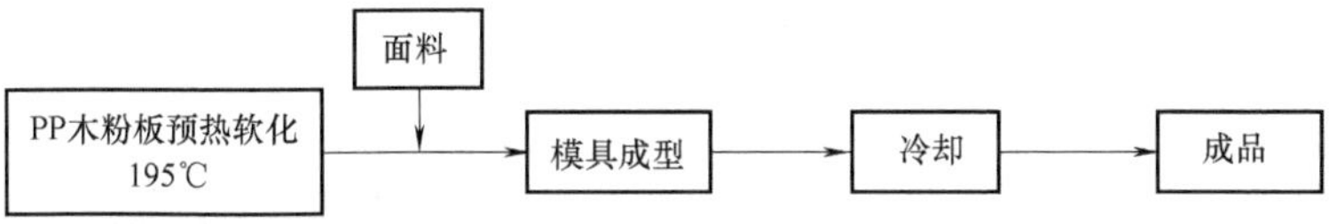

图 4-38 PP 木粉板制品生产工艺流程

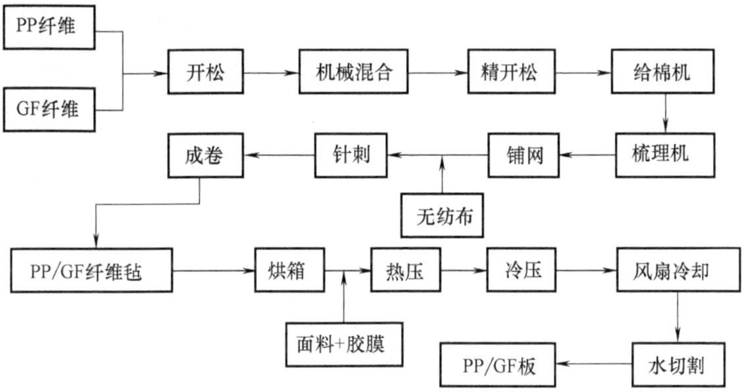

图 4-39 PP 玻纤板生产工艺

较低，工艺简单，膨胀率较传统热压材料大，可制成变截面产品，尺寸稳定性高等优点。常应用于对硬度、强度性能有一定要求的结构部件，如搁物板、顶篷内衬等。

（5）PP 蜂窝板 PP 蜂窝板又叫美瞳板，是由一层或两层 PP 面板，通过挤出热复合在一层 PP 蜂窝状芯材两面而形成的新型结构材料。其生产工艺、材料结构如图 4-40 及图 4-41 所示。由于 PP 蜂窝板材料属于中空叠成结构材料，大面积加热容易导致其受热不均造成不良缺陷，所以工艺要求产品可热压封边、热到弱化翻折、缝纫封边。

PP 蜂窝板具有优异的综合性能，如质量轻，隔音、隔热性能优越，抗压、抗冲击力强，较强的耐水、耐蚀性等。目前主要应用于后门装饰板、行李箱门板、顶篷、行李箱盖板、座椅后背板等。

（6）PU 玻纤纸蜂窝板 PU 玻纤纸蜂窝板是一种利用纸芯做支撑，上下两面用玻纤毡做增强材料，采用聚氨酯喷涂材料做粘接，基于热压工艺制造的三明治夹芯复合材料。其结

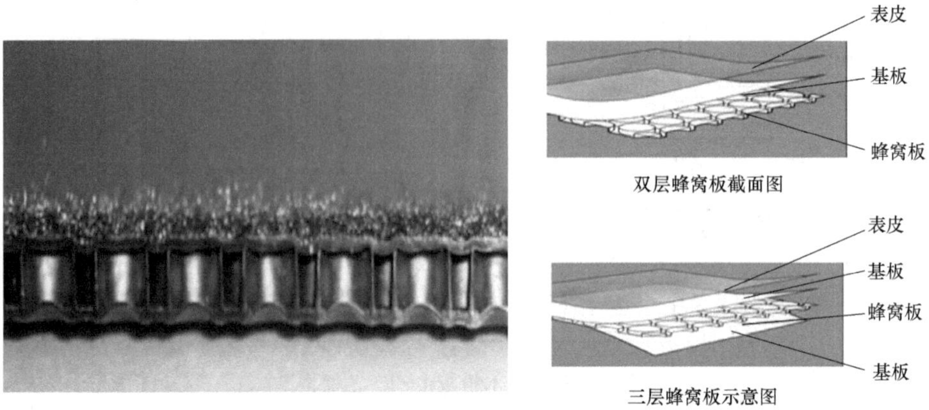

图 4-40　PP 蜂窝板结构

构和生产工艺如图 4-42、图 4-43 所示。

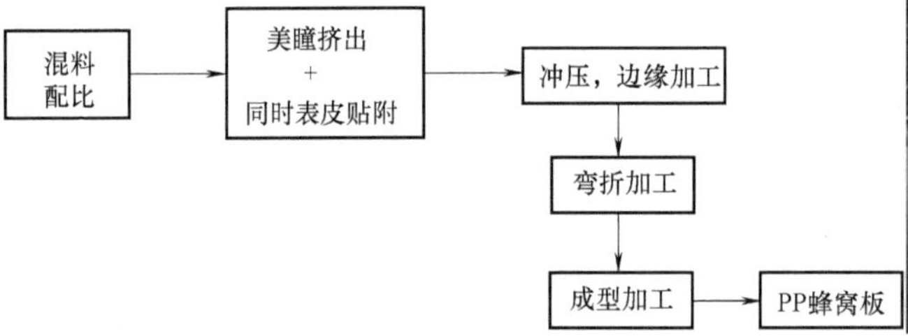

图 4-41　PP 蜂窝板生产工艺

图 4-42　PU 玻纤纸蜂窝板结构

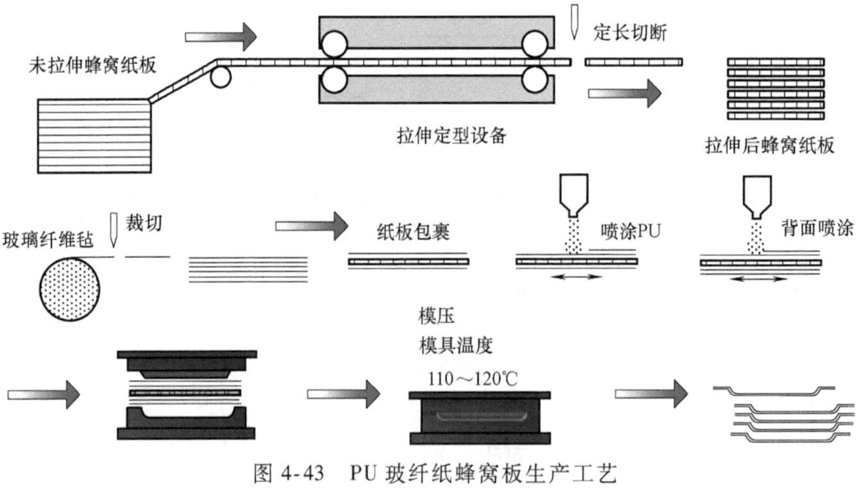

图 4-43　PU 玻纤纸蜂窝板生产工艺

（7）PP 玻纤纸蜂窝板　PP 玻纤纸蜂窝板是一种利用纸芯做支撑，上下两面用 PP 玻纤板做面层材料，采用热复合工艺制造的三明治夹芯复合材料。其生产工艺如图 4-44 所示。

（8）玻璃纤维增强 PP 蜂窝板　玻璃纤维增强 PP 蜂窝板是由外层玻纤增强 PP 和中间

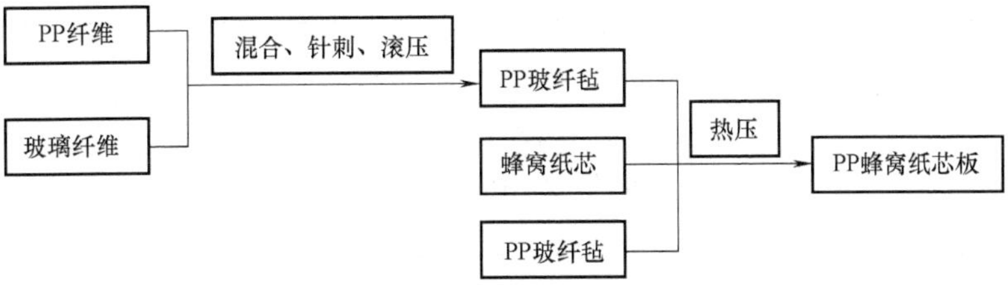

图 4-44 PP 玻纤纸蜂窝板生产工艺

层 PP 蜂窝组成的，其材料结构如图 4-45 所示。该材料的优点主要有重量轻、承载性能好、防水防潮、可以回收、低气味、低 VOC。但由于这种材料技术还不太成熟，国内只有少数几家企业能生产这种材料，价格也比较高，限制了其广泛应用，目前在备胎盖板上的应用才刚起步。

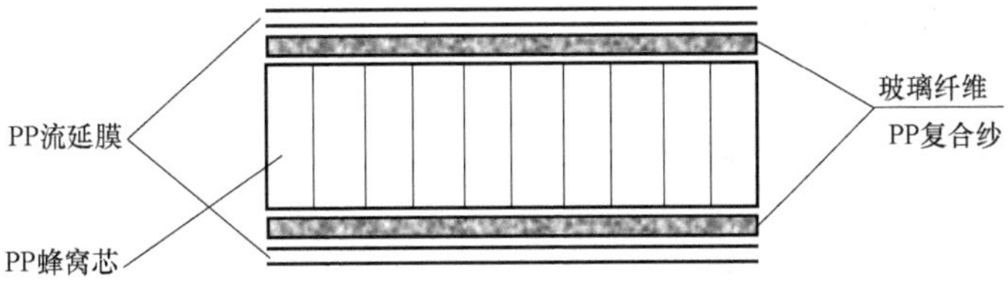

图 4-45 玻璃纤维增强 PP 蜂窝板

2. 刚强度复合材料在汽车上应用

刚强度材料主要应用于汽车内饰中对声学性能、硬度、强度性能有一定要求的结构件或半结构部件中，如搁物板、顶篷、门内饰板、行李箱地毯、行李箱隔板、天窗等部位。几种材料的性能对比详见表 4-21。

表 4-21 几种材料的性能对比

材料	组成	优点	缺点
PP 注射件	PP:100%	注射基材设计余量大，可制成复杂形状	模具昂贵，产品易变形，为防止变形需设计很多加强筋，且大面积薄板注射，容易产生熔接缝，造成局部强度不一致。如后覆面料须使用粘合胶，将产生气味等问题，导致成本进一步增加
麻纤维基复合板	洋麻纤维、PP 和 PE 膜	选用天然麻纤维、PP 纤维及 PE 胶膜为主要原料，不含任何化学胶黏剂成分，具有环保、轻量化、强度高、耐冲击等良好的物性，同时具有吸音、隔热、阻燃等内饰材料必备性能	麻纤维零件防潮耐湿性稍差，拉伸率较低，表面平整度差，气味、VOC 差
PP 木粉板	PP 和木粉	利用木屑，成本低廉，可制成中空类衣帽架，刚性较好	密度大，气味、VOC 不达标，尺寸热稳定性差，不防潮、韧性差
PP 蜂窝板（美瞳板）	PP 和 PP 蜂窝芯	质量轻，隔音、隔热性能优越，抗压、抗冲击力强，较强的耐水、耐蚀性	承载能力差

（续）

材料	组成	优点	缺点
PP 蜂窝玻纤板	外层玻纤增强 PP 和中间层 PP 蜂窝	材料重量轻，承载性能好，防水、防潮，可以回收，低气味、低 VOC	材料技术还不太成熟，国内只有少数几家能生产这种材料，价格也比较高，限制了其广泛应用。目前在备胎盖板上应用才刚起步
PP-（麻/棉/椰壳）天然纤维板	PP 和天然纤维	利用天然纤维，成本低廉，刚性较好	尺寸热稳定性差，不防潮，天然纤维来源不易稳定
PU 玻纤纸蜂窝板	PU、玻璃纤维、纸蜂窝	质量轻、承载性能较好	难回收、纸蜂窝耐冲击性能差、不防水防潮

常用声学性能测试方法：

吸音性能：

方法 1：混响室吸音系数测试法。

方法 2：驻波管测试法。

方法 3：双传声器驻波管法。

隔音性能：

方法 1：混响室-混响室测试法。

方法 2：混响室-消声室测试法。

方法 3：驻波管测试法。

常用声学性能测试设备 Alpha Cabin、Kundt´s tube/驻波管、混响室-消声室。

4.1.7 粘结剂

粘结剂是一种能够将同种或异种物质通过化学吸附、物理吸附粘合在一起的物质。通过粘结剂粘合使材料表面连接的方法叫粘接或粘结，被粘合的材料成为被粘物。粘结剂的粘接作用，能使被粘接的材料实现应力传递的功能，特别适合于物性差异较大的材料之间的应用。

粘接与焊接、铆接、螺栓连接都是连接材料的主要方法。但是粘接技术的应用范围更广，可连接的材料种类更多，连接工艺的限制更少。粘结剂在木材加工、航空航天、汽车制造、建筑工业、电子电器、生物医疗等各个方面，都起着举足轻重的作用。

在汽车制造中，粘结剂是重要的一类辅助材料。汽车的本体材料、内外饰材料、隔音吸音材料、隔热材料、传动材料，在不同的应用环节，需要不同性能的粘结剂。同时粘结剂的应用在推动汽车复合材料、成本控制、零件轻量化等方面具有突出的贡献。

1. 汽车内饰粘结剂的应用

（1）分类与组成　随着汽车工业的发展，越来越多的复合材料应用到汽车制造中，对粘结剂的性能要求也不断提升。粘结剂既要满足汽车不同零部件的粘接强度要求，还必须具备成熟的工艺条件，满足汽车主机厂与供应商的生产要求。

1）粘结剂的种类繁多，组成各异，根据不同的分类方法，汽车用粘结剂可以分为以下几种类型：

① 按主体化学成分或基材分类，可以分为热塑性合成树脂粘结剂，如聚烯烃类、聚氨酯类、聚丙烯酸类等；热固性合成树脂粘结剂，如环氧树脂类、有机硅树脂类等；合成橡胶粘结剂，如氯丁橡胶类、丁苯橡胶类、丁基橡胶类等。

② 按外观状态分类，可以分为溶剂型粘结剂、水性粘结剂、热熔胶粘结剂、胶带。

③ 按固化方式分类，可以分为溶剂挥发型粘结剂，如氯丁橡胶粘结剂；热熔型粘结剂，如聚烯烃类热熔胶；化学反应型粘结剂，如双组分聚氨酯粘结剂；压敏型粘结剂，如泡棉背胶使用的丙烯酸压敏胶。

④ 按受力状态分类，可以分为结构粘结剂，用于受力结构件的连接，如环氧类结构胶；非结构粘结剂，如常规的合成树脂、合成橡胶粘结剂。

⑤ 按被粘材料分类，可以分为金属与金属的粘结剂、非金属与非金属的粘结剂、复合材料与复合材料的粘结剂。

2）一般而言，粘结剂的组分包括基体材料（合成树脂或合成橡胶）、固化剂、填料、溶剂和助剂。不同类型的粘结剂含有的组分并不是完全一致，但基体材料是必需的，决定了粘结剂的主要化学性能。而助剂则包括了增塑剂、促进剂、增稠剂等材料，需要根据粘结剂的不同应用和工艺进行取舍。粘结剂配方中各种因素的影响详见表4-22。

表4-22 粘结剂配方中各种因素的影响

序号	影响因素	第一方面的影响	第二方面的影响
1	聚合物相对分子量提高	机械强度提高，低温韧性提高	黏度增大，浸润速度减慢
2	高分子的极性增加	内聚力提高，对极性表面的粘结力提高，耐热性增加	耐水性下降，黏度增大
3	交联密度提高	耐热性提高，耐介质性提高，蠕变下降	模量提高，延伸率下降，低温脆性增加
4	增塑剂用量增加	抗冲击强度提高，黏度下降	内聚强度下降，蠕变增强，耐热性急剧下降
5	增韧剂用量增加	韧性提高，抗剥离强度提高	内聚强度及耐热性缓慢下降
6	填料用量增加	热膨胀系数下降，固化收缩率下降，粘结剂触变性提高，成本下降	硬度增大，黏度增大，用量过多时，粘结剂变脆，且粘接性能下降
7	加入耦联剂	粘接性能提高，耐湿热老化性能提高	有时耐热性下降

（2）汽车内饰粘结剂的应用现状　国内汽车粘结剂的应用较晚，在国内汽车诞生之初到20世纪80年代的时间内，粘结剂的应用与研究一直处于低谷。在改革开放之后，随着汽车工业的发展，国外技术的引进和研发人才的培养，国内粘结剂步入了快速发展的阶段。随着湿气固化聚氨酯风窗玻璃胶、双组分水性聚氨酯胶、耐热性聚烯烃热熔胶的研发，标志着国内汽车粘结剂的应用达到一个崭新的高度。

根据汽车制造过程中的不同工艺环节，粘结剂可以分为焊接用胶、涂装用胶、内饰用胶、装配用胶和其他工艺用胶。目前，在各个工艺的粘结剂应用、品种、使用量，国内汽车行业均已经接近世界先进水平。但是国内粘结剂产业与世界先进水平仍有差距，粘结剂品种有限，部分产品粘接性能不足，产品一致性还有待提高，部分性能要求较高的粘结剂产品仍由进口企业垄断。

汽车内饰用胶是汽车粘结剂使用量最大的应用之一，使用的粘结剂类型很多，如溶剂型/水性聚氨酯粘结剂、聚烯烃/反应型聚氨酯热熔胶、溶剂型氯丁橡胶粘结剂、丙烯酸压敏粘结剂、丁基橡胶粘结剂和胶带等。内饰粘结剂应用的零部件功能主要有顶篷材料粘接、软质仪表板包覆、地毯附件粘接、软质门板包覆、座椅泡沫补胶、门板防水膜粘接等。不同零部件应用粘结剂的状态不同，性能要求也有差异。

1）顶篷材料粘接用胶，一般用于顶盖内衬面料、PU 板、无纺布等材料的粘接，天窗支架、顶灯支架的粘接，泡沫等附件的粘接（图 4-46）。顶篷用胶主要满足顶盖内衬美观、NVH 性能的要求，对粘结剂的要求是初粘力高，能够满足运转过程中的撕扯力，同时工艺操作要求简便，能够满足供应商生产节奏，而且不能有太强的渗透力，防止材料的变色、脱落。在顶篷材料的粘接中，现在粘结剂厂家主要推荐的是无溶剂型聚氨酯胶、低气味溶剂型聚氨酯胶或者水性聚氨酯胶。

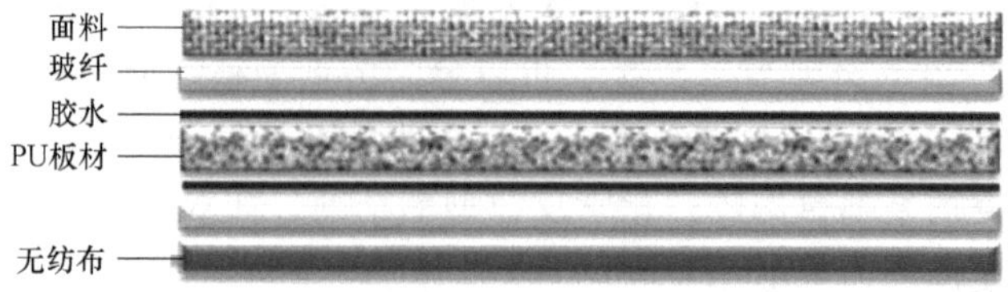

图 4-46　顶盖内衬的粘接结构

2）软质仪表板用胶，一般用于将 PVC、TPO、真皮等皮革材料，粘接于仪表板骨架（本体），达到舒适的触感和软质包覆的品质感（图 4-47）。由于仪表板的外形设计复杂，处于阳光直射的区域，对粘结剂本身的初粘性、持粘性性能要求较高，同时要求粘结剂在各类老化条件下性能不衰减。

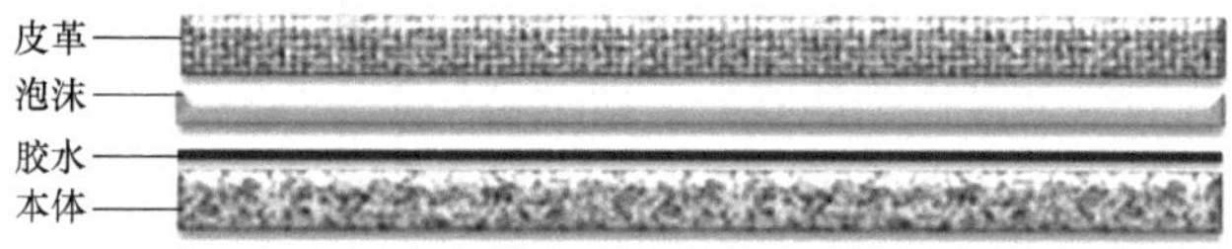

图 4-47　软质仪表板粘接结构

3）地毯附件粘接用胶，主要用于地毯面料（隔音层）与棉毡、泡沫（吸音层）之间的粘接（图 4-48）。由于地毯型面复杂，粘接附件较多，一般要求粘结剂有良好的施工性能、优良的浸润性和初粘力，满足地毯流水线加工中的运输要求。由于地毯是处于腰线以下的零部件，占有车内面积较大，对粘结剂的老化性能要求不高，但对粘结剂气味和 VOC 的要求较高。

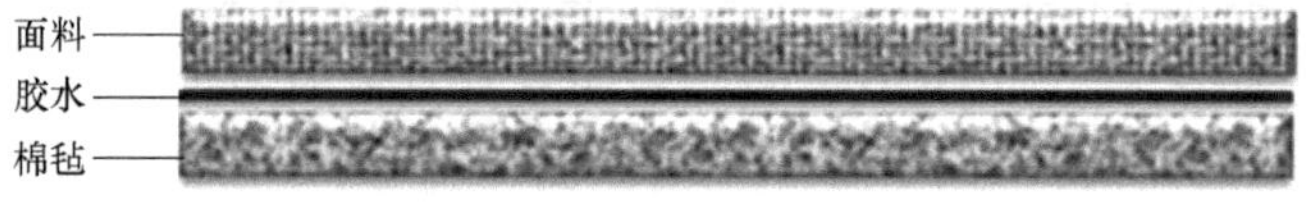

图 4-48　地毯粘接结构

4）软质门板包覆用胶，与仪表板包覆用胶类似，用于皮革材料与门板本体的粘接。门板中要求软质包覆的部位一般都需要用到粘结剂，如门板上装、门板嵌饰板、门板扶手等。但也有少量型面平整，受力不强的区域，采用的是机械粘接的方法。

5）座椅泡沫补胶，主要应用于座椅中泡沫与泡沫的粘接。如座椅泡沫在发泡过程中，可能会存在部分缺陷，需要额外增加小块泡沫进行补充。该应用要求粘结剂有良好的初粘性，和较低的渗透性，防止粘结剂进入泡沫的空隙，影响泡沫的缓冲性能。

6）门板防水膜粘接，一般使用丁基橡胶类胶条进行粘接，粘接的材料分别是门板钣金和防水膜。由于门板防水膜属于不拆卸的零件，要求丁基橡胶在长期使用中不变干，粘接性能不下降。现在也有部分粘结剂供应商开发了热熔胶在防水膜粘接的应用。

以上是内饰零部件中粘结剂的一些典型的应用，其他零部件也有使用到粘结剂，但是使用的粘结剂类型与性能要求与上述应用相近，就不再一一赘述。

2. 粘结剂的粘接机理

为了使被粘物与粘结剂之间形成良好的粘接，需要研究粘结剂与被粘物之间发生的物理和化学变化，从而指导粘结剂的使用和性能测试。粘接作用发生在被粘物表面及界面层，粘接过程属于界面学科的范畴。

当粘结剂与被粘物之间通过共价键相互结合时，可以显著提高粘接强度，是最可靠的粘接方式，聚氨酯类的粘结剂与带有活性氢的被粘物之间的粘接一般属于这种方式。

分子间范德华力是粘结力的重要组成部分，与分子的极性、变形有关，在粘结剂固化后，这种次价力的作用是非常大的。

粘接过程是先将粘结剂涂覆在被粘物表面，并浸润表面，之后粘结剂的链段在被粘物表面流动扩散，并形成紧密接触，然后粘结剂基团与被粘物形成氢键、范德华力、共价键等连接，最终加上深入空隙中的粘结剂，固化后形成机械嵌合，形成牢固的粘接。

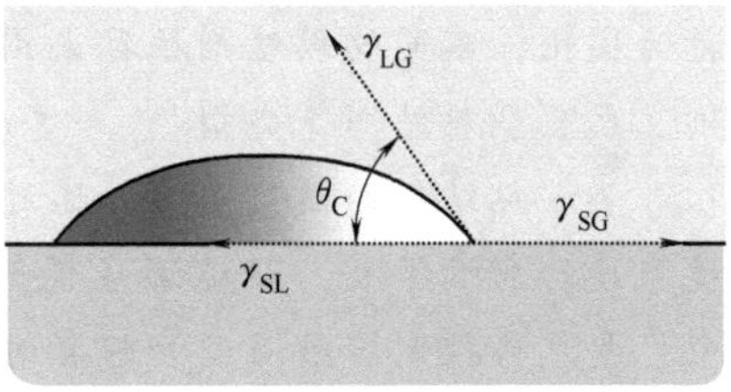

图 4-49 液体与固体表面浸润

在粘接过程中，为了获得高强度的粘接状态，需要粘结剂充分浸润被粘物的表面，如果浸润不完全，则会有气泡出现在粘接面，在应力作用下，气泡周围产生了应力集中现象，使粘接强度下降。一般而言，在粘接过程中，粘结剂呈液态。液体对固体表面发生浸润时，表面张力的差异，即接触角的差异是重要的参考因素之一。接触角的示意如图 4-49 所示。

在粘接过程中接触角相关公式是，$\gamma_{SL}+\gamma_{LG}\cos\theta=\gamma_{SG}$，$\cos\theta=\gamma_{SG}-\gamma_{SL}/\gamma_{LG}$。

对手件表面张力（γ_{SG}）越大，$\cos\theta$ 越大，接触角 θ 越小，粘结剂浸润越充分。其中 γ_{SL} 表示固液两相表面张力，γ_{LG} 表示液体表面张力，γ_{SG} 表示固体表面张力，θ 为接触角，接触角越小证明表面能越高。当粘结剂与被粘物表面张力相等且极性相同时，界面张力最小，粘接强度最大。

但是任何被粘物表面都是粗糙不平整的，多孔材料还存在毛细孔渗透的现象。因此，粘结剂在被粘物上的浸润是一个复杂的状态。要达到最佳的粘结效果，在满足粘结剂材料浸润要求的同时，粘结剂的黏度越小，越容易对固体表面进行浸润；对被粘物表面进行适当的处理，用物理或化学方法获得合适的表面状态。

以聚氨酯粘结剂为例，不同基材上的粘接机理如下。

1）针对橡胶的粘接。粘结剂中所含的有机溶剂能使橡胶表面溶胀，部分小分子的粘结剂可以深入橡胶表层内部，与橡胶中存在的活性氢进行反应，形成共价键。而湿气反应型的聚氨酯粘结剂，还能自聚形成交联结构，与橡胶分子交联进行聚合物交联互穿网络。

2）针对塑料的粘接。PVC、PET、FRP 等塑料表面的极性基团能够与粘结剂中的氨酯键、酯键、醚键等基团形成氢键，并形成粘接。非极性塑料，如 PP、PE 材料，其材料表面能较低，与极性聚氨酯粘结剂粘接时粘接强度不足。在这种状态下，可以通过电晕、火焰处理，使其表面氧化，增加极性（图 4-50）。或者使用在被粘塑料表面涂覆含有特制聚酯、环氧树脂的底涂剂，改善非极性塑料的表面状态。

$$\sim\sim\sim CH_2CH_2CH_2CH_2\sim\sim\sim \xrightarrow{\text{电晕处理}} \sim\sim\sim\ CH_2\overset{\overset{\displaystyle O}{\|}}{C}CH_2CH_2\ \sim\sim\sim$$

图 4-50　PP 材料电晕处理

3）针对织物、木材等材料的粘接。由于被粘物是纤维组成，有一定的吸湿率，且纤维中含有羧基、羟基、醚键、酯键、酰胺键等极性键，容易与粘结剂中的—NCO 基团反应或形成氢键，进行粘接。同时由于粘结剂可以渗入纤维之间的空隙，粘结剂的粘接强度得到了加强。

在粘接后，粘结剂需要变成固态才具有强度，通过适当方法使胶层变成固态的过程称为固化，不同的粘结剂往往采用不同的固化方式，可以分为热熔粘结剂、溶剂型粘结剂、反应型粘结剂等类型。

热熔粘结剂的固化是热传递过程，涂覆后的热熔胶在冷却后即固化。固化过程受环境温度的影响很大，环境温度低时，热熔胶的固化很快。因此，在热熔胶的使用过程中，要严格控制熔融温度和晾置时间，避免因冷却过快，使粘结剂固化不完全而降低粘接强度。

溶剂型粘结剂可分为有机溶剂型和水基型，固化主要是靠溶剂的挥发完成的。固化的速度受到溶剂挥发速度、环境温湿度、被粘物的致密程度、含水量等因素影响。在选用溶剂型粘结剂时，应结合实际生产工艺，选择固化速度符合生产节拍的粘结剂。选用的溶剂挥发过快，影响粘结剂基材的结晶，甚至在粘接处形成降温凝水。选用的溶剂挥发过慢，固化时间长，生产效率低，还容易由于溶剂未完全挥发而导致粘接性能下降。

反应型粘结剂一般都含有活性基团，在固化剂、引发剂条件下，基材发生聚合、交联等化学反应而固化。目前汽车用反应型粘结剂主要有两种固化方式，一是添加化学计量的固化剂，二是使用环境中的湿气固化。使用固化剂进行固化的粘结剂，要特别注意固化剂的添加量。固化剂加入量过少，粘结剂固化不完全，粘接强度下降，加入量过大，胶层发脆，不利于粘接。

3. 粘结剂的粘接强度与影响因素

单位面积上承受的粘结力就是粘接强度。粘接强度包括胶层的内聚强度、胶层与被粘物之间的附着强度。粘接强度与粘结剂的组成、基材的结构与性质、被粘物的性能、表面状态、使用操作方式等因素相关。

1）粘结剂的基材一般是合成树脂或者合成橡胶，可以分为热塑性和热固性材料，热塑性材料又可以分为晶态和非晶态材料。以线型非晶态聚合物为例，在不同温度下分别处于玻璃态、高弹态和黏流态。在不同状态下，高分子的运动状态和力学性能差异巨大。同时，聚合物独有的蠕变与应力松弛，不利于粘结剂的刚性强度，不同的刚性要求需要选择不同基材的粘结剂。

2）当粘结剂与被粘物之间的粘结力主要来源于分子间作用力时，如果粘接层存在易迁移的小分子量杂质，界面间的作用力就会下降，形成弱界面层。

3）对被粘物进行适当的表面处理，可以显著增强粘接强度。首先被粘物表面不能被油污、灰尘等污染，洁净的表面才能充分让粘结剂浸润。同时，被粘物需要适当的表面粗糙度，在粘结剂湿润性好（$\theta<90^\circ$）的状态下，粘结剂在粗糙表面的浸润性比在光滑表面的浸润性好。表面的粗糙处理增加了粘结剂的接触面积，但是也要避免过度粗糙，否则会增加气泡、污染的风险。

4）粘结剂固化后的内应力是影响粘接强度的重要因素之一。内应力主要有两个方面，一是粘结剂固化后体积收缩产生的应力，二是粘结剂与零部件的其他材料热膨胀系数不一致，在温度变化时产生的应力。随着应力的增加，粘接强度下降。因此，在粘结剂的使用中，必须采取各种措施来降低内应力。

5）环境因素中对粘接影响最大的是湿度。空气中的水分子在被粘物表面吸附，会形成弱界面层，影响粘结剂的固化过程。在湿度大的环境中，空气中的水分子还能进入粘结剂中影响其使用性能（湿气固化的粘结剂除外）。

6）适当的施工工艺可以有效增强粘结剂的粘接强度。对特定的被粘物可以做不同的预处理，增加粘结剂的浸润性，使粘结剂均匀地在被粘物表面扩散。在涂覆粘结剂的过程中，应尽量减少气泡的引入。涂胶层不能过厚，部分溶剂型粘结剂可以多涂刷几层。热固化的粘结剂可以在粘接后进行一定温度的烘烤，加速固化。在粘接后施加一定的压力，有利于定位和控制胶层厚度，提升粘接强度。

4.1.8 涂料

1. 涂料在汽车内外饰中的应用

随着汽车工业的快速发展，对车身的轻量化要求越来越高。在轿车车身中，塑料部件约占总体积的 1/3。但是，塑料除本身耐紫外光等环境腐蚀性不甚理想外，在加工成型过程中表面也常产生各种缺陷。因此，汽车在使用这些塑料件时，为提高表面装饰性，延长塑料件的使用寿命，必须对其表面进行涂装。塑料涂料不仅改善了塑料件自身的缺陷，延长了使用寿命，而且赋予它丰富的色彩和亮丽的外观。

汽车涂料就是指涂装在轿车、越野车、大客车、大货车等各种类型的汽车车身及零部件上的涂料，一般是指制造新车用的涂料及辅助材料和车辆修补用涂料。根据使用特点，要求汽车漆具有以下特性：

1）漂亮的外观。要求漆膜丰满、光泽华丽柔和、鲜艳性好，色彩多种多样并符合潮流。现在轿车上多使用金属漆和珠光漆，使其外观看上去更加赏心悦目，给人美感。

2）极好的耐候性、耐蚀性，要求适用于各种温度、暴晒及风雨侵蚀，在各种气候条件下保持不失光、不变色、不起泡、不开裂、不脱落、不粉化、不锈蚀。要求漆膜的使用寿命不低于汽车本身的寿命，一般要大于 10 年。

3）极好的施工性和配套性。汽车漆一般系多层涂装，以便达到良好的性能，所以要求各涂层之间的附着力好，无缺陷。并要求涂料本身性能适应汽车工业现代化的涂装流水线。

4）极好的机械性能。适应汽车的高速、多振和应变，要求漆膜的附着力好，具备坚硬柔韧、耐冲击、耐弯曲、耐划伤、耐摩擦等优越性能。

5）极好的耐擦洗性和耐污染性。要求耐毛刷、肥皂、清洗剂清洗，与其他常见的污渍接触后不留痕迹。

6）良好的可修补性。

2. 涂料介绍

涂料的一般组成为树脂/基料（基本成膜物质）、溶剂（稀释剂）、颜料、填料、添加剂等。其中，树脂是由小分子累积聚合而成的，是涂料形成涂膜的主要成分，对整个涂膜的影响最大；溶剂是油漆涂料不可缺少的，对于涂料的黏度、干燥速度、涂膜光泽及均一性等影响非常大；颜料是使物体带有色彩特性的无机或有机不溶性微细粉末，可分为颜料（不溶）和染料（可溶）；填料可以调整涂料的光泽、质地、悬浮性、耐擦洗性、耐污染性、黏度等，填料的主要类型有碳酸盐、硅酸盐、硫酸盐和氧化物；添加剂是为达到所需特殊要求而添加的某种成分，如防皮剂、防腐剂、催干剂、耐燃剂等。

表4-23中列出了常见塑料涂料的分类，可指导不同塑料材料的选择，但需要指出的是如PP与PE等低表面能塑料件在涂装时，要经过前处理或预涂特定的底漆，再配套其他涂料。有的尼龙在涂装前也要进行磷化处理，然后再进行涂装。

表4-23　塑料涂料分类

塑料类型	涂料类型	塑料类型	涂料类型
聚乙烯(PE)	环氧、聚氨酯、乙酸系	改性聚苯醚(PPO)	丙烯酸、聚氨酯
聚丙烯(PP)	环氧、聚氨酯、双组分丙烯酸、乙酸系	尼龙(PA)	丙烯酸、聚氨酯改性环氧、乙烯系
聚氯乙烯(PVC)	丙烯酸、聚氨酯、过氯乙烯	聚氨酯弹性体	聚氨酯
聚苯乙烯(PS)	环氧、硝基、醇酸、丙烯酸、乙酸系	聚酯(玻璃纤维增强)	聚氨酯、聚酯、环氧
ABS	丙烯酸、环氧、聚氨酯、硝基、生漆	聚丁二烯(PBD)	双组分聚氨酯
聚碳酸酯(PC)	双组分聚氨酯、有机硅、丙烯酸、氨基	乙酸丁酸纤维素(CAB)	聚氨酯、丙烯酸
酚醛(PF)	丙烯酸、双组分聚氨酯、氨基、环氧	不饱和聚酯(UP)	聚氨酯
有机玻璃(PMMA)	丙烯酸、硝基、有机硅		

塑料用涂料的选择应遵循以下基本原则：

1）根据被涂塑料的性质来选择涂料：良好的附着力、涂料的溶蚀性。

2）根据塑料制品对涂膜性能要求来选择涂料：内饰用、外饰用；内饰突出装饰效果、VOC及气味环保要求，外饰突出环境耐久要求。

3）参考施工工艺要求选择涂料。

4.2　内外饰零件选材原则

4.2.1　选材考虑因素

选材在设计过程中是个关键步骤，对于汽车内外饰部件，主要是考虑部件的功能和决定部件功能的有关材料性能，材料选择应考虑的因素有以下几个方面：

1. 与外界使用条件相关

1）机械：受应力的形式和大小，负荷的形式和时间，抗疲劳要求，允许的变形、超负荷和意外受力情况，抗冲击要求等。

2）热：正常的工作温度，最高和最低的工作温度。

3）环境：接触溶剂和各种蒸气的情况，与酸碱等化学反应，吸水情况，受紫外线和环境氧化影响，受砂、雨水侵蚀，受霉菌、微生物影响等情况。

2. 与自身工艺、制造及法规相关

1）毒性：阻燃性，色粉、添加剂分解过程中的毒性。

2）外观：透明度，表面效果，色泽的一致和持久性。

3）尺寸：允许误差和尺寸稳定、重量因素。

4）生产：加工工艺的选择，装配方法，修剪和二次加工，质量控制和监督。

5）经济：材料成本、模具成本、机械加工成本、辅助设备成本、操作成本、机械维修成本等。

6）法规：地区性安全规定（阻燃、食品、医药）、行业性工业规定（汽车工业、电子工业等）。

7）原料的可加工性：加工难易程度、加工成本、加工废料、加工精度、加工形状。

8）可回收：选材单一化、通用化且方便回收。

9）车型档次：根据不同车型档次确定用材。

4.2.2 选材步骤

选材过程主要包括以下步骤：

1）提出塑料零部件所需要的性能项目，包括力学性能、热学性能、加工性能和其他物化性能，此外还有为实现各种功能的专属性能。

2）根据该零部件的成型、使用、装饰、连接以及性能验证等各个方面的要求，对材料提出要求。

3）初步选定一部分材料。

4）重点比较和分析目标范围内材料的性能和成本，选定合适的材料。

5）对选定材料进行性能验证以及零部件性能验证。

对于一次成型使用的部件，需要区分哪些性能是“主要性能”，哪些是“相关性能”，哪些是“次要性能”。主要性能是决定制品使用性能的关键性能，是材料必须具备的性能；相关性能是为制品主要性能服务的辅助性能，是材料最好具有的性能；次要性能是与制品性能关系不大的性能，是材料可有可无的性能。

4.2.3 NVH 零件选材原则

NVH 零件分布在整车内外饰，包括发动机舱、乘员舱、行李箱系统。其主要用途为：

1）装饰性：避免车身钣金直接暴露在乘客视线方向，影响整车品质与档次。

2）声学性：通过吸音、隔音材料降低车内噪声，提升 NVH 性能。

3）支撑性：起到载物、支撑零件型面的作用。

由于 NVH 零件具有上述这类用途，在材料选择上需围绕该主题选择合适的材料类型，材料选择主要考虑因素如下：

1）车型定位：根据项目组对车型的定位选择合适的表面装饰材料。比如搁物板零件在低端车型通常选用无纺布材料，高端车型通常选用针织面料材料。

2）吸音/隔音性能：对于声学部件，如地毯、前壁板隔音垫，需基于 NVH 性能定义要求选择能满足吸音/隔音性能的材料。

3）刚强度：对于起支撑作用的部件，需结合产品造型、装配结构设计选择能满足其刚强度要求的材料。

4）产品造型：根据产品结构、外观造型设计，选择能满足物理强度与生产加工工艺的材料，有些材料对模具成型深度、拉伸伸长率等有要求。

5）耐热性：根据零件所处区域的使用温度，选择相应耐热等级的材料。

6）环境性：根据接触的溶剂、湿度、光照等各种外在环境要求，选择相应的材料。

7）经济性：基于零件成本目标，综合材料成本、模具成本、机械加工成本、辅助设备成本、人力成本选择相应的材料。

8）环保性和法规：根据国家、地区、行业、整车厂的要求选择相应的材料。

4.3 内外饰零件选材方法及案例

4.3.1 选材方法

以前的选材方法都是靠经验进行选取。近年来，人们开发出一些带有规律性的选材方法，虽然规律性不是很强，但可引导选材过程少走一些弯路。在这些选材方法中，较常用的有轮廓模型法、统计数量化综合法、价值分析法和计算机辅助选用法，本章重点介绍价值分析法。

价值分析法将价格（成本）和性能分开，计算性能与成本的比值，即通常所说的“性价比”。要提高制品的价值，其途径为提高性能或降低成本，以提高性能价格比，目的在于以最低的成本，来实现产品的最佳性能。价值分析中的价值如下式计算：

$$价值=\frac{功能}{成本}=\frac{使用性能}{成本}$$

通过价值分析法，可以发现哪些是高性能、低成本的制品，哪些是成本高、性能差的制品，以便采取相应改进措施，既保证质量，又避免浪费。可以通过计算价值系数来选择需要改进的零部件，其方法有多种，以下以强制决定法为例进行说明。

强制决定法的评价步骤如下：

1）计算功能评价系数。采用两两比较法，将两个零件中功能比较重要的记 1 分，次要的记 0 分，然后计算功能评价系数：

$$功能评价系数=\frac{某一零件功能评分}{全部零件的功能评分}$$

2）计算成本系数：

$$成本系数=\frac{某零件的目前成本}{产品目前整成本}$$

3）计算价值系数：

$$价值系数=\frac{功能评价系数}{成本系数}$$

4）以价值系数作为选择改进对象和功能分析的参数，得出如下结论：

① 价值系数接近 1 的，说明功能与成本分配是恰当的。

② 价值系数小于 1 的，说明功能与成本分配不当，成本过高，需要改进。

③ 价值系数大于 1 的，说明功能与成本分配不当，功能过高，这时需要检查功能是否可靠，如确因技术先进，质量可靠，则无须提高成本。

5）如果通过市场预测和同类产品比较，要把产品成本降低时，可按功能评价系数来分配预计成本。零部件降低成本指标=零件目前成本-零件预计成本；零件预计成本=功能评价系数×总目标成本。

6）从零件降低成本指标可以分析实施方案及降低指标实现的可能性。

7）采用上述的统计数量化方法对实施方案进行综合评价，选择最优方案开展工作。

4.3.2　选材案例

1. 利用价值工程法对仪表板本体选材进行介绍

1）根据不同车型，推荐不同成型工艺：仪表板的工艺种类如图 4-51 所示。

2）选材考虑因素，详见表 4-24。

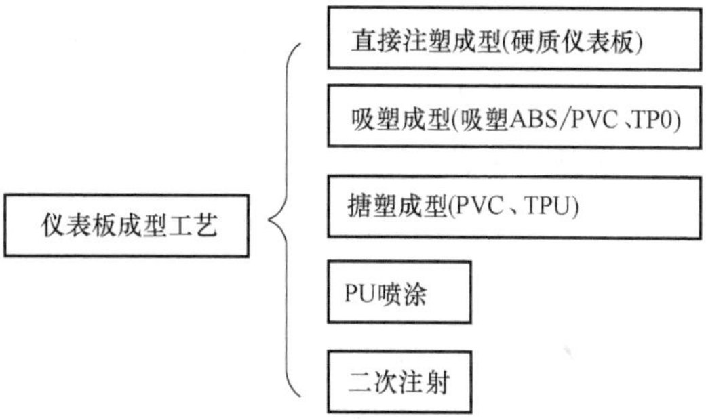

图 4-51　仪表板成型工艺

表 4-24　主要选材因素

序号	考虑因素
1	制品的受力情况、透明性、透过性、精度及外观
2	制品使用环境温度、环境湿度、接触介质及环境的光、氧、辐射等
3	加工难易程度、加工成本、加工精度、加工形状
4	材料成本
5	轻量化
6	单一化
7	环保、易回收
8	低气味、低散发
9	表面处理工艺
10	新材料、新工艺的应用

3）根据以上因素确定仪表板选材要求，详见表 4-25。

表 4-25　仪表板选材考虑因素及要求

序号	考虑因素	要求值
1	仪表板件较大，受自重力（特别是高温下的自重力），要求刚性好，尺寸稳定性能好（耐蠕变性能）	刚性要求弹性模量 1800MPa，尽量选用蠕变性好的材料 PPO、PC、ABS
2	仪表板（特别是带乘员安全气囊）的低温脆性要求非常好	缺口冲击强度 $18kJ/m^2$，$-20℃$ 冲击强度大于 $4kJ/m^2$
3	如果是硬质仪表板对外观要求较高，对材料的流动性、光泽度有较高的要求	如果是硬质仪表板，不要选用玻纤增强材料
4	对仪表板的精度要求主要根据设计需要，但至少保证其材料收缩率、吸水率、线性膨胀系数和耐溶剂	收缩率在 1% 以下；线性膨胀系数在 $2\times10^{-5}m/K$ 以下

（续）

序号	考虑因素	要求值
5	仪表板承受高温，同时对材料的热老化要求较高	最高温度能达到110℃甚至更高（在极热地带），耐老化400h以上
6	加工温度和加工周期	最高温度控制在300℃以下
7	材料成本	在满足要求的前提下选用低成本材料
8	气味、散发性能	满足国家和企业法规要求
9	环保要求，尽量选用易回收材料	玻纤增强回收差一点

4）确定重要系数。以吸塑仪表板为例，耐温性、冲击强度、弹性模量、热老化、材料成本、气味和低散发性重要系数为3，尺寸稳定性、加工精度重要系数为2，流动性、加工成本、可回收性重要系数为1。

5）统计数量化综合评价，见表4-26。

表4-26　统计数量化综合评价

评价项目	PP+EPDM-T20	PP+长玻纤	PC+ABS	PA+ABS	SMA
耐温性（高温下耐负荷能力）	3×3	4×3	5×3	3×3	5×3
冲击强度	3×3	4×3	5×3	5×3	1×3
弹性模量	3×3	5×3	4×3	3×3	5×3
热老化	3×3	3×3	4×3	4×3	5×3
材料成本	5×3	4×3	2×3	3×3	3×3
气味	3×3	3×3	2×3	2×3	1×3
低散发	2×3	2×3	3×3	3×3	1×3
尺寸稳定性	2×2	3×2	5×2	3×2	3×3
加工精度	2×2	4×2	4×2	3×2	4×2
流动性	5×1	3×1	3×1	4×1	3×1
加工成本	5×1	3×1	2×1	3×1	3×1
可回收性	5×1	3×1	4×1	4×1	2×1
总计	89	98	102	97	88

6）结论：从统计结果可以看出，仪表板材料的优先选择顺序为PC+ABS>PP+长玻纤>PA+ABS>PP+EPDM-T20>SMA。

2. 中控面板选材案例

1）选材考虑因素，详见表4-27。

表4-27　选材主要考虑因素

序号	考虑因素
1	制品的受力情况、电能状况、透明性、透过性、精度及外观
2	制品使用环境温度、环境湿度、接触介质及环境的光、氧、辐射等
3	加工难易程度、加工成本、加工精度、加工形状
4	材料成本
5	轻量化
6	单一化
7	环保、易回收
8	低气味、低散发
9	表面处理工艺
10	新材料、新工艺的应用

2）根据以上因素确定中控面板选材要求，见表4-28。

表 4-28 中控面板选材要求

序号	考虑因素	要求值
1	中控面板要求耐热性能	太阳直射要求 110℃,其他位置要求 100℃
2	尺寸精度	低收缩率和线性膨胀系数,不产生蠕变
3	刚性要求	弹性模量大于 2200MPa
4	韧性(特别是安装)	缺口冲击大于 $20kJ/m^2$
5	外观	要喷涂处理,所以外观要好,尽量不要选用玻纤增强材料
6	表面处理	尽量不喷漆,如果喷漆则要求与油漆附着力好
7	加工温度和加工周期	最高温度控制在 300℃以下
8	材料成本	/
9	气味、散发性能	满足国家和企业法规要求
10	环保要求,尽量选用易回收材料	玻纤增强回收差一点

3）确定重要系数。耐温性、尺寸稳定性、表面处理、气味和低散发性重要系数为 3，冲击强度、弹性模量、热老化、加工成本、加工精度重要系数为 2，流动性、材料成本、可回收性重要系数为 1。

统计数量化综合评价见表 4-29。

表 4-29 统计数量化综合评价

评价项目	PC+ABS	ABS	PA+ABS
耐温性(高温下耐负荷能力)	5×3	2×3	4×3
尺寸稳定性	5×3	4×3	3×3
表面处理	2×3	3×3	5×3
气味和低散发	3×3	2×3	3×3
冲击强度	3×2	2×2	5×2
弹性模量	5×2	3×2	4×2
热老化	4×2	2×2	4×2
加工成本	1×2	2×2	5×2
加工精度	5×2	4×2	4×2
流动性	2×1	4×1	5×1
材料成本	2×1	5×1	4×1
可回收性	3×1	4×1	3×1
总计	88	72	101

4）结论：从表 4-29 可以看出，中控面板的优先选择顺序为 PA+ABS>PC+ABS>ABS。

3. 用价值法确定选材的合理性

1）确定零部件个数。仪表板骨架、副仪表板、杂物箱、储物盒、除霜除雾管道、烟灰缸、出风口。

2）确定功能系数。零件两两比较、功能好的为 1，差的为 0，见表 4-30。

表 4-30 价值法零件比较

零件名	仪表板骨架	副仪表板	杂物箱	储物盒	除霜除雾管道	烟灰缸	出风口	功能评分	功能评价系数
仪表板骨架	×	1	1	1	1	1	1	6	0.3
副仪表板	0	×	1	1	1	0	0	3	0.15

（续）

零件名	仪表板骨架	副仪表板	杂物箱	储物盒	除霜除雾管道	烟灰缸	出风口	功能评分	功能评价系数
杂物箱	0	0	×	1	1	0	0	2	0.1
储物盒	0	0	0	×	1	0	0	1	0.05
除霜除雾管道	0	0	0	0	×	0	0	0	0
烟灰缸	0	1	1	1	1	×	0	4	0.2
出风口	0	0	1	1	1	1	×	4	0.2
合计								20	1

3）仪表板骨架、烟灰缸、出风口要选择好的材料，而储物盒和杂物箱在满足要求的条件下尽量选用廉价材料。

根据价值法评价选材（举例），见表4-31。

表4-31 选材评价示例

零件名称	功能评价系数	目前成本	成本系数	价值系数
	(1)	(2)	(3)	(4)
仪表板骨架	0.3	180	0.444	0.68
副仪表板	0.15	85	0.21	0.71
杂物箱	0.1	40	0.099	1.01
储物盒	0.05	15	0.037	1.35
除霜除雾管道	0	20	0.049	0
烟灰缸	0.2	25	0.062	3.23
出风口	0.2	40	0.099	2.02
合计	1	405	1	

4）如果出现上述结论，说明：

① 杂物箱的功能和成本是比较合理的。

② 储物盒、烟灰缸、出风口价值系数大于1，说明功能过高，如果确实由于新材料、新技术导致功能过高，则无须改进；如果功能太高，成本也适当增加，可以进行改进。

③ 仪表板骨架、副仪表板价值系数小于1，说明成本过高，需要改进。

4. NVH零部件的选材案例

以顶盖内衬总成材料定义为例，主要涉及的材料及零部件信息见表4-32。

表4-32 顶篷材料

序号	零部件名称	序号	零部件名称
1	顶盖内衬面料	7	顶篷线束总成
2	顶盖内衬本体	8	后窗洗涤器软管总成
3	前顶灯支架	9	蘑菇扣
4	顶盖内衬吸音棉		
5	顶盖内衬加强支架		
6	支撑泡沫		

其中1~6为需要进行定义的零部件清单，7~9为集成到顶篷上的零部件清单，需要考虑与顶盖内衬本体的装配方式及性能要求。

顶篷选材方法详见表4-33。

表 4-33 顶篷选材

序号	影响因素	选材方法
1	车型定位	根据项目组对车型的定位选择合适的面料类型，如针织面料（单色/双色）、无纺面料（素色/印花）
2	吸音/隔音性能	根据NVH部门给出的声学目标值从积累的测试数据库中进行对比优化选择 根据初步定义的材料信息制作平板件，验证声学性能是否满足设定要求
3	刚强度	根据积累的不同结构总成刚强度测试数据，结合具体零部件的结构形式及材料弯曲性能确定材料
4	产品造型（成型）	根据零件成型深度、角度等差异，选用不同拉伸性能的材料
5	耐热性	顶盖内衬最高温度要求为90℃，要求所有涉及的材料在该温度下满足性能要求，如加强件（ABS、PP类）热变形温度，加强件、支架、线束、吸音棉等附件粘接性能满足规定要求 在顶盖内衬本体生产工艺过程有加热工序，需满足常规加热温度（干法工艺230℃，湿法工艺145℃）要求 出口极热区域最高耐温要求，根据输入提高要求
6	环境性	主要关注耐光照性能，顶盖内衬区域属于低光照强度区域，根据对应的辐照量要求选择对应耐光等级材料
7	经济性	顶盖内衬与成本相关的工艺包括本体干法和湿法工艺、人工和机械包边等，需综合供应商能力、质量情况、总体技术路线规划等因素，选择合适的材料及工艺
8	环保性和法规	风险较高的是气味和挥发物质，由于顶盖内衬总成包含的零部件较多，且使用的胶水类型较多，该项性能属于难度较高的要求。为降低风险，需要对各原材料进行优化选择，同时尽量减少胶水类材料的应用

4.4 内外饰常用塑料失效机理及案例分析

汽车用塑料主要以高分子材料为主，而高分子材料在加工、储存和使用过程中，由于受内外因素的综合作用，其性能逐渐变坏，最后丧失使用价值，这种现象就是人们常说的老化。发生老化的原因主要是由于结构或组分内部具有易引起老化的弱点，如具有不饱和双键、支链、羰基、末端上的羟基等。外界或环境因素主要包括阳光、氧气、臭氧、热、水、机械应力、高能辐射、电、盐雾、霉菌、细菌、昆虫等。材料在这些因素作用下，高分子链发生断裂逐步降级为低分子链，从而失去某些性能。材料老化是一种不可逆的变化，它是高分子材料的通病。因此人们常常通过对高分子老化过程的研究，采取适当的防老化措施，提高材料的耐老化性能，延缓老化速率，以达到延长使用寿命的目的。

我们常说的材料失效是指材料失去原设计所规定的功能。失效不仅是指完全丧失原定功能，而且还包含功能降低。材料失效经常带给塑料零部件各种质量问题，如色差（变色）、发黏、开裂、变形、发脆、磨损等。

4.4.1 塑料失效机理

通常情况下，车用塑料件按照所应用的不同位置，基本可以分为内饰件、外饰件及发动机舱部件。因此对材料应具备的功能的要求会有较大差异，主要表现在如力学性能、耐热性、热老化、光老化等方面。当材料在这几个方面的耐受力不足时，就会引起零部件的失效。因此在设计零部件的材料性能时，必须做好失效分析。现就这几个方面分别加以阐述。

1. 力学性能

力学性能是保证材料所应用的零部件能够保持其基本的形状和使用要求的基本性能，这里主要体现在刚性和韧性，即通常所说的抗弯曲变形和抗冲击性的能力，二者是互为矛盾和制约的两个材料基本特性。追求改性塑料的刚性和韧性平衡，使材料获得卓越的综合性能，一直是高分子材料研究和开发领域讨论的永恒主题。

1）作为汽车用塑料件，对于韧性要求最高的保险杠材料，具有典型的代表性，通过分析其应用特点可以获悉材料刚性和韧性的基本特征。

现如今作为主流被采用的汽车保险杠材料，聚丙烯改性材料由于其优异的综合性能已被广泛认可。但由于聚丙烯材料的种类非常繁多，不同种类的聚丙烯性能差异较大，同时其改性的空间也非常大，有时会给选用者造成些许困惑，不知该如何选材，如选择不好则达不到最终的使用目的，即零部件性能失效，这里主要表现在材料的抗冲击性能方面。

保险杠材料抗冲击性能的失效，通常情况下，意味着零件在实际使用过程中受到外界的撞击力导致基体材料发生破裂或击穿等不可恢复的严重形变。如车体以一定的行驶速度撞击护栏，又如汽车在行驶过程中遇有飞石击打表面，甚至如与其他车辆或行人相撞，都属于有可能发生保险杠失效的过程。因此，保险杠材料的性能设计主要应考虑这一尽可能在撞击过程中吸收较多的能量的要求，达到既能保护车辆又充分保护行人，减轻所受伤害的目的。考虑到汽车行驶的地理区域，材料的设计也必须考虑当地气温的高低，如在纬度较高的地区必须将低温的抗冲击特性考虑在内，这又给材料设计增加了一定的难度。

保险杠制件的尺寸通常比较大，且近年来的设计更趋于轻量化薄壁的设计，在保证较高韧性的同时，必须满足其装配和使用对材料刚性的要求。汽车在行驶时，路况的好坏会给所有塑料件的装配带来严格的要求，尤其是保险杠。在刚性不足的情况下，长期的道路颠簸，整个车身及装配结构的振动会加剧高分子材料的蠕变行为，从而导致装配结构松动，严重的会使保险杠脱落。

2）对于车用部件耐热性能最典型的部位应属发动机舱内的部件。由于发动机的工作，其长期工作在高温环境中，通常温度可达 80~150℃，这对材料在高温情况下仍旧保持良好的力学性能提出了严格的要求。当环境温度较高，超出塑料部件所能承受的范围时，零部件会发生软化、变形，甚至发生熔融，引发危险。典型的部件如塑料进气歧管、发动机罩盖、齿轮罩盖、空滤壳体、电器壳体、冷却风扇等，如实际温度接近或高于材料的熔点或熔程则必然会导致零部件的软化和熔融。一般在设计零部件选材时，都应保证材料的长期使用最高温度，至少要低于材料的熔点或熔程起始温度 30℃以上，方可保证正常使用。

2. 耐热老化性能

1）零部件的耐热老化性能主要依赖于零部件的使用环境和材料耐热老化性能的好坏。当零部件长期应用在高温环境当中，则加剧了材料内部发生氧化降解反应的速度，这一过程随温度升高，材料老化失效得越快，如图 4-52 所示。

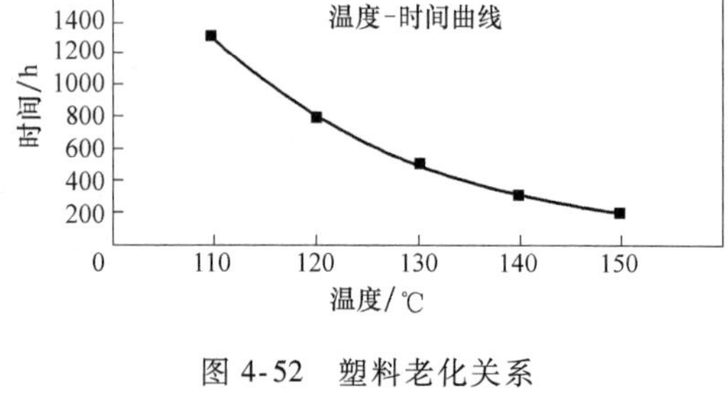

图 4-52　塑料老化关系

2）材料发生热老化时，会发生分子链的断裂、交联、化学结构的变化及侧链的变化等，不同的材料发生老化时的形式不同。材料发生热氧老化的机理一般认为是引发了分子链上的薄弱环节，如 C—H 键发生断裂，产生自由基，从而发生氧化，导致分子链的变化，这一过程不断循环，如图 4-53 所示。宏观表现为褪色、泛黄、粉化及表面开裂等，另一方面其力学性能，如冲击强度、拉伸强度等性能均下降。

如图 4-53 所示，如果与金属接触，也会催化加速接触部位的氧化过程。防止热老化主要以抑制自由基的产生和限制链反应加剧为主。

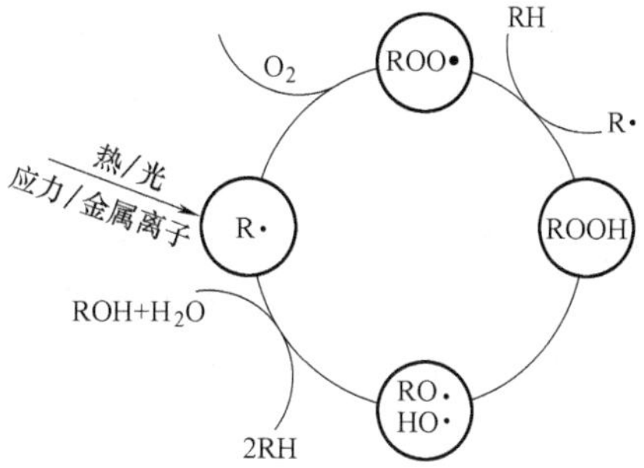

图 4-53　塑料热氧老化机理

3. 耐光老化性能

汽车的使用环境比较复杂而苛刻，有烈日炎炎，有风沙雨雪，因此对材料的耐环境性能是个极端的考验，这在设计阶段必须要充分予以考虑。

在诸多环境因素中，最具影响力的莫过于阳光的暴晒，而阳光中能量最高的紫外线部分，最容易使高分子材料引发光照老化。老化以后的制件表面会出现粉化、龟裂、发黄等外观缺陷，材料的力学性能的保持率也将随着老化的程度加深而衰减，最终将失去其原有的功能。

耐光老化的机理与热老化类似，同样是伴随着光氧化反应，使材料表面发生如变色、斑点、失去光泽等直观的老化现象，同时伴随着冲击强度、拉伸强度、等力学性能的下降。与热老化所不同的，在于引发源的不同，即一个是电磁辐射，一个是热能，因此在设计材料的抗氧老化性能时需采取不同的方式。对于光老化则需根据情况，选择诸如光屏蔽剂、紫外线吸收剂、猝灭剂、自由基捕获剂等。

4.4.2　塑料失效分析方法

车用零部件的失效分析一般都采用材料测试和零部件测试相结合的方法。

材料测试基本上都采用标准化的测试样条和测试设备，而零部件测试一般为非标准化测试，采用的测试设备也多种多样，因主机厂对零部件实验的定义不同而有所区别。目前，常用的测试标准有 ISO、ASTM、DIN 等。测试的主要项目针对材料的拉伸强度、冲击强度、弯曲模量、热变形温度、维卡（Vicat）温度、硬度等；针对材料和零部件均可采用的诸如熔点、加速热老化、加速光照老化、落球冲击、落锤冲击等。

1. 分析方法

（1）力学性能分析方法　对于材料的力学性能，可以采用标准的样条进行拉伸和弯曲性能的测定，可获得所需材料的应力-应变曲线，结合材料的模量、泊松比、密度等参数，可以借助 CAE 分析技术模拟零部件的实际使用状态。图 4-54 为不同应变速率条件下的应力-应变曲线，用于材料在不同受力状态下的零部件失效分析，所得数据对于如汽车保险杠在撞击瞬间，或者汽车仪表板安全气囊爆破等失效过程有重要的设计指导意义。

（2）热性能分析方法　在塑料应用领域，通常情况下，根据材料的热变形温度（HDT）或维卡软化温度来定义材料的最高使用温度，有时也参考材料的熔融温度。前两种测试可以参考如 ISO 075 或 ISO 306 了解详细的测试方法。后者常用的测试方法为差热扫描分析（DSC）。图4-55为一典型的含有聚乙烯和聚丙烯DSC分析图，从图中显然可以看出，聚丙烯材料的使用温度不能超过150℃，聚乙烯的使用温度不能超过120℃。

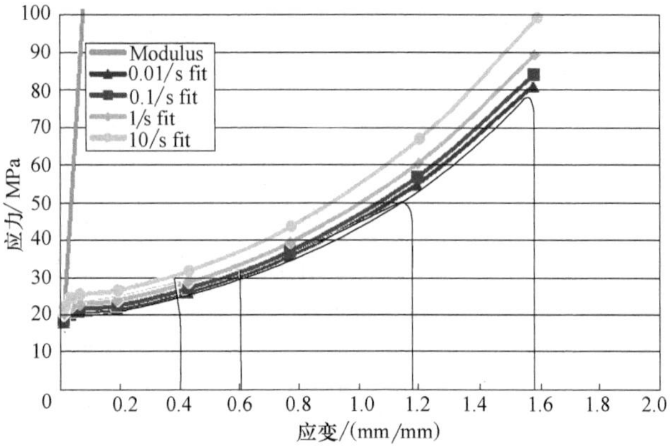

图 4-54　材料应力-应变曲线

（3）热老化分析方法　热老化试验实际上是通过提高环境温度在试验室加速材料或零件的老化进程，模拟材料在正常使用温度下的热老化行为，可以用外观黄变、粉化、力学性能衰减程度、材料流动性变化等来表征。由于对外观评价的直观性和方便性，采用热老化箱测试以后直接评价外观的方法也比较普遍。通常采用的热老化温度为150℃，测试时间对于汽车内饰件，一般为400h，对于发动机舱零部件一般为700h，如需长期高温工作的零部件则要求更高，为1000h，甚至1500h。

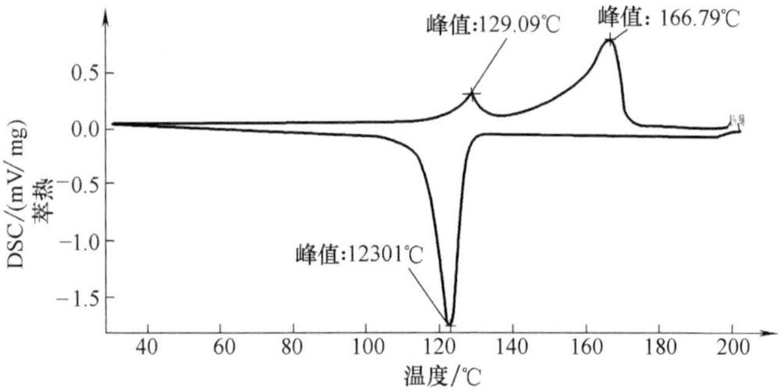

图 4-55　材料 DSC 分析

图4-56为改性聚丙烯材料在不同的抗热样老化配方体系黄变时间的差别。

（4）光老化分析方法　对于加速光照老化，实际上是在试验室通过严格试验条件，缩短试验周期，来模拟材料或零部件在长期的日光照射之后的状态。行业内公认和常用的测试方法为美国汽车工业协会所采用的 SAE J1960 和 SAE J1885，分别对应汽车外饰件和内饰件最终获得不同辐照总能量的要求。评价耐光照一般用试验前后颜色变化等级来衡量，如图4-57所示。

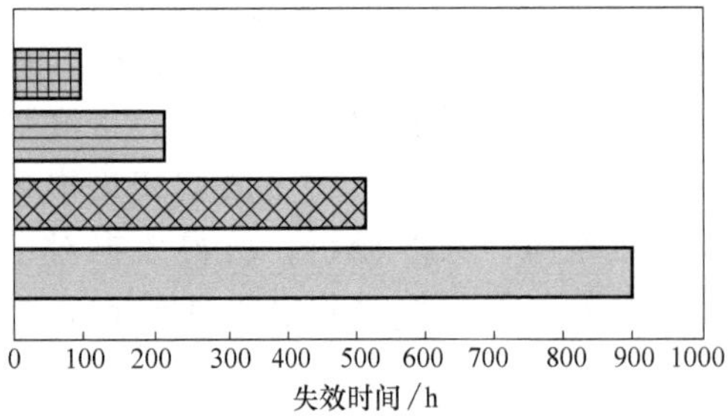

图 4-56　塑料老化时间

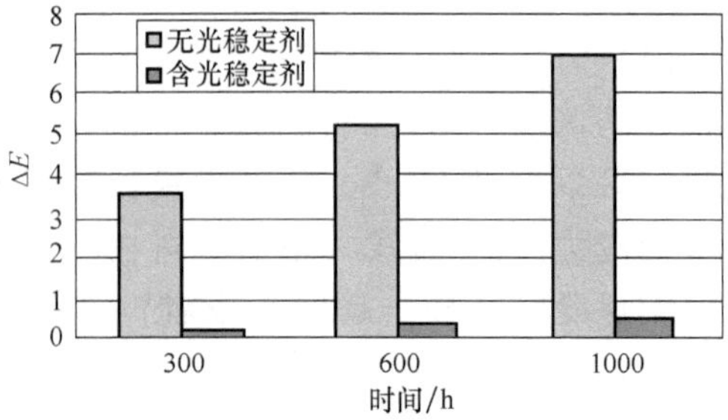

图 4-57　聚丙烯光照-色差变化

2. 小结

汽车用塑料部件种类繁多，应用需求差别非常之大。这就要求我们在整车内外饰零部件的选材和设计阶段，必须利用科学合理的评价手段和分析方法，充分做好材料和零部件的失效分析和前期验证工作，并且遵循持续改进的原则，不断地进行归纳和总结，这样才能更为主动地减少设计缺陷和提高整车零部件的设计和实现水平。

4.4.3 失效案例

1. 失效案例一

（1）现象描述 电镀亮条开裂。

（2）原因分析

1）从材料角度考虑：

① 材料性能达不到指标要求主要是韧性、耐热老化方面不能满足。

② 材料的电镀性能较差（材料中丁二烯成分比较少，且分散不均匀）。

③ 厂家在加工过程中可能添加回料（回料分子量低，流动性能好，强度和韧性比较差，在制品中容易产生应力且无法预判其出现位置）。

2）从工艺角度考虑：

① 注射压力过大，注射速度过快（大的注射压力使制品内应力大，快的注射速度使分子取向比较单一）。

② 注射料温偏低。

③ 塑料在料筒内停留时间太长，发生降解。

④ 使用拔模剂（拔模剂难以除尽，会导致电镀过程中粗化不均匀，影响附着力）。

⑤ 注射前原料未进行充分干燥。

⑥ 电镀前未对制品采取去应力措施。

⑦ 电镀主要工艺为除油、粗化、敏化、活化、还原、化学镀铜、化学镀镍，发生问题的过程在除油、粗化，这两个过程没控制好，将严重影响镀层的质量。

（3）解决措施

1）不能使用回料。

2）注射前材料应进行充分干燥（80~90℃，干燥时间≥2h）。

3）料筒温度210~260℃，其中喷嘴温度210℃左右。

4）注射压力60~100MPa，注射速度中等。

5）不能使用拔模剂。

6）在电镀之前对制品进行消除应力处理（70~75℃条件下烘烤3h）。

7）严格执行电镀操作工艺流程。

2. 失效案例二

（1）现象描述 烟灰缸经过光照后发生变色。

（2）失效分析 材料抗UV能力差，受光照后，分子链在外界能量作用下发生断裂，产生大量的自由基。由于这些自由基极性较强，也会迁移到表面，同时这些自由基容易被空气中的氧原子捕捉，被氧化成醛酮类，从而使制品表面变色。

（3）解决方案 更改材料配方，添加抗UV剂，重新验证，问题解决。

3. 失效案例三

（1）现象描述　仪表板表皮表面有油状物质析出。

（2）失效分析　表皮材料为 PVC/ABS，PVC 中含有大量的增塑剂和脂肪酸酯类润滑剂。因仪表板表皮受到阳光直接照射且此处受热温度较高（最高在 108℃左右），材料在热或光能量作用下，分子链发生断裂降解为小分子。由于这些小分子极性较大，会向表面迁移，从而在塑料件表面析出，形成粉末，且材料配方中的油类物质（如润滑剂）也随小分子一起析出，就会在表面产生发黏现象；同时考虑到此处的环境因素，材料配方中可能缺乏足够的抗 UV 剂和热稳定剂。

（3）解决方案　增加抗 UV 剂和热稳定剂含量，同时更换润滑剂种类。

4. 失效案例四

（1）现象描述　扰流板螺栓处紧固后开裂，造成扰流板脱落（图 4-58）。

（2）失效分析　螺栓固定处存在应力集中现象，主要原因有：

1）扰流板材料定义为 PC+ABS 合金，工艺是吹塑成型，螺栓预埋。而厂家却从二手市场上购买 PC 和 ABS 以及相溶剂自己混合，起不到 PC+ABS 合金的效果。

2）厂家在 PC 和 ABS 混合过程中添加了 10%左右的回料。

3）预埋螺栓在预埋前没有预热，造成此处材料应力集中。

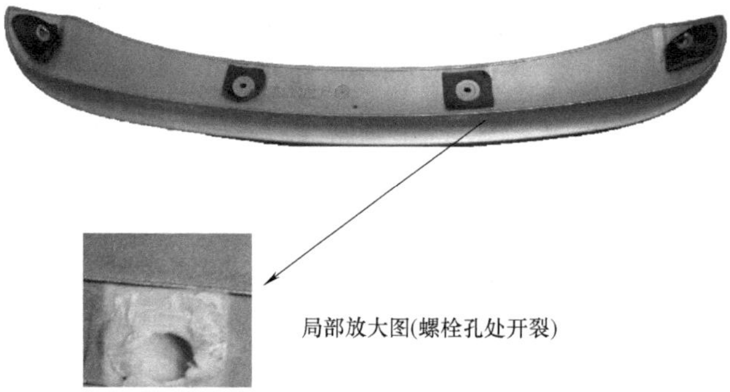

图 4-58　扰流板螺栓孔处开裂

（3）解决方案

1）将原材料更换为 PC+ABS 合金。

2）螺栓在预埋之前需预热。

5. 失效案例五

（1）现象描述　杯托盖板材料为一般耐热级 ABS，在 100℃条件下 24h 发生严重变形（图 4-59）。

（2）失效分析　在高温下发生重大变形，原因主要有以下几点：

图 4-59　杯托盖板高温变形前后对比

1）材料本身的耐温性能不够。

2）试验过程中将零件直接放置在烘箱中，底部受到自重作用，加速了零件变形速度。

3）由于受热温度高于材料耐热温度，分子链加速运动，促使零件发生大的变形。

（3）失效问题解决

1）提高材料的耐热性能，采用 PC+ABS 材料代替 ABS 材料。

2）试验时将其安装固定在支架上，不要自然放置。

4.5　内外饰部件成型工艺

成型工艺是一个至关重要的因素。材料本身的制造过程以及从材料到所能利用的产品的过程，都必须通过一定的工艺才能实现。材料只有通过各种加工最终形成产品，才能体现其功能和价值。成型工艺技术的突破往往成为新材料和新产品能否问世的关键。

成型工艺包含两个方面的内容，一是成型方法，二是加工工艺。材料工艺往往与设备、模具联系在一起，其先进程度在一定程度上反映了一个国家的制造工业水平。因此对工艺的研究相当重要，本节将重点阐述成型方法和加工工艺。

内外饰部件的加工生产主要由成型、机械加工、装配等过程组成。其中成型是最重要的基本工艺。塑料的成型加工工艺中最主要的是注射、挤出、吹塑、压塑、发泡、喷涂等。其中注射工艺是目前应用最普遍的塑料成型方法，其特点是成型速度快、成型周期短、尺寸精度高、对各种塑料的适应性强、生产效率高、产品质量稳定、易于实现自动化生产。在下列章节中将针对以上成型工艺逐一介绍。

4.5.1　注射

注射成型又包括低压注射成型、气体辅助成型、熔芯注射成型、双色注射等。注射成型是指利用注射机将熔化的塑料快速注入闭合的模具内、使之冷却固化、开模得到定型的塑料制品的方法。注射过程包括原料干燥、加料、塑化、注射、冷却和保压、拔模等工序，注射成型机结构如图 4-60 所示。注射制品成型后有时还需要进行适当的后处理以改善性能，提高尺寸的稳定性，包括退火和调湿处理。退火可以消除应力，提高塑料制品的韧性；调湿主要是针对吸湿性比较强的塑料，也可以消除应力，让制品预先吸收一定的水分，使其尺寸稳定。

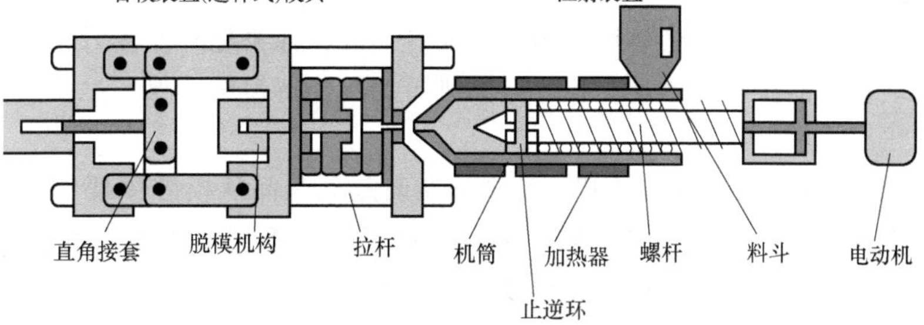

图 4-60　注射成型机

1. 注射成型的特点和加工过程

注射成型又称注射成型，步骤是将粒料或粉状的塑料原料加进注射机料桶，塑料在热和机械剪切力的作用下塑化成具有良好流动性的熔体，在螺杆的推动下熔体快速进入温度较低的模具内冷却固化，形成与模腔形状一致的塑料制品。

（1）注射成型的特点

1）能一次成型出形状复杂、尺寸精度高、带有金属嵌件的制品。

2）使用的原料广泛，种类多，适应性强。

3）成型周期短，生产效率高，易于实现全自动化生产。

4）与其他机器配合成系统，功能扩展，如注-吹生产包装瓶。

5）注射新工艺能生产特殊产品，如多色、多组分、气辅、反应、夹芯注射等。

（2）注射加工过程（图 4-61）

1）塑化。塑化是指塑料在料筒内经加热达到流动状态，并具有良好可塑性的全过程。从时间上看，塑化是在上一注射周期中保压完成后，螺杆或柱塞后退期间进行的。生产工艺对塑化过程的总要求是：在两次注射的时间间隔内，提供足够数量的熔融塑料；熔融塑料的温度应均匀一致，且等于所要求的成型温度；塑料在塑化过程中应不发生或极少发生热降解。能否达到上述要求与塑料的性质、塑化工艺条件的控制及注射机结构密切相关。

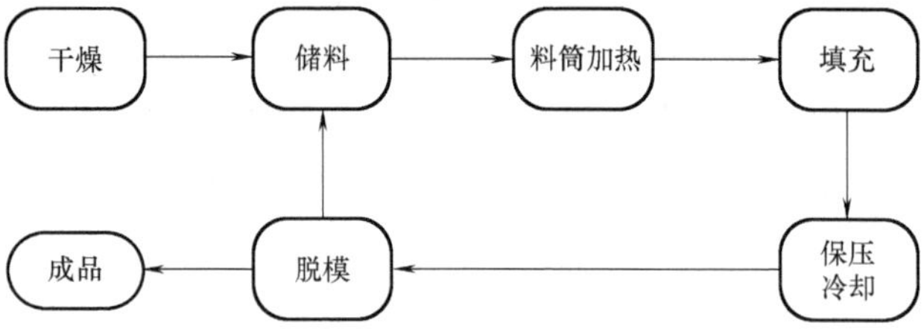

图 4-61　注射加工过程

2）填充。注射充模是指在螺杆或柱塞的挤压作用下，将已塑化均匀的塑料熔体经喷嘴、流道及浇口注入闭合模腔中的过程。按照模腔压力的变化持点，注射充模过程可分为引料入模及流动充模两个阶段。

① 引料入模阶段：它是充模的准备阶段。在这一阶段内，塑料熔体从料筒经注射机喷嘴、注射模主流道、分流道到达浇口，而尚未进入模腔。

② 流动充模阶段：此阶段是从熔体由浇口进入模腔开始，至整个模腔被充满为止的全过程。该阶段内的熔体流动形式、流速、温度及压力变化将直接关系到注射件的质量，并在一定程度上影响成型周期。

3）保压。当模腔被完全充满后，注射机的螺杆或柱塞往往并不立即后退，而是停留在原位置或略微向前移动，使注射压力仍保持一段时间，这就是保压。如果注射完毕后，螺杆停留在原位置上不动，模腔内熔体所受压力会略有下降；如果螺杆在注射完毕后，随着模腔内熔体的收缩继续向前做轻微运动，模腔压力则可始终保持恒定。保压过程中需控制的两个主要参数是保压压力和保压时间。

4）冷却。这一阶段是从浇口的塑料完全冻结时起到制品从模腔中顶出为止。模内塑料在这一阶段内主要是继续进行冷却，以便制品在拔模时具有足够的刚度而不致发生扭曲变形。在这一阶段内，虽无塑料从浇口流出或流进，但在模内还可能有少量的流动。因此，依然能产生少量的分子定向。由于模内塑料的温度、压力和体积在这一阶段中均有变化，到制品拔模时，模内压力不一定等于外界压力，模内压力与外界压力的差值称为残余压力。残余压力的大小与压实阶段的时间长短有密切关系。残余压力为正值时，拔模比较困难，制品容易被刮伤或破裂；残余压力为负值时，制品表面容易有缩痕或内部有真空泡。所以只有在残余压力接近零时，拔模才能顺利，并能获得满意的制品。

5）拔模。塑料制件在模内冷却至具有足够刚度时即可拔模。由上面的分析可以看出，拔模温度不宜过高，一般控制在塑料的热变形温度与模具温度之间。拔模时，模腔残余压力应接近零，这是由保压时间决定的。

2. 低压注射成型

传统的注射成型过程可分为控制熔体入口速度的充填过程和控制熔体入口压力对塑料冷却收缩进行补料的保压过程。充填过程中熔体的入口速度是一定的，随着充填过程的进行，熔体在模腔内的流动阻力逐渐增加，因而熔体入口压力也容易随着增高，在充填结束时入口压力出现较高峰值。由于高压在型腔内的作用，不仅会造成熔料溢边、涨模等不良现象，而且会使塑料件内部产生较大内应力，塑料件拔模后易出现翘曲和变形，使塑料件形状精度和尺寸精度难以满足较高要求，在使用过程中也易出现开裂现象。

为了降低或避免塑料在充填过程中因较高的型腔压力产生的内应力，将塑料件的变形限制在较低的范围内，应以塑料件充填所需的最低压力进行充填，这样就可降低型腔内压力。受控低压注射成型与传统注射成型的主要差别在于：传统注射成型充填阶段控制的是注射速率，而低压注射成型充填阶段控制的是注射压力。在低压注射过程中，型腔入口压力恒定，但注射速率是变化的，开始以很高的速度进行注射，随着注射时间的延长，注射速率逐渐降低，这样就可以大幅度消除塑料件内应力，保证塑料件的精度。高速注射时，熔体高速流动所产生的剪切黏性热可提高熔体温度，降低熔体黏度，使熔体在低压下充满型腔成为可能。由于低压注射是以恒定压力为基准进行熔体充填的，低压注射机有其独特的油压系统。

为了实现低压高速成型，需对传统注射机的注射系统进行必要的改进，目前国外已开发出多腔液压注射系统，其主要功能有：

1）在同一油压下可多级变换最高注射压力。

2）可在低注射压力下实施高速注射。

常规的成型条件下，注射初始时熔体因过度受压而产生巨大的不稳定效应。由此引起黏度急剧增高，同时熔体由于受到压缩而储存了弹性能量。而低压注射成型工艺与此相反，熔体流过喷嘴和流道，由于熔体黏度伴随压力增加而增大，而低压注射成型熔体的黏度较低，从而可更好地控制熔体的黏流特性。另外，料筒内熔体的压力增大速度越快，将更呈现出类似固态的空体响应。黏弹性塑料熔体从纯液态到纯固态过程中，都具有宽频的响应特性。熔体的响应或松弛时间等具体特性是由聚合物主链上的化学成分所决定的。避免流动条件的突然改变或瞬间大幅度变动，更有利于形成所需的类似液态特性。事实上，低压注射成型只是控制或调节塑料黏弹特性的一种加工方法。树脂生产厂商一般把高流动性树脂的分子量降低，以求降低其黏弹性，从而适合于生产薄壁制品的需要。随着对加工环境认识的深入，采用低压注射成型将使塑料熔体更能适应生产环境的要求。

目前有几项工业化产品采用低压注射成型方法。大多数设计项目已着重于将低压注射与再注射塑料成型结合在一起使用。如汽车门内饰板的成型，就是将纺织物或非纺织物放置入模具内，再直接向模具注射熔料。

低压注射成型的优点：

1）注射压力低，不出现压力峰值，可避免模具中的细小型芯的折断或损坏，有利于提高模具的使用寿命。

2）由于低压注射成型对模具的磨损较小，对模具的温度控制和排气等要求也不很高，可采用由锌-铝合金材料制造和简易注射模，从而降低模具成本。

3）一些门板和立柱上包覆面料使用低压注射成型可以简化工艺，注射、覆合、发泡一次完成。

3. 气体辅助注射成型

气体辅助注射成型（Gas-Assisited Injection Molding，GAIM），是在传统的注射工艺基础上发展起来的一种新的成型工艺。近年来，GAIM 已经成为塑料工业中最重要的树脂成型方法。因为它不但能生产壁厚不均匀、形状复杂的制品，而且制品性能优异、表面平整光滑。其原理是：当一定量的熔体注入型腔后，再将压缩空气注入熔体中心，然后在压缩空气的作用下充满型腔。GAIM 具有充模压力低、制品内应力低、表面光洁等优点（图 4-62）。

图 4-62　气辅成型内开手柄

（1）GAIM 基本过程主要包括以下几个阶段：

1）熔体注射：将塑料熔体注入模具型腔。该过程与传统注射成型相同，熔体一般充满型腔 60%~97%。

2）气体注射：把高压氮气注入熔体芯部，熔体流动前在高压气体驱动下继续向前流动，直到充满整个型腔。气体注射时熔体流动距离明显缩短，熔体注射压力可以大大降低，气体可通过注气元件从主流道或直接由型腔进入制件。因气体具有始终选择阻力最小的方向穿透的特性，所以需要在模具内专门设计气体的通道。

3）气体保压：制件在保持气体压力的情况下冷却，在冷却过程中，气体由内向外施压，保证制品外表面紧贴模壁，并通过气体二次穿透从内部补充因熔体冷却凝固带来的体积收缩。

4）气体泄压并回收循环使用。

5）模腔打开，取出制件。

（2）GAIM 成型有如下优点：

1）降低制品内应力：常规注射成型的模腔压力一般超过 30MPa，而气体辅助成型的模腔压力为 5MPa 左右，所以制品承受的压力小，内应力也就小了。

2）降低锁模力：锁模力大小随模腔压力大小而定，模腔压力小，锁模力也就小了。

3）节约原材料 25%~30%。

4）可注射大型厚壁制品，成型周期短，使厚薄不均、形状复杂、体积庞大的制件的成型成为可能，增加了产品设计自由度和产品生产的集成化程度。

5）制品表面平整、光滑、无收缩痕迹，减小翘曲变形，制件质量提高。由于气体均匀地由近到远、由里及外地对熔体施压，使型腔内压力分布均匀，保压冷却过程中产生的残余应力减小，翘曲变形程度减少。同时，气体在保压阶段的两次穿透弥补了熔体在冷却时产生的体积收缩，有效地抑制了缩痕的产生。另外，通过合理的气道布置掏空厚壁部分，使薄厚更趋于一致，也会有效地抑制缩痕的产生。

6）注射压力降低：由于气体是非黏性介质，它可以将压力均匀地传递到气体连续存在的任何地方而不产生大的压力损失，当气体推动熔体前进时，有效流长减小，入口压力降低，造成所需的注射压力降低，锁模力也减小。此外由于注射压力降低，模具损耗随之减少，模具寿命延长。这也使铝材模具的使用成为现实。

7）制件的强度和刚度得到加强。

8）生产效率得以提高。

9）提高产品一体化程度，简化了结构，并赋予制件功能性。

气体辅助成型需要一个控制系统控制氮气使其从气体源传送到模具。这个系统通常是一个相对独立的单元，它位于十分接近注射机的地方。该系统控制装置与注射机相连接，而又独立运行。该独立系统可以独立运用，且可以即插即用于任何种类的注射机中，控制系统的关键元件从注射机上获得信号，并且能提供必要的能源、水和压缩气体。该系统一般由 4 部分组成。

1）氮气产生装置。一般的气体辅助成型使用的气体是纯度 98%左右的氮气，氮气可以来源于氮气钢瓶或储罐。但钢瓶的充气、运输等费用较高，当需要大量的氮气时，一般的气体辅助成型都会增加一套独立的氮气产生装置，它可以不受外部供应的制约，而且可以低成本生产氮气。

2）压力发生器。压力发生器是气体供应的中心装置，它由压缩机连续产生高压气体，通过高压软管与注射机相连。

3）气体压力控制系统。这个压力控制系统既可受注射机控制系统的控制，也可通过外部独立系统控制。因此压力控制可作为注射机的固定控制部分或作为移动控制部分在多个机器使用。

4）气体注入装置。气体可通过注射机喷嘴注入，也可以从模具的其他单个或多个地方注入。注射机的喷嘴一般带有止回阀，防止气体进入料筒或熔胶回流到料筒。从模具上的气道注入需安装气体注射组件。

气辅成型流程如图 4-63 所示。

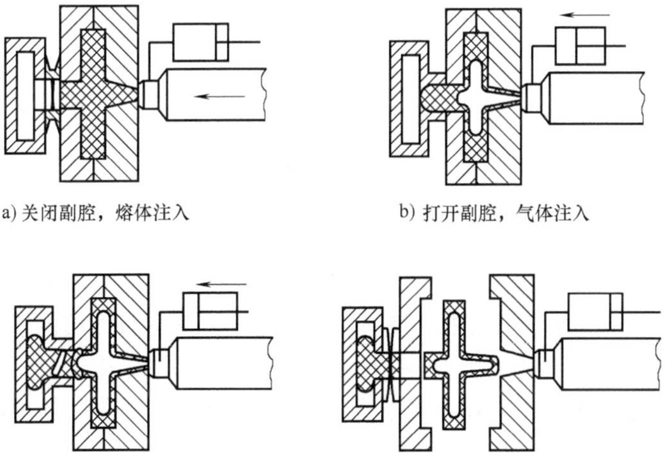

a) 关闭副腔，熔体注入　b) 打开副腔，气体注入

c) 关闭副腔，保压冷却　d) 制品顶出

图 4-63　气辅成型流程

4. 熔芯注射成型

当注射成型结构上难以拔模的塑料件，如汽车进气歧管等有复杂形状的空心塑料件时，一般是把它们分成两半成型，然后再拼合起来，致使塑料件的密封性较差。随着这类塑料制品的广泛应用，人们将类似蜡铸造的熔芯成型工艺引入注射成型，形成了所谓的熔芯注射成型方法。其基本原理是：先用低熔点合金铸造成可熔型芯，然后把熔芯作为嵌件放入模具中进行注射成型，冷却后把包含有型芯的制件从型腔中取出，再加热将型芯熔化；为缩短型芯熔出时间，减少塑料件变形和收缩，可采用油和感应线圈同时加热的方式，感应加热使可熔型芯从内向外熔化，油加热熔化残存在塑料件内表面的合金表皮层。简而言之，它是利用低熔点金属作为注射模具的型芯来生产形状复杂中空注射件的技术。这种形状复杂中空注射件要求内部尺寸精确、表面光滑，是无法用通常的方法来实现的。熔芯注射技术的一般工艺过程如下：用低熔点金属浇铸型芯→注射→熔化型芯→清洁制品→制品。目前，可熔型芯注射成型技术仅在 PA66 方面积累了一定的经验，初步的试验研究表明 PA6、PBT、PET、PPO 等也适合于可熔型芯注射成型。

（1）熔芯注射成型的优点

1）特别适用于生产形状复杂、中空、不宜机械加工的复合材料制品。

2）中空塑件内部尺寸精确、内表面光洁。

3）与吹塑和气辅注射成型相比，虽然要增加铸造可熔型芯的设备和熔化型芯的设备，但可充分利用现有的注射机，且成型的自由度较大。

（2）熔芯注射成型工艺注意事项

1）塑件注射时型芯不能发生熔化。

2）做型芯的金属熔体以及用来熔化型芯的介质不会腐蚀塑料。

3）在熔化型芯的温度下，制件不会发生变形。

5. 反应注射成型

反应注射成型（Reaction Iniection Moulding，RIM）是将能够起反应的液体进行混合注射，并在模具中进行反应固化成型的一种方法。因此，反应注射一般都包括两组液体供给系统和液料泵、混合注射系统。目前主要用于聚氨酯的成型。它由聚醚多元醇（俗称 A 料）与异氰酸酯（俗称 B 料）反应而成，聚醚多元醇中含有胺类催化剂、锡类催化剂、发泡剂及其他助剂色浆等。

（1）RIM 成型的设备　它由组分储存罐、过滤器、计量泵、混合枪头、液压系统等组成。RIM 成型工艺要求设备有很高的灵活机动性和计量精度。RIM 系统主要有三大组成部分：

1）蓄料系统：主要有蓄料槽和相关管路系统。

2）液压系统：这是由液压泵、阀及辅助设备组成控制液体物料的管路系统与控制分配缸工作的油路系统所组成的，其目的是使 A、B 料能按比例进行准确的输运。

3）混合系统：使 A、B 物料实现高速、均匀的混合，并加速物料从喷枪注射到模具中去。混合头的工作质量将对 RIM 制品的质量起着重要影响。混合头必须能使物料在小混合室中得到均匀的混合和加速，再送到型腔中去。混合头还要具有自动清洗功能。

（2）RIM 成型工艺注意事项

1）A、B 料的比例必须严格控制，并且要定时验证，以保证制品的质量。

2）注射时间不能很长，注射时间一般从零点几秒到几秒。

3）储罐温度、模具温度等需严格控制。

4）材料在储运、生产过程中必须密封。反应注射成型如图 4-64 所示。

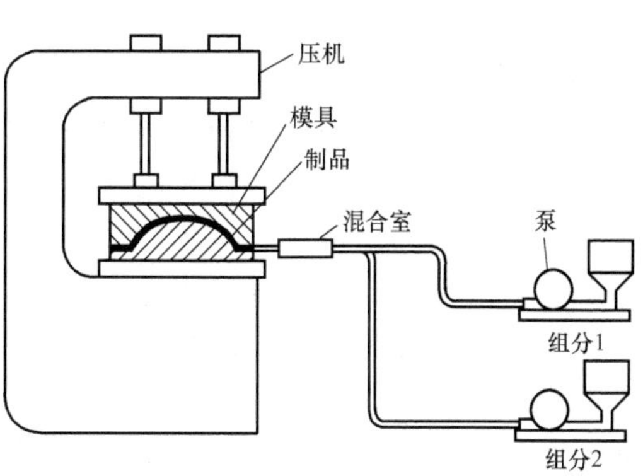

图 4-64 反应注射成型 RIM

6. 微孔发泡成型

微发泡成型技术（Microcellular, MuCell）是在较低而平均的压力下，依靠气泡的膨胀来填充产品。

（1）原理 该技术的核心就是制品在很低且平均的压力下成型。首先，N_2 或 CO_2 经过气体控制系统转化成超临界流体，再被打入注射机螺杆的搅拌区。热熔胶和超临界流体在搅拌区内充分溶解形成单相溶体并保持在高压力状态下。然后，开启开关式射嘴将单相溶体射入温度和压力较低的模具型腔内。由于温度和压力降低，气体在熔胶中的溶解度下降，并引发分子的不稳定性，从而在制品中形成大量分布均匀的微小气核。这些微小气核基本上在瞬间产生。在熔胶填充和冷却的过程中，微小气核不断膨胀，最终在制品中形成大量均匀的微细气孔。这些微孔呈密封状态，只有微米级大小。正因如此，该技术被称为"微发泡"，如图 4-65 所示。

发泡后的制品横切面放大图如图 4-66 所示，从中可以明显看到表层还是未发泡的实体层，这是由于模具温度较低，表面树脂冷却迅速，细胞核没有成长的时间，还是未发泡的实体。

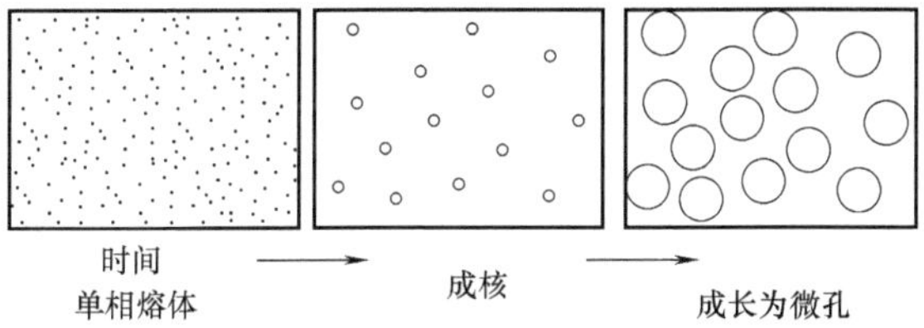

图 4-65 微泡成型过程

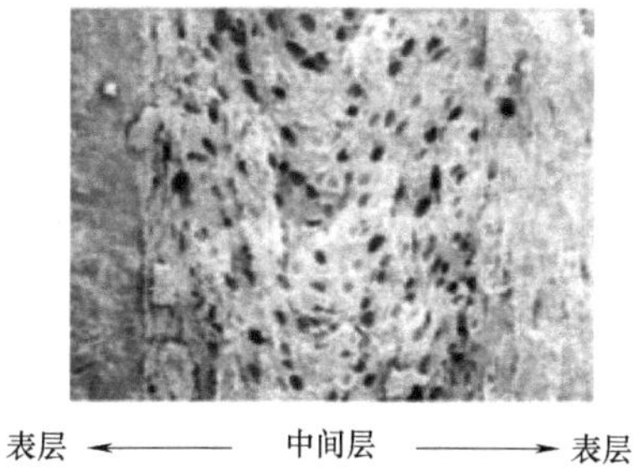

图 4-66 发泡体的结构

（2）优点 和传统的注射成型相比，MuCell 技术具有如下优点：

1）产品的内应力大大减小，不同位置的收缩也变得非常平均。

2）可以采用较低的压力注射，更平整、更笔直、尺寸更稳定。

3）提高了注射工艺水平，减少了注射和装配的不良率。

4）因尺寸更稳定，可减少模具尺寸反复修改，从而降低模具设计和制造成本。

5）降低锁模力 40%～80%，减少毛边，降低能耗，延长了模具寿命。

6）可以考虑使用更低吨位的注射机或使用多模腔。

7）注射周期缩短 20%～30%，增加生产效率，降低能耗，从而降低运营成本。

8）一般减少材料用量 8%～15%，更可以设计具有薄壁结构的制品来降低制品的材料成本。

（3）注意事项

1）需要专业的配套加工设备。螺杆具有特殊的螺纹设计，超临界流体被射入搅拌区后，需要专业螺纹来保证超临界流与热熔胶充分溶解从而形成单相溶体。单相溶体必须保持在一定的高压下才不会离析。注射机的螺筒有单向止逆阀和开关式射嘴设计，从而在螺筒前端的射出段形成一个密闭高压区间。

2）不适用于透明件。微孔泡沫塑料成型系统结构如图 4-67 所示。

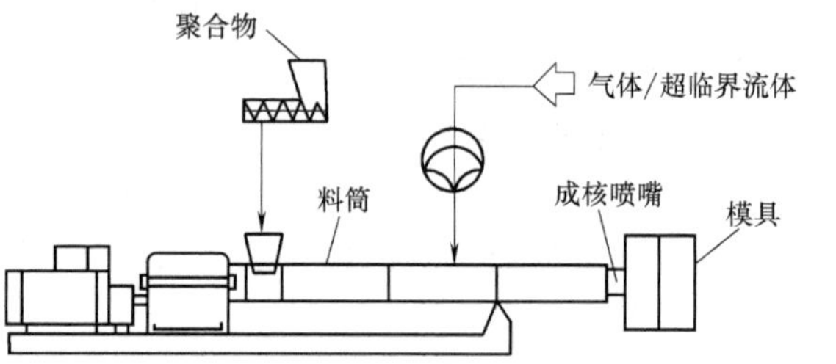

图 4-67　微孔泡沫塑料成型系统结构

4.5.2　吹塑

1. 吹塑原料

用于中空吹塑的塑料品种有聚乙烯、聚氯乙烯、聚丙烯、聚苯乙烯、线形聚酯、聚碳酸酯、聚酰胺、醋酸纤维素和聚缩醛树脂等。其中高密度聚乙烯的消耗量占首位。它广泛应用于食品、化工和处理液体的包装。高分子量聚乙烯适用于制造大型燃料罐和桶等。聚氯乙烯因为有较好的透明度和气密性，所以在化妆品和洗涤剂的包装方面得到普遍应用。随着无毒聚氯乙烯树脂和助剂的开发，以及拉伸吹塑技术的发展，聚氯乙烯容器在食品包装方面的用量迅速增加，并且已经开始用于啤酒和其他含有二氧化碳气体饮料的包装。线形聚酯材料是近几年进入中空吹塑领域的新型材料。由于其制品具有光泽的外观、优良的透明性、较高的力学强度和较好的容器内物品保存性，而且其废弃物焚烧处理时不污染环境，在包装瓶方面发展很快，尤其在耐压塑料食品容器方面的使用最为广泛。聚丙烯因其树脂的改性和加工技术的进步，使用量也逐年增加。

原材料聚合物在成型过程中，首先通过口模时受高剪切力作用，然后物料呈现挤出膨胀及垂缩现象，在形成下垂的型坯时，其膨胀率接近为零。接着型坯被吹胀紧贴在模具上，这时呈现低的膨胀率。过度的口模膨胀会产生废品，过度的垂缩会导致制件的顶端到底部壁厚不均匀，严重的甚至不能成型。因此，在选择适合吹塑的聚合物时，必须弄清其剪切及膨胀的黏弹特性。HDPE 由于热稳定性好，又有多种改性产品，成为吹塑成型中应用最广泛的塑料。

2. 工艺步骤

工艺步骤如图 4-68 所示。

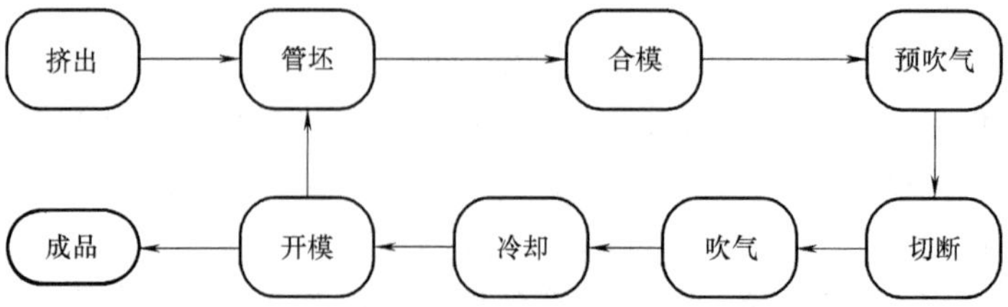

图 4-68　吹塑工艺步骤

3. 加工注意点

1）一般成型材料多使用半结晶塑料。

2）中空吹塑成型制品的使用温度应比聚合物的玻璃化温度或结晶温度低得多。

3）成型温度越高，制品中不可逆形变所占比例越大，成型物的形状稳定性越好。

4. 吹塑加工影响因素

1）原料的选择：熔体指数方面，低熔体指数利于防止管坯下垂，但不宜过低，否则易发生不稳定流动；分子量分布方面，分子量分布宽有利于制得高质量管坯；拉伸黏度方面，拉伸黏度随拉伸应力增加而增大的物料有利于吹塑加工。

2）温度的控制：温度上升，型坯下垂严重；温度下降，表面粗糙，塑化不良，冷却过快。

3）螺杆转速：高的挤出速度能够提高产量，减少型坯下垂，但转速过快易产生不稳定流动，螺杆转速应视具体物料而定。

4）口模：表面光洁度很重要。

5. 吹塑过程控制因素

1）挤出速度：挤出速度慢，易引起下垂，导致型坯纵向厚度不均。在挤出机允许的负荷下，温度控制要稳定并稍低，提高螺杆转速，挤出表面光滑、均匀的型坯。

2）吹气压力：吹塑中的压缩空气有两个作用，分别为吹胀和冷却。低黏度、小容积或厚壁件均宜采用低气压；高黏度、大容积或薄壁件均宜采用较高压力。

3）吹气速度：为了缩短吹气时间，以利于制品获得较均匀的厚度和较好的表面，充气速度应尽量大一些，但速度过快易产生以下现象：在空气进口处造成真空，使这部分的型坯内陷，而当型坯完全吹胀时，内陷部分会形成横隔膜片；口模部分的型坯有可能被极快的气流拉断。

4）吹胀比：通常控制在2~4倍，吹胀比越大，制品尺寸越大。增大吹胀比可以使制品的壁厚变薄，节约原料，但过大会使制品强度和刚度降低，稳定性变差。而过小则增加原料消耗，冷却时间延长，易造成壁厚不均匀。

5）模温和冷却时间：模具温度直接影响制品的质量。吹塑过程应保证模温的均匀分布。模温过低，型坯冷却快，在夹口处的塑料延伸性降低，不易吹胀，并使该部分加厚，成型困难；模温过高，冷却时间延长，生产周期长。冷却时间过短、冷却不充分易导致制品变形、收缩增大、表面无光泽，如图4-69所示。

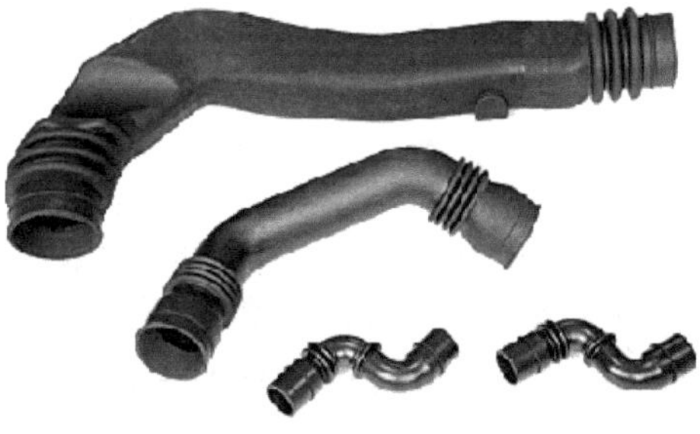

图4-69 吹塑成型的进气软管

4.5.3 其他工艺

1. 吸塑成型

吸塑即真空吸附，是指在成型模具的上模或下模开出抽真空的细孔，利用真空产生的压力使皮面与模具更紧密地贴合，从而使产品的外观更符合设计要求。其成型工艺步骤：首先将塑料板材夹持固定在真空成型模板上，待塑料板材加热到玻璃化温度后，在真空成型模内

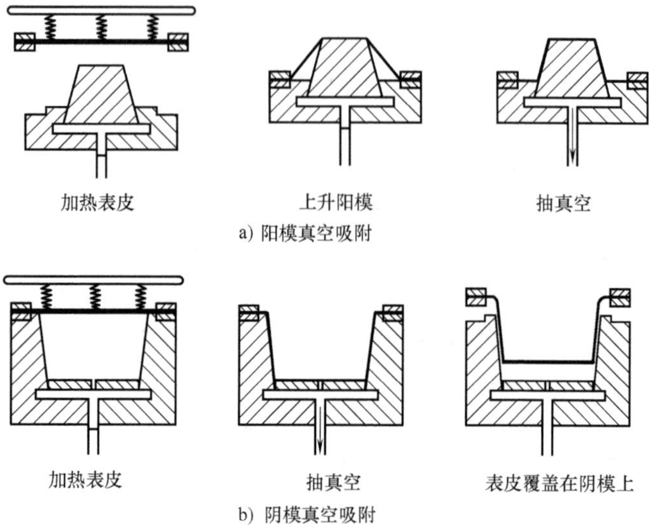

图 4-70 阳模真空吸附和阴模真空吸附

抽真空，使板材紧贴在真空成型模型腔成型，最后充分冷却并拔模。

用于成型仪表板表皮的真空吸附工艺有两种：阳模真空吸附和阴模真空吸附。

1）阳模真空吸附（图 4-70a）是使被夹紧的表皮片材超出模面一定高度进行加热，当表皮达到拉伸成型温度要求时，上升阳模，使加热表皮与阳模形成真空腔，开启阳模真空抽吸系统，抽真空，使仪表板片材紧贴于阳模表面，冷却后拔模，制得定型的表皮，成型表皮即可转入下道发泡成型工序。本法对于制造壁厚和深度较大的制品比较有利。其制品的主要特点是模腔壁贴合的一面质量较高，结构上也比较分明细致。壁厚最大的部位在阳模的顶部，而最薄的部位在阳模侧面与底面的交界处。阳模真空吸附工艺的优点是模具投资小、寿命长、生产效率高，设备投资只有搪塑设备的1/4~1/3。缺点是花纹损失随着表皮拉伸度增大而增大，当拉伸较大时，细皮纹就会使皮纹消失，粗皮纹会淡化形成明显的视觉差，影响美观；阳模真空成型的工艺特征，决定了阳模吸塑加工对产品阴阳角尺寸的局限性，一般 R 角都要设计在 $R1.5$ 以上，给产品外观设计带来了局限性。

随着汽车设计师对仪表板的颜色、光泽和皮纹一致性及造型的复杂程度要求的不断提高，传统的阳模真空吸附成型工艺已经难以满足这些要求。为此，一种新的且经济的工艺技术——阴模真空吸附成型工艺应运而生。该技术在很大程度上弥补了阳模真空吸附成型的缺点，可以避免皮纹的变形或者消失。相比之下，采用阴模真空吸附成型的仪表板表皮的精度较高。

2）阴模真空吸附（图 4-70b）就是把表皮片材固定在模具的上方，为防止空气进入板材和型腔中间，固定部分加密封圈，然后把加热器移到片材的上方，片材加热后移开加热器，抽真空，表皮片材覆盖在阴模上。利用该工艺生产的制品与模腔贴合的一面质量较高，结构上也比较分明细致，壁厚的最大部位在模腔底部，最薄部位在模腔侧面与底面的交界处，而且随着模腔深度的增大，制品底部转角处的壁厚就变得更薄。因此，阴模真空吸附工艺不适于生产深度很大的制品，但适合生产圆角小、皮纹和光泽均匀的制品。

用于阴模真空吸附成型的模具表面刻有皮纹，皮纹通过真空成型转压到表皮上。因此，表皮上的皮纹是均匀的，不随表皮拉伸量的变化而变化，这是阳模真空吸附成型工艺难以做到的。阴模真空吸附工艺和传统成型或复合工艺相比较，还可以在一个零件上实现不同的皮纹形式，皮纹均匀、清晰、手感好，与搪塑效果相当。优点是表面花纹效果接近搪塑，模具寿命比搪塑提高3~6倍，生产效率高；缺点是材料利用率低，设备要求高，模具的一次投入高。

真空吸附的优点是模具价格便宜，缺点是细小的圆弧很难成型，本体的高度变化较小时成型效果较好，高度尺寸变化较大的部位易成型失败；对皮纹有一定的要求，细密的皮纹成型后变形严重；由于空气压力分布不均匀性，产品局部的剥离强度不同，在耐寒耐热试验和实际使用中容易发生脱胶剥离现象；为了避免产生局部的剥离现象，在真空成型工艺完成后，表皮切边时需多留一条边，贴在零件背面，通过塑料零件的结构设计在两个零件焊接时压住贴在零件背面的表皮。

3）采用吸塑成型工艺生产仪表板表皮大致流程如下：①注射仪表板本体。②在本体上钻孔，孔可根据具体的形状来确定，一般为0.8~1.0，太大吸附完成后会有痕迹，分布的方法是在曲率变化小的表面分布较少，较均匀，曲率变化大的表面，如圆角、型面变化处等较多、较密集（骨架上的排气孔可以是手工钻出来的，也可以直接在数模上按照起伏的剧烈程度布置出排气孔与背面的流槽，做模具时直接做出前后模的碰穿孔）。③表面打磨，目的是不要在表面留下钻孔产生的塑料渣和毛刺。④在塑料件表面喷胶，并加热到50~60℃保持一定的时间（主要是使胶活化保证贴合强度）。⑤将喷有胶水的塑料件放在真空成型设备的模具上，在其上把表皮张平放置，加热表皮抽真空瞬间成型，然后保持一段时间（这些都是机器自动操作的），最后切割表皮，取出工件。⑥经检验合格后，切除多余表皮，准备超声波焊接。⑦在专门的超声波焊接夹具上把若干需要焊接的工件放置好，然后焊接。⑧检验，完成。

2. 搪塑成型

搪塑成型是一种表皮成型工艺，常用来加工仪表板用表皮和门护板用表皮。

（1）工艺原理　带皮纹的搪塑模具（镍壳）背面或整体加热，模具正面扣上装有PVC（或TPU）粉末的粉箱，一边加热，一边转动，粉末在重力和热的作用下粘附在模具表面上，成型为所需要形状的表皮，取下粉箱，模具冷却后，人工取下表皮。

（2）工艺流程（图4-71）

1）首先将搪塑模具本体加热至230~250℃。

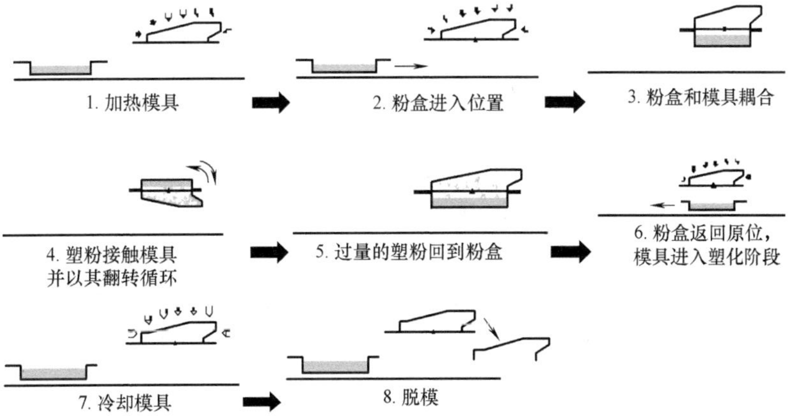

图4-71　工艺流程

2）然后将模具与粉箱对合并夹紧（以防粉末漏出），模具在上，粉箱在下。

3）模具和粉箱一起旋转至粉箱在上、模具在下，粉箱里的粉末这时落在模具里，在高温的作用下，紧贴在模具的那一层就融化并相互粘在一起，然后继续旋转，使得模具的每个角落都有粉末，且融化并粘在一起，直至形成的表皮厚度增加至符合要求为止（一般 PVC 的厚度为 1.0~1.2mm），这时粉箱在下方，剩余的粉末又回到粉箱里。

4）模具与粉箱分离，并移到冷却工位，用水或空气等对模具进行快速冷却至 60~80℃时，人工撕下表皮。

（3）搪塑优缺点　在搪塑工艺之前，仪表板表皮多采用真空吸附成型，在吸附过程中，由于要经过不均匀的拉伸，表皮变形大，纹理深度会受到影响。搪塑表皮纹理清晰均匀，设计自由度大，产品设计时基本不用考虑拔模角度。

（4）搪塑设备　根据模具的加热方式（气加热、油加热和沙加热），可将搪塑设备分为三种。

1）气加热设备：通过燃烧天然气或重油产生的热风来加热模具，整个模具置于加热炉中。缺点为模具温度控制不精确，成品的合格率低。模具的寿命约为 2 万模次，价格便宜。

2）油加热设备：价格最贵。模具的加热和冷却都是通过油来进行的（分别是热油和冷油），模具各部分的温度可以根据需要分别控制，表皮质量好，模具的寿命高，约为 2.5 万模次，但设备系统复杂、昂贵，并存在油管泄漏可能引起火灾的风险。

3）沙加热设备：价格适中。模具加热是通过电加热沙子，沙子与模具背面接触加热模具实现的。模具加热时可以旋转，这时沙子与模具各部分接触的时间长短可以调整，即模具各部分的温度可以根据需要来调整，表皮质量较好，模具的冷却是通过水来实现的，冷却速度较快，模具寿命为 1.8~2 万模次。该方法模具温度均匀，易于控制，无安全隐患，模具造价相对较低，但寿命比油加热要短。

3. 软质聚氨酯发泡工艺

聚氨酯软泡按生产工艺又可以分为块状泡沫及模塑软泡，前者是通过连续法工艺生产的大体积泡沫再切割成所需形状的泡沫制品，而模塑软泡一般为间隙法生产，原料直接在模具中发泡成型，即制成所需形状的泡沫制品。

（1）块状软泡　块状软质聚氨酯泡沫塑料是以大体积泡沫形式生产的软质聚氨酯泡沫塑料。块状软泡的生产方式主要有连续机械发泡和箱式间隙发泡两种，得到的大块泡沫“半成品”根据需要切割成型片状或其他形状的制品。块状软泡是最早实现工业化生产的聚氨酯制品之一，许多年来一直是聚氨酯材料的最大应用领域。目前块状软泡的生产技术已相当成熟。

反应物料混匀后立即倒入一只木制或铁皮制成的箱子一样的敞口模具中发泡成型，故得名“箱式发泡”。箱式发泡的模具（箱体）可以是长方形或圆柱形。为防止泡沫块形成拱圆形顶，可在发泡箱上部设置浮动盖板，发泡时盖板紧贴在泡沫体的顶部，并随泡沫体的升起而逐渐上移。生产时，需在箱内壁涂用少量拔模剂，以使泡沫容易脱出。

1）箱式发泡的主要设备包括：

① 电控机械搅拌器、混合料筒。

② 模具。

③ 称量工具，如磅秤、台秤、量杯、玻璃注射器等计量器具。

④ 用以控制搅拌时间的秒表。

2）采用箱式发泡法生产软泡的优点主要有设备投资少、占地面积小、设备结构简单、操作和维修简单方便、生产机动灵活。国内一些资金不足的小型企业和乡镇企业多用这一方法生产聚氨酯软泡。

因为箱式发泡为非连续性生产软泡的技术，所以生产效率比连续法低，设备多为手动操作，劳动强度较大，生产能力受到限制，泡沫塑料的切割损失也较大。

（2）模塑软泡　模塑软泡的生产方法是将聚氨酯原料混合后直接注入模具发泡成型，因而泡沫制品的形状完全由模具决定。模塑软泡与块状软泡的主要区别在于发泡工艺不同。与块状软泡制造工艺相比，模塑工艺无须切割成型工序，可减少泡沫边角料的浪费，对于外形复杂制品的生产，模塑成型的优势更为突出，还可制成“双硬度”的坐垫。模塑软泡发展在软泡市场上占有重要的地位。

1）软泡生产可以使用高压或低压发泡机进行。因为模具必须逐个充填，所以生产形式为间歇式。但通过自动化程度高的生产线，可连续高效率地生产。根据所用原料的反应特性，模塑聚氨酯软泡的生产分为热熟化工艺和冷熟化工艺两种。

① 热熟化模塑泡沫的原料反应活性较低，反应混合物在模具中发泡结束后，需要连同模具一起加热，泡沫制品在烘道中熟化完全后才能拔模。这种聚氨酯泡沫塑料的配方组成与普通块状软质泡沫塑料基本相同，热熟化模塑也需使用含部分端伯羟基的聚醚多元醇，以缩短熟化周期，催化体系及催化剂用量方面与块状软泡有所不同。

② 冷熟化模塑所用原料的反应活性较高，熟化时无须外部供热，依靠体系产生的热量，短时间即可基本上完成熟化反应，原料注模后几分钟内即可拔模。由于原料体系及发泡反应过程的特点，大多数冷熟化模塑软泡具有较高的回弹性，而且压陷比大，一般称为冷熟化高回弹泡沫塑料。

2）影响泡沫密度的因素有模具形状、制品尺寸、模温、物料填充量及出气孔的大小。配方中水的用量影响着泡沫的密度和硬度。其次是泡沫在模具中的填充系数（即浇注于模具中的物料与所需最少物料重量之比）和 TDI 指数。受模具温度、模内压力等的影响，模塑泡沫中心到表面的密度呈现出一定的变化梯度，芯密度比表皮附近的密度小。泡沫密度变化的程度取决于原料和模具温度、多元醇的活性、催化剂及泡沫稳定剂。

（3）热模塑泡沫　热模塑泡沫在许多方面都与较高密度块状泡沫塑料相似，但冷模塑泡沫塑料则大不同，见表 4-34。

表 4-34　热熟化及冷熟化模塑泡沫的比较

指标	热模塑泡沫	冷模塑泡沫	指标	热模塑泡沫	冷模塑泡沫
设备和模具投资	高	低	泡沫物料流动性	好	稍差
生产周期/min	20~30	5~10	舒适性	较好	更好
生产能耗	高	低	耐久性	较好	优
原料成本	低	较高	综合物件	较好	优
产品成本	低	较高			

1）热模塑泡沫的生产工艺：生产模塑软泡时，必须先将模具清理干净，喷涂上拔模机，将模具温度调整至 30~40℃。若在泡沫内放置金属或塑料嵌入件，则先将内插件等固定在模具内，然后用高压或低压发泡机将混合物料注入模具中，锁上模盖，在 120℃ 以上的烘道内熟化。熟化后打开模盖，取出泡沫制品，然后进入下一个操作循环。

2）清模时，应将模具中残存的泡沫碎屑清理干净，否则会影响拔模效果。因为聚氨酯泡沫在成型过程中，很容易与钢、铝一类的模具粘接在一起。一般需在模具内涂拔模剂。用于热模塑软泡的拔模剂一般是高熔点微晶蜡，可制成蜡乳液，也可用其他水性拔模剂，用喷枪喷涂在模腔表面。由于模具刚从高温烘道内缓慢输送出来时，模具温度达 100℃以上，足可将水性拔模剂中的水分蒸发掉，而在模腔表面留下薄薄的一层拔模剂，这样便可起到良好的拔模效果。有一种半永久性有机硅拔模剂，在中高温时会发生聚合反应，从而在模腔表面形成有一定强度的低表面有机硅薄膜，经一次喷涂后可经受多次拔模操作。

（4）冷模塑高回弹软泡　冷熟化模塑泡沫又称高回弹模塑泡沫。冷熟化高回弹软泡与热熟化软泡相比，具有以下特点：

1）生产过程中不需外部提供热量，可节省大量热能。

2）压陷比高，舒适性能好。

3）回弹率高。

4）不加阻燃剂的泡沫也有一定的阻燃性能。

5）生产周期短，可节省模具，节约成本。

与热模塑泡沫和高回弹块状软泡相比，冷模塑泡沫的原料可选择范围较宽，助剂品种多。通过选用不同的原料体系，可得到各种性能的泡沫塑料。

（5）生产工艺　冷模塑泡沫的生产过程与热模塑泡沫相似，一般同样采用环形转台生产线。与热模塑工艺相比，模具温度较低，无须冷却过程，一般喷涂含低沸点有机溶剂的拔模剂。根据实际需要可敞模也可闭模充填物料。泡沫熟化温度低，一般在 50℃左右加热数分钟即可。

热模塑泡沫在 1~2h 之内能达到最终硬度，而冷熟化泡沫体的熟化温度低，故时间较长，可能要半天。冷熟化模塑体的硬度在未达到最终硬度的 90%之前，必须单独存放和运输，如受挤压则可能留下不可恢复的永久变形。而快速拔模体系熟化时间相对较短。

4. 聚氨酯喷涂成型

聚氨酯喷涂成型（Polyurethane Spray，PU Spray）工艺流程（图 4-72）：聚氨酯的两种组分——异氰酸酯（ISO）与多羟基化合物（Polyol），在经过精确计量后，在一定的温度和适量催化剂的控制下，经过高压混合反应然后被喷涂到镍壳模具上，经过一段塑化时间后，聚氨酯附着在镍壳上形成一种手感很好的多孔性的弹性体表皮。在此过程中，聚氨酯的两个组分混合反应属于化学反应，反应生成的是热固性材料，它不像热塑性材料那样容易受外部物理条件的影响，因此材料具有良好的环境适用性能。

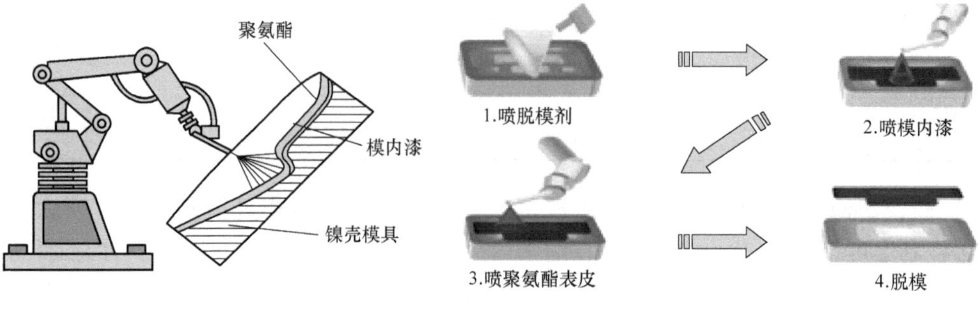

图 4-72　PU Spray 工艺操作流程

(1) PU Spray 的优点和缺点

1) PU 从喷枪出来后是液态的，粘附在模具上，PU Spray 的表皮在模具皮纹的复现性上比较优秀，可以更加接近于真皮的效果。PU Spray 的表皮皮纹可以做得很深，可以更好地吸收和反射光线，从而降低表皮表面的光泽度。

2) 仪表板表皮可以实现双色效果。在实现双色表皮的时候，PU Spray 工艺相对搪塑工艺要简单很多。搪塑需要在模具里通过密封条来分隔两种不同的颜色，要取得比较好的密封效果，就要求两种颜色分界线的轨迹变化比较平缓，否则可能出现串色现象。因此，搪塑双色表面难度很大，工艺操作性不是很高。而双色的 PU Spray 表皮实现起来相对要简单得多。

3) 由于 PU 的表皮在成型后的化学反应已经完成，不会再受外部环境温度的影响。而 PVC 是热塑性材料，受外部环境影响相对要高一些，尤其是低温下会发脆，无论是无缝低温爆破性能，还是低温状态的手感，都比较差。而 PU 则没有这方面的不足，尤其是低温状态的手感相对要好很多。

4) 无析出现象：由于 PVC 为达到低温柔性和高温热老化性，添加了大量的增塑剂，存在小分子物质从内部向外部迁移的风险，即析出。而 PU Spray 则无此担忧，两种组分经过充分的反应生成热固性材料，材料本身具有的性能超过了部件的耐寒和耐热要求。

5) PU Spray 表皮具有优秀的低温爆破性能，韧性好，不易撕裂，对于采用隐形安全气囊的仪表板而言，上述优点尤为明显，该工艺可以使表皮在低温下的爆破性能非常好，而且不会产生表皮碎屑。

6) PU Spray 表皮的厚度可以通过喷涂的时间和流量来调节和控制。PU Spray 工艺的缺点是表皮厚度很难精确控制，厚度不太均匀，特别是倒扣很深的地方，这是设计必须考虑的问题。另外喷枪的操纵也是该工艺的另一个难点。喷射混合头一般由机器人操纵，为了便于机器人在很小的空间内灵活地移动，通常要求机器人的结构要紧凑，体积要小；模具内也要求有足够的空间供其进入并运动，否则无法完成喷涂作业。这对产品的结构和形状有一些限制。本工艺中另外一个问题在于原料利用率的提升。

(2) 应用　PU Spray 表皮具有优秀的性能，但其成本比搪塑 PVC 要高，作为最接近真皮风格和极佳手感的一种新工艺表皮，其在欧洲车型上应用较多。

将几种表皮成型工艺进行对比，其优缺点见表 4-35。

表 4-35　表皮成型工艺对比

对比项目	PVC、TPO 阳模吸塑	PVC、TPO 阴模吸塑	PVC 搪塑	TPU 搪塑	TPO 搪塑	PU Spray
技术成熟度	是	否	是	是	否	是
双色成型	否	否	是	是	是	是
花纹成型性	不好	好	好	好	好	好
大转角	不好	好	好	好	好	好
回收性	PVC 不好	PVC 不好	不好	不好	好	不好
手感	不好	不好	好	好	不好	好
设计自由度	不好	不好	好	好	好	不好
热老化性能	PVC 不好	PVC 不好	不好	好	好	好
低温性能	PVC 不好	PVC 不好	不好	好	好	好
耐磨性	TPO 不好	TPO 不好	好	好	不好	好

（续）

对比项目	PVC、TPO 阳模吸塑	PVC、TPO 阴模吸塑	PVC 搪塑	TPU 搪塑	TPO 搪塑	PU Spray
散发性能	PVC 不好	PVC 不好	不好	好	好	好
模具寿命	>30 万模	>30 万模	2 万模左右	2 万模左右	2 万模左右	>30 万模
模具费用	低	中	高	高	高	高
产能	高	高	低	低	低	低
设备投资	中	中	低	低	低	高
原材料资源	多	多	多	少	很少	少
总成本	低	中	中	高	高	高

5. 模压成型

模压成型又称压缩模塑，这种方法是将粉状、粒状、碎屑状或纤维状的塑料放入加热的阴模中，合上阳模后加热使其熔化，并在压力的作用下，使物料充满模腔，形成与模腔形状一样的模制品，再经加热或冷却，拔模后即得制品。从工艺角度看，上述过程可分为三个阶段：流动阶段、胶凝阶段、硬化阶段。模压成型主要用于热固性塑料制品的生产。

（1）模压适用对象

1）适用于几乎所有热固性塑料。常见的有酚醛、脲醛、环氧塑料、不饱和聚酯、氨基塑料、聚酰亚胺、有机硅等，也可用于热塑性的聚四氟乙烯和 PVC 生产。

2）适于形状复杂或带有复杂嵌件的制品，如电器零件、电话机件、收音机外壳等。

3）无翘曲变形的薄壁平面热塑性塑料制品。

（2）模压优点

1）设备投资少，工艺简单，易操作。

2）压力损失小，多用以成型大型平面制品及多型腔制品。

3）材料取向小。

4）无流道及浇口，材料浪费少。

5）适用的材料广泛（可成型碎屑状、片状及纤维状填料制品）。

（3）模压缺点

1）固化时间长，生产效率低。

2）精度不高。

3）合模面处易产生飞边。

4）对形状复杂或带嵌件的制品不易成型。

5）自动化程度低。

6. 挤出成型

挤出成型又叫挤塑、挤压、挤出模塑，是借助螺杆和柱塞的挤压作用，使塑化均匀的塑料强行通过模口而成为具有恒定截面和连续制品的成型方法。

（1）挤出成型的特点

1）连续化，效率高，质量稳定。

2）应用范围广。

3）设备简单，投资少，见效快。

4）生产环境卫生，劳动强度低。

5）适于大批量生产。

（2）适用的树脂材料　绝大部分热塑性塑料及部分热固性塑料，如 PVC、PS、ABS、PC、PE、PP、PA、丙烯酸树脂、环氧树脂、酚醛树脂及密胺树脂等。

（3）挤出原理　原料从料斗进入料筒，在螺杆旋转作用下，通过料筒内壁和螺杆表面摩擦剪切作用向前输送到加料段，在此松散固体向前输送同时被压实；在压缩段，螺槽深度变浅，进一步压实，同时在料筒外加热和螺杆与料筒内壁摩擦剪切作用下，料温升高开始熔融，压缩段结束；均化段使物料均匀，定温、定量、定压挤出熔体，到机头后成型，经定型得到制品。

挤出成型工艺流程如图 4-73 所示。

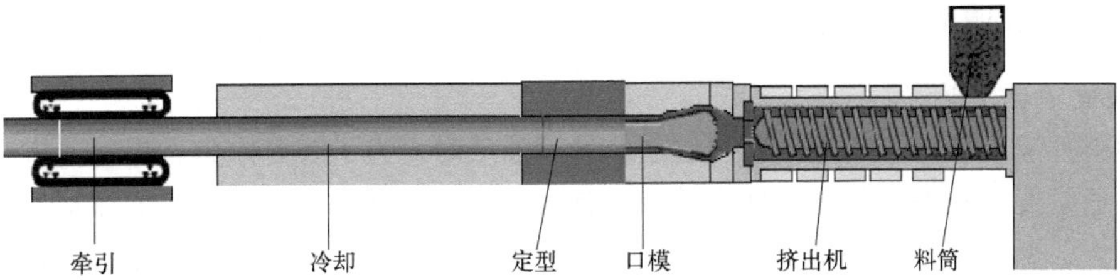

图 4-73　挤出成型工艺流程

（4）挤出方法　按塑化方式分为干法挤出与湿法挤出；按加压方式分为连续挤出与间歇挤出。

（5）挤出工艺　一般根据所加工聚合物的类型和制品或半成品的形状，选定挤出机、机头和口模，以及定型和牵引等相应的辅助装置，然后确定挤出工艺条件，如螺杆转速、机头压力、物料温度，以及定型温度、牵引速度等。在挤出过程中，物料一般都要经过塑炼，但定型方法则有所不同。例如，挤出的塑料常需冷却定型，使其固化，而挤出橡胶的半成品，则尚需进一步硫化。采用不同的挤出设备和工艺，可得到不同的制品。

（6）挤出设备　塑料挤出机的主机是挤塑机，它由挤压系统、传动系统和加热冷却系统组成。

1）挤压系统：挤压系统包括螺杆、机筒、料斗、机头和模具，塑料通过挤压系统而塑化成均匀的熔体，并在这一过程中所建立的压力下，被螺杆连续地挤出机头。

2）螺杆：是挤塑机的最主要部件，它直接关系到挤塑机的应用范围和生产率，由高强度耐腐蚀的合金钢制成。

3）机筒：是一金属圆筒，一般由耐热、耐压强度较高、坚固耐磨、耐腐蚀的合金钢或内衬合金钢的复合钢管制成。机筒与螺杆配合，实现对塑料的粉碎、软化、熔融、塑化、排气和压实，并向成型系统连续均匀输送胶料。一般机筒的长度为其直径的 15~30 倍，以使塑料得到充分加热和充分塑化为原则。

4）料斗：料斗底部装有截断装置，以便调整和切断料流，料斗的侧面装有视孔和标定计量装置。

5）机头和模具：挤出机中使挤出物形成规定横截面形状的部件称口模，料筒与口模之间的过渡部分称机头，如果口模与机头是一个整体，一般就统称为机头，也可称为口模。在机头内装有多孔板和滤网，其作用是过滤熔融料和增加料流阻力，借以滤去机械杂质和提高塑炼效果。口模内流道的作用是：

① 过滤后的柱状熔体通过口模分配腔转变成与产品相似的截面。

② 逐渐缩小的流道横截面，使熔体密实。

③ 熔体以均匀的流速进入模唇，便形成与产品相适应的截面形状，口模平直部分应有足够的长度，以克服熔体的“记忆效应”。常用的机头有挤管用口模、吹膜用口模和挤片材用口模。

6）传动系统：传动系统的作用是驱动螺杆，供给螺杆在挤出过程中所需要的力矩和转速，通常由电动机、减速器和轴承等组成。

7）加热冷却装置：加热与冷却是塑料挤出过程能够进行的必要条件。

4.5.4 表面处理工艺

1. 表面活化工艺

在塑料件成品表面上实施涂装或印刷等表面加工时，为了改善涂料、墨水与树脂之间的结合力，通常要实施表面活化处理，其目的就是为了增大塑料表面张力，增加塑料表面和涂层的附着力。尤其针对半结晶、耐化学性好的树脂，其涂装和印刷性能不是很好，表面装饰前必须要进行本项工作。

一般常用的表面活化方式有溶剂清洗（脱脂）、火焰处理、电晕放电处理、短波紫外线（UV）照射处理、等离子蚀刻处理等。

（1）溶剂清洗（脱脂） 用有机溶剂清洗，是最普遍的表面处理方式（有时则不含在表面处理工程中）。一般而言，注射部件表面会附着许多油脂或尘埃等，因此无法获得优美的表面。树脂表面油脂的来源见表 4-36。

表 4-36 部件表面油脂来源

模具	防锈剂或拔模剂等
树脂	树脂内所调配的润滑剂或分解物的渗出
外界	成型后所附着的油脂、尘埃、异物

当这些异物附着于树脂表面后，涂料、墨水、黏合剂就无法顺利密合于成型品表面，而产生排拒的现象。在执行表面涂装或密合时，最好能执行清洗作业。

（2）火焰处理 火焰处理即直接用火焰照射零件的表面，借助于表面氧化的手法对表面进行处理，该项技术很成熟。火焰处理对低活化能、半结晶塑料，特别是聚烯烃类塑料特别有效。火焰处理不仅要求火焰温度高，而且需要过量空气，空气与燃烧气的比例及处理速度是火焰处理的关键。火焰处理适合于结构简单而且具有一定厚度不易变形的制品，对于薄壁件和不规则的形状复杂件很难做到全面、均一的处理。

（3）电晕放电 电晕放电处理是对设置于空气中的电极间施加高频、高电压，让发生的电子冲击树脂表面，以便于在树脂表面上形成活性基，提高粘接力的手法（图 4-74）。在印刷、涂装领域，这种工艺主要针对 PP、PE、POM 和氟树脂。

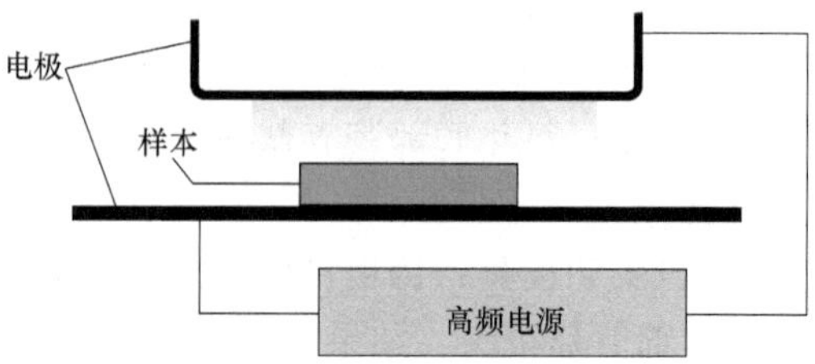

图 4-74 电晕放电处理

电晕放电处理会受到施加电压、电极间

的距离、样本材质、形状、处理时间所影响。施加电极为数十千伏左右，电极与样本距离则从数毫米到数十毫米。

当空气中引起电晕放电后，产生的电子冲击树脂表面，再由二次发生的臭氧或紫外线，在树脂等表面上发生高反应性、高极性的官能团（功能基），以提高表面的活性。

由于电晕放电处理是施加高电压，需注意触电问题。在处理树脂时，电子会集中在尖锐的部分或靠近电极的部分，此时会有过剩的能量焚烧树脂，严重时甚至会引起火灾。

有时导电性高的树脂或插入金属的成型品，也会发生这种现象。若属上述情况时，就必须在电极形状上多下点功夫，或调整输出与处理时间。

在执行电晕放电处理时，会发生二次性臭氧。由于臭氧有毒性，需利用附滤网的换气装置以去除臭氧。执行电晕放电处理时所产生的光含有紫外线，因此不能长时间凝视。

（4）短波长紫外线（UV）照射处理　短波长紫外线（UV）照射处理是照射 180~250nm 波长或低于此波长范围的高能紫外线，以便于活化成形型表面，分解表面污垢。若采用可同时照射波长 184.9nm 与 253.7nm 紫外线的装置，则可从氧气中生成臭氧或活性氧，以强力的氧化作用，有效活化树脂表面。

短波长紫外线（UV）照射处理的特点包括：由于是在大气中发挥特性，而且设备构造也较为简单，成本低廉、容易搭配生产线；由于是几乎不因为热源而被消耗的波长光，鲜少会因热而损害到成型品；在短时间内（30~200s）就可获得表面活性。需要注意的是：紫外线有损人体眼睛，不能直接长时间凝视；处理时所发生的臭氧有毒，有时必须视其情况设置有滤网的局部排气装置。

2. 电镀工艺

电镀就是利用电解作用使金属或其他材料制件的表面附着一层金属膜的工艺。

（1）电镀工艺介绍　电镀工艺原理是将直流电的正负极分别用导线连接到镀槽的阴、阳极上，当直流电通过两电极及两极间含金属离子的电解液时，电镀液中的阴、阳离子由于受到电场作用，发生有规则的移动，阴离子移向阳极，阳离子移向阴极，这种现象叫“电迁移”。此时，金属离子在阴极上还原沉积成镀层，而阳极氧化将金属转移为离子。

与金属制件相比，塑料电镀制品不仅可以实现很好的金属质感，而且能减轻制品重量，在有效改善塑料外观及装饰性的同时，也改善了其在电、热、耐腐蚀及耐磨等方面的性能，提高了表面机械强度。下面主要介绍电镀工艺流程。

1）前处理工艺流程：使不导电的塑料件零件变成了导体（图 4-75）。

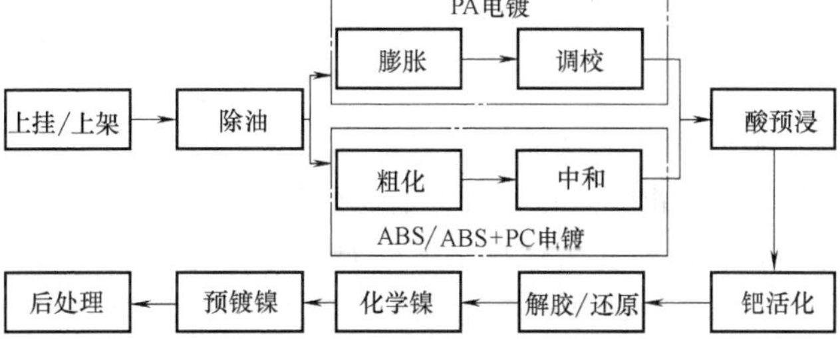

图 4-75　电镀前处理工艺流程

2）后处理工艺流程：使导电的塑料件零件达到预期的装饰效果（图 4-76）。

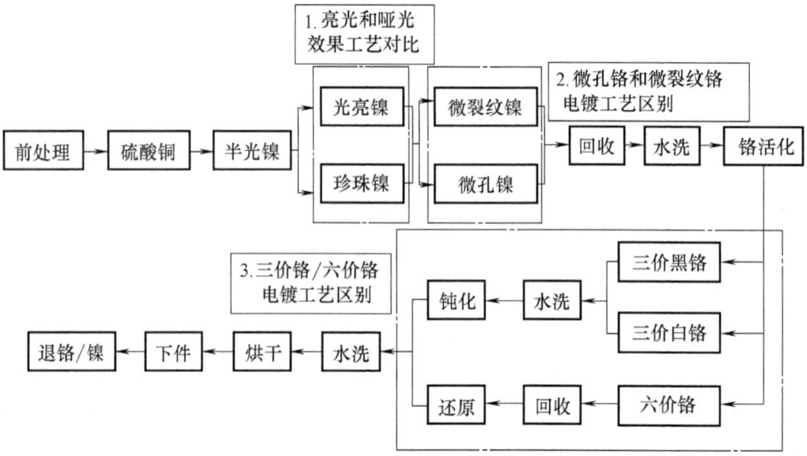

图 4-76　电镀后处理工艺流程

3）详细的工艺流程说明（以 ABS 电镀为例）。

① 上挂：将零件固定在导电工装（挂具）上，使其能够和电源相连形成闭合回路，让电镀能顺利进行。

② 除油：除去制件表面的污垢、油脂等，使制件在粗化液中能更快地、均匀地被水所浸润，促使粗化均匀，提高镀层结合力的一致性。此处若不进行除油，油脂等也会在下一工艺槽中溶解，但会使粗化或膨胀液的使用寿命减短。除油方式有有机溶剂、酸性、碱性三种方法，也可以选用其中两种方法进行除油。温度控制在（50±10）℃ 。

③ 粗化：使塑料件表面微观粗糙，使镀层与基体接触面积增大，还可使塑料表面由憎水变为亲水，以提高塑料表面与镀层间的结合力。化学粗化液主要成分是铬酐和硫酸，是一种强氧化性溶液。它成分简单、维护方便、粗化速度快、效果好。目前塑料电镀基本上都采用化学粗化。

④ 中和、还原、浸酸：增强塑料表面残留的强酸、强氧化物及杂质，用于活化之前，增强塑料表面的亲和性。

⑤ 敏化：使塑料件表面吸附一层容易氧化的物质，以便在活化处理（把粗化金属还原出来）时被氧化，在表面形成活化层或催化膜，可以缩短化学镀的诱导期，并保证化学镀的顺利进行。敏化的质量对于塑料电镀的效果是关键因素。

⑥ 活化：将敏化处理时生成的一层氧化物质，在塑料表面产生有催化性的贵金属薄层，作为化学镀时氧化还原反应的催化剂。常用的贵金属有金、银、铂、钯等。常用的活化液有离子型活化液和胶体钯活化液。

⑦ 去应力还原或解胶：活化清洗后还需要还原处理，提高表面活性，加快沉积，同时去除残留在表面的活化液，防止带入化学镀液引起分解。

⑧ 化学镀镍：它是以次磷酸盐为还原剂，经自催化电化学反应而沉积的镍磷合金镀层的新技术。镀镍过程由于是在没有电流通过的条件下进行的，又称无电解镀镍技术。它具有深镀能力强、均镀能力好、镀层致密、孔隙率低等技术特点，应用范围已扩展到工业生产的各个领域，是目前全球最优秀的表面处理工艺之一。

⑨ 镀铜、镀镍、镀铬：采用铜、镍、铬三种金属复合电镀在塑料件的表面，形成表面

装饰层。

（2）电镀常见缺陷及解决方法（表4-37）

表4-37　电镀常见缺陷及解决方法

序号	缺陷名称	缺陷现象	原因分析	解决措施
1	毛刺	产品表面出现针刺状缺陷	➢ 挂具放电 ➢ 工件掉槽造成镀液污染,杂质多 ➢ 镀液过滤循环不充分,杂质多 ➢ 镀液中有杂质,电镀沉积在产品表面,有挂手感,铜槽毛刺抠不掉,镍槽毛刺可抠掉	➢ 上挂前检查挂具,发现挂具破损及时修补 ➢ 控制工件掉槽,及时发现并捞出 ➢ 加强镀液过滤
2	露塑	产品表面部分位置未镀或未镀到位,露出塑料	➢ 粗化不均匀,效果不好 ➢ 敏化槽被污染 ➢ 空气中有落物 ➢ 挂具破胶,产品盲孔藏铬酐 ➢ 解胶不充分,效果不好	➢ 控制敏化槽洁净度,及时发现并解决污染问题 ➢ 控制产品挂具,及时发现并解决破损问题
3	杂质	吸附在工件表面的颗粒点	➢ 基材表面含有其他颗粒成分 ➢ 镀液有颗粒杂物污染 ➢ 封油时炉道受到污染	➢ 加强基材的控制,确保表面清洁度 ➢ 清理电镀溶液,及时发现并清除杂质 ➢ 清理炉道,并及时清理环境
4	铬黄	产品镀层呈现黄色	➢ 挂具导电不良、低区走位不好导致呈黄色 ➢ 铬槽电流太小,温度太高	➢ 控制挂具,增强挂具导电性 ➢ 适当提高电流 ➢ 控制铬槽温度适度
5	起泡	产品表面有一种凸起泡状现象	➢ 基材与镀层或镀层与镀层之间结合力不够 ➢ 基材有砂眼或起泡缺陷 ➢ 电镀时导电性能不好 ➢ 酸化活化不够,效果不好 ➢ 粗化温度不够,粗化液浓度不够,时间不够,粗化效果不好	➢ 控制基材质量,及时发现并清理有砂眼的基材 ➢ 监控酸化活化工序,确保酸化活化充分
6	斑点（污点）	镀层表面存在色斑、暗斑等缺陷	➢ 电镀过程中沉淀不良 ➢ 电镀过程中异物或化学液清洗不干净	➢ 加强各工序之间的清洗及溶液的清理工作
7	麻点	分布在电镀表面形成密密麻麻的小白点	➢ 基材表面有针孔 ➢ 电镀原因 ➢ 封油过程中表面形成的小颗粒	➢ 加强基材控制,及时清理表面有针孔缺陷的零件 ➢ 加强电镀各阶段控制 ➢ 加强烘烤炉的环境清理、温度设置及工件的清光效果
8	烧焦	零件边缘呈现白雾带状的缺陷	➢ 电流过大,导电性能过强	➢ 改换挂具或清理挂具,并控制电流在合适范围内
9	针孔	零件镀层上存在细孔缺陷	➢ 鼓风不均匀 ➢ pH值失调,镍润湿剂失调	➢ 控制鼓风,使其均匀 ➢ 控制镀液pH值,使其在合理范围内

（续）

序号	缺陷名称	缺陷现象	原因分析	解决措施
10	白雾	零件镀层表面呈灰雾状	➢ 光铬电流太小 ➢ 有机杂质污染 ➢ 活化时间不够 ➢ 铬槽组分配比不当	➢ 控制光铬电流，使其在合理范围内 ➢ 控制镀液清洁度，及时发现并清理杂质 ➢ 控制活化时间，使其在合理范围内
11	镀不亮	零件镀层灰暗，不够光亮	➢ 光剂不足或不平衡 ➢ 电流太小 ➢ 电镀时间短	➢ 控制光剂数量，使其在合理范围内 ➢ 控制电流，使其在合理范围内 ➢ 控制电镀时间，使其在合理范围内

（3）电镀件设计原理简介

1）基材最好采用无定形塑料，优先选择 ABS，ABS 电镀后覆膜的附着力较好，同时价格也比较低廉。

2）塑件表面质量一定要非常好，电镀无法掩盖注射的一些缺陷，而且通常会使得这些缺陷更明显。

3）表面凸起最好控制在 0.1~0.15mm/cm，尽量没有尖锐的边缘。

4）在设计镀件的壁厚时，首先应满足镀件的使用条件。在这个前提下，不能设计得太薄。太薄的话在加工过程和使用中，易发生形变而引起镀层脱落；壁太厚，既浪费材料又容易发生收缩痕迹。在一般情况下，镀件的壁厚应控制在 1.5~5mm，且壁厚应尽量均匀，其厚度差不超过 2 倍。

5）在设计中要考虑到电镀工艺的需要。由于电镀的工作条件一般在 60℃ 到 70℃ 的温度范围内，在吊挂的条件下，结构不合理，产生变形难以避免。所以在塑料件的设计中对浇口的位置要特别关注，同时要有合适的吊挂位置，防止在吊挂时对有要求的表面带来伤害。为了确保镀件与挂具有较大的接触面，防止接触不良或烧焦接触点，要求塑料镀件与挂具的接触面比金属件大 2~3 倍。

6）嵌件：最好不要在塑件中有金属嵌件存在，由于两者的膨胀系数不同，在温度升高时，电镀液体会渗到缝隙中，对塑件结构造成一定的影响。嵌件材料要根据塑料的热胀系数来选择，且嵌件周围的塑料层应具有足够的厚度，以克服收缩时所发生的应力，使制件免遭破坏。

7）塑件加工时，要关注到几个问题：塑胶料在加工时要充分烘干，否则残留的水分会对塑件表面造成气孔、流线纹等缺陷，严重影响电镀的效果；另外尽量避免使用拔模剂，因为拔模剂会对电镀膜的附着力产生影响。

8）电镀层的厚度按照理想的条件应控制在 0.02mm 左右，但在实际的生产中，可能最多会有 0.08mm 的厚度，所以在有滑动配合的位置，单边的间隙要控制在 0.3mm 以上，才能达到满意的效果。

3. 涂装工艺

（1）常见塑料件涂装工艺　工艺流程如下：前处理→底涂→闪干及流平→中涂→闪干

及流平→面涂→闪干及流平→烘烤→冷却→产品检查及处理→下件包装。

1）前处理即喷涂前准备，一般包括脱脂、静电除尘、火焰处理等步骤

① 脱脂：由于塑料件表面粘有油污、手汗和脱膜剂等，造成漆膜附着力变差，涂层易产生龟裂、起泡和脱落等问题，涂装前必须进行除油处理，不同的材质要选用不同的脱脂液。

② 静电除尘：塑料制品是绝缘体，表面电阻一般在106Ω 以上，易产生静电，造成空气中的细小灰尘因静电作用而吸附于表面。由于静电吸附的灰尘用一般吹气法除去十分困难，普遍采用高压离子化空气流达到除电、除尘效果。

③ 火焰处理：塑料极性小、结晶度大、表面张力低、浸润性差、表面光滑、对涂料的附着力差，例如聚丙稀保险杠材料涂装就很难。因此，使用火焰处理工件以 1000～2000℃ 的高温丙烷或天然气火陷快速接触工件表面，可使塑料件表层分子局部氧化以改善其表面的浸润性和附着性。火陷处理的另一功能可以消除塑料件表面的毛刺，提升合格率。

2）底涂-闪干及流平。

① 底涂：直接涂于被涂物表面的第一层油漆，是涂层的基础。其基本特性：具有优异的附着力和防腐性能；具有优良的化学性能和物理性能；与面漆和中间涂层有良好的配套性，即结合力好；施工性好。

② 闪干及流平：喷涂完底漆后不能直接喷涂色漆，需要一段时间静置以流平，从而达到更好的分布均匀与固化，一般现代塑料件喷涂底漆自然流平就能达到要求，不需要烘烤。

3）中涂-闪干及流平。

中涂：也叫色涂，涂色漆的作用在于提供所需的装饰颜色，使外观达到设计的要求，并且保护塑料基材表面不受外界环境大气、酸雨的侵蚀，防止紫外光穿透，大大增加抗老化能力。近年新兴的一些特殊颜色需两次中涂。例如，喷完基本颜色外，再喷一层珠光粉等以增加外观炫彩，这对涂装线又提出了更高的要求。

4）面涂-闪干及流平。

面涂：涂于物体表面最后的一道漆膜。其主要是以优异的装饰性和耐候性为技术指标的，并有物理化学性能，如硬度、弹性、耐冲击性，耐油、耐水、耐化学腐蚀性和增加面漆色彩的金属光泽，使产品外观更加鲜艳。

5）烘烤-冷却。

① 烘烤：喷涂好的零件经流平后，需进入固化炉进行固化处理。涂料的烘烤固化是油漆的一个熔融、化学反应过程，它使涂膜变硬、耐摩擦，是涂装工艺中一个重要的环节。完全的烘烤包括烘烤时间和温度，它将决定涂膜的性能和特性。烘烤不足可导致涂膜厚度不均匀、附着力差、耐候性差、强度和硬度下降；烘烤过度轻则涂膜失色，重则涂膜焦化，机械强度严重下降。

② 冷却：分为自然冷却和强制冷却，一般根据需要采用，如线体很长有充足的时间使烘烤后的零件冷却下来，那么就没必要采用强制冷却，反之亦然。总之，以不影响下道工序为准。

6）产品检查及处理-下件包装。

① 产品检查：检出合格件直接做好标识，小的缺陷的不合格件进行线上简单打磨抛光处理，对于无法整修的产品做点补或返喷处理。

② 下件包装：将合格与不合格的产品分类包装，以便后续处理。

（2）常用手动空气喷枪简介（图4-77）

1）空气压力调整：一般空气压力以300～350kPa为调整基准，但实际还是以环境、实物、效率、品质等做参考。

2）宽幅调整：视被涂物形状和大小进行变换调整最恰当。

3）喷嘴调整（横喷或纵喷）：以被涂物的形状和手势的顺畅为调整参考点，一般平面或平放以横喷较多，而直放及圆管类以纵喷方式较常见。

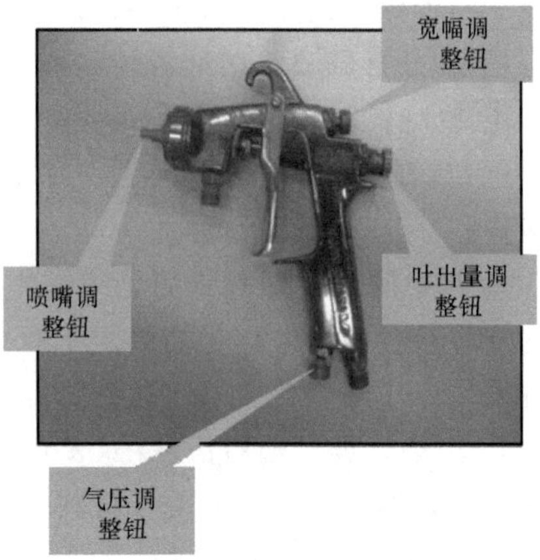

图4-77　手动空气喷枪

4）吐出量调整：涂料的吐出量是关系本次作业最重要的参数，调整不当是造成产品不良的主因，因此需要做适当的调整才能生产出优良且有效率的产品。

（3）静电喷涂及静电旋杯简介

1）静电喷涂原理：静电喷涂是指通过气压等方式将涂料喷射并雾化，再利用静电的吸附作用，使之均匀地吸附于工件表面的过程（图4-78）。

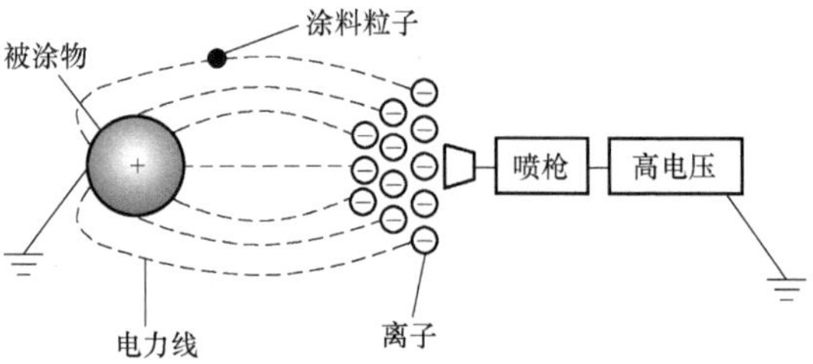

图4-78　静电喷涂

没有接地线的金属球靠近（-）或（+）电极时，就出现靠近侧的表面带有与电极相反的电荷，而反侧的表面有与电极相同的电荷。有接地线的金属球靠近（-）或（+）电极时、就出现和电极相同的电荷被大地吸收，和电极相反的电荷聚在金属球表面，这种现象叫静电感应原理（图4-79）。

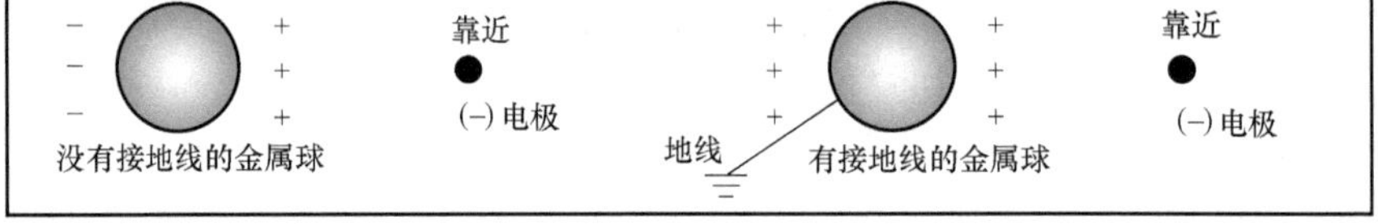

图4-79　静电感应原理

应用这个原理，让涂料中的粒子带有负极静电，靠近接地线的被涂物时，被涂物的表面就会产生正极静电。从这个原理上讲，无论塑料的粒子给予的电极是正还是负都可以。但考虑到电火花等因素，负极放电稳定，危险性小。

接地线的被涂物经过涂装机前时，涂装机的放电极通负极时，被涂物就为正极，放电极和被涂物之间就会形成静电场。同时，放电极的前端开始静电放电，将周围的空气电离，且被雾化的涂料粒子通过电离区域被放出时，涂料粒子被带有静电，会沿着静电场线向被涂物的方向飞去涂着。

2）静电喷涂优点：节省涂料，较一般工艺节省30%左右的涂料，提高生产效率；涂着效率提高，减少喷涂工时；涂膜外观改善，涂膜更加均匀平整，对工件转角等部位不易造成漏喷；减少喷房维护，由于静电吸附的方向性，减少了对部分工具设施的污染；保护环境，减少涂料损耗，减低 VOC 排放。

3）静电旋杯原理：雾化旨在扩大液体所能覆盖的表面积。雾化属于物理作用方面的操作，效果的评定主要取决于雾化后油漆覆盖面积的大小与涂装质量。在旋转式雾化装置中，涂料首先被运送至喷杯内壁，然后借助旋转所产生的离心力将涂料传输至喷口位置，漆液通过机械雾化、静电加压使漆粒带电与静电雾化，最后将雾化的漆粒喷射到被涂物上成膜（图 4-80）。

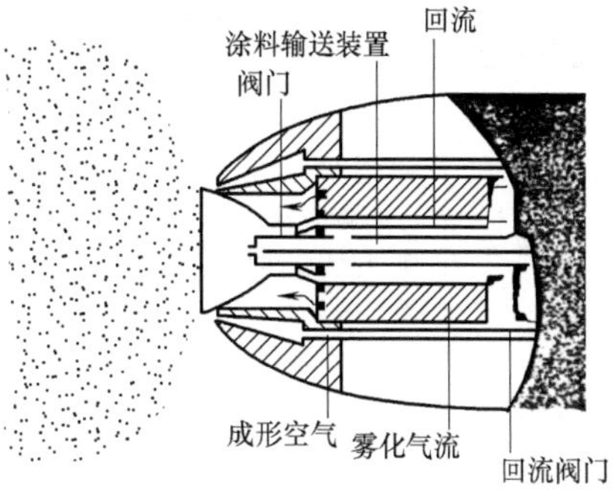

图 4-80 静电旋杯原理

常见汽车内外饰涂装缺陷分析及解决方法详见表 4-38。

表 4-38 常见汽车内外饰涂装缺陷分析及解决方法

序号	缺陷名称	出现形式	原因分析	解决措施
1	剥落/附着力不良	1. 以不同的形状尺寸和数目形成 2. 嵌入涂层并露在油漆表面	1. 引起不良粘接问题的物质留在要喷涂的表面上 2. 选用了不适当的底漆；底材或底漆打磨不充分或完全未进行打磨 3. 喷涂底漆或面漆过于干喷或面漆喷涂层太薄 4. 喷涂金属银粉漆时，涂层与涂层间的相隔时间太短或油漆黏度太高	1. 需喷涂表面应彻底清洁干净 2. 使用与底材配套的底漆；应遵照油漆供应商提供的油漆黏度及厚度要求施工 3. 避免喷涂时使用干喷法 4. 需要厚涂层喷涂时，要有充分的挥发时间
2	斑点颗粒	1. 以不同的形状尺寸和数目形成 2. 嵌入涂层并露在油漆表面	1. 所选用的油漆已超过油漆供应商指定的储存期 2. 使用了已经调配好且超过了活化时间的油漆 3. 材料未充分搅拌导致颜料凝聚 4. 加入了不正确的固化剂或稀释剂	1. 确保油漆使用时未超过使用期 2. 油漆调配好后要在规定活化时间内用完，对超过活化时间的油漆不能继续使用 3. 经调配好的油漆要充分搅拌后再进行喷涂 4. 使用配套的固化剂和稀释剂
3	尘埃颗粒	1. 大小形状不同的可见尘粒 2. 嵌入涂层并形成凸起的尘点颗粒	1. 喷漆间压力平衡不正确；喷涂环境太差，喷涂设备的过滤棉堵塞 2. 压缩空气没经过滤或过滤不充分 3. 不适当的或质量较差的清洁擦拭布 4. 喷涂压力过高、喷漆过量或喷涂距离太远，致使喷漆粉尘在漆膜表面凝聚成颗粒且不能被油漆溶解吸收，而形成颗粒 5. 油漆未经过滤或过滤网过粗；工件及工桩未彻底除尘；喷漆服装太脏	1. 调整喷漆间压力，使之平衡；喷涂环境，喷涂设备及喷涂服装应保持清洁 2. 确保压缩空气质量 3. 选用专用无纺清洁布进行清洁
4	沸点（痱子）	1. 大小形状面积不同的可见麻点 2. 显示在面漆表面的气泡，凸出在油漆层表面，中间并有小孔	1. 喷涂底漆或面漆时涂层太厚；底漆或面漆调配黏度太高 2. 使用了与喷涂温度不配套的固化剂或稀释剂 3. 涂层与涂层之间的挥发时间过短 4. 喷漆间温度及喷漆件的温度过高 5. 双组分油漆在烘烤前的流平时间太短或相隔时间过长	1. 涂层厚度不能太厚，尤其在高温天气 2. 油漆的黏度应根据温度的变化适当调整 3. 掌握好喷涂的流平时间

（续）

序号	缺陷名称	出现形式	原因分析	解决措施
5	橘纹	漆膜表面呈不均匀纹理，与橘皮相似	1. 喷涂距离太远或喷涂速度太快，喷涂漆雾粉尘过多及喷涂过程中采用干喷式喷涂，导致面漆漆膜太薄，形成橘纹现象 2. 喷涂压力太低，油漆雾化细度不够 3. 油漆黏度过高 4. 使用了与喷涂温度不配套的固化剂或稀释剂（快干） 5. 喷漆间温度及喷漆件的温度过高	1. 按照油漆的施工要求进行喷涂 2. 应根据温度的变化调配油漆的黏度 3. 使用与温度配套的固化剂或稀释剂
6	裂纹	在油漆表面上有不规则及不同方向扩散的、不同长度和宽度的裂纹	1. 漆膜喷涂太厚 2. 油漆的柔韧性差 3. 油漆抗高低温性能差 4. 使用了相互之间不适宜的硬度和挠曲性的油漆（例如，硬的或刚性大的聚脂剂或填料应用于热塑性丙烯酸类外涂层，由于膨胀和收缩不同引起的张力而导致开裂）	1. 只能使用可互相配套的材料 2. 使用高品质的油漆 3. 按照油漆制造商所推荐的漆膜厚度标准
7	流挂	呈现小连珠、小液珠，甚至是小球滴，即所谓的“屏障效应”，它们沿喷漆表面垂直流下	1. 喷枪的喷嘴口径太大 2. 喷涂距离太近、喷涂移动速度太慢 3. 喷涂时采用了过湿的喷涂方法 4. 喷涂油漆流量过大，致使喷涂涂层过厚 5. 涂层间相隔时间过短 6. 油漆调配黏度太低或使用了与喷涂温度不配套的固化剂或稀释剂（慢干） 7. 喷涂环境温度较低或湿度较大时易流挂 8. 油漆调配时的油漆温度及调漆间温度太低	1. 应用适合口径的喷漆枪 2. 按照油漆的施工要求进行喷涂 3. 按照喷涂温度调配固化剂或稀释剂 4. 注意油漆的厚度并掌握好喷涂的流平时间
8	起泡	1. 潮湿起泡以不同的形状和尺寸，在不同的区域以不同的密度发生 2. 发生在漆层与漆层之间（底漆表面）或整个油漆结构（素材件表面） 3. 因涂层是密闭的，故在干燥和低温气候下起泡现象也会减少	1. 欲喷涂表面未进行充分和彻底清洁（由于使用不洁净的水或手汗留在工件表面而导致水中可溶性盐的污染，擦拭印迹是清晰可见的气泡排列的“串珠”），当喷涂面漆后，工件长时间存放于潮湿环境而形成的潮湿效应 2. 空气压缩机的水分没有完全被过滤 3. 进行湿打磨后，水分没有完全挥发	1. 保证工件表面水分完全挥发、干燥 2. 确保工件表面彻底清洁并无手汗 3. 保证空气压缩机的油水彻底分离
9	起皱	表面漆层（第二涂层）比下面漆层（第一涂层）干燥得快时，在漆膜表面形成的无规则的凹槽和隆起	1. 喷涂油漆的厚度过厚 2. 在不适当的干燥条件/环境/温度下进行喷涂工作（例如：过高或过低的喷涂温度及湿度） 3. 连续的厚膜喷涂，加之流平时间过短，烘烤过快，致使漆膜表面凝固作用过快，潮湿的内层发生变形现象	1. 按照油漆制造商所推荐的漆膜厚度标准 2. 应在温度及湿度适宜的环境下进行喷涂工作
10	橘皮	涂料涂装时不是生成平滑的表面，而是形成如橘子皮那样凹凸不平的现象	1. 涂料在生产过程过多使用防流漆助剂及涂料流平不好 2. 溶剂选择不当，挥发速度过快 3. 涂料环境温度过高或过度通风 4. 喷枪距离太远，涂料黏度过高 5. 喷涂气压过大	1. 在涂料中添加适量的流平助剂有明显效果 2. 选用适当的高沸点稀释剂 3. 选择合适的喷枪，控制空气压力，保证涂料充分雾化 4. 控制漆膜厚度，保证足够流平时间

（续）

序号	缺陷名称	出现形式	原因分析	解决措施
11	渗色	在一种漆膜上喷涂另一种颜色的漆，底漆层的颜色部分渗入面层漆膜中而使面层漆膜变色的现象称为渗色。通常以红或黄色的形式出现	1. 底漆层中含有的有机颜料或溶剂能溶解的色素渗入面漆层中 2. 施喷件表面上含有有色物质或底材上有附着物（如沥青、焦油残留物） 3. 面漆中含有溶解力强的溶剂（如酯类、酮类）或底漆层未完全干透就喷涂面漆 4. 聚酯填料（原子灰）中的过量过氧化物（硬化剂）被涂料中的溶剂溶解时会产生穿透性渗色，蓝、绿色调特别易于发生	1. 在含有有机颜料的涂层上不宜喷涂异种颜料的涂料（尤其是浅色面漆） 2. 为防止渗色，在喷涂面漆前，应先喷涂一层隔绝底漆 3. 面漆选用挥发快、对底漆层溶解力差的溶剂调配 4. 清洗除去底层上的着色物质后再喷涂面漆
12	失光	外涂层表面光泽呈现不均匀并有轻微纹理，表面的微观结构导致光泽减低	1. 在喷涂面漆前，底漆未完全干固，漆膜喷涂过厚或干燥时间太短 2. 使用的底漆或填料所配套的固化剂添加比例不对或使用了不配套的固化剂 3. 喷涂面漆涂层太薄，油漆黏度太低（稀释剂过多） 4. 喷涂面漆涂层太厚，涂层内存有许多剩余溶剂尚未完全挥发，当面漆层干固后，剩余溶剂继续挥发而导致面漆层收缩，出现失光现象 5. 喷涂过程中采用干喷式喷涂，导致面漆失光 6. 流平时间太短，过早地进入高温烘烤	1. 按照油漆制造商所推荐的漆膜厚度标准 2. 应按照技术要求添加硬化剂 3. 确保底漆完全干固或采用湿碰湿的喷涂方法 4. 要有充足的流平时间
13	咬底	咬底一般发生在面漆与底漆之间或底漆打磨边缘位置	1. 底漆没有彻底干燥 2. 素材件表面或底漆表面没有进行打磨或打磨不到位 3. 素材件或底漆表面打磨时使用的砂纸太粗糙 4. 底漆或底色漆喷涂太厚 5. 底漆或底色漆没有经过充分的流平时间，就喷涂了面漆或罩光清漆 6. 底漆或底色漆与面漆或罩光清漆不配套，或添加了不适宜的固化剂或稀释剂	1. 确保底漆完全干固或采用湿碰湿的喷涂方法 2. 按照油漆制造商所推荐的漆膜厚度标准 3. 选用正确的打磨砂纸型号 4. 底漆或底色漆要有充分的流平时间
14	鱼眼	鱼眼是圆形凹痕并带有突起的边缘，呈碟状的坑，像火山口状的开口，一般发生在喷涂底漆、中间漆、底色漆、罩光清漆时的油漆表面	1. 油、脂肪、蜡和硅酮等抛光残留物及污物在喷涂前未彻底清除掉 2. 来自不洁净的清洁布或清洁剂 3. 来自空气的污染 4. 来自压缩空气的油水 5. 来自附近工厂或其他场所的外来物质	1. 彻底清除预喷涂表面 2. 抛光场地应远离喷涂车间 3. 压缩空气应定期检查，避免油水进入喷漆管道 4. 注意喷涂车间周围的其他环境
15	云斑	云斑一般出现于大面积喷涂金属银粉漆的时候，呈现像云彩般现象，又称“喷花”	1. 喷涂金属银粉漆时，漆层不均匀 2. 喷涂金属银粉漆后，挥发时间不充足，或喷涂第一层罩光清漆时，漆膜太湿，令部分金属银粉漆被清漆溶解，金属漆内的银粉颗粒浮起而改变其位置 3. 喷涂气压过大或过小，或喷涂金属银粉漆时过厚或过薄，致使金属银粉漆排列不均匀；喷涂环境温度过高，或使用了不适合温度的稀释剂、与金属银粉漆不配套的清漆	1. 按照油漆的施工要求进行喷涂 2. 按照喷涂温度调配稀释剂 3. 注意油漆的厚度并掌握好喷涂的流平时间

（续）

序号	缺陷名称	出现形式	原因分析	解决措施
16	遮盖力差	透过面漆可以看见少许底漆颜色，颜色不均匀，甚至有发花的现象	1. 面漆在喷涂前未充分搅拌，油漆与固化剂未充分混合 2. 使用的稀释剂不正确 3. 油漆黏度太低 4. 油漆本身遮盖力差	1. 喷涂前要将油漆充分搅拌 2. 使用正确的调配黏度及配套的稀释剂 3. 选用品质高的油漆
17	慢干/不干	油漆烘烤后漆膜长时间发软，严重的发黏	1. 固化剂添加不当（过多或过少） 2. 喷涂涂层过厚 3. 固化剂和稀释剂太慢干或品质较差 4. 干燥条件不好，空气太潮湿或通风条件不好 5. 涂层烘烤干燥时间不足	1. 选用品质高的固化剂和稀释剂 2. 按照要求添加固化剂和稀释剂 3. 按照油漆制造商所推荐的漆膜厚度标准 4. 涂层间要有足够的挥发时间 5. 按油漆的要求控制好烘烤温度和时间

4. 模内装饰技术

模内装饰技术就是在模具内给塑料基材装饰一层带有花纹或纹理的薄膜的方法。它用可成型薄膜进行模内装饰取代了零件成型后喷漆、印刷和镀铬等工艺。模内装饰工艺根据零件翻边深度的不同主要分为两种：模内转印（In-Mold Decoration，IMD）及嵌片注射（Insert-molding，INS）。

（1）IMD　IMD是先将图案印刷在薄膜上，然后将薄膜送到所需位置，薄膜固定后合模，然后注射，开模后即得所需制品。注射后有图案的油墨层与薄膜分离，油墨层留在塑件上即得到表面有装饰图案的零件，在最终的产品表面没有一层透明的保护膜，薄膜只是生产过程中的一个载体。但是这种膜的图纹表面有一层保护层，能够提供产品的耐刮擦性、耐候性及耐化学品性能。

1）模内转印技术的优点是生产时自动化程度高以及大批量生产的成本较低。缺点是需要专用的送膜机与注射机，薄膜的拉伸程度不高，受形状及结构的限制比较大。

2）IMD工序：①送膜机供膜；②固定膜片；③模内注射；④取出部件，继续供膜，如图4-81所示，该工艺连续性强，非常适合大批量生产。

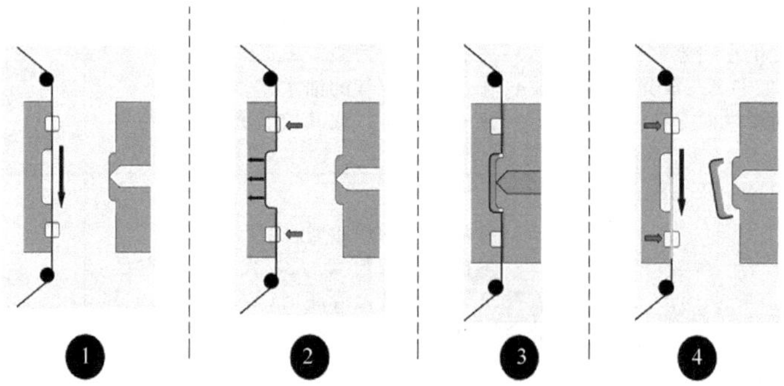

图4-81　IMD工艺流程

（2）INS

1）INS的工艺过程：首先准备好膜片，通过真空成型做成零件的形状，把多余的部分冲切掉，然后注射即得所需零件。此工艺的优点是加工3D表面能力强，且可实现部分模内注射，普通的注射模具就可以注射成型。其缺点是该技术合格率不高，且需要真空成型模与冲切模，适用于该技术的薄膜成本也较高，零件成本比模内转印技术高20%~30%。

2）INS工序：①薄膜吸塑；②薄膜裁剪；③模内嵌件注射，如图4-82所示。

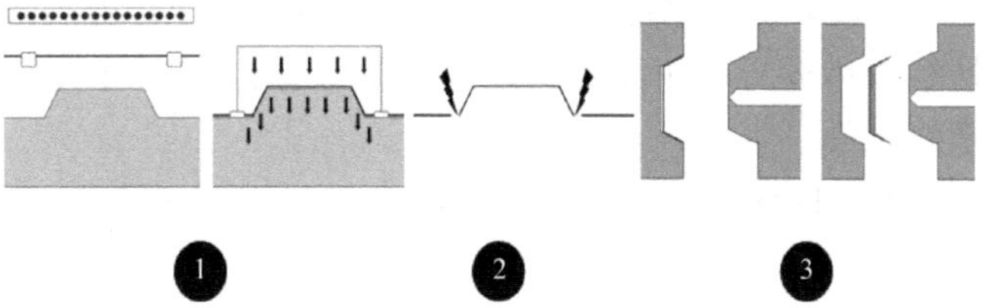

图4-82 INS工艺流程

5. 双腔体真空覆膜

双腔体真空覆膜技术是继模内装饰技术之后产生的一种新技术。与模内装饰技术相比，具有工艺简单、可节省覆膜的模具成本、可以包裹部件的边缘、部件的形状可以更加复杂、设计自由度大等优点。而且这项工艺采用热敏胶粘结，覆膜的基材不局限于无定形塑料，可应用于半结晶塑料。此外，设备具有通用性，不易受造型变化和设计变更影响。

双腔体真空覆膜技术工艺流程如图4-83所示，主要包括部件成型、部件抽真空、部件加压覆膜和部件覆膜完成四个步骤。

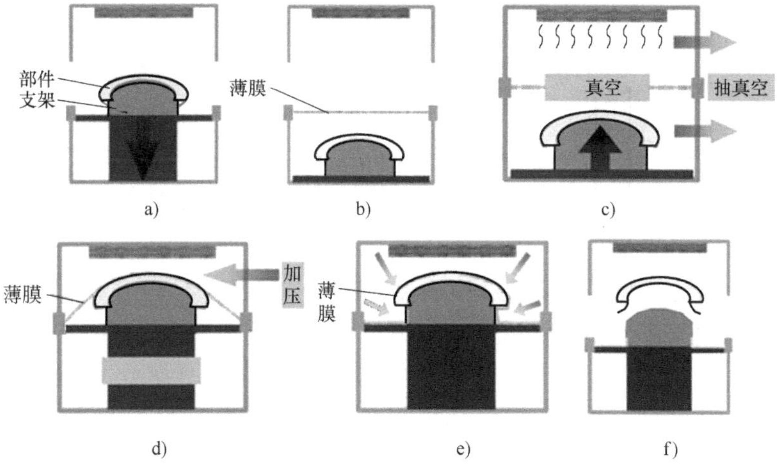

图4-83 覆膜详细步骤

a）放置部件 b）降低支架，布置薄膜 c）闭合，抽真空 d）支架上升，上腔体加压
e）薄膜包覆 f）包覆完成，打开，取出部件后修剪多余薄膜即完成成品

6. 焊接

塑料焊接是借助热能或振动能，使材料表面软化而结合在一起的方法。焊接品在形状的设计方面有某种程度的限制，尽管不使用粘合剂，但却可得到比较好的焊接强度。

焊接的方法主要有热板焊接、振动焊接、超声波焊接、高频焊接、激光焊接、电阻焊接等。

（1）热板焊接　热板焊接是由热板产生的热量软化接合表面的加压焊接方法。因装置简便、焊接强度高，常被用于大型产品的焊接。

1）热板焊接的特点：可进行气密接合，可靠性好；制品、焊接部的形状设计相对来说比较容易；特别适合焊接较软的半结晶热塑性材料，如 PE、PP；由热板产生的热量使制品软化，周期较长；粘贴在热板上的树脂会出现拉丝现象；当不同种类的塑料与塑料相接合时，会出现强度不足的现象。

2）热板焊接工艺如图 4-84 所示。

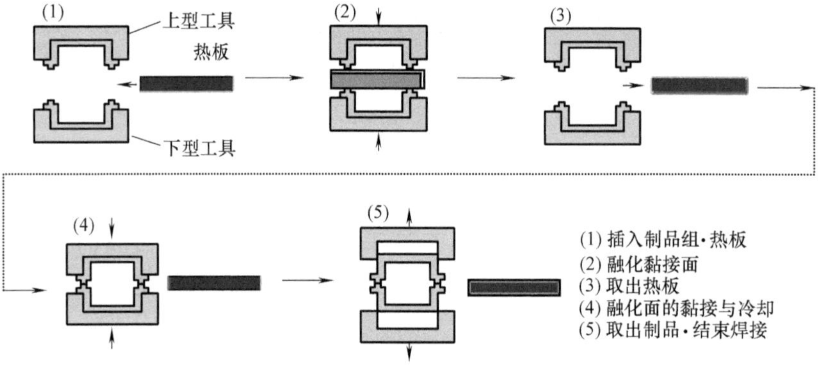

图 4-84　热板焊接工艺

3）焊接设计方案有三种，如图 4-85 所示。

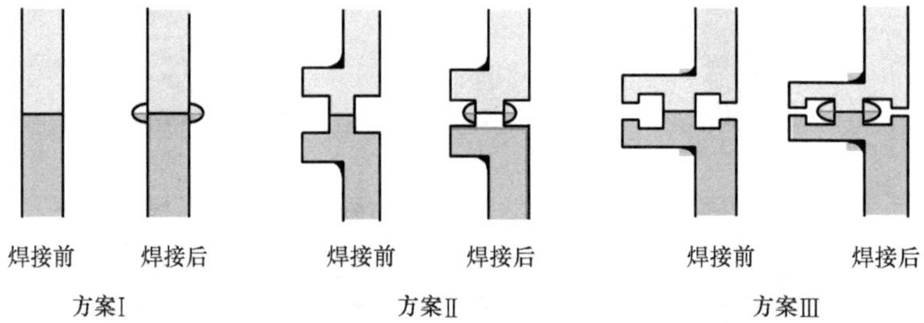

图 4-85　热板焊接设计方案

4）热板焊接最常见的问题为制品软化部分粘附在热板上。在热板上贴附 PTFE 薄膜或对热板进行 PTFE 镀层处理可解决此问题。镀层处理时将热板表面做成镜面后再进行 PTFE 镀层。

（2）振动焊接　振动焊接是属于摩擦焊接的一种。首先将一种制品固定后，另一种制品在加压的同时使其在水平方向发生振动，然后使接合面软化、焊接。无定形塑料比半结晶塑料更适合振动焊接。振动方式可分为线型与轨道型两种。线型是左右方向振动，轨道型则是小圆形的振动。因焊接面相对时间轴的速度是一定的，故轨道型振动可得到均一的焊接面。一般来说，只要在接合面之间有可供发生摩擦的接触面即可。当制品厚度较薄或者过于细长时，可设置防止偏移、污点的钩型凸缘；当焊接时出现飞边等外观问题时，则设置飞边滞留。

（3）超声波焊接　超声波焊接是在进行超声波振动的同时施加压力，使要结合的塑料产品的一部分因摩擦产生热量而软化，最终焊接在一起的方法，如图 4-86 所示。

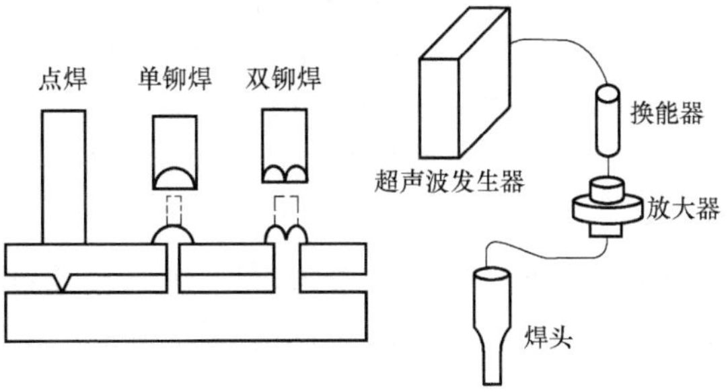

图 4-86　超声波焊接原理

无定形塑料分子排列无序，有明显的使材料逐步变软、熔化及流动的温度（T_g 玻璃化温度）。这类树脂通常能有效传输超音速振动并在相当广泛的压力/振幅范围内实现良好的焊接。半结晶型聚合物分子排列有序，有明显的熔点（T_m 结晶熔点温度）和再度凝固点。固态的结晶型聚合物是富有弹性的，能吸收部分高频机械振动。所以此类聚合物不易于将超声波振动能量传至压合面，而要求更高的振幅。需要很高的能量（高熔化热度）才能把半结晶型的结构打断从而使材料从结晶状态变为黏流状态，这也决定了这类材料熔点的明显性。熔化的材料一旦离开热源，温度有所降低便会导致材料迅速凝固。所以必须考虑这类材料的特殊性（例如：高振幅、结合点的良好设计、与夹具的有效接触及优良的工作设备）才能取得超声波焊接的成功。

7. 铆接

塑料部件的组装方法分为机械结合、焊接以及粘接等。一般来说，同种树脂间的接合建议用焊接法，而异种材料间的组合经常采用机械结合法。机械结合法包括嵌入和嵌出成型、压入、自攻螺钉、弹性配合、铆接等方法。这里特别介绍的是铆接。铆接方法多用在组装塑料和金属的成型品或不同材质的塑料成型品。例如，将带有图 4-87 所示形状的铆接轮毂部分的树脂嵌入金属或其他树脂中，接着用夹具（喷嘴）使轮毂部分产生变形来使其接合。

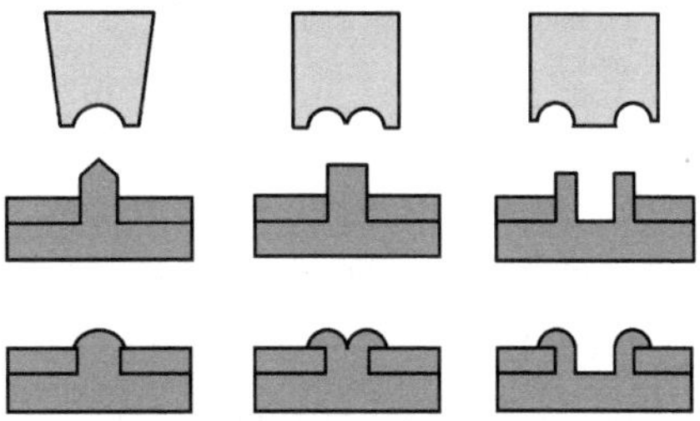

图 4-87　塑料铆接连接结构

这是一种可将异种材料比较简便地接合在一起的方法，但铆接部分的缺陷经常会导致故障，因此最好避免将其用于功能部件。

铆接方法主要有超声波铆接、热铆接、冷铆接等。

（1）超声波铆接　超声波铆接是一种用超声波振动来击碎树脂的顶部（轮毂部分），然后与金属或其他树脂接合的方法。超声波铆接的特点是铆接速度快，可用市售的超声波焊接机来接合。但需要注意的是，超声波振动有时会损坏内部部件；和金属板铆接时，金属板表面有时会出现伤口；较难用于没有拉伸性的材料，如玻璃填充、高填料填充之类的塑料。

（2）热铆接　热铆接是一种在气筒等加压部分的前端，用带有可温控热板的装置加热加压以使树脂材料制成的轮毂熔融固化，从而与金属或其他树脂接合的方法。热铆接的特点是对铆接部件的损伤很小；由于铆接轮毂部分不会出现缺陷，强度趋于提高；铆接时间较长。但热铆接轮毂与金属板有时会产生间隙或松动。

（3）冷铆接　冷铆接是一种在气筒等加压部分的前端安装铆接用喷嘴，然后用压力使树脂轮毂顶部产生塑性变形，再与金属或其他树脂接合的方法。冷铆接是最简单的铆接方法，铆接速度快，但不适用于玻纤填充、高填料填充等增强塑料。由于塑性变形，铆接轮毂部分容易产生缺陷，各转角部分应取圆角。在铆接间隙偏大时，应注意预防铆接强度的降低。

8. 退火（韧化）处理

退火（韧化）处理针对注射时易产生内应力的部件。内应力也叫残余应力，是在不受外力作用的情况下由内部材料产生的一种应力。其大小取决于成型条件、成型品形状等多种因素。塑料注射成型时必然会产生残余应力，只是大小有别而已。其原因是在注射成型时，熔融树脂的表层和内层的固化收缩速度不同（存在时间差），固化慢的内部就会在固化的同时对固化快的外部产生拉伸作用，从而产生内应力。无定形材料由于分子链的排列，在加工中特别容易产生内应力。

（1）残余应力会导致部件变形、疲劳断裂等问题，因此必须设法消除，如图 4-88 所示。

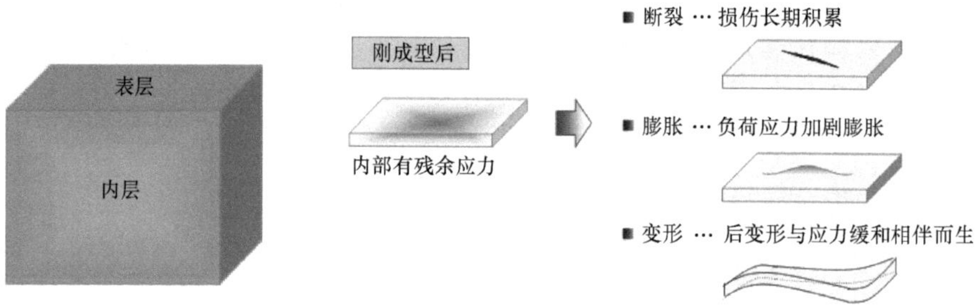

图 4-88　残余应力导致的问题

（2）内应力的消除一般采取退火（韧化）措施。一般材料在烘箱中以低于热变形温度 10~15℃处理 1~2h 即可，此外，可根据产品的厚度进行调整。存在金属嵌件的制品一般不宜进行退火处理。

（3）尼龙材料由于吸水性较强，采用吸湿处理可同时消除内应力和满足材料吸湿平衡，小部件在沸水中泡煮约 2h，尺寸大的部件应采用悬挂式，在蒸汽房里保持吸湿至水分平衡。同时该方法也可让尼龙制品尺寸达到平衡状态。

4.6　内外饰常用材料发展趋势

汽车内外饰的材料发展需要不断满足消费者日益提升的舒适性和环保性要求，同时还应遵循以下几点。

（1）选材单一化　对于选材单一化主要是通过减少材料使用类别来实现，减少材料种类不仅可以减少试验成本、提高工作效率，而且可以实现材料大批量采购以降低成本，同时能够更好地满足汽车回收相关法规。

（2）轻量化 对轻量化主要通过以下方式来实现：

1）在满足要求的条件下优先选用密度更低的材料，如用 PA+ABS 代替 PC+ABS、PP-LFT 代替 PA-LFT 等。

2）实现以塑代钢，如门内板实现塑料模块化。

3）开发高流动、高刚性的材料降低产品壁厚。

4）引入生物材料在汽车部件上进行应用，例如麻纤维增强的聚丙烯材料已作为轻量化材料之一代替先前的材料来降低零件重量。

（3）易回收 对于环保来说，主要是选用环保材料提高整车空气质量，而针对舒适性来讲主要是实现内饰的高级化、软饰化、个性化，但这些发展要求与材料的回收性和降低成本相矛盾。新型的内饰材料应当既能保证不增加费用，又可满足舒适、安全和环保的要求。

在汽车塑料用量不断增长的背景下，结合消费者的要求和主机厂的研究情况，内外饰塑料用材主要有以下趋势。

（1）通用塑料的使用量逐步增加 内外饰零件主要采用的塑料件，以装饰性为主，如护板、前后保险杠等。由于内外饰零件对塑料的使用量比较大，主机厂都比较注重用材成本。随着国内材料技术水平的不断提高，越来越多的通用塑料经过改性后都能达到内外饰零部件的性能要求。和工程塑料相比，通用塑料具有原料丰富、合成产量大、用量多、成本低廉等特点，最重要的是原材料资源比较丰富，选择余地比较大，不像一些工程塑料资源较少，往往被国外企业垄断。同时通用塑料的加工条件相对较低，对设备的要求也不高，这些优点也促进了通用塑料的不断发展。

（2）整车用材单一化和通用化 为了降低成本，充分利用原材料，汽车内外饰用材料种类可以精简数量，内外饰件用材范围缩小到 PP+EPDM-T20、PP-T20、ABS、PC+ABS、HDPE、POM、PA6-GF30 和 PU 等种类。通过整车内外饰塑料件用材单一化和不同平台的部件用材通用化，主机厂可以减少不同零件之间的色差，对材料牌号进行管理和监控，控制源头质量，降低材料对制品质量的影响，保证原材料的质量和生产一致性，同时对于汽车报废后的回收处理也非常有利。

（3）环保性材料使用 塑料由于其加工性和耐热性的因素，在长期使用过程中会挥发出小分子物质，如何减少小分子物质的挥发和避免小分子物质对乘员的伤害是主机厂的责任之一。低气味和低散发是内饰材料环保性的首要要求。此外，环保性要求现在已经不仅限于最终的使用状态，而且拓展到加工过程和原材料制造过程。加工过程中的塑料件喷漆环节、石油基材料成为环保性要求的主要突破点。免喷漆材料和生物基材料的应用由于对环境的伤害较小而越来越受到重视。在主机厂对材料的控制方面，已出台的 ELV 法规要求所有材料必须满足禁限用物质、低散发性和易回收要求。

（4）半结晶塑料取代无定形塑料 无定形塑料和半结晶塑料的对比主要集中在 PP 类和 ABS 类两大类材料。内饰件越来越多地采用 PP 类材料，改性后的 PP 材料性能接近 ABS，同时成本低于 ABS。在需要装饰如喷漆要求的部件上，PP 材料也完全可以满足。此外，一个最重要因素是原料聚合时，PP 的原料毒性远远小于 ABS 的原料。ABS 聚合需要有丙烯腈的支持，丙烯腈属高毒性品种。同样的问题在 PMMA、PC 等无定形塑料上均有存在，如 PMMA 的原料氢氰酸（HCN）、PC 的原料光气等。

（5）长玻纤增强通用塑料取代短玻纤增强工程塑料　在结构件的应用方面，短玻纤增强的尼龙、聚酯应用较多，如 PA66-GF30、PA6-GF30 和 PBT-GF30 等。近年来，随着长玻纤改性技术、加工设备以及材料的设计经验提高，长玻纤增强热塑性塑料以及玻璃纤维毡增强热塑性塑料的应用不断扩大，典型代表为 PP-LGF 和 GMT 材料。和短玻纤增强工程塑料相比，长玻纤增强通用塑料成功克服了短纤增强的缺陷：零件翘曲和表面浮纤，同时材料的刚性能达到同样的等级。由于基体材料为通用塑料，成本低于工程塑料。在替代性方面，长玻纤增强通用塑料不仅能取代短纤增强工程塑料，还可替代金属件，应用于前端模块、门模块、座椅骨架和备胎舱等部件，并有显著的减重效果。

（6）材料多工序加工成型精简化　中高档汽车内外饰部件复杂度较高，例如，仪表板为“本体+泡沫+搪塑表皮”结构，门护板包覆表皮，立柱护板包覆面料或表皮，此外还有许多部件有后续的喷漆、烫金等装饰工艺。以仪表板为例，在本体注射后，结合之前搪塑好的表皮，进行发泡工艺，通过泡沫粘结本体和表皮成为一个零件。该过程需要三种工艺，并要求具有配套的车间和人员。由于工序众多，存在每一道工序增加报废率的风险，并且生产效率不高。同理，喷漆件也存在类似问题。

而直接喷涂（针对喷漆件）技术、IMD 技术（针对表面装饰件）、直接结皮技术（针对表皮包覆件）均改进了以上工艺，在加工成型时一次性完成最终状态的部件。通过减少喷漆等工序的投资、生产效率的提升和部件结构的改进，提高了成品件的成品率和功能性。

（7）舒适性要求不断提高　汽车作为高档消费品，其内部的密闭性可以称为“移动的小屋”，如何在狭小的空间内保持乘员的舒适性和维持对乘员的吸引力成为汽车制造商提升产品品质的攻关方向。转嫁到材料方面的要求主要有低光泽性、耐刮擦性、防污耐脏性、抗静电性、抗发黏性和提高触感视觉效果等。此外，考验这些要求的条件也越来越苛刻，很多都是在高温或低温下进行的。

低光泽性主要针对主视野区，目的为减少驾驶人驾驶疲劳性。现行的无定形塑料光泽度都偏高，半结晶性塑料光泽也不是很理想，通过塑料合金化即共混改性的方法可产生哑光产品，如 PA+ABS 材料。耐刮擦性主要针对 PP 类材料，通过选择合适的基体材料（均聚好于共聚），控制滑石粉添加的量、耐刮擦剂的选择（高分子硅酮类优先），同时配合适合的颜色（米色好于黑色）和纹理，可制造高耐刮擦的产品。防污耐脏、抗静电、抗发黏及夜视发光均能有效提升部件的品质，为乘员提供更安全可靠、耐久实用同时又具有高科技含量的精致产品。

第5章 内外饰仿真分析的应用

汽车是由上万个零部件组成的复杂产品，开发过程较一般产品更系统和复杂，一般分成整车、系统、零部件三个开发层次。在整车、系统、零部件的开发过程中，均会涉及结构刚强度、车辆振动噪声（Noise Vibration Harshness，NVH）、疲劳、流体、电磁、控制等各领域的问题或者多物理场耦合的问题。

整车仿真分析主要对整车结构的强度、刚度、NVH、舒适性（平顺性）、耐久性、多刚体动力学、碰撞、乘员的安全性、整车空气动力学等方面进行模拟（仿真）分析，从而预测整车的性能，判定设计的合理性，优化结构设计。在汽车内外饰开发过程中，仿真分析主要侧重两方面：一方面是基于内外饰设计验证（Design Verification，DV）或性能进行仿真分析与优化，如仪表板计算流体动力学（Computational Fluid Dynamics，CFD）分析、杂物箱刚强度分析、头部碰撞分析、座椅静态舒适性分析等，同时组合应用拓扑、形貌等多种优化技术支持产品工程师进行满足性能前提下的轻量化（优化）设计；另一方面是基于不同成型工艺进行工艺仿真，对零部件的结构工艺性进行验证和优化，如大多数内外饰零部件是注射成型工艺，一般需要进行模流分析优化，以减少零件结构不合理导致的变形（尺寸超差）和工艺外观缺陷。

为保证整车、系统、零部件性能验证的全面性和传递性，主要内外饰件都要进行零部件、系统和整车层次的仿真验证。如仪表板总成的模态分析，内外饰仿真部门（含供应商）既要进行总成级的模态分析，解决仪表板总成整体、局部模态过低和内部子系统间模态避频问题，又要在验证合格后，将仪表板模型传递给整车仿真部门，放到整车模型中分析仪表板在整车下的响应情况。如图 5-1 所示，为保证整车、系统、零部件性能验证的准确性和有效性，通常内外饰仿真部门（含供应商）会与整车仿真部门共享材料模型和仿真模型；同时整车仿真部门会输出相应的边界条件，与内外饰仿真部门共同制订系统目标值。

汽车内外饰开发过程是主机厂、产品供应商、料商、模具厂等各方协同作战的过程，同样仿真分析在内外饰开发中的应用亦涉及主机厂、产品供应商、料商、模具厂等多方的仿真团队。整个内外饰仿真分析的主要分工和协作关系见表 5-1。

内外饰仿真分析主要应用在模具和样车制造之前，即从汽车内外饰研发初期就开始运用仿真工具进行模拟分析，以便及早发现内外饰设计的缺陷，并优化结构设计，从而提升内外饰设计质量，使内外饰满足国家法规和用户需求。仿真分析，还可以对多种设计方案进行虚拟组合试验，确定出最佳方案，帮助工程师进行正确决策。在汽车内外饰批量生产以后，仿真分析主要用于解析汽车在使用过程中发生的质量问题。

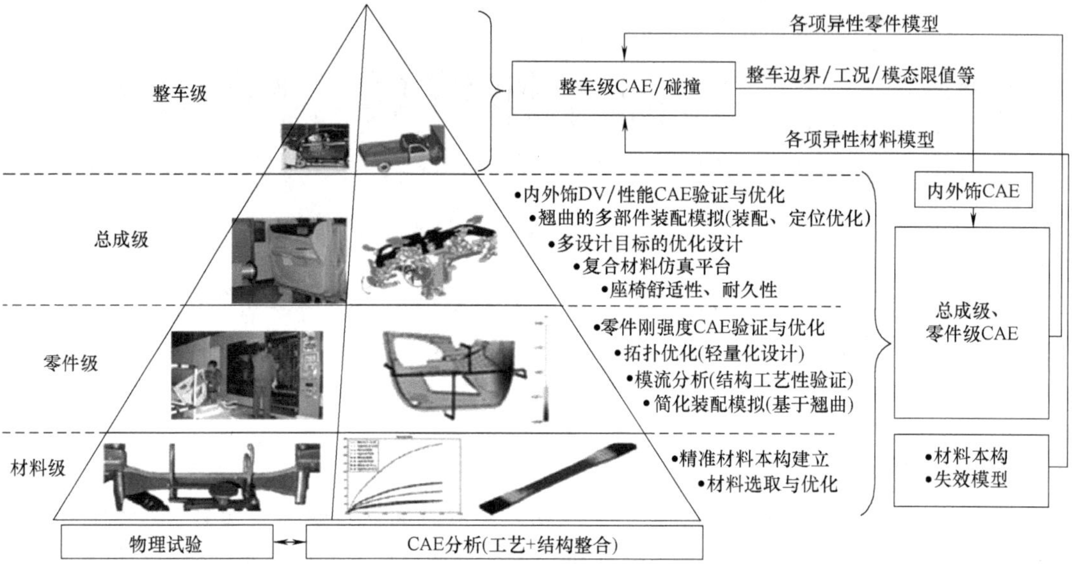

图 5-1　内外饰仿真层次及与整车仿真的关系

表 5-1　内外饰仿真分析的主要分工和协作关系

	参与的仿真团队	配合关系
整车级	主机厂	主机厂主导，其他不参与
系统级	主机厂+零部件供应商	主机厂主导，零部件供应商参与建模与仿真
零件级	零部件供应商+主机厂	零部件供应商主导，主机厂标准制订及参与评价
材料级	材料供应商+主机厂	材料供应商主导，主机厂材料模型标准制订及参与评价

内外饰仿真的核心价值如图 5-2 所示，可总结成一句话，内外饰仿真技术是汽车内外饰研发缩短周期和降低成本的“利器”。

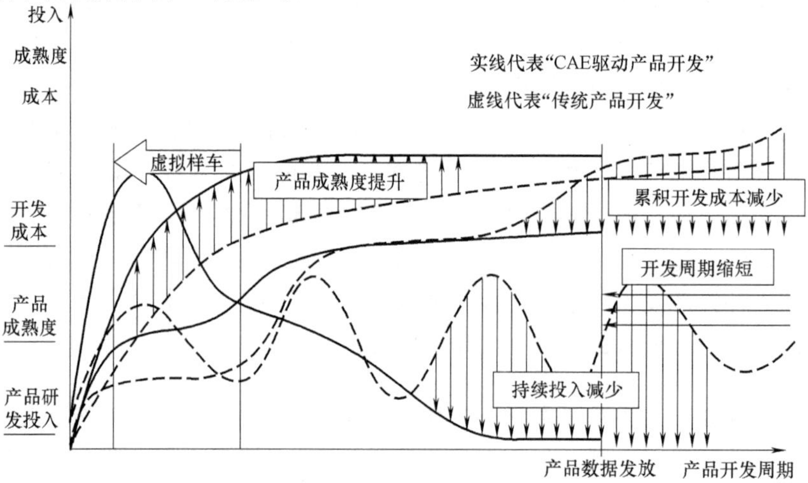

图 5-2　内外饰仿真的核心价值

5.1 结构仿真分析

所谓内外饰结构仿真，是指基于内外饰 DV 试验和市场质量问题，将不同类别试验和问题发生的物理过程合理简化和模型化，然后运用常用的结构仿真方法（类型）去模拟试验过程或重现失效场景，以期预知试验结果或通过仿真结果信息，透视失效机理和问题发生的真因；同时提出合理可行的结构优化方案，最终实现内外饰性能的虚拟验证和产品结构的优化。内外饰仿真分析的主要分析内容见表 5-2，其核心目的是：①实现内外饰 DV 虚拟验证，部分替代试验，问题前移，节省试验、设变费用；②在满足性能前提下实现轻量化（优化）设计，节省材料费用。

表 5-2 内外饰结构仿真主要类别及应用零件

CAE		静刚度	静强度	冲击		操作力	NVH		疲劳分析		舒适性		尺寸稳定性分析		其他
试验	试验类别	刚强度试验			碰撞	操作力	NVH 试验		耐久性试验		舒适性试验		环境试验		
		静刚度试验	准静态强度试验	冲击强度试验	内凸（碰撞）	操作力	模态	异响	振动耐久	功能件操作耐久	体压/肘靠	座椅动态舒适性	高温试验	高低温循环	VOC/气味扩散
	应用零件	手柄等功能件 IP/Door 按压刚度	手柄等功能件及内外饰强度工况	内外饰极限冲击工况	仪表板中控箱 A/B 柱碰撞法规	遮阳板/手柄等功能件	仪表板/座椅/中控箱/后视镜等	仪表板/座椅/中控箱/后视镜等	仪表板/座椅/中控箱/后视镜等	遮阳板/手柄等功能件	座椅/中控与门板肘靠	座椅	所有内外饰零件	所有内外饰零件	所有内外饰零件

5.1.1 结构仿真的应用流程

内外饰产品开发与整车开发类似，一般分为概念设计阶段、方案设计阶段、工程化（详细）设计阶段、试生产阶段。如图 5-3 所示，伴随着内外饰零部件的开发，结构仿真在各个阶段均有应用，但各阶段应用侧重点不同。

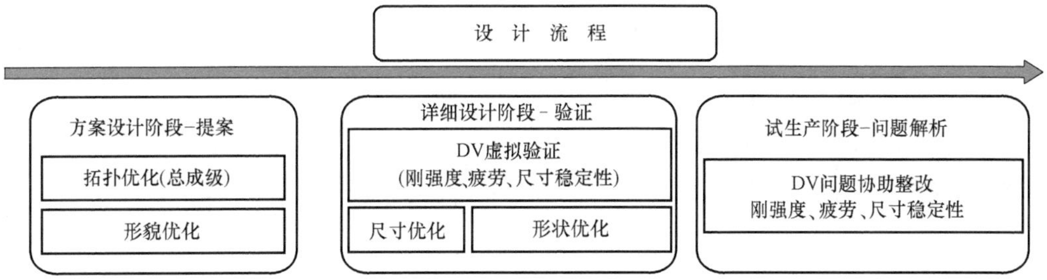

图 5-3 结构仿真在内外饰开发中的流程

1. 方案设计阶段

该阶段仿真分析的主要工作是通过优化技术帮助产品工程师提出设计方案。仿真工程师会与设计工程师、性能工程师一起讨论确定零部件总成的性能目标和关键工况、设计空间、边界条件等，并根据不同的优化逻辑关系，分步骤组合使用拓扑和形貌优化技术，获取最佳的结构方案。

如图 5-4 所示，以仪表板转向支撑设计为例，说明拓扑优化的应用。通过三轮拓扑优化获得最终产品数据：第一轮优化模型中约束点为刚性不可变，其他区域为设计区域，优化结果得出原始大块体积驾驶及副驾驶两侧多余的材料要去除，且主要梁应为薄壁空心管，这时的优化结果还很粗糙，需要光顺处理；第二轮优化模型考虑了第一轮的优化建议，主要梁为薄壁空心管，且设为不可设计区域，约束点仍为刚性不可变，这轮分析结果比第一轮更加精细、实用，此时优化尚未考虑工艺可行性；第三轮拓扑优化模型考虑了约束点为刚性不可变，主要梁为薄壁空心管以及结构均可通过冲压或挤出工艺成型，这轮分析结果发现副驾驶侧梁直径设计应该比驾驶侧小。图 5-5 为拓扑优化前后的结构对比。

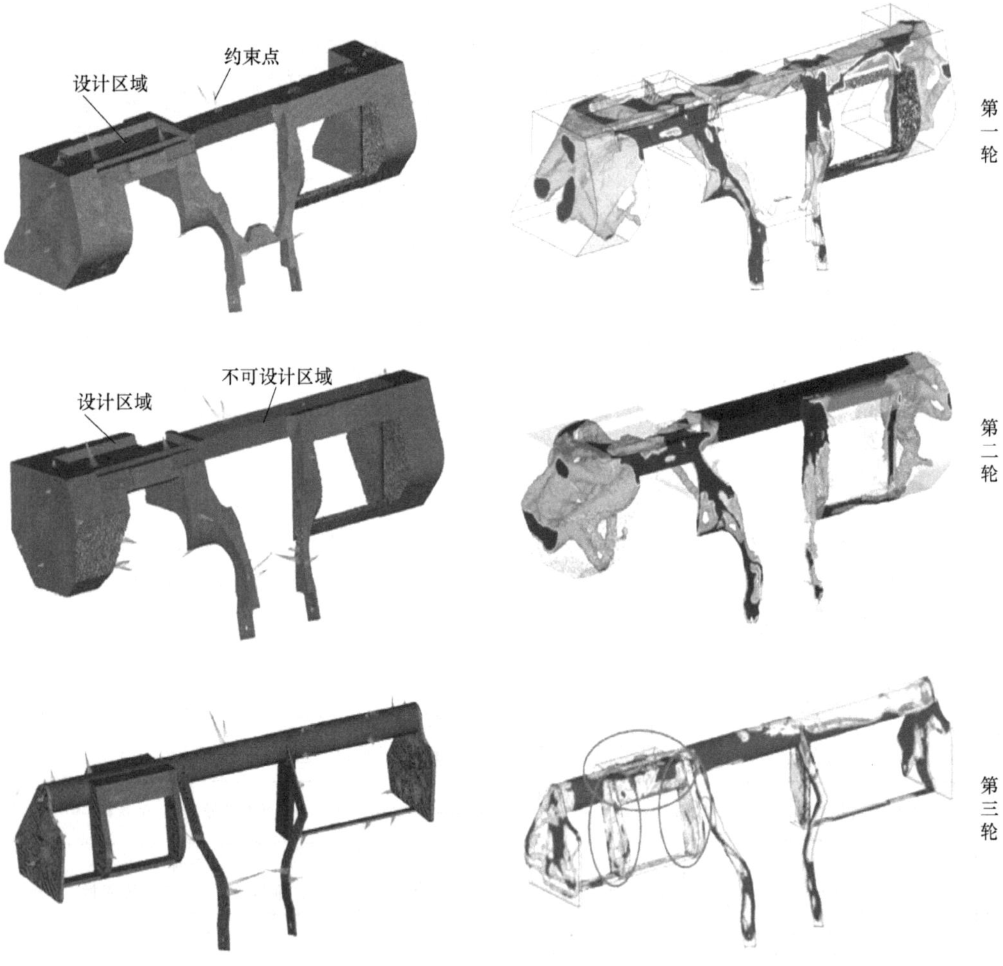

图 5-4　仪表板转向支撑结构方案的拓扑优化过程

2. 详细设计阶段

该阶段仿真分析的重点工作是进行 DV 虚拟验证与结构优化，主要包括碰撞、NVH、刚强度、疲劳、尺寸稳定性（热应力）。仿真工程师与设计工程师、性能工程师、供应商仿真部门等共同讨论制订设计分析验证计划，确定分析工况、判定标准以及数据输入、报告输出的时间节点，然后按照相应的计划逐步展开进行。

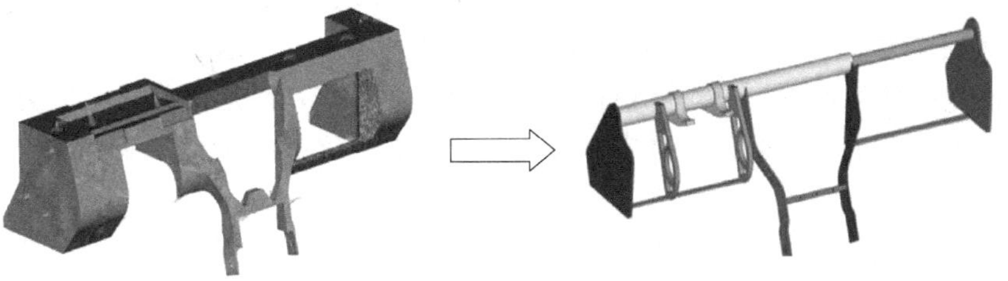

图 5-5 仪表板转向支撑结构方案优化前后对比

3. 试生产问题整改阶段

此阶段仿真分析的主要工作是协助整改重点 DV 问题，仿真工程师主要与产品工程师、性能工程师协同利用仿真工具快速找到问题发生的原因和失效机理，协助制订对策或进行多方案对比验证。如图 5-6 所示，以座椅手柄仿真分析为例加以说明：在 DV 试验中白圈区域发生断裂，施力方向沿白色箭头；优化前分析结果显示座椅手柄在加载 150N 力时发生塑性变形；通过实施仿真工程师与产品工程师共同讨论制订的优化方案后，仿真结果显示相同受力时，座椅手柄应力下降明显，强度明显提升，加载 300N 力时座椅手柄才发生塑性变形。

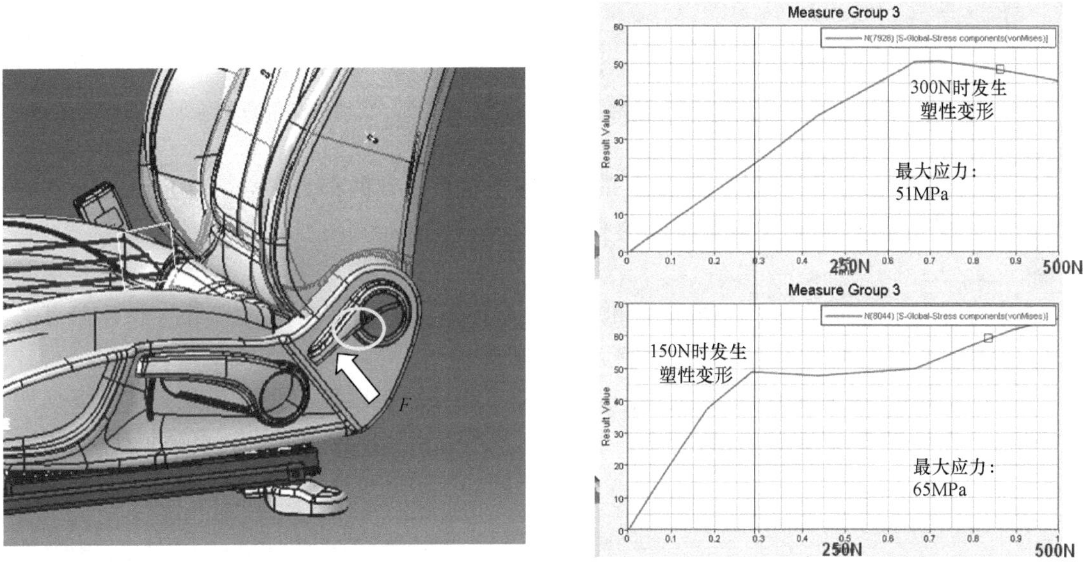

图 5-6 座椅手柄 DV 试验问题仿真优化前后结构性能对比

5.1.2 常用的结构仿真分析类型

常用的结构仿真分析主要包括线性静态分析（静刚度）、非线性结构分析（静强度、操作力）、动力学分析（模态）、热应力分析与蠕变分析（尺寸稳定性）、疲劳分析、碰撞（冲击）分析、结构优化（拓扑优化、形貌优化等）及异响分析（综合分析）等几种类型。

1. 线性静态分析

在线性分析中，有限元求解器将沿着直线来求解模型，从开始加载到发生变形。以材料线性行为为例，$\sigma = \varepsilon E$ 是一条通过原点的直线（$y = mx$）。E 是弹性模量，是这条曲线的斜率，为常数。实际上，材料通过屈服点后，将遵循非线性曲线，但是求解器仍然使用直线。当材料达到应力极限后，此时部件将损坏，裂成两半，但是求解器仍然基于直线来进行计算，不会出现失效的地方，仅仅将损坏的位置以红色来显示。通过将最大应力与屈服强度或强度极限对比，分析可以得出部件安全或失效的结论。图 5-7 为线性静态分析的应力-应变示意图。

1）静态：满足静态分析的条件有两条：

① 施加的力是静止不变的，即相对于时间来说没有变化，如图 5-8 所示。

② 平衡条件 Σ_{forces}（F_x，F_y，F_z）和 Σ_{Moments}（M_x，M_y，M_z）= 0。

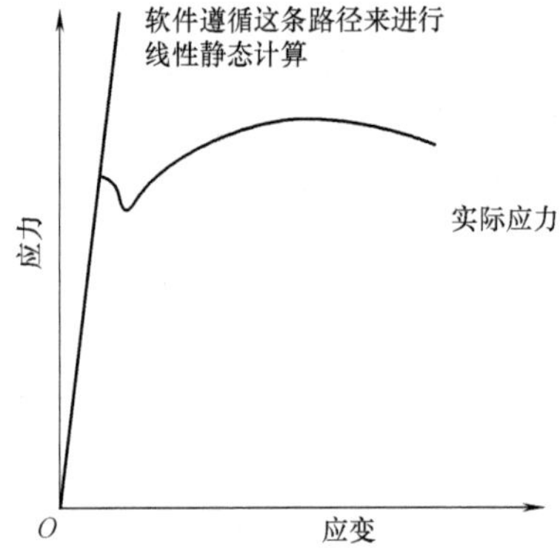

图 5-7　线性静态分析的应力-应变示意图

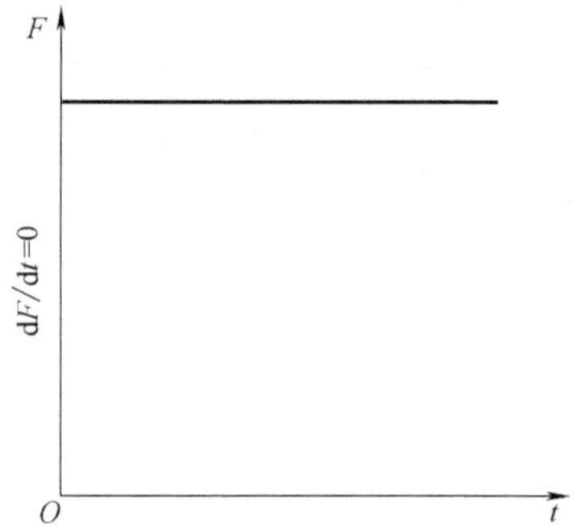

图 5-8　线性静态分析的施加力与时间关系

2）有限元模型在每个节点满足以上条件。整个模型受到的合力和合力矩应该等于约束反力和反力矩。线性求解器里需要求解的有限元完整等式是

$$F=KU$$

式中，F 为所有作用在模型上的外界力和力矩；K 为模型的刚度矩阵，与材料和几何有关系，在线性分析里，K 是不变的；U 为节点位移向量。

3）实际应用：主要用作内外饰件按压刚度及功能件结构刚度验证与优化，如图 5-9 所示。在汽车保险杠表面刚度验证分析中，发现 8、9 两点指压刚度值较小，不满足要求。

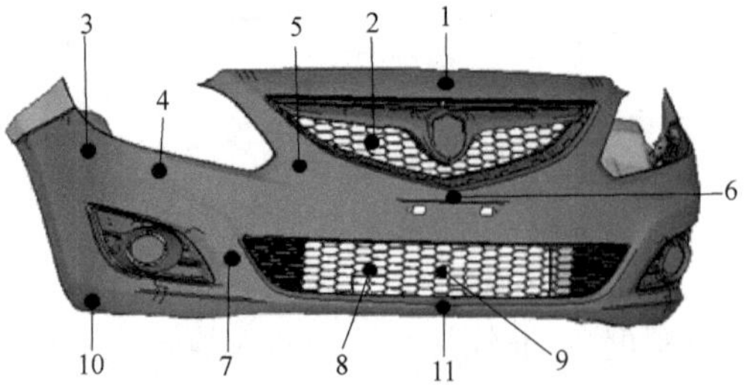

前保险杠按压刚度分析

指压分析结果

载荷状况	加载点位移/mm	刚度值/(N/mm)	最大应力/MPa	材料屈服强度/MPa
1	0.6	33.3	2.3	22
2	0.7	28.6	1.7	22
3	1.1	18.2	3	22
4	0.6	33.3	2.5	22
5	1.3	15.4	2.9	22
6	0.8	25	2.8	22
7	0.5	40	2.3	22
8	2	10	2.5	22
9	2.3	8.7	2.5	22
10	0.6	33.3	2.1	22
11	1.0	20	1.6	22

图 5-9　内外饰线性静态结构仿真分析的应用

2. 非线性结构仿真分析

在线性静力分析中使用的是工程应力和应变，而非线性分析中使用真实应力和应变。主

要有以下几个特点，如图 5-10 所示。

1）非线性材料：力（应力）、位移（应变）曲线是非线性的（多项式拟合）。

2）几何非线性：现实生活中，刚度 K 是位移 d 的函数（记住：线性分析中 K 是不变的，独立于 d）。这意味着在几何非线性分析中，在预定义位移后，刚度矩阵 K 需要重新计算。

3）接触非线性：在接触分析中，当部件进入接触或分离，刚度矩阵 K 是位移的函数。

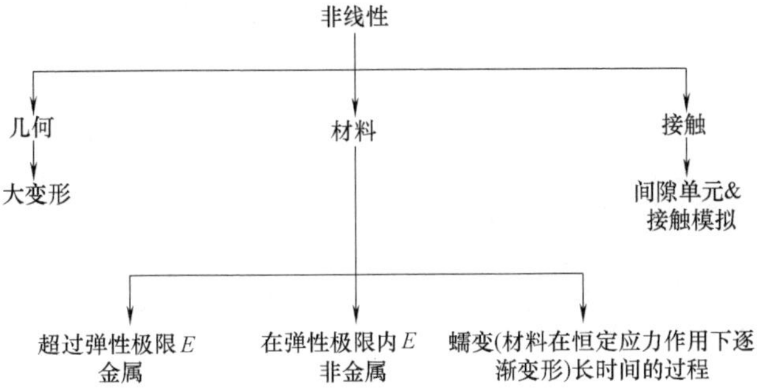

图 5-10 非线性结构仿真分析主要特点

4）非线性材料：非金属非线性广泛应用在包含橡胶、塑料、纤维增强材料的分析中；金属非线性广泛应用在汽车、航空航天和船舶行业上。从分析可以得到材料超过屈服强度后的准确应力和应变值。真实应力-应变数据是低周循环疲劳分析的基础。

在屈曲发生后，几何刚度将显著改变。为了计算得到正确的结果，所以应该考虑变形后的几何。观察结构，判断变形是否由弯曲和轴力产生。如果是轴力引起的，多半是几何非线性。如果是弯曲引起的并且变形较大，也是几何非线性问题。当然最好的方法是进行几何非线性分析，并且和线性分析对比，如果差别较大，当然就是几何非线性问题。

5）实际应用：内外饰件、功能件使用中或误操作时的极限强度验证与结构优化；功能件（遮阳板、卡扣等）结构优化，操作力验证与优化；门板、中控箱肘靠舒适度分析与优化等。

3. 动力学分析

1）自由，自然频率提取物体在受到激励后会在固有频率下自由振动，即使没有外部激励自身也会根据固有频率下振动。

2）强迫，外部激励。

主要评价参数包括：

1）频率响应。频域，稳态正弦激励，限于线性弹性结构。

2）瞬态响应。时域，任意的、预定义的恒定加速度激励或在某个频率下的强迫力，如路面激励等。

3）随机振动。随机载荷，通常输入功率谱密度（PSD）。

实际应用：主要用作仪表板、中控箱、后视镜、座椅的模态分析和频响分析。如图 5-11 所示，通过仿真验证分析得出：仪表板总成一阶全局模态低于标准要求，不合格，需要优化；中控箱总成（副仪表板）模态优化前模态（16.72Hz）较低，不满足要求，优化后模态提高到 34.02Hz，可以满足要求。

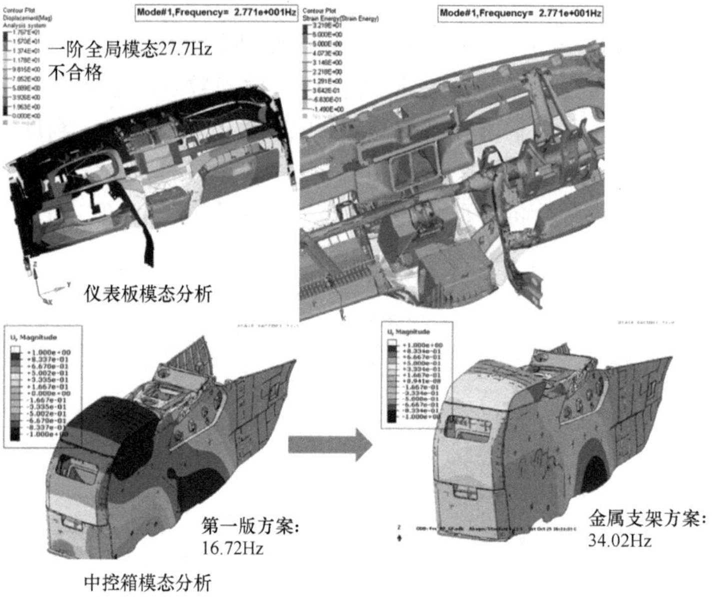

图 5-11　动力学结构仿真分析应用案例

4. 热应力分析与蠕变分析

热应力分析与蠕变分析在内外饰仿真中一般称为尺寸稳定性分析，用来预测评估高低温、日照、重力状态下零部件的间隙断差变化、永久变形及装配应力，优化定位与装配结构。

（1）热应力　当物体受到温度载荷，同时运动自由度受到限制时，便会产生热应力。工程塑料的热应力问题可以分为两类：弹性热应力问题和塑性热应力问题。

1）弹性热应力问题。在热应力水平较低的条件下，材料仅发生弹性变形。当温度载荷撤除后，物体仍可恢复初始状态。这类问题比较简单，不进行深入讨论。

2）塑性热应力问题。即材料的热应力超过材料的屈服或断裂极限后，材料发生塑性变形甚至破坏的行为。因此，热变形问题的解决方法为：一是从结构上避免过约束；二是选择热性能好的材料；三是注意材料热膨胀系数的匹配。

（2）蠕变　某些材料在一定温度和长期载荷（可以是恒定载荷，也可以是交变载荷）下，即使应力未达到屈服极限，仍然可能产生明显塑性变形，这种行为称为蠕变。

塑料在-200℃以上都会产生一定程度的蠕变行为。虽然蠕变问题往往是由高温引起的，但从本质上区分，蠕变是材料特有行为而非热应力问题。蠕变问题可以通过与热应力分析类似的方法进行分析。在此不再区分两者之间的关系，而统一为热应力问题。

根据广义胡克定律，材料的行为可以与基本的热学和力学问题独立。将材料的塑性行为替换为蠕变行为，即可对蠕变现象进行模拟，方法相似。

5. 疲劳分析

材料学中当循环载荷作用在材料时，疲劳是在逐步的结构损伤中发生的，名义最大应力值往往小于最大抗拉应力，甚至低于材料的屈服应力。

疲劳发生在荷载反复加载和卸载作用于材料时，如果载荷超过特定值，表面微观裂缝开始形成，最终裂缝达到一个临界尺寸，结构就会突然断裂。结构形状可以明显影响疲劳寿命：方孔或尖角会导致局部应力升高，成为疲劳裂纹开始的地方；圆角、圆孔和平稳过渡的机构对结构疲劳强度的增加非常重要。

1）高周疲劳。是指材料在低于其屈服强度的循环应力作用下，经 $10^4 \sim 10^5$ 以上循环次数而产生的疲劳，其特点是零部件上应力较低，且变形是弹性的。

2）低周疲劳。作用在零部件上的应力一般较高，循环次数小于 $10^4 \sim 10^5$。低周疲劳无法像高周疲劳一样准确预测部件在一个循环载荷下的寿命，通常用 Coffin-Manson 关系来描述进行静态分析和动力学分析。此外，低周疲劳还受零件内应力、残余应力、工艺缺陷、抛光、热处理、合金元素、脱碳和弧焊缝等因素的影响。

图 5-12 为 S-N 曲线，高周疲劳情况下，材料的性能通常由 S-N 曲线来描述，也称为 Wöhler 曲线。这个简化的图形，纵坐标为循环应力，横坐标为疲劳寿命。

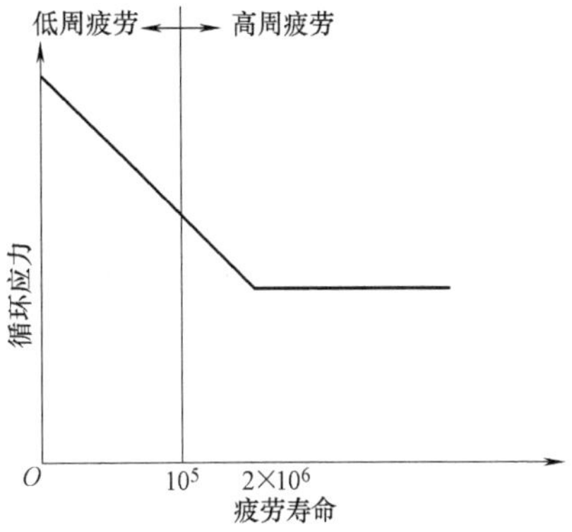

图 5-12 S-N 曲线

实际应用：仪表板、后视镜、座椅振动耐久试验虚拟评估，功能件操作耐久试验虚拟评估。

6. 碰撞分析

分析类型主要有以下几种：

1）结构耐撞性或完整动态、冲击模拟。当车辆碰撞到一个静止或移动的物体时，通过不同结构部件的变形、来分析结构对应力和能量的吸收能力。

2）跌落试验模拟。跌落测试是自由落体试验，用来模拟部件结构在跌落后的完整性。

3）乘员安全。找到碰撞对人体的影响，使驾驶行为对驾驶人和乘员都安全。不同的国家有不同的法规要求来进行认证。

实际应用：主要用作仪表板头部（FMVSS 201/ECE21）、膝部碰撞分析（FMVSS 208）、座椅行李箱冲击验证与优化等。

7. 结构优化

我们常用的结构优化技术有拓扑优化、形貌优化、尺寸优化、形状优化。

1）拓扑优化：在给定设计空间内，根据加载工况和边界条件下得出最佳的材料分布（传力路径），为后期详细设计打下基础。

2）形貌优化：将设计空间节点波动向量，按照一定的模式进行组合以满足设计约束，并最终生成优化后的最佳形貌。应用于蓄电池托盘、仪表板骨架和其他非外观件的性能优化，如提高模态频率、减少变形、减少振动。

3）尺寸优化：在保持结构的形状和拓扑结果的情况下，需求零件截面尺寸（厚度）及最佳材料（性能）组合。

4）形状优化：分析中对指定的优化区域不断移动表面节点从而达到优化目标，用作详细/基本设计阶段：

① 优化局部形状提升强度。

② 刚度不变情况下调整边界降重。

我们需要区分优化方法对其在设计阶段中的位置，比如拓扑优化、形貌优化和自由尺寸优化用在概念设计中，尺寸和形状优化用在局部调整优化中。另外，通过区分设计变量，比如系统的变量在优化中是如何变化的，也可以区分优化方法。例如，拓扑优化的设计变量是单元密度，在尺寸优化中却是钣金件的厚度。

实际应用：功能零件的结构优化设计。如图 5-13 所示，以塑料前端模块骨架为例，优化前黑圈的部位为实体，经过拓扑优化后，在满足性能的前提下局部材料被挖空，从而达到了降重的目的。

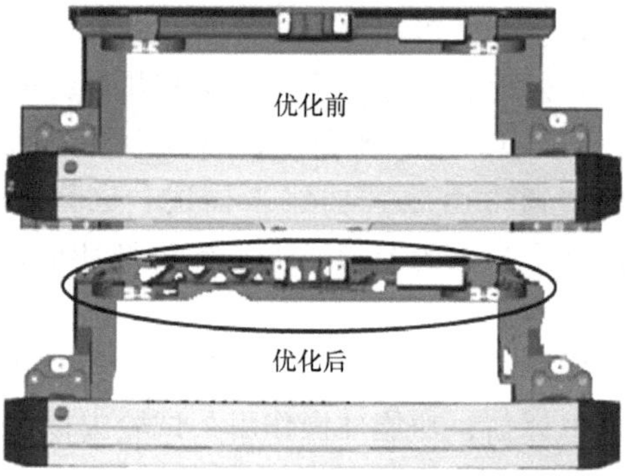

图 5-13　结构优化在内外饰 CAE 分析中的应用案例

8. 异响分析

异响分析是一套应用仿真工具与数据统计分析相结合的方法，它可以自动化快速识别潜在异响风险点，并快速筛选设计方案来消除装配过程中产生异响的根源。企业可以基于通用的有限元软件构建一套适合自身企业的方法，亦可以购买成熟的软件套包。一般分析分成以下 4 个步骤：

1）建立一个基于通用模型的仿真模型并定义接触线、接触面和允许的间隙。

2）定义激励载荷，例如从实验中获得的时域内的动态载荷，或者是伪随机信号的 PSD，也可以是静态载荷。

3）计算动态误差并比较时域内沿间隙或接触面的最大位移与目标值。

4）分析和评估相对位移（使用统计法），结合比较静态与动态误差。

实际应用：主要用作仪表板、中控箱等内外饰零件的异响预测与优化。

5.1.3　主要系统的结构仿真及案例

汽车内外饰主要系统包含了座椅系统、仪表板系统、门饰板系统、外饰系统等，下面分别进行结构仿真介绍。

1. 座椅系统结构仿真及案例

随着人们对生活品质追求的提高，消费者对汽车的要求也越来越高，特别是乘用车。汽车座椅作为消费者驾驶、乘坐和享受汽车的主要安全件和功能件，更是受到消费者的特别关注和评价。汽车座椅的安全性和舒适性表现能否满足消费者的需求显得尤为重要；在汽车企业的品牌建设、终端市场的销售和市场竞争等方面，该项指标更是占据着重要地位。如何提高座椅乘坐安全性、舒适性，设计出符合人机工程学要求的座椅，是十分重要的课题。

基于座椅安全性、舒适性要求，座椅的仿真分析大致可以分为 8 项，详见表 5-3。通过座椅仿真分析，可在项目前期发现并解决问题，降低开发成本和成型周期。

表 5-3　座椅的结构 CAE 仿真分析内容

序号	分析项目	分析目的
1	座椅安全性分析——Whiplash（鞭打）	满足法规
2	头枕强度分析	满足法规

（续）

序号	分析项目	分析目的
3	行李箱冲击分析	满足法规
4	座椅模态分析	满足 NVH 性能
5	座椅功能件强度分析	满足耐久
6	坐姿舒适性——人机工程 H 点评估	满足法规
7	静态机械舒适性——静态人体压力分布	满足舒适性
8	动态舒适性——座椅动态传函评估	满足 NVH 性能

座椅静态舒适性分析案例：以往座椅舒适性设计，仅能在实物样件出来后进行评价，因此更改范围较小，特别是 A 面很难再进行调整。这种操作方式导致产品后期发现的舒适性问题难以解决。

通过仿真分析可以获得与试验基本吻合的座椅体压分布，从而能够对座椅结构及舒适性设计方面进行仿真预测，大大提升了座椅产品设计开发的能力。图 5-14 为座椅座垫静态舒适性分析和实验对比结果，对比发现仿真分析结果中臀部中心位置、臀部两侧及大腿位置体压分布与试验结果基本吻合。

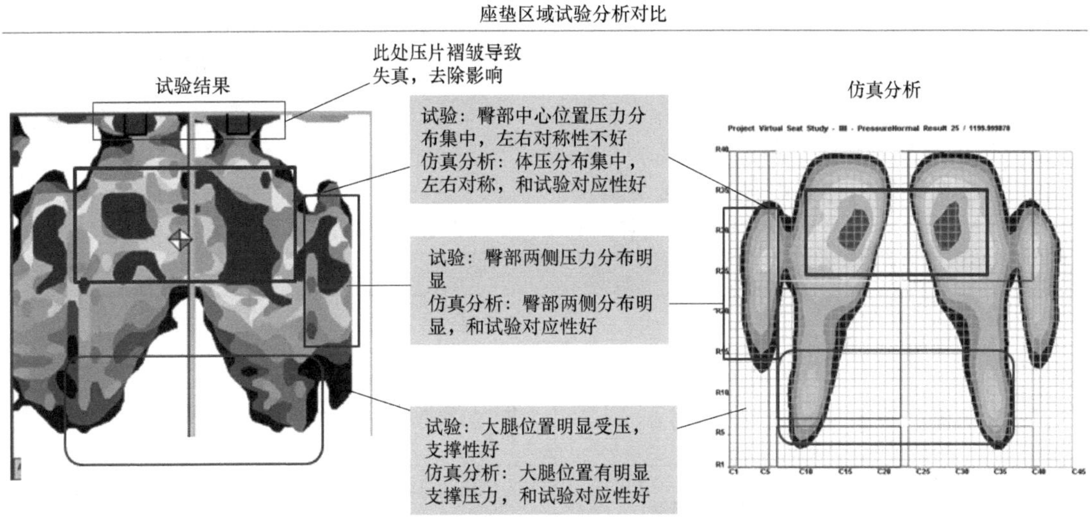

图 5-14　座椅座垫静态舒适性分析和试验对比结果

2. 仪表板系统结构仿真及案例

仪表板系统结构仿真内容，详见表 5-4。

表 5-4　仪表板系统的结构 CAE 仿真分析内容

序号	分析项目	分析目的
1	仪表板/控制箱系统的模态分析	用于仪表板/控制箱系统的 NVH 性能评价
2	仪表板的振动耐久分析	仪表板系统的振动耐久性能
3	仪表板的表面、杂物箱、风口叶片、中控箱扶手等刚度分析	评价分析区域的用户使用触感

（续）

序号	分析项目	分析目的
4	杂物箱手柄、发动机罩解锁手柄强度分析	评价手柄在高温、低温以及各类意外使用条件下的强度
5	风口叶片、杂物箱、控制箱扶手的强度分析	预测风口、杂物箱、控制箱功能零件的失效模式
6	仪表板的高低温试验仿真	预测仪表板在高温（或高低温）试验后可能发生的变形或强度问题
7	内部凸出物试验、除霜除雾效果仿真分析	法规安全、除霜除雾效果的评估

（1）仪表板的振动耐久分析　作为大多数 NVH 问题的基础，模态分析的结果可以用来预测仪表板的振动异响行为，并可以进一步为其他振动问题提供基础数据。

在仪表板的振动耐久分析流程当中，我们将仪表板及周边零部件视为一个整体并输入动态载荷，载荷既可以是根据实车测试的路谱迭代获得的动态载荷谱，也可以是根据试验程序定义的简单载荷谱；然后计算整个系统在动态载荷下的应力应变响应，进而采用疲劳分析流程来评价各个部分的疲劳寿命。这种分析方法固然需要很多的数据采集，代价昂贵，然而在正向开发过程中，对于系统的可靠性设计会产生重要的指导作用。

（2）中控箱扶手开启强度仿真分析　除了庞大的系统问题，每个子系统、零部件级别的使用可靠性也是用户非常关注的方面。通过检验控制箱、杂物箱、风口等各类功能零件在各类工作条件下的应力应变行为，可以在设计前期指导产品工程师强化产品功能，进而替代高成本、耗时的设计验证试验。

3. 门饰板系统结构仿真与案例

门饰板系统结构仿真内容详见表 5-5。

表 5-5　门饰板系统仿真 CAE 分析内容

序号	分析项目	分析目的
1	门饰板指压、掌压刚度分析	在车门饰板下薄弱区域施加垂直于表面的力，以满足刚度要求
2	门饰板拉手盒、扶手、地图袋刚度分析	在车门饰板功能件操作方向施加拉力，以满足其操作刚度要求
3	门饰板拉手盒、扶手、地图袋强度分析	在车门饰板功能件操作方向施加拉力，以满足其操作强度要求
4	车门扶手肘压强度	在车门内饰板扶手肘靠区域施加向下压力，以满足其肘靠强度要求
5	车门上部开门方向、玻璃升降方向强度分析	在车门内饰板上部边缘区域施加开门方向、玻璃升降方向压力，以满足其肘靠强度要求

车门内饰板拉手盒强度提升：优化前，如图 5-15 所示，车门内饰板拉手盒强度受载变形 4.04mm。

优化方案：

1）增强拉手盒周圈区域 Y 向抗拉强度，如图 5-16 所示，将嵌饰板安装区域掏空孔（白框处）填补起来。

2）在 A–A、B–B 两个区域分别增加 3 条根部壁厚为 1.0mm 的筋，使拉手盒外侧得到门内饰板主体翻边在 Y 向的支撑。如图 5-17 所示，增加的加强筋与门内饰板主体接触（断面圈处）。

3）车门内饰板在拉手盒支架安装区域 Y 向抗拉强度受载变形 2.02mm（图 5-18）。需拓扑优化提升该区域受载强度。将板式 L 形拉手盒安装支架更改为几字形，增强其 Y 向抗拉强度，如图 5-19 所示。

结构优化后，如图 5-20 所示，车门内饰板拉手盒强度受载变形 1.93mm，提升 52%。

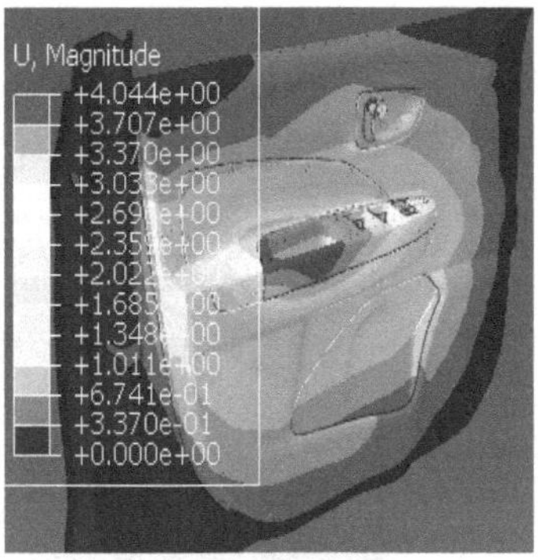

图 5-15　优化前车门饰板拉手盒强度分析结果

4. 外饰系统结构仿真及案例

外饰系统结构仿真内容详见表 5-6。

表 5-6　外饰系统仿真 CAE 分析内容

序号	分析项目	分析目的
1	发动机装饰罩系统模态分析	评价发动机装饰罩全局振动最低频率要求
2	发动机装饰罩系统的振动耐久分析	评价发动机装饰罩的振动耐久性能
3	保险杠系统按压、脚踩刚度分析	模拟用户评价产品表面刚度
4	保险杠系统强度分析	制动、转向、冲击等工况的极限加载，对可靠性的模拟分析评估
5	保险杠系统加载自身重量的下掉分析	用户感知产品的外观精致性评价
6	行李架系统有效承受载荷分析	产品使用工况的可靠性评估
7	行李架系统侧向负载分析	
8	行李架系统前进或反方向推力（起动、制动）载荷分析	
9	行李架系统 20°急转弯载荷分析	

典型案例：发动机装饰罩强度优化。某发动机装饰罩在整车耐久试验过程中出现部分卡座断裂情况，如图 5-21 所示。由于开发阶段发动机装饰罩的结构仿真分析标准尚未正式应用，且发动机提供的安装点与发动机装饰罩 Z 向距离过大，导致装饰罩背部卡座 Z 向尺寸达到 95mm 以上。初步分析断裂原因为卡座结构设计强度不足。再通过结构仿真分析进一步分析确认并对整改进行优化指导：

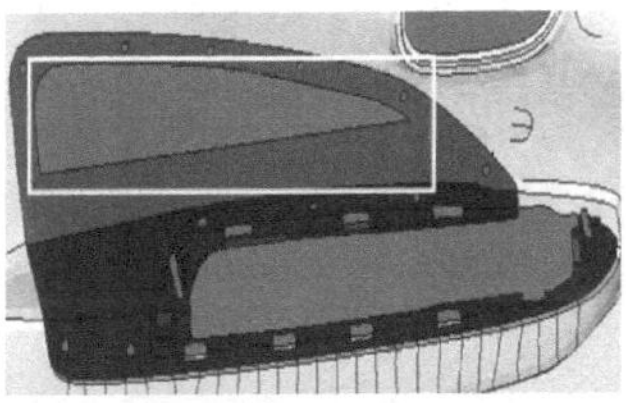
图 5-16　车门饰板拉手盒强度分析优化方案一

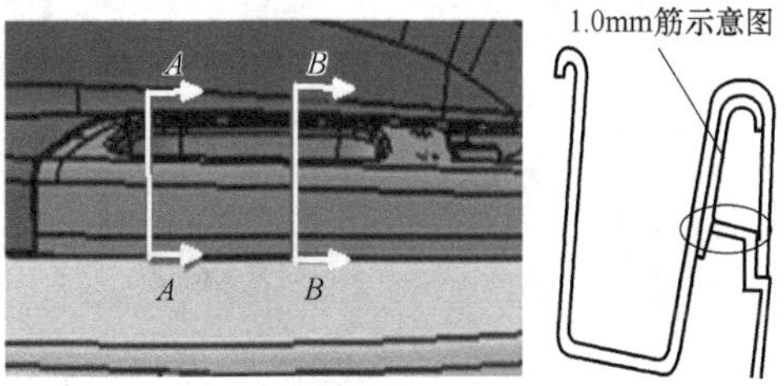

图 5-17　车门饰板拉手盒强度分析优化方案二

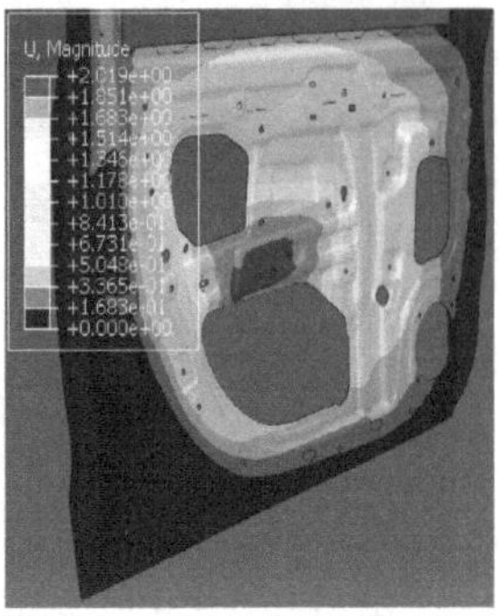

图 5-18　车门饰板拉手盒支架安装区强度分析结果

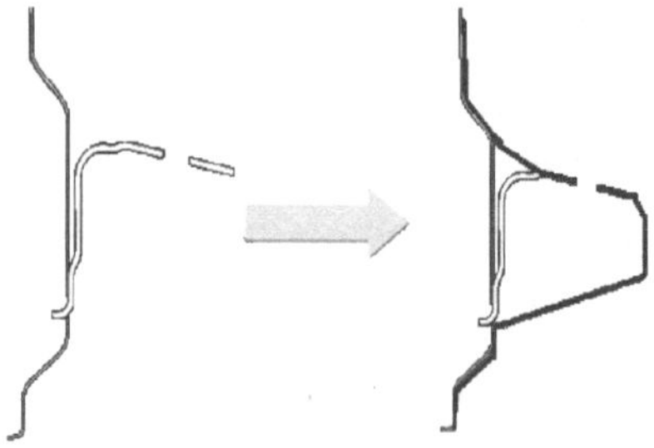

图 5-19　车门饰板拉手盒强度分析优化方案

1）原始方案的模型建立并按照仿真分析标准进行分析。从分析结果（图 5-22）可以看出，卡座根部（白圈处）存在应力集中（最大应力达到 63.6MPa），加上产品工作环境温度升高（达到 100℃），材料属性降低，致使卡座根部容易断裂，建议该区域进行局部加强设计。

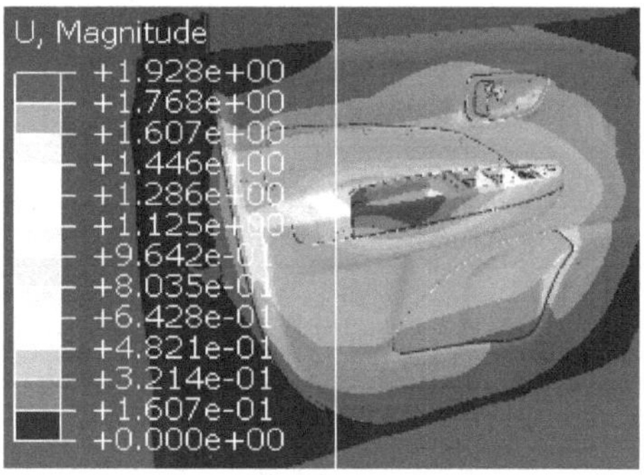

图 5-20　车门饰板拉手盒结构优化后的强度分析结果

2）根据分析结果对原始数据进行结构优化并进行仿真分析验证，如图 5-23 所示，结构优化后的分析结果显示局部应力明显降低（降至 38.4MPa），产品强度得到提升。

3）根据结构优化前后仿真分析结果对比数据，得出产品结构强度得到加强，如图 5-24 所示，根据实际产品问题对个别卡座结构进行了优化。

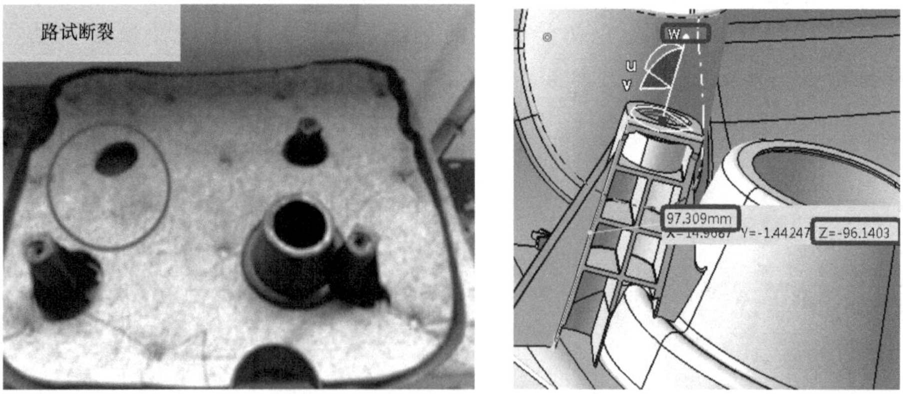

图 5-21　发动机装饰罩在整车耐久试验过程中卡座断裂

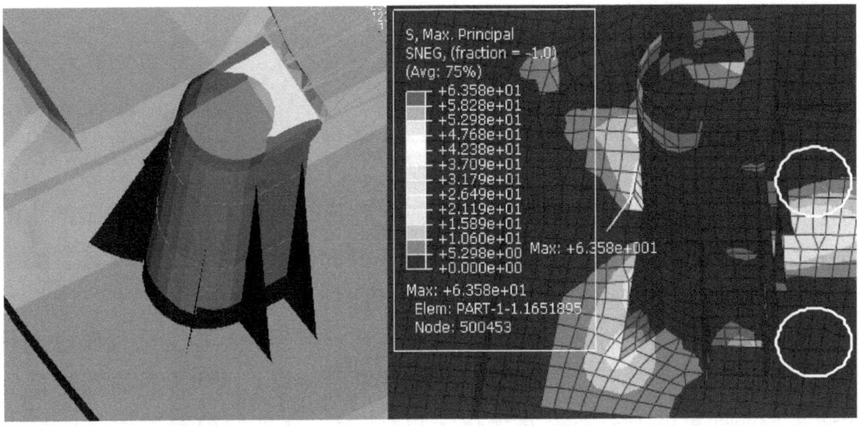

图 5-22 优化前模型及仿真强度分析的最大应力集中区

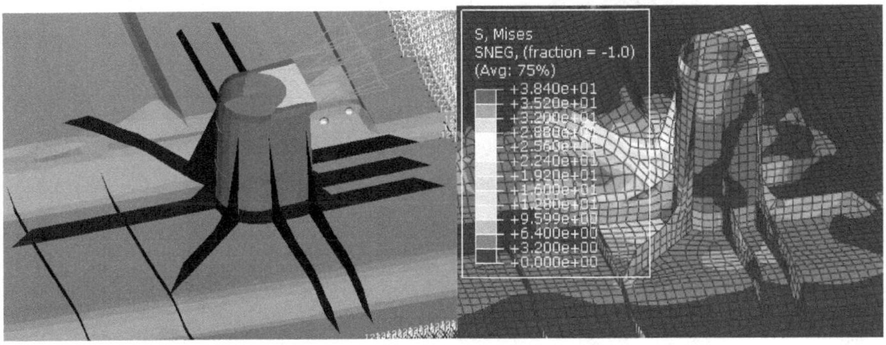

图 5-23 结构优化后模型及仿真强度分析结果

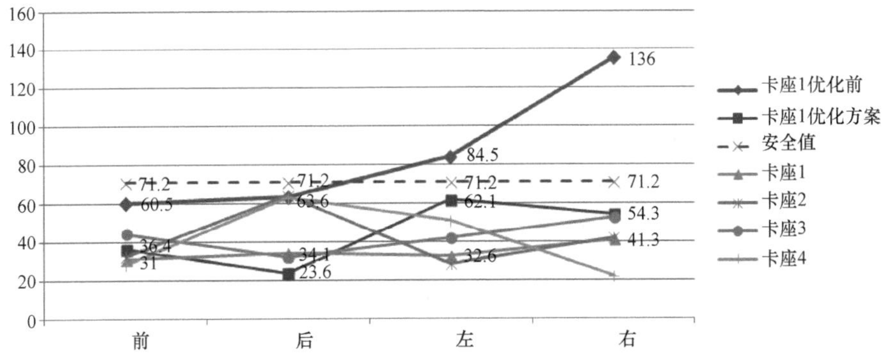

图 5-24 优化前后结构的数据方案 CAE 分析对比

4）设变后零件进行了路试验证，无断裂问题出现。

结构仿真分析对前期产品结构可行性验证和后期实际问题原因分析都能起到指导作用，提高了设计及设变的准确率和效率。

5.2 工艺仿真分析

工艺仿真是指基于内外饰常用及新兴的工艺过程和常见工艺缺陷，选用合适的仿真工具去模拟整个成型工艺的过程。利用仿真结果透视失效机理及问题发生的真因，同时可以进行适当的结构优化和工艺优化，最终实现内外饰工艺可行性的虚拟验证和产品结构的优化。如内外饰零部件多为注射成型工艺，我们通常选用 Moldflow 软件对工艺过程进行模拟分析，预测常见的工艺外观缺陷（如缩水、熔接线等）和翘曲变形。

主机厂工艺仿真的核心目的是：第一，实现关重零部件的结构工艺性验证与优化，减少结构导致变形和外观缺陷；第二，运用联合仿真技术对关重总成级零件进行考虑制造的装配模拟，预测装车后的间隙断差分布，并优化定位/装配，保证间隙断差的一致性；第三，新工艺的虚拟验证，确保新工艺低风险运用。

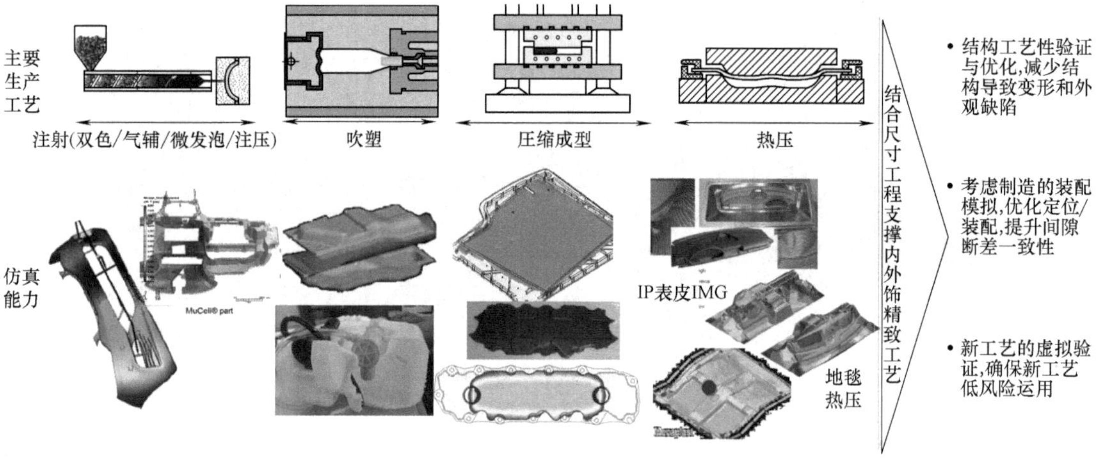

图 5-25 内外饰工艺仿真分析主要类别及应用零件

如图 5-25 所示，内外饰产品开发常用的工艺有注射（双色/气辅/发泡等）、吹塑、压缩成型、热压等；这些工艺均能通过选用合适的仿真软件（Moldflow、Moldex、Pam-form 等）进行工艺成型模拟分析。

在内外饰开发中，仿真体系的作用是极其显著的。如图 5-26 所示，以某公司运用内外饰仿真体系为例，对应用仿真体系后的变化进行说明：

第一、内外饰 DV 试验（刚、强度、热变形等）失效问题以及试生产阶段的整车总成检具（Unit Coordinate Fixture，UCF）问题逐年减少。

第二、每个项目设计前期平均解决问题 200 个以上，节省设变费用约 250 万元/项目。

第三、仿真分析驱动轻量化设计能力逐年提升，由降重 0kg 增加到 8kg（每年约 4~5个整车项目）。

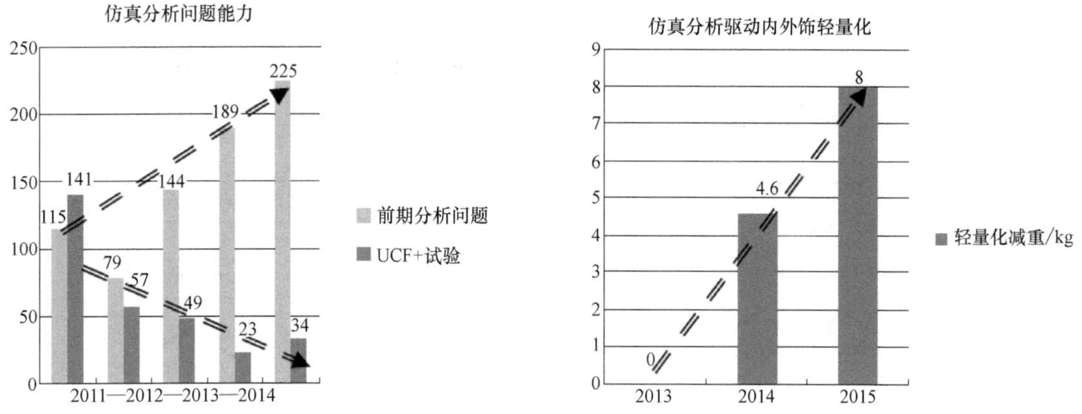

图 5-26　运用内外饰仿真体系后的变化

5.2.1　工艺仿真的应用流程

一直以来，很多人认为模流分析仅适用于模具设计阶段，这是比较片面的。模流分析既是解决个别品质问题的工具，又是优化成本的利器。但这要求模流分析必须贯穿整个产品开发过程，并且开发过程中越早运用模流分析，效果越好。内外饰零部件大都是注射类产品，下面以 Moldflow 软件为例，对工艺仿真在内外饰开发中的应用流程进行说明。

1. A 面/结构设计阶段优化

结构设计的优劣直接影响到后续的开模及成型，因此必须对结构设计进行全面的优化。

如图 5-27 所示，结构设计阶段，模流分析主要针对外观、翘曲、应力来优化。例如加强筋分布不合理，零件翘曲变形大；依据翘曲模式确定装配点；Boss 柱未做偷料处理，零件表面缩痕严重；未考虑转角效应影响，零件翘曲变形大；设计时未考虑熔接痕分布，熔接线出现在零件受力区域或熔接痕出现在外观面。浇口位置最好与结构设计配套进行，即在结构设计阶段确定浇口位置。

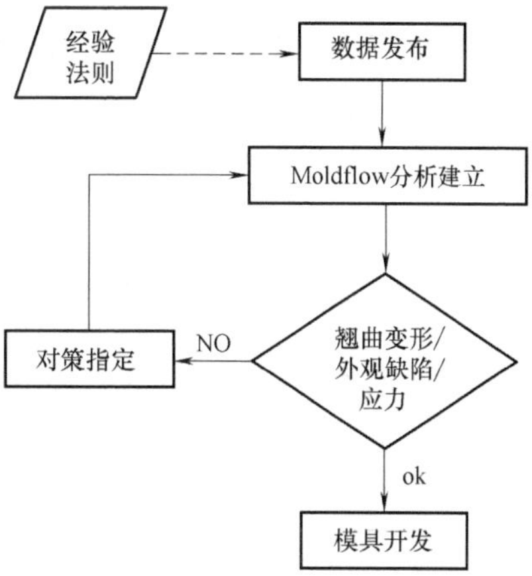

图 5-27　基于模流的结构设计流程

此外，模流分析还可以与结构仿真协同评估，一方面，可以将模流分析结果导入结构仿真软件进行应力问题评估；另一方面，可以运用多种软件进行联合仿真，对总成关键间隙、断差等进行制造的装配装车评估，然后根据仿真结果对局部定位、安装、限位等进行优化。

2. 模具设计阶段

模具设计阶段的优化包括浇注系统的最终确认、成型工艺参数的优化选择、模穴排布的可行性评估和冷却系统的可行性评估及优化。如图 5-28 所示，流道优化可以节约材料，缩短周期等；优良的冷却系统可以保证产品残余应力较小，且成型周期较短；成型参数的优化可以保证成型视窗的宽大，减少废品量。

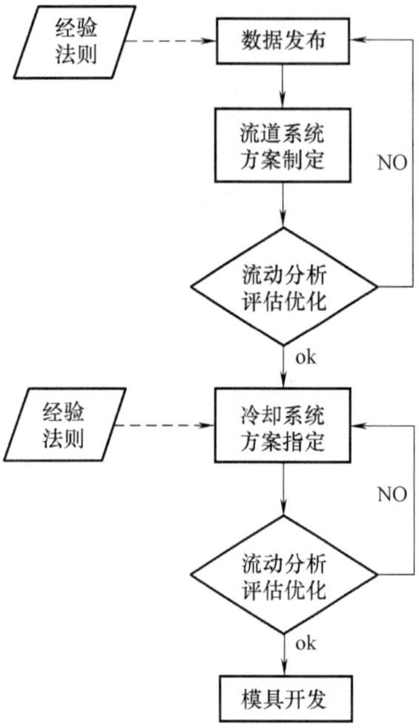

图 5-28　基于模流的模具设计优化流程

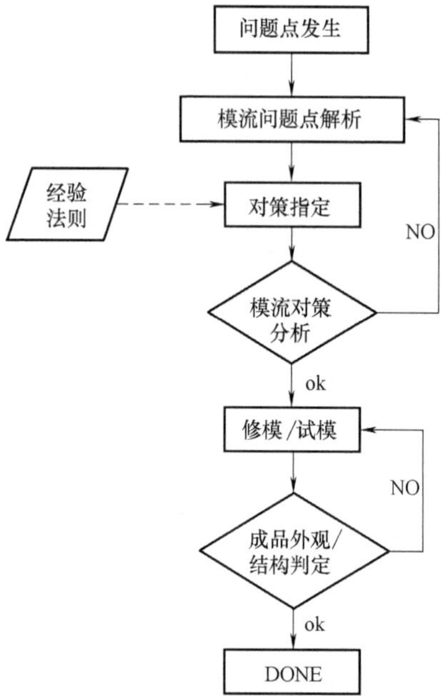

图 5-29　基于模流的试制优化流程

3. 试模/样品试制阶段

传统问题解决模式需要反复修模、试模，以验证对策的有效性。运用模流可以使外观问题及零件变形问题重现，进而找出问题的原因并辅助制定解决对策。除此之外，如图 5-29 所示，可以将传统的修模/试模动作以模拟分析方式进行，先模拟验证对策的有效性再进行实际的修模/试模，最终达到节能、降低成本的目的。传统经验积累依靠表面现象，无法把握问题本质，依据模流分析可以准确把握实际问题的内在本质，从而可以快速积累正确的经验。

5.2.2　常用的工艺仿真分析类型

常用的成型工艺包括注射（双色/气辅/微发泡/注压等）、吹塑和热压。不同的成型工艺常常需要不同的仿真软件来进行仿真模拟，如注射使用 Moldflow 软件、吹塑用 pam-form 软件等。由于汽车内外饰零部件大多是注射成型，下面我们就以模流分析为例来介绍工艺仿真的内容。

模流的核心价值体现在分析结果判读和工程实际运用。实际工程问题千变万化，缺陷的表现形式也多种多样，而模流获得的一般是关于压力、速度、温度等物理参数的分布及变化，缺陷无法直观显示出来。而实际充填缺陷的发生均与这些物理量有内在联系，只需正确建立二者之间的关联性，即可运用模流准确评估和解决实际成型问题，包括短射、缩痕、熔接线、困气、流痕、翘曲变形等。下面以短射、缩痕、熔接线三种外观缺陷进行详细说明。

1. 短射

短射是指模具模穴填充不全，而导致产品不完全。如果产品发生了短射，塑料将不能填充满模穴。在流动路径完全填充满前，流动就凝固了，如图 5-30 所示。

为了确保所完成产品的品质，产品必须有充分的保压。因此，要问的问题不仅是，“产品能填充满吗”，更应该是“产品品质是否很好”。

图 5-30 产品短射示意图

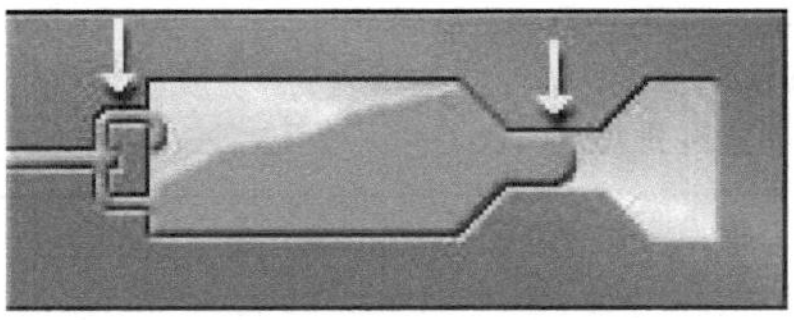

图 5-31 流动限制原因示意图

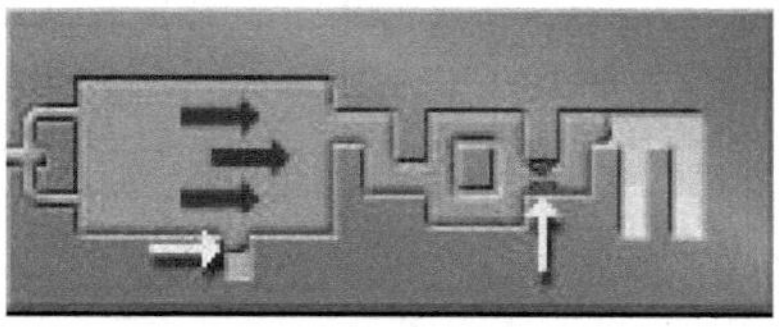

图 5-32 流动路径原因导致短射示意图

（1）产生原因

1）流动限制，由于冷却管路和流道设计不尽合理，如图 5-31 所示。

2）滞留，长并且复杂的流动路径，如图 5-32 所示。

3）排气不当，未排出的积风产生压力也可能导致短射。

4）料温或模温过低。

5）射入模穴的熔料不足，机器尺寸过小，过低的容量或者不合适的螺杆速度。

6）机器缺陷，包括空的料斗、堵塞的进料孔，或者单向阀发生损坏而引起的压力或者体积渗漏。

（2）改善对策 尝试以下所列的方法之前，检查所有其他结果，以便知道发生短射的准确原因。

1）避免滞留。

2）排除积风。

3）如果气穴确实存在，它们应该设置在容易被排放的位置或者增加气针，以便空气能够被除去。

4）升高模温和料温，这可以降低熔料的黏性，从而使塑料的流动更为容易。

5）提高螺杆速度，这将会产生更高的剪切热，降低熔料的黏性，使塑料的流动更为容易。

6）改变产品几何，平衡流动路径使填充有相等的时间和压力，可能需要增加薄壁区域的壁厚，或降低流动路径的复杂程度。

7）改变材料，选择黏性较低的材料（更高熔融指数），通过选择有较高熔融指数的材料来获得较低的射出压力填充产品。

8）增加最大射出压力。

（3）模流结果关联 详见表 5-7。

（4）应用案例

1）如图 5-33 所示，某内饰零件定位柱在试模过程中出现短射现象。原因分析：

表 5-7　短射缺陷对应模流分析评价结果

外观缺陷	模流标准指标	改善方向	结果关联
填不满（短射）	温度	流动温度必须高于材料玻璃化温度	流动前沿温度
	压力	在模流软件中我们只设置射出机最大射出压力，分析时要正确设置。压力不足引起的短射往往是由于流长比太大引起的。通常所需最大射出压力不应超过射出机最大压力的 80%	注射位置处压力：XY 图，分析屏幕日志文本输出
	气穴	对于筋位较深的制品，如果排气不良，筋位就容易形成短射，应注意镶拼排气	气穴

① 如图 5-34 所示，定位柱设计壁厚为 0.8mm，而实际产品顶部仅为 0.6mm，筋位过薄。

图 5-33　短射现象

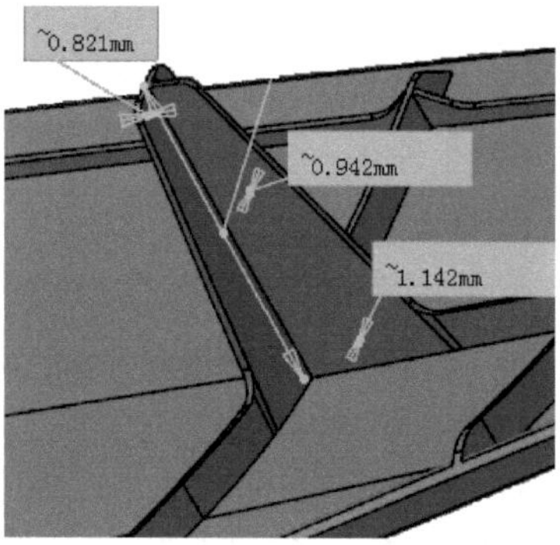

图 5-34　产品设计壁厚

② 如图 5-35 所示，浇口距离定位柱较近，填充路径上薄壁处不易充填。

2）整改方案：

① 此处筋位加厚至设计状态。

② 局部增加壁厚。

3）优化效果：如图 5-36 所示，优化后短射缺陷消除。

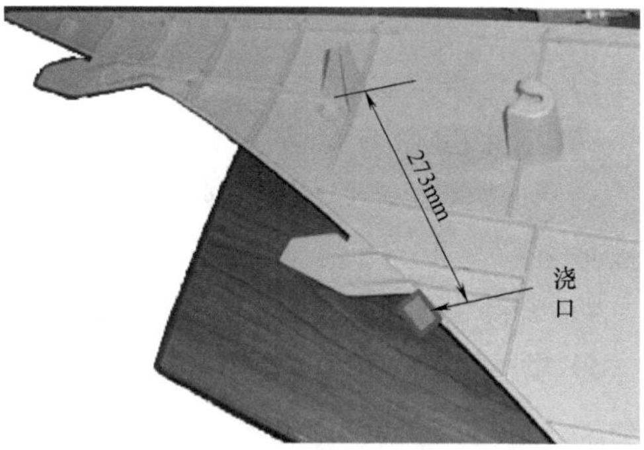

图 5-35　浇口距定位柱距离

2. 熔接线和熔合线

塑料产品上的熔合线或熔接线会导致结构问题和外观缺陷。

熔合线或熔接线是填充阶段两股或更多股流动路径汇合时产生的一个缺陷或一个可看见的细缝。熔合线是由产品上孔或镶件周围的材料流动，或多浇口，发生滞流、跑道效应的壁厚改变大的区域造成的。如果不同料流前锋汇合前就凝固了，它们就不能良好接合而产生缺陷或薄弱处。我们可以看到一条线、一段刻痕或者颜色发生了改变。

（1）熔合线和熔接线的区别　熔合线和熔接线的区别是料流前锋相汇合的角度，如图 5-37所示。汇合的料流前锋（黑箭头表示）汇合，如果角度大于 135°，形成的将是熔接线，如果小于 135°，形成的是熔合线。

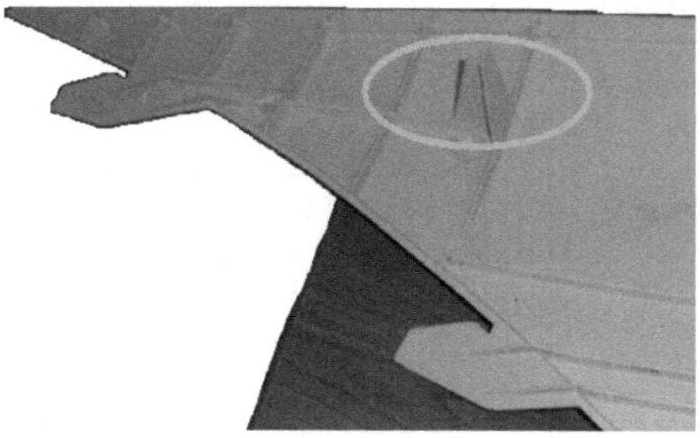
图 5-36 整改后短射消失

1）熔接线。当形成熔接线时，汇合的料流前锋上的薄薄的凝固层就会融化，然后再与别的塑料一起凝固。熔接区的分子取向也因此垂直于流动路径。下图 5-38 中表示的是塑料填充一个模穴，两股料流前锋汇合时产生了熔接线，塑料分子的定向不一致。

熔接区的分子取向有明显的不同，这导致这个区域的强度明显下降。

2）熔合线 。当两股料流前锋以一个倾斜的角度混合时就会产生熔合线。其分子配向要比熔接线的配向一致些。图 5-39 显示了熔合线的长度。黑箭头表示塑料流动的方向，白线表示熔合线形成后塑料分子的配向。熔合线的强度通常要比熔接线高，而且不易看见。

通常会用结合线这个术语来表示熔合线和熔接线。

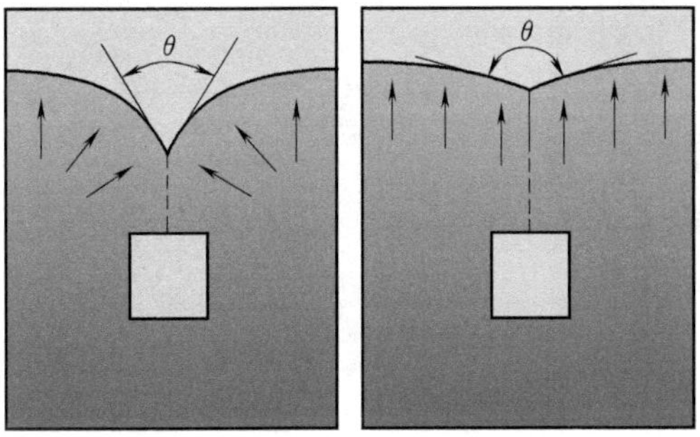

图 5-37 熔合线与熔接线的区别

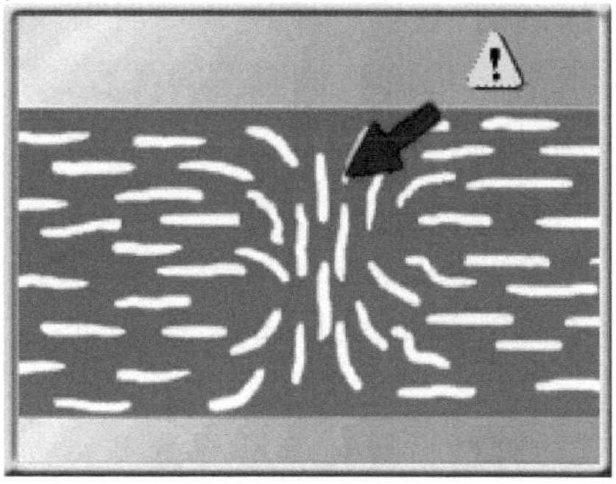
图 5-38 熔接线行成示意图

（2）改善对策

1）如果无法移除结合线，那么尽可能让它出现在最不敏感的区域，即避免在有强度要求或外观要求的区域出现。我们可以通过改变浇口位置或壁厚，使料流前锋在另外的区域汇合，从而移除结合线或改变其位置。

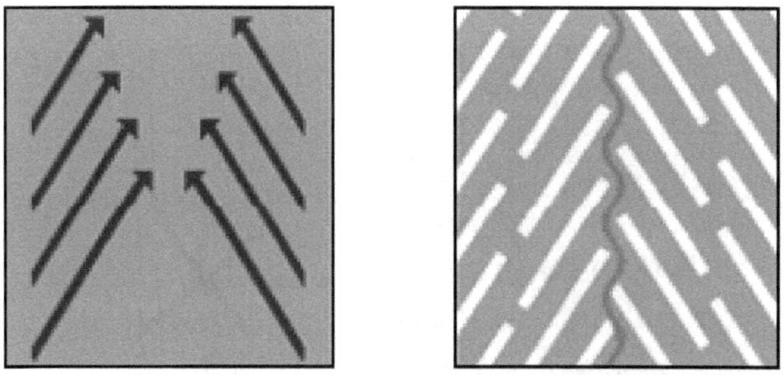
图 5-39 熔合线的长度示意图

2）改善品质：提高模温/料温，使料流前锋更好汇合；提高螺杆速度；优化流道系统设计（减少流道尺寸），利用剪切热提高流动前沿的温度来维持均匀的流动速率。

注：成型条件决定了结合线品质。好的结合线形成时，温度不应该低于射出温度超过 20℃。

3）模流结果关联详见表 5-8。

表 5-8　结合线缺陷对应模流分析评价结果

外观缺陷	模流标准指标	改善方向	结果关联
结合线	熔合角度	结合线汇合角度越大，其品质越好	熔接线、 填充时间等值线
	熔合温度	1. 形成结合线的两股熔体前峰温度的温差应小于 10℃ 2. 结合线处的温度应不小于射出成型温度超过 20℃	流动前沿温度与熔接线叠加 总体温度、 模具（产品）表面温度
	压力	形成熔接线需要的射出压力越低越好，这样熔接线汇合处经受的压力曲线就会越高	压力
	冻结层厚度	熔合时冻结层因数值（0～1）越小，结合线品质就越好	冻结层因子
	气穴	熔合位置困气则结合线明显	气穴

（3）应用案例　如图 5-40 所示，门饰板开关面板试生产过程中 Boss 柱处外表面出现熔接线（白框内），外观不能接受。

1）原因分析：如图 5-41 所示，Boss 柱背后偷料过多，导致 Boss 柱处料流滞流，而周边流动快向中间汇合，最终形成熔接线，且由于滞留、料温低，熔接线较明显。

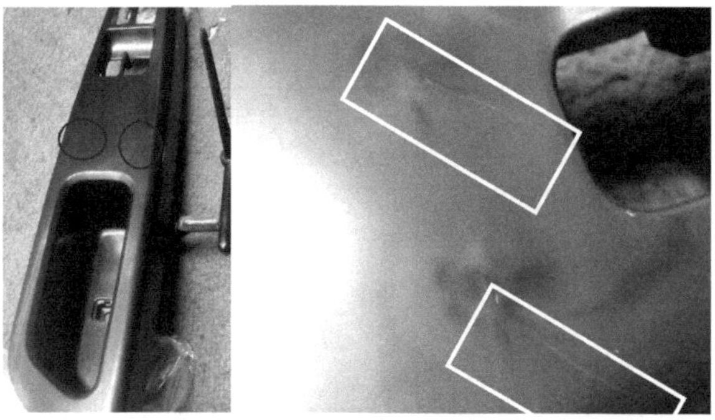

图 5-40　门饰板开关面板试生产过程中出现熔接线

2）整改方案：

① 调整填充速度，无法解决此缺陷。

② 进行打磨，通过卡尺测量 Boss 柱偷料高度为 1.2mm，打磨至 0.9mm 时缺陷消除。

3）优化后效果：如图 5-42 所示，优化后熔接线消失。

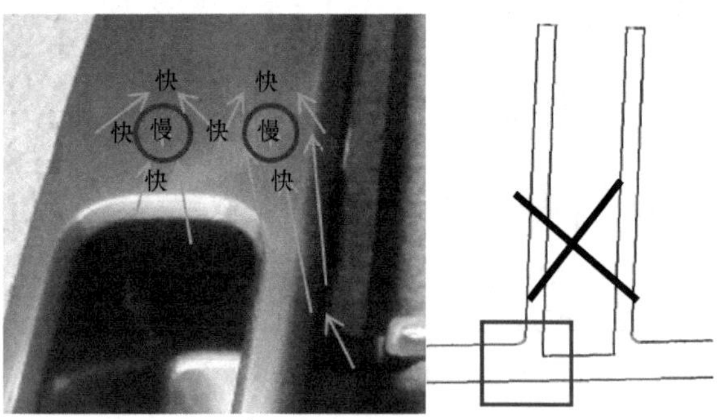

图 5-41　通过对流动路径的分析确定熔接线形成原因

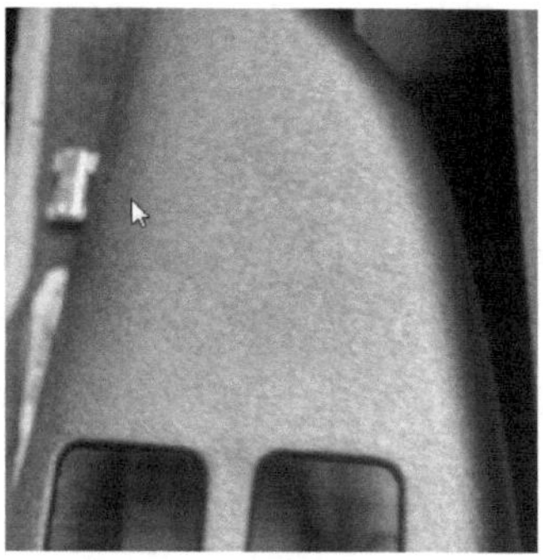

图 5-42　优化后熔接线消除

3. 缩痕/缩孔

缩痕和缩孔主要发生在冷却阶段，均是由于壁厚区域没有得到足够的补缩，引起了不均匀热收缩导致的。冷却阶段外层材料已经冷却凝固，而中心的材料才开始冷却。当外层材料的刚度不够大时，中心材料的收缩会将表面层向里拉而导致缩痕；如果表面刚度足够大，芯部的收缩无法将表面材料拉变形从而产生内部缩孔，如图 5-43 所示。

（1）缩痕（Sink Marks）　缩痕表现为产品表面有一个凹陷，一般这个凹陷很小。然而，由于这个凹陷的反光方向与大面不同而通常可见。尽管缩痕不影响产品颜色，但仍被认为是一个品质缺陷。

（2）缩孔　缩孔是产品内部的孔洞，可以是单个的洞或一群小洞。缩孔会对产品的结构性能产生严重影响。

1）产生原因：

① 局部几何特征：缩痕通常发生在壁厚较大的区域或筋、Boss 柱的根部。

② 高体积收缩。

③ 材料补缩不够：浇口凝固过早或保压压力不够。

④ 保压或冷却时间过短。

⑤ 料温或模温过高。

⑥ 当产品表层足够坚硬能够抵抗收缩力而使表面不能变形，产品中心将会收缩，出现缩孔。

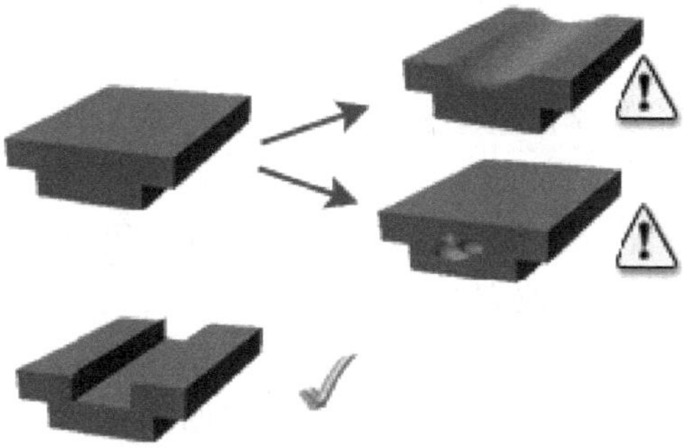

图 5-43　缩痕的主要表现形式及正确结构设计示意图

2）改善对策：

① 优化保压曲线：保压阶段产生缩痕时，最有效的方式是调整保压曲线。

② 改变结构设计：避免主表面上重叠有其他厚壁特征。

③ 优化浇口位置：将浇口设置在壁厚区域，使壁厚区域凝固前得到充足保压。

④ 优化流道系统。

⑤ 使用另一种材料（更低收缩率的材料）。

3）模流结果关联见表 5-9。

表 5-9　缩痕缺陷对应模流分析评价结果

外观缺陷	模流标准指标	改善方向	结果关联
缩痕/缩孔	体积收缩率	体积收缩率通常应为线性收缩率的 3 倍左右，越大越易引起缩痕	体积收缩率
	凝结时间	保压压力传递路径上靠近浇口的一端先凝结，导致末端保压不足，容易引起缩痕	冻结层因子
	密度	密度低的区域即欠压区域，缩痕或缩孔的风险高	密度（3D）
	收缩指数	Moldflow 结果直接显示	缩痕，指数（适用于 T 形截面）
	缩痕深度	Moldflow 结果直接显示	缩痕，深度（适用于 T 形截面）

（3）应用案例　如图 5-44 所示，某前罩装饰件试生产过程中当浇口 1 和浇口 2、3 一直

不关时，填充远端有缩痕。

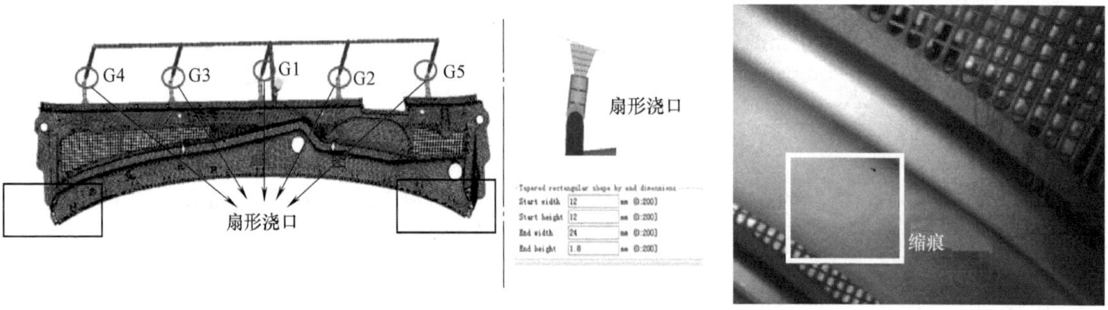

图 5-44　前罩装饰件缩痕位置示意

1）原因分析：

① 卡座壁厚设计不合理，壁厚太厚，为 1.1~1.2mm。

② 局部加工精度差，加工后为 1.3mm。

③ 该产品有大面积网孔，保压压力不能有效传递到远端。

2）整改方案：

① 按照模型数据结构修改模具。

② 浇口 2 和浇口 3 开启时间缩短。

③ 浇口 1 开启到保压时就关闭。

④ 浇口 4 一直开启保压。

3）优化后效果：如图 5-45 所示，整改后试生产外观无缩痕缺陷。

图 5-45　前罩装饰件整改后缩痕消除

5.2.3　装配模拟技术的应用及案例

内外饰装配模拟技术考虑了实车的装配关系，甚至还考虑了成型产生的应力对变形的影响，因此仿真分析结果会更加准确。这里介绍两种装配模拟技术：简化装配模拟和内外饰 MDA（MOLDFLOW+DIGIMAT+ABAQUS）联合仿真分析。

1. 简化装配模拟分析

简化装配模拟是在补偿了模具收缩率的情况下，把定位点及安装点按照实车装配状态进行约束，然后输出变形结果，此结果考虑了不均匀收缩（体积收缩、冷却及取向三个因素）引起的内应力及安装点变形引起的内应力与结构刚度场的相互作用，因此更接近真实状态。

（1）简化装配模拟分析的步骤（图 5-46）

1）首先建立模型并确定分析工艺。

2）确定零部件主定位、次定位、安装点、限位等结构。

3）按照产品的定位形式和安装方式对产品进行固定，不同结构形式的约束方式参照表 5-10。

（2）单件产品翘曲简化装配模拟分析案例

1）如图 5-47 所示为原始产品（优化前）分析结果：产品变形严重，影响装配后的尺寸配合间隙。

2）如图 5-48 所示，对无法满足要求的产品结构提出初步优化方案。

3）如图 5-49 所示为结构优化后分析结果：变形量及趋势大幅改善，但仍无法判断装配后尺寸状态。

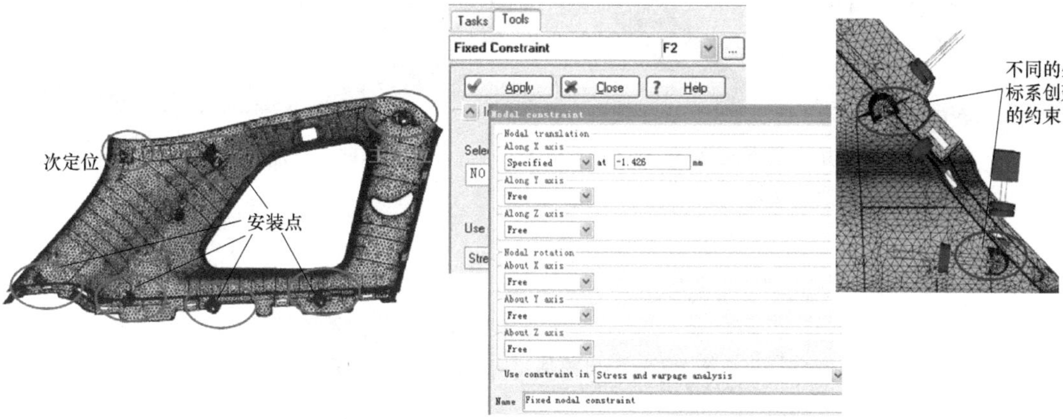

图 5-46　简化装配模拟分析的设置步骤案例

表 5-10　不同结构形式的约束方式

安装形式		图示	约束
螺栓/螺钉	过孔		约束安装方向自由度及非安装方向两个旋转自由度
	定位孔	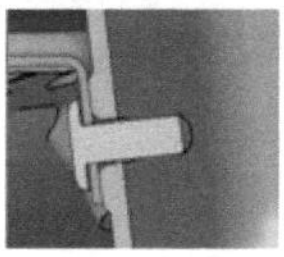	约束除安装方向旋转之外的其他自由度
定位、限位结构		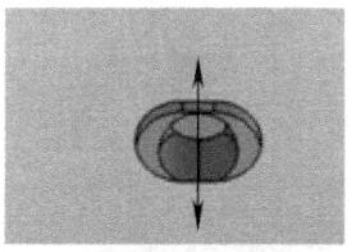	约束限位方向自由度
插片结构			约束限位方向自由度
组合安装		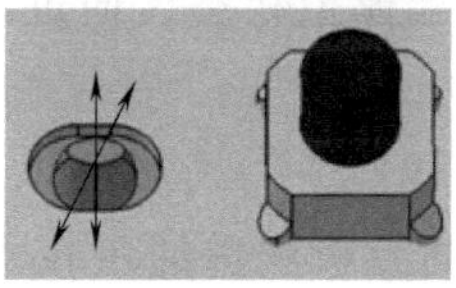	约束安装方向、限位方向自由度及旋转自由度

4）按照图 5-50 所示步骤对单件产品进行简化装配。

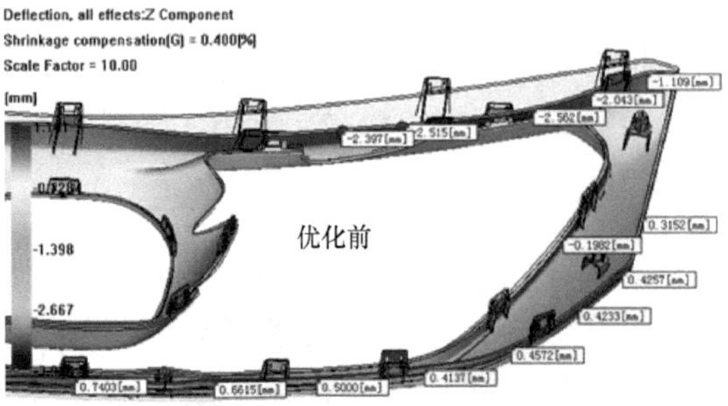

图 5-47　原始产品模流分析翘曲变形结果

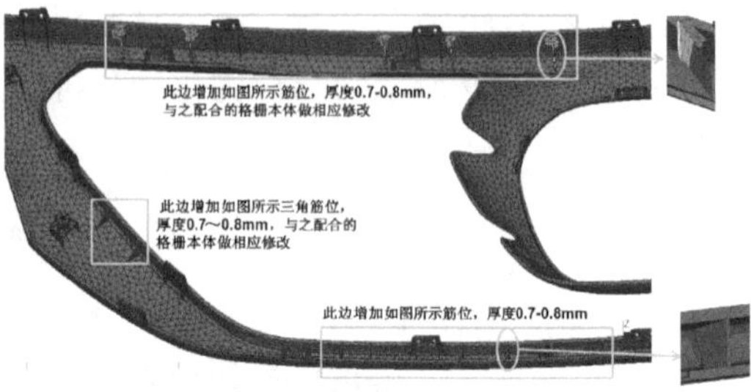

图 5-48　产品结构优化方案

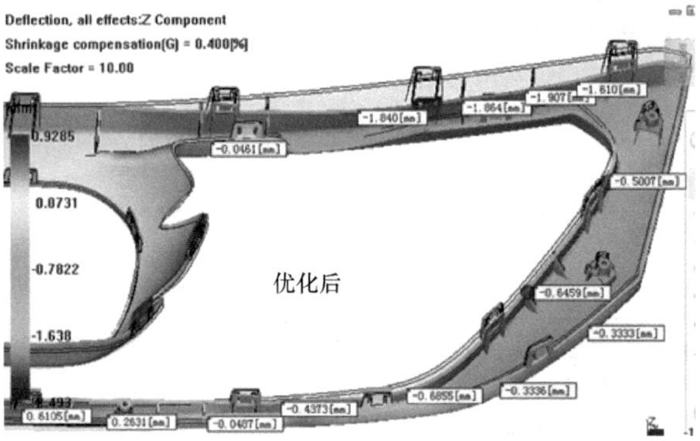

图 5-49　产品优化后模流分析翘曲变形结果

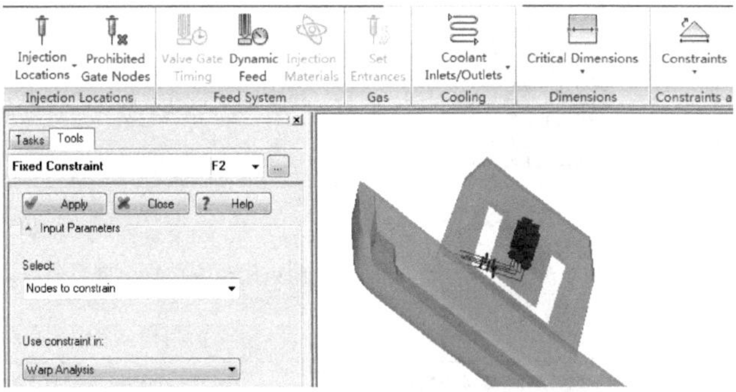

图 5-50　单件产品简易装配模拟分析步骤示意

5）如图 5-51 所示为结构优化后产品简化装配后尺寸，各形面变形可接受（≤1mm）且装配难度降低。

6）实车装配效果，如图 5-52 所示。简化装配模拟状态，通过结构优化的产品分析结果满足要求，与实际装车状态相符。

2. 内外饰 MDA 联合仿真分析

如图 5-53 所示，MDA 技术就是将不同领域的分析软件通过技术工具联合应用进行工艺模拟分析。

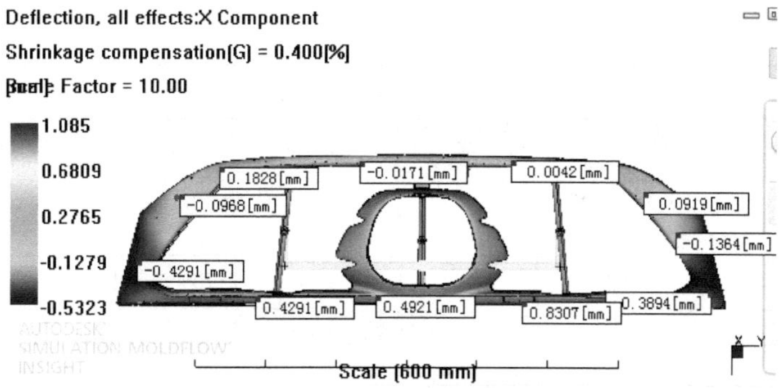

图 5-51 简化装配后产品变形结果

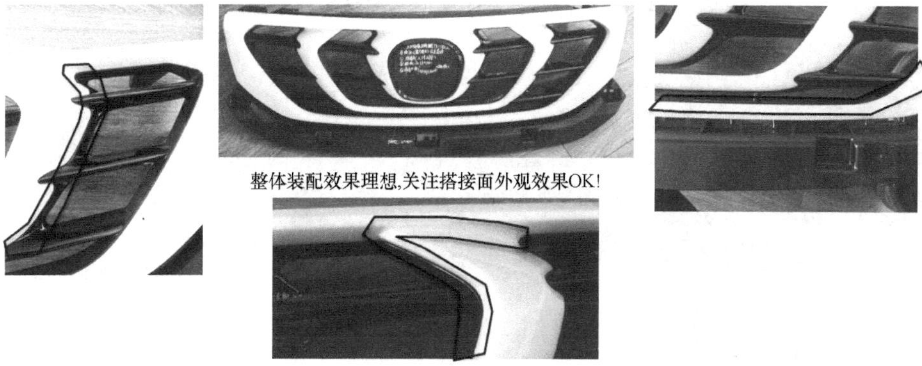

图 5-52 实车装配效果

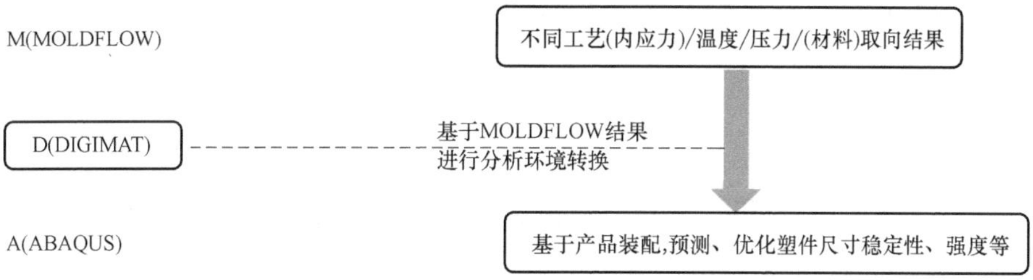

图 5-53 MDA 联合仿真技术的含义

（1）MDA 联合仿真技术分析应用思路　内外饰产品基于翘曲装配模拟技术思路就是将模拟成型计算结果与有限元结构分析结果进行联合应用，如图 5-54 所示。

（2）内外饰 MDA 联合仿真技术分析案例分享

1）某款前保险杠总成实际装车出现与前罩盖配合间隙不均问题，可能原因是前保险杠局部下掉，但前期分析阶段并未发现此风险，如图 5-55 所示。

2）在未考虑保险杠本体、前格栅等零件应力释放因素的情况下没有问题，如果考虑了应力释放结果会怎样呢？为了验证此疑问，我们进行了分析对比。

① 将前保险杠总成影响下掉间隙零件进行单件简化装配模流分析并导出应力分析结果，

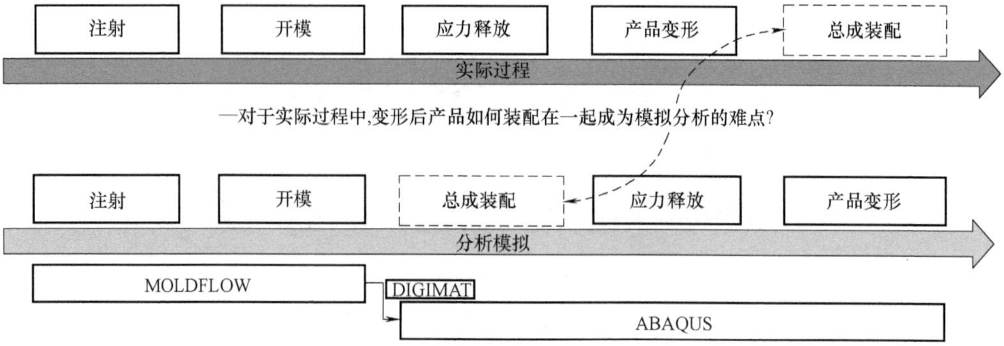

图 5-54　内外饰产品基于翘曲装配模拟技术思路

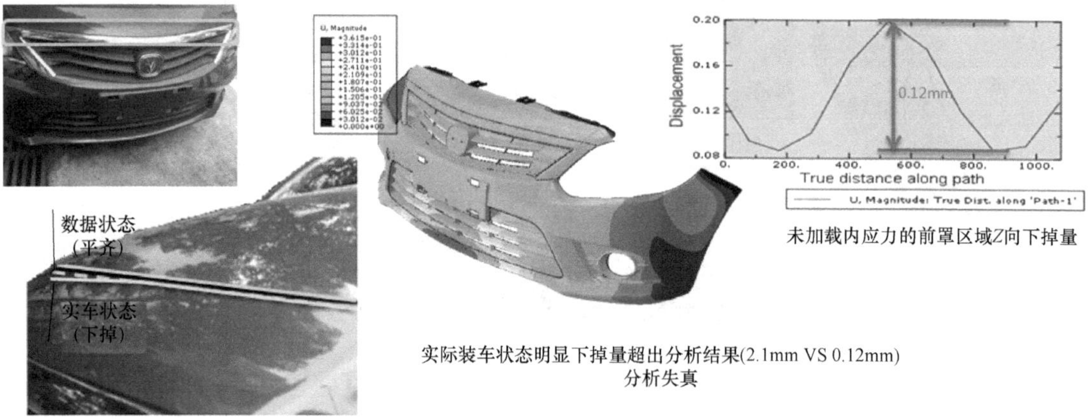

图 5-55　前保险杠总成实际装车出现与前罩盖装配间隙不均问题分析

如图 5-56 所示。

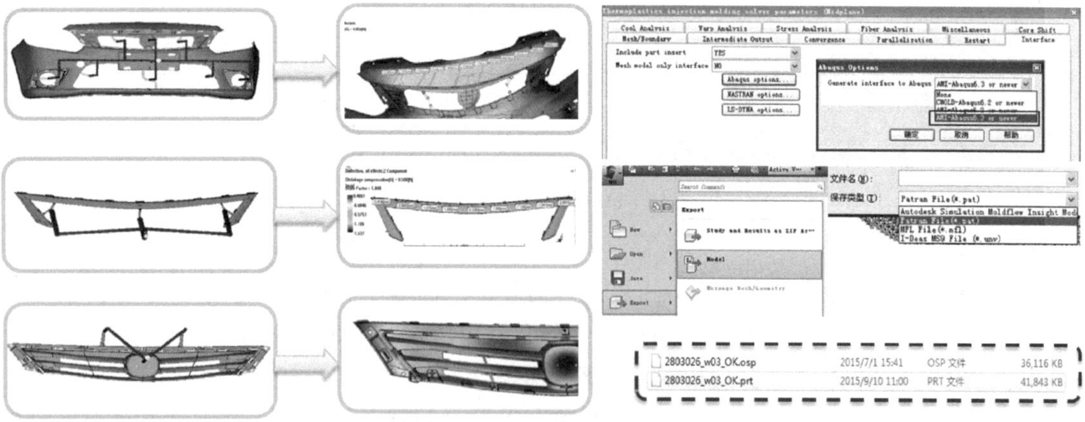

图 5-56　导出应力分析结果

② 将 MOLDFLOW 分析结果进行映射转换，得到前保险杠总成应力装配模拟模型，如图 5-57 所示。

③ 将所有单件的应力文件完成映射后，写入前保险杠总成 INP 文件中进行分析。由于

初始应力中包含了产品正常收缩的应力，需对产品加载温度使其膨胀以抵消正常收缩。

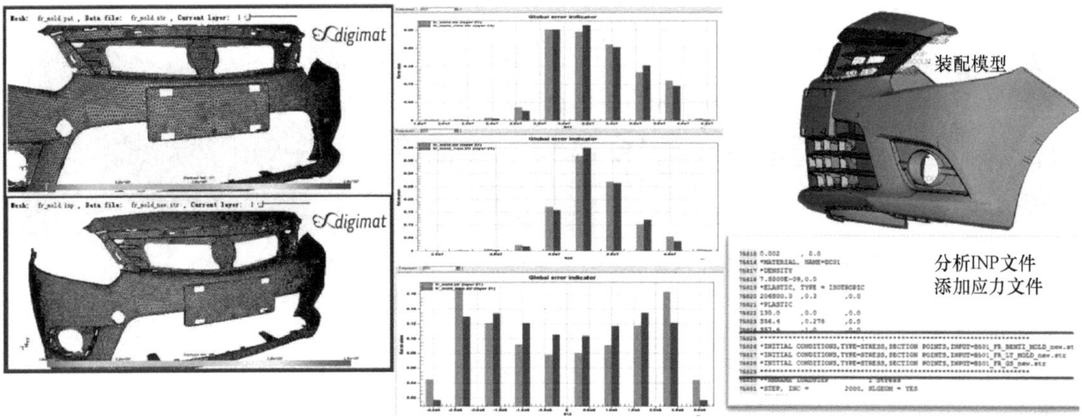

图 5-57 MOLDFLOW 分析结果映射转换过程

④ 载荷：内应力；所有单元加载 1g 加速度载荷（考虑重力影响）。

⑤ 工步：内应力释放，升温；加载 1g 重力加速度。

⑥ 分析结果如图 5-58 所示，考虑应力的分析结果对前保险杠下掉的风险能够明确识别，可为问题原因寻找提供方向性指导。

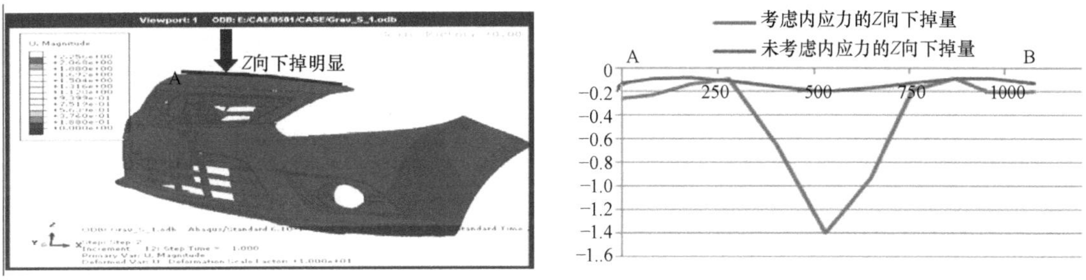

图 5-58 分析结果示意图

3）根据下掉区域的安装结构分析，确定了具体的结构优化方案并进行了实际验证跟踪，如图 5-59 所示。

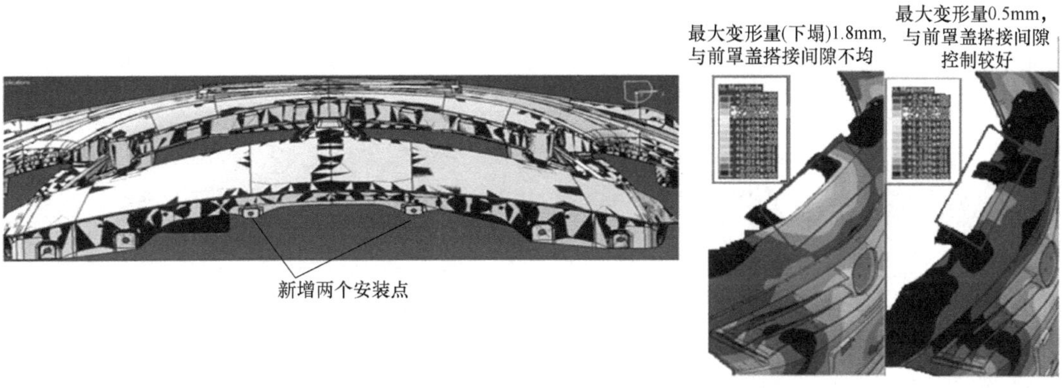

图 5-59 前保险杠总成基于制造翘曲装配模拟技术的应用效果

图 5-59　前保险杠总成基于制造翘曲装配模拟技术的应用效果（续）

第6章

内外饰常规性能验证

汽车内外饰零部件性能主要包括安全性、可靠性和舒适性。汽车内外饰零部件需要保护乘客和行人的安全，无论是有机挥发气体、有害物质成分，还是材料阻燃特性等，均需满足国家和地方相关法规。可靠性是指实际使用过程中保持正常功能的能力，主要指对环境的可靠性；舒适性主要指乘客的感官、操作舒适等方面。前期的选材和仿真设计能在理论上保证这些性能，但实际生产出的产品是否能满足以上性能，需要开展一系列测试和试验，以验证是否满足国家法规要求和车企的技术要求。

国家法规要求是各国根据自身情况，针对汽车行业制定的一系列规范和标准，具有强制性。目的是保护环境、乘客和行人安全、规范法规及行业标准等。在市场上出售的车辆必须满足这些规范和标准的要求。

除了需要满足国家法规要求，各车企还会根据车辆实际使用环境和客户的要求，针对每类零部件及材料制定相应的试验方法和技术要求。不同国家的不同车企制定的试验方法和技术标准存在不同。福特、通用等美国企业的试验方法和标准类似，大众、标致、雪铁龙等欧洲厂家的试验方法和标准类似，而丰田、本田等日系企业也有类似的试验方法和标准。虽然车企的试验方法和标准各不相同，但最终目的都是设计出可靠性高的产品，满足消费者的需求。

本章仅涵盖内外饰零部件常规性能，某些零部件的特定性能见相应章节。

6.1 法规安全类试验

为适应国家发展循环经济、保护环境和人体健康以及建设资源节约型、环境友好型社会的要求，提高汽车技术水平，国家对车内部分苯系物和醛类物质、重金属、阻燃剂、多环芳烃等物质进行禁止或限制使用，并制定实施了《乘用车内空气质量评价指南》《汽车禁用物质要求》等法规标准。为满足国家、社会及客户要求，对内外饰产品需开展车内挥发性有机物和醛酮类物质、禁限用物质、多环芳烃等试验。

此外，为保护乘客安全，国家对装饰件、保险杠、格栅等零部件的结构和内饰材料的燃烧速度进行了限制，制定了《乘用车外部凸出物》《汽车内饰材料的燃烧特性》等法规标准。为满足法规及客户要求，对内外饰产品需开展内、外部凸出物及阻燃性等试验。

6.1.1 乘用车内空气质量

空气质量的好坏反映了空气污染程度，它是依据空气中污染物浓度的高低来判断的。车内空气质量则通过挥发性有机物（Volatile Organic Compounds，VOC）的浓度来判断。

1. 试验要求

（1）环境舱

1）环境舱温度：25.0℃±1.0℃。

2）环境舱相对湿度：50%±10%。

3）环境舱气流速度：≤0.3m/s。

4）环境舱污染物背景浓度值：甲苯≤0.02mg/m^3、甲醛≤0.02mg/m^3。

（2）采样装置　包括采样泵、气体流量计、多孔聚合物（Tenax）采样管（用于采集苯系物）、2,4-二硝基苯阱（DNPH）采样管（用于采集醛酮类物质）。

（3）分析设备

1）热脱附气相色谱质谱联用仪（Thermal desorption gas chromatography-mass spectrometry，TD-GCMS）：用于苯系物分析。

2）高效液相色谱仪（High Performance Liquid Chromatography，HPLC）：用于醛酮类物质分析。

2. 试验方法

试验方法参考 HJ/T 400—2007。通过采样环境舱模拟温度、湿度等环境条件，将整车在此环境舱中封闭一段时间，然后通过采样装置采集车辆内部空气并对其进行分析以确定 VOC、评价车内空气质量。

（1）样品采集

1）车辆预处理：将受检车辆放入采样环境舱中，除去车辆内部构件表面覆盖物，将受检车辆可以开启的窗、门完全打开，静止放置时间不少于 6h。

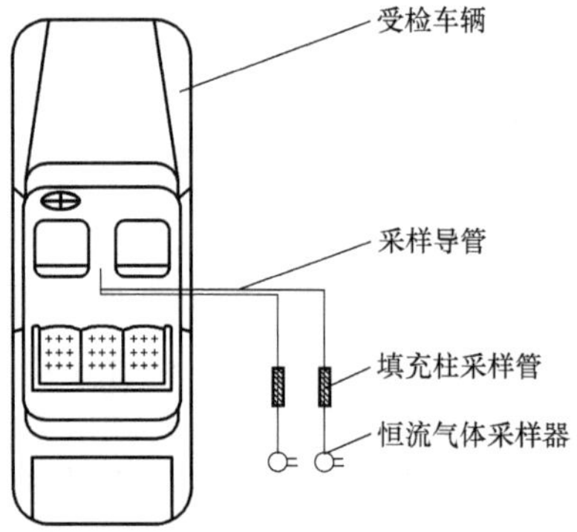

图 6-1　车内空气样品采集示意图

2）布置采样装置：将采样导管进气口固定在乘员舱内规定的采样点位置，以适当的方式从乘员舱内引出，不破坏整车的完整与密封性。出气口与乘员舱外的填充柱采样管连接，填充柱采样管末端与恒流气体采样器连接，如图 6-1 所示。完全关闭受检车辆所有窗、门，确保整车的密封性，将受检车辆保持封闭状态 16h，开始进行样品采集。

> 使用固相吸附剂填充的 Tenax 采样管采集挥发性有机组分，采样流量 100～200mL/min，采样时间 30min；使用固相吸附剂填充的 DNPH 采样管采集醛酮组分，采样流量 100～500mL/min，采样时间 30min。

3）样品运输和保存：采样管应使用密封帽将管口封闭，并用锡纸或铝箔将采样管包严，低温（<4℃）保存与运输，保存时间不超过 30 天。

（2）样品分析

1）车内空气污染物中挥发性有机组分的测定采用热脱附/毛细管气相色谱/质谱联用法。

2）车内空气污染物中醛酮组分的测定采用固相吸附/高效液相色谱法（HPLC）。

3. 评价方法

根据GB/T 27630—2011《乘用车内空气质量评价指南》，对VOC测试结果进行评价，具体要求见表6-1。

表6-1 车内空气有机物浓度要求

序号	项　目	浓度要求/(mg/m^3)	序号	项　目	浓度要求/(mg/m^3)
1	苯	≤0.11	5	苯乙烯	≤0.26
2	甲苯	≤1.10	6	甲醛	≤0.10
3	二甲苯	≤1.50	7	乙醛	≤0.05
4	乙苯	≤1.50	8	丙烯醛	≤0.05

6.1.2 禁用物质及多环芳烃

1. 试验要求

工业和信息化部［2015年第38号公告］《汽车有害物质和可回收利用率管理要求》和GB/T 30512—2014《汽车禁用物质要求》中规定，除在一定期限内豁免的汽车零部件和材料外，汽车及其零部件产品中每一均质材料中的铅、汞、六价铬、多溴联苯（PBBs）、多溴二苯醚（PBDEs）的质量百分数不得超过0.1%，镉的质量百分数不得超过0.01%。

2. 试验设备

一般采用X射线荧光光谱仪（X-ray fluorescence spectrometer，XRF）进行禁用物质定性测试，采用紫外分光光度计（Ultraviolet-visible spectroscopy，UV-Vis）进行六价铬定量测试，采用电感耦合等离子体原子发光光谱仪（Inductively coupled plasma optical emission spectrometry，ICP）进行铅、汞、镉定量测试，采用气相色谱质谱联用仪（Gas chromatography-mass spectrometry，GC-MS）进行多溴联苯、多溴二苯醚、多环芳烃的定量测试，如图6-2所示。

3. 试验方法

禁用物质试验方法参考GB/T 30512或IEC 62321推荐的四个行业标准QC/T 941、QC/T 942、QC/T 943、QC/T 944，多环芳烃测试方法参考ZEK 01.4-08。一般先开展定性测试，对定性测试无法判定是否合格的材料再进行定量测试。

检测流程：测定铅/镉/汞含量分别参考IEC 62321 Ed.1：2008 Sec.8/ Sec.7。

称量样品于微波消解容器中 → 加入消解试剂 → 在微波消解炉中消解样品
↓
用ICP-OES分析 ← 用纯水定容 ← 转移消解溶液到容量瓶内

（1）测定六价铬含量：

1）参考IEC 62321 Ed.1：2008 Annex B。

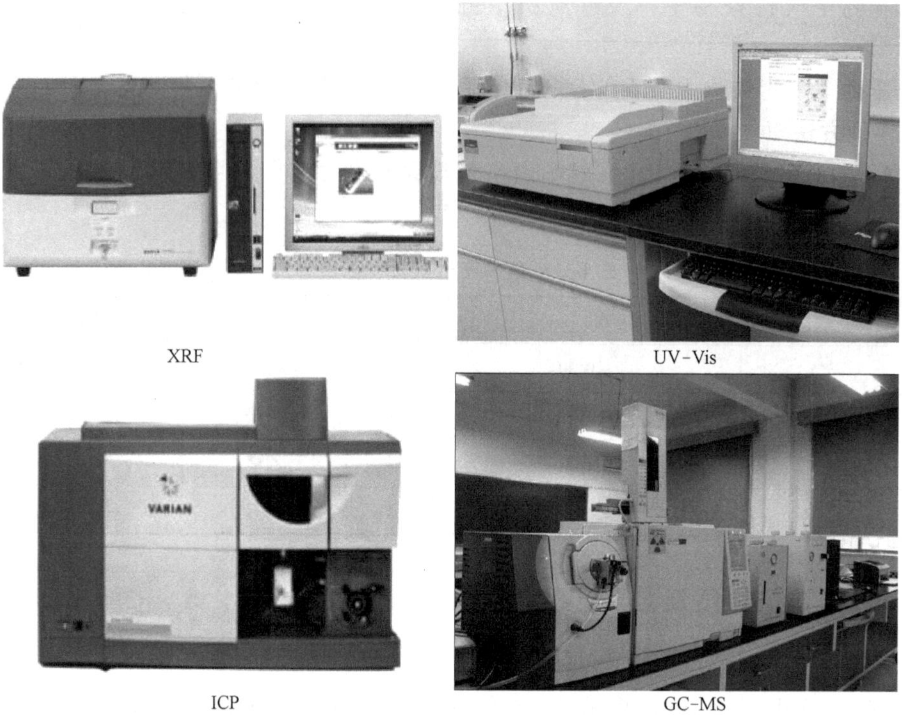

图 6-2 禁用物质测试设备

取约 (50±5)cm^2 测试样品 → 加试剂萃取 → 添加测试溶液 → 用 UV-Vis 分析

2）参考 IEC 62321 Ed. 1：2008 Annex C。

称量样品于锥形瓶内 → 加入消解剂，加热 → 调整溶液 pH 值 → 添加测试溶液 → 调整溶液 pH 值并用纯水定容 → 用 UV-Vis 分析

（2）测定多溴联苯/多溴联苯醚含量，参考 IEC 62321：2008 Ed. 1 Annex A

称量样品于套管中 → 用有机溶剂萃取 → 浓缩萃取液 → 转移萃取溶液至容量瓶内 → 用有机溶剂定容 → 用 GC-MS 分析

4. 试验结果判定

样品禁用物质含量是否超标，应根据测试结果值按 GB/T 30512 的要求进行判定。

6.1.3 乘用车内部凸出物

1. 试验要求

GB 11552—2009《乘用车内部凸出物》规定了乘员舱内零部件在凸出物方面的要求。标准要求及区域划分包含：

1）前排座椅 H 点之前、仪表板上下分界线以上的乘员舱内部构件（侧门除外）。

2）前排座椅 H 点之前、仪表板上下分界线以下的乘员舱内部构件（侧门及脚踏板除外）。

3）通过最后排座椅上的人体模型躯干基准线的横截面之前的乘员舱其他内部安装件。

4）顶盖系统。

5）固定在车辆上的座椅后部的零件。

6）车窗、活动顶盖（包括天窗）以及隔断系统的电操作。

7）其他未提及的内部安装件。

8）活顶汽车的特殊要求。

9）敞篷汽车的特殊要求。

2. 试验方法及设备

根据 GB 11552—2009，凸出物高度测量方法如图 6-3 所示。

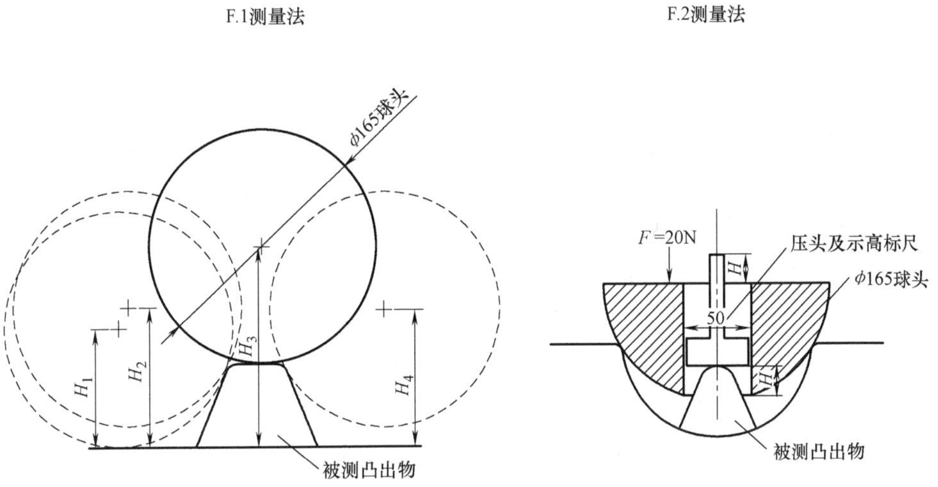

图 6-3 凸出物高度测量示意图

1）F.1 法中，球头滚过被测件过程中垂直方向最大变化量（H_3-82.5mm）即为凸出物高度。

2）F.2 法中，标尺标示高度即为凸出物高度。

3）原则上，首先使用 F.2 方法，当因凸出物或安装面尺寸问题无法测量时，才使用 F.1 方法。

4）F.2 测量方法的设备结构如图 6-4 所示。

6.1.4 乘用车外部凸出物

1. 试验要求

GB 11566—2009《乘用车外部凸出物》适用于 M1 类车，不适用于外后视镜和牵引装置。一般要求为：

1）车身外表面不得有朝外的尖锐零件。

2）车身外表面不应有可能刮到行人等的朝外零件。

3）车身外表面凸出零件的圆角半径 $R\geqslant 2.5$mm，这一要求不适用于凸出高度 $h<1.5$mm

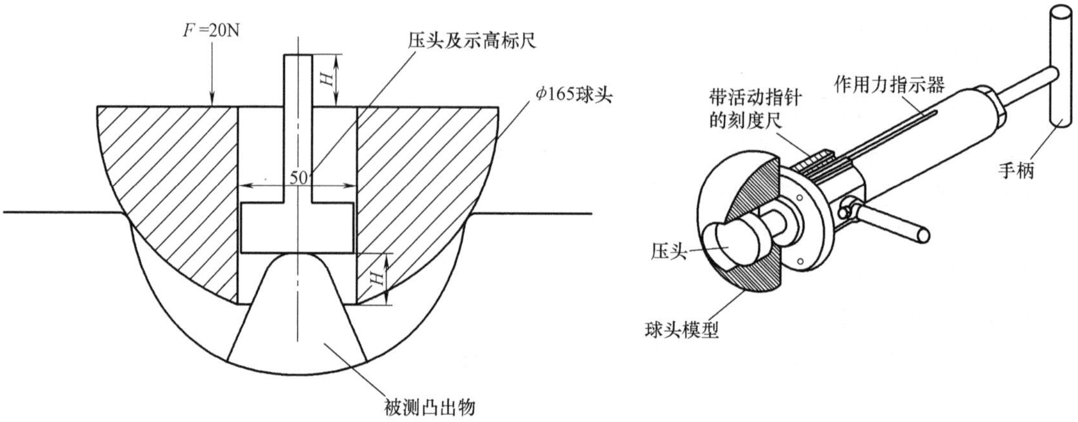

图 6-4　F. 2 测量设备示意图

的零件以及凸出高度 1. 5mm≤h<5mm 但零件朝外的部分是圆滑的零件。

4）若材料硬度不超过 SHORE A 60 时，R 可小于 2. 5mm，可用比较测量法评价。

2. 试验方法及特殊要求

1）特殊要求的零件：对装饰件、商用符号、商用标记的字母和数字、前照灯、格栅及间隙、风窗刮水器、保险杠、车门手柄、行李箱盖手柄、铰链和按钮等、车轮、车轮螺母、轮毂罩盖和车轮装饰罩、金属板件的边缘、车身板件、两侧空气及雨水导流板、千斤顶支承架和排气管、进排气风门片、顶盖、车窗、号牌支架、行李架及雪橇架、天线等有特殊要求。

2）对装饰件、商用符号、商用标记的字母和数字的要求及试验方法详见表 6-2。

表 6-2　要求及试验方法

凸出表面高度	圆角半径
h<1. 5mm	不考虑
1. 5mm≤h<5mm	圆滑即可
5mm≤h≤10mm	R≥2. 5mm
h>10mm	1. 施加力的方向：在大致平行于其安装面的平面内，从任何方向对其凸出的最高点施加 100N 的外力时，其应能收缩、脱落或弯曲 2. 施力时使用一个直径不大于 50mm 的平端压头或等效方法 3. 剩余部分的凸出高度不得大于 10mm，并且不能有任何尖角、锐边或刃口

6.1.5　阻燃性试验

1. 试验要求

根据 GB 8410—2006，内饰材料的燃烧特性必须满足：燃烧速度不大于 100mm/min。

2. 试验方法

目前汽车内饰评价阻燃性标准主要参照 GB 8410—2006。试验采用的燃烧箱由钢板制成，前部设耐热观察窗，底部及四壁设有通风孔及通风槽（图 6-5）。通过将试样水平夹持在 U 形支架上，在燃烧箱中，用规定高度的火焰点燃试样的自由端 15s 后，确定试样上火焰是否熄灭，或何时熄灭，以及试样燃烧的距离和燃烧该距离所用的时间，反映材料的燃烧性能。

3. 评价方法

1）如果试样暴露在火焰中15s，熄灭火源试样仍未燃烧，或试样能燃烧，但火焰达到第一测量标线之前熄灭，无燃烧距离可计，则被认为满足燃烧速度要求，结果均记为A-0mm/min。

2）如果从试验计时开始，火焰在60s内自行熄灭，且燃烧距离不大于50mm，也被认为满足燃烧速度要求，结果记为Bo。

3）如果从试验计时开始，火焰在两个测量标线之间熄灭，为自熄试样，且不满足要求，则直接进行燃烧速度的计算，结果记为C-燃烧速度实测值mm/min，一般要求燃烧速度不大于100mm/min。

图 6-5 燃烧箱设备

6.2 可靠性试验

为了验证和保证内外饰的功能可靠性，在设计和生产过程中，汽车厂家都会在实验室和户外对内外饰零部件及材料开展一系列可靠性试验，主要包含环境性能和物理性能试验。

6.2.1 环境性能试验

1. 户外暴晒老化试验

由于测试目标和阶段不同，户外耐候试验根据对象分整车、零部件和材料。根据汽车开发周期，最先进行的是材料类型的耐候性试验，筛选出符合预期的理想材料，然后是零部件暴晒试验，检验零部件的耐候能力，最后为整车暴晒试验，全面检验各部件的耐候能力。由于其户外暴晒方法大体相同，本文只介绍整车暴晒方法。

（1）试验要求 整车暴晒试验是将整车试样置于能代表某一气候类型区域的室外自然环境下进行长期暴露试验，让其经受自然环境中的阳光、雨水、其他污染物等老化影响因素。通过规定时间的暴露试验，以检定整车非金属材料制品的外观、力学、物理性能等影响产品使用的因素是否发生提前老化现象，从而评价整车试样耐大气环境老化能力。整车暴晒试验的试验条件是最接近产品实际使用情况的，可以真实直观地反映出产品性能在多种环境因素复杂作用下的演变规律。就验证效果来看，它不仅能考察橡塑件本身的性能，还能体现其在整车中的使用性能，是验证产品环境适应性的有效手段。

试验要求暴露场地应选择在能代表各种气候类型的典型的有苛刻环境气候条件的区域内或在受试产品实际使用的环境，场地应平坦空旷，远离建筑物和树木，周围障碍物与场地边沿的距离至少为该障碍物高度的3倍。场地附近应无工厂烟囱、通风口或其他能散发大量腐蚀气体和杂质的设施。最好远离厂矿区和闹市区，或设在该地区主导风向的上方。

场地应保持当地的自然植被状态，不积水，有植物生长则应该经常割短，要求草高不应超过 20cm。

（2）试验方法　根据 GB/T 3681—2000，对试验样车，应用清水（即水质 pH 值为 6~8，固体含量小于 1×10^{-6}，硅土小于 0.2×10^{-6}）和柔软棉布对车辆外表面进行彻底清洗、晾干，用吸尘器清洁车内灰尘及用干净柔软湿棉布清洁内饰件及玻璃表面；若用清水无法清洗干净，可用中性汽车（液体）清洁剂清洗后再用清水清洗干净，晾干。清洁时注意保护试验表面不受任何污染与损伤。

然后将样车南北朝向自然放置于暴露场内。在北半球，前风窗玻璃朝正南方向；在南半球，前风窗玻璃朝正北方向。为了适应特殊的试验目的，也可以朝向任何方向放置。

试验时，要求样车的所有车门、车窗和通风系统都要紧密关闭，同时要保证每辆车之间的放置空间通风自由、且不相互遮挡阳光。试验车的放置距离至少为其相邻车辆高度的3倍。

（3）评价方法

1）整车外观目测检查。根据选择的检测周期，在不受阳光直射、自然光线充足、明亮、干燥的地方，按相关规定的整车外观检测内容进行各种老化现象的目测检查。检查时可采用 5~10 倍放大镜，对试样进行观察。

注：粉化、渗析物、长霉、起霜等老化现象的目测检查应在试样清洁前进行预观察。

2）性能检测。根据选择的测量周期，对涂层和橡塑件表面性能进行以下检测：

① 光泽度的测量。涂层表面光泽度测量按 GB/T 9754 的有关规定进行；塑料表面光泽的测量按 GB/T 8807 的有关规定进行。整车装饰部件有纹理表面光泽的测量方法是在测量位置上任意标出 0°位，然后从 0°位开始依次顺时针旋转 90°、180°和 270°共 4 个方向进行测量，读取每一测量方向的光泽数据。

② 颜色的测量。涂层表面颜色的测量按 GB/T 11186 的有关规定进行；塑料橡胶表面颜色的测量按 GB/T 15596 的有关规定进行；橡胶表面颜色的测量按 GB/T 3511 的有关规定进行。

③ 涂层铅笔硬度检测。按 GB/T 6739 规定的手工操作法测定其铅笔硬度。

④ 涂层附着力检测。按 GB/T 9286 规定进行涂层的附着力划格试验检测。

2. 实验室加速老化试验——氙灯老化

（1）试验要求　氙灯老化箱采用氙弧灯作为辐照光源，将试验样品安装于试验箱内，通过一定方式自动控制辐照度、黑板温度、箱体空气温度和箱内相对湿度，使得所有样品试验条件一致，并采用一些已经公认的标准参照材料对试验设备进行符合性测试，如聚苯乙烯、AATCCL-4 和 L-2 蓝色羊毛标准织物等，使得氙灯箱有一定的重复性。

另外，合格的氙灯老化箱的设计应确保在试验样品暴露区域任何位置的辐照度至少为此区域最大辐照度的 70%。如果距离暴露区域中心位置最远端的辐照度为中心辐照度的 70%~90%，则必须将试验样品放置于能够达到最大辐照度 90%的区域之内。

国际上使用最为可靠和广泛的为美国 Atlas 的 CI 系列氙灯老化箱（图 6-6）和 Q-lab 公司生产的 Q-SUN 系列氙灯老化箱（图 6-7）。前者为转鼓式，可支持最多 60 多个样品同时进行试验；后者为平板式氙灯，可支持样品数量相对较少，但可更为方便地放置不同产品类型的样品。

（2）试验方法　目前国际上最通用的试验方法为 SAE J2412—2003 和 SAE J2527—

2004，主要是主机厂在使用。其中 SAE J2412—2003 为汽车内饰件采用的氙灯加速试验方法，SAE J2527—2004 为汽车外饰件采用的氙灯加速试验方法。另外，大众、福特等企业均在此基础上有自己的试验方法，如大众的 PV1301、PV3930 和福特的 BO116-01 等，它们的主要区别在于采用的滤镜不同，导致光谱范围有一定的差异。

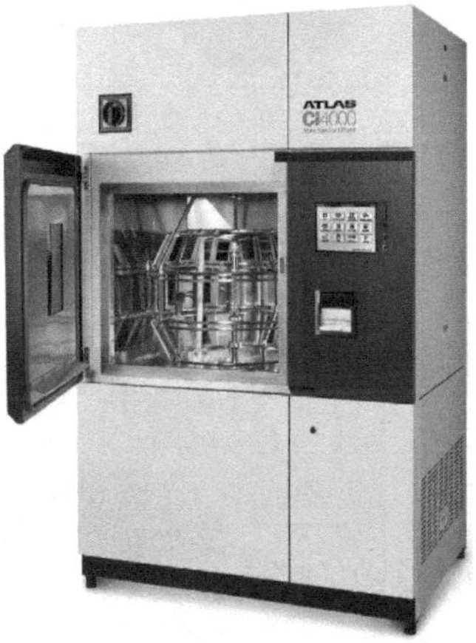

图 6-6 转鼓式氙灯老化箱

图 6-7 平板式氙灯老化箱

外饰氙灯老化试验方法见表 6-3。

表 6-3 外饰氙灯老化试验方法

循环	滤光器	辐照度/[W/(m^2·nm)]	波长/nm	暴晒循环
1	日光滤光器	0.55±0.02	340	第一阶段:黑板温度(38±3)℃,箱体空气温度(38±3)℃,相对湿度(95±5)%的试验条件下,运行 60min 黑暗循环,同时正面+背面水喷淋 第二阶段:黑板温度(70±3)℃,箱体空气温度(47±3)℃,相对湿度 50%±5%的试验条件下,运行 40min 光照循环 第三阶段:黑板温度(70±3)℃,箱体空气温度(47±3)℃,相对湿度(50±5)%的试验条件下,运行 20min 光照循环,同时正面水喷淋 第四阶段:黑板温度(70±3)℃,箱体空气温度(47±3)℃,相对湿度(50±5)%的试验条件下,运行 60min 光照循环

（3）评价方法 氙灯老化后样品一般出现变色、开裂、起泡、失光等缺陷，针对样品颜色变化主要有以下两种试验方法：

1）仪器测量法。一般采用 D65 光源（标准日光，色温 6500K），10°观察角进行试验前后的色差测量，常规测量均需包含镜面反射光。针对高光涂层样品，最好采用多角度色差仪进行测量，可考察涂层在不同角度下的色差变化情况。

2）主观目测法。采用 GB 250 评定变色用灰色样卡对样品试验前后的变色情况进行等级评定。

灰卡等级与 CIELAB 色差的对应关系见表 6-4。

（4）试验案例 非金属材料和零部件在经过氙灯老化试验后会变形，油漆产品会产生起泡、龟裂等现象，如图 6-8 所示。

3. 高低温环境试验

高温会导致高分子产品老化、变形、变色、起泡、破裂、材料粘接和迁移、力学性能降低等现象。低温会导致高分子材料的硬化和脆化、机械强度降低。而温度的变化，又会导致高分子材料膨胀、收缩，产生变形、开裂等现象。

表 6-4 色牢度等级与色差的关系表

色牢度级别	CIELAB 色差	容差	色牢度级别	CIELAB 色差	容差
5	0	0.2	2~3	4.8	±0.5
4~5	0.8	±0.2	2	6.8	±0.6
4	1.7	±0.3	1~2	9.6	±0.7
3~4	2.5	±0.35	1	13.6	±1.0
3	3.4	±0.4			

图 6-8 非金属材料和零部件经氙灯老化试验后出现的现象（变形、起泡和龟裂）

在大气环境中，水分对产品的作用表现为降水（雨、雪、霜、冰、雾）、潮湿、凝露等形式，主要以扩散、吸收、吸附和凝露的方式进入材料内部，降低材料强度。

为了模拟温度和湿度对产品的影响，汽车厂家开展一系列高低温湿热试验，用于验证汽车内外饰的耐温、耐温度交变、耐湿性能，主要包含热老化试验（高温试验）、高低温循环试验、潮湿试验、温度冲击试验等。下面主要介绍几种经常开展的试验项目。

（1）热老化试验 热老化试验用来确定产品在高温气候环境条件下储存、运输、使用的能力。内外饰零部件在开展热老化试验后不能出现变形、变色、起泡、破裂、材料粘接和迁移、力学性能降低等影响功能和使用的现象。

开展热老化试验的设备通常是高温试验箱，又称为热老化试验箱、老化箱等。温度范围、精度、波动度、均匀度和温度上升时间是该设备的重要参数。高温试验箱的参数、结构和安全性能需满足 GB/T 11158《高温试验箱技术条件》的规定。

1）试验方法。试验方法参考 GB/T 2423.2。试验前，对试验样品进行预处理。预处理完成后将样品安装到工装上，放入高温试验箱中，保持一定时间。恢复常温后，评估样品的外观、尺寸、功能、物理参数等指标是否符合设计要求。

温度的大小根据内外饰零部件的位置进行选择，内饰零部件的试验温度普遍比外饰零部件的试验温度高。仪表板、搁物板等零部件常受到太阳直射，是车内温度最高的零部件，因而试验温度会较高。地毯、顶篷等零部件不会被太阳照射，在车辆放置和使用过程中温度较低，因而试验温度也较低。试验的时间长短可根据零部件的严苛程度要求而确定。

2）评价方法。热老化试验主要评估样品的外观、色差、光泽度变化、尺寸变化、物理参数、功能等指标是否符合设计要求。

① 外观评价：一般在温度 23℃±2℃，湿度 50%±5%条件下，距样品 300mm±30mm 目视，观察样品外观。

② 色差：试验前后的色差可通过色差仪测量，也可在标准光源下目视评价灰度等级。仪器测量法可参考 GB/T 3979 和 CIE 15，灰度评价方法可参考 GB 250。

③ 光泽度变化：可通过光泽度仪测量，可参考 GB/T 9754、ASTM D523。

④ 尺寸变化：通过测量工具测量关键部位在试验前后的尺寸，计算试验前后的尺寸变化。

⑤ 物理性能：包含硬度、刚度、拉伸强度、弯曲强度等，不同零部件测量的指标不同，均可通过仪器测量。

⑥ 功能评价：可通过试验人员或仪器对零部件的主要功能进行测试，评估功能是否缺失或异常。

3）试验案例。某储物盒采用一种新材料制造，开展高温试验后，发生明显翘曲和变形，如图 6-9 所示。通过试验验证了该材料的耐高温性能较差，不适用于该零部件。

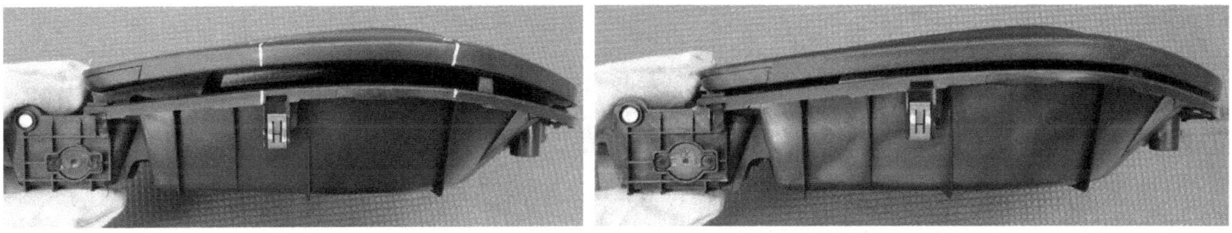

图 6-9 高温试验前后的侧面对比照片

（2）高低温循环试验 高低温循环试验又称为交变湿热试验，是为了模拟户外温湿度的变化环境，验证产品在这种环境中储存、运输和使用的能力。户外环境温湿度随时都在变化，白天和黑夜、夏季和冬季、地区之间都存在较大的温湿度差异。在温度的变化过程中，材料也会随之而膨胀、收缩，经过高低温变化之后可能产生变形、开裂等现象。内外饰零部件在开展高低温循环试验后不能出现变形、翘曲和开裂等影响正常使用的缺陷。

高低温湿热试验箱是开展高低温循环试验的设备（图 6-10）。温湿度范围、精度、波动度、均匀度和温度上升、下降时间是该设备的重要参数，反映设备的精度和稳定度。高低温湿热试验箱的参数、结构和安全性能需满足 GB/T 10592《高低温试验箱技术条件》和 GB/T 10586《湿热试验箱技术条件》中的规定。

图 6-10 高低温湿热试验箱

1）试验方法。试验方法参考 GB/T 2423.4。试验前，对试验样品进行预处理。预处理完成后将样品安装到工装上，放入高温湿热试验箱中，经过一个或几个周期的温湿度循环变化，恢复常温后，再评估样品的外观、尺寸、功能、物理参数等指标是否符合设计要求。

2）评价方法。其评价方法与热老化试验基本相同。

（3）潮湿试验　潮湿试验又称为恒定湿热试验，可模拟高湿度环境，验证产品在这种环境中储存、运输和使用的能力。在大气环境中，水对产品的作用表现为降水（雨、雪、霜、冰、雾）、潮湿、凝露等多种形式。水分主要以扩散、吸收、吸附和凝露的方式进入材料内部，降低材料强度。车身油漆、织物、面料类内外饰产品均需要开展潮湿试验，不得出现发黏、粘接失效、霉菌、难闻气味、漆膜附着力降低等缺陷。

湿热试验箱是开展潮湿试验的设备。湿热试验箱具备加湿系统，用于给试验箱内加湿。加湿水采用高纯度水，一般需要经过三级过滤，电阻率应不低于500Ω·m。温湿度范围、精度、波动度、均匀度是该设备的重要参数，反映设备的精度和稳定度。湿热试验箱的参数、结构和安全性能需满足GB/T 10586《湿热试验箱技术条件》的规定。

1）试验方法。试验方法参考GB/T 2423.3。试验前，对试验样品进行预处理。预处理完成后将样品安装到工装上，放入恒定湿热箱中一定时间。恢复常温后，再评估样品的外观、尺寸、功能、物理参数等指标是否符合设计要求。

2）评价方法。

① 对外观、尺寸、功能的评价方法与热老化试验相同。

② 发黏评价、粘接失效、霉菌气味等主要通过试验人员主观评价。

③ 漆膜附着力测试方法参考GB/T 9286，可通过漆膜划格仪在样品上划格，清理碎屑后用特定胶带粘在划格处，评价附着力合格的格子数。

4. 石子冲击试验

石子冲击试验又称为砾石冲击试验、碎石冲击试验，可模拟道路上飞溅的石子，冲击到车身油漆上，验证车身油漆的抗石击性能。车辆在道路运行过程中，会遇到其他车辆溅起的石子，石子尺寸大小不一、速度不同，轻则刮伤油漆，重则破坏车身。一般情况下，前后保险杠、轮毂、车门等腰线以下的部位均需要考虑开展石子冲击试验。

石子冲击试验机是开展石子冲击试验的设备，又称为石子冲击仪，如图6-11所示。根据汽车行业主流的标准和规范，石子冲击试验机有两种不同的标准：SAE和VDA。SAE是美国汽车工程师协会制定的标准，而VDA是德国汽车工业协会制定的标准。在两种标准下，试验设备的结构和操作方法均有所不同。

图6-11　石子冲击试验机

（1）试验方法

1）试验方法参考SAE J400或DIN EN ISO 20567-1。选择平整的试验样品，固定在冲击室的夹具上。再从进料漏斗处倒入石子，起动开关，石子全部冲击完成后结束试验，再拿出样品进行评估。对比标准等级图，给出样品的抗石击等级。

2）表6-5是SAE J400和DIN EN ISO 20567-1在试验方法和参数上的主要区别。

表 6-5 SAE 和 VDA 标准的区别

参数	SAE J400	DIN EN ISO 20567-1
石子尺寸	9.53~15.86mm	4~5mm
石子材质	砾石(Gravel)	铁砂(Grit)
石子容积/重量	0.473L(1pint)	方法 A 和 B:1000g+20g 方法 C:500 g +20g
工作气压	483kPa±21kPa	方法 A:100kPa±5kPa 方法 B 和方法 C:200kPa±10kPa
冲击角度	90°	54°

(2) 评价方法　通过试验人员对比试验样品和标准图，从石子冲击痕迹的面积和深度，给定相应的等级。

5. 雾化试验

车内材料中的挥发性组份，在加热、辐照下加速挥发，在风窗玻璃或车窗上冷凝下来，形成一层薄雾，如图 6-12 所示。雾化过程会造成驾驶人视线模糊、视野不良，会严重影响行车安全。另一方面，挥发性的物质多为有害物质，长期接触会损害乘员身体健康，因而对材料进行雾化性能测试显得尤为重要。

图 6-12　雾化现象

(1) 试验方法

1) 目前主要的试验标准为 ISO 6452—2007、SAE J1756—2006、DIN 75201—2011 等，以及众多的企业标准。测试分为反射系数法和重量法两种，分别以玻璃板反射系数和铝箔重量变化来对材料雾化性能进行表征。

2) 雾化试验主要用到的仪器为雾化仪，测试原理为通过加热使材料中的挥发性物质挥发出来，再用铝箔或者玻璃板进行收集。实验过程中，设置油浴温度为 100℃，传热介质为硅油。样品被切成直径为 80mm 的圆形，放入起雾杯中被加热；在起雾杯的顶部，有收集挥发性物质的铝箔或者玻璃板；最顶部为冷却板，冷却板温度为 21℃。实验过程中对实验结果影响最大的因素为油浴温度和冷却板温度，需要将两者的温度控制在±0.5℃范围以内，否则试验结果将产生较大偏差。

(2) 评价方法

1) 重量法在测试完成后，通过实验前后铝箔的重量变化来表征样品的雾化值，其值越大，雾化值越大，反之越小。

2) 对于反射法，首先需要观察玻璃板表面是否有液滴、结晶等出现，如有则认为样品不能用反射法进行测试；如果没有以上现象出现，则用实验后的反射系数除以实验前的反射系数，再乘以 100，得到实验结果。

6.2.2 物理性能试验

1. 硬度试验

硬度主要指材料抵抗其他较硬物体压入其表面的能力，用于测量材料的适用性，间接了解材料的摩擦性能、拉伸性能、固化程度、强度等力学性能。其测试方法一般分为测试材料耐顶针压入能力的硬度试验（如邵氏硬度、布氏硬度、维氏硬度等）、测定材料回弹性的硬度测试（如洛氏硬度、邵氏反弹硬度等）及测定材料对尖头或另一种材料的抗划痕性硬度测试（如比尔鲍姆硬度和莫斯硬度等）。其中，车用非金属材料常用的硬度测试方法包括洛氏硬度、邵氏硬度。

（1）试验方法

1）洛氏硬度：试验方法参考 GB/T 9342。测试设备为洛氏硬度计（图 6-13），主要由机架、压头（至少为 $7MN/m^2$ 抛光钢球）、加力机构、硬度指示器及计时装置组成。其操作简单，测量迅速，并可从百分表或显示屏上直接读数。用规定的压头，先施加初试验力，再施加主试验力，然后返回到初试验力，用前后两次初试验力作用下的压头压入深度差求得最终结果即为洛氏硬度。

2）邵氏硬度：试验方法参考 GB/T 2411、GB/T 531 等标准。主要通过邵氏硬度计（图 6-13）测试，主要由压座、压针、指示装置及弹簧组成，分为邵氏 A 型、邵氏 D 型。邵 A 硬度计适合软质塑料和橡胶的硬度测试，邵 D 硬度计适合于较硬的塑料和硫化橡胶。邵氏硬度的测量范围应该在 20~90 之间，若硬度超过邵 A 90，应改为 D 型硬度计测量。同样，若其硬度低于邵 D 20，则要改用 A 型硬度计来测量。在规定测试条件下，将规定形状压针压入试验材料，从而测得垂直压入的深度。

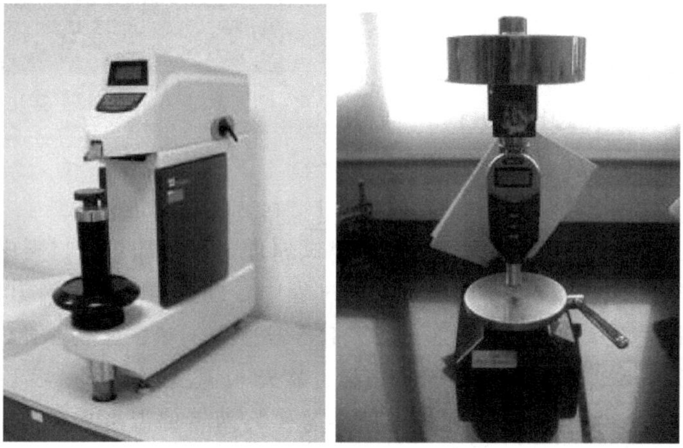

图 6-13　洛氏硬度计（左）和邵氏硬度计（右）设备

（2）评价方法　洛氏硬度应在卸除主试验力 15s 后读数；而邵氏硬度则根据材料不同有不同读数要求，对于一般橡胶材料，规定 1s 内读数，而对于塑料或硬橡胶，则一般要求 (15±1)s 读数（若要求瞬时读数，则在 1s 内读数）。

因材料种类及应用的零部件类型较多，各主机厂的硬度评价指标并不一致，应结合具体零部件功能对具体指标加以规定。

2. 拉伸试验

拉伸试验是指在承受轴向拉伸载荷下测定材料特性的试验方法，又称抗拉试验，是材料力学性能试验的基本方法之一，塑料、橡胶、面料等车用内外饰材料均有拉伸性能要求。在拉伸性能的测试中，通常的测试项目为拉伸应力、断裂应力、拉伸强度、屈服强度、断裂伸长率、拉伸弹性模量、泊松比等，可用于比较不同材料的强度和刚性，在不同温度环境下进行拉伸测试还可得到材料蠕变数据。

（1）试验方法　参考的标准有 ASTM D638、GB/T 1040、GB/T 528、GB/T 1447 等。目前用于拉伸性能测试的设备为万能材料试验机，也称万能拉力机或电子拉力机（图 6-14），主要采用微机控制全数字宽频电液伺服阀，驱动精密液压缸，微机控制系统对试验力、位移、变形进行多模式的自动控制，得到相应过程曲线（图 6-15）。根据不同材料特性及试验项可选择不同量程的传感器及环境箱，配置楔形、平推等不同夹具；对于模量及伸长率等测试可根据需求选择大变形引伸计、接触式引伸计、视频引伸计、激光引伸计等；根据设备自动化程度可选择手动测试、半自动测试及全自动测试等不同配置。设备需至少满足 1 级精度，用于泊松比、弹性模量等测试的设备更要求满足 0.5 级精度要求。

测试前需根据不同材料测量样条实际尺寸，将样条夹持于专用夹具上，根据需求安装引伸计，设定初始力、拉伸速度、标距等试验参数后即可进行测试。塑料及橡胶拉伸一般采用哑铃形试样，以增大标距内断裂概率；考虑制样等问题，面料材料测试大多采用条形样条。测试环境、预处理条件、拉伸速度、样条夹持垂直度等对拉伸强度、拉伸弹性模量等有明显影响，初始夹距、标距等对断裂伸长率、断裂标称应变等影响明显。

图 6-14　万能材料试验机设备

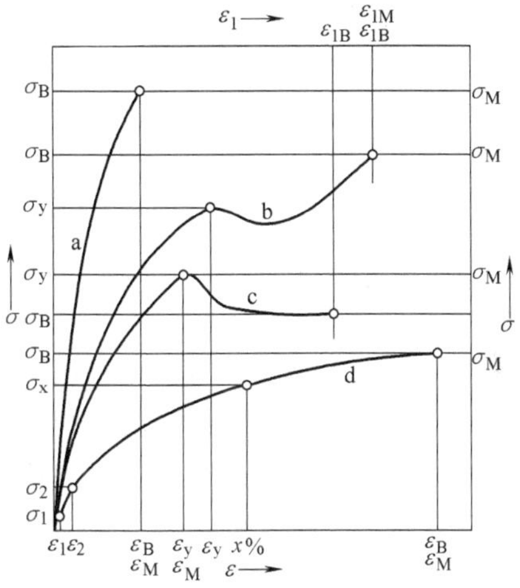

图 6-15　拉伸试验典型应力-应变曲线

（2）评价方法　目前对于 PP、ABS 等塑料材料，各主机厂对拉伸强度、拉伸模量及断裂应力等有硬性规定，断裂伸长率主要用于参考；而对于橡胶、织物、表皮等材料，则对拉伸强度及断裂伸长率都有严格要求。根据不同材料及使用位置，各主机厂有各自的规定。

3. 弯曲试验

弯曲性能指测定材料承受弯曲载荷时的力学特性，主要用于测定脆性和低塑性材料的抗弯强度并能反映塑性指标的挠度，也可用于检查材料表面质量。弯曲试验中通常测试的项目为弯曲应力、断裂弯曲应力、弯曲强度、弯曲模量、挠度等。弯曲试验因截面上应力分布为表面应力最大，故对材料表面缺陷反应相对灵敏。

（1）试验方法　试验方法参考 ASTM D790、GB/T 9341、GB/T1449 等标准。目前测试弯曲性能的设备为万能拉力试验机，附带相应尺寸弯曲压头和支撑工装，考虑精度要求，弯曲模量测试还需配备高精度挠度计（一般要求优于±2μm）。

测试主要有三点弯曲（图 6-16）和四点弯曲（图 6-17）两种形式。相对而言，三点弯曲加载方式简单，弯曲分布较集中，但某处缺陷无法显示；四点弯曲弯矩分布均匀，试验结果较准确，但压夹结构复杂，目前汽车行业采用较少。测试前先选择并安装相应尺寸支撑半径及压头半径，将样条水平放置于支撑块上，设置弯曲速度等参数后即可开始试验，其中弯曲速度、环境温度、预处理温度、样条摆放情况等对结果影响较大。

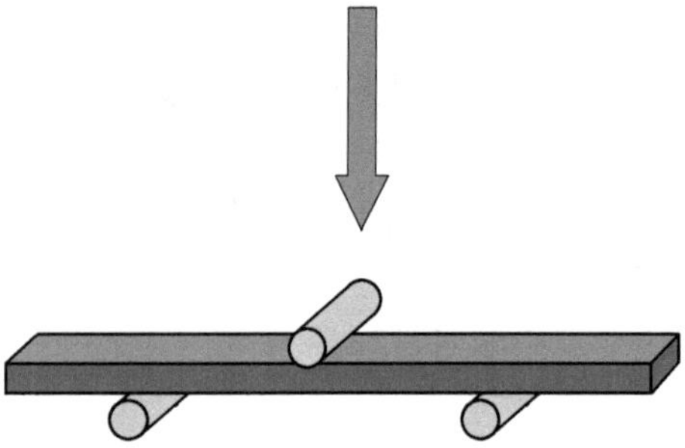

图 6-16　三点弯曲示意图

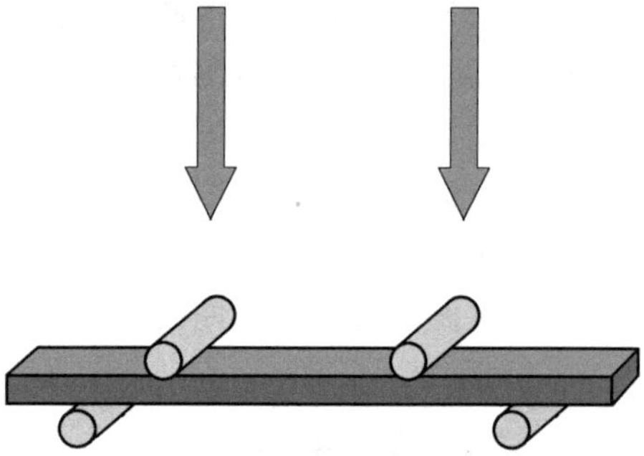

图 6-17　四点弯曲示意图

（2）评价方法　PP、ABS、POM、PA 等不同材料弯曲强度、弯曲模量相差较大，需结合产品特征分别规定。

4. 冲击试验

冲击性能试验是在冲击负荷作用下测定材料的耐冲击强度，用于评价材料抵抗冲击的能力或判断材料的脆性或韧性强度。根据试验温度，可分为常温冲击、低温冲击和高温冲击；根据冲击方式，可分为悬臂梁冲击和简支梁冲击，目前主要采用此种分类方式（图 6-18）。其中，悬臂梁冲击测定的是材料被摆锤冲击时的抗冲性能，悬臂梁冲击强度被定义为从材料开始破坏至完全破坏时所吸收的能量，目前汽车行业多采用此种冲击形式。简支梁冲击试验测定的是受到摆锤的冲击时材料所产生的抵抗力，其定义为试样在冲击负荷作用下被破坏时吸收的能量，可用于比较不同材料的韧性。

（1）试验方法　试验方法根据悬臂梁和简支梁分类，可参考 ASTM D256、GB/T 1843、ASTM D6110、GB/T 1043 等标准。目前材料冲击试验采用冲击试验机（图 6-19），一般 0.5~25J 量程可满足各种车用非金属材料需求，设备需有风阻、摩擦等自动修正功能。根据冲击形式及能量需求不同配置不同摆锤，摆锤能量精度要求优于 0.001J。另外，对于材料的准确表征，样品制备过程至关重要。试样缺口可以极大地降低能量损失引起的形状变化，产生应力集中区域，从而提高从韧性到脆性破坏的发生。任何缺口的弧度和深度的微小变化都将影响到冲击强度的测试结果，切割速度、切刀的锋利程度、切割深度和切割形式也具有明显影响，故还需配合高精度缺口制样机及缺口测厚仪使用。

试验前，首先选择夹具及摆锤安装，将样条放置在夹具上，抬起摆锤至起始下落位置，释放即可测试耐冲击性能。因各方法样条尺寸、缺口加工方式、缺口类型、摆锤大小对测试结果均有影响，故不同条件的测试结果没有可比性。

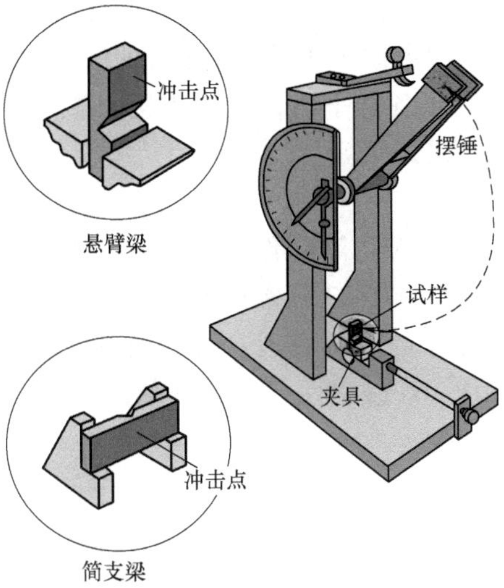

图 6-18　冲击形式示意图

图 6-19　冲击试验机设备

（2）评价方法　试验后试样断裂形式主要有以下几种：完全断裂，断裂两段或以上；部分断裂，断裂面超过 90%；没有断裂，断裂面小于 90%。除此之外，悬臂梁冲击还有铰链断裂，即断裂的试样由没有刚性的很薄的表皮连在一起的不完全破坏的断裂形式。需详细记录断裂形式，并结合不同使用部位制定评价指标。

5. 刚强度试验

立柱、门板、仪表板等内外饰硬质零部件的刚强度直接影响内外饰可靠性，通过 CAE 分析与试验相结合的方式，可从选材、结构等方面将内外饰零部件刚强度控制在一定范围，既保证可靠性，又能保证舒适性。

（1）试验方法　内外饰零部件刚强度测试主要采用机械手臂或测力计与百分表结合的形式，通过对相应测试点施加一定压力，测得该点变形量即为刚度，亦可通过反复按压测得形变衰减曲线，模拟正常使用时的力学性能衰减（图 6-20）。目前，CAE 分析与试验验证在某些结构和零部件上吻合程度较高，对于吻合程度较低的测试点，主要以实测为准（图 6-21）。

图 6-20　仪表板刚度测试

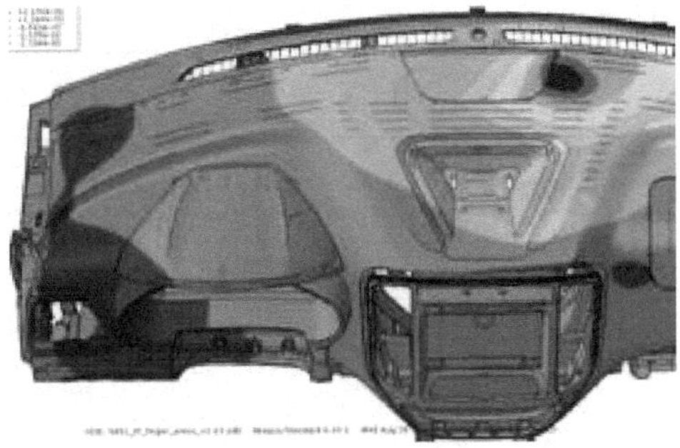

图 6-21　仪表板刚度 CAE 分析示意图

（2）判定标准　目前各主机厂针对各零部件的刚强度范围均有规定，但主要从结构上加以限定。随着对内外饰零部件可靠性及触感舒适性要求的提升，各零部件刚强度范围可能会相应微调。

6. 磨耗试验

耐磨性指表皮、织物、漆膜等材料经受橡皮、砂纸和类似物体摩擦作用时的耐久性，表征材料表面硬度。其中包括旋转磨耗及线性磨耗，适用于各种平面样品，涉及油漆、镀层、织物、皮革、塑料等领域，目前应用较为广泛的为旋转式试验。

（1）试验方法

1）旋转式磨耗试验方法主要参照 SAE J 948、SAE J 1530 等标准，采用 TABER 磨耗试验机（图 6-22），配 500g、1000g 砝码以及 CS-10、H-18、H-22 等常用磨轮（磨轮分类见表 6-6），可在几分钟内提供相当于实际情况下使用几年的摩擦资料。线性磨耗主要采用 Taber 线性磨耗仪（图 6-23），配备 250g 砝码及 CS-10、H-18 磨头，用于评估产品耐磨性、耐刮擦性及颜色传递性等，可进行干磨耗、湿磨耗等试验。

图 6-22　TABER 旋转磨耗仪

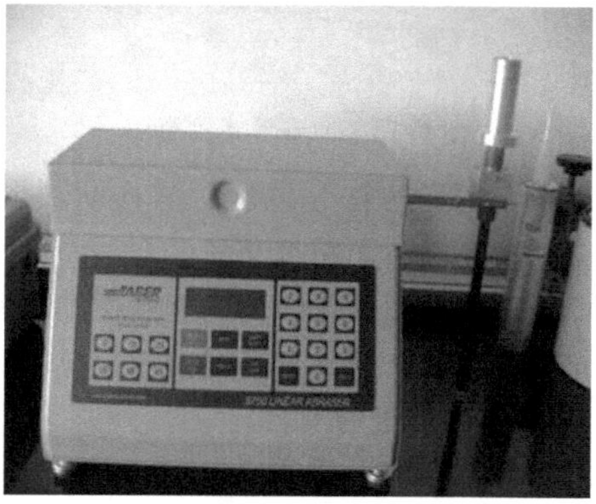

图 6-23　TABER 线性磨耗仪

2）以旋转式磨耗为例，将样品装到旋转台上后（根据样品软硬程度，选择性粘贴 S-36 样品标签纸），用压紧环紧固，安装所需磨轮及砝码，设置转速、转数、真空度等参数，调节吸头高度（一般为离样品表面 3mm），即可开始试验。试样经过两个磨轮摩擦，在表面会产生一个面积约为 $30cm^2$ 的圆环，摩擦图案为交叉弧线，根据该图案可全面判断样品的耐磨性。

表 6-6　磨轮分类

名称	磨轮类型	组成	作用效果
CS10	弹性	橡胶与磨砂	柔和
CS17	弹性	橡胶与磨砂	次强烈
H18	非弹性	陶瓷砂轮	中等强烈
H22	非弹性	陶瓷砂轮	很强烈

（2）评价方法　主要通过表面的光泽度变化、皮纹磨损程度、颜色变化、露底情况等

磨损情况进行主观评价，得到 1~5 级的级数或是否露底的主观评价结果。根据材料及产品使用位置不同有不同接受指标，一般油漆类要求试验规定次数后无磨穿，而 PVC 表皮类则一般要求优于某个特定级数。

7. 刮擦试验

材料表面的耐刮擦性能对材料耐久性及客户使用满意度非常重要，与其表面硬度、皮纹种类、皮纹深度等因素相关，主要有五指刮擦及十字划格两种测试方式，模拟用户在使用过程中可能对表面造成的伤害进行主观或客观表达，主要检测汽车内外饰件中平滑、纹路塑料的耐划性。

（1）试验方法

1）五指刮擦主要采用 Taber 五指刮擦仪进行测试（图 6-24），精确检测受非常规定义物理形式（如刮、抓、刨等）破坏的表面磨损情况。由 1mm、7mm 碳化钨刮擦指，可互换负载（2N、3N、4.5N、5N、6N、7N、10N、15N、20N）及驱动机构等组成。使用碳化钨刮擦指，通过驱动机构施加规定负载，垂直作用在测试样品表面进行测试。

2）十字划格测试主要采用德国 ERICHSEN 430P 型十字划格仪进行测试（图 6-25），由 1~50N 负载、不同类型刮擦头及驱动机构等组成。先施加规定负荷，通过直径 1mm 金属压头，以 40mm/min 速度连续自动进行十字刻划。完成一个方向试验后，将样品台手动旋转 90°，重复刻划完成试验，间距及划格长度可根据需要选择。

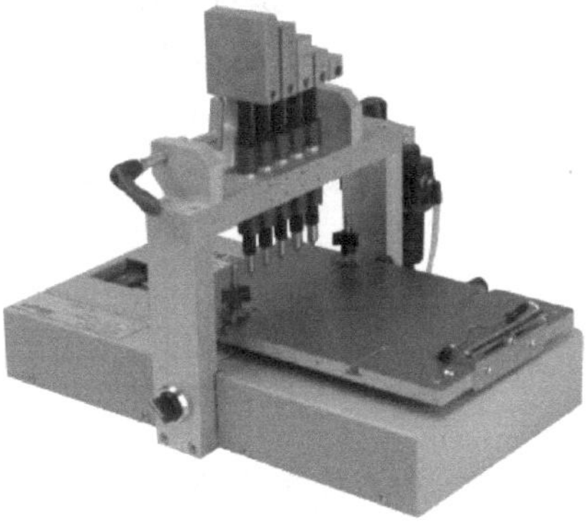

图 6-24 五指刮擦仪

图 6-25 十字划格仪

（2）评价方法 五指刮擦主要对试验前后表面泛白、受损情况等变化进行主观评价，从而评估其耐刮擦性能及接受程度。十字刮擦则在试验前后通过色差仪（几何角 $d/8$，测量孔 ϕ27mm）测定前后色差，从而判断是否符合要求。

8. 其他物理性能试验

除上述几项常见且重要的基本物理性能试验以外，还有压缩、撕裂、剥离、剪切等试验，均能通过万能材料试验机配合不同类型的工装夹具开展，其原理是通过横梁的上下移动，测试整个过程中力与位移的关系，从而得到相关数据，全面分析材料特性。

6.3 感官品质类试验

感官品质类试验主要是指为提高用户感官品质感，在用户望、闻、触、用等方面开展的试验，包括颜色和光泽度测试、气味评价、触感舒适性测试和操作舒适性测试等。通过感官品质类测试可以将汽车产品品质及特性客观量化地反映出来，为汽车产品设计开发过程提供参考意见，使产品在正式上市前就建立起对用户需求的良好适应性。目前部分国外主机厂如奥迪、宝马、奔驰、现代、日产等在研发过程中已普遍运用感官质量概念，国内主机厂如奇瑞等也在最新车型产品中运用此概念。

6.3.1 颜色和光泽测试

1. 颜色测试

颜色是通过眼、脑和我们的生活经验所产生的一种对光的视觉效应，是一种主观感受。颜色评价是一种主观评价，但不同的人、光源、温度等因素都会影响颜色的判断。为了消除这些因素的影响，可在室温和标准光源箱下对物体进行颜色评价。也可通过分光测色计进行定量的测量。国际照明委员会（CIE）规定了色空间，以表示颜色。常用的色空间有 $L^*a^*b^*$、$L^*c^*h^*$。

（1）测量方法

1）常用方法可参考 GB/T 3979、CIE 15。汽车内外饰的颜色常用分光测色计（分光光度仪）测量，有便携式分光测色计和台式分光测色计。便携式的设备携带方便，可拿到户外测试。台式设备测量精度高，但需和计算机配合使用，不能移动，只适合在实验室测量。重复性和器件差是分光测色计的重要参数，表示设备的测量精度。

2）物体颜色的测量方法是直接采用分光测色计在样品上均匀选择几个点，测量 L，a，b 值后，再取平均值，得到的数据即为颜色值。

（2）判定标准　不同厂家对不同零部件的颜色要求不同，针对某种零部件，一般都有标准样板，生产出的零部件与标准样板之间的色差大于某个值，就视为不合格。

2. 光泽度

根据 GB/T 9754，光泽度是指在规定的光源和接收角，从物体镜面方向反射的光通量与从折射率为 1.567 的玻璃镜面反射的光通量之比，反映物体表面接近镜面的程度。主观上，消费者只能评价物体是高光泽还是低光泽。物体的光泽度大小需要用光泽度仪测量。

（1）测量方法

1）测量方法参考 GB/T 9754、ASTM D523。测量光泽度的仪器称为光泽度仪，常用的有单角度和多角度光泽度仪。汽车内外饰的光泽度测量常用三角度光泽度仪，具备 20°、60°和 85°测试角。光泽度仪重要的参数是重复性和器件差，这两个参数表示仪器的测量精度，在光泽度测量中需重点考虑。

2）常见测试方法是在样品上选择至少 3 个点，测试并记录光泽度值，最终取光泽度的平均值。

（2）判定标准　不同厂家对不同零部件的判定标准不同。一般情况下，在 60°测量条件下，样品的光泽度值高于 70，则称为高光件；若样品光泽度值低于 10，则称为低光泽件；介于二者之间的样品称为中等光泽件。对于不同部位的零部件，光泽度的判定标准依各汽车厂家的要求。

6.3.2 气味评价

气味评价是评价样品在特定试验条件下所释放的气体对人体嗅觉器官的刺激程度。整车气味管控思路是将整车气味的指标分解到零部件，再将零部件的指标分解到材料，通过源头管控，确保整车气味达标。气味评价包括材料、零部件和整车气味评价。

1. 材料气味评价方法

将一定规格的零件或材料样品放入密封的无味试验瓶（图 6-26）中，在恒定的温度、湿度等条件下维持一定时间后，参照气味标准溶液对瓶中由零件或材料散发所产生的气味进行评价。

目前在汽车行业多采用 VDA 270 标准，使用正丁醇溶液作为气味标准溶液，由气味评价小组对同一样品的气味进行评价。材料气味评价的温度选择在不同主机厂采用不同标准，一般根据零件在车内所处部位决定。

图 6-26 气味瓶示意图

2. 零部件气味评价方法

零部件气味评价是将零部件放入一定体积的无味设备中，在恒定的温度等条件下维持一定时间后，对设备内零部件散发的气味进行评价。常见的零部件气味评价方法有环境舱法和袋式法。

（1）国外主机厂的零部件气味评价多采用 VDA 276 标准，将零部件放入与外界存在空气交换的无味环境舱中（图 6-27），在恒定的温度、湿度等条件下维持一定时间后，将舱内气体抽出进行评价。评价过程与材料气味评价一致。

（2）国内部分主机厂采用“袋式法”进行零部件气味评价，将零部件装入一定规格的无味袋子内，排除袋内空气，并向袋内充入一定体积的高纯氮气，在恒定的温度条件下维持一定时间后，对袋内气味进行评价。

3. 整车气味评价方法

整车气味评价是将试验车辆门窗密闭，在恒定的温度等条件下维持一定时间后，对车内气味进行评价。常见的整车气味评价是将试验车辆门窗密闭后在常温或室温放置一段时间，然后对车内气味进行评价。部分主机厂通过红外加热方式模拟阳光直射工况，来评价整车在高温条件下的气味。

4. 气味评价结果判定标准

不同主机厂的气味评价结果判定标准会有所差异，一般要求材料、零部件、整车的气味等级≤3 级。

图 6-27 零部件气味评价环境舱

6.3.3 软质材料触感舒适性测试

软质材料触感对增加客户满意度十分重要，是反映汽车品质的直观体现，故研究汽车门嵌饰板、中控扶手及座椅等内饰零部件的触感舒适性十分必要，该类零部件主要通过表皮、面料及特殊结构的塑料框架构成。

1. 试验方法

软质材料触感测试可单独对泡沫、表皮等进行测试，亦可结合零件总成进行测试。测试手段主要通过万能材料试验机、刚强度测试系统等设备，结合不同类型、不同直径的压头对指定位置进行施压，压缩至一定位移后得到力与位移的曲线。零件总成需模拟实际状态将其固定于压头之下，根据手指接触或肘部接触，选择直径 15~50mm 的球头进行按压。泡沫材料通常采用多次压缩或压陷，模拟反复接触的触感变化。

2. 评价标准

将人接触零件的触感与测试的力-位移曲线相结合，得到舒适合理的曲线区间，并将该区间曲线分解到压缩强度、压陷强度、密度、回弹性等基本指标，从而在基本性能上对材料舒适性进行管控。图 6-28、图 6-29 所示为部分车型门板扶手及中控扶手的舒适性数据，可直观看出主观舒适性较强的车型曲线较为平缓，更符合人体工程学。

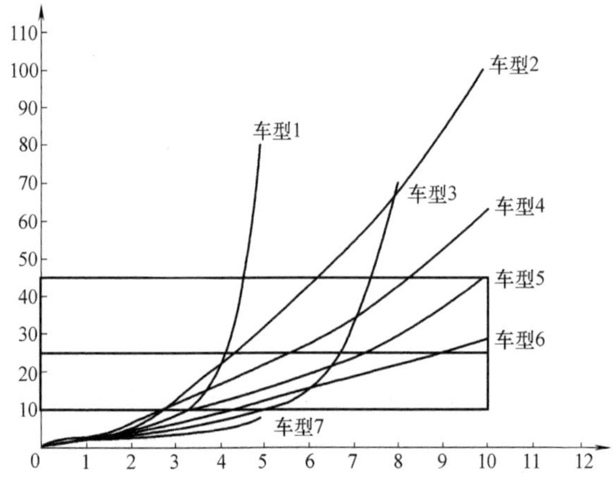

图 6-28 门板扶手压缩曲线图

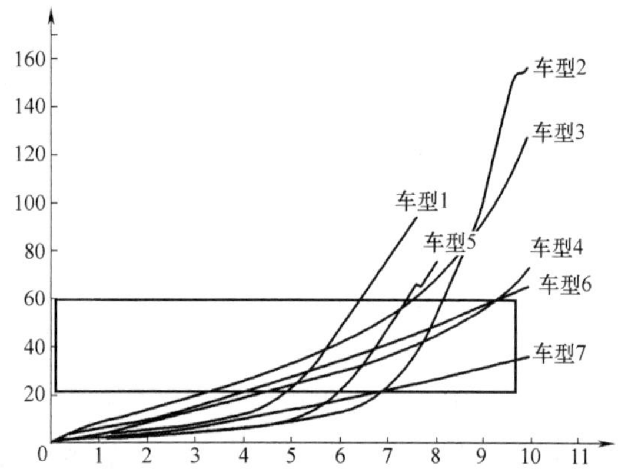

图 6-29 中控扶手压缩曲线图

6.3.4 内饰零件操作舒适性

除安全保障外，汽车内饰件主要为了方便客户使用，提升客户满意度，而杂物箱、出风口、中控面板、遮阳板等内饰功能件的操作为日常最频繁的操作，故车内零部件的操作舒适性最能体现驾车舒适性。

1. 试验方法

内饰零部件操作舒适性测试主要采用机械手臂替代人手，并根据零部件不同，配置相关接触头，模拟人体操作轨迹，将操作过程的感觉以力与位移的客观形式体现，结合人体主观感受，从而对性能目标给予客观定义。图 6-30、图 6-31 为中控面板旋钮操作力测试示意，通过测试旋转过程中力值的变化，形成统计数据，用于操作舒适性分析。

图 6-30 中控面板旋钮操作测试图

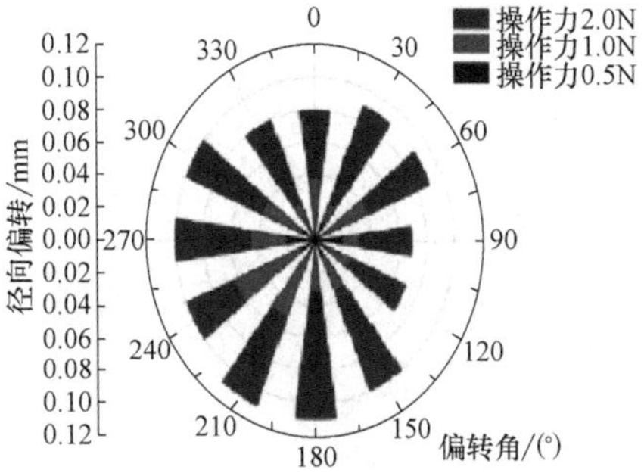

图 6-31 测试过程数据图示意

2. 判定标准

目前各主机厂针对各零部件的操作力最大值及最小值均有要求，但操作舒适性曲线区间的选择需要结合主观操作感受确定。

第7章

内外饰工装设计

材料本身的制造过程以及从材料到所能利用的产品的过程，都必须通过一定的工艺才能实现，材料只有通过各种加工最终形成产品，才能体现其功能和价值。而最终形成的单个产品通过检具检测、焊接工装、治具工装辅助二次成型、盛具包装形成最终质量合格的、可模块化组装的单件或部件产品。内外饰产品质量往往与设备、模具、辅助工装联系在一起，一定程度上反映一个国家的汽车制造工业水平，也反映汽车制造厂的技术、质量、成本、管理的先进性和竞争力。

内外饰工装，是指用于内外饰一次成型模具、装饰成型模具、辅助工装的统称。其中一次成型模具包含注射模具、模压模具、发泡模具、吹塑模具、吸塑模具等。装饰成型模具包含蒸汽高光模具、模内装饰模具、低压注射模具、双色模具、桃木嵌饰注射、搪塑模具、阴模成型模具等。辅助工装包含检具、焊具、治具、盛具等。

本章将从基础知识、设计、实例应用等几个方面逐步介绍，详细讲解汽车内外饰工装设计的一些要点。

7.1 注射成型模具

7.1.1 注射模具

1. 塑料注射模

这是一种可以重复大批量生产塑料零件或产品的生产工具。塑料先加在注射机的加热料筒内，受热熔融后，在注射机的螺杆或活塞推动下，经喷嘴和模具的浇注系统进入模具型腔，塑料在模具型腔内固化成型，这就是注射成型的简单过程。注射成型所用的模具叫注射模具。注射模具主要用于热塑性塑料制品的成型。

注射模的分类方法很多，按浇注系统可以分为热流道注射模和冷流道注射模；按注射模具结构可以分为下面二大类型。

1）两板模：又叫大水口模，应用最普遍，如图 7-1 所示。

2）三板模：包括三板模和简化三板模，成品表面针点进胶或进胶点偏心，如图 7-2 所示。

注射模的基本组成一般来讲，不管是两板模、三板模还是热流道模，主要由动模和定模

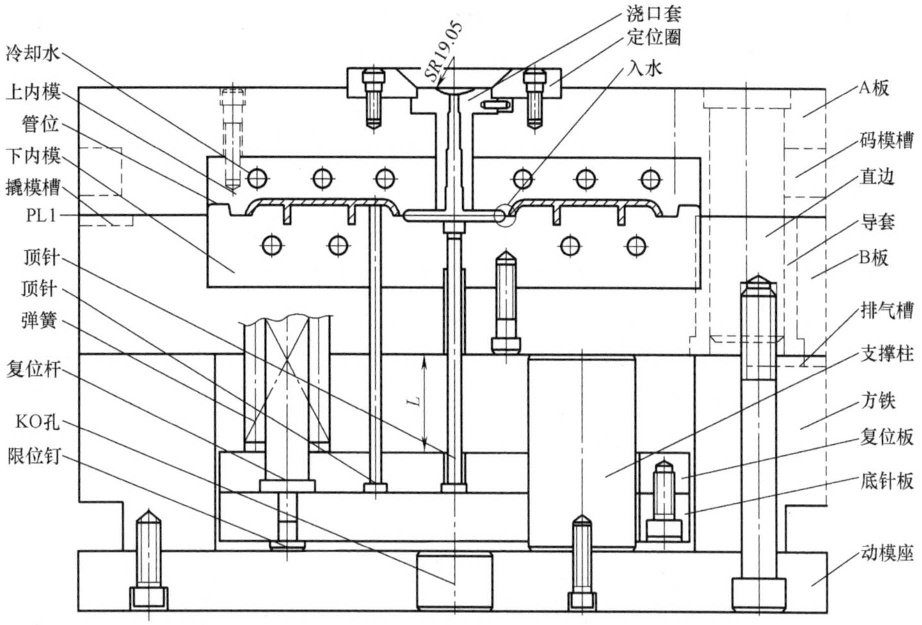

图 7-1 两板模示意

两大系统组成，根据各个系统的作用可以分为以下七大子系统，见表 7-1。

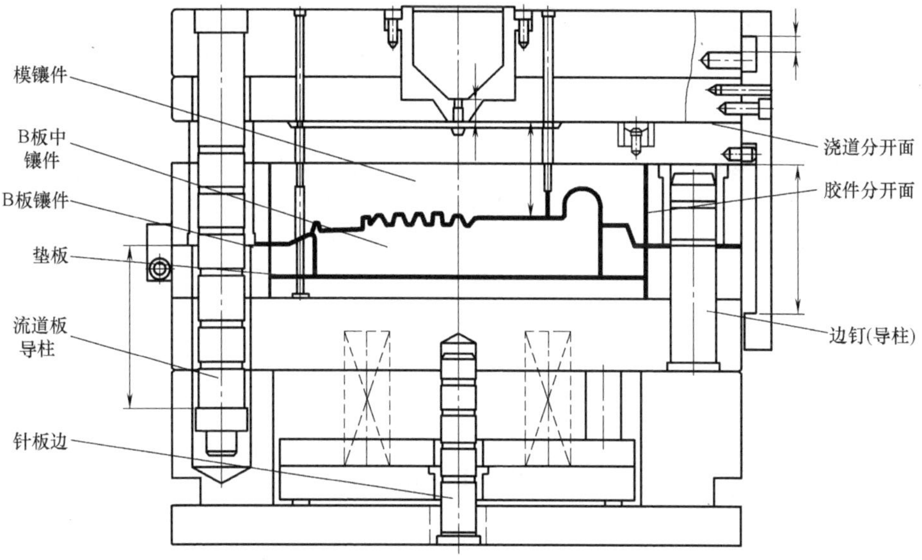

图 7-2 三板模示意

表 7-1 注射模具组成结构

序号	系统名称	包含零件
1	浇注系统	热流道、冷流道、主流道、分流道、浇口、冷料穴
2	成型抽芯系统	型芯、型腔、滑块、斜顶
3	导向定位系统	导柱、导套、定位块、锁紧面、中导套

（续）

序号	系统名称	包含零件
4	顶出系统	顶针、顶块、直顶
5	温度调节系统	冷却水管、水接头、模温控制器、加热主件
6	排气系统	排气镶件、真空泵
7	支撑系统	模架、支撑柱

2. 模具与注射机的关系

每副模具都只能安装在与其相适应的注射机上进行生产，在设计模具时，应详细了解注射机的技术规范，才能设计出合乎要求的模具。按外形注射机可分为立式、卧式和角式三种，应用较多的是卧式注射机，如图 7-3 所示。

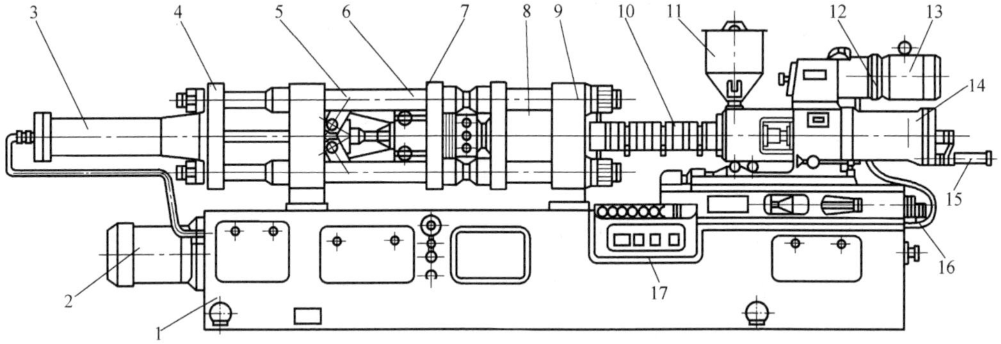

图 7-3　注射机的组成

1—机身　2—液压系统用的电动机　3—合模液压缸　4—固定模板　5—合模机构　6—拉杆
7—移动模板　8—成型模具　9—固定模板　10—机筒、螺杆和电加热装置　11—料斗
12—螺杆用减速箱　13—驱动螺杆电动机　14—注射用液压缸　15—计量装置
16—注射移动液压缸　17—操作台

（1）注射量的校核　校核注射机的额定注射量是否满足所需成型的塑件所需要的实际注射量（制件+浇注系统两部分），如以下公式：

$$V=nV_n+V_j$$

$$M=nM_n+M_j$$

式中　n——型腔数目；

V、M——一个成型周期内所需注射的塑料容积量或质量，单位为 cm^3 或 g；

V_n、M_n——单个塑件的容积量或质量，单位为 cm^3 或 g；

V_j、M_j——浇注系统凝料的容积量或质量，单位为 cm^3 或 g。

故最终校核结果应使

$$nV_n+V_j \leqslant 0.8V_g$$

$$nM_n+M_j \leqslant 0.8M_g$$

式中　V_g、M_g——注射机额定注射量，单位为 cm^3 或 g。

（2）注射压力的校核

1）定义：塑料由料筒经喷嘴和模具浇注系统进入模具型腔时为克服熔料与喷嘴、模具浇注系统和模具型腔的流动阻力，由料筒对熔料施加的压力 p。

2）校核：校核注射机的公称（额定）注射压力 $p_{公}$ 能否满足塑件成型时所需的压力 $p_{注}$，即

$$P_{公} \geqslant KP_{注}$$

式中 $P_{公}$——注射机公称注射压力（MPa）；

$P_{注}$——塑料成型时所需的注射压力（MPa）；

K——安全系数，取 1.3~1.4。

常用塑胶材料制品所需注射压力见表 7-2。

表 7-2 常用塑胶材料制品所需注射压力

塑料	流动性好的厚壁、简单制品/MPa	流动性中等或较差的一般制品/MPa	流动性较差的薄壁、窄浇口制品/MPa
PE	70~100	100~120	120~150
PP	70~100	100~120	120~140
PC	90~120	120~140	140~170
ABS	80~100	100~120	120~150
POM	85~100	100~120	120~150
PA	90~101	101~140	>140

（3）塑件在分型面上的投影面积和锁模力的校核 每一台注射机都有一个额定的锁模力，所设计的模具在注射充模时，分型面张开的总力不能超过这一额定锁模力，可用如下关系式表示：

$$AP_{型} \leqslant F$$

式中，A 为塑件加注系统在分型面上的投影面积（mm^2）；$P_{型}$ 是型腔内塑料熔体的单位面积压力（MPa）；F 是注射机额定锁模力。

（4）开模行程及顶出装置的校核

1）注射机最大开模行程与模具厚度：注射模的动、定模两部分闭合后，沿闭合方向的长度叫模具厚度或模具闭合高度。由于绝大多数注射机的动模与定模固定板之间的距离都具有一定的调节量 ΔH（图 7-4），它们对安装使用的模具厚度均有限制。一般情况下，实际模具厚度 H_M 与注射机允许安装的最大模厚 H_{max} 及最小模厚 H_{min} 之间必须满足下面条件：

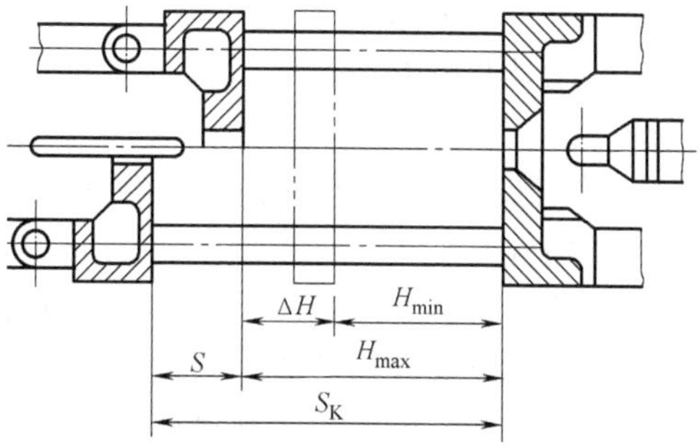

图 7-4 注射机开模行程与模具厚度的校核

$$H_{min} \leqslant H_M \leqslant H_{max} \quad 其中\ H_{max} = H_{min} + \Delta H$$

如果出现 $H_M < H_{min}$ 的情况，并没有其他合用的注射机时，可采用加设垫板的方法增大 H_M 以解决合模问题；对于 $H_M > H_{max}$ 的情况，只能重新设计模具厚度或者更换注射机。

2）模具具有侧抽芯时最大开模距离，如图 7-5 所示。

（5）应用举例　以下以某项目的座椅护板为例进行校核，如图 7-6 所示。

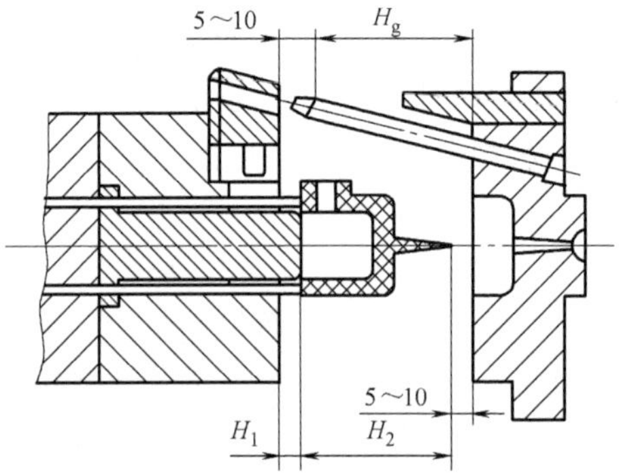

图 7-5　有侧抽芯时最大开模距离

1）注射量的校核：该模具布局采用 1×1，采用海天 HTF47W2 注射机。

护板外形尺寸：246mm×578mm×111mm，体积：$V_1=316.7\text{cm}^3$。

浇注系统所占体积：$V_j=2.8\text{cm}^3$。

$V_g\times0.8=1635\times0.8=1308\text{cm}^3$，$V_1+V_j=319.5\text{cm}^3$。

因 $V_1+V_j<V_g\times0.8$　故从注射量的校核看，采用海天 HTF47W2 注射机能够满足该产品的生产。

2）注射压力的校核：该产品采用 PP 原料，我们选用中等的注射压力 $P_{注}=100\text{MPa}$。

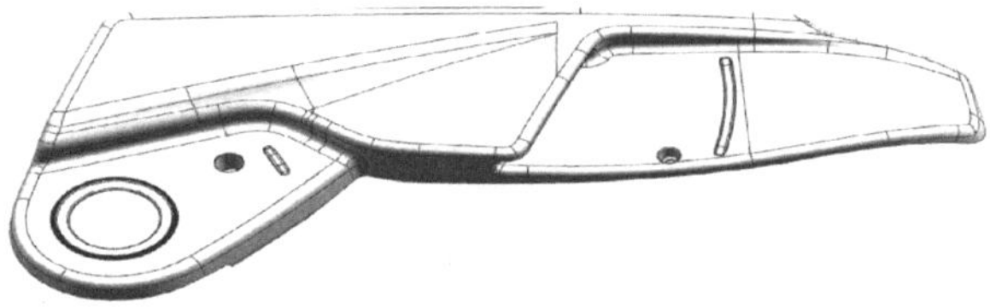
图 7-6　座椅护板

海天 HTF47W2 注射机的额定注射压力为 $P_{公}=180\text{MPa}$。

在此 K 取值 1.3，即 $P_{公}\geqslant KP_{注}$。

180MPa>1.3×100MPa。

通过注射压力的校核，选用海天 HTF47W2 注射机能够满足该产品的生产。

3）塑件在分型面上的投影面积和锁模力的校核：该产品采用 PP 原料，其型腔内塑料熔体的单位面积压力为 3kN，注射机额定锁模力为 4700kN，产品在开模方向的投影面积为 838cm^2。

$838\text{cm}^2\times3\text{kN}<4700\text{kN}$。

通过投影面积和锁模力的校核，选用海天 HTF47W2 注射机能够满足该产品的生产。

4）注射机最大开模行程与模具厚度的校核：海天 HTF47W2 注射机的最大模厚 H_{max} 及最小模厚 H_{min} 为 $H_{max}=780$，$H_{min}=320$。

实际模具厚度 $H_M=702$。

$H_{min}=320<H_M=702<H_{max}=780$。

3. 注射模具常见抽芯机

当塑件侧面（不与分型面平行的面）带有凹穴、凸台等结构时，在成型后凹穴、凸台的成型零件将阻碍塑件从模内顶出，必须在顶出前将凹穴、凸台的成型零件先行退出。这些零件一般是做成可以移动的，开模时先将侧面的成型零件有序地全部抽出，清除障碍后再将塑件顶出，合模时再将侧成型零件恢复原位。这个完成侧型芯的抽出和复位动作的装置叫抽芯系统。汽车内外饰模具常见抽芯系统分为滑块和斜顶两大类。

（1）滑块设计标准及注意事项　滑块在导滑中活动必须顺利、平稳，才能保证滑块在模具生产中不发生卡滞或跳动现象，否则会影响成品质量、模具寿命等。

常见的后模滑块导滑形式（压条式、T 型块式），如图 7-7 所示。

（2）前模弹块的设计要求及注意事项　前模弹块一般成型在母模侧且对滑块成型面积

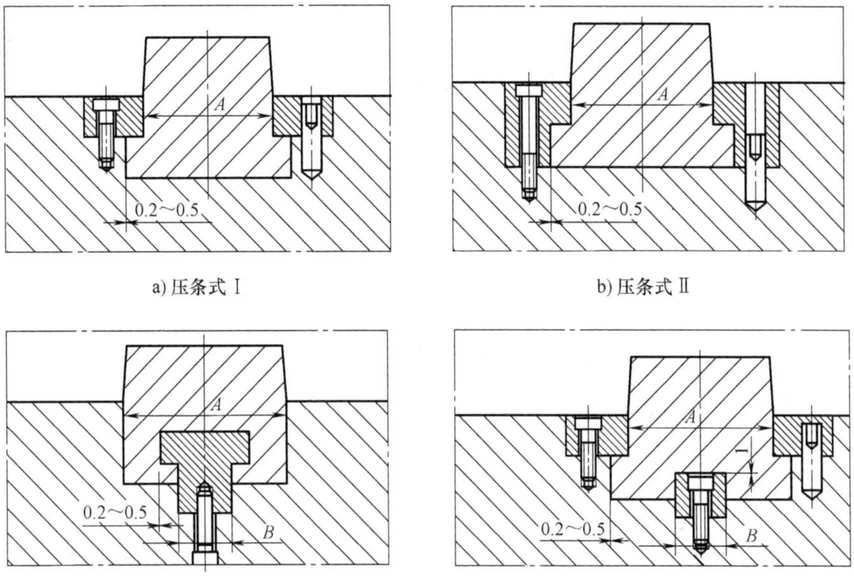

a) 压条式Ⅰ　b) 压条式Ⅱ　c) T形块式　d) 压条式Ⅲ

图 7-7　后模滑块导滑形式

较大、前模型腔比较深、滑块行程不大的模具中，如图 7-8 所示。从图中可知前模弹块的设计要求及注意事项为：

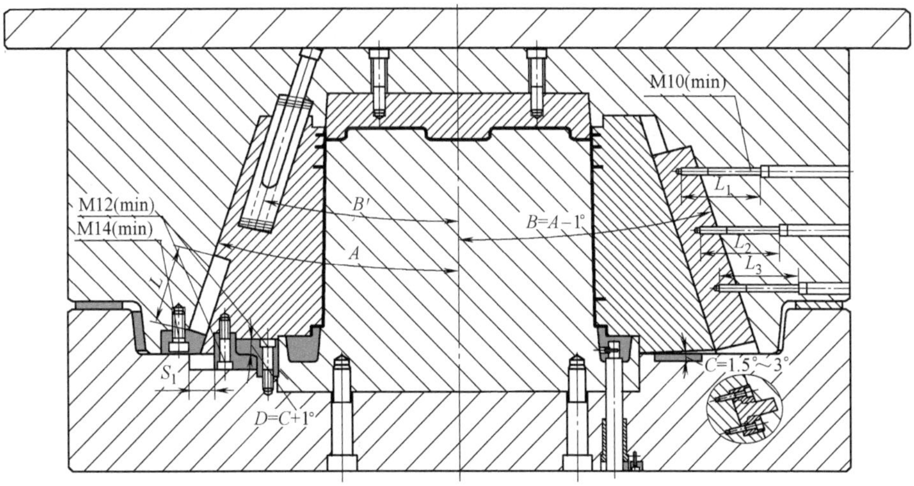

图 7-8　副仪表板模具常采用前模弹块

1）挡块与抓钩间角度 $D=C+1°$。

2）$S_1>S$（S 为滑块水平运动距离）。

3）滑块背部耐磨板要高出滑块背部 1~2mm。

4）$B=B'=A-1°$（B 为 T 槽角度，B'为限位拉杆角度，A 为滑块背斜度，为减少滑块耐磨片与 A 板在开、合模时的接触面积，B 一般比 A 少 1°）。

5）滑块头部要装合模螺钉，便于组模，试模要取下；底部要做工艺螺钉孔，便于和前模装在一起，试模要取下。

6）限位块、拉钩的螺钉尽量做大，保证模具在生产中的安全。

7）弹簧的选择要根据滑块重量而定。

（3）斜顶设计标准及注意事项　斜顶机构主要用于成型胶件内部的侧凹及凸起，同时具有顶出功能。此机构结构简单，但刚性较差，行程较小。汽车内外饰模具常见斜顶采用的典型结构如图 7-9、图 7-10 所示。

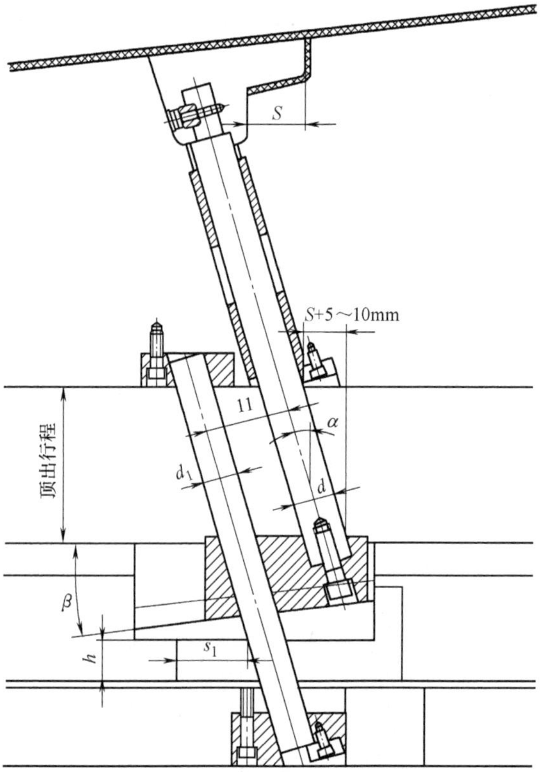

图 7-9　内外饰常见平行导向杆斜顶结构
$12° \leqslant \alpha \leqslant 18°$，$\beta \leqslant 25°$，$S_1 > S+3 \sim 5\text{mm}$。

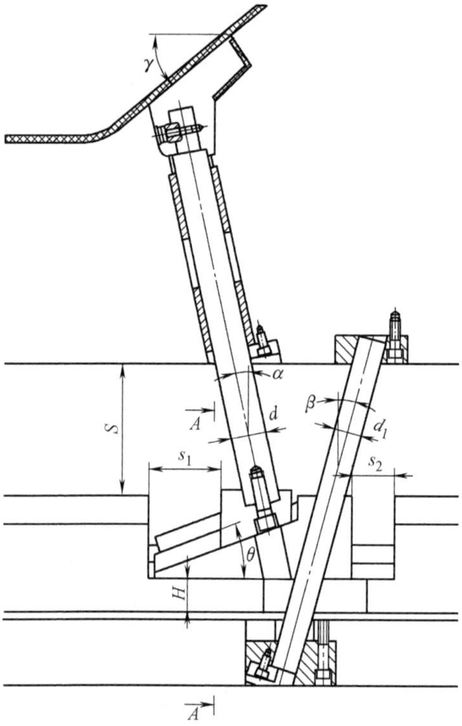

图 7-10　内外饰常见增大延迟角度斜顶结构
$\alpha \leqslant 12°$，$\beta \leqslant 15°$，$\theta \leqslant 25°$。

如图 7-11 所示，在斜顶机构中，为了保证斜顶工作稳定、可靠，应该注意以下几点。

1）斜顶的刚性、强度。

2）斜顶横向移动空间，保证行程足够，不影响取件。

3）斜顶在开模方向的复位。

4）斜顶底部在顶针板上的滑动要求平顺、稳定。

滑块/斜顶行程计算：为保证制品顺利脱模，行位/斜顶滑开的距离一定要充分，一般以制品可以脱模的最小距离加 3～5mm 为其最小行程。一般大型汽车制品的行程均做到 $S \geqslant 8\text{mm}$。

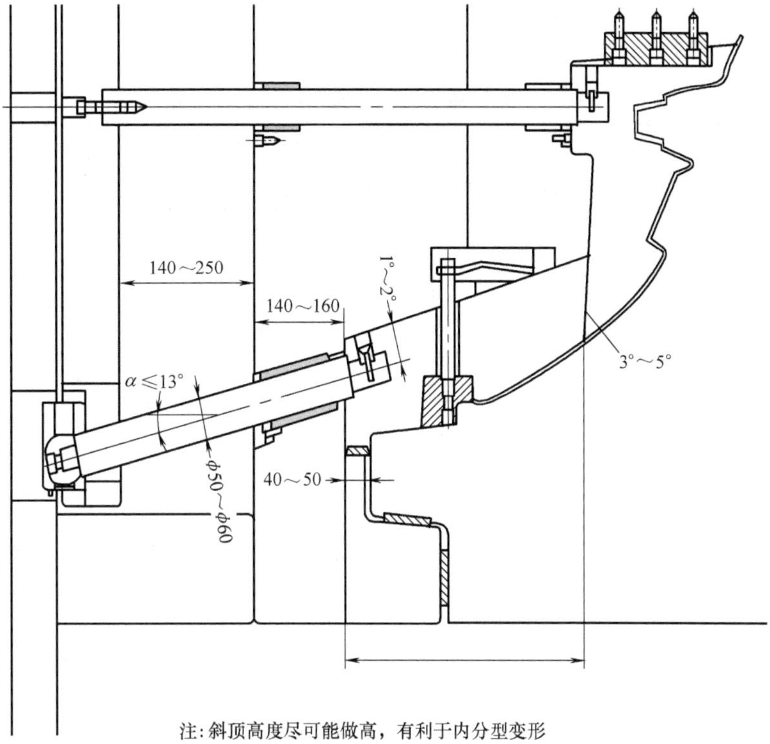

注:斜顶高度尽可能做高，有利于内分型变形

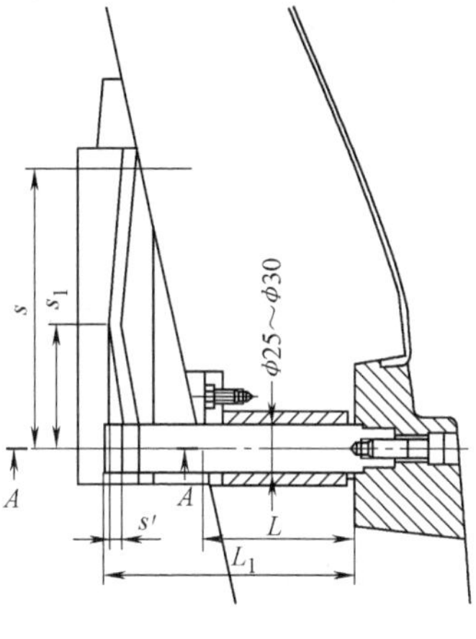

图 7-11 内分型保险杠模具斜顶套斜顶结构

注：$L \geqslant 50$mm，S 为顶出行程，S_1 为顶出变形段行程，S'为拉动产品变形行程 L_1 尽可能缩小尺寸。

4. 影响注射模具寿命的常见因素

所谓注射模寿命，是指注射模在保证产品质量的前提下，所能加工的塑件的总数量，它包括工作面的多次修磨和易损件更换后的寿命。一般在注射模的设计阶段就应明确该模具的设计寿命。总的来说，工作表面损坏的形式有摩擦损坏、疲劳损坏、塑性变形、开裂、咬伤等。

影响注射模寿命与多种因素有关，主要因素有：

（1）模具材料　内外饰模具的寿命分三级：一级在 50 万～100 万次，二级在 30 万～50 万次，三级在 10 万～30 万次。模具材料选择时必须考虑经济性这一原则，尽可能地降低制造成本。因此，在满足使用性能的前提下，首先选用价格较低的模具材料。内外饰模具各部件常用材料及硬度选择见表 7-3。

表 7-3 内外饰模具各部件常用材料及硬度选择

序号	零件名称	50 万~100 万模		30 万~50 万模		10 万~30 万模	
		材料	热处理硬度 HRC	材料	热处理硬度 HRC	材料	热处理硬度 HRC
1	定模底座	S50C	13~17	S50C	13~17	S50C	13~17
2	A 板	P20	28~33	P20	28~33	S50C	13~17
3	B 板	P20	28~33	P20	28~33	S50C	13~17
4	面针板	P20	28~33	P20	28~33	S50C	13~17
5	底针板	P20	28~33	P20	28~33	S50C	13~17
6	模脚	S50C	13~17	S50C	13~17	S50C	13~17
7	动模底板	S50C	13~17	S50C	13~17	S50C	13~17
8	型腔	2344	54~56	NAK80	40~45	2738H/718HH	37~42
9	型芯	2344	54~56	NAK80	40~45	2738H/718HH	33~38
10	滑块镶件	S136	46~49	S136	46~49	2738H/718H	36~39
11	滑块本体	S136	46~49	S136	46~49	P20	28~33
12	斜楔	Cr12	50~52	Cr12	50~52	Cr12	50~52
13	斜导柱	SKD61	56~58	SKD61	56~58	SKD61	56~58
14	滑块压块	9CrWM0	55~59	9CrWM0	55~59	Cr12	54~56
15	斜顶	2767	50~52	2767	50~52	718	28~33
16	斜顶滑座	H13	48~52	H13	48~52	Cr12	50~52

(2) 模具结构　合理的结构有助于提高模具的承载能力，提高模具寿命。如应力集中造成开裂是影响模具寿命的常见问题，采用避免应力集中的圆角过渡的结构，可使模具能承受强大的成型压力。

(3) 模具加工及表面处理　模具的零件很多，加工的方法也不一样，主要有锻造、切削加工、电火花加工、热处理、研磨抛光等。在这些加工中都有可能使零件受伤而影响模具寿命。如电火花加工时因冷却失当而产生显微裂纹；在热处理时因受热不均使零件各处性能不同；锻造时因温度控制不当造成金属组织内部出现裂纹；研磨抛光不够，使零件表面粗糙度过大及残存刀痕等。上述种种缺陷对模具的耐磨性、抗断裂能力、抗疲劳能力等都会带来显著的影响，从而影响模具的寿命。

(4) 模具的使用与保养　模具的使用与维护是否正确，也是影响到模具使用寿命的一大因素。模具安装调试方式恰当，模具在生产中注射机的参数与设计要求相符合，对模具进行有计划地定期维护保养等措施都可在一定程度上提高模具使用寿命。

7.1.2 蒸汽高光模具

高光模又称急冷、急热模，是在注射生产过程向模具交替接入高温蒸汽和冷却水从而使模具温度实现急热、急冷效果，实现产品复制模具表面高光效果的模具。在一个注射周期开始的合模阶段对模具通入高压蒸汽，进行加温，合模完成后，模具温度达到设定条件开始进行注射。整个注射过程模具继续维持高温，胶料在充模过程中保持很好的流动性，较好地复制模具型腔表面的粗糙度。注射完成在保压阶段，胶料还没有冷却时，快速地将高温蒸汽切换为冷却水，贴近型腔面的胶料立即冷却，很好地保留了高温阶段复制的光洁表面，开模取件模具顶出完成一个注射周期，即得到我们需要的高光高亮产品，如图7-12所示。

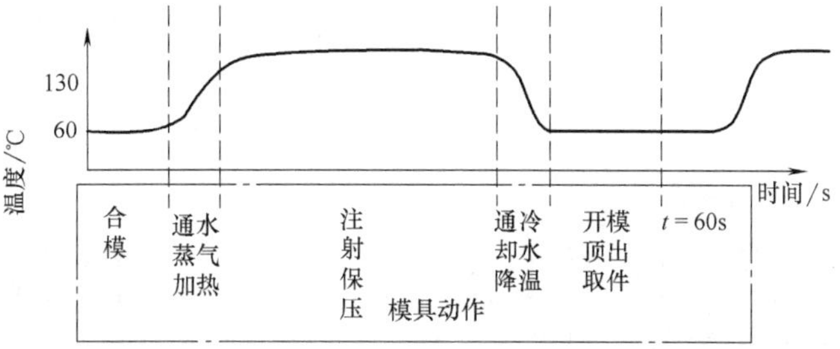

图 7-12 蒸汽高光模具动作图

（1）高光模具结构特点 高光注射技术又称快速热循环注射技术。成型产品的表面质量效果和模具温度控制有重要的关系。模具温度控制有两个方面需要注意：一是模具内部冷却、加热管路的布置，二是模具与周边的隔热。

蒸汽高光模具的加热、冷却有两种常见结构，根据产品的具体型面、设计人员习惯及生产设备许可，可以在两种方式中灵活选择运用。

1）冷却水、热蒸汽共用管路。

2）冷却水、热蒸汽分开布置。

3）冷却、加热管路布置宗旨是能够对模具起到快速温度控制的效果，所以管路间距及与型腔表面的距离等都有一定的要求：

① 模具冷却、加热管路跟随产品 A 面，随形布置。

② 用 8~12mm 大小的孔；水嘴用 1/8in 或 3/8in 的牙（模具侧），另一侧用 3/4in 英制螺纹；管件材料用不锈钢管。

③ 水道一侧离产品面 8~12mm；水道平行产品面且均匀排布（原则上中心距 15mm 分布）。

4）模具水道接头必须设计在模具上下侧或后侧；操作侧不允许有水道出口或水管排布，以免烫伤人员。良好的模具隔热设计，可以更加高效灵敏地实现模具温度的控制，如图 7-13 所示。

（2）高光设备要求及布置 要实现高光效果，除了模具有特殊要求，还需配备蒸汽发生设备产生高温蒸汽。目前有两种方式：

1）蒸汽锅炉，适用于大规模生产集中供应，但由于锅炉为压力容器，对供应商安全管理要求较高。

2）电加热蒸汽发生机，适用于小规模生产，方便快捷。蒸汽高光模具设备布置关系如图 7-14 所示。

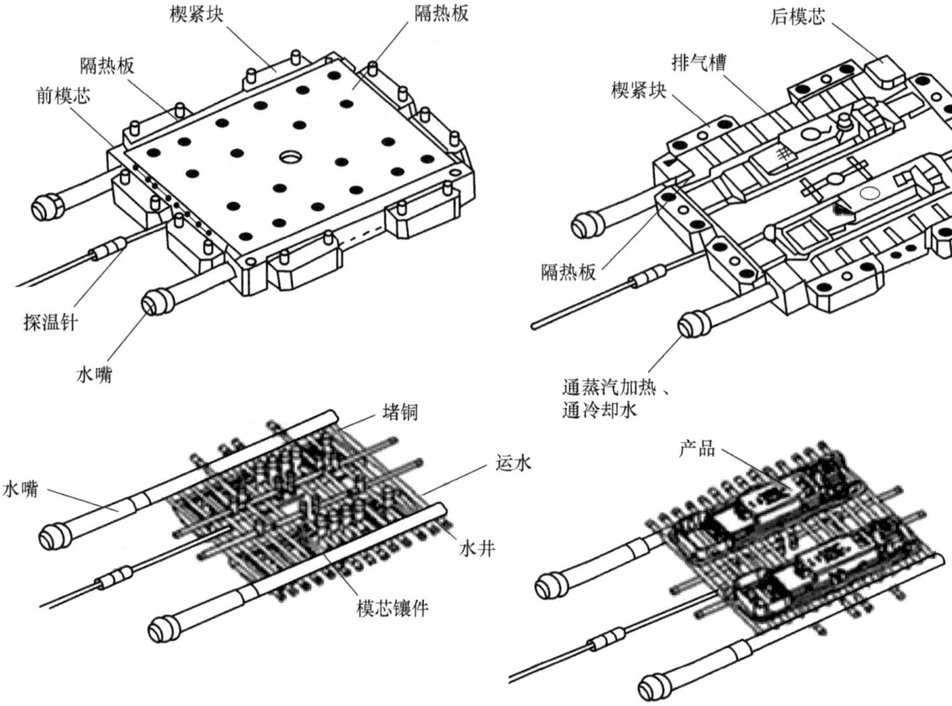

图 7-13　蒸汽高光模具水路布置图

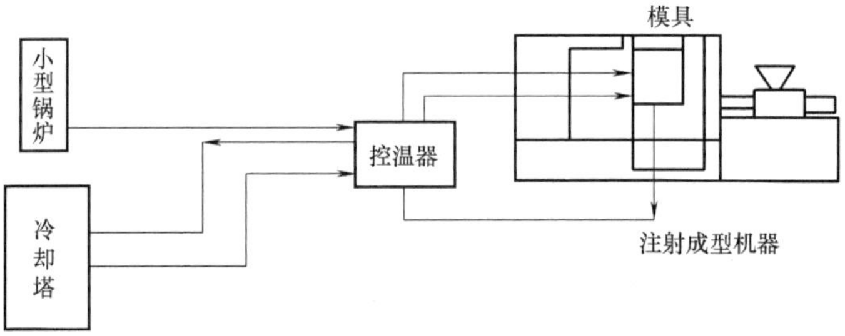

图 7-14　蒸汽高光模具设备布置关系

（3）高光与其他工艺优缺点对比　优缺点对比见表 7-4。

表 7-4　高光与其他工艺优缺点对比

工　艺	优　点	缺　点
高光	无二次处理，环保 成本低（相对喷钢琴漆、电镀） 一次注射成型，周期短，效率高	模具要求高 产品供应商需增加蒸汽设备
喷钢琴漆	无专用设备，模具投资小 产品耐候性好 适用异形零件	喷漆影响环境 工序多，周期长，成本高
电镀	外观质量好 处理后的产品耐候性好	电镀影响环境 工序多，周期长，成本高

（4）高光模具常见问题

1）产品表面光泽不一致。

① 问题产生原因：模具局部抛光不够；流长比太长，填充末端速度、压力损失太大；水路布置不均匀、局部温度不一致。

② 解决方法：加强模具抛光；增加浇口，减小流长；调整水路，使模具整体温度保持一致。

2）产品表面雾状白斑。

① 问题产生原因：模具抛光不够，由光泽引起；产品包紧力过大；模具局部温度过高；模具局部排气不畅。

② 解决方法：加强模具抛光；增加顶出或加强后模抛光；局部产品壁厚减薄或者模具冷却；增加排气。

7.1.3 模内装饰模具

目前汽车上广泛运用到的模内装饰技术主要分为模内镶件装饰注射成型技术（In Mold Decoration，IMD）和模内嵌片注射技术（Insert Molding，INS）。模内装饰技术主要用于家电产品的装饰及功能控制面板，如汽车仪表板零部件、空调面板、手机按键、外壳、视窗镜片等，如图 7-15 所示。

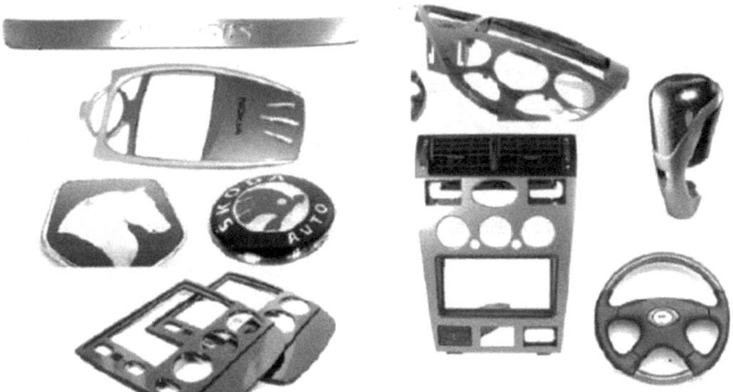

图 7-15 模内装饰件

1. IMD 工艺

（1）工艺定义及成型原理 IMD 是指在模具内吸附用凹版印刷制成胶片后，粒状树脂原料通过注射成型在模具中冷却成型的同时，将胶片的油墨层热转移到注射成型物上的成型方式。成型原理如图 7-16 所示。

（2）IMD 膜片构成 IMD 膜片由胶水层、装饰层、保护层、剥离层、聚氨酯层组成，其中胶水层、装饰层、保护层转印到注射件上形成各种图案。具体构成如图 7-17 所示。

IMD 膜片总厚度为 75μm 左右，最终转印到产品上的厚度在 20μm 内。

（3）IMD 模具结构及要求

1）IMD 模具结构。IMD 模具结构和普通注射模具结构无太大差异，主要是在普通注射模具上增加了送膜装置和激光定位器，使 IMD 薄膜花纹精确转印到塑料件上。由于 IMD 模

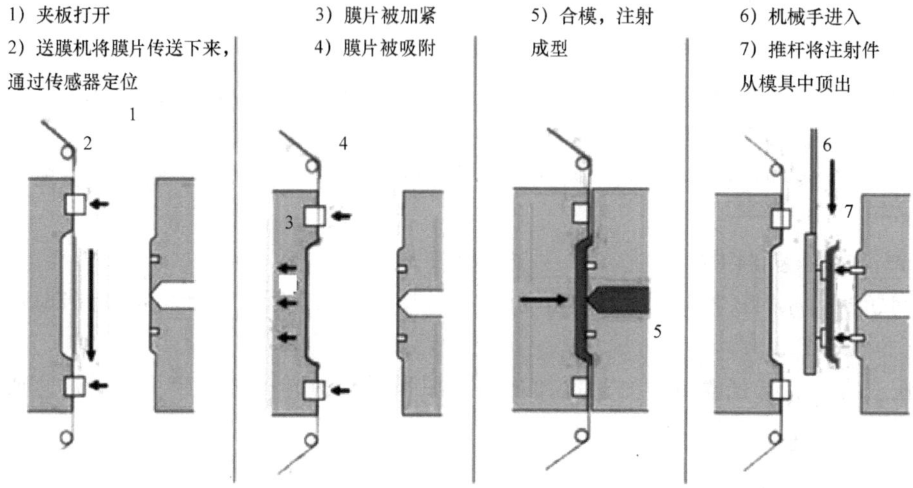

图 7-16　IMD 成型原理

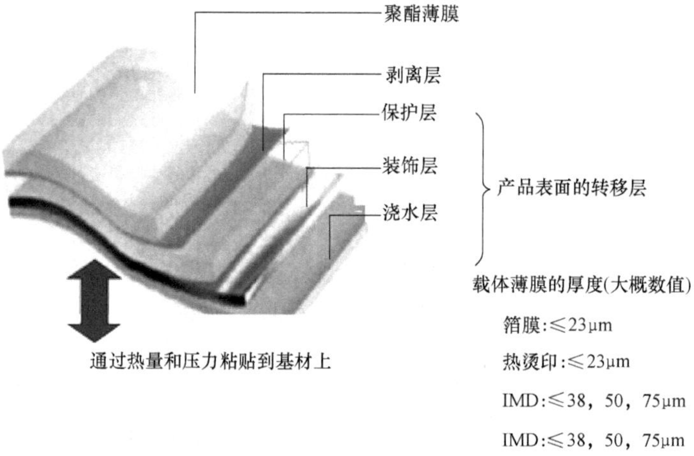

IMD:≤38，50，75μm

图 7-17　IMD 模片组成

具成型工艺的限制，必须采用倒装模。其结构和送膜装置如图 7-18、图 7-19 所示。

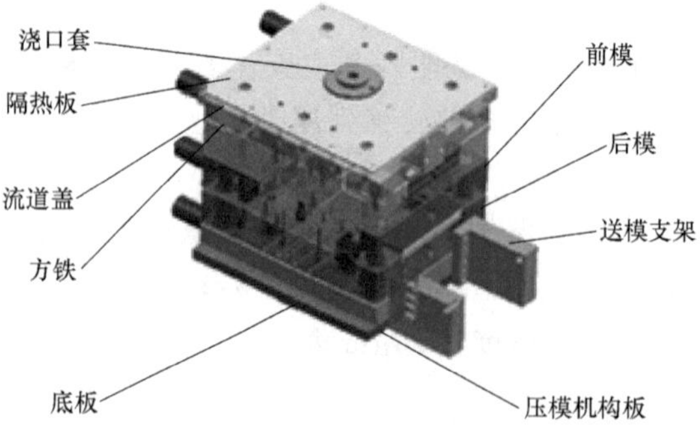

图 7-18　IMD 模具结构

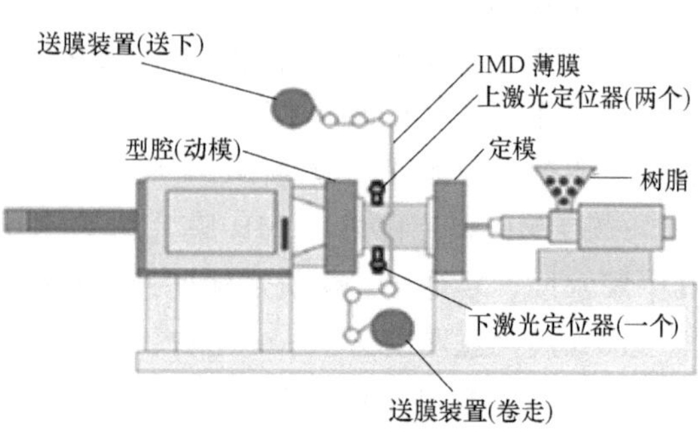

图 7-19　送膜装置

2）IMD 模具要求。

① 产品材料：PC-ABS、ABS、TPO。

② 模具材料：型腔为 1.2344ESR、NAK80、S136；型芯为 1.2344、NAK80、S136；压条为 2344（存在浇口）、铝（不存在浇口）。

③ 浇口：潜伏浇口。

④ 热流道：顺序阀。

2. INS 工艺

（1）工艺定义及成型原理　INS 是指膜片通过吸塑设备吸塑成型后由冲切模具把废料裁切掉，再将裁切好的膜片放入注射模具型腔中成型的工艺。该技术与模内装饰的综合应用可以很大程度上减少成本，嵌片注射金属有较高的拉伸能力，并为更复杂的三维形状使用。成型工艺及原理如图 7-20 所示。

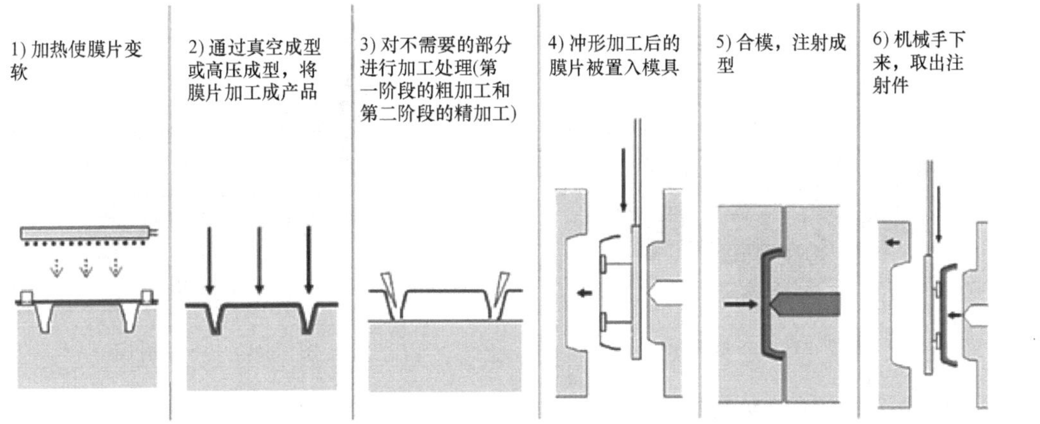

图 7-20　INS 成型原理

（2）INS 膜片构成　INS 薄膜主要由胶水层、ABS 基材层、装饰层、保护层组成，与 IMD 薄膜不同的是，薄膜通过直接吸塑成型，所以没有聚氨酯层和剥离层。其结构如图 7-21 所示，INS 膜片总厚度为 0.5mm 左右。

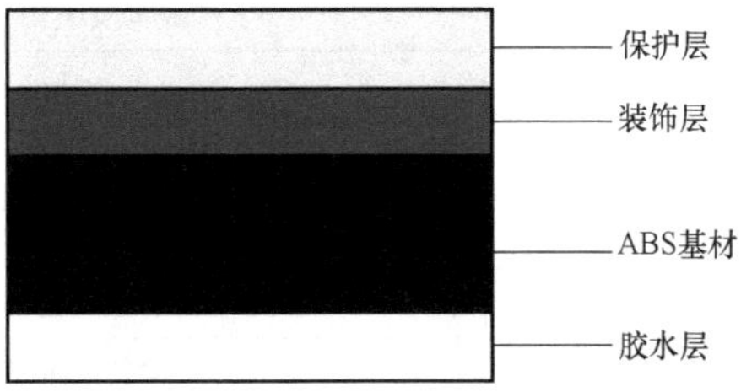

图 7-21　INS 模片组成

（3）INS 模具结构及要求

1）INS 模具结构：INS 整个成型工艺需要冲切模、吸塑模、注射模三副模具才能完成，具体模具结构如图 7-22、图 7-23、图 7-24 所示。

2）INS 模具要求。

① 产品材料：PC+ABS、ABS、TPO。

② 模具材料：型腔为 1.2344ESR、NAK80、S136；型芯为 1.2344、NAK80、S136；压条为 2344（存在浇口）、铝（不存在浇口）；吸附模和冲切模为钢、铝。

③ 浇口：INS 推荐用潜伏式浇口。

④ 热流道：顺序阀。

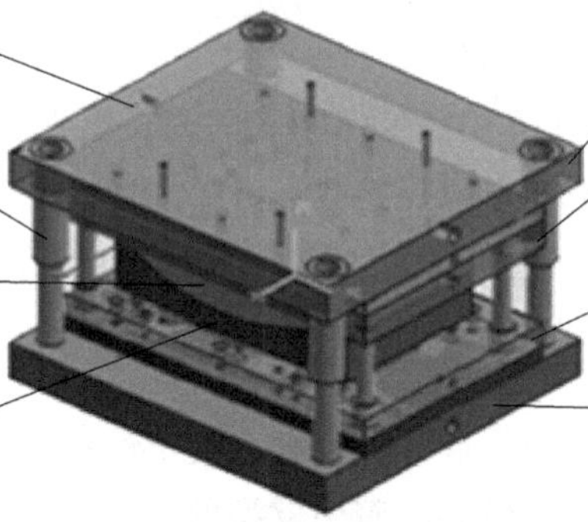

图 7-22 INS 冲切模

图 7-23 INS 吸塑模

图 7-24 INS 注射模

（4）IMD 和 INS 工艺的优缺点对比 详见表 7-5。

表 7-5 IMD 和 INS 工艺优缺点对比

工艺名称	模内装饰(IMD)	嵌片注射(INS)
优点	生产成本及装饰成本低	可装饰较复杂的三维表面
	工艺环保	工艺环保
	一次加工完成工作	可做局部装饰
缺点	可用于中度拉伸表面装饰	需要使用真空成型及冲切模具
	需要在较干净的注射厂房生产	产品边角半径最少需要 1mm
	模具成本高	成型基材需要和 ABS 底片吻合
	只可做全面积装饰	需要在较干净的注射厂房生产
模具特点	一次成型及装饰	三重工序完成产品生产及装饰

7.1.4 低压注射模具

低压注射技术在德国等欧洲发达国家已开始运用，最初是一些著名的汽车制造商为了改善汽车室内空气质量及豪华舒适度而同一些著名的大学联合开发设计的。

低压注射又称为背压注射，在合模前将面料、人造革（PVC 皮）或真皮、地毯条等挂在动模部分一侧，再将熔融塑胶注射入模具内，面料受到注射压力拉伸后紧贴模具的表面，冷却后得到外表是布、里面是塑料、有包覆效果的零件。这个工艺减少了面料包覆的工序，产品质量稳定，由于面料不能被塑胶穿透，对面料的拉伸性能和背面的基材要求较高。产品示例如图 7-25 所示。

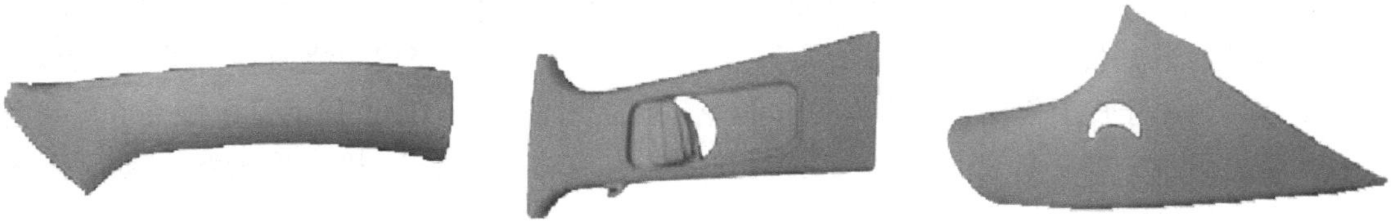

图 7-25　低压注射产品示例，A、B、C 柱

1. 低压注射模具要求及结构

1）低压注射模具要求。

① 产品材料：PC-ABS、PP+EDPM-TD20。

② 模具材料：宝钢 P20、718H。

③ 流道：倒装模，热流道顺序阀。

2）低压注射模具一般采用倒装结构，顶出系统与热流道在同侧，如图 7-26 所示。

3）工序依次是夹布→布在模具上定位→合模→注射→开模→取件。

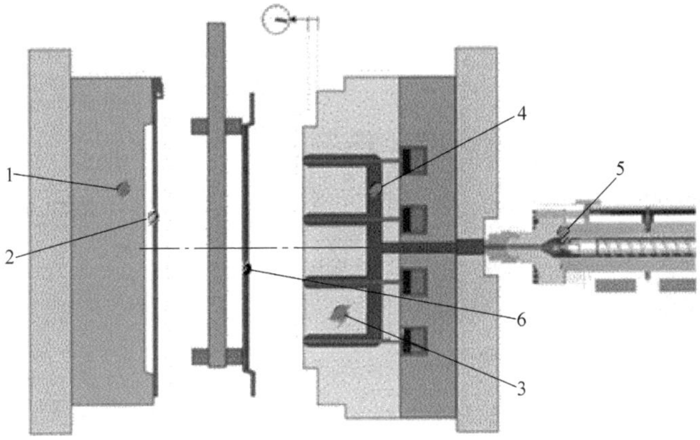

图 7-26　低压注射模具结构

1—型腔　2—面料　3—型芯　4—热流道　5—注射机喷嘴　6—产品

2. 低压注射模具设计要点

（1）分型面及避空的设计　分型面的设计主要是要遵循面料在合模及成型的过程中尽量减少与模具的摩擦，从而使产品成型后外观平顺、不起皱。

（2）滑块设计　定模行位的设计主要是要考虑合模时不能摩擦分型面，导致压布、挤布等现象。为此，不能像常规模具那样使用斜导柱带动（边合边进），必须使用液压缸带动行位使其先复位与定模成一个整体，再合模。

（3）进胶　低压注射模具由于型腔表面盖了布、皮或地毯条等，对射胶压力、射胶速度都有严格的要求。面料对胶的流动产生很大的阻力，像常规模具一样借助射胶压力迅速充满型腔几乎是不可能的，所以低压注射模具通常需要设计多点热嘴进胶。

进胶点的选择是产品的非外观面（就像我们常说的倒装模一样，从顶出一侧进胶），位置选择依模流分析及模具的结构，进胶点的数量依实际的产品大小及形状而定，一般是 2 个，长点的有 3 或 4 个。低压注射流程较短，一般为 200mm（普通注射为 300mm）。图 7-27 所示为 A 柱装饰件，产品长度为 660mm，进胶点为 3 个。B 柱装饰件上进胶点一般为 2 个。

（4）水路布置　模具的冷却十分重要，低压注射模具更是如此。虽然注射压力较低，但进入型腔的熔融胶料依然有很高的温度，尤其是 PVC 皮，流经皮子背面容易烫伤、烫坏。射胶完成后，由于皮子散热慢，没有足够的冷却便会加长产品的生产周期。所以要求每个镶件、行位、斜顶、模坯板都设计冷却水单独冷却，且必须保证冷却的均匀和必要的循环时间。

动模侧运水设计跟常规模类似，而定模侧由于有顶针及斜顶行位等结构，一般设计都比较困难，加之热嘴又在这边，所以要尽量通过绕或转接的方式，也要把水路设计得尽量均匀一点。

低压注射水路设计、水路运水方式、水路直径及间距等与常规注射模水路相似，主要是前后模接不同的模温机。

（5）挂布针设计　对于低压注射模具，用来挂布的针（直径要求 ϕ8mm 或以上），做成上部尖利的三角形刀口形状，用来切布；同时要求一套模具中，挂布针的高度是一样的（材质：SKD61），如图 7-28 所示。

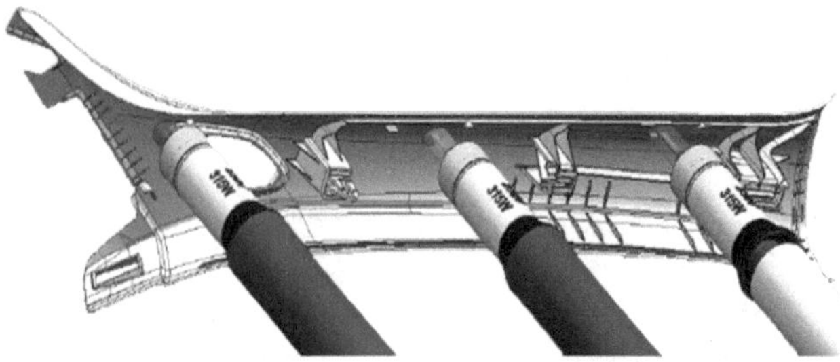

图 7-27　装饰件进胶排布

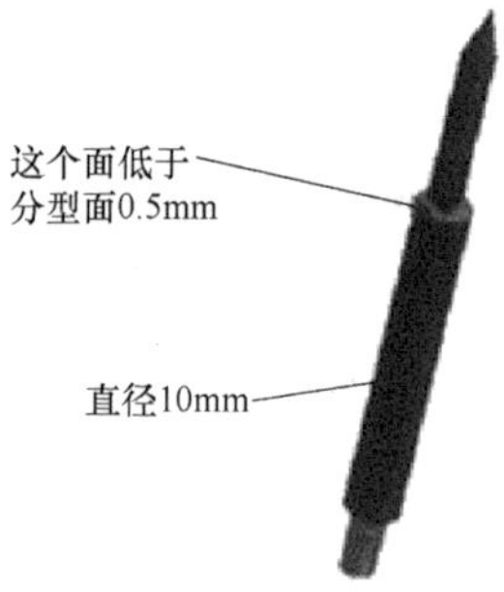

图 7-28　挂布针结构

3. 低压注射与其他工艺的优缺点对比

优缺点对比见表 7-6。

表 7-6　低压注射与其他工艺优缺点对比

工　艺	优　点	缺　点
低压注射	不用胶水，低散发 生产节奏快 产品质量稳定 表面平整性好	设备模具投资较大 适用零件有局限性
手工包覆	无专用设备，模具投资小 适用异形零件	多次喷胶，散发多 表面不平整 工序多，人工成本高
注射	模具设备投资低 一次成型成本低	手感差，档次低

4. 低压注射常见工艺缺陷

（1）注射出来的产品表面层压材料起皱。

1）问题产生原因：

① 产品上存在较大的落差，产品上有尖角。

② 模具分型面设计不合理，定位结构设计不合理。

③ 层压材料放置不合理，注射速度太快。

2）解决方法：更改产品设计，更改模具分型面设计，避免产生尖角，重新设置定位结构，将层压材料均匀地放置于型腔内，降低注射速度。

（2）注射出来的产品表面层压材料发麻，手感差

1）问题产生原因：注射压力大，层压材料质量差。

2）解决方法：优化产品的注射工艺，降低产品的注射压力，更改进胶位置，将浇口间的距离拉近，更换层压材料。

（3）产品外边缘的层压材料被撕裂

1）问题产生原因：产品的分型面间的间隙太小。

2）解决方法：可用打磨机打磨撕裂区域的分型面。

7.1.5 双色注射模具

双色注射顾名思义就是一个部件用两种塑胶注射来实现。广义的双色注射包括通过普通的注射机，两次注射来实现，狭义的双色注射是指利用双色注射机，将两种不同的塑料在同一机台注射完成部件，常见的是旋转式的。前者对设备要求不高，但是生产效率低下，基本只适用于要求不高的塑件成型，后者的适用范围和产品质量好，生产效率高，是目前的趋势。产品示例如图 7-29 所示。

1. 双色模具分类

双色模具类型大致分为以下几类：旋转式（包括型芯旋转式和型腔旋转式）、对峙式、阀门式、型芯滑动式等。

（1）旋转式双色模具

1）一副模具两个模腔，利用转动模具把半成型塑件旋转 180°到另一个模腔内，如图 7-30所示。其好处是一次料和二次料可以同步注射，生产效率高，模具结构相对比较简单，主要用于中小型零件生产。

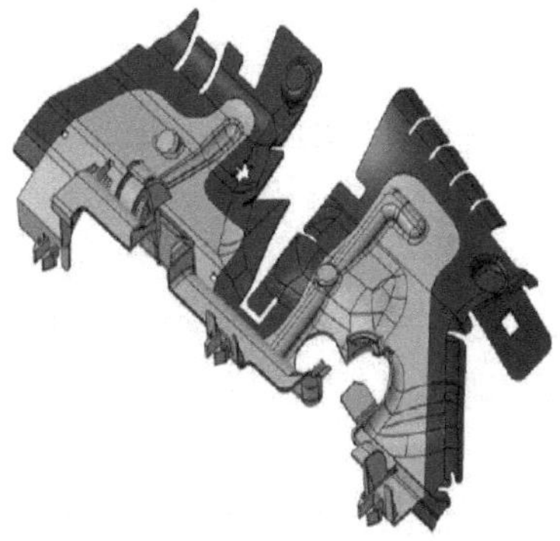

图 7-29 双色注射产品示例

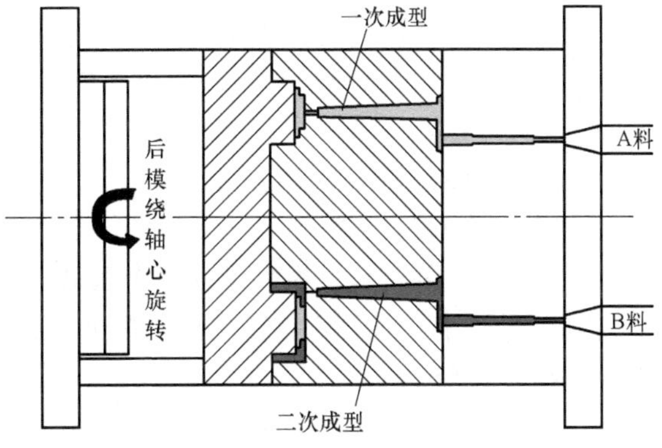

图 7-30 旋转式双色模具结构（两个型芯完全一样，型腔不一样）

2）工序依次是合模→注射（软硬胶同时注射）→冷却→开模→顶出→旋转→取件→合模，如图 7-31 所示。

图 7-31　旋转式双色注射流程

（2）对峙式双色模具

1）对峙式双色模具一般需要设计两副模具，两副模具动模完全一样，定模不一样。料筒分别位于注射机的两端，中间的注射机模板可以旋转，两副模具分别装在旋转模板的两侧，如图 7-32 所示。生产时一次料和二次料可以同步注射，生产效率高，产品质量较好，一般用于大件产品生产，但注射机结构复杂，成本高。

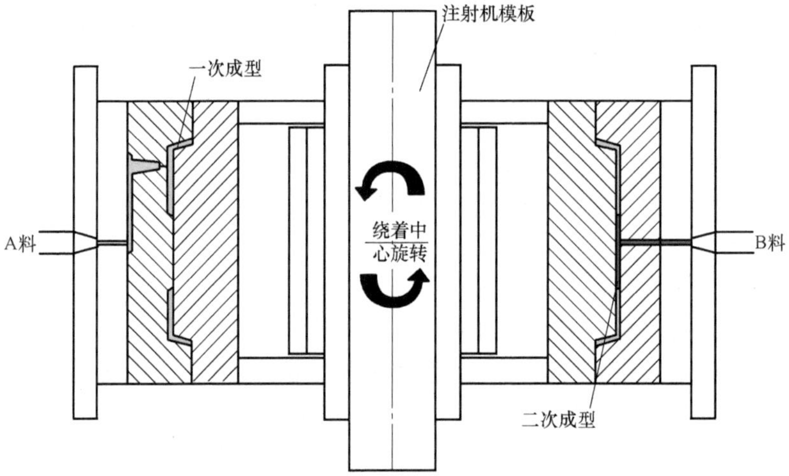

图 7-32　对峙式双色模具结构

2）工序依次是合模→注射（软硬胶同时注射）→冷却→开模→旋转→顶出→取件→合模，如图 7-33 所示。

图 7-33　对峙式双色注射流程

（3）阀门式双色模具

1）阀门式双色模具在一次注射时，利用模具结构封住二次胶位，在一次注射完了再打开阀门进行二次注射，如图 7-34 所示。对简单的产品可以采用阀门式双色注射。

2）工序依次是合模→第一次注射→第一次冷却（阀门打开→第二次注射→第二次冷却）→开模→顶出取件，如图 7-35 所示。

（4）型芯滑动式双色模具

1）型芯滑动式双色模具，模具设计两个型芯，利用液压缸驱动两个型芯运动，分别完成一次注射和二次注射，如图 7-36 所示。滑动式双色模具生产效率低，模具结构不稳定，但对注射设备要求比较低。

2）工序依次是合模→第一次注射→冷却→型芯滑动→第二次注射→冷却→开模→顶出取件→型芯滑动，如图 7-37 所示。

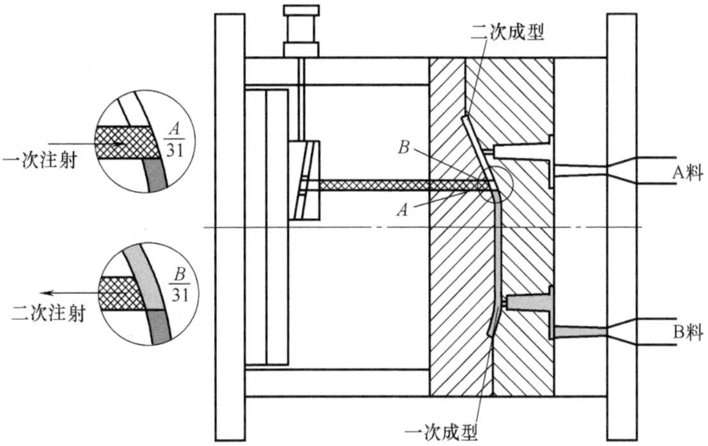

图 7-34 阀门式双色模具结构

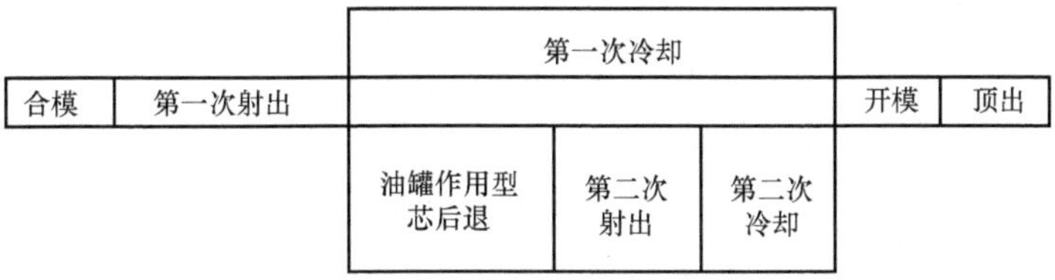

图 7-35 阀门式双色注射流程

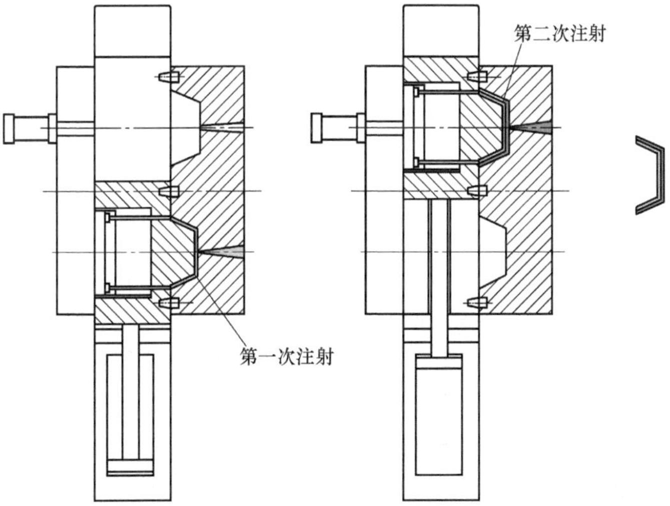

图 7-36 型芯滑动式双色模具结构

合模	第一次注射	冷却	型芯滑动	第二次注射	冷却	开模	顶出取件	型芯滑动

图 7-37 型芯滑动式双色注射流程

(5) 双色注射与其他工艺的优缺点对比　优缺点对比见表 7-7。

表 7-7　双色注射与其他工艺优缺点对比

工　艺	优　　点	缺　　点
双色注射	简化产品结构 提高品质和合格率 缩短制造周期 满足产品复杂的功能要求 可以利用较低质量的核心料以降低成本	设备、模具投资较大 注射机设备复杂
普通注射	模具设备投资低 一次成型成本低	手感差，档次低

2. 双色注射设计要点

1) 两种材料熔点必须存在一定的温度差，一般推荐值是 60℃，视具体情况而定，建议至少保证 30℃以上的熔点温差，第一射材料的熔点温度较高，否则第二射的材料很容易将第一射材料熔融。对于这一类注射很容易实现，一般第一射是 PC 或者 PC/ABS，第二射是 TPU 或者 TPE 等；PC 厚度需要预留 0.6~0.7mm，软胶预留 0.4mm 以上。

2) 尽量加宽接触面积，做些沟槽等，增加黏合力，避免分层和裂开等问题；还可以考虑在第一射采用抽芯，将第二射部分材料注射到第一射里面，增加贴合的可靠性；第一射的模具表面尽量做粗糙，让模具厂在贴合表面部分用电极粗加工，电火花纹路到位，不用抛光。

3) 小零件提高成型效率，尽量考虑第一射用热流道来做，模具可以做得比较小；潜伏浇口料头乱飞，旁边还有一套模具，容易出问题；三板模效率太低，并且浪费材料，具体可以视厂家的条件而定。

4) 双色注射材料的结合性：双色产品一般都由两种不同的材料共同成型，不同材料的结合性关系到产品的最终质量。对于不同材料的结合性能，见表 7-8。

7.2 模压模具

汽车软内饰件根据不同用途，可采用不同材料制造，但每件内饰都由两部分构成：面料和骨架。面料大多为针刺地毯、簇绒地毯、布料等；骨架多采用麻纤维+聚丙烯（PP）、棉纤维+聚丙烯（PP）、废纤维+树脂、木粉板等。在制造过程中，面料不必加热，而骨架需预先加热软化成型，再与面料黏合，冷却成型。同时为追求内饰件高雅的气质，面料一般采用浅色材料，因此成型后不能有任何污迹黏附。而且就地毯、行李箱侧板、轮罩这些内饰件的形状而言，外形尺寸较大，型面都为难以用传统二维图样描述的自由曲面，型面起伏多变，高低落差悬殊。综合以上特点，传统的模具设计、制造工艺无法满足产品成型要求。

模压模具是将浸渍或涂有树脂的片材层叠，组成叠合体，送入模压机，在加热和加压条件下，固化成型复合材料制品的一种成型方法。

模压模具分类如图 7-38 所示。

表 7-8 双色注射材料的结合性

	ABS	ASA	CA	EVA	PA6	PA6.6	PC	PE-HD	PE-LD	PMMA	POM	PP	PPO	PS-GP	PS-HI	PBTP	TPU	PVC-W	SAN	TPR	PETP	PVAC	PPSU	PC-PBTP	PC-ABS
ABS	+	+	+				+	○	○	+		○	○	○	○	+	+	+	+		+			+	+
ASA	+	+	+	+			+	○	○	+		○	○	○	○	+	+	+	+					+	+
CA	+	+	+	−				○	○			○	○	○	○	+	+	+	+						
EVA		+	−	+				+	+			+		+			○	○							
PA6					+	+	−	−	−			−		○	○		+								
PA6.6					+	+		−	−			−		○	○		+								
PC	+	+				−	+	○	○	−		○		○	○	+	+	+	+		+		+	+	+
PE-HD	○	○	○	+	−	−	○	+	+	−	−	○		○	○	○	○	−	○					○	○
PE-LD	○	○	○	+	−	−	○	+	+	−	−	+		○	○	○	○		○					○	○
PMMA	+	+					−	−	−	+		−		○	○			+	+						
POM								−	−		+	−		○	○										
PP	○	○	○	+	−	−	○	○	+	−	−	+	−	○	○	○	○	−	○	+				○	○
PPO	○	○	○									−	+	+	+	○	○	○	○					○	○
PS-GP	○	○	○	+	○	○	○	○	○	○	○	○	+	+	+	○	○	−	○					○	○
PS-HI	○	○	○		○	○	○	○	○	○	○	○	+	+	+	○	○	−	○					○	○
PBTP	+	+	+				+	○	○			○	○	○	○	+	+	+	+		+				
TPU	+	+	+	○	+	+	+	○	○			○	○	○	○	+	+	+	+		+				
PVC-W	+	+	+	○			+	−		+		−	○	−	−	+	+	+	+						+
SAN	+	+	+				+	○	○	+		○	○	○	○	+	+	+	+		+	−		+	+
TPR												+								+					
PETP	+						+									+	+		+		+			+	+
PVAC	−	−																	−			+			
PPSU							+																+		
PC-PBTP	+	+					+	○	○			○	○	○	○				+		+			+	
PC-ABS	+	+					+	○	○			○	○	○	○			+	+		+				+

注：“+”表示好的结合；“−”表示差的结合；“○”表示不结合；未注明表示；未测试。

模具加热，简称热模，基材为热固性材料时，基材不能预热，模具需要加热，在型腔内受热固化成型。

模具冷却，简称冷模，基材为热塑性材料时，基材先预热，模具需要冷却，在型腔内冷却固化成型。

铝模设变容易，在边界可设计 10~20mm 设变余量，适用于顶篷，地毯、行李箱地毯等结构复杂的大尺寸产品，只能作为成型模具，需要配合水切割对产品进行二次处理。水切割：将压制半成品扣在用凸模翻制的水切胎膜上，再用随型压具将半成品压牢、压实，依照预先调整好的程序将多余材料切除。

钢模适合结构较稳定、无设变且产品立面无孔位的零部件。

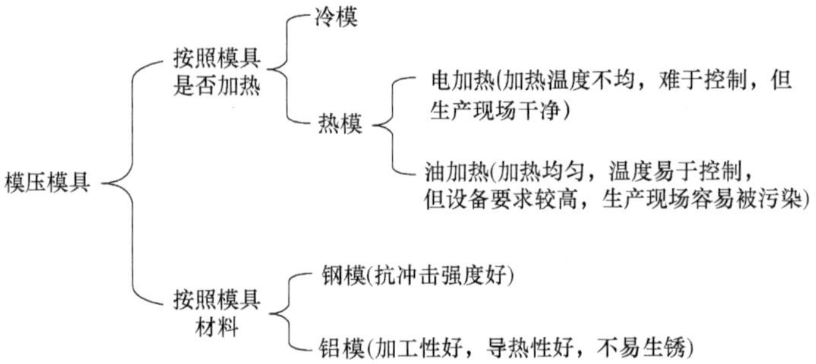

图 7-38　模压模具分类

7.2.1　主要 NVH 零件成型工艺及模具材料

主要 NVH 零件成型工艺及模具材料见表 7-9。

表 7-9　NVH 零件成型工艺及模具材料

序号	零件	材料	成型工艺	模具材料
1	顶盖内衬	针织面料+干法 PU 玻纤板	模压成型冷模	铸铝或 45 钢
		针织面料+湿法 PU 玻纤板	模压成型热模	铸铝或 45 钢
2	主地毯	针刺 PET 面料+1mm EVA+PU 发泡	模压成型热模	铸铝或 45 钢
3	前壁板隔声垫	EVA+PU 发泡	表皮:模压成型冷模	45 钢(成型模) 上模铝合金,下模玻璃钢(发泡模)
		双组分棉毡	模压成型热模	45 钢
4	发动机舱隔声垫	上层水刺无纺布+玻璃棉+下层水刺无纺布	模压成型热模	45 钢
5	前罩隔声垫	上层水刺无纺布+玻璃棉+下层水刺无纺布	模压成型热模	45 钢
6	搁物架内饰板	针刺 PET 面料+PP 玻纤板	模压成型冷模	45 钢
7	后行李箱隔板	无纺布+CPP 板	模压成型冷模	45 钢
8	行李箱盖内衬板	针刺面料+PE 膜+PP/PET 低熔点纤维毡	模压成型冷模	45 钢
9	行李箱地毯	针刺面料+PP 蜂窝板+无纺布	模压成型冷模	45 钢
10	行李箱侧地毯	针刺面料+PP/PET 低熔点纤维毡	模压成型冷模	铸铝或 45 钢

7.2.2 模压模具结构及设计要求

模压模具一般由上下模架、A/B 板、导柱导套、定位销等辅助结构组成，如图 7-39 所示。

1. 成型系统设计

考虑到产品成型的特殊性和模具材料的特点，一般模具设计为：

1）上、下模成型部分（即 A、B 板）厚度 $M \geqslant 30$mm，且随型面起伏多变。A、B 板成型部分如图 7-40 所示。

2）反面每隔 300～400mm 固定距离（L）增加纵横交错的支撑筋，加强筋宽度 $\geqslant 30$mm。

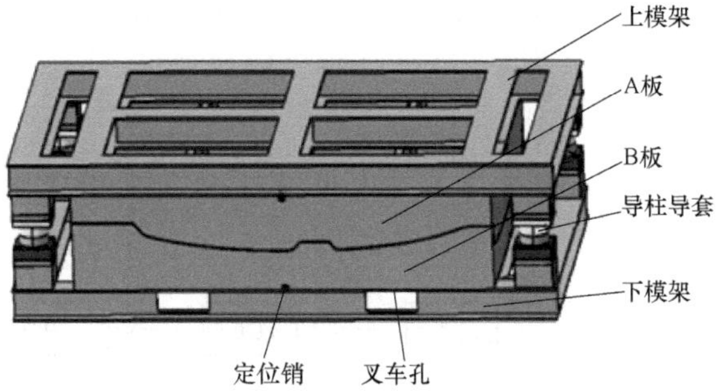

图 7-39 模压模具结构示意图

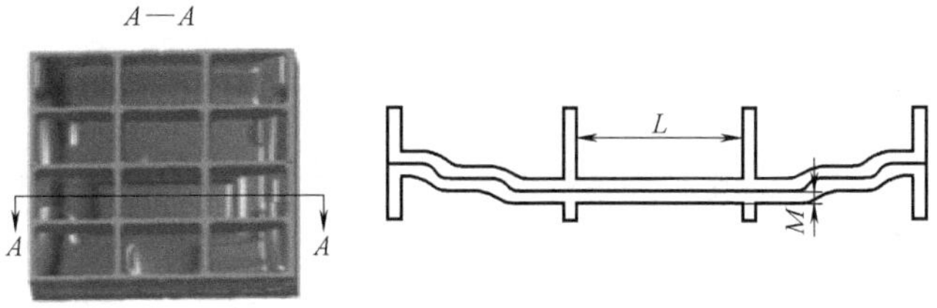

图 7-40 A、B 板成型部分示意图

2. 冷却系统设计

冷模需要水管冷却，冷却水管用预埋的内置方法，在毛坯浇注的同时完成，即在浇注模具毛坯时，将冷却水管预先固定在砂芯上，离型面 5～8mm，待上铸型与下铸型合模浇注后，冷却水管就自然被钢料包住。采用这种方法排布的冷却水管，与模具成型面距离统一，吸热效率极高，冷却效果非常好，模具工作时表面温度可降低至 5～10℃。

3. 加热系统设计

热模需要加热，一般分为油热和电热，加热管的制作方法和水管一样，采用预埋的内置方法；加热管必须分布均匀，保证模具能充分均匀的受热。电加热虽然没有油热温度均匀，但电加热加工简单，甚至有的直接布置到模具支撑筋上，且生产现场比油加热干净，油加热对设备要求较高，必须要有油温机。

4. 定位系统设计

成型模具可以采用模板原身止口定位或圆导柱加耐磨块结构，定位设计为斜度定位；冲切模具或成型冲切一体的模具，采用圆导柱结构加耐磨块结构，定位设计为直身定位，或采用方导柱结构。

5. 其他辅助系统

1）模具隔热要求：针对加热模具，AB 板与上下模架以及 AB 板四周必须安装电木板，主要起到隔热作用。

2）模具其他结构：模压模具除了基本的结构外，还应该有锁模片、吊环、温控表、叉车孔、U 形槽、吊桩等。

7.2.3 模具制作流程

模具制作流程如图 7-41 所示。

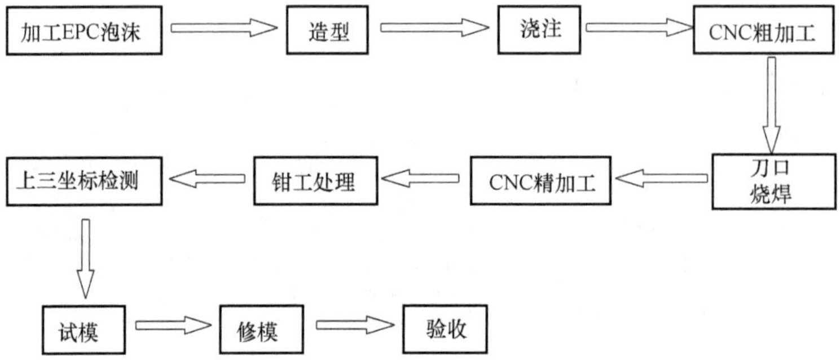

图 7-41 模具制作流程示意图

1. 工艺要求

加工 EPS 泡沫时型面及底座需放加工余量。

2. 铸件表面要求

不允许有冷隔、裂纹、缩孔和穿透性缺陷及严重的残缺类缺陷（如欠铸、机械损伤等，铸件表面应清理干净，不得有毛刺、飞边，非加工表面上的浇冒口应清理与铸件表面齐平），铸件应清除浇冒口、飞刺等。

7.3 发泡模具

塑料发泡的技术渊源久远。最早是 20 世纪 20 年代初期的泡沫胶木，用类似制造泡沫橡胶的方法制取；20 世纪 30 年代出现硬质聚氨酯泡沫和聚苯乙烯泡沫；20 世纪 40 年代有聚乙烯、聚氯乙烯、环氧树脂、酚醛泡沫；20 世纪 50 年代则有可发性聚苯乙烯泡沫和软质聚氨酯泡沫。基本上所有的塑料，包括热塑性和热固性的都可以发泡为泡沫塑料。工业上的制备方法有挤出发泡、注射发泡、模塑发泡、压延发泡、粉末发泡和喷涂发泡等。其中，注射发泡是最重要的成型方法之一，在这里重点讲述注射成型发泡。

7.3.1 发泡成型原理及分类

塑料的发泡方法根据所用发泡剂的不同可以分为物理发泡法、化学发泡法和机械发泡法三大类。

1. 发泡剂

发泡剂可简单分为物理发泡剂与化学发泡剂两类。对物理发泡剂的要求是无毒、无臭、无腐蚀作用、不燃烧、热稳定性好、气态下不发生化学反应、气态时在塑料熔体中的扩散速度低于在空气中的扩散速度。常用的物理发泡剂有空气、氮气、二氧化碳、碳氢化合物、氟利昂等。化学发泡剂是一种受热能释放出诸如氮气、二氧化碳等气体的物质。对化学发泡剂的要求是其分解释放出的气体应为无毒，无腐蚀性，不燃烧，对制品的成型及物理、化学性能无影响，释放气体的速度应能控制，发泡剂在塑料中应具有良好的分散性。应用比较广泛的有无机发泡剂（如碳酸氢钠和碳酸铵），有机发泡剂（如偶氮甲酰胺和偶氮二异丁腈）。

2. 物理发泡法

简单地讲，就是利用物理的方法使塑料发泡，一般有三种方法：

1）先将惰性气体在压力下溶于塑料熔体或糊状物中，再经过减压释放出气体，从而在塑料中形成气孔而发泡。

2）通过对溶入聚合物熔体中的低沸点液体进行蒸发使之汽化而发泡。

3）在塑料中添加空心球形成发泡体而发泡等。

点拨

物理发泡法所用的物理发泡剂成本相对较低，尤其是二氧化碳和氮气，又能阻燃、无污染，因此应用价值较高；而且物理发泡剂发泡后无残余物，对发泡塑料性能的影响不大。但是它需要专用的注射机以及辅助设备，技术难度很大。

3. 化学发泡法

化学发泡法是利用化学方法产生气体来使塑料发泡：一种方法是对加入塑料中的化学发泡剂进行加热，使之分解释放出气体而发泡；另外也可以利用各塑料组分之间相互发生化学反应释放出的气体而发泡。

采用化学发泡剂进行发泡塑料注射的工艺基本上与一般的注射工艺相同。塑料的加热升温、混合、塑化及大部分的发泡膨胀都是在注射机中完成的。

总之，不论选取哪一种塑料原料，也不论采用哪一种发泡方法，其发泡过程一般都要经过形成气泡核、气泡核膨胀、泡体固化定型等阶段。

7.3.2　发泡模具结构

本文以聚氨酯塑料发泡模具为例进行讲解。常见汽车前排座垫聚氨酯塑料发泡模具由前模、模芯、后模组成。前后模分别设计随行水路对模具进行加热，后模上还设计有排气销。其结构如图 7-42 所示。

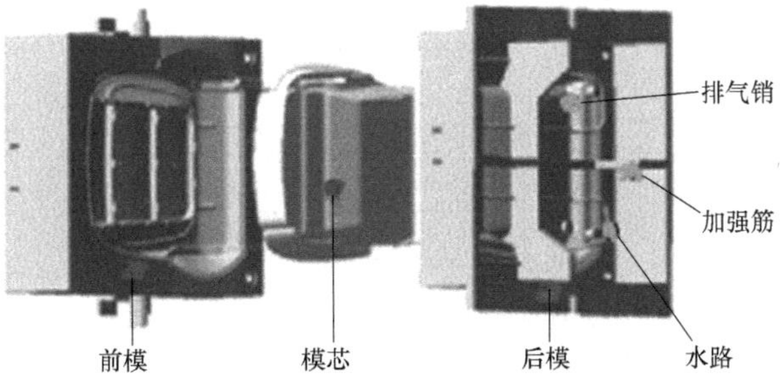

图 7-42　聚氨酯发泡模具结构示意图

7.3.3　发泡模具设计要求

1）模具在翻砂所出的毛坯不能有裂纹。

2）模具型腔表面应做喷砂处理，如采用抛光处理，需满足生产工艺条件。

3）模具上、下模型腔表面光滑，无缩孔、砂眼、夹砂等其他缺陷，且表面质量达到图7-43所示效果。

图7-43　模具表面效果示意图

4）前后模型腔、型芯面完成数控加工以后，必须进行三坐标检测或木质卡板检测（木质卡板厚度：3mm），模具尺寸精度要求为±1mm。

5）对于特殊部位，为减少溢料，下模需考虑加高。

7.3.4　发泡模具制作流程

发泡模具制作流程如图7-44所示。

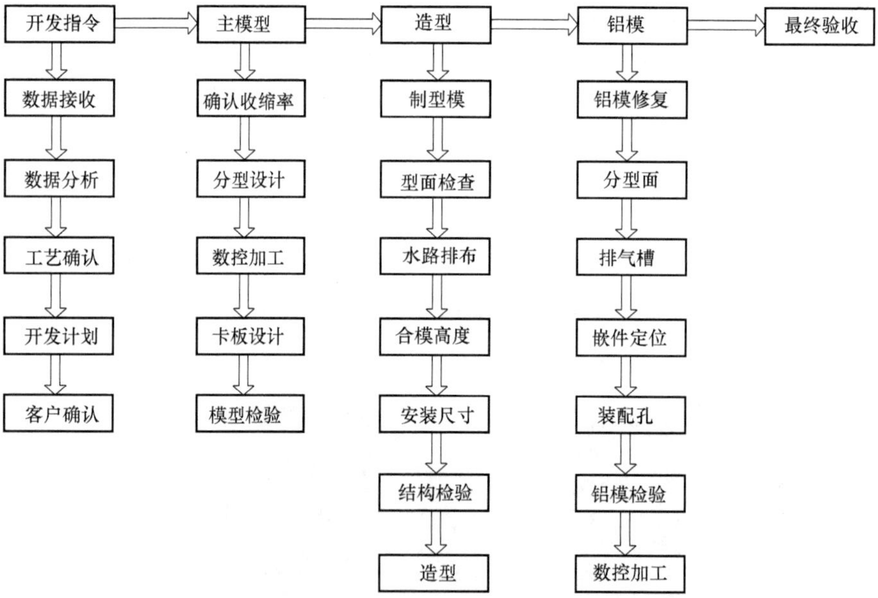

图7-44　模具设计制作流程

7.4　辅助工装

7.4.1　检具

随着汽车在日常生活中的普及应用，人们对于汽车制造的产品质量要求越来越高。而汽车检具的出现不仅满足了汽车产品的尺寸和公差检测要求，而且能快速判定汽车产品零件是否符合质量要求。因此，在汽车开发中，检具得到了广泛的使用。

1. 检具的作用

1）在产品设计阶段，验证产品设计工作必须要在检具上开展，目的是排查产品存在的各项设计问题，提高产品开发速度，降低产品后期整改成本。

2）在产品试制阶段（量产前），判定产品的尺寸和大小，进行全尺寸测量评价，目的是有效判定产品存在的根本问题，指导不合格产品的修改，为产品质量提升指明了方向。

3）在产品生产阶段（量产后），对产品进行抽样检测，目的是控制产品关键尺寸在生产中的变化，及满足产品尺寸日常管理要求。

点拨

检具是按照产品定义要求，在线测量和评价产品尺寸、形状大小和位置特性，验证与周边产品匹配关系的一种专用的检测工具。检具是根据产品数据设计和数控加工而成的，能体现产品的外形参数，不仅对产品进行定性检测，而且能利用检具或三坐标对产品上某些极其重要的功能性尺寸进行数值化检测。

4）检具主要用于以下检测：

① 关键产品特征检测。

② 特征面/线检测。

③ 功能孔检测。

④ 产品变形区域检测。

⑤ 用于样车检测。

⑥ 用于测量支架检测。

⑦ 主模型功能匹配检测。

2. 检具设计原理

为了实现产品尺寸定义要求，检具的开发与产品有着密切的联系，是根据产品数据和GD&T图（包括基准体系、特征公差和测点等信息）要求进行设计加工而成的。以门内饰板总成产品图解说：

1）产品测点图及坐标值如图7-45所示，产品基准体系及坐标如图7-46所示，其中A基准是门内饰总成产品与钣金门内板的贴合面；B、C基准是门内饰总成产品定位装配在钣金门内板上。A在检具上作为产品在检具上的定位基准面，B、C作为产品在检具上的定位基准孔。

2）产品图（特征图/测量图）如图7-47、图7-48所示，其中包含的匹配面、搭接面、孔、面差和间隙等均是产品需要控制的尺寸特征，这些特征的测量值均是通过产品定位在检具上检测出来的结果，其最终结果需要符合产品定义的尺寸公差。

3）根据对上述产品图的分析，结合产品数据，按照检具开发要求，运用检具设计软件（CATIA/UG等），设计加工完成门内饰板总成检具的开发（图7-49），来满足产品整个开发过程的相关要求。

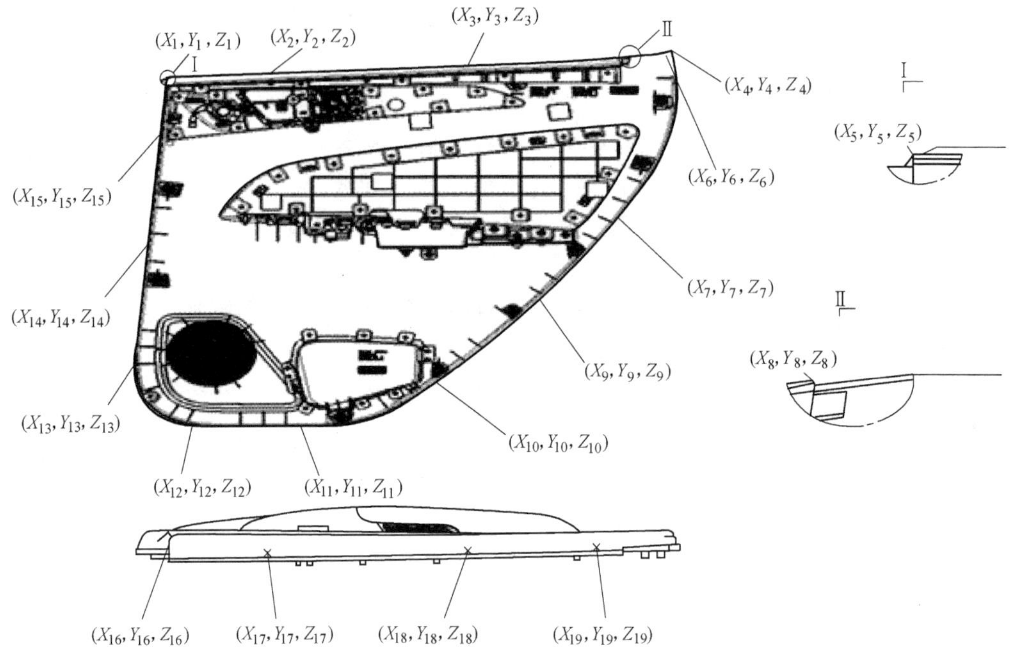

图 7-45　产品测点图及坐标值

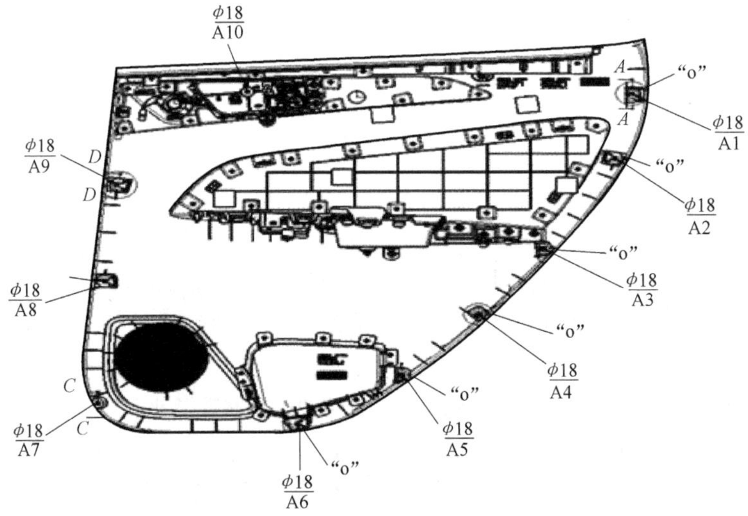

图 7-46　产品基准体系和坐标值

4）按照产品定义进行检具设计开发，产品的定位和被测特征要素均能在检具上实现检测（图 7-50）。

3. 检具结构及类型

（1）检具结构　通常由三部分组成（图 7-51）：

1）基座（含骨架部分）：由钢板与方钢或槽钢框架焊接而成，或由铸铝板结构，加上

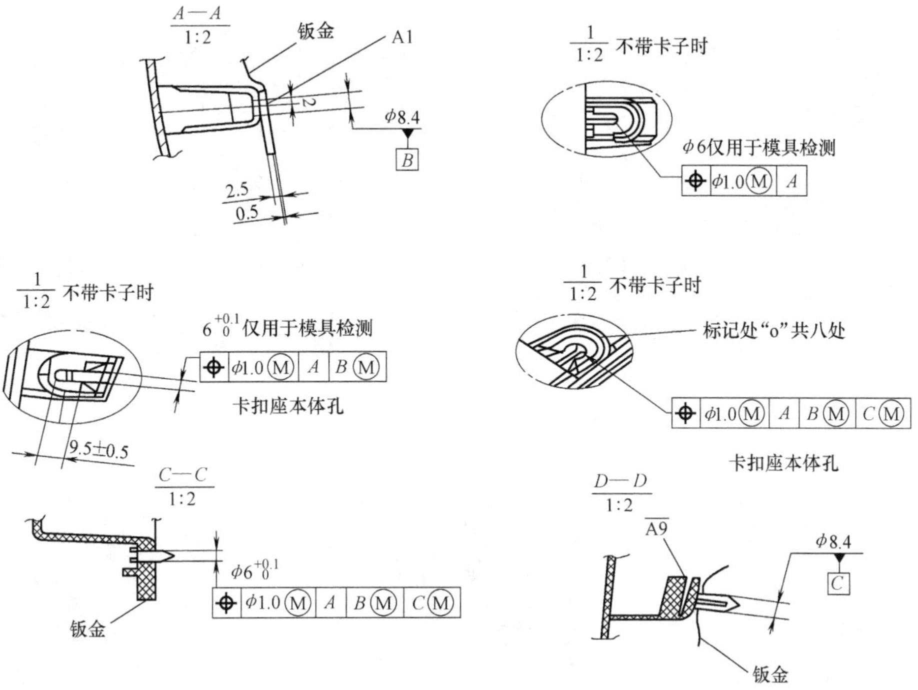

图 7-47 产品基准体系和剖视图

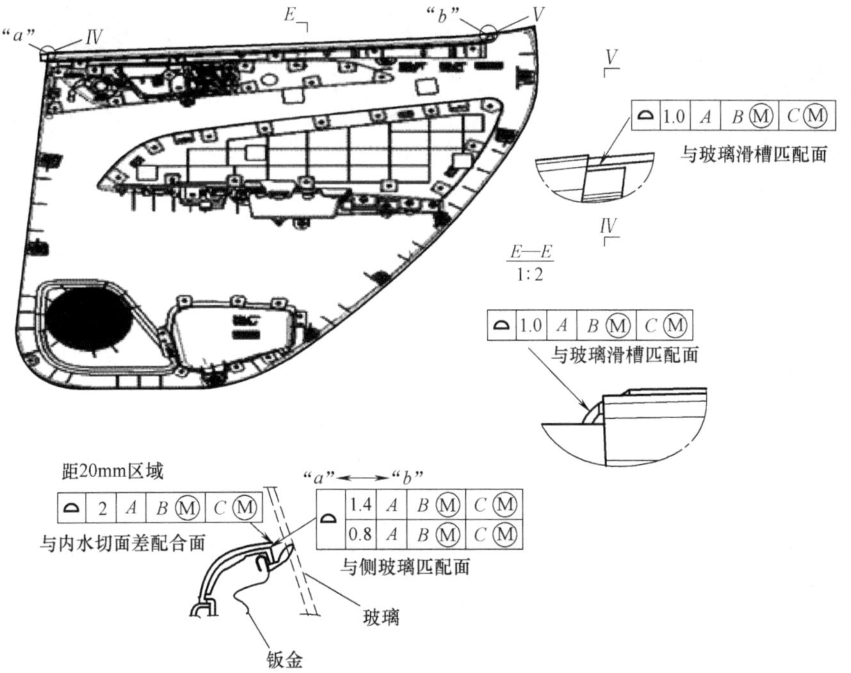

图 7-48 产品特征和剖视图

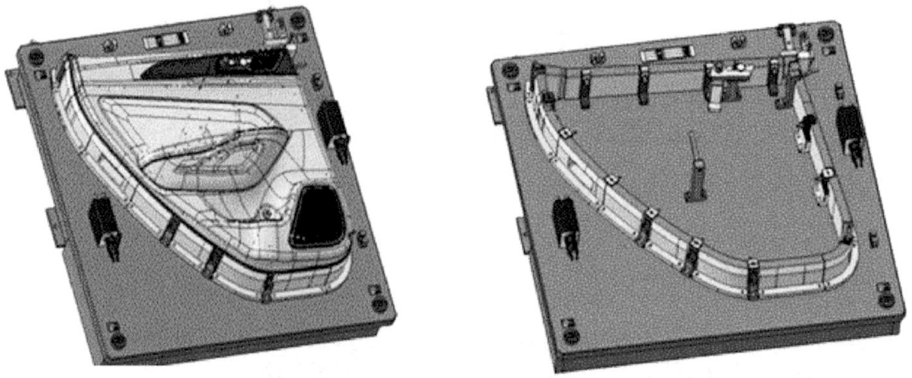

图 7-49 门内饰板总成检具设计

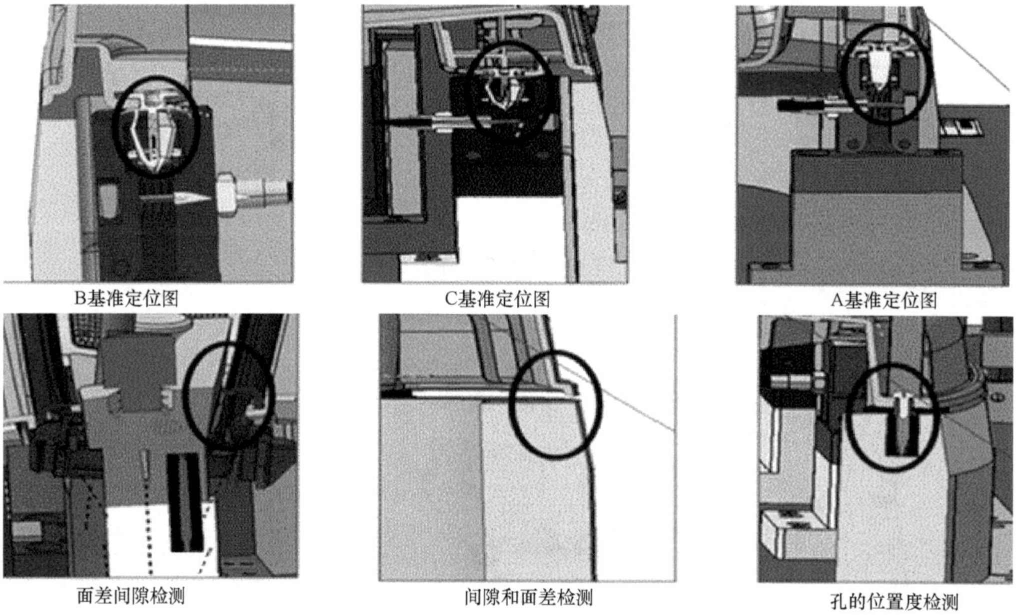

图 7-50 剖视图

移动部件，以及检具基准块组成检具基座。

2）本体部分：采用铸铁、铝合金或可加工环氧树脂加工而成。

3）功能件部分：包括快速夹具、基准面、检测工具、支撑座、断面样板、活动检测块和检测仪器等。

（2）检具类型 根据检具功能作用可分为单件检具、总成件检具、开口检具、螺钉车检具、功能主模型检具、综合匹配样架检具等。

1）单件检具。

① 定义：按照单个产品进行设计开发的工装，叫单件检具。

② 作用：主要针对单个产品的面差、孔位、间隙和大小等要素进行测量。如被测要素符合精度要求，则产品合格，如超出精度要求，则对所开发的产品模具进行修改。图 7-52、

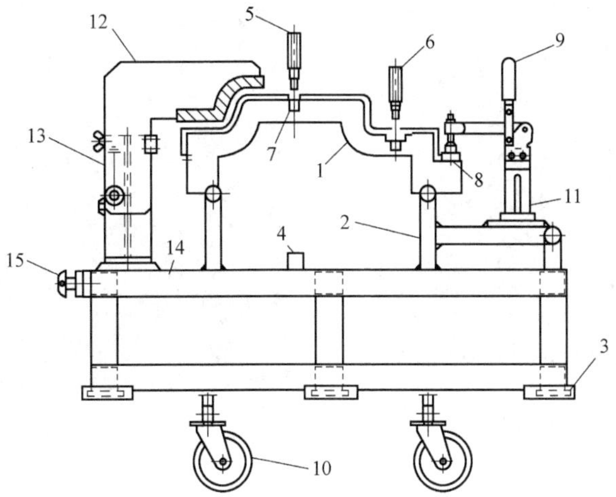

图 7-51 检具结构

1—检具本体 2—检具加强构架 3—基准块（制造基准） 4—辅助检测基准 5—定位销 6—检测销 7—销套 8—零位面（定位面） 9—夹紧器 10—滚轮 11—夹紧器固定支座 12—检测样板 13—样板固定支座 14—检具构架（基座） 15—起吊装置

图 7-53 所示为前保险杠本体和前壁板的单件检具。

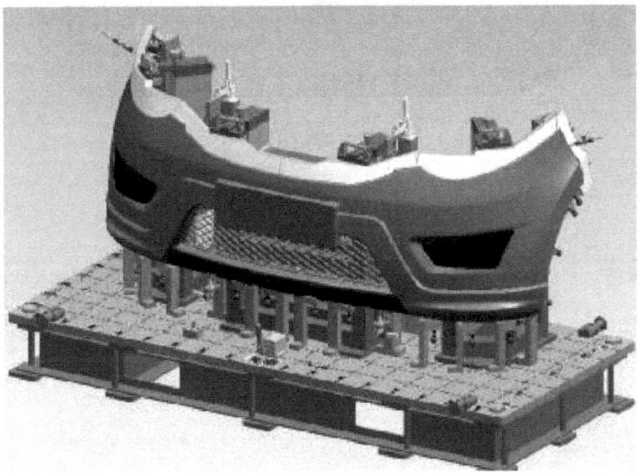

图 7-52 前保险杠本体单件检具

图 7-53 前壁板单件检具

2）总成检具。

① 定义：对把两个及两个以上的单个产品通过组合、焊接或装配等形式构成的总成产品进行检测的工装，叫总成检具。

② 作用：主要测量控制产品在焊接总成和分总成中的相对位置和孔位尺寸。如被测要素符合精度要求，则产品合格，如超出精度要求，则对所开发的产品组合工装（如夹具等）进行修改（图 7-54、图 7-55）。

3）开口检具。

① 定义：对产品开口部位的尺寸检测而制作的工装，被称为开口检具。

② 作用：是监控产品（如白车身骨架）在生产过程中开口部位的尺寸控制手段，能快速地测量开口部位的尺寸。如图 7-56、图 7-57 所示。

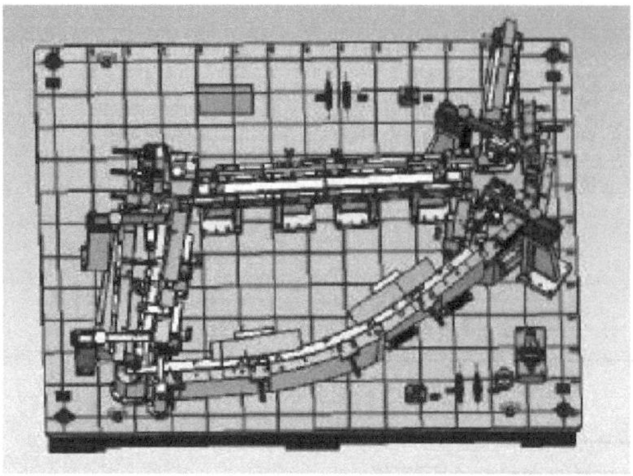

图 7-54 门窗框焊接总成检具

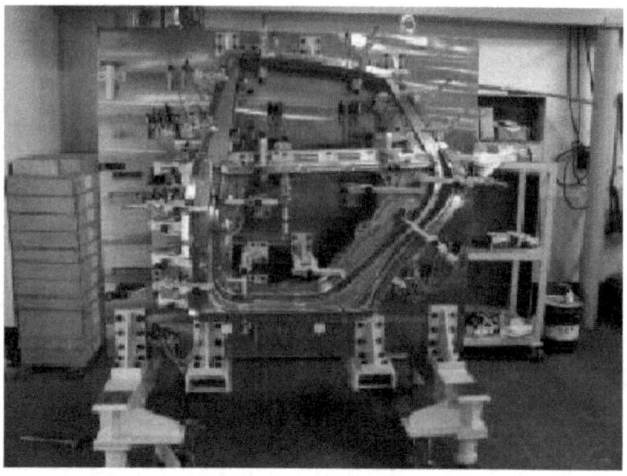

图 7-55 后门焊接总成检具

图 7-56 前风窗开口检具

图 7-57 后行李箱盖开口检具

4）测量支架。

① 定义：是根据产品测量要求，在三坐标检测平台上运用三坐标对支架上的产品进行测量的工装，称为测量支架。

② 作用：对产品起定位、支撑、夹紧作用。

③ 结构：柔性式和框架式，如图 7-58、图 7-59 所示。

图 7-58 柔性式测量支架

图 7-59 框架式测量支架

5）螺钉车检具。

① 定义：是指在生产准备的初期阶段，按照产品图样及焊装工艺规范，用铆钉将车身

零件组装成车的工装，叫做螺钉车检具。螺钉车检具是将冲压件或分总成放在螺钉车检具上，通过铆钉或螺钉联接的方式来代替焊接工艺，实现焊接工艺水平提升和提高白车身质量控制。

② 螺钉车作用：

a. 验证产品数据设计是否合理，产品与产品之间是否有干涉现象，结构是否有不合理及强度不足的情况发生，经解析后能提出调整及修改方向。

b. 在焊装夹具投入制作前，必须验证产品与产品之间是否存在模具工艺无法克服的制件质量问题。

c. 验证铆接后产品所带来的累积公差，对焊装车身精度的影响。

d. 提高合理布置焊点满足实际生产要求的能力，从而提高制造精度。

e. 将螺钉车铆接功能拆除，保留总成的检测功能，从而达到检具的检测功能。

f. 缩短产品开发周期和稳定早期模具质量。

③ 根据产品定义可分为白车身、门总成、侧围总成、前后地板、发动机舱等不同类型的螺钉车检具，如图 7-60、图 7-61 所示。

图 7-60　白车身螺钉车检具

图 7-61　侧围总成螺钉车检具

6）主模型检具。

① 定义：是依据白车身产品数据，用铝或树脂材料按照 1∶1 比例加工制作而成的模型，叫做（功能）主模型。它是零公差检具，也是标准的白车身检具。

② 主模型作用：

a. 用于测量及评估产品模拟装车装配状态验证。

b. 用于产品与产品、产品与标准模块的匹配关系，测量评价产品的装配性能、外观、间隙和面差。

c. 用于产品设计、验证阶段、试生产阶段和批量生产中的产品优化设计和匹配认可。

d. 进行缺陷模式分析，指导整车和产品的质量优化和质量改进。

③ 用法：产品在检具上检测→装配到主模型上检测→装配到实车上检测，看匹配结果。如果在检具上与在主模型上的检测数值状态一致，方可装在实车上匹配；如数值状态不一致，则需要查出问题所在。

④ 类型：分为外饰主模型、内饰主模型、内外饰主模型和局部主模型（如仪表板主模型、前部主模型等），如图 7-62、图 7-63 所示。

图 7-62　内外饰主模型

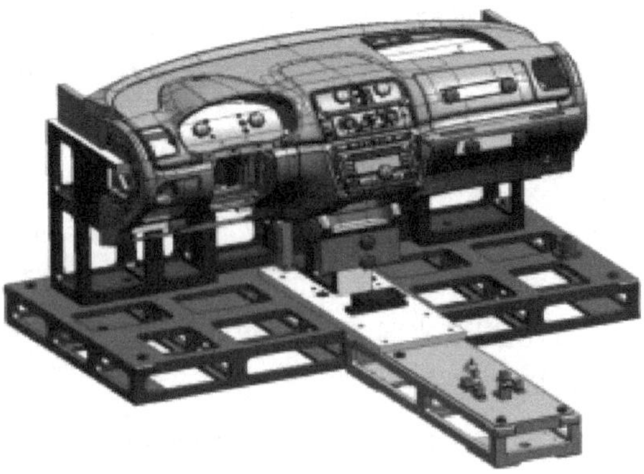

图 7-63　仪表板主模型

7）综合匹配样架检具。

① 定义：是一个反复的匹配分析和改进过程。它综合运用各种技术手段，对车身外覆盖件、焊接总成、内外饰件、电器外观件进行匹配和测量分析，对尺寸、间隙、面差、外观等匹配特性进行评价，测量分析匹配缺陷产生的原因，指导模具的改进、工装设备的调整、工艺参数的优化、产品设计和产品技术规范的更改。

② 综合匹配样架作用：

a. 实现车身冲压单件和焊接总成之间的无应力连接，分析车身尺寸误差产生的原因。

b. 进行缺陷模式分析，指导批量生产中整车与零件的质量改进。

c. 进行间隙、面差和整车匹配与外观效果分析评价。

d. 在产品开发过程中指导零件的改进与优化，车身冲压单件和焊接总成匹配认可。

③ 结构：可分为外综合匹配样架、内综合匹配样架和缝隙综合匹配样架等，如图 7-64 所示。

图 7-64　综合匹配样架检具

4. 检具构件基本要求

（1）检具构件　是组合成检具的重要部件，是对产品检测起着决定性作用的部件。检具分别由以下部件组成：

1）检具基座：

① 基座是放置和布局检具本体、功能部件及满足人员操作的平台。

② 基座要求：根据产品大小各边放宽 100mm 以上，确保检具各个部件合理布局，并无超出基座边缘的现象。基座材料必须经过去应力等热处理工艺。基座结构必须安全可靠且符合人机工程学要求，便于人员正常操作。所有与基座连接的部件必须配置足够强度的弹簧垫

圈。基座必须具备足够的刚度和稳定的性能，保证不发生翘曲、变形。基座上要求刻坐标线及整百坐标值，标牌要求固定在底板上。基座的平面度为±0.05mm/m^2，平面要求精磨，表面粗糙度 Ra1.2～1.6μm，底座表面采用无色清漆防锈处理。

2）检具基准：

① 定义：基准是用来建立检具坐标系，用于满足检具制造加工精度检测，作为产品检测的依据，如图 7-65 所示，基准块设置在底座上表面，应有 X、Y、Z 向基准坐标值铭牌。

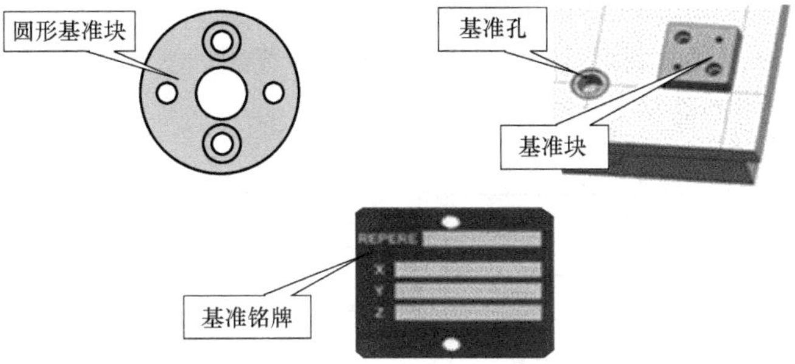

图 7-65　检具基准

② 基准类型：基准球、圆形基准块、方形基准块，其大小根据主机厂检具技术开发要求进行设计。

③ 基准孔采用不锈钢或者轴承钢的标准衬套，埋在基准块中间位置，如图 7-66 所示。

④ 基准块/孔要求：

a. 大中型检具基准块/孔数量不少于 4 个，小型检具不小于 3 个，旁边标示基准值铭牌。

b. 检具测量基准块/孔必须单独加盖保护。

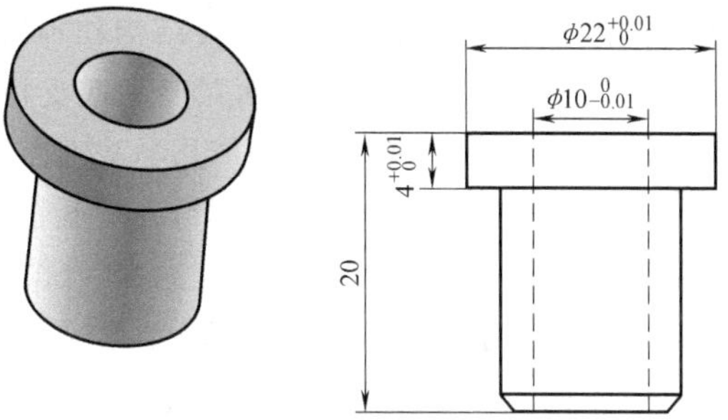

图 7-66　基准孔示意图

c. 检具测量基准块/孔应保证在正常使用和维护下不锈蚀、耐磨，硬度为 45～50HRC。

d. 设计基准块/孔的坐标值时应该取整，并用坐标标识牌标出坐标值。

3）检具本体：

① 定义：根据产品形状大小、仿形或局部仿形加工出来基准型面，对产品的检测起着决定性的作用。

② 根据检具开发要求，可选择以下材料作为检具本体：HuntsmanBM5166、Axson-LAB1001、Raku-toolWB1600、铝合金、锻铝、铸铁等。

③ 材料要求：同一检具上不允许同时使用两种及以上型号的本体材料。

④ 检具型面所用材料通常采用树脂（性能不低于 BM5166）和铝合金（性能不低于 6061 铝合金）。

4）销（定位、检测、划线）：

① 销是在检具上用于定位或检测产品孔的位置度、大小及偏移量的常用检测工具，其由导向、检测及手柄三部分组成，保证销子导向部分能够在孔内进出自如（图 7-67）。

② 根据产品孔形状，销可分为圆孔销、椭圆销、异形孔销、方孔销等。

③ 根据使用功能，销可分为定位销、检测销、划线销、定位防转销、螺纹销、植入销、弹簧销等。定位销用于将零件精确地定位在检具上，检测销（双头结构，检测加划线）用于对孔的位置度检测，划线销用于对孔的偏移量检测。材料采用 SKS3，表面硬度 56~58HRC，表面应光滑，无划伤等损坏情况。销与销套的配合轴线必须垂直于产品型面，如图 7-68 所示。

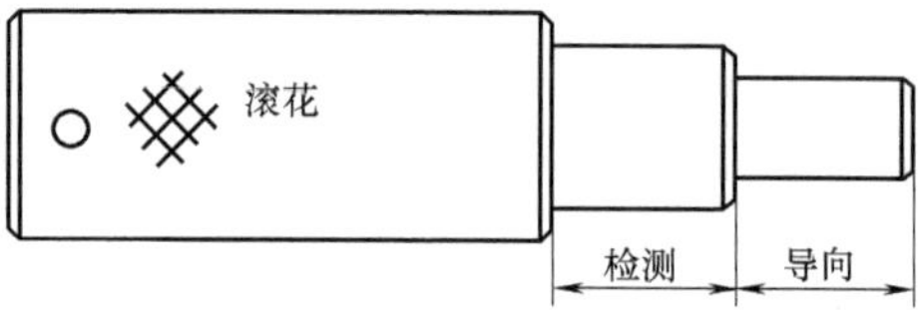

图 7-67　检具销结构

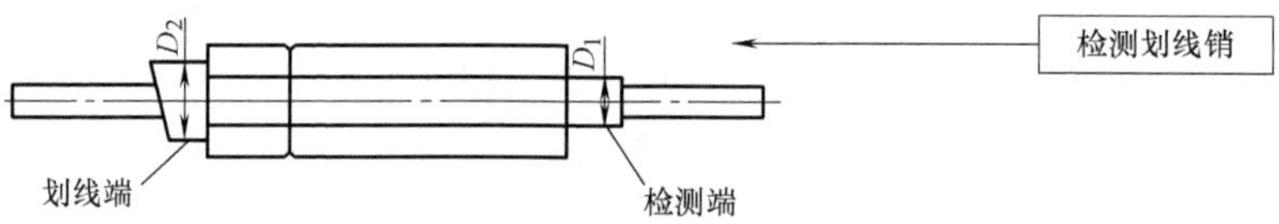

图 7-68　销与销套配合图

5）销套：销套埋入固定在检具本体上，为销检测起着导向作用。销表面应光滑，无划伤等损坏情况。为保证销定位和检测准确，导向销套和检具型体必须粘结。导向销套的结构根据孔的形状和位置要求，分防转结构和不防转结构。

6）基准面（S 面）：基准面对产品起支撑的作用，并平稳摆放在检具上。原则上要求与 GD&T 图 A 基准位置相同。被测产品与基准面贴合，则间隙为 0mm。标准厚度采用 3mm/5mm，并用平头螺钉与本体连接紧固，螺钉面要低于基准面，保证定位可靠，并且便于测量。在正常使用和维护下不锈蚀、耐磨，硬度为 58~60HRC，采用硬铝合金或优质钢。

7）夹钳：夹钳作用是对检具上的产品进行压紧，使其保持固定状态，便于检测产品。夹头夹紧方向必须与零件表面相垂直并且压头正对基准块中心。夹头只允许用作零件夹持（夹紧力小于 50N），不允许出现过分夹紧现象和采用强制的方式使零件处于额定值位置。所有夹头接触面应牢固粘上橡皮，以保护产品。夹持机构在运动过程中，不能与任何物体相干涉。图 7-69 所示为各类夹钳。

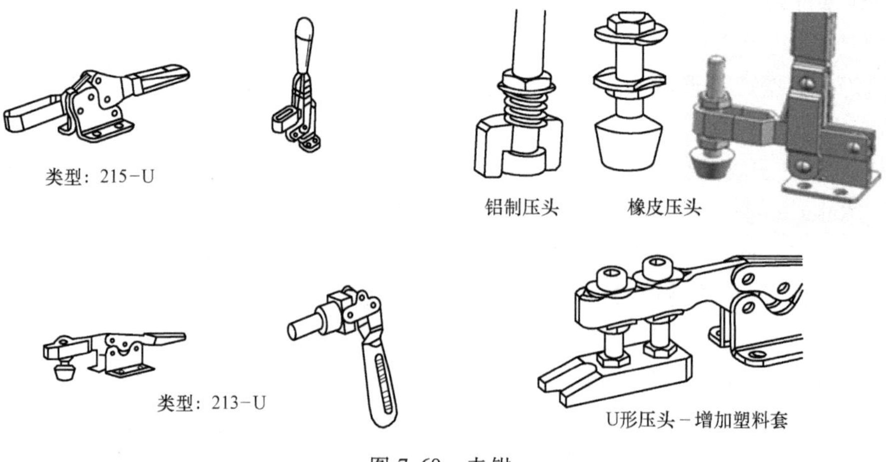

图 7-69　夹钳

8）活动检测单元。

① 活动单元作用是在检具本体结构限制的情况下，采用活动单元来检测产品上重要面的平整度和间隙值。

② 单元类型：断面样板、活动样块等活动检测单元。

③ 单元结构：滑动式、旋转式、翻转式、摆动式、取放固定式。

④ 单元材质：采用铝合金材料，断面样板检测部分厚度 10~12mm。

9）吊耳、吊环。

① 吊耳设计时必须考虑最大承载力。

② 吊耳的布置必须保证在运输时，吊绳不会影响型体及功能件，也不能影响任何测量元素。

5. 检具开发基本要求

（1）检具制造要求

1）所有的焊接件及铸造件都应消除应力，保证检具在加工和使用过程中不发生变形。

2）检具所有部件均具备良好的防锈性能，不允许用发黑来进行防锈处理。要求标准件中性盐雾试验 24h 防锈部位只产生点蚀，不能产生基体腐蚀。

3）检具型体与基座的连接直接采用塑料粘结剂并同时使用螺栓连接。

4）检具型体连同基座必须刻注车身坐标线 X 向、Y 向、Z 向，车身坐标线以 X、Y、Z 基准面为出发面，每隔 100mm 或 200mm 为一档进行刻注。

5）检具涂色规范按照检具技术要求开发执行，标准参照国标。

6）检具标记：基准线标志、测量表面和栅格线的标志、栅格线的数值-测量表面或间隙表面、零件外形轮廓形状、塞规、卡规等均应打上其相应的标志。

（2）检具精度要求　检具是检测产品的工具，其自身的精度是由三坐标检测设备来进行测量的，其精度质量应符合检具技术开发要求。

1）三坐标测量机。

① 定义：指在一个六面体的空间范围内，能够表现几何形状、长度及圆周分度等测量能力的仪器，称为三坐标测量机，如图 7-70 所示。

图 7-70　三坐标测量机

② 分类：三坐标测量机按照结构特点可分为龙门式、悬臂式、桥式、关节臂式等，如图 7-71 所示。

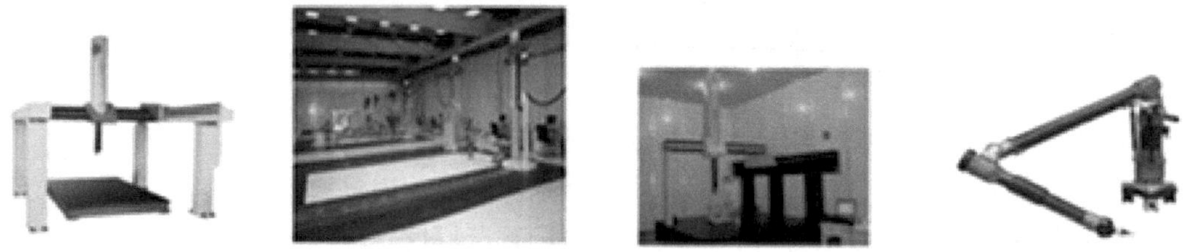

龙门式测量机　　悬臂式测量机　　移动桥式测量机　　关节臂式测量机

图 7-71　三坐标测量机分类

③ 工作原理：采用三个直线光栅尺做测量基准，以电触发测头发出信号，同时锁定三个坐标的光栅数据，测量出工件的实际位置（尺寸），并与基于被测工件的几何形状在空间的坐标位置（$x/y/z$）的理论位置直接比较，得出测量误差值；也可计算求出被测物体的几何尺寸，形状和位置（图 7-72）。

图 7-72　三坐标测量机

2）检具精度测量要求。

① 定位销、检测销、衬套大小全部检测。

② 定位销、检测销插孔的位置度全部检测，要求检测轴线。

③ 零件定位面全部检查，且每个定位面至少检测 3 点。

④ 型面、轮廓、断面样板及活动检测块，每隔 100mm 取一断面（形状复杂部位增加）检测，在每一特定断面上同一方向取两个检测点，检测点间隔 5~15mm，与型面轮廓线相邻的检测点与型面轮廓线间距不超过 2mm，如图 7-73 所示。

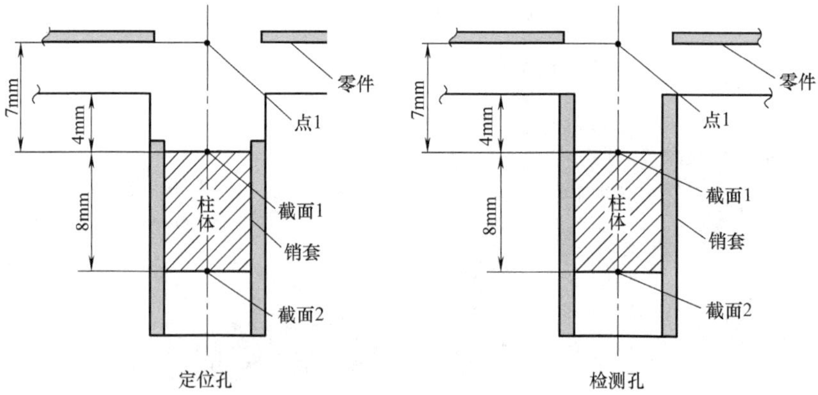

图 7-73　轮廓面检测

（3）检具重复性再现性要求

1）测量系统：量具/检具、产品、测量人员、方法、程序的集合。

2）重复性：一名操作者用一个测量仪器对同一个部件的一个参数进行几次测量，这几次测量结果中存在的变差，如图 7-74 所示。

3）再现性：不同的操作者用同一个测量仪器对同一个部件的同一个参数进行几次测量，这几次测量结果均值的变差，如图 7-75 所示。

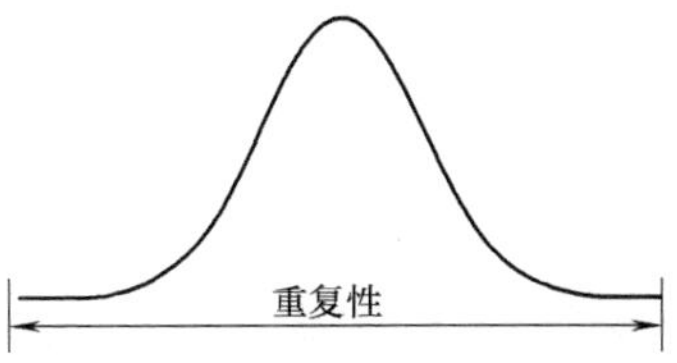

图 7-74 检具测量值重复性

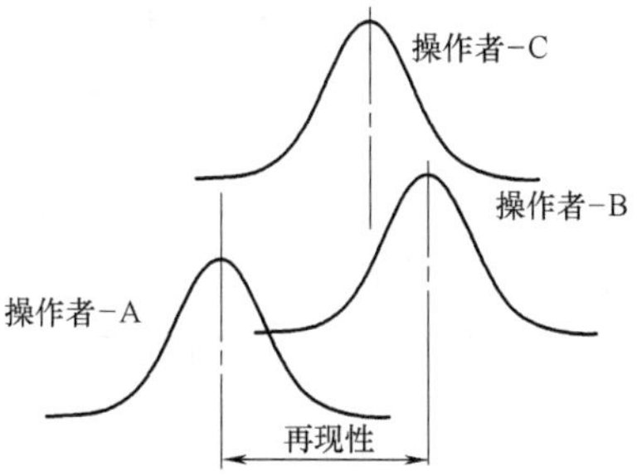

图 7-75 测量再现性

4）基本要求：测量误差=观测值-真值。

5）测量精度：测量系统必须有足够的分辨力，能够识别过程变差或定量。参照过程变差，一个具有大量变差的测量系统，用来分析一个制造过程，是不恰当的。

6）均值和极差法（X&R）：提供测量系统重复性和再现性的较完善的测量系统分析方法。把测量系统分解成两部分，即重复性和再现性，也就是说它把由量具/检具所造成的误差与由测量人员所造成的误差进行分离，同时还考虑了零件间所产生的误差。

7）样件的选取和数据的收集：

① 选择最少 5 个部件用于测量。

② 选择最少 2 个操作者用于收集数据。

③ 每个人对同一部件最少测量 3 次，用于检验重复性。

④ 随机将部件给每一个操作者进行测量。

⑤ 收集数据前，先对测量方法进行标准化（如读数的方法）。

⑥ 试模阶段（即量具/检具验收阶段）：运用 3 个人，选取 5 个零件，测量 3 次的方法。

⑦ 生产件批准程序（PPAP）阶段：运用 2 个人（或 3 人），选取 10 个零件（必须从 PPAP 生产件中选取），测量 3 次的方法。

8）测量参数的选择：

① 选取的测量点，取决于被测零件的大小和被测零件的刚度，需注意的是在被测零件上选取的点应尽可能远离定位基准点，以便能真实地反映此测量系统的结果。这些测量点包含了：

a. 关键产品特性。

b. 产品质量特性。

c. 过程监控点。

② 选取数量足以评价 3 个定位基准面的每一个面的点。

9）数据采集点的选取原则如图 7-76 所示。

① 一般选取 6 个或 6 个以上采集点。

② 尽可能远离零件基准。

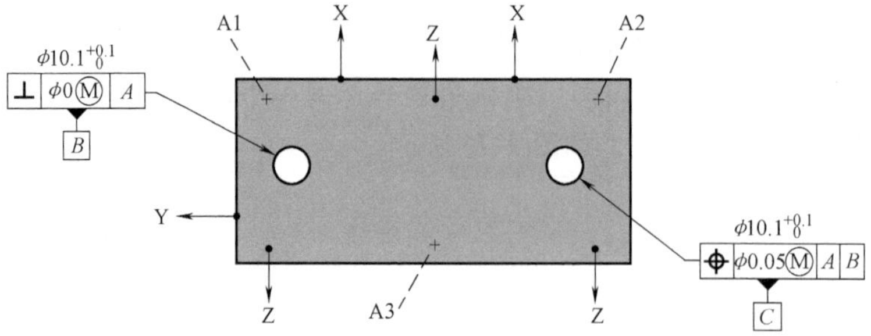

图 7-76　数据采集点选取

③ 尽可能选取产品图样上有轮廓度或者位置度测量要求的位置。

④ 参考经验：被测要素点的集合，基本能够被视为该零件的另一套定位基准。

10）分辨力的确定：如果测量系统没有足够的分辨力，它可能不是识别过程变差或定量表示单个零件特性值的合适系统，即如果不能测定出过程的变差，这种分辨力用于分析是不可接受的。通常分辨力的判别可参考以下：

① 最小测量单位/公差≤10%。

② 最小测量单位/过程变差≤10%。

11）评判标准如图 7-77 所示。

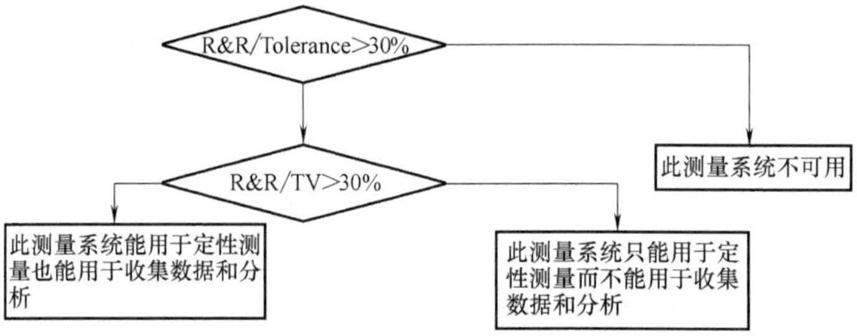

图 7-77　测量系统评判标准

12）R&R 的通用评判标准如下：

① 误差<10%测量系统可接受。

② 误差≥10%，≤30%有条件可接受，取决于实际应用的重要性、检具的成本、修复费用等。

③ 误差≥30%必须改进检具系统，尽力找出问题并纠正。

13）结果的分析：根据均值和极差法（X&R）的计算结果，参照产品的公差（Tolerance）或过程的总变差（TV）：

① 如果发现重复性误差较大，即测量设备的变差较大，就应该检查检具自身以及产品在检具中位置变化导致的测量变差。

② 首先应保证检具定位的可靠性，为了防止测量过程中产品的变动，测量时都需要检查零位，消除系统误差。

③ 如果发现再现性误差较大，即由测量人员所造成的误差，应尽量避免。

④ 如果发现某一数值有很大的误差是由测量人员造成的，就应该设法从测量结果中加

以剔除，同时加强测量人员的培训。

6. **检具操作原理**

在产品检测过程中，将产品定位压紧在检具上，根据产品检测表要求，通过目测和检测工具对产品进行测量，可真实反映产品的几何参数值。常用的检测工具有三角间隙尺、游标卡尺、百分表、止通规、检测划线销、塞尺等。

1）将被测产品按其检具方向放于检具上，先将主副定位销插入（图 7-78、图 7-79）。

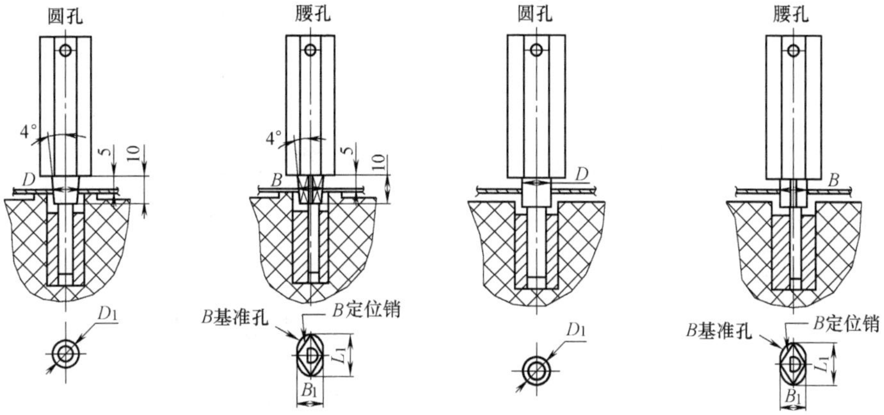

图 7-78 主定位销定位示意图

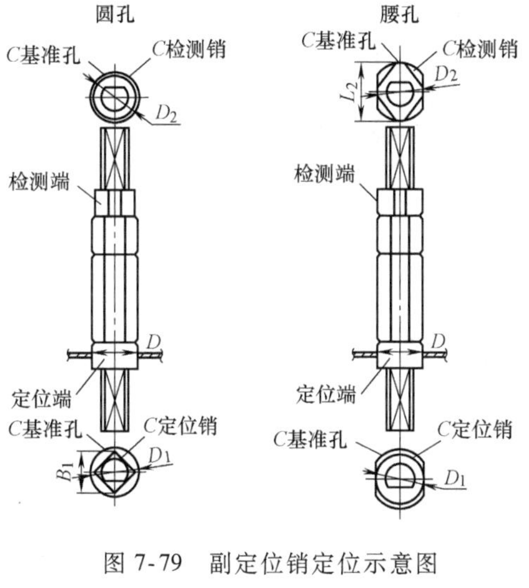

图 7-79 副定位销定位示意图

2）确认产品与基准面位置是否贴合，最后按规定的压紧顺序进行压紧（图7-80）。

3）依次根据孔的标识，采用与之对应的检测/划线销对孔位进行检测，对不重要的孔采用划线目视检测（图 7-81）。

4）利用三角间隙尺或百分表对产品型面进行测量，以及对活动样块及断面样板所对应的型面进行检测（图 7-82、图7-83）。

5）用三角间隙尺或止通规对产品间隙进行测量（图 7-84）。

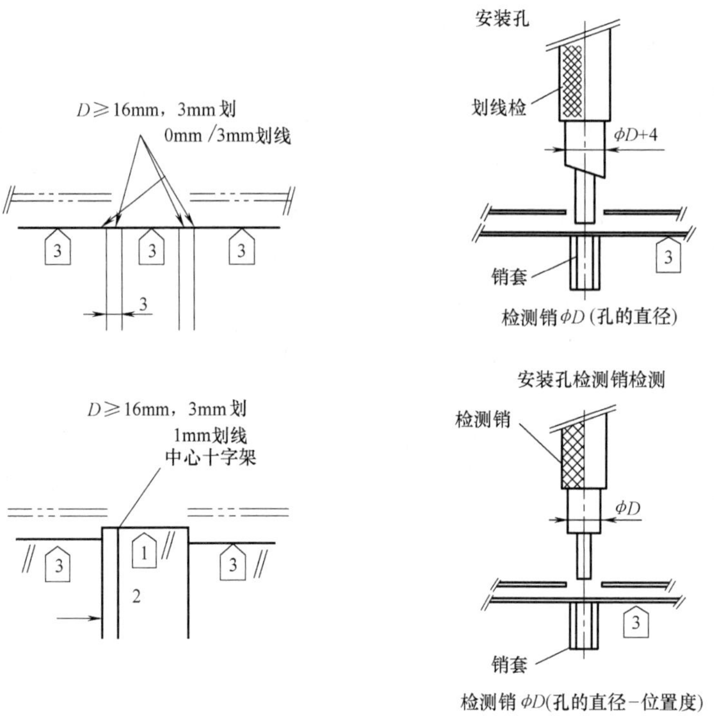

图 7-80　工装顺序

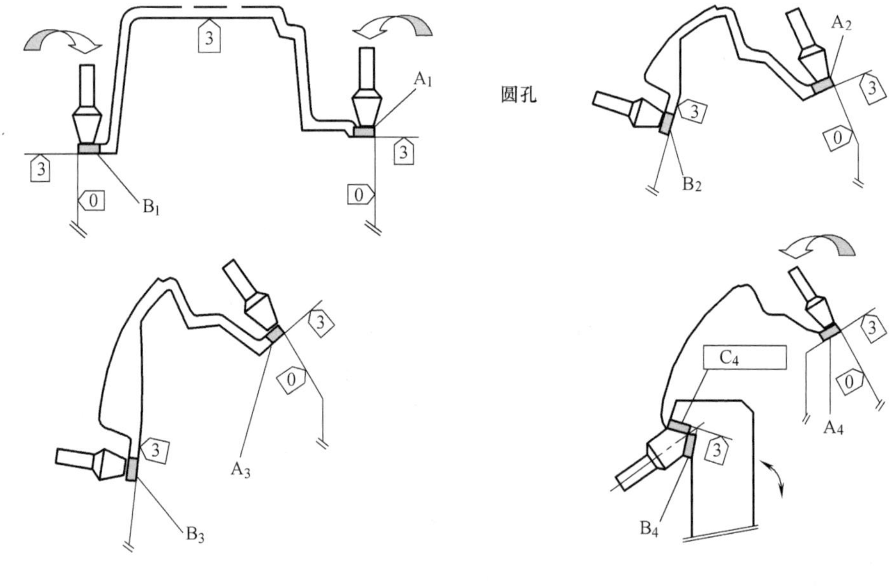

图 7-81　孔的检测

6）检测完毕后，依次打开检具部件，取出零件并把检具部件归位。

7. 内外饰产品检具功能要求

（1）开放型零件

1）主要包括顶盖内饰、柱内饰、行李箱横梁内饰、行李箱盖内饰、转向柱上/下罩板、

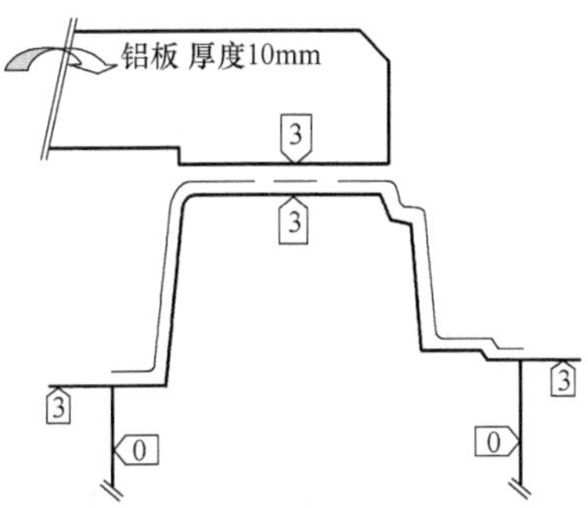

图 7-82 断面样板检测示意图

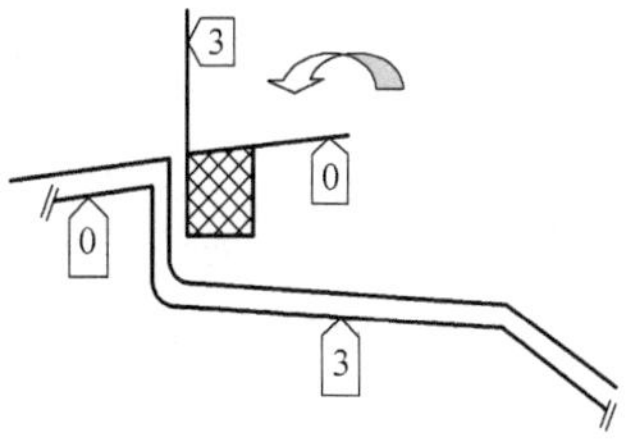

图 7-83 活动样块检测示意图

仪表板/中央通道散件及大部分饰板罩板、前/后保险杠蒙皮等。

2）主要特点：覆盖件、壁薄体积大，容易变形。

3）检测要素：对所有零件孔位、轮廓和型面进行检测，实现整车公差要求。

4）检具制作：根据零件 GD&T 图定义，采用可固定安装并可检验位置的组合方式，用来检测零件的尺寸和形状，如图 7-85 所示。

5）检具结构：采用铝合金或树脂材料为型体，增加较多的辅助 RPS 点或固定点来控制零件。

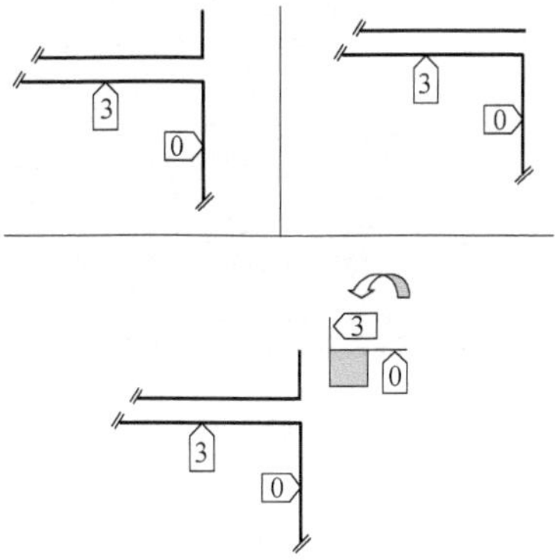

图 7-84 间隙检测

（2）闭合型零件

1）主要包括车灯、出风口、烟灰盒、组合仪表、杂物箱、门内饰等。

2）主要特点：由内外板包围构成，外板满足匹配要求，内板实现定位安装功能。

3）检测要素：检测产品外形尺寸以及与周边零件的匹配关系。

4）检具制作：根据零件 GD&T 图定义，满足内外板检测功能，及周边零件的匹配检测，实现公差要求。

5）检具结构：以铝合金为型体，以检测块作为主要的检测方式，如图 7-86、图 7-87 所示。

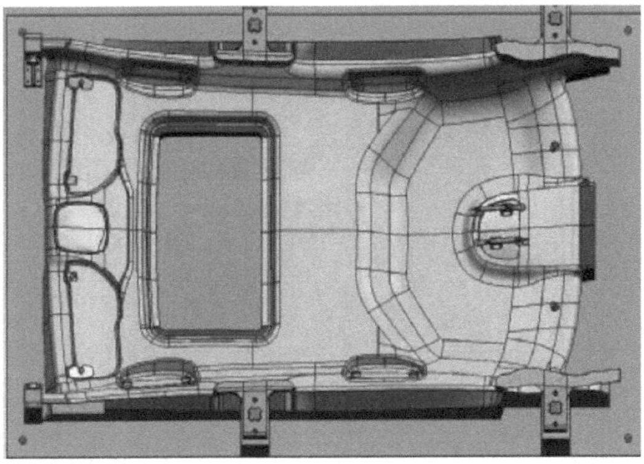

图 7-85 检具示意图

图 7-86 后灯总成检具

（3）实体型零件

1）主要包括外饰条、后视镜（基座）、车内外把手、三角窗等零件。

2）主要特点：通过零件的基座与车身相连接，实现零件在车身上的安装。

3）检测要素：检测零件的安装位置和外形尺寸，以及与周边零件的匹配关系。

4）检具制作：根据零件 GD&T 图定义，以车身零件的面、孔作为定位基准来制作检具，保证零件在检具上与实际装车状态保持一致，实现外观公差要求。

5）检具结构：以铝合金为型体，模拟装车作为主要检测方式，如图 7-88 所示。

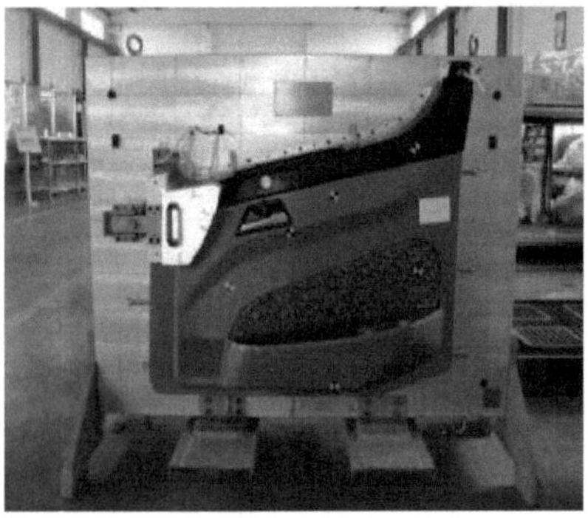

图 7-87　门护板总成检具

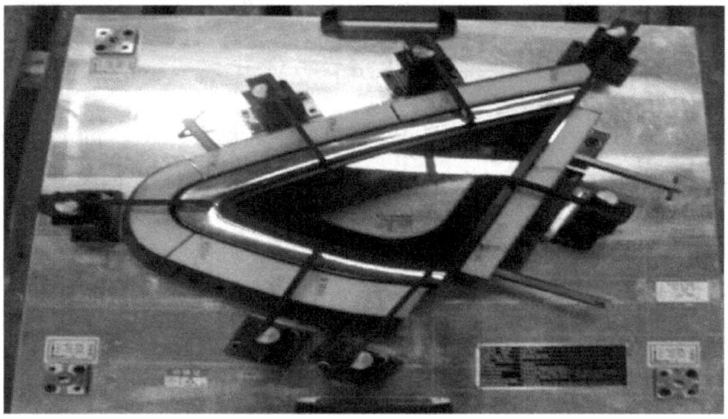

图 7-88　三角窗检具

（4）关键特征零件

1）主要包括仪表板、中央通道、前/后保险杠等。

2）主要特点：体积比较大、容易变形、型面复杂、匹配关系复杂。

3）检测要素：检测零件孔的尺寸和位置，控制零件型面和轮廓尺寸，控制与周边零件的匹配间隙和面差。

4）检具制作：根据零件 GD&T 图定义，对所有零件孔位、轮廓和型面进行检测，实现外观 DTS 要求。

5）检具结构：采用铝合金作为型体、检测块或模块，实现零件全功能检测。作为总成供应商，可参考主模型要求，制作为主模型检具，功能上应满足各产品之间的匹配评价，如图 7-89、图 7-90 所示。

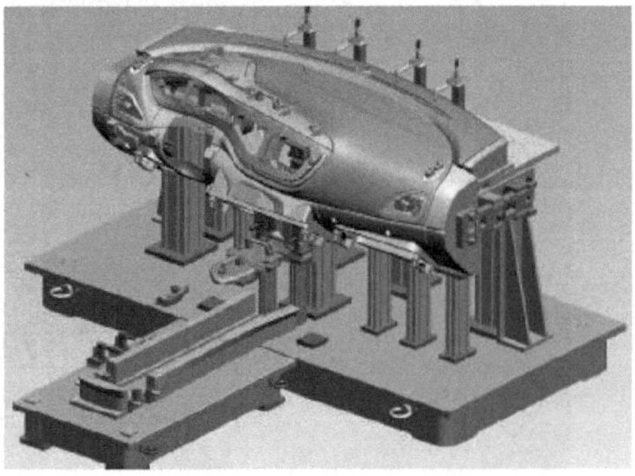

图 7-89　仪表板总成检具

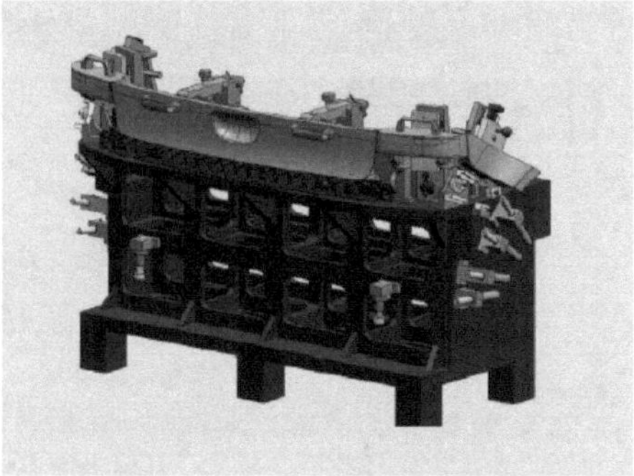

图 7-90　后保险杠总成检具

7.4.2 焊接工装

焊接工装就是为了满足塑料件和塑料件之间或塑料件与金属件之间的焊接需要而设计制作的通用设备和专用胎具。

应用在汽车上的塑料焊接工装主要有以下几种：

1. 超声波焊接工装

超声波焊接是采用低振幅高频率（超声）振动能量使焊接面的分子之间摩擦振动产生热量，塑料受热熔融后在受压的情况下冷却，实现制件之间的连接，如图7-91所示。

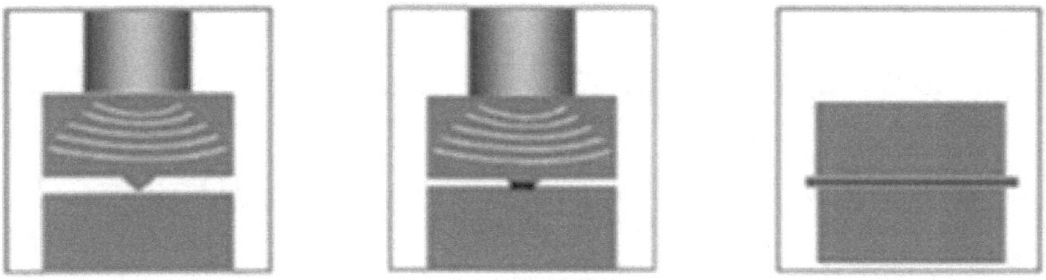

图7-91 超声波焊接原理图

1）超声波焊接具有成型周期短、成本低、无污染的优点。适用于多数中、小尺寸的热塑性塑料件。半结晶聚合物和大型塑料制件不适用于超声波焊接。

2）图7-92为超声波焊接机结构示意图，超声波焊接机主要由换能器、调幅器、焊头和仿形胎具组成。

3）焊头所选用的材料通常为铝合金材质（7075铝、2024铝、6061铝），其端面镀硬质合金，功率较大时也有用钛合金材料制成的，钛合金疲劳强度是铝合金的两倍。焊头的形状有很多种，可根据使用需求来选择。仿形胎具是用来固定下塑料件的，材料为铝合金。

4）对于需要多点焊接的制件可以用多工位超声波焊接机一次性完成焊接。

5）超声波焊接在汽车上应用广泛，主要运用于门板水切、棉毡、装饰条、仪表、仪表板等制件的焊接（图7-93）。

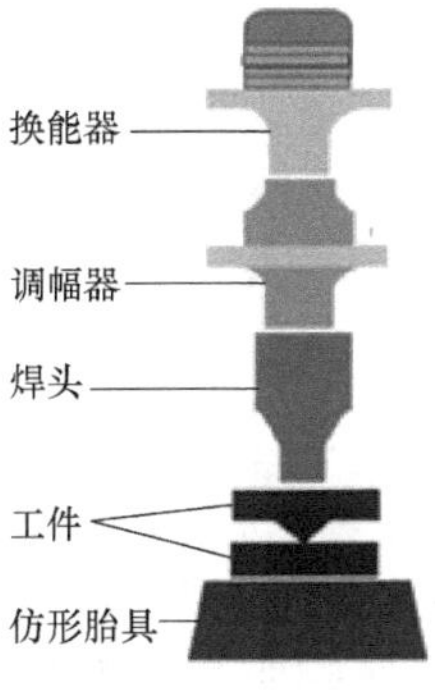

图7-92 超声波焊接机结构示意图

图7-93 超声波焊接的仪表

2. 振动摩擦焊接工装

振动摩擦焊是指在上、下热塑性塑料件之间施加压力的状态下，通过上胎具的振动所产生的摩擦热充分熔融塑料后，停止振动继续加压、固化，使上下塑料件分子之间重新结合的焊接方法，如图 7-94、图 7-95 所示。

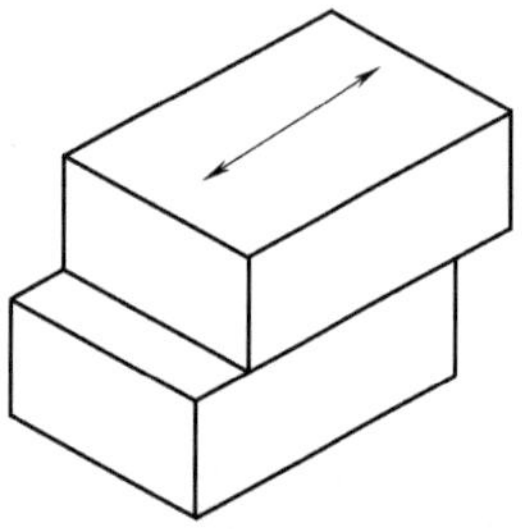

图 7-94　振动摩擦焊

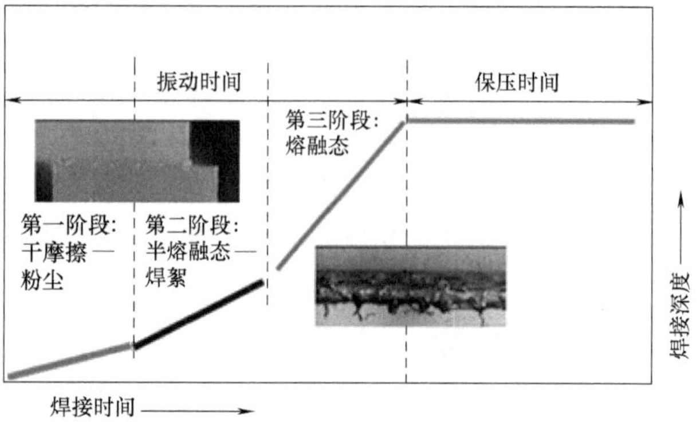

图 7-95　振动焊接过程

1）振动摩擦焊接具有成型周期短、能耗低、无污染的优点，可以连接复杂、不规则外形的中大型塑料件，可以进行高强度密封，可以同时焊接多个塑料件。半结晶聚合物不适用于振动摩擦焊接。

2）振动摩擦焊接按运动轨迹分为线性焊接和轨迹焊接。线性振动焊接为简单往复运动，使用范围广；而轨迹振动焊接受产品形状及焊接面轮廓制约，只适用于圆形和椭圆形的密封罐类零件。

3）图 7-96 为线性振动摩擦焊接机的结构示意图。在电磁线圈和弹簧的作用下驱动盒沿振动方向线性往复运动，上胎具装在驱动盒上，下胎具装在升降台上，升降台可以上下运动。生产时，上塑料件装在上胎具上，下塑料件装在下胎具上；下胎具上升使上、下塑料件压紧，驱动盒带动上胎具线性往复运动进行焊接。

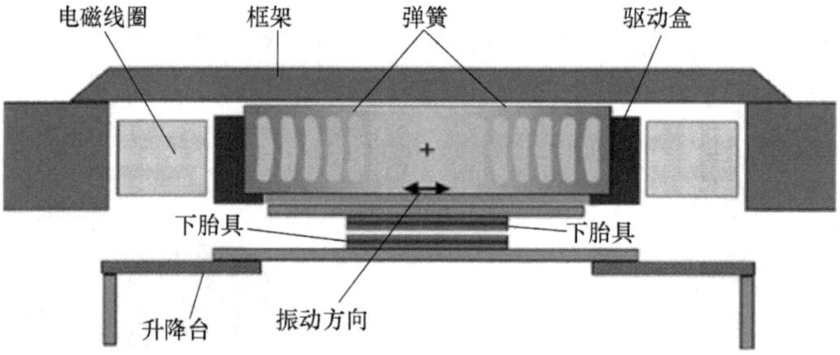

图 7-96　线性振动摩擦焊接机结构示意图

4）图 7-97 为杂物箱焊接胎具的结构示意图。焊接胎具分为上胎具和下胎具两大部分。焊接机的承载能力有限，所以对胎具的重量要求很严格，为了减轻胎具的重量一般采用铝合金作为胎具的材料。在焊接机工作过程中，弹簧受力较大，上胎具的重心必须与几何中心高度重合（偏差在 1mm 以内），以避免弹簧受力不平衡而折断。

5）胎具各零件采用的材料参照表 7-10。

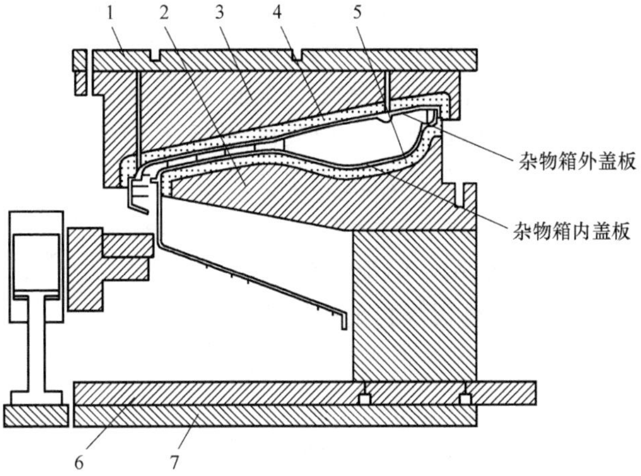

图 7-97 杂物箱焊接胎具结构示意图

1—上固定板 2—支撑块 3—压块 4、5—保护层 6—下模板 7—下固定板

表 7-10 胎具常用材料

胎具零件	材料	胎具零件	材料
上模底板	A7075 铝合金	保护层	树脂
压块	A6061 铝合金	下模底板	A5052 铝合金
定位块	尼龙	下模支撑板	A5052 铝合金

振动摩擦焊接是汽车上应用最广泛的焊接方式。主要用于除霜风道、安全气囊、仪表、杂物箱、储物盒、门板、变速杆装饰面板、高位制动灯、散热器、保险杠、保险杠托架、侧转向灯、车牌架、尾灯、转向灯、进气歧管、空气滤清器、燃油滤清器、真空罐、储水箱、炭罐等制件的焊接。图 7-98 所示为振动摩擦焊接的前除霜风道和安全气囊。

3. 热板焊接工装

热板焊接是电加热金属胎具使被连接塑料制件表面软化的热塑性焊接过程。

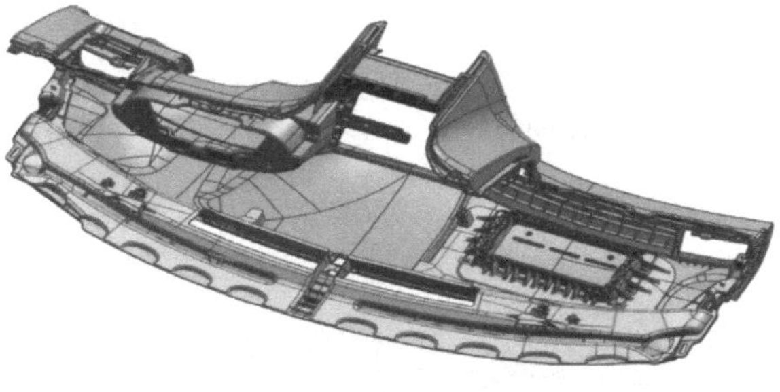

图 7-98 振动摩擦焊接的前除霜风道和安全气囊

1）热板焊接几乎适用于所有大小的平板类热塑性制件。特别适合焊接较软的半结晶热塑性塑料。由于不同的胎具表面温度能适用于两种不同的热塑性材料，此工艺最适于焊接不同的材料。但是热板焊接加工周期长、耗电量高、加热板上易残留塑料、产生臭气污染，正在逐渐被其他焊接方式取代。

2）热板焊接胎具包括上胎具、下胎具和加热板三部分。制作上胎具和下胎具的材料为铝铜合金。加热板由上下两块组成，用加热管对其加热。两个温度控制器分别控制上下模温度，焊接时可根据焊接时的实际需要在 0～600℃ 范围内自行设定。工作时，先将塑料件分别插入上、下胎具，再用加热板加热熔融塑料件粘结面，然后取出加热板，最后上下胎具贴合压紧塑料件冷却定型实现连接，如图 7-99 所示。

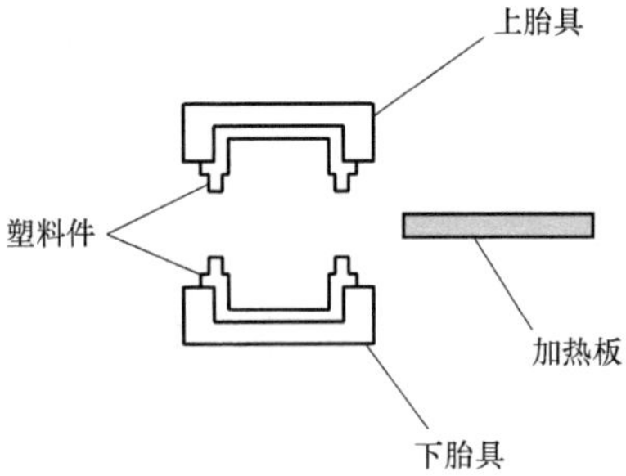

图 7-99　焊接工装

3）热板焊接在汽车上主要应用于门板、杂物箱、灯具、水壶、安全气囊的焊接。热板焊接的杂物箱如图 7-100 所示。

4. 电磁焊接工装

电磁焊接由高频塑料焊接机设备产生高频电磁场，被加工的 PVC、TPU、EVA、PET 等塑料材料在高频电磁场内其内部分子产生极性化导热，加上一定的压力使所需要热合焊接的塑料、塑胶产品达到熔接封口作用。

电磁焊接在汽车上主要应用于遮阳板、门板、转向盘套、脚垫、座垫、靠垫、座椅靠背、顶篷等制件。电磁焊接的遮阳板如图 7-101 所示。

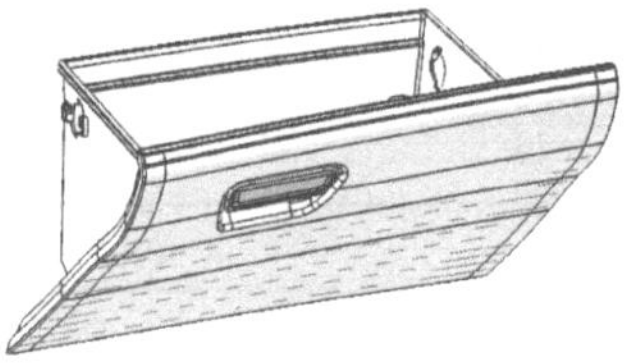

图 7-100　热板焊接零件

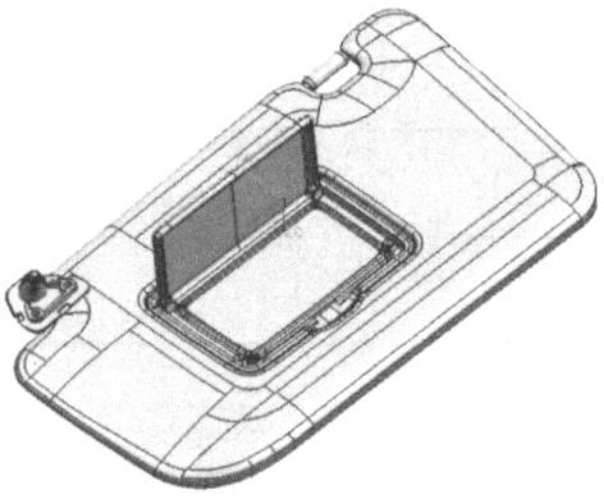

图 7-101　电磁焊接零件

5. 热气焊接工装

热气焊接是用加热的气流直接吹向接缝区域，接缝区域与母材同材质的填充焊丝受热熔化在一起，冷却后连为一体。热气焊接广泛用于连接热塑性型材和片材生产的大制件。同时也适用于需要局部组装的较小的注射成型制件、热塑性制件的修理及样模制件的制造。焊条与被焊接制件的塑料原料要一样，如图 7-102 所示。

热气焊接在汽车上主要应用在汽车尾灯、反射镜、液压油箱、加油管、水壶等制件。热气焊接的水壶如图 7-103 所示。

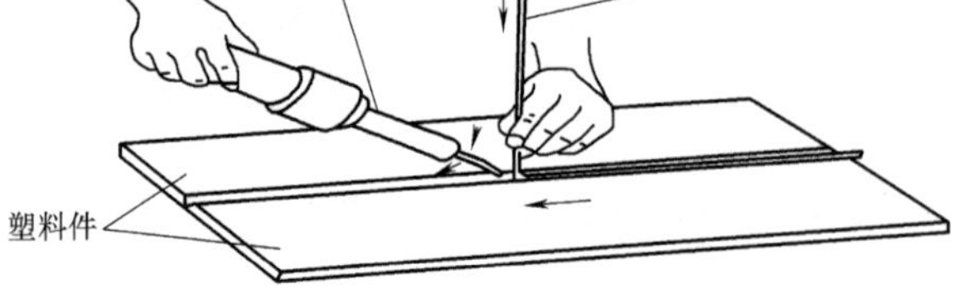

图 7-102　热气焊接工装

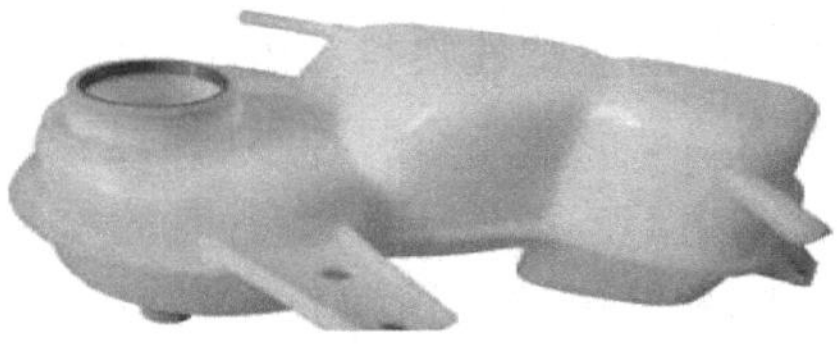

图 7-103　热气焊接零件

第8章

仪表板系统设计

仪表板系统是整车内饰中最重要的系统，其造型风格、外观质量以及所包含的功能配置直接影响整车内饰的品质。仪表板系统通常包含仪表板总成、副仪表板总成、转向支撑总成等零部件。其中仪表板总成主要包含本体（软质、硬质）、前除霜盖板、风道/风管、组合仪表罩、主驾下护板、杂物箱、左右端盖、出风口、储物盒、装饰件、组合仪表、空调控制系统、娱乐控制系统、线束以及其他各类电器模块等零件。副仪表板总成主要包含本体、扶手、驻车制动盖板、吹脚风管、储物盒、金属加强件、烟灰盒、点烟器、卡片槽、杯托等功能性零件。转向支撑总成主要包含管梁、横梁左右固定支架、转向管柱支架、前排乘客安全气囊支架、电器部件安装支架等零件。

仪表板系统因其得天独厚的空间位置，使愈来愈多的操作功能分布于其中，除反映车辆行驶基本状态外，对出风口、娱乐系统、空调系统、灯光、储物空间等进行控制也带来了更多的驾驶乐趣、人机舒适性。因此，在汽车中，仪表板系统是非常独特的集安全性、功能性、舒适性以及装饰性于一身的零部件总成。

舒适性：仪表板是驾驶人最直观面对和近距离接触的零件，因此仪表板上除了安装必要的仪表及操纵开关，还装载了各种娱乐设备、高科技电子产品等，为人们增添了驾驶和乘车的乐趣。

功能性：仪表板区域布置各种形式的储物盒、杯托、烟灰缸、出风口以及扶手箱，安装设计非常巧妙，设计风格各异，充分考虑人机操作舒适性以及操作方便性，以满足乘员需求，同时通过CAE分析及整车除霜除雾试验，满足法规要求。

美观性：仪表板处于汽车内饰中最显著的位置，其造型特点对汽车整个内饰的美观起着举足轻重的作用。随着人们审美水平的逐渐提高，仪表板已经不再只是一个功能性的载体，人们对其外观造型、纹理、触感、品质感等的要求也越来越高，现代汽车仪表板的独特风格，甚至成为彰显各种文化的载体。

装饰性：仪表板上配置各种装饰件，造型风格各异，适应不同国家的审美观，其中最显著的是仪表板装饰条，造型工艺从低配的喷漆处理到高配的真桃木，满足不同人群的需求。另外，近来氛围灯也逐步被运用到仪表板系统的装饰中，更丰富了装饰效果。

安全性：仪表板区域配置主驾驶安全气囊、副驾驶安全气囊以及膝部安全气囊，其中膝部气囊一般用在高档车上。为降低成本，有些仪表板通过在主副驾下护板内部增加吸能块或者设计缓冲转向支撑支架等方式来减轻碰撞时人员的膝部伤害值。从法规角度来看，仪表板设计需要考虑中欧美等相关法规，并结合各地区的特点，在设计开发时要考虑不同配置及需求。

刚性及轻量化：仪表板转向支撑安装在驾驶室的前端，主要用来固定仪表板，支撑仪表板总成的整体刚性，同时在整车正碰时对整个驾驶室起到加强作用，以满足碰撞要求。在轿车越来越追求轻量化的今天，一些新的工艺、新的材料逐渐应用在转向支撑上，如镁铝合金转向支撑、碳纤维转向支撑等，它们具备重量轻、比强度和比刚度高、易于回收等优点。这些优点合乎现代社会对汽车工业的环保要求。

以下一组示意图分别是仪表板系统整车位置图（图 8-1）、仪表板拆解示意图（图 8-2）、副仪表板拆解示意图（图 8-3）、转向支撑拆解示意图（图 8-4）。

图 8-1　仪表板系统整车位置图

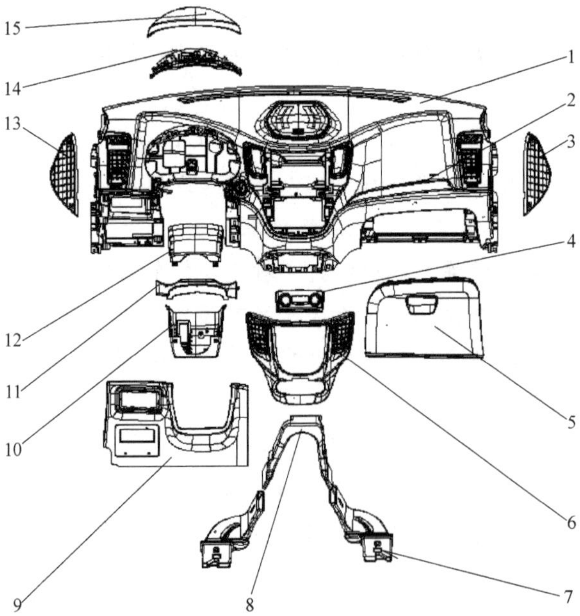

图 8-2　某车型仪表板拆解示意图

1—仪表板本体总成　2—中央装饰亮条总成（右）　3—侧盖板总成（右）　4—点烟器盖板总成　5—杂物箱总成　6—中央控制面板总成　7—右吹脚风管　8—中央吹脚风管　9—左下侧装饰盖板总成　10—转向锁下壳总成　11—组合仪表罩螺钉盖板总成　12—转向锁上壳总成　13—侧盖板总成（左）　14—组合仪表罩骨架　15—组合仪表罩总成

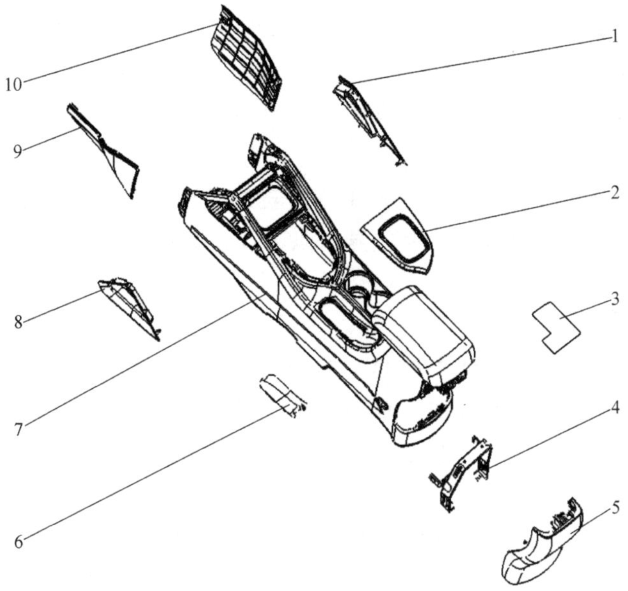

图 8-3 某车型副仪表板拆解示意图

1—拉手右装饰盖板总成 2—变速杆盖板装饰板总成 3—扶手箱体内衬垫 4—副仪表板安装支架总成 5—副仪表板后盖板总成 6—驻车制动调节前盖板 7—副仪表板本体 8—拉手左装饰盖板总成 9—副仪表板前端左护板总成 10—副仪表板前端右护板总成

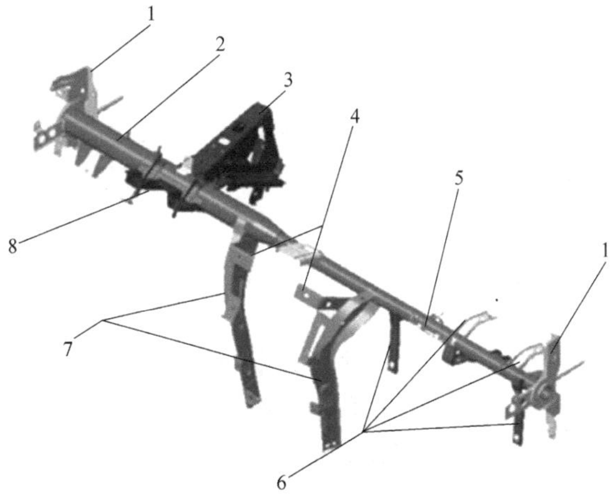

图 8-4 转向支撑拆解示意图

1—左右安装支架 2—横梁 3—前端安装支架 4—电器安装支架 5—PAB 安装支架 6—仪表板安装支架 7—中央安装支架 8—转向管柱安装支架

8.1 仪表板系统可行性分析

产品设计的最终目的就是为了能够满足人们的正常使用，而仪表板作为汽车最重要、最复杂的内饰件，在其整个设计前期就要重点考虑人机工程、法规、安全、工艺等各个方面，同时在其设计过程中也要经过多次反复的校核和更改才能最终设计出一款成功的产品。而项目前期的系统可行性分析的重要性就在于如果其做到位那后期的更改量将大大减少，对项目的进度及产品最终成功与否起着决定性的作用。

仪表板开发前期总布置分析是至关重要的，如果总布置分析不到位可能会造成后期的重大设计更改，将带来研发费用的损失及项目节点的延期。以下就针对在仪表板开发过程中需要总布置重点关注和校核的人机工程、法规、安全方面的内容进行简单介绍。（注：各车型因其适用范围不同在经验值上可能存在差异，以下仅以普通家用轿车为例，仅供参考）

8.1.1　人机工程

人体工程学是20世纪50年代发展起来的一门新学科。它以人-机关系为研究对象，以实测、统计、分析为基本的研究方法，是一种描述如何塑造适宜人的工作环境的科学。具体到产品开发，就是在产品的设计和制造方面要按照人体的生理解剖功能量身定做，更加适合于人体的工作效能。

汽车设计以整体布置为核心，而轿车总体布置又是从驾驶舱开始的，为此要利用能表述人体形状的标准模型作为准绳来安排驾驶舱各个部件位置。例如驾驶人的位置，从脚踩加速踏板或制动踏板上算起，身材高大者要比身材矮小者靠后坐，这决定了驾驶座椅后移的位置；身材矮小者要比身材高大者靠前坐，这决定了座椅前移的位置。手臂长度与腿相比是较短的，当座椅后移时可能手触及不到仪表板，这就有了一个范围限制。例如以百分位人群（德国标准）来划分，假设第5个百分位的女子身高为1.47m，而第95个百分位的男子身高为1.82m，对于固定踏板的布置，工程师就只考虑5%的矮小女子和95%高大男子的手臂触及范围。对于仪表板的可接触范围，通常以高大男人的手臂长为一个决定性准则，即以伸展的手臂运动，在水平及垂直方向各绘出一个圆弧线，近似描绘出一个半圆形空间去安排座椅、仪表、转向盘、踏板、变速杆、中控板控制旋钮等零部件的位置及相互的距离尺寸。

在传统的汽车设计作业中，表述人体形状的标准模型由相互铰接的躯体、大腿、小腿、脚掌、手臂等元件组成，根据成年男子和成年女子的统计数，通常把人体模型分成5%（通常为儿童）、50%（通常为女性）和95%（通常为身材高大的男性）三种常用标准：5%，所有驾驶人中的5%身材比较矮小或等于这种尺寸，其余95%身材比较高大；50%，所有驾驶人中的50%身材比较矮小或等于这种尺寸，其余50%身材比较高大；95%，所有驾驶人中的95%身材比较矮小或等于这种尺寸，其余5%身材比较高大。

国际汽车设计界中所应用的总范围在5%~95%之间，它涵盖了90%的人群。具体的数值要通过目标人群身材的测量数据才能得出，中国人的模型元件长度应当介于日本人和欧美人之间。

1. 仪表板组合仪表的布置要求

（1）驾驶人眼椭圆及百分位概念：

1）驾驶人眼椭圆是指不同身材的驾驶人按自己的意愿将座椅调整到适宜位置，并以正常的驾驶姿势入座后，其眼睛位置在车内坐标系统中的统计分布图形。驾驶人眼椭圆的确立为研究汽车视野性提供了科学的视野原点基准。国际标准化组织为此专门制定了标准，即ISO 4513《道路车辆-视野-驾驶人眼睛位置椭圆视野的确定方法》。

2）百分位：是标示人体的某些基础数据对于使用对象中有百分之几的人可适用。目前人体基础数据标准均以百分位的形式公布。在仪表视野性设计中，常用第 90 百分位、第 95 百分位和第 99 百分位的眼椭圆，如图 8-5 所示。

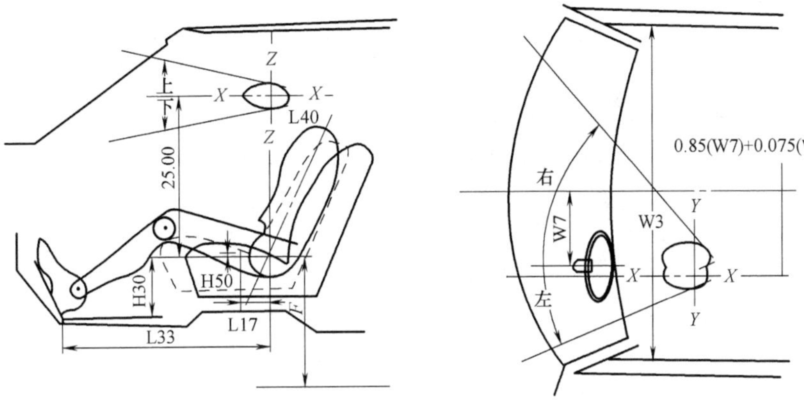

图 8-5 驾驶人眼椭圆在仪表板设计中的应用

（2）仪表的位置及转向盘视野盲区校核

1）在仪表板的设计中，驾驶人与仪表板的视觉应满足 90°的要求，视线与水平面的夹角不得大于 30°；仪表平面与铅垂平面的夹角以 10°左右为宜；仪表板的目视距离可参考美国 Henry Dreyfas 标准确定：最大目视距离 711mm，推荐最佳值为 550mm。实际布置时可以根据相关尺寸协调，允许有少许变动。

2）转向盘在仪表板上形成的视野盲区，可以通过做图法确定（图 8-6）。车速表、发动机转速表、冷却液温度表和油表应避开转向盘所形成的盲区，这样才能便于驾驶时读识。

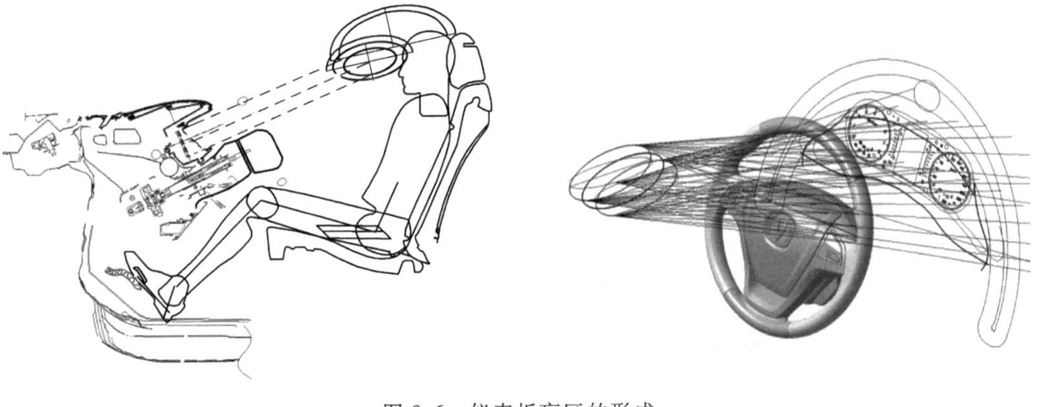

图 8-6 仪表板盲区的形成

3）驾驶人观察仪表的视角（即通过仪表平面的中心点和眼椭圆的连线与仪表平面垂直方向的夹角）应尽可能接近 0，最好在 8°以内，如图 8-7 中①所示。

（3）仪表玻璃反光的校核 直射光应尽可能不照在组合仪表的文字板上，如图 8-7 中②所示。仪表玻璃的反光如果照射在人的眼里，将严重影响驾驶安全。仪表玻璃的无反射范围，相对于 99%的眼椭圆上切线应在规定的角度以上，一般为 5°左右。一般组合仪表反光校核分为：

1）白天的车外光线及车内的表面发光体发出的光线入射到组合仪表上，经过组合仪表

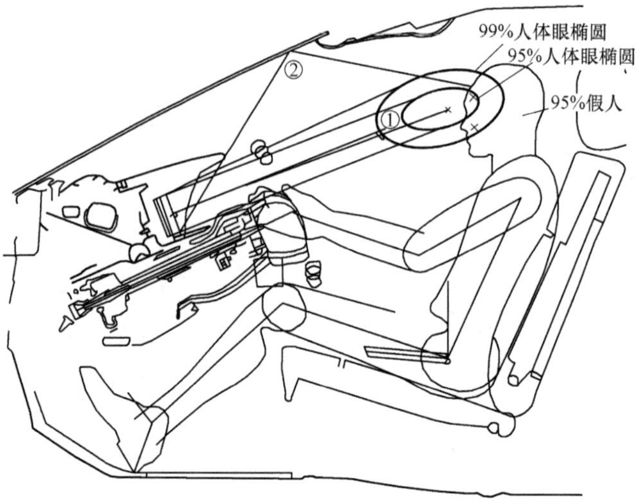

图 8-7　仪表玻璃反光校核

反射后，可能反射至驾驶人的眼睛，引起眩目。校核方法（图 8-8）：

① 以组合仪表镜面下沿为起点（记为 *A* 点）做一条直线（*L*），且与 99%眼椭圆偏置 50mm 后的弧线相切。

② 以组合仪表镜面下沿的点为基准，做此直线的反射线（L_1）。

③ 此反射线与前风窗玻璃的交点（*C* 点）应位于玻璃黑边区域内。

④ 若此反射线处于玻璃黑边下方，则此反射线应被组合仪表罩遮挡。

⑤ 左、右两侧的校核方法与此一致。

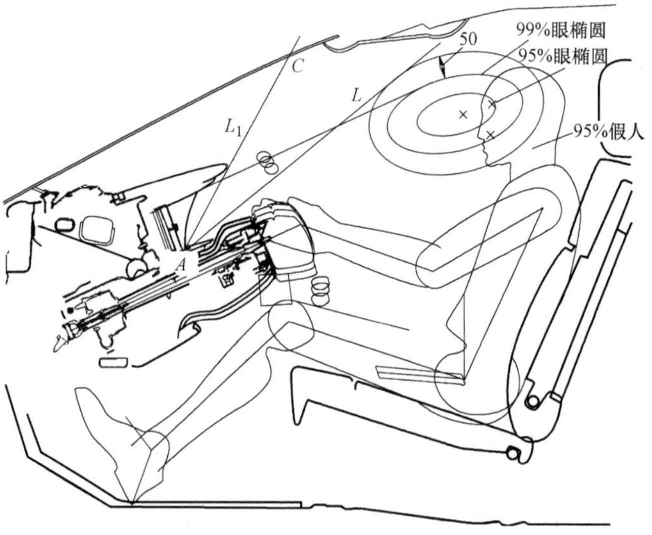

图 8-8　标准仪表镜面反光校核方法

2）夜间从组合仪表自身发出的光线，入射到侧窗玻璃和前风窗玻璃后，反射至驾驶人的眼睛，引起眩目。校核方法（图 8-9）：

① 以组合仪表内部的发光面板下沿为起点（记为 *A*），前风窗玻璃上方的 B 区线为终点

（记为 B），做一条直线 L。

② 以 B 点为基准，做直线 L 的反射线（L_1）。

③ 此反射线应不与 99%眼椭圆偏置 50mm 后的弧线相交。

④ 若此反射线与 99%眼椭圆偏置 50mm 后的弧线相交，但入射线 L 能被组合仪表罩遮挡，也认为满足要求。

点拨

侧窗玻璃校核方法类似，玻璃反射区域由前风窗玻璃的 B 区更换为两侧外后视镜在侧窗玻璃上的视野区域即可。此外 DVD 显示屏、空调显示屏、换档面板表面等反光较强的部件的反射检查方法类似。

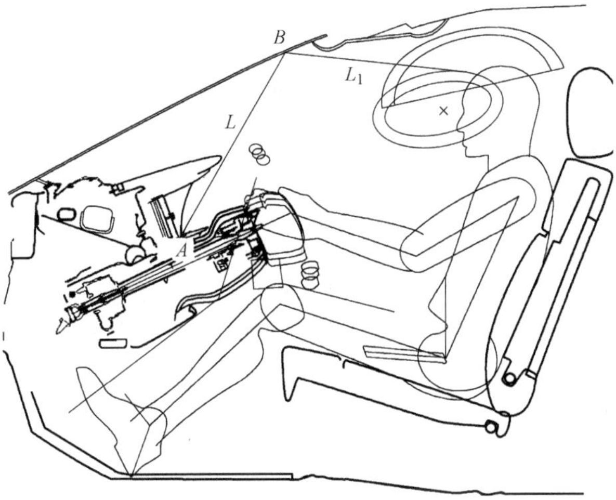

图 8-9 自发光体在玻璃上的成像校核方法

2. 仪表板手操纵件的布置要求

（1）仪表板手操纵件的布置原则

1）驾驶人的手伸及界面是指驾驶人以正常姿势坐在座椅中，身系安全带，右脚支撑于加速踏板踵点上，一只手握住转向盘时另一只手所能伸及的最大空间轮廓面。

2）驾驶室内的一切手操纵件的位置均在驾驶人手伸及范围内，另一方面，重要的信息显示器应布置在驾驶人头部无须转动便可直接观察到的视区内，以确保操作方便和迅速辨认。在此基础上，为统一设计，国际标准化组织制定了关于手操纵件、指示器及信号显示装置布置的国际标准（ISO 4040）。

3）仪表板上的操作类物品，如 DVD、暖风控制、烟灰缸等，其布置应符合人体工程学的要求，与人的肩点的距离一般应在 700mm 以下，操作时，应尽量保证驾驶人的驾驶姿势。

（2）仪表板手操纵件的手伸及性校核

1）参考标准：ISO 3958，与此相关的驾驶室尺寸如图 8-10 所示。

2）该校验标准的使用范围：座椅靠背角 β 为 9.8°～33.0°；最后 H 点至踵点垂直距离 H_z 为 130～520mm；H 点的水平调节范围 H_T 为至少 130mm；方向直径 W_d 为 330～600mm；转向盘倾斜角 α 为 10°～70°；转向盘中心至踵点水平距离 W_x 为 660～752mm；转向盘中心至

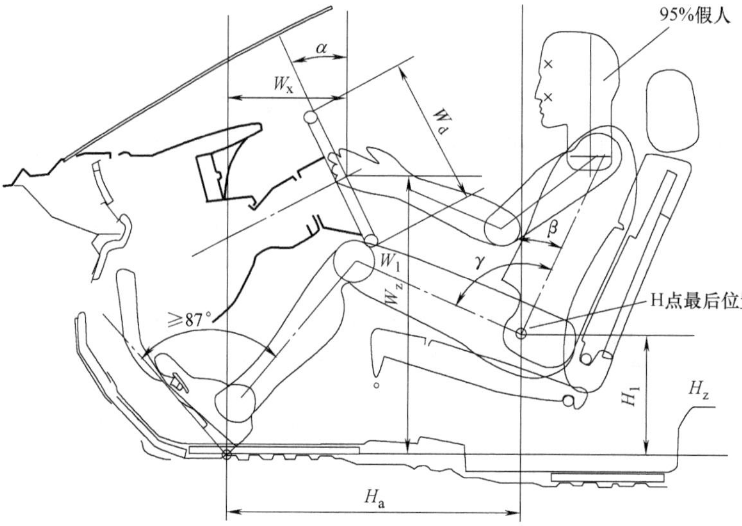

图 8-10　与手伸及界面有关的 7 个尺寸

踵点垂直距离 W_z 为 530～838mm。

3. 空调出风口布置要求

出风口的结构有通过叶片来上下左右调节风向的，也有通过旋转来调节出风角度的，具体布置要求如图 8-11 所示。对出风方向有如下要求：

1）当座椅在它的最后位置时，从左侧风口出来的风要求能调节到吹到驾驶人右侧肩膀。

2）从中间风口出来的风要求能吹到驾驶人左侧的肩膀和乘员右侧的肩膀；从右侧风口出来的风要求能调节到吹到乘员左侧的肩膀。

3）在座椅从最后位置往前滑动直到与仪表板表面相切的过程中，从中间风口和两侧风口出来的风顶端要求能吹到 95% 假人的头部向上 150mm 的区域，往下要求能吹到 95%假人的 H 点上方。

4）当风吹到 H 点时，风门要求能开启到 50%，当风吹到头部向上 150mm 的区域时，风门的开启要求为 80%。

5）吹风距离要求最大不得大于 653mm。

6）空调出风口最小截面积 $3500mm^2$，截面积与空调容量的换算关系为 $1L \approx 33mm^2$，即假如空调容量

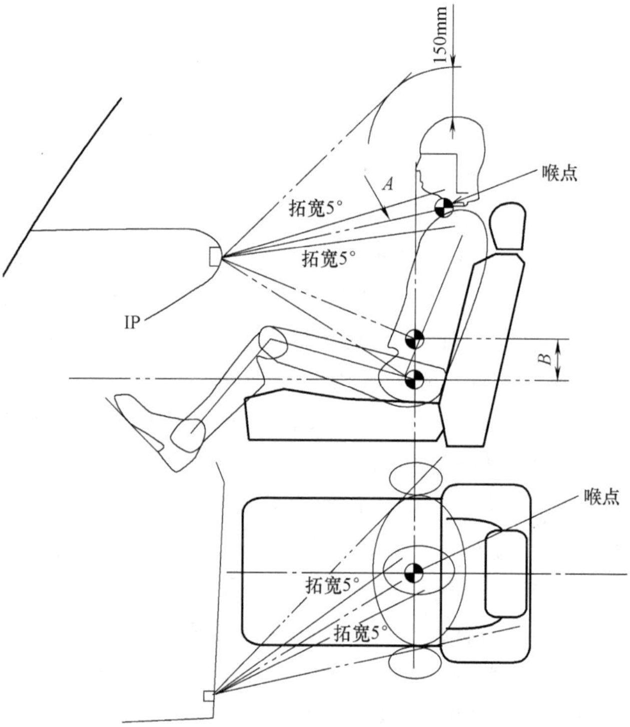

图 8-11　出风口布置要求

为 100L，则出风口面积为 3300mm²，该等式的风量分配比例系数为 3∶2∶2∶3。

7）如果 B 柱和副仪表板上有辅助出风口，则有效出风面积不得小于 2300mm²，另外副仪表板上的风口必须要有风向调节装置。

4. 驾驶人脚部空间布置要求

此项校核内容主要是从人机工程角度考虑驾驶人踩踏板时脚的舒适性问题，校核方式一般有两种：

1）以整车设计位置的 95%的假人踵点为圆心，脚底长度为半径画圆弧一，再偏移此圆弧 150mm 得到圆弧二，如图 8-12 所示。仪表板的下沿及脚上方的其他零部件不能低于圆弧二。但经过很多实车对比分析，由于布置空间的原因，此要求可适当降低。

2）做一条通过踵点且与整车 *X* 轴平行的直线，向上偏移 300mm，得一直线，如图 8-13 所示，仪表板的下沿及脚上方的其他零部件不能低于此直线，以免妨碍脚的运动空间，个别车型允许做到 280mm。

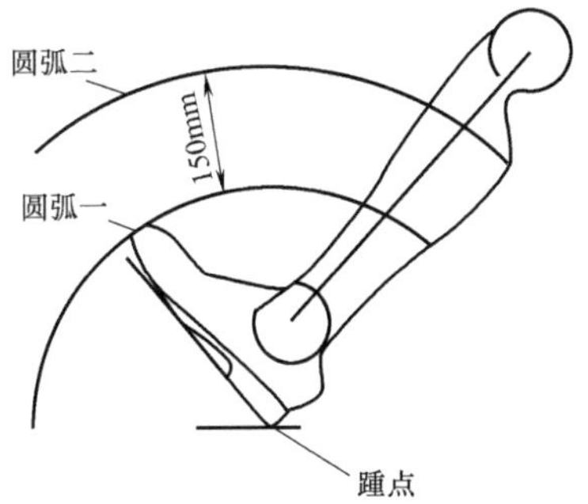

图 8-12 驾驶人脚部空间校核方法一

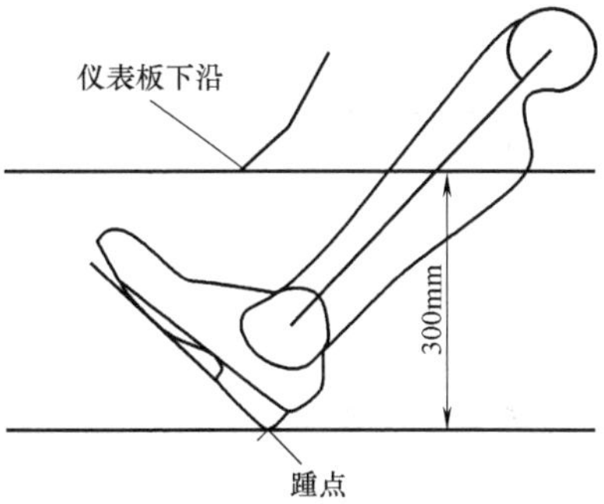

图 8-13 驾驶人脚部空间校核方法二

3）另外需要注意的一个问题就是，考虑到驾驶人踩加速踏板时，脚可能与侧面的副仪表板干涉，影响舒适性，根据经验，要求加速踏板与副仪表板之间的距离 *A*（图 8-14）大于 40mm。

5. 驻车制动手柄布置要求

此项校核内容为从人机工程方面考虑驾驶人操作驻车制动手柄时的舒适性及空间要求。

1）空间尺寸要求：驻车制动手柄两侧的空间设计参考值 45mm 以上；前端的空间设计参考值 30mm 以上；驻车制动手柄下表面距副仪表板表面间隙 35mm 以上；驻车制动手柄按钮最小尺寸 10mm；驻车制动手柄的宽度设计参考值 20～35mm；长度设计参考值 110mm（表 8-1）。

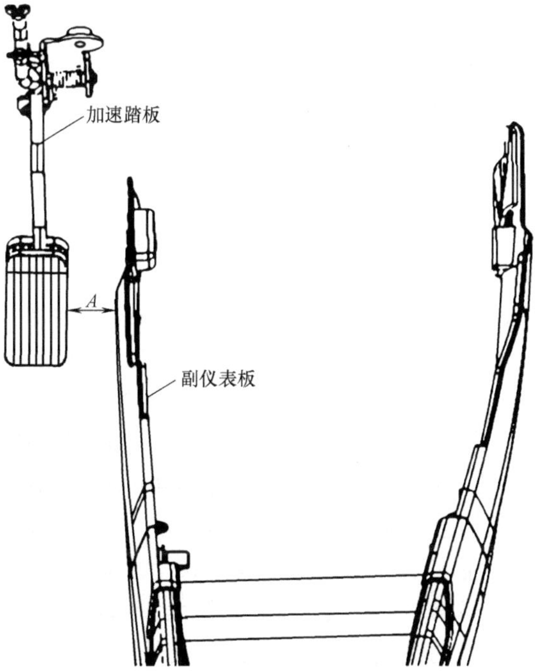

图 8-14 侧向脚部空间校核示意图

表 8-1　驻车制动手柄相关人机工程尺寸及空间要求　　（单位：mm）

尺寸	尺寸描述	设计参考值	最小值
A	驻车制动手柄与侧面零部件间隙	45	35
B	驻车制动手柄按钮直径	—	10(最小)
C	驻车制动手柄与下方零部件间隙	35	30
D	驻车制动手柄与前方零部件间隙	30	25
E	驻车制动手柄的宽度	20~35	—
F	驻车制动手柄的长度	110	—

2）相关尺寸位置描述情况如图 8-15 所示（驻车制动手柄未拉起状态）。

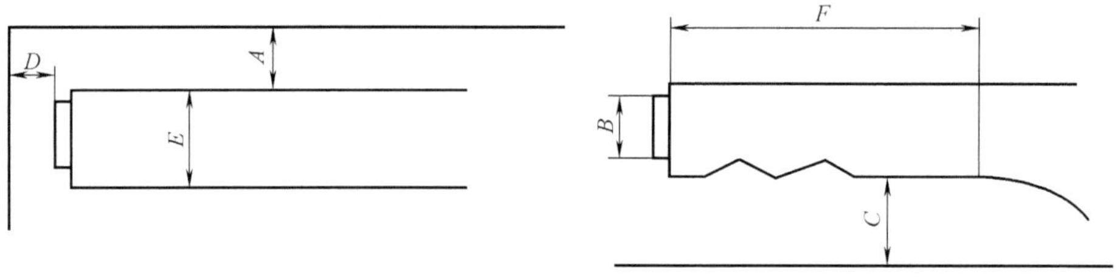

a）俯视图　　b）侧视图

图 8-15　驻车制动手柄布置要求

6. 扶手箱布置要求

此项校核内容为从人机工程方面考虑驾驶人使用扶手箱时的舒适性。

1）扶手长度及高度的布置，如图 8-16 所示。需要说明的是确定扶手箱的高度及长度时还要考虑其他因素，其中比较重要的有变速杆及驻车制动手柄的操作舒适性。

① 换档舒适性的详细校核方法：当变速杆处于中间的最后位置时，以变速杆球头的最高点为圆心，以 40mm 为半径画圆（若以半径 50mm、60mm 画圆，换档舒适性更好），再做一条与此圆相切并且与 *X* 轴成 8°的直线，此直线即为扶手箱的上边界线，如图 8-17 所示。

② 驻车制动手柄舒适性的详细校核方法：当驻车制动手柄处于拉起状态时，以驻车制动手柄的前端中点为圆心，以 50mm 为半径画圆，再做一条与手柄轴线成 105°夹角且与此圆相切的直线，再把此直线向后方偏移 40mm 得到扶手箱的前边界线，如图 8-18 所示。

③ 前门扶手与副仪表板的扶手之间的高度差目标要求不得超过 15mm，最大 25mm，其中前门扶手的高度同时又与侧碰及舒适性有关。只有充分考虑了以上的因素，才能确定扶手箱

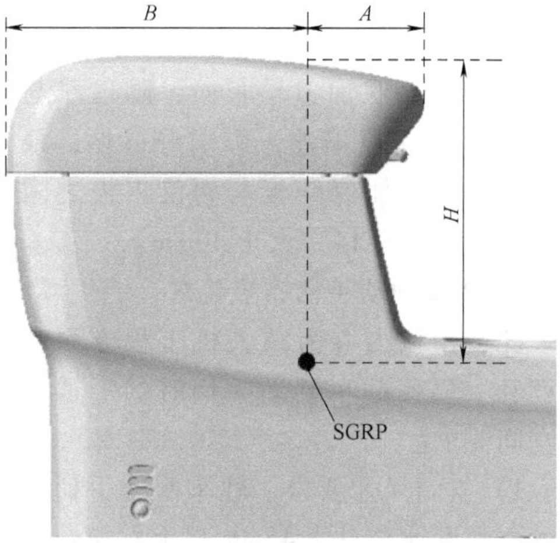

图 8-16　扶手长度及高度布置

A—SgRP 点（座椅参考点，又称 R 点）向前参考值：100~175mm，无最大值限制

B—SgRP 点（座椅参考点，又称 R 点）向后参考值：90~100mm，无最大值限制

H—高度参考值：160~180mm，最小 150mm，最大 190mm

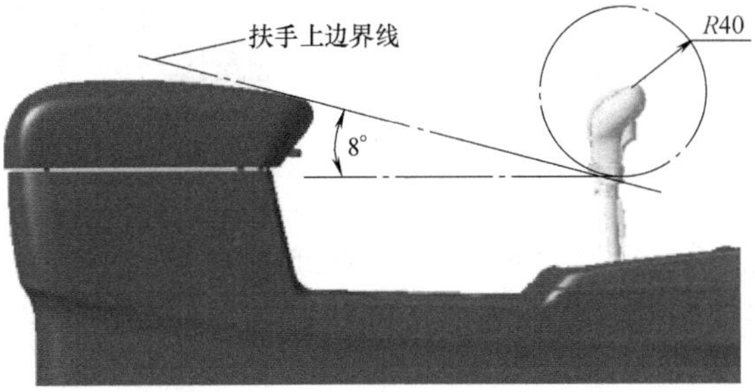

图 8-17　扶手箱高度确定方法

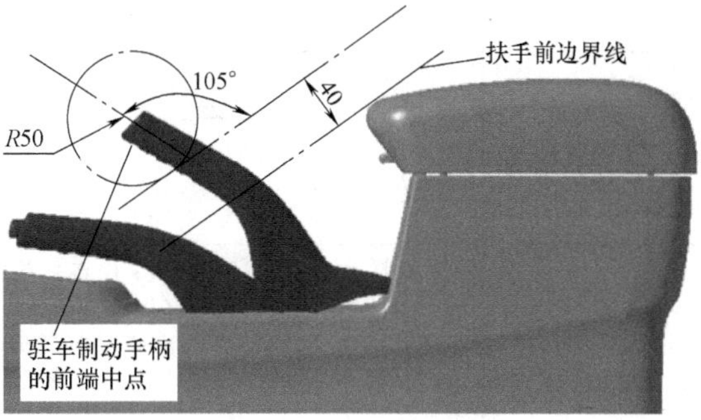

图 8-18　扶手箱长度确定方法

比较合适的高度。

2）扶手箱宽度的布置　扶手箱宽度校核方法如图 8-19 所示。中央扶手一般可以翻转，下面一般都有储物盒，储物盒的宽度 A 一般设计为 120mm 以上是比较好的。这个扶手箱可能存在正副驾驶人同时使用的情况，所以尽量要宽一点（门护板上的扶手的宽度一般都要 80mm 以上）。

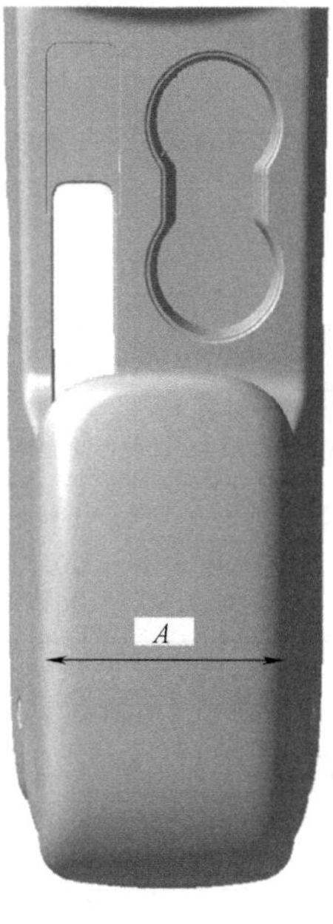

图 8-19　扶手箱宽度图（俯视图）

7. 杂物箱布置要求

杂物箱大小的确定要考虑收储检车证件、装备手册及使用说明书的可能性，也可考虑装盒式磁带和地图册等。

1）杂物箱盖板外表面距离假人腿部距离要求不小于 100mm，美国现在的标准是 90mm 以上就满足要求了。

2）杂物箱没有锁止时要求能完全打开，或者由于其重力自行打开，至少要允许很舒适地放入一个手指把杂物箱拉开。

3）如果杂物箱下边没有仪表板，要求下边缘距离仪表板 325mm（腿部空间要求），盒体的外表面在 Z 方向上距离盖板下表面 35mm，盒体的外表面在 Y 方向距离盖板边缘 20mm。

8.1.2　法规

产品设计最基本的要求就是要满足法规，只有满足法规的产品才能上市销售，因此在产品设计前期一定要认真校核涉及法规的项目。针对仪表板总成相关的法规，不同国家的要求也不尽相同，现列举中国国标、欧标、美标三个体系的法规，详见表 8-2。

表 8-2　中、欧、美相关法规

	国标	欧标	美标
风窗玻璃除霜除雾系统的性能要求	（参照法规 GB 11555） 除霜： 试验开始后 20min，A 区域有 80%完成除霜 试验开始后 25min，A′区域 80%完成除霜 试验开始后 40min，B 区域 95%已完成除霜 除雾： 试验开始后 10min，A 区域有 90%已完成除雾 试验开始后 10min 时，B 区域有 80%已完成除雾	（参照法规 78/317/EEC）与国标一致	FMVSS103

（续）

	国标	欧标	美标
组合仪表中电器部件的视野校核	无	无	FMVSS101
轿车内部凸出物	（参照法规 GB 11552）前排 H 点之前在 IP 上下分界线以上的区域：凸出物高度 3.2～9.5mm 时，最小曲率半径为 2.5mm，且凸出高度在 2.5mm 处的截面积要不小于 $2cm^2$	（参照法规 ECE R21-01 ECE 74/60-78/632）与 GB 11552 要求一样	FMVSS201N/A
汽车内饰材料的燃烧特性	（参照法规 GB 8410）燃烧速度≤100mm/min	（参照法规 95/28/EC）燃烧速度≤100mm/min	（参照法规 FMVSS 302）燃烧速度≤102mm/min
汽车驾驶人前方视野要求	（参照法规 GB 11562）标准要求 A 柱双目障碍角不能超过 6°，透明区域比例不能小于 70%	（参照法规 77/649/EEC）标准要求每个 A 立柱的遮挡角不应该超过 6°。如果两个立柱相对于车辆正中的纵向垂直面是对称的，乘员一侧的 A 立柱的遮挡角不需要确定	无
CCC 要求	（参照《汽车内饰件强制性产品认证实施规则》（CNCA-C11-09：2014）		
禁限用物质要求	参照法规 GB/T 30512-2014		
回收利用	（参照汽车产品回收利用技术政策） 2012 年起至 2016 年底，材料再利用率不低于 80% 2017 年起，材料再利用率不低于 85%		

根据中国国家认证认可监督管理委员会发布的《汽车内饰件强制性产品认证实施规则》（CNCA-C11-09：2014）的要求，新增了汽车仪表板、副仪表板零件须进行 3C 强检认证。汽车产品必须满足国家各种法规的要求，内容包括反光、视野、头部碰撞等，对于出口车还要满足当地的法规要求。

1. 组合仪表布置法规要求

（1）与组合仪表罩密切相关的仪表板本体的上方范围检查　各国标准对各类汽车的盲区都有规定，对汽车的下视角也有要求，属于强制要求。因此，仪表板整体布局时，在确定仪表位置及仪表罩高度时，应保证其不得越过法规要求的下视角的边界线，这样就可以确定仪表板罩的上边界，如图 8-20 所示。

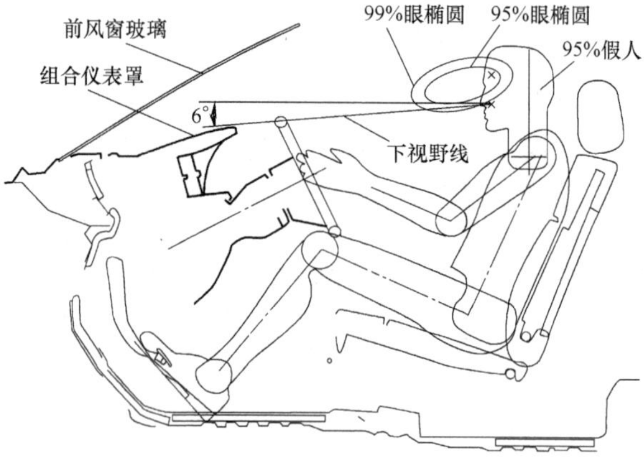

图 8-20　仪表板上边界确定方法示意图

注：SAE、国标强制规定下视野角度不小于 5°；但考虑驾驶的安全性和舒适性，一般推荐下视野角度大于 6°。

（2）组合仪表罩上部内侧的检查　从驾驶侧 95%眼椭圆上边界发出的视线射向仪表上边界时，视线不能被仪表罩挡住，且视野线与组合仪表罩的距离最小保证 5mm，这样就确定了仪表罩内侧的边界范围，如图 8-21 所示。

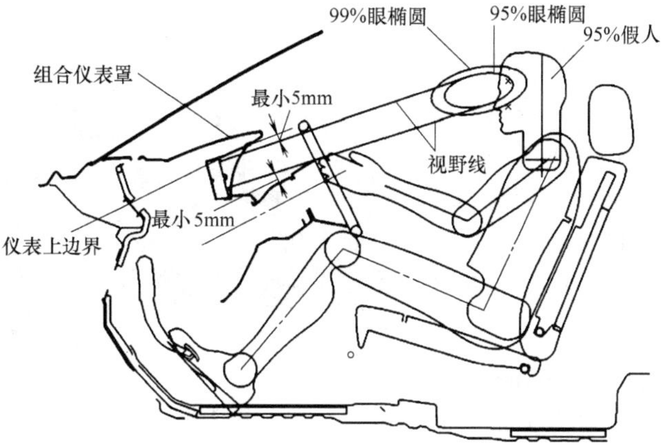

图 8-21　仪表罩内侧边界确定方法示意图

（3）组合仪表罩 *X* 向范围校核方法

1）以组合仪表镜面下沿为起点（记为 *A* 点）做一条直线（*L*），且与 99%眼椭圆偏置 50mm 后的弧线相切。

2）以组合仪表镜面下沿的点 *A* 为基准，做此直线的反射线（*L*1）。

3）组合仪表罩与反射线 *L*1 的最小间隙为 10mm，如图 8-22 所示，由此得出仪表罩 *X* 向范围。

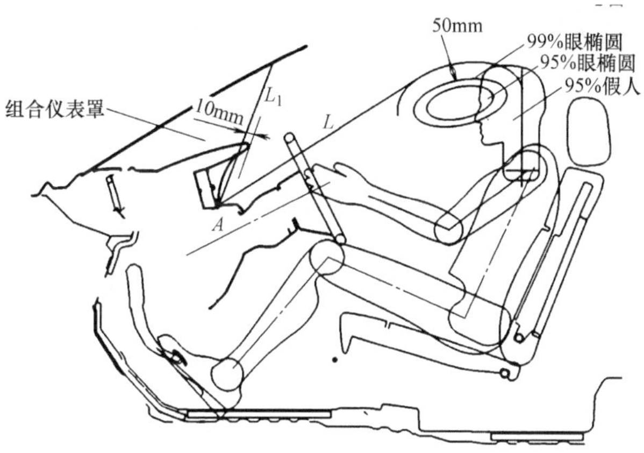

图 8-22　组合仪表罩 *X* 向范围确定方法示意图

2. 内部凸出物法规要求

设计时需要对仪表板进行法规上的校核，包括头部碰撞和内部凸出物的校核，图 8-23 所示为仪表板根据欧标划分的头部碰撞区域。

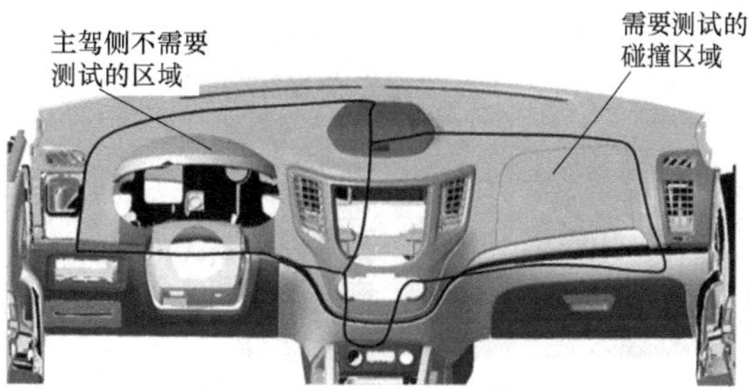

图 8-23　仪表板头部碰撞区域划分示意图

（1）头部碰撞区域的确定　头部碰撞校核是用一个直径 165mm 的圆球撞击仪表板表面，根据圆球内的传感器所测量的加速度来判断头部的伤害值；在分析时根据仪表板的外表面形状和结构，可以大致确定假人可能碰到的区域，在这些区域内我们要避免出现尖锐的凸出物等造成头部伤害的零部件。

1）通过一个 *YZ* 平面去贴合仪表板外表面，产生一系列的交点，连接这些交点所得到的线即是仪表板水平线，水平线上面的区域即头部碰撞区域，水平线下面的区域即膝盖碰撞区域，如图8-24所示，图中黑色虚线为仪表板水平线。

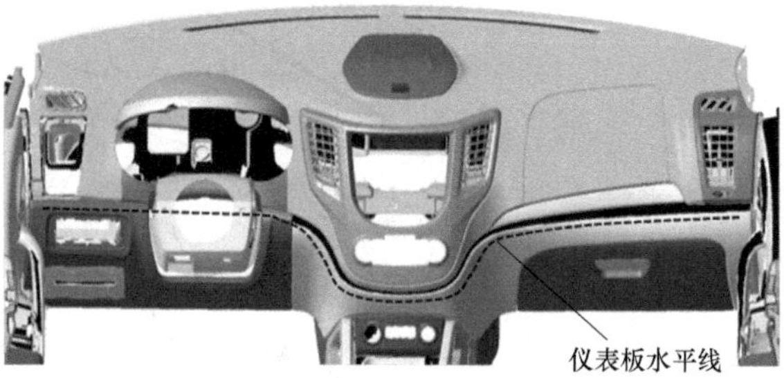

图 8-24　仪表板水平线示意图

2）从玻璃内表面往里 100mm（图8-25），得到另外一曲线即为头部碰撞的上区域（图 8-26）。

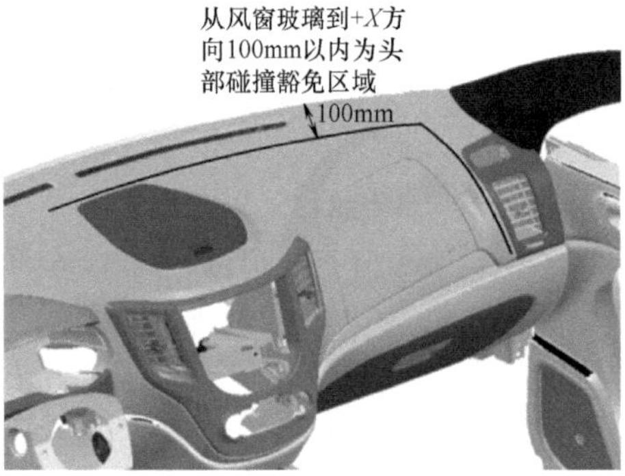

图 8-25　头部碰撞上边界示意图

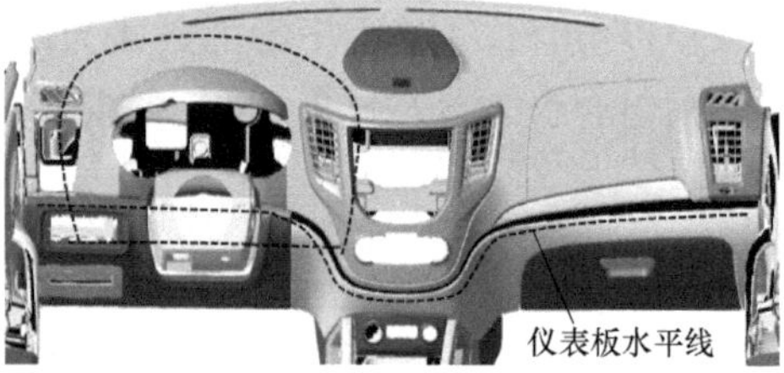

图 8-26　头部可碰区域示意图

3）主驾驶方面，由于 DAB 已经成为必备的装置，要根据转向盘和 DAB 确定一个免检的区域。分别在转向管柱的上、下止点的位置，把转向盘的外径往外扩 127mm，得到两个圆，沿在上止点的转向盘的最低点做一直线，该直线与前两个圆的交线区域即是驾驶侧的免检区域（图 8-27），这样我们得到一个新的范围，图 8-28 中虚线所圈区域就是主驾驶侧的免检区域。

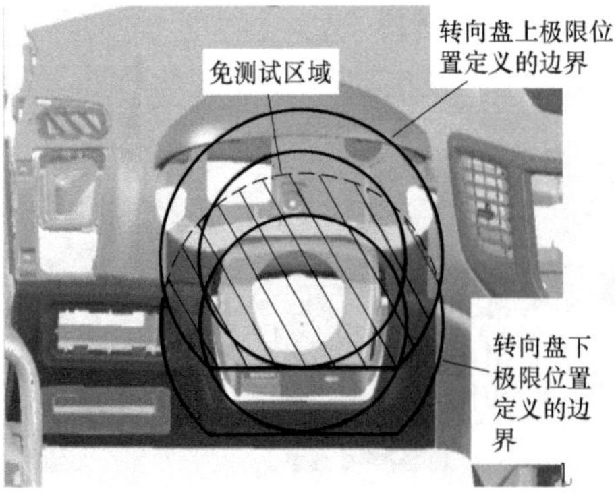

图 8-27　转向盘为仪表板界定的免测试区域

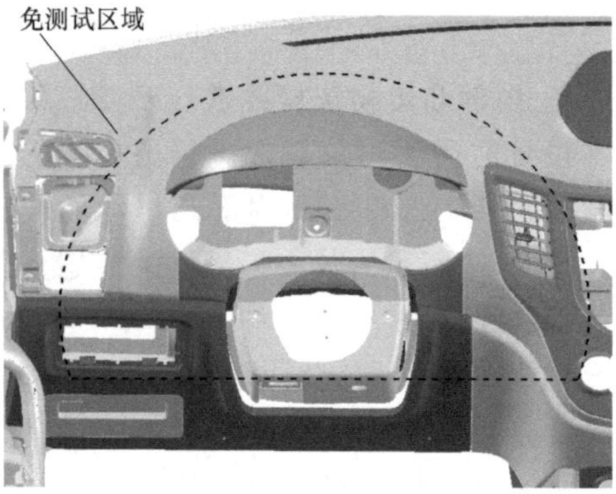

图 8-28　主驾驶侧的免测试区域界定

4）副驾驶侧碰撞测试区域的确定：在副驾驶侧以 H 点为起点，往上做一 736mm 的直线，然后以最高点向下 82.5mm 处点为圆心，做直径为 165mm 的圆，我们称其为碰撞柱；然后以 H 点为圆心，旋转碰撞柱使之与仪表板碰撞，产生一系列的交点，连接这些交点得到一曲线，该曲线即为副驾驶头部碰撞的下边界；上边界的求法是改变碰撞柱的旋转点，在原来 H 点的基础上沿 $-X$ 方向移动 127mm、Z 的正方向移动 19mm，得到另一根碰撞柱，根据前述方法使之旋转与仪表板产生一系列的交点，连接这些交点得到另一曲线，该曲线即为副驾驶头部碰撞的上边界。测试方法如图 8-29 所示。

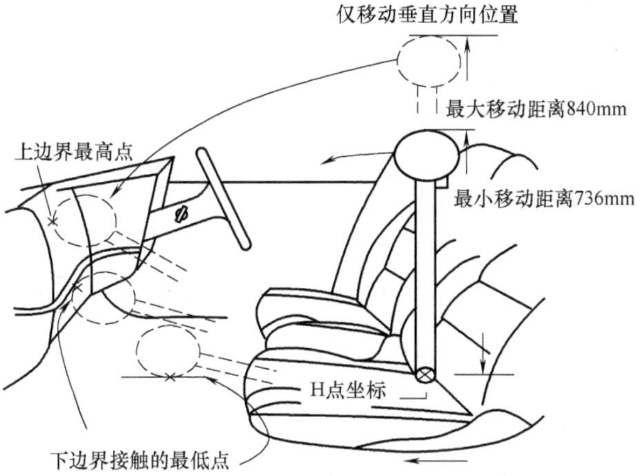

图 8-29 副驾驶侧碰撞区域测试方法

图 8-30 所示中间深色颜色区域是根据上述方法得出的副驾驶头部碰撞的测试区域，其中右侧线是以直径 165mm 的球头与门护板及立柱护板所接触的区域线。图中左侧虚线所围成的区域即为免测试区域，上下边界线围成的区域是头部碰撞的可能区域，右侧围成的区域为撞击测试区域。在该区域内尽量避免出现尖角，边缘圆角半径要求 3.5mm 以上，不允许出现凸台等造成头部伤害的零部件，要求在测试中，以 24km/h 撞击仪表板时，头部受到的冲击值在 3/1000s 内不得大于 80g。

（2）内部凸出物法规要求及校核 要求头部能碰到的地方（请参考图 8-30 所示区域）最小圆角半径不小于 3.2mm，设计时一般都按照不小于 3.5mm 执行，中间驾驶侧区域的电器开关件及其他的安装件最小圆角半径为 2.5mm。以下内容将详细说明圆角半径与高度的关系以及判断的法规标准。

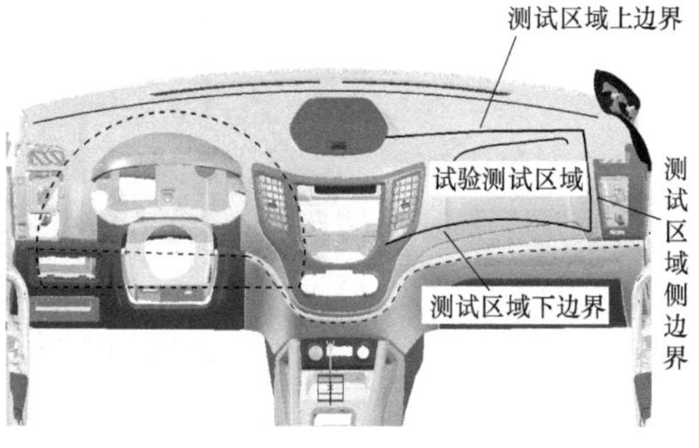

图 8-30 副驾驶头部碰撞的测试区域

1）凸出物高度在 3.2mm 以内时，圆角半径如果小于 2.5mm，则不满足要求。

2）凸出物高度在3.2~9.5mm的范围内时，首先圆角半径要求不得小于2.5mm，另外过最高点往下3.2mm做凸出物的截面，该截面的截面积要求大于2.0cm^2，如果这两个条件不能同时满足则不符合要求。

3）凸出物高度大于9.5mm时，首先圆角半径要求不得小于2.5mm；运用378N的力撞击凸出物后凸出物没有断裂而且高度小于9.5mm，说明该材料是软材料，通过最高点往下2.5mm以内做凸出物的截面，如果截面积大于2.0cm^2，则满足要求；如果撞击后没有断裂而且高度大于9.5cm，不满足要求；如果撞击后断裂，并且断面上没有尖角出现，则通过断裂面的最高点往下6.5mm以内做截面，截面积如果大于6.5cm^2，则满足要求，反之不满足。

4）如果宽度大于高度的两倍（图8-31），则圆角半径大于2.5mm就满足要求。

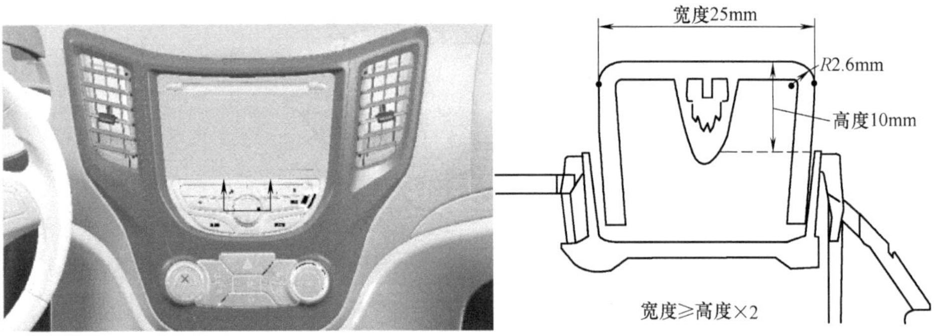

图8-31　圆形凸出物宽高比示意图

5）对于烟灰盒、杯托等件不仅要检查闭合时的状态，打开状态也要检查，检查时用一直径165mm的球在仪表板表面滚动，校核各处的圆角半径。

6）对于在仪表板水平线以下的区域，主要检查有没有尖锐的凸出物，防止腿部的伤害，如图8-32所示，要求厚度不得小于25mm，半径不得小于3.2mm。

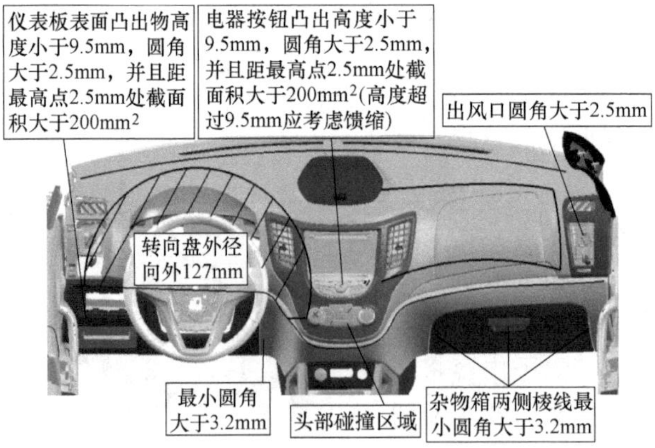

图8-32　仪表板区域圆角设计要求值

7）对于出风口，图8-33中给出了一个设计要求值。

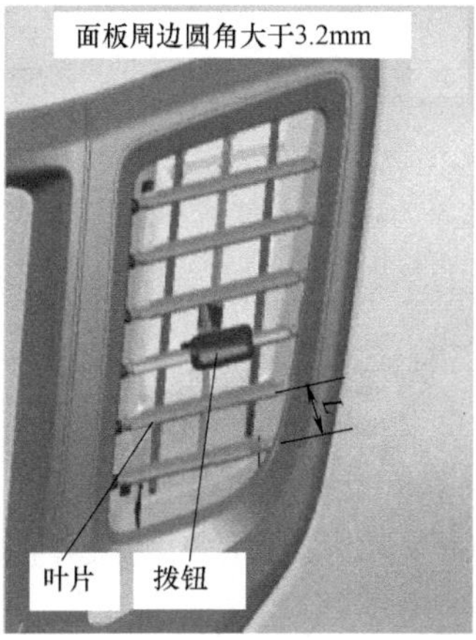

叶片之间的间距L/mm	叶片的最小厚度e/mm
0～10	1.5
10～15	2
15～20	3

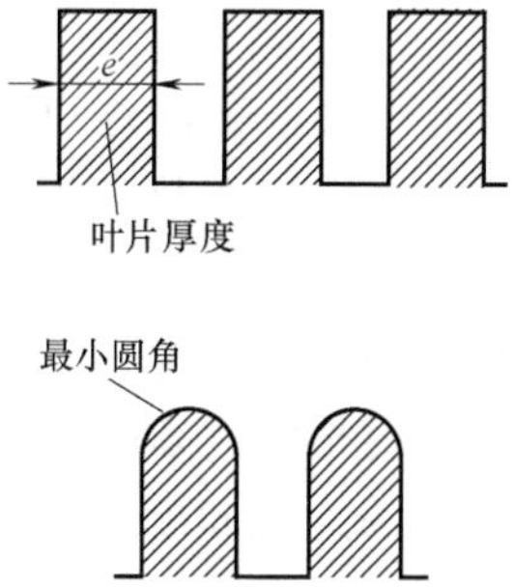

图 8-33 出风口设计要求值

8）对于调节风门的拨轮，校核方法与前述第 3）条一致。实例分析详见图 8-34。

叶片间距/mm	平端		带圆角时的最小半径/mm
	最小宽度/mm	最小半径/mm	
0～10	1.5	0.25	0.5
10～15	2	0.3	0.75
15～20	3	0.5	1.25

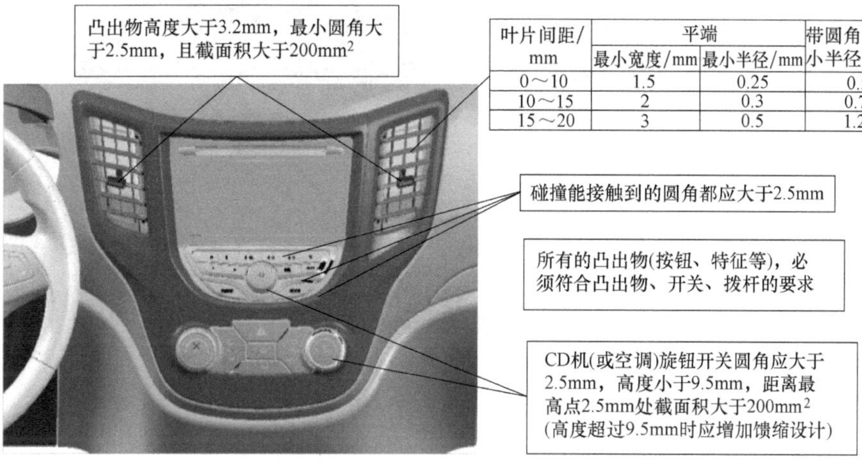

图 8-34 内部凸出物校核实例分析

8.1.3 安全

1. 安全气囊布置要求

前排乘客安全气囊（PAB）的布置：此项校核内容主要从安全的角度考虑，确保气囊在爆破展开的时候能结合安全带有效地保护乘员，又不至于打碎前风窗而引起二次伤害。

1）从前排乘客安全气囊（PAB）与仪表板的配合结构来分，可分为有缝安全气囊和无缝安全气囊，一般有缝安全气囊多应用于硬质仪表板，无缝安全气囊软质及硬质仪表板均可采用，如图 8-35 所示。

有缝安全气囊的优点主要有成本较低、工艺简单、拆装方便。而缺点也很明显，主要是安全气囊的盖板与仪表板之间的配合较难控制，包括间隙、面差、色差，导致外观很难令人满意，原因如下：

① 气囊盖板和仪表板本体的材料往往不一致，盖板常用 TPO，而仪表板常用 PP+

EPDM-T20。

② 盖板采用喷漆工艺，而仪表板的颜色一般均为直接加色母料注射成型。

③ 仪表板表面面积大，变形难以控制，盖板本身材料软，安装在仪表板上的定位往往不能达到设计状态，导致配合尺寸也很难满足 DTS 定义要求。

无缝安全气囊最为突出的优点就是解决了有缝式安全气囊的外观问题，但随之而来的是成本大幅增加所带来的压力，主要增加的部分如下：

① 仪表板为了满足安全气囊起爆的要求，表面材料不能太硬，需要采用专门用于安全气囊起爆的材料，并且整个仪表板本体或至少是上本体都需要这种材料。

② 无缝安全气囊需要仪表板内表面做弱化撕裂线，需要投入弱化设备，并且弱化工艺需要制作相应的夹具。

③ 仪表板与安全气囊之间的连接需要在仪表板上增加安全气囊框，导致材料费用增加。

④ 由于安全气囊起爆需要考察仪表板撕裂线，以保证气囊展开的性能，有缝安全气囊只需要提供盖板，但是无缝安全气囊需要提供整个仪表板，样件费用增加。

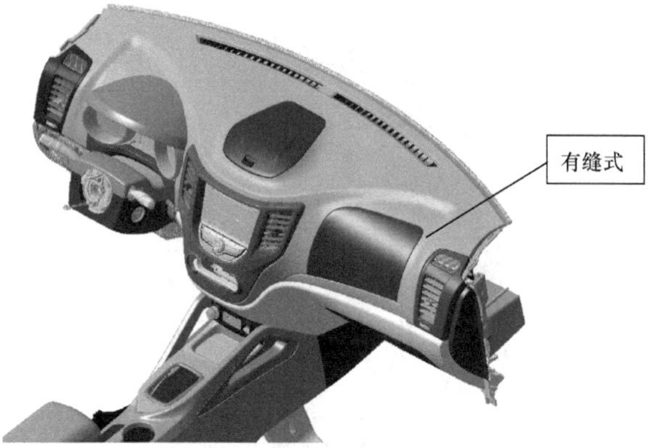

a) 有缝安全气囊

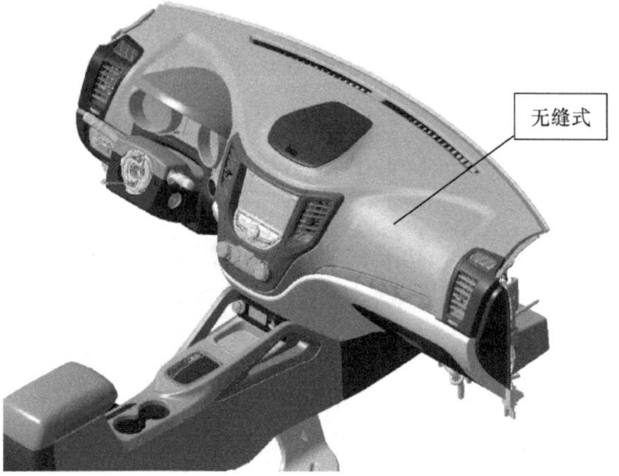

b) 无缝安全气囊

图 8-35　前排乘客安全气囊

⑤ 增加装配工位，导致增加额外成本。

2）从布置位置来分，前排乘客安全气囊（PAB）模块有前置式和顶置式两种（图8-36）。

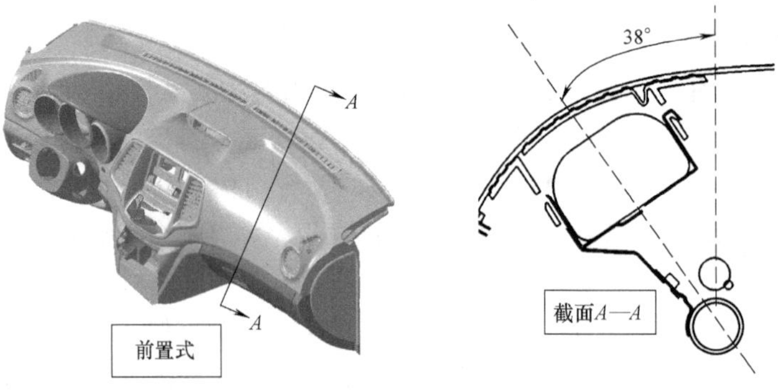

a) 前置式安全气囊模块

图 8-36　安全气囊模块

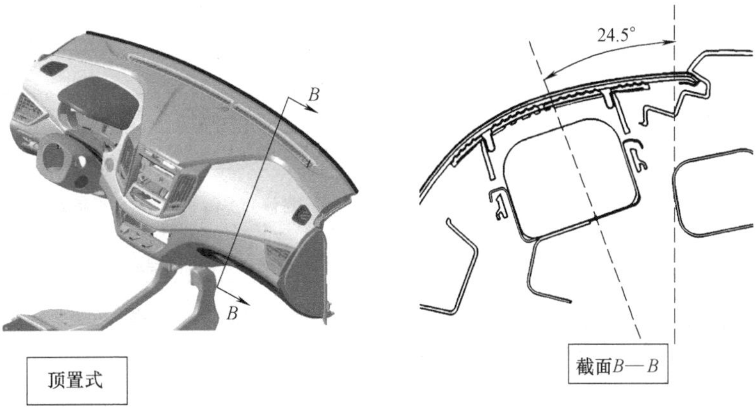

b) 顶置式安全气囊模块

图 8-36 安全气囊模块（续）

① 顶置式与前置式的区别主要是安全气囊模块沿 Y 轴旋转的程度。顶置式安全气囊中心线与 Z 轴的角度小于 25°，而前置式的则大于 25°。

② 一般来说，顶置式的应用范围更广一些。由于美标法规有假人胸口贴在仪表板上的起爆试验，顶置式的起爆方向不会正对假人，伤害值会相应减少。但顶置式对仪表板的上表面有造型要求，不能离风窗玻璃距离太近，否则气囊充气过程中会将风窗打碎而划破气囊，因此对顶置式安全气囊的布置角度、与玻璃之间距离都有要求（图 8-37）。

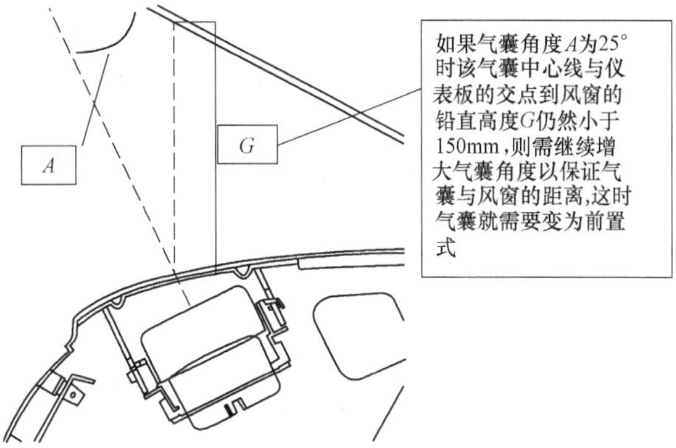

图 8-37 安全气囊布置角度及到风窗之间距离的要求

3）从前排乘客安全气囊（PAB）气囊盖的撕裂线方式来分，有 U 形盖板和 H 形盖板两种（图 8-38）。

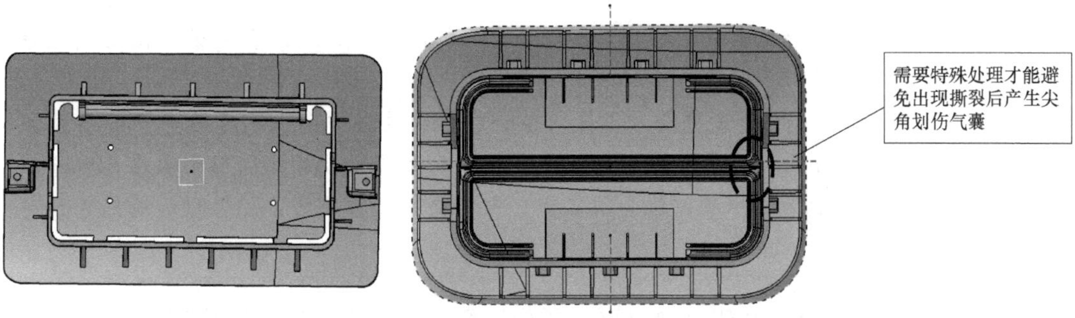

a) U形盖板 b) H形盖板

图 8-38 安全气囊盖板

4）PAB 的空间布置要求如图 8-39 所示：

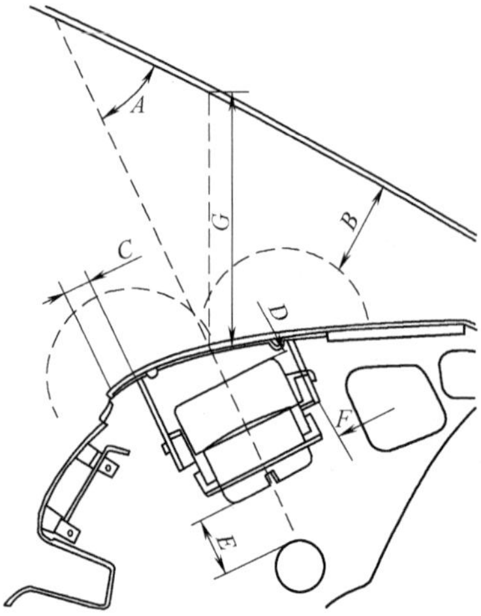

代号	说明	参考值
A	气囊起爆方向与风窗夹角	≤40°
B	气囊门盖展开过程中与风窗最小距离	≥25mm
C	装配盒(Shute)焊接边	≥20mm
D	气囊气袋上表面距离仪表板内表面距离	≥10mm
E	气囊发生器底面距离横梁最小距离	≥35mm
F	气囊模块与周边件最小间隙	≥10mm

图 8-39　PAB 空间布置要求

A：气囊起爆的方向与风窗的角度如果太大，气囊充气时打到风窗对风窗垂直方向分解的力就越大，造成玻璃碎裂的风险越大。这个值一般由气囊供应商根据不同的气体发生器的充气压力确定，90L 左右的气囊角度大约为 37.5°以下。

B：气囊门盖展开过程中不得打到风窗，不得有尖锐碎片飞出，如直接打到，特别是无缝气囊的门盖较硬，打到风窗玻璃即会产生碎片。考虑到碰撞过程中各零部件变形的情况，该值一般需预留 25mm 以上。

C：装配盒的焊接边主要是为了满足摩擦焊的工艺需求。各个仪表板厂家由于设备的不同，对该值的要求也不一样，大部分都需要 25mm 以上，至少也需要达到 20mm，从而保证气囊框在起爆时的焊接强度。

D：气囊上表面需要与仪表板内表面有一定距离，主要是需要靠 Shute 的四周边框对气囊展开起一定的导向作用，气囊与仪表板内表面的距离一般在 8~30mm 之间，且同时需满足最大值与最小值高差在 10~15mm 之间。

E：发生器底面需要留出气体发生器的接插件空间，且需要考虑内凸，同时考虑手操作的方便性，该值一般需要大于 35mm。如果由于仪表板上表面和横梁的距离太近导致该值需要减少，最好不要小于 15mm。

F：气囊与周边件间隙主要是为了保证车辆在行驶过程中不会由于运动干涉导致异响，由于气囊大部分只是下端与横梁相连，上端摆动量较大，故该间隙需要在 10mm 以上。如果由于空间紧张，导致该值必须减少，则需要在相对应的零件上增加海绵等物质消除异响的风险。

5）PAB 的试验要求。PAB 爆破试验主要分为静态测试和动态测试，其中动态测试是结合相关法规，从整车安全、舒适性以及星级评价角度测试，这里我们主要讲与仪表板 DV 相关的静态测试。在静态展开试验过程中或之后，不能有任何气囊模块碎片到达一个正常坐姿的乘员身上；在静态展开试验中，与正常坐姿的乘员相接触的气囊表面部分不能破裂或燃烧，其他部分允许有直径小于 3mm 的破裂小洞；气囊展开轨迹应该沿弱化线展开，起爆后接缝处应该保持完好无损。试验过程如图 8-40 所示。

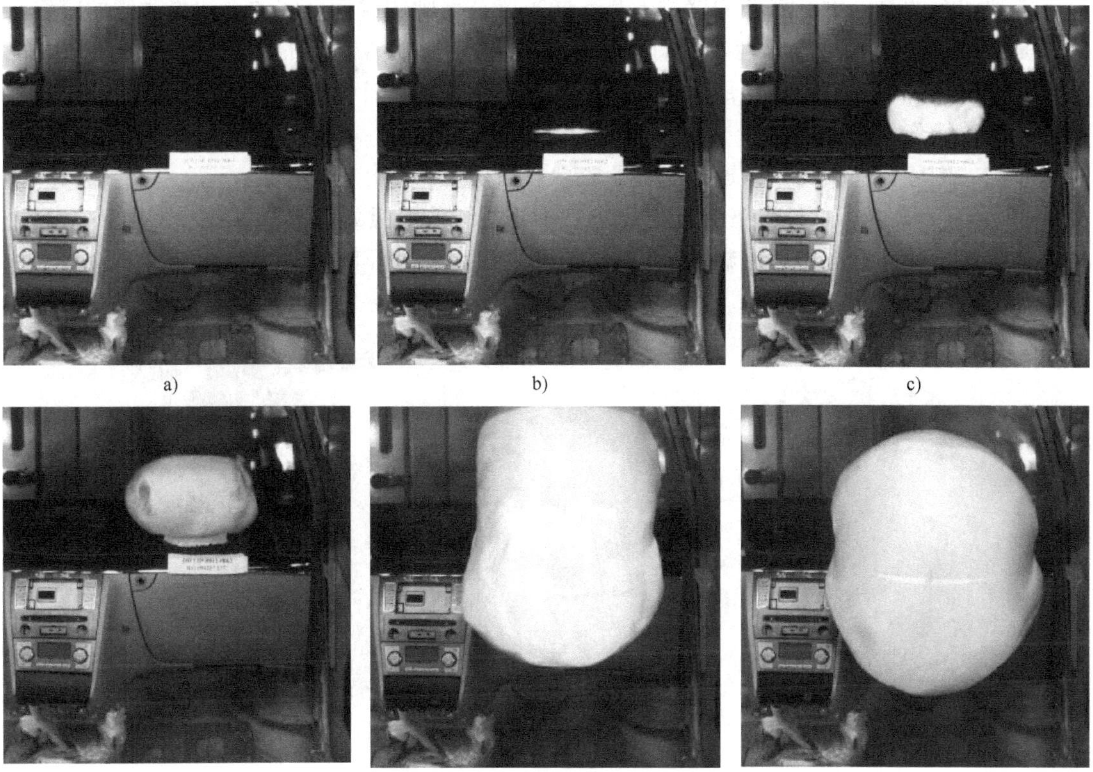

a) b) c) d) e) f)

图 8-40 PAB 静态展开试验过程

气囊静态展开试验一般要求在仪表板模具件出来之后进行，但是有些主机厂为缩短项目开发周期、降低模具更改风险，也可以提前开软模，采用软模件做静态展开试验。气囊静态展开试验一般分为验证试验阶段和发布试验阶段。

① 验证试验阶段一般需要做两三轮，每轮试验三种温度下各做三次，即总共做 18~27 次试验，当然根据不同的试验标准以及验证的效果不同，试验数量也不同。从零件需求来看，除了试验必须的仪表板和 PAB 以外，还需要标准白车身车头、前风窗玻璃以及相关的电器件。由于这个阶段是试验验证初期阶段，许多零件状态还不稳定，需要配合整车开发逐渐改进提升，所以这个阶段的其他零件可能还是手工件或者快速成型件，但是这不影响静态展开数据的收集。

② 发布试验阶段只做一轮，这次需要在三种温度下各做三次，总共九次试验，零件要求全部为模具件，各方面性能都经过试验验证，且符合批量装车要求。这次试验合格后，试验机构需要提交相关试验图片、视频以及试验合格报告，并为整车上公告做准备，这些数据也是动态测试试验的重要参考依据。

静爆试验以后，气囊开发会进入到实车碰撞和滑车试验阶段，两者通常交叉进行。

2. 膝部保护的布置方法

膝部保护装置可以在汽车紧急制动及碰撞的时候有效地保护乘员，驾驶人的膝部保护表面距离 50%假人的膝盖不得超过 100mm，乘员的膝部保护表面距离 50%假人的膝盖不得超过 125mm。这两个值指的都是水平的距离，仪表板布置设计的时候必须考虑膝部保护结构，提供一个碰撞吸能的缓冲空间。

需要注意的是，没有盖子的储物盒是不能布置在驾驶侧碰撞区间的。如果碰撞的星级系数只是中等或者假人的腿部运动允许，则膝部保护表面距离假人的膝盖允许大于 100mm；在没有系安全带的碰撞中，膝部保护是必需的；膝部保护设计要同时考虑能量吸附的空间和驾驶人腿部操作的舒适性。

驾驶人侧膝部保护区域，通过三种假人状态来确定。

1）95%假人，H 点处于座椅行程的中点 J 处，制动踏板处于自然状态，得到一个假人的人体姿态，偏移假人小腿轮廓线 25mm，得到曲线 A，如图 8-41 所示。

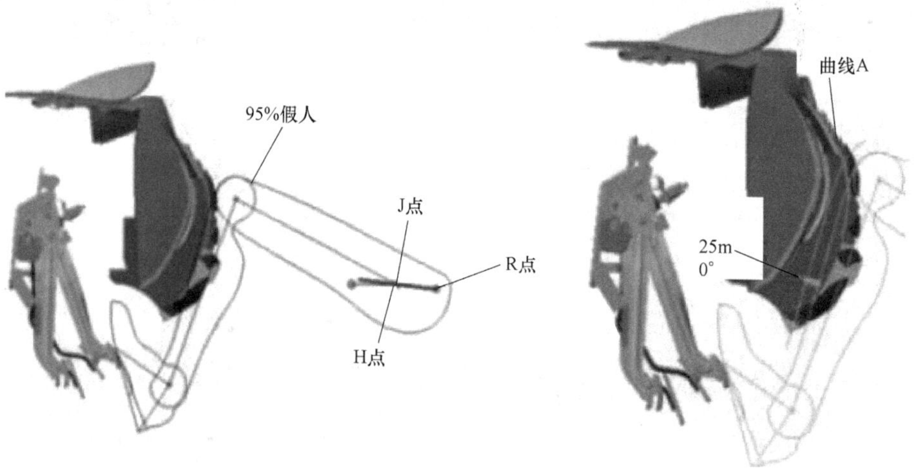

图 8-41　制动踏板处于自然状态下假人示意图

2）95%假人，H 点处于座椅行程的中点 J 处，加速踏板处于最大行程处，得到一个假人的人体姿态，偏移假人小腿轮廓线 25mm，得到曲线 B，如图 8-42 所示。

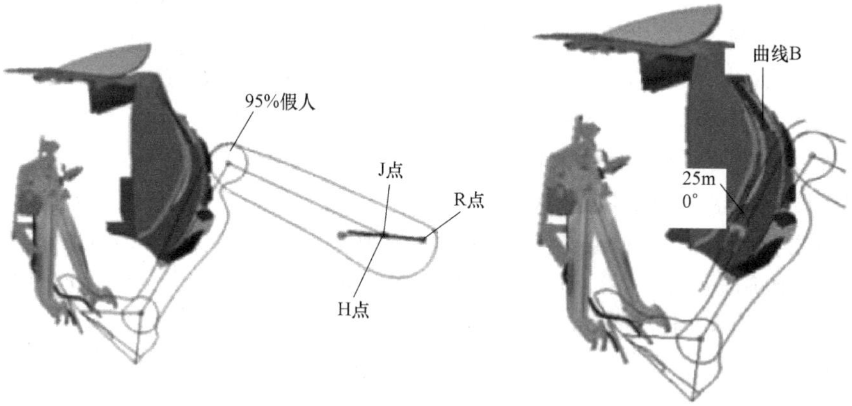

图 8-42　加速踏板处于最大行程处假人示意图 1

3）50%假人，H 点处于 K 点处，K 点的确定由 J 点沿 X 负方向 115mm 得到，加速踏板处于最大行程处，得到一个假人的人体姿态，偏移假人小腿中心线 67mm，得到直线 C，如图 8-43 所示。

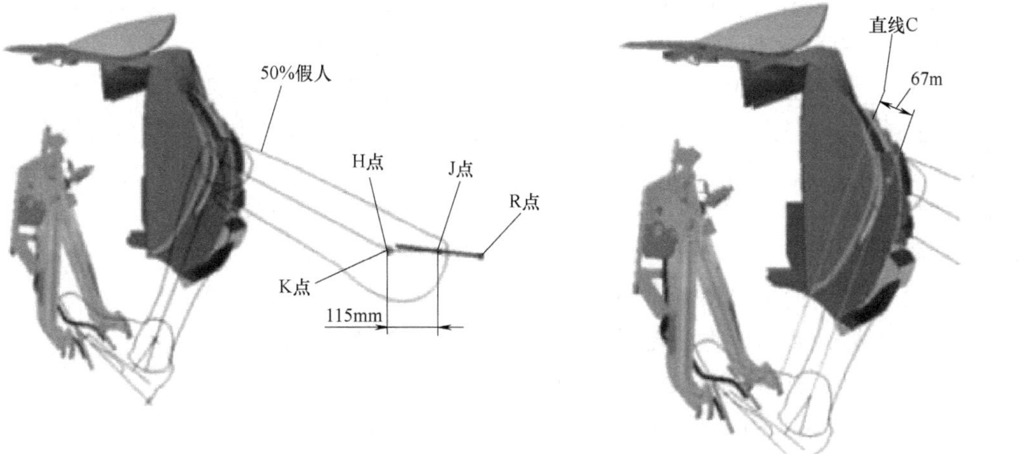

图 8-43 加速踏板处于最大行程处假人示意图 2

4）以 50% 人体踝点为圆心，半径 245mm 做圆，与直线 C 交于点 E；以 95% 人体踝点为圆心，半径 499mm 做圆，与直线 C 交于点 F；曲线 A 与曲线 B 交于点 I，如图 8-44 所示。

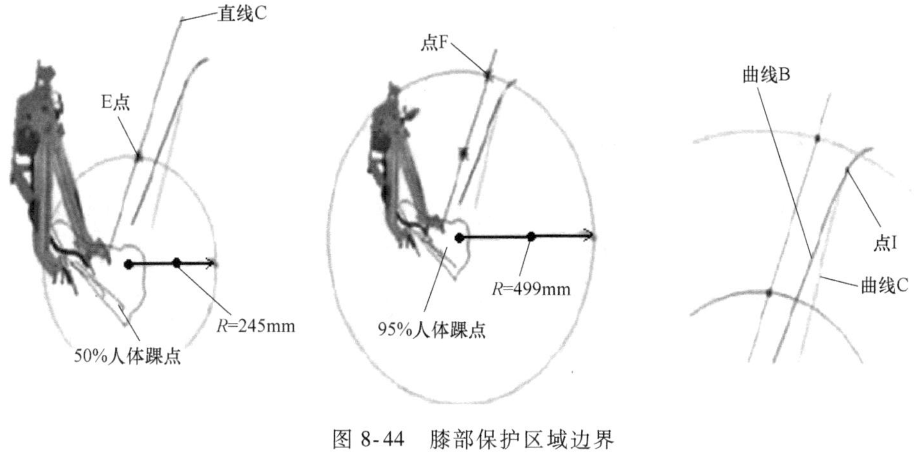

图 8-44 膝部保护区域边界

5）过点 E 做直线 C 的垂线，与曲线 B 交于点 Q；过点 F 做直线 C 的垂线，与曲线 A 交于点 G；点 E、F、G、I、Q 五个点所围成的图形即是膝部保护区域，如图 8-45 所示。

6）以 H 点 Y 坐标为中心，向两侧拉伸 250mm，即得到膝部保护原始数据，根据该数据细化保护膝盖数据及固定支架。

① 乘客侧膝部保护区域，通过 50% 的假人状态来确定，如图 8-45 所示。

② 50% 假人状态，从座椅行程中点往 X 负方向 115mm 偏移得到点 A，以 A 点为

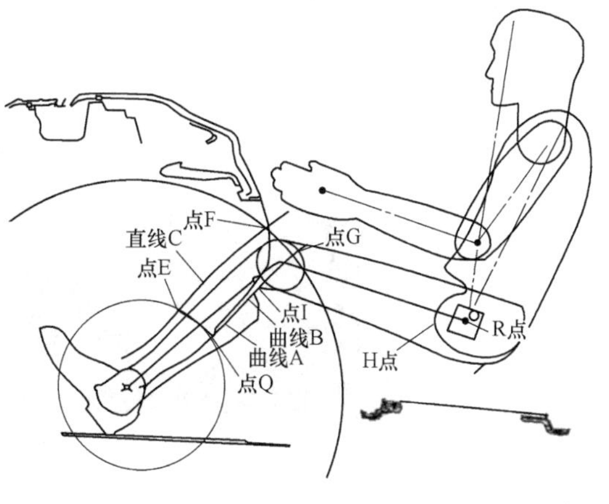

图 8-45 50% 的假人乘客侧膝部保护区域

圆心，407mm 为半径，得到圆弧 A，确定脚部踝点为 C 点，以该点为圆心，414mm 为半径，得到圆弧 B，圆弧 A 和圆弧 B 的交点为点 D，连接 C、D 两点，得到直线 A，通过直线 A 往外偏移 67mm，得到直线 B，直线 B 和圆弧 B 的交点为点 E，该点就是 50%假人的膝盖碰撞点；沿着直线 B，往上距离 E 点 100mm，得到点 F，该点就是 95%假人的膝盖碰撞点；往下 154mm 得到点 G，该点就是 5%假人的膝盖碰撞点；连接 G、F 两点，通过得到的直线往左右各偏移 250mm，即得到副驾驶侧的膝盖保护区域。

③ 关于左右侧的定义，各个公司的定义都不一样，通用的做法是，左侧从副仪表板侧面开始，右侧从门板向内 100mm（欧标）或 127mm（美标），在该区域空间内全部是碰撞区域。

④ 关于碰撞点的定义，图 8-46 显示的就是三种假人状态的膝盖碰撞点。

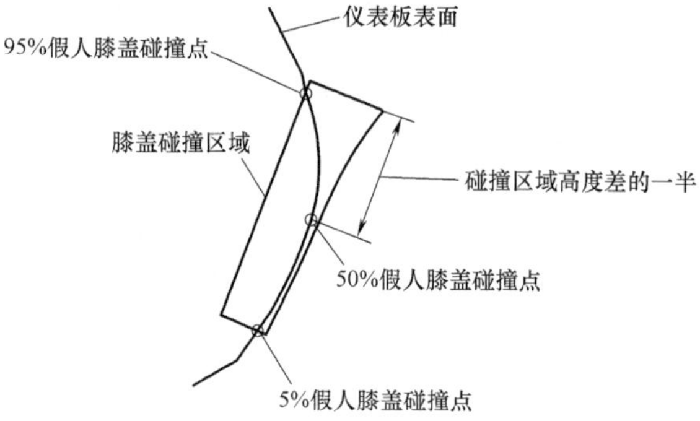

图 8-46　三种假人状态的膝盖碰撞点

8.2　仪表板结构设计

8.2.1　仪表板本体结构设计

仪表板本体根据工艺划分主要有注射、搪塑、阴模成型等几类，本节主要描述的是注射仪表板本体的设计。工艺、材料不同，仪表板本体的料厚也不一样，通常料厚在 3~4mm 之间选择。仪表板本体作为整个系统和相关电器件安装的一个载体，要考虑相关的定位结构以便控制和其他件的配合间隙及面差，既要满足功能，又要满足外观的要求。下面针对它的一些典型结构和配合进行介绍。

1. 仪表板典型截面设计

仪表板的典型截面有上百个，这些截面可以反映各个周边件之间的配合关系，除此以外，法规和人机校核也是其主要体现的内容。以下详细罗列了仪表板（IP）在设计过程中需要绘制的详细典型截面位置（图 8-47）及清单（表 8-3）。

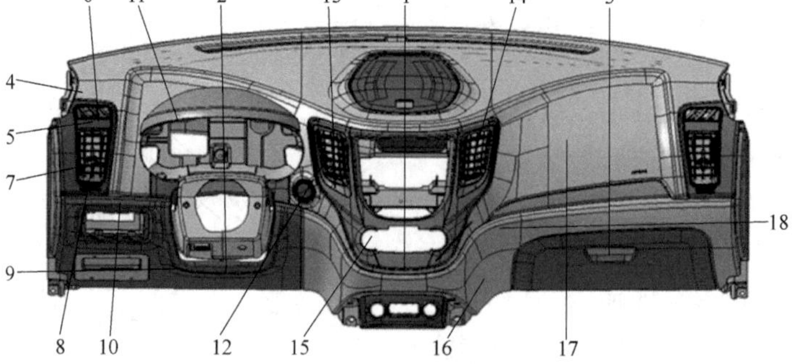

图 8-47　仪表板截面位置示意图

表 8-3 仪表板截面清单

截面序号	截面技术描述
1	仪表板中间主截面
2	仪表板驾驶侧主截面
3	仪表板副驾驶侧主截面
4	仪表板与 A 柱的配合截面
5、6	侧除霜风口与仪表板本体及风管的配合截面
7、8	侧风口与仪表板配合截面
9、10	票据盒与仪表板及主驾下护板的配合截面
11	仪表板与仪表总成的配合截面
12	一键起动总成与仪表板的配合截面
13	风口总成和中央面板及仪表板的配合截面
14	中央控制区域和仪表板的配合截面
15	空调控制器面板与仪表板配合截面
16	仪表板总成与副仪表板总成的配合截面
17、18	杂物箱总成与仪表板配合截面

注：IP-SEC 中所有截面线 CAS 阶段，A 面数据出来之后都需要做。

1）仪表板的典型截面有三个主截面，分别是过驾驶人 H 点的驾驶侧主截面、过前排乘客 H 点的副驾驶侧主截面和中间主截面。下面就抽取其中一项 IP 中间主截面（图 8-48）详细介绍典型截面线的表达和功能。

2）图 8-48 所示仪表板中间主截面（$Y=0$）反映了仪表板大体的布置结构，包括中部面板的布置、仪表罩的视野校核、仪表板的安装方式、仪表板本体与各个件的间隙和面差的定义，还反映了前除霜风口的布置。

3）以下对仪表板中间主截面（$Y=0$）中局部进行详细说明，如中部面板与仪表板本体以及中间风口与中部面板配合截面（图 8-49）。

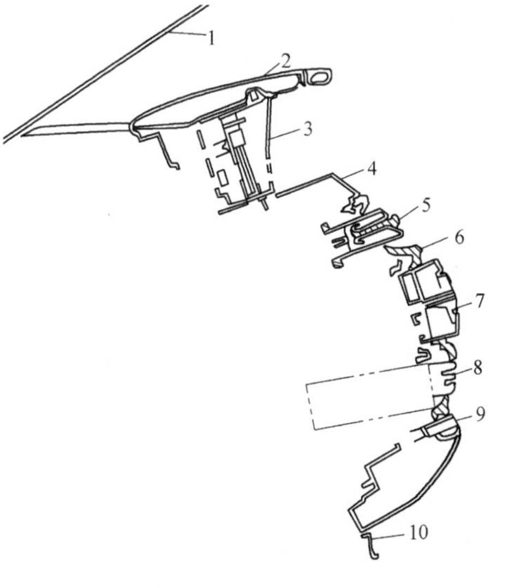

图 8-48 仪表板中间主截面（$Y=0$）

1—前风窗玻璃 2—仪表护罩 3—仪表 4—仪表板本体 5—中间风口 6—中部面板 7—空调控制面板 8—CD 机 9—中间开关组 10—副仪表板

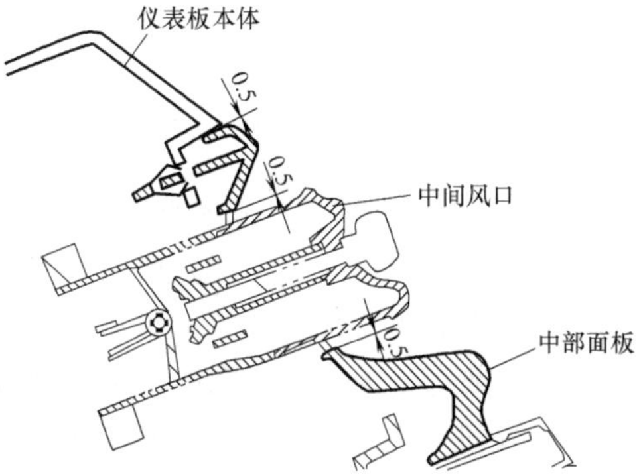

图 8-49 中部面板与仪表板配合截面

2. 仪表板本体固定点设定

仪表板本体如果固定不牢靠，就会出现振动、噪声、变形等质量问题，仪表板一般都是通过 12~14 个主固定点来固定仪表板的，如图 8-50 所示。其中在仪表板本体左右侧各有两三个固定点，固定点需根据仪表板在 X 方向和 Z 方向的尺寸均匀分布；在驾驶侧下端布置有一两个固定点，控制仪表板和左下护板的配合间隙及面差；在仪表板和副仪表板的配合部位布置有两个固定点，控制和副仪表板的配合；在右侧副驾驶区域同样也布置有两个固定点，控制和杂物箱的配合；安全气囊区域有一两个安装固定点，以防止仪表板下塌或振动产生异响；另外在仪表板的中间部位，固定 CD/DVD 机的地方布置有 2~4 个固定孔，利用 CD/DVD 的固定点一起紧固；安装仪表区域有一两个安装固定点，以防止主驾处仪表板下塌或振动产生异响；在仪表板的前端，中央部位布置一个定位销（孔）和车身连接；左右均匀布置两个安装支架，分别安装在车身钣金止口边上或钣金支架上，限制 Z 向自由度；如果仪表板前端只有四个安装支架，在左右 A 立柱配合处相应增加一个固定点。这些固定点可以选择固定在车身钣金上，也可以固定在转向支撑上。需要注意的是所有固定点的中心坐标须为整数，以方便检测和降低累积误差。

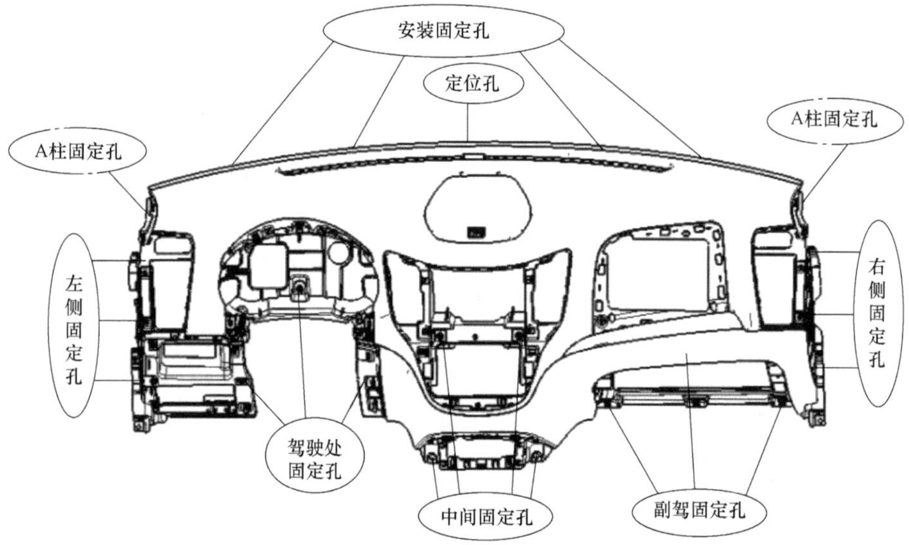

图 8-50　仪表板本体固定点布置图

1）仪表板上的附件一般考虑采用卡子和螺钉固定，这样较易装配和拆卸。如中控面板一般采用卡子和螺钉组合使用；换档面板一般直接采用卡子；还要考虑定位销进行定位，如副仪表板与仪表板的配合部位、内部各风管在仪表板上的布置等。仪表板内部配合件的各种紧固方式一般都是卡接或打螺钉、定位销或铆接、超声波和振动摩擦焊等方式，具体要根据零件的重量和使用频率综合考虑安装结构。如杯托需考虑后部的支撑定位销；杂物箱外板和内板之间采用振动摩擦焊；仪表板本体与铁支架可以采用铆钉铆接或者打螺钉等，自攻螺钉一般需要夹片配合固定在塑料件上，才能保证固定牢固。

2）仪表板上前端的定位通常采用以下两种配合方式：图 8-51 所示分别是定位销和定位孔的结构；相对应的在车身钣金上分别布置定位孔和焊接定位销。

a) 定位销

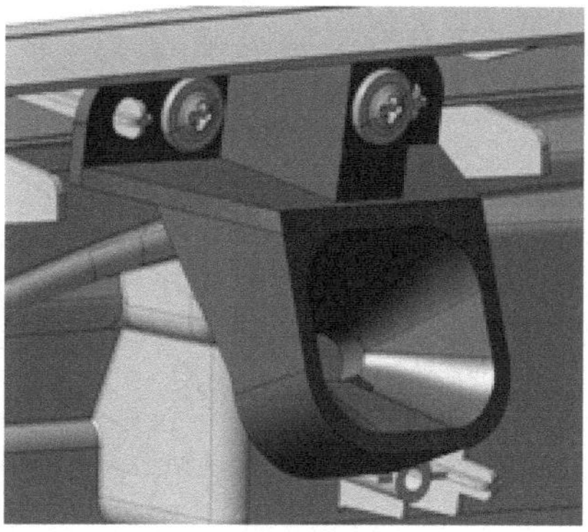
b) 定位孔

图 8-51 仪表板上前端的定位和安装方式

3. 仪表板本体前端和前风窗的配合结构的设计

图 8-52 为仪表板与前风窗配合的结构示意图，下面针对图中的几个参数进行说明。

*L*1：仪表板本体前端分模线与前风窗的配合间隙，根据每个公司的工艺能力的不同选择不同的配合间隙，通用范围 5~8mm，一般选择中间值。

*L*2：仪表板前端粘贴密封和减振海绵的区域，通常所使用的海绵尺寸为 10mm×10mm，为保证海绵压缩后不被视线看到，*L*2 通常要足够长。

*L*3：仪表板末端与前风窗的配合间隙，要求其尺寸适中，不能太大也不能太小，太大会漏缝，太小会干涉。

*L*4：通常预留 0.5mm 的宽度，便于上下模具拼接方便，降低分模线出现毛刺的风险。

*L*5：仪表板本体末端厚度，通常为 1.5~2mm。

*L*6：仪表板本体末端与钣金的配合间隙；为防止出现噪声，要求其不小于 5mm。

*L*7：仪表板本体上下模分型处产品料厚不能太厚，过厚产品会有缩印。

*A*1：模具型腔的拔模角度，为满足现代车型立体化皮纹的要求，拔模角度要求不小于 7°。

*A*2：动模的拔模角度，根据模具工艺的要求，不小于 1°即可，当然，角度越大表面质量越好。

4. 仪表板本体和前除霜风管的配合结构设计

图 8-53 所示为仪表板本体和风管的配合结构，仪表板靠近车前方部分的型面设计成和 *ZX* 平面平行，靠近驾驶舱这一侧的型面与风管的导向型面一致。这样设计的目的是为了保证大部分气流能够沿着风管的导向方向吹向风窗玻璃上的目标点，少量气流能够沿着 *Z* 方向吹向风窗玻璃的下部。另外仪表板本体和风管的配合间隙为 0.5~1mm，便于安装；侧面密封面配合间隙 2mm，安装规格为 5mm×5mm 的密封海绵；风管一侧插入仪表板上的安装结构内，另一侧打螺钉或者超声波焊接。针对图中的几个参数进行如下说明。

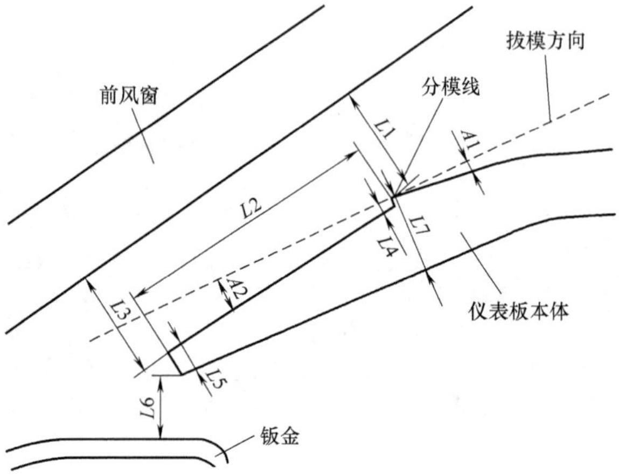

图 8-52 仪表板与前风窗配合结构

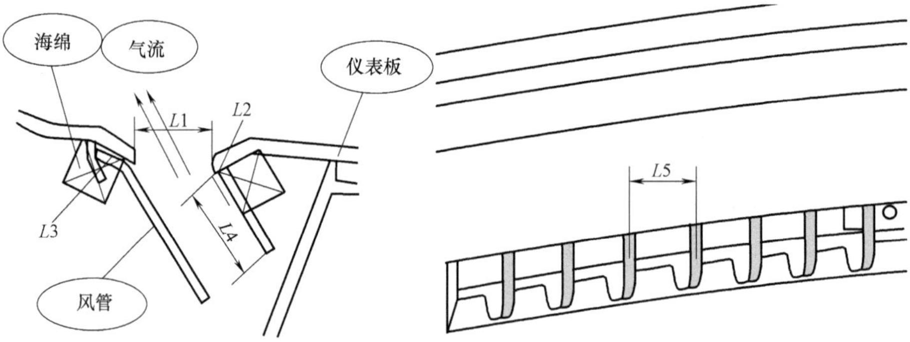

图 8-53 仪表板本体和风管的配合结构

*L*1：前除霜风口开口宽度 10~20mm，如果风口太小风速过大，风口太大风速过小。

*L*2：风管与仪表板的面差 0.5~1mm，如果面差放得不合适风管结构会外露。

*L*3：风管与仪表板的间隙 0.5mm。

*L*4：导风管有效长度 20~40mm，如果导风管太短起不到导风的作用，导风管太长又浪费空间。

*L*5：前除霜风口开口长度 10~18mm。

仪表板上的前除霜格栅的开口尺寸也需要关注。用户经常喜欢在仪表板上放置一些装饰品和小杂物，如果开口尺寸过大，这些小杂物容易掉入风管中，引起异响和空调的功能问题。在进行设计时通常采用一元钱的硬币进行校核，前除霜格栅的开口对角线尺寸小于25mm，要求在自然状况下，硬币从各个方向及角度都无法掉入。

5. 仪表板本体上侧除霜风口的设计

侧除霜的四个影响因素：气流、出风方向、距离、开口面积。

（1）气流 空调提供的暖气流。

（2）方向 气流沿出风中心到玻璃要求除霜中心的连线方向到达目标点，要求吹风角度为15°~40°，最佳角度为20°~25°；玻璃上终止点要求是靠近B柱护板的玻璃边缘向上60%~90%；空气在流动的过程中要求没有被阻挡。其中几个关键词的含义：

1）玻璃除霜区域：通过驾驶侧95%假人的眼点的视线到后视镜镜面的轮廓线与侧玻璃的交线所围成的区域。

2）玻璃侧除霜中心：根据确定的玻璃的除霜面积进行网格划分，除霜中心处在靠近下面的1/3及靠近前面的1/3的交点，有时候也直接用除霜范围的几何中心，如图8-54所示。

3）出风中心：侧除霜风口的几何中心。

4）气流方向：从出风中心到玻璃除霜目标点的连线。

5）气流平面：通过除霜目标点的玻璃的法线与气流方向所构建的平面。

6）吹风角度：气流平面与玻璃的交线同气流方向的夹角。

（3）距离 从除霜中心到出风中心点的直线距离，要求在250mm以下。

（4）开口面积 侧除霜口有效面积645mm^{2}左右，该面积要求不是很严格，主要与气流量和出风方向有关；有效面积指没有格栅阻挡的面积。

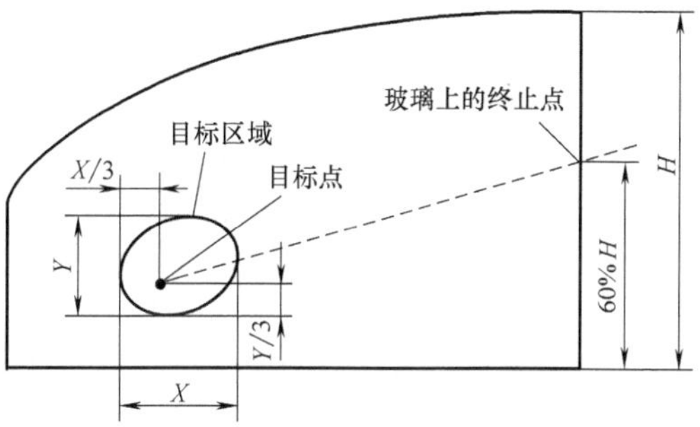

图8-54 玻璃侧除霜中心

仪表板本体上集成侧除霜风口时，需要设计一个1~2mm宽、0.5~1mm深的沉台，作为皮纹的分界面，如图8-55所示。这样模具厂在进行皮纹制作的时候容易保证一致性，设计沉台后从外观上看还能增加层次感。格栅的方向必须与侧除霜方向一致，保证气流沿着正确的方向，同时在格栅的下端进行倒角，使气流经过格栅的阻力小，如图8-56所示。另外侧除霜风口和风管的配合概念除了要满足前面所讲的和前除霜风管的配合要求外，还需要保证从视线方向无法看到风管的配合面，如图8-57所示。风管通过螺钉安装在仪表板本体上，如图8-58所示。如果侧除霜风口是单独的安装零部件，那么与仪表板本体的配合要设计0.5~1mm的面差，便于后期控制。

硬质仪表板和侧除霜风管安装结构和配合关系及尺寸说明如图8-58所示。

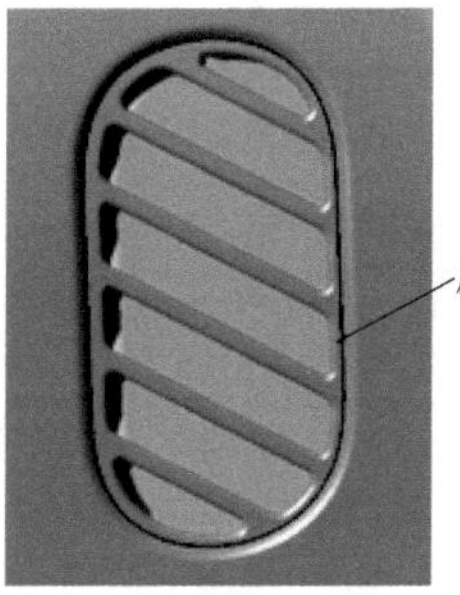

图8-55 侧除霜风口设计示意图

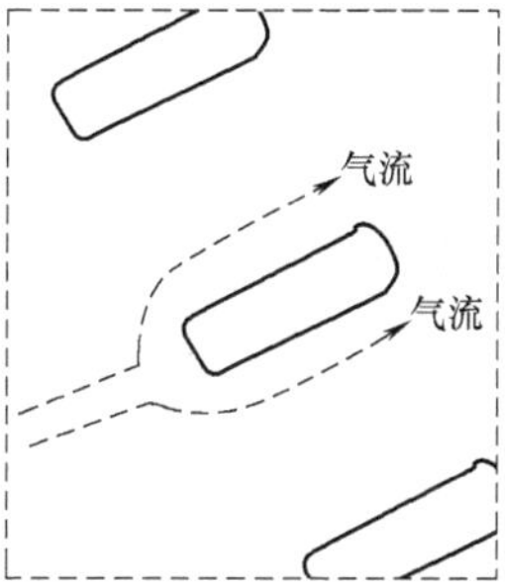

图8-56 侧除霜气流示意图

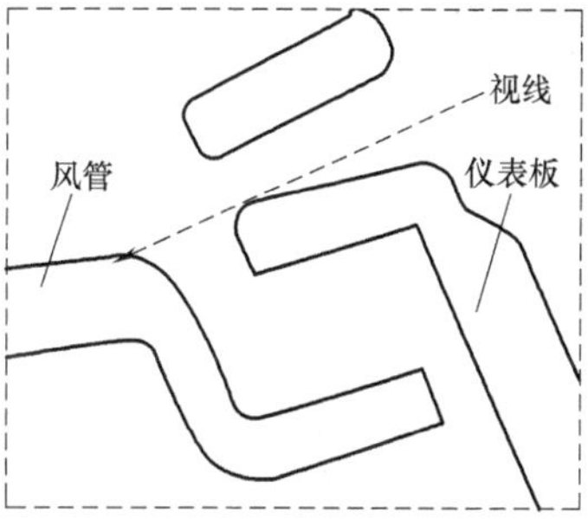

图8-57 人眼视线校核图

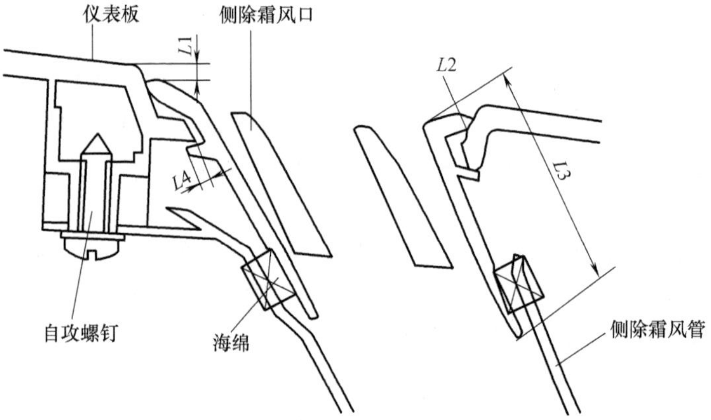

图 8-58 仪表板与侧除霜风管示意图

*L*1：侧除霜风口与仪表板面差 0.5~1mm。

*L*2：侧除霜风口与仪表板间隙 0~0.5mm；软质仪表板为 0~−0.5mm。

*L*3：风管的长度 20~40mm。

*L*4：侧除霜与仪表板的卡接量 1~1.5mm。

6. 仪表板本体和吹面风口安装配合结构的设计

吹面风口安装在仪表板上，通常通过螺钉、塑料卡扣、铁卡扣或自身卡子安装在仪表板上，仪表板与吹面风口的配合关系如图 8-59 所示，具体几个关键尺寸解读如下。

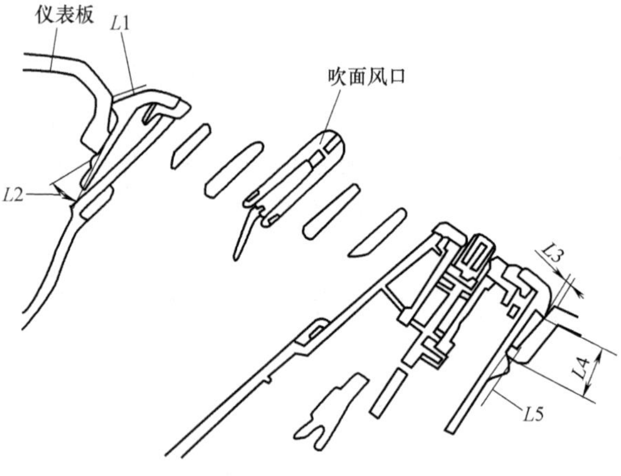

图 8-59 仪表板与吹面风口配合示意图

*L*1：仪表板与风口的面差 0.5~1mm。

*L*2：卡脚与安装方向的夹角 50°~80°。

*L*3：仪表板与风口间隙 0~0.5mm。

L4：仪表板安装自身卡结构深度≥5mm。
L5：安装卡脚的卡接量 1~1.5mm。

7. 仪表板本体和其他零部件的限位结构的设计

作为安装其他零部件的载体，仪表板本体需要设计一些限位凸台及定位孔来控制配合的间隙和面差，保证良好的外观和控制产品在不同温度下的变形。如图 8-60 所示，在仪表板本体上和其他零部件配合的翻边上均匀分布着一些限位凸台控制间隙。

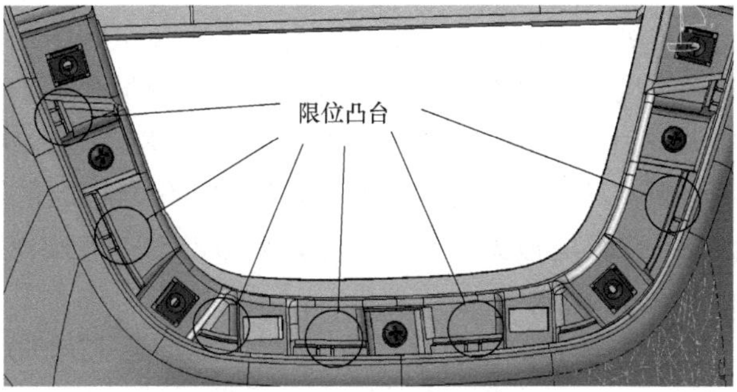

图 8-60 仪表板限位结构示意图

图 8-61 和图 8-62 分别为仪表板本体上限位凸台和限位块与其他安装零部件的配合结构示意图。根据实际制造工艺的精度水平，限位面的配合间隙为 0~0.5mm。可以根据每个零部件的实际要求选择合理的配合间隙，或者可以把仪表板上的限位凸台和其他安装零部件的配合面都设计成锥面来进行高度上的匹配。

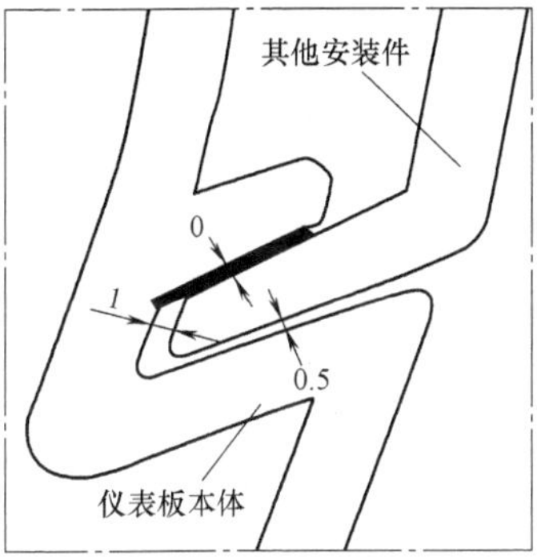

图 8-61 仪表板本体上限位凸台

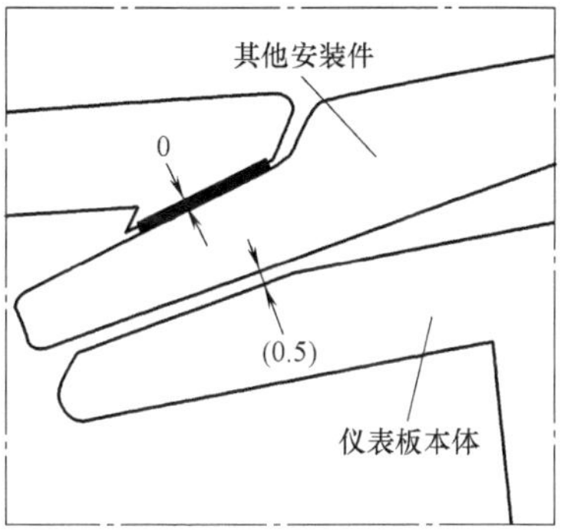

图 8-62 限位块

8. 加强筋的设计

加强筋的合理应用，可增加产品刚性，减少变形，在提高零件强度的方法中，一般加筋，不增加壁厚。加强筋应布置在塑料件受力较大区域或刚/强度较差区域，加强筋应对称分布，避免加强筋局部集中产生应力集中。加强筋的厚度通常小于产品壁厚的 1/3，最大不超过 2/3，筋之间的间距大于 4 倍，筋的高度低于 3 倍，否则会引起表面缩印。加强筋的单面斜度应大于 0.5°，圆角大于等于 0.25~0.4 倍的壁厚以避免顶伤。加强筋应尽可能设计得矮一些，螺钉柱的筋通常至少低于柱子端面 0.5~1.0mm，筋高度通常至少低于产品表面或分型面 1.0mm。多条筋相交时，要注意在相交处做一圆形加强筋避免多条筋直接相交。

8.2.2 风管及风口设计

1. 风管设计

（1）定义 仪表板风管总成系列，一般包括除霜风管总成、吹面风道总成及包覆风道表面泡棉等；全车风管总成功能为运输暖风机吹出的风，保证吹出来的风在风道中按要求的截面积、风速、风量和方向且以最小的压力损失吹到驾驶室及前风窗玻璃和前排侧玻璃。

（2）材料选择 一般采用中空成型工艺，通过吹涨比来控制产品壁厚尺寸。材料基本选用原则：具有良好的耐热性和耐寒性，化学稳定性好，刚性和韧性较高，机械强度好，介电性能、耐环境应力开裂性较好；风道泡棉一般选用带背胶泡棉或吸音棉，但同时应考虑气味和 VOC 情况。

（3）布置要求 前除霜风道位置布置：一般情况保证从前风窗玻璃与出风口中心距离为 60mm 左右；对于前除霜风口，要设计导风结构使风均匀分布。最终布置还需通过 CAE 进行 CFD 分析结果进行修正。

（4）结构设计

1）前除霜风道结构设计。

① 前除霜风道结构分为整体式和两片式。

② 安装点与定位点的布置（仅讨论一般情况）。

a. 定位点 ：一般选在中央除霜风口附近，次定位设计在两侧。

b. 安装点：在中央除霜风口周边布置一些安装点，保证与仪表板上的出风口格栅配合良好。

c. 连接点：在进风口处布置与吹面风管连接点，保证两者与 HVAC 的对接均可靠。

③ 前除霜风道与周边零件配合形式及要求。

a. 与仪表板的配合关系：螺钉连接、固定和振动摩擦焊接连接、固定。

b. 与侧除霜管道的配合关系：搭接、卡接或集成一体式。

c. 与暖风机的配合关系及要求：风道总成与暖风机通过对接方式连接，且要求风道总成开口外边缘处设计翻边，保证装配后风道总成开口可以完全盖住暖风机开口，保证风道总成开口与暖风机配合处不漏风。

④ 与前除霜口的配合关系及要求。除霜管与仪表板本体贴合之间增加泡棉，防止出现漏风和异响。

2）侧除霜风管的设计。

① 侧除霜结构形式：整体式和分离式。

② 侧除霜风管安装与定位点布置：定位点确定在出风口处，在出风口处一定要布置安装点，安装点的布置要避免在风管的一侧，最好两侧交错布置；强度要求：整体强度一般要求不高，如果仪表板需要支撑，则应加强整体的结构，在风管表面加加强筋，在靠近出霜口处适当做加强结构。

③ 侧除霜风管与周边零件配合形式及要求。

a. 与仪表板配合关系：螺钉连接固定、振动摩擦焊接固定。

b. 与侧除霜盖板配合关系：一般没有连接，只是在出口处有定位点和安装点。

c. 与吹面风管的配合关系：一般用弹簧螺母加螺钉固定。

3）吹面风管的设计。

① 吹面风管的组成：包括前排吹面风管和后排吹面风管；前排吹面风管又包括中央吹面风管和侧吹面风管；这里仅讨论前排吹面风管。

② 风管安装点与定位点的布置。

a. 中央吹面风管、侧吹面风管布置一个主定位，次定位布置在出风口附近。

b. 中央吹面风管、侧吹面风管（左、右）在出风口处一定要布置安装点，安装点的布置要避免在风管的一侧。

③ 吹面风口与出风口的配合关系：推荐断面尺寸，且需满足如下要求。

a. 风口壳体直径与风管出风口处直径相同，保证风量顺畅。

b. 风口壳体与风管间隙应保证装配不干涉。

c. 风管开口处做翻边、导向，保证装配简单。

④ 吹面风管与仪表板的连接方式：包括螺钉连接、固定和超声波焊接，吹面风管之间一般采用搭接、卡接的连接方式，如图 8-63 所示。

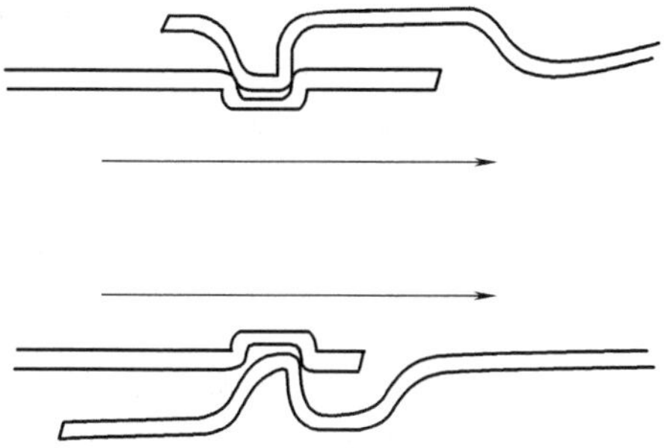

图 8-63　风管搭接方式

2. 风口设计

（1）定义　空调出风口总成是一种安装在汽车仪表板上的功能性零部件，主要作用是将空调风传送至驾驶舱，并具备风量大小和送风方向的调节作用，实现车内通风、温度调节的功能。空调出风口总成属于汽车内饰外观件，属注塑类零部件。

（2）材料选择　因风口属于功能件，经常使用，因此需选择一些强度、韧性高以及耐磨的材料，如 ABS、PC+ABS 等。

（3）布置

1）横向布置要求：采用 95%的假人模型，其最小吹风角度范围需要覆盖人体的左右两侧。

2）吹风角度要求：采用 95%的假人模型，座椅在最前位置时，人体离风口位置是最近的，出风口相对于人体的吹风范围是最小的，只有满足了前置座椅的要求，才可以同时满足其他状态下的要求。

（4）结构设计

1）风口叶片的设计。

① 上层叶片间的有效间距应该合理，叶片在视觉上应与风口边线平行；上层叶片的宽度最小化，使之仅能满足导风要求，如果上层叶片过宽，势必会使下层叶片的位置靠后，下层导风叶片的导风效果会被削弱，因此上层叶片不建议做得过宽；叶片太长，强度不够，所以在叶片的适当位置还需要加固定点，这样使结构复杂，精度得不到保证。

② 为了更好地导风，水平叶片和垂直叶片之间的间距不应过大，这个原因与上层叶片最小化的原因相同。

2）拨钮设计。

① 拨钮是用来控制上下层叶片旋转的，因此拨钮的拨动范围必须满足吹风角度的要求，

但是出于客户手感的考虑，拨钮的上下旋转、左右拨动并非只要满足吹风角度要求就可以了。

② 对于拨钮滑动方向有时候也存在这个问题，如果滑动范围太小，会让客户感觉不适，应注意滑动范围。

③ 对于拨叉的部分，设计的时候需要特别注意在几个极限位置拨叉不能够脱出其控制的叶片连杆范围，拨叉与连杆的配合间隙尽可能放小，避免拨动时产生异响。

3）拨轮设计。

① 拨轮一般高出造型表面，拨轮如果突出表面太少，手感会比较差，难以拨动。

② 拨轮的定位与紧固方式较多，通常为以下两种结构：

a. 压盘式：拨轮与壳体组合对拨轮进行紧固的方式，通过螺钉将压盘紧固到壳体上，拨轮夹持在压盘与壳体之间。

b. 卡接式：这是一种 SNAP（铆头模）与拨轮卡接的方式，对整个拨轮的稳定性保持比较好，SNAP 结构自身也比较好调整，较容易调整到满意手感，这也是一种比较好的紧固方式。缺点是 SNAP 长在壳体上会造成此处的模具制造略有困难。

4）风门设计。

① 风门一般分为包胶和海绵两种形式。

② 对于包胶的风门，必须在出风口壳体内部做出台阶面与风门配合，达到密封效果。包胶与台阶面的配合处做适当的过盈并且最好做减薄处理。

③ 对于泡沫密封的风门，一般来说海绵需要与壳体侧面做干涉处理，但是需要注意的是很多型号的海绵与壳体摩擦会有很难听的异响，建议选海绵的时候最好与壳体做摩擦试验，确定无异响后，再选用该型号海绵。

5）四链杆机构设计。出风口由于其功能性要求，存在一些运动机构，但总体来说，大多数的机构属于简单机构，传动链都比较短，基本由连杆、带槽连杆、齿轮三种简单零件构成。出风口的功能体现在风向的调节和风门的开闭上，因此相应的机构基本上就是叶片调节机构与风门开闭机构两套。

8.2.3 储物箱（盒）结构设计

1. 杂物箱结构设计

杂物箱大小的确定要考虑存储合格证、装配手册及使用说明书等出厂资料，综合人机布置要求以及空调等内部零件的布置，尽量将储物空间做大，使之可以存放更多的目标收纳物，如 A4 地图册等。

杂物箱从结构上划分为篮式杂物箱和盖式杂物箱，两种形式大都采用塑料成型结构，也有在杂物箱内表面覆盖衬垫材料的形式。下面给出了杂物箱设计的一些常用参数：

1）杂物箱箱体的宽度（Y 方向）要求能达到杂物箱盖板宽度的 75%以上。

2）当杂物箱完全关闭时，要求能放入一个 275mm×45mm×170mm 的方块（图 8-64）。

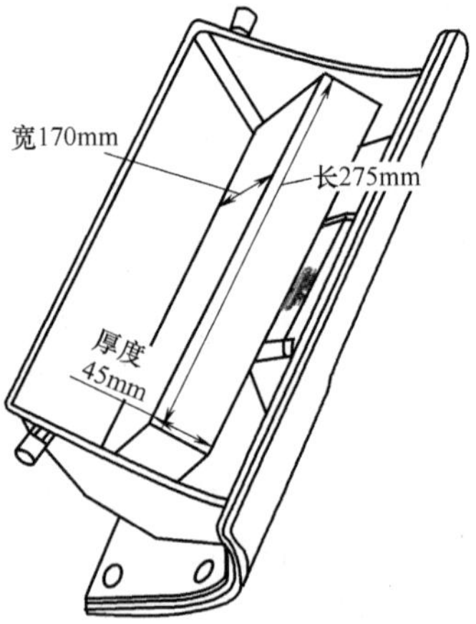

图 8-64 杂物箱空间校核

3）杂物箱完全打开时，最小开口尺寸原则要求大于 120mm。

4）杂物箱旋转铰链要求尽可能与 Y 轴平行，杂物箱开启手柄的旋转轴要求与铰链轴线平行，杂物箱锁的中心线要求与铰链轴线的角度为 $0°\sim3°$，角度越小越好（针对两侧开锁的杂物箱）。

5）杂物箱盖板外表面距离假人腿部要求不小于 100mm，美国现在要求在 90mm 以上就满足要求了。

6）杂物箱没有锁止时要求能完全打开，或者由于其重力部分打开，至少要允许放入一个手指可以很舒适地把杂物箱拉开。

7）如果杂物箱下边没有仪表板，要求下边缘距离仪表板 325mm（腿部空间要求），盒体的外表面在 Z 方向上距离盖板下表面 35mm，盒体的外表面在 Y 方向距离盖板边缘 20mm。

8）杂物箱内盖板和外盖板之间间隙要求 25mm 以上，便于布置碰撞吸能装置，现在流行的是直接采用 EPP 泡沫来吸能，直接加铁板的结构现在用得很少。

9）杂物箱与周边件的配合间隙要求：硬质仪表板间隙要求 1.5mm，软质仪表板可以是 1mm；杂物箱盖板与仪表板本体之间的面差 1mm；另外杂物箱盖与箱体之间的配合面的配合间隙根据缓冲垫的高度而定。

10）杂物箱设计时要求从造型上保证其外表面比仪表板表面低 2mm，同时调整配合间隙的方向，保证从 95%假人的眼椭圆的视线无法看到杂物箱内的壳体。

2. 票据盒结构设计

汽车票据盒是一种安装在汽车主驾区域的零件，属于汽车内饰外观件，且在视野范围内，对外观要求较高。根据车型的级别以及造型限制，票据盒的大小会有所不同，但可以根据定义存储物品的大小，使票据盒设计的长、宽、深尺寸满足存放物品的要求。票据盒需要能装下普通钱包或者手机、香烟等物品。

1）票据盒通常有两种形式：翻转式和固定式。翻转式票据盒结构较复杂，成本相对较高，一般用在中高档车型上，部分票据盒盒体内部植绒增加品质感。固定式票据盒要求低，结构简单，间隙控制容易，无异响风险，成本低，但存放物品可见，品质感较低。

2）翻转式票据盒的安装，通常是通过自身卡爪与膝部护板上的固定转轴配合实现旋转开闭，利用扭簧控制开启角度。票据盒关闭时，卡爪与转轴的弧面配合，使之不至于脱落。

3）固定式票据盒的安装，通常通过自身卡接结构与主驾下护板进行紧固，也有通过螺钉与主驾下护板进行装配的。

4）固定式票据盒的开口尺寸原则上要求大于 70mm，保证至少三个手指取放物品方便。

3. 顶部储物盒结构设计

根据车型的级别以及造型限制，储物盒的大小会有所不同，其大小的确定要考虑存储钢笔、香烟、CD 光盘、发票、油卡、明信片、钱包等，以使储物盒设计的长、宽、深尺寸满足存放物品的要求。另外综合造型和空间环境，建议将储物空间尽量做大，通常建议不小于 150mm×40mm×100mm 的储物空间，如图 8-65 所示。顶部储物盒的开口尺寸通常建议 120mm 以上，以保证取放物品方便，小储物盒通常布置在头碰区域以外，以避免头部碰撞器直接作用于储物盒上，伤及乘员。解锁按钮或手柄通常布置在头部碰撞器碰撞时不会导致储物盒打开的位置，储物盒的操作按钮等通常应处于手指点操作界面的范围内。

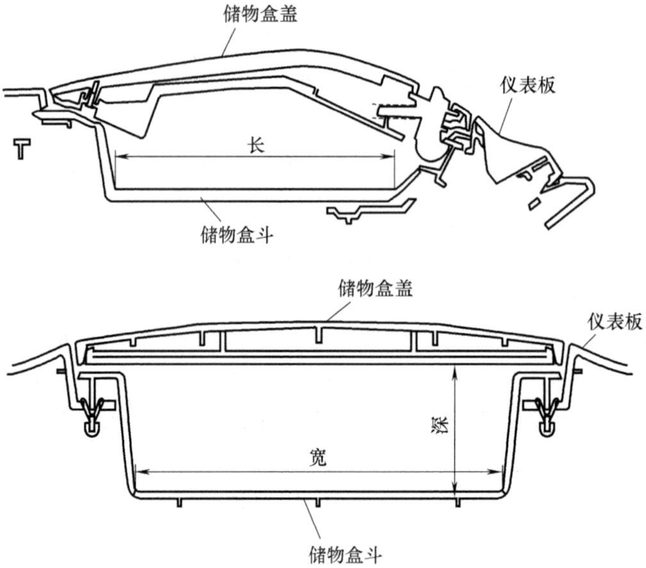

图 8-65 顶部储物盒空间校核

> 顶部储物盒与 HVAC、CCB、电器、前除霜风管、吹面风管等面轮廓度公差较高的零部件间隙建议为 10mm 以上，与线束等位置度公差较低的零部件间隙建议为 15mm 以上；运动件需要进行 DMU 模拟运动分析检查，并检查储物盒盖板在运动过程中的最小安全间隙（盒体与仪表板有配合时：0.5～1mm，外盖板直接与仪表板配合时 1～1.5mm）。

8.2.4 中间面板的设计

1. 总体原则

如果固定在中间面板上的零部件的重量超过 1.5kg（如显示屏、影音系统机心、导航系统机心等），则必须再固定在转向支撑支架上，也可以在仪表板的背面增加金属支架加固。相关件的固定要求有定位销，左右两侧采用主副定位销，主定位限制 4 个自由度，副定位限制两个自由度，防止安装时旋转。中间面板的拔模方向尽可能和仪表板一致，即使不一致，两者之间的夹角也不要超过 5°。如图 8-66 所示，假设仪表板拔模方向为 27°，中间面板拔模方向为 22°，中间面板上的分模线要暴露在视线范围里，布置时需要按照图示尺寸增加 2°～3°的拔模角度，同时中部面板的翻边往里加深 1～2mm 正向出模，这样把分模

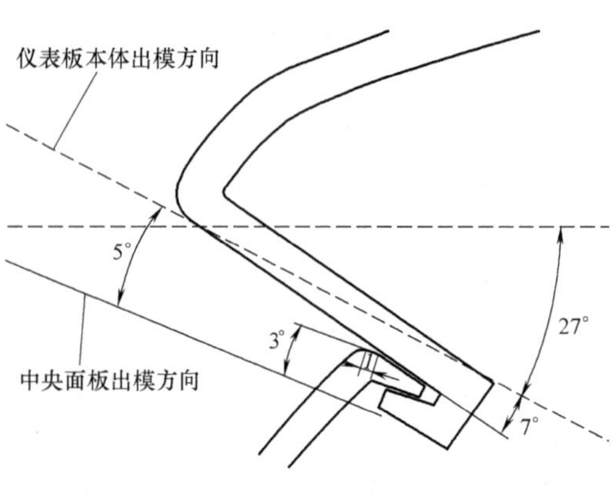

图 8-66 中控面板校核

线隐藏在视线之外的区域。

2. 中间面板设计需要注意的几个方面

1）由于中间面板在头部撞击的区域内，在进行内部凸出物试验时，肯定会在中间面板上设置一个撞击点；因此中间面板的设计除了要布置合理的加强筋外，对于固定卡扣也要增加。图 8-67 为中间面板上侧的固定卡扣和仪表板的配合截面。为了防止撞击的时候把卡扣撞断，在仪表板本体上增加了翻边，对卡扣起到一定的保护作用。另外仪表板上增加一些限位凸台，这些限位凸台和卡扣的固定孔均匀错开，如图 8-68 所示。限位凸台首先能够控制中间面板和仪表板在上侧的配合间隙及面差，其次对头部撞击的缓冲性能起到加强作用。

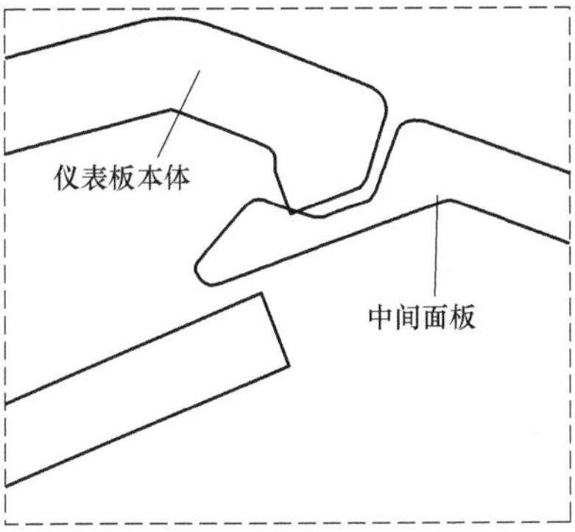

图 8-67 中间面板上侧的固定卡扣和仪表板的配合截面

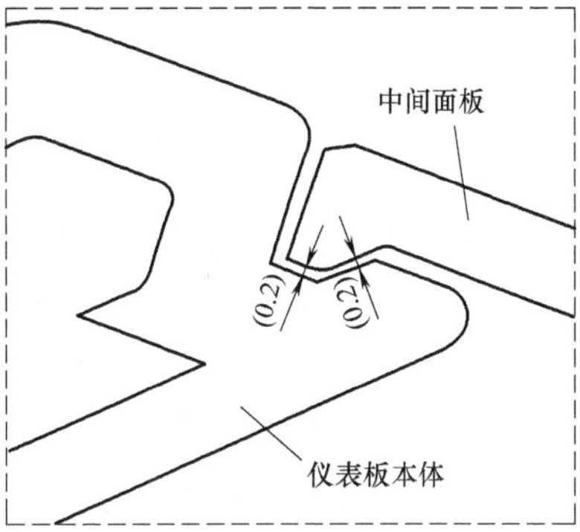

图 8-68 限位凸台

2）中间面板的左右侧面同样需要仪表板本体设计一些定位凸台来控制配合间隙，保证外观的一致性。配合间隙根据实际工艺水平选择 0.2~0.5mm 的范围。

3）中间面板的下侧可以设计一个插销，防止变形。

8.2.5 左下护板及膝盖碰撞吸能结构设计

1. 左下护板的作用

左下护板作为从仪表板本体上分离出来的零部件，有它固有的作用：首先由于模块化装配方式的需要，转向管柱和仪表板分装后整体安装到车身上，这样就需要仪表板本体开孔以便于转向管柱下固定点的安装，然后把左下护板卡接到仪表板本体上；其次现代车型对安全的要求越来越高，部分高端车型都增加了膝盖碰撞吸能机构，在碰撞时为膝盖提供一个缓冲的空间。

2. 膝盖碰撞吸能机构设计要求

1）在进行膝盖碰撞吸能机构设计前，首先要确认碰撞的接触点。

2）如果碰撞的星级系数只是中等或者假人的腿部运动允许，则膝盖碰撞吸能机构表面距离假人的膝盖允许大于 100mm；在没有系安全带的碰撞中，膝盖碰撞吸能机构是必需的；膝盖碰撞吸能机构的设计要同时考虑能量吸附的空间和驾驶人腿部操作的舒适性。

3）驾驶侧膝盖碰撞吸能机构的厚度一般在 30~40mm，通过超声波或热熔焊接在左下护板的背面，如图 8-69 所示。而副驾驶侧一般是布置在杂物箱的两层盖板的中间，厚度为

25mm左右；另外在仪表板横梁上设计膝盖碰撞吸能支架，对膝盖撞击起到缓冲吸能作用，如图8-70所示。

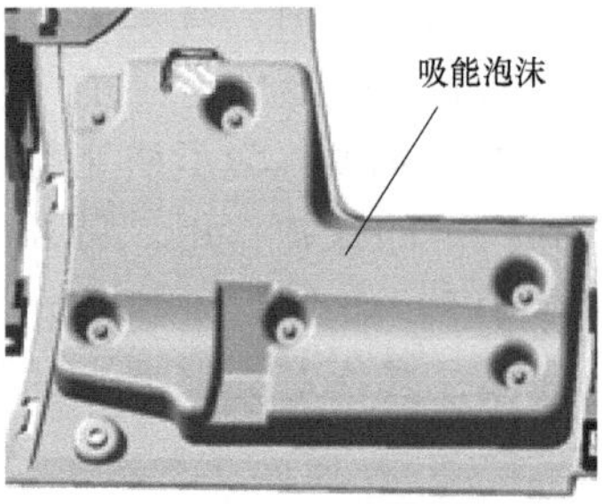

图8-69　驾驶侧膝盖碰撞吸能机构

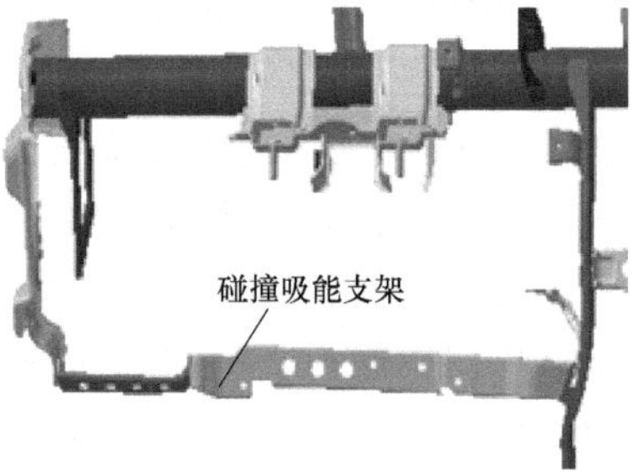

图8-70　膝盖碰撞吸能支架

8.2.6　副仪表板的结构设计

副仪表板的主要功能是为车辆前地板纵梁上安装的暖通空调、变速机构、出风管路、机械驻车制动等机构件提供遮蔽。随着用户需求的日益提升，遮蔽功能已经是副仪表板必须达成的最基本功能，而提供舒适操作空间、舒适装饰环境、适用储物空间，已越来越成为副仪表板承担的重要功能。

1. 副仪表板基本构成

根据车型划分及结构特点，副仪表板的构成大致可分为整体式和分体式两种类型。其结构形式和特点如图8-71所示。

结构形式：整体式副仪表板	图　例
结构特征：副仪表板本体作为外观零件，整体成型，而后装配各种装饰盖板，储物盒与本体一体成型选用原则：适合紧凑型、经济型轿车	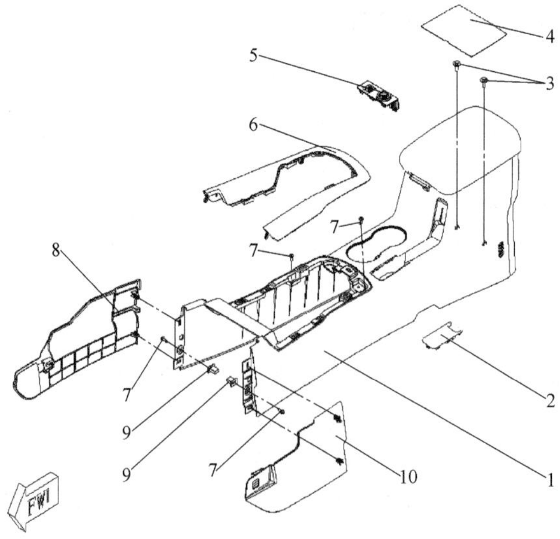

序号	名称	数量
1	副仪表板本体	1
2	驻车制动饰板	4
3	M6螺栓	2
4	储物盒垫	1
5	电器盖板	1
6	中央装饰面板	1
7	自攻螺钉	4
8	左前延伸板	1
9	垫块	2
10	右前延伸板	1

图8-71　副仪表板结构形成

结构形式：分体式副仪表板	图例
结构特征：拆分为左右侧板、中央面板及若干加强横梁，储物盒单独拆件 选用原则：适合配置较高、内部尺寸较大的车型	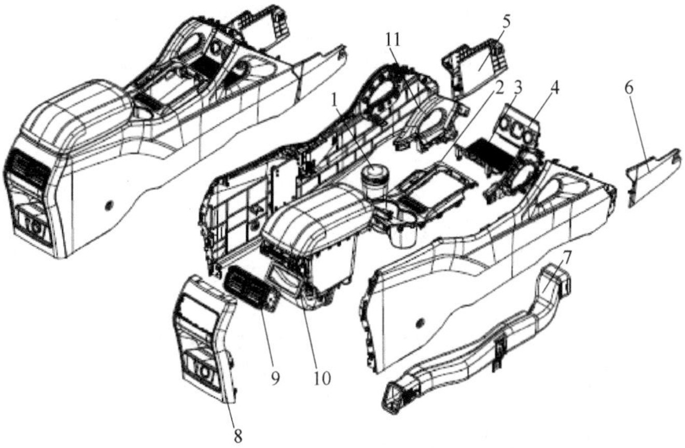

序号	名称	数量
1	移动式烟灰盒	1
2	中央装饰面板	1
3	前端储物盒	1
4	点烟器面板	1
5	左前延伸板	1
6	右前延伸板	1
7	后吹面风管	1
8	后装饰面板	1
9	后风口	1
10	肘靠	1
11	前扶手	2

图 8-71 副仪表板结构形式（续）

在 CAS 校核完成，油泥冻结之后，副仪表板系统基本方案都已确定，但由于 CAS 还不能完全体现配合及部分细节问题，A 面数据出来以后，工程和设计人员将充分运用大量断面来细化校核 A 面能否达到产品设计目标。该产品目标遵循以市场对标为前提，了解所研发车型副仪表板的基本属性。通过精致工程评价，总结所研发车型的魅力属性。根据所掌握的对标信息，制定副仪表板系统的技术路线。结合技术路线，对造型数据进行可行性分析和优化建议。遵从自上而下的顶层设计思路，以目标为导向进行层层分解。完成 3D 设计后，通过各种验证手段，再自下而上进行设计验收，力求达成系统设计目标。这些目标包括：

质量目标：主机厂以往开发车型数据。

可靠性目标：主要反映整车在使用过程中的耐久性能。

力学性能：对产品刚强度的要求。

品质目标：精致工程的目标达成。

重量目标：整车分解下的总成目标。

人机参数：舒适性相关的要求。

2. 结构设计要项的对策列举

（1）副仪表板总成定位

1）定位设计，顾名思义，就是将产品在整车上的位置定住。用工程语言描述，就是约束产品的 6 个自由度。如图 8-72 所示，副仪表板产品一般在图示的区域布置定位点。

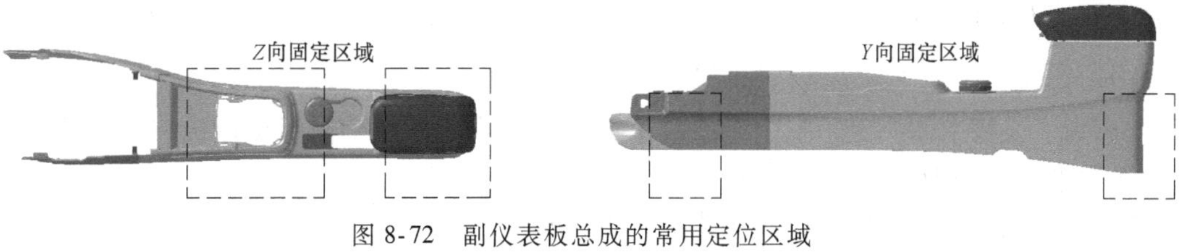

图 8-72 副仪表板总成的常用定位区域

2）副仪表板总成的定位一般通过几何尺寸和公差（GD&T）图纸进行描述。GD&T 是工程产品定义标准，它描述了一个产品几何特征以及这些几何特征的相互关系，还有它们与之相匹配的总成或零件的功能要求等。如图 8-73 所示，图纸中定义了定位面（如图中的 A1～A4，C1 及 C2）和定位孔（如图中的 B5），这些面和孔的组合，理论上将副仪表板固定在了一个位置。

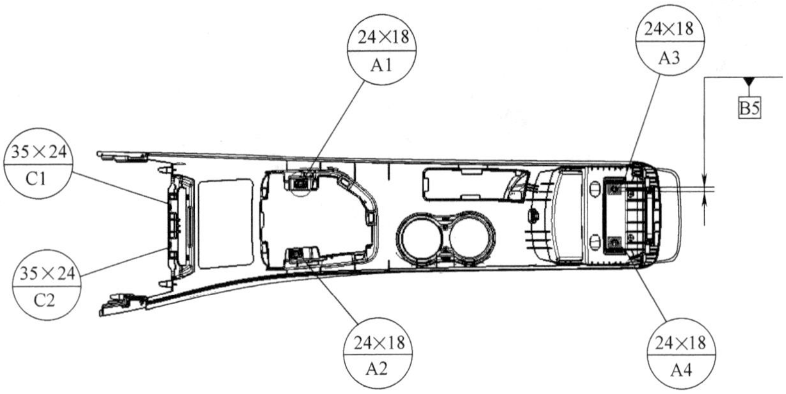

图 8-73　某车型副仪表板总成的 GD&T 图纸

（2）副仪表板总成安装

1）Z 向安装。Z 向固定一般做在杯托下面，用自攻螺钉来固定，上面加上杯托垫，如图 8-74 所示。

2）Y 向固定。对于 Y 向固定，在副仪表板侧面开两个孔，然后通过打螺钉的方式固定在安装支架上。在布置固定点时要考虑到在座椅安装后固定点的拆卸，同时也要考虑到座椅怎样遮蔽固定点，使之不暴露在人的视野范围内。通常是把座椅滑到最前端，然后以座椅最后部往后 30mm 左右来布置固定点，一定要用工具进行校核。固定点的截面线如图 8-75 所示。

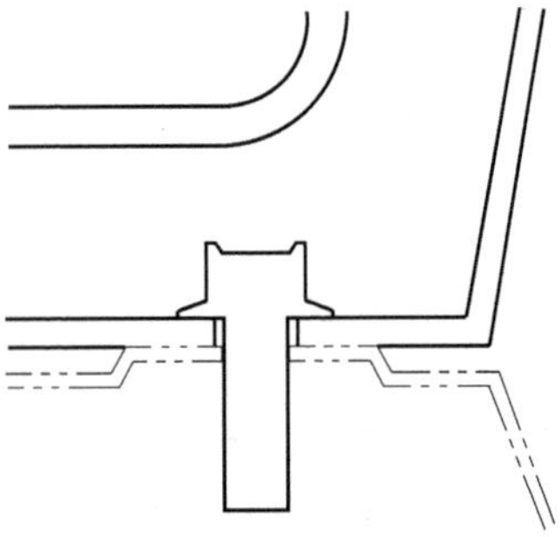

图 8-74　副仪表板总成 Z 向安装

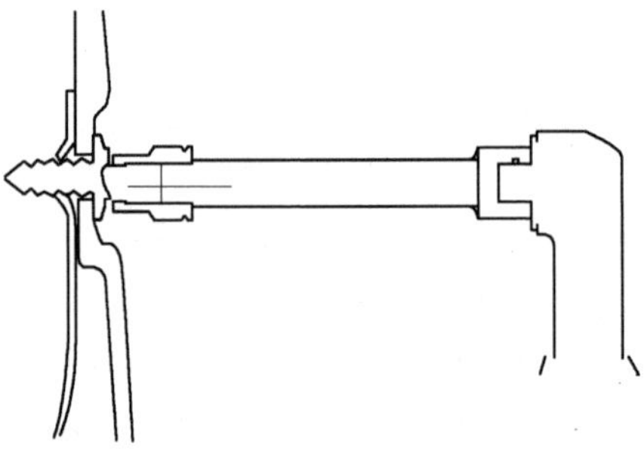

图 8-75　副仪表板总成 Y 向固定

（3）副仪表板的 Y 向布置空间

1）副仪表板本体决定了整个产品的 Y 向边界，为遮蔽整个内部操作机构的主体，一些布置参数如图 8-76 所示。

2）副仪表板与座椅座垫面料间隙不小于 8mm。

3）副仪表板与座椅塑料装饰件间隙不小于 10mm。

4）副仪表板与座椅滑轨间隙不小于 15mm。

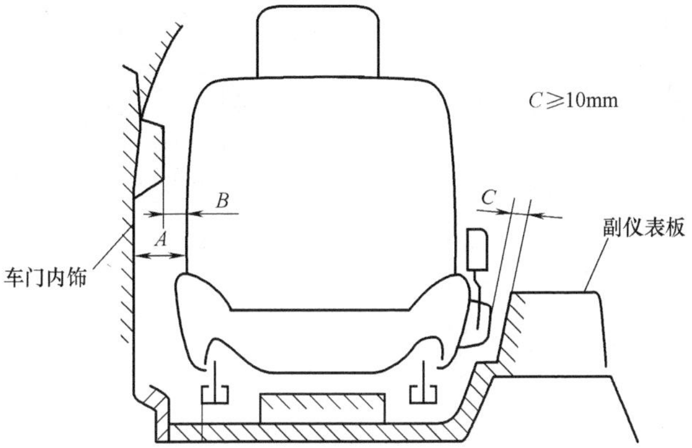

图 8-76 副仪表板 *Y* 向布置空间

（4）变速杆区域的布置 随着车型级别的提高，在变速杆区域的装饰面板一般有多种材质或者色彩及装饰性效果的组合。变速杆周边一般是各种电子操控按键的集中布置区域，因此对 *X* 向和 *Y* 向的空间要求较高。特别是 *Y* 向空间，可扩展空间有限。

1）对于 A 级别车型，由于车身内空间尺寸的限制，布置变速杆后，基本没有其他按键的布置空间。

2）对于 B 级别车型，可考虑单边布置按键。

3）对于 C 级别车型，*Y* 向空间充裕，变速杆区域的布置可选方案较多，如图 8-77 所示，左图为变速杆与杯托在 *Y* 方向上横向布置的示例，右图为变速杆中央布置、周围布置按键的示例。

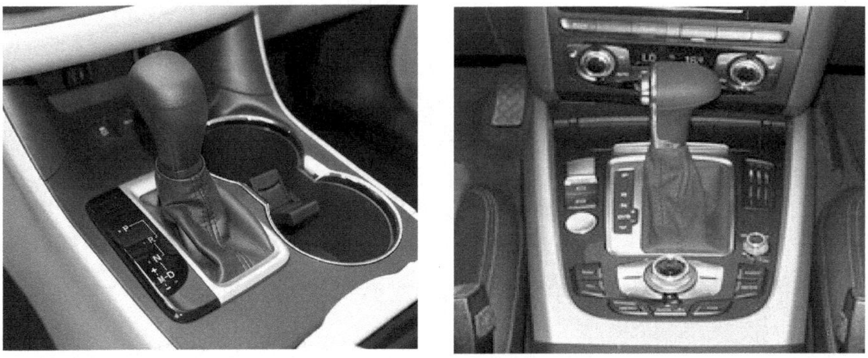

图 8-77 变速杆布置

（5）杯托的设计

1）杯托的结构设计要求如图 8-78 所示。

2）对于带有翻边及弹簧指片的杯托设计，在设计上需要保持夹持特征面的话，高度上

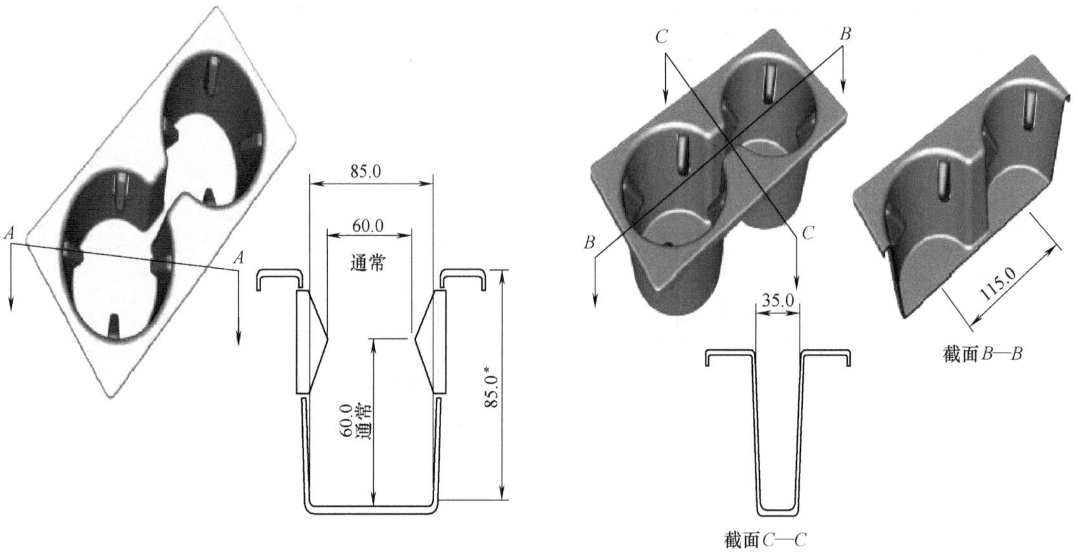

图 8-78　带有弹簧指片的杯托结构设计

注：85mm 是最低高度，100mm 是最高高度，最高高度要求是为了方便客户抓住杯子。

的主要尺寸是 60mm，如果把杯托内部的直径 85mm 和深度 85mm 减少，这样会造成设计的杯托可适用的杯子范围缩小。

（6）驻车制动区域的布置

1）对于机械式驻车制动的布置，常见的有图 8-79 所示的三种配合方式。

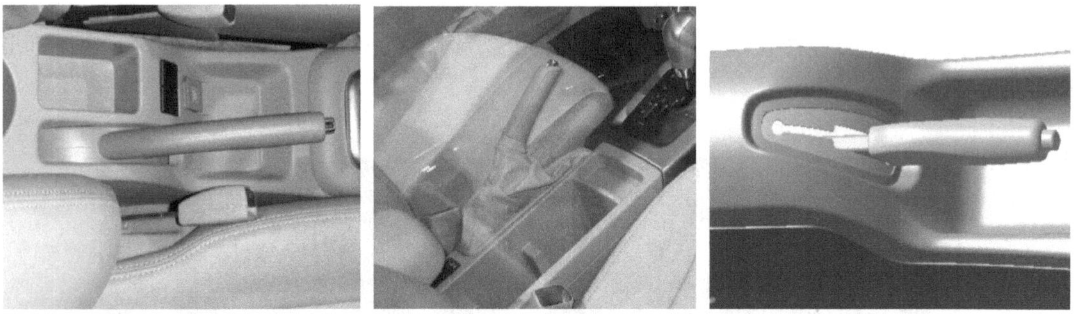

图 8-79　机械式驻车制动

2）对于电子式驻车制动，不再出现手柄，取而代之是一个标识有“P”字样的物理按键，如图 8-80 所示。

（7）吹面风管及后风口的布置

1）吹面风管。副仪表板后端配置有风口的车型，才需要考虑吹面风管的设计。一般来讲，第二排风口是市面上 C 级及其以上车型的标准配置。风管在整个中控箱长度方向上贯穿，需要避开前储物盒、变速机构及驻车制动机构。风管的路径如图 8-81 所示。

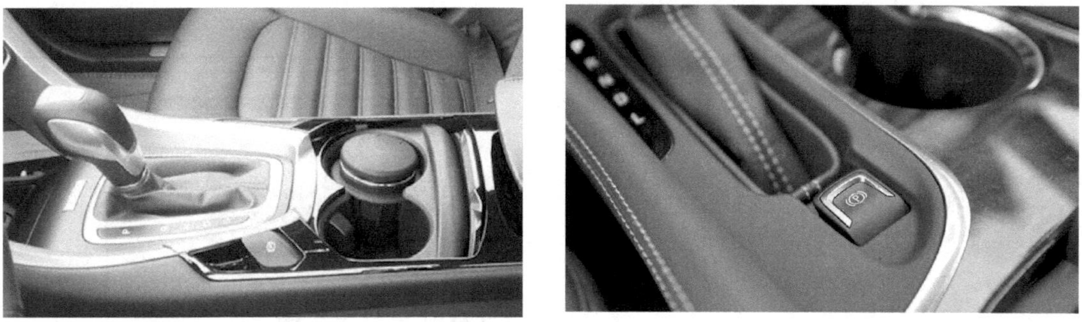

图 8-80 电子式驻车制动

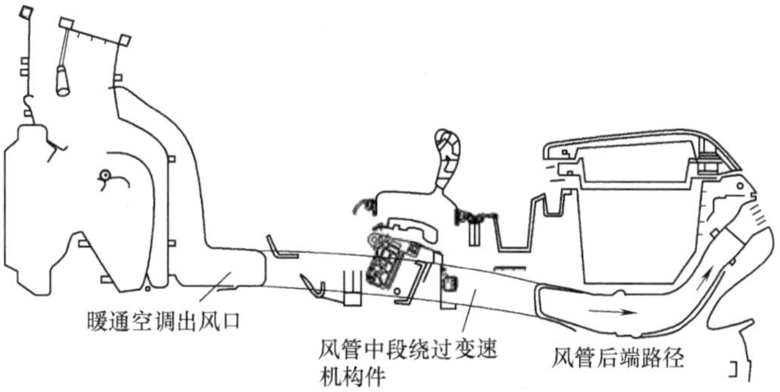

图 8-81 后排吹面风管布置图

2）后风口布置。副仪表板后面出风口吹风应该能吹到坐在后排座椅的乘客面部。设计校核如图 8-82 所示。

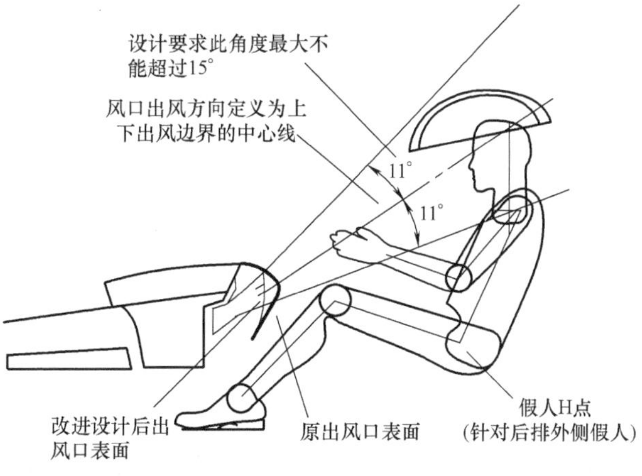

图 8-82 后风口布置

（8）总成的模态　在定义材料属性和外部连接后，即可启动副仪表板总成的模态分析。由于各主机厂的一阶模态标准不同，以下仅以某车型分析为例说明，如图 8-83 所示。

<table>
<tr><th colspan="2">加载方式</th><th>原因说明及建议</th></tr>
<tr><td colspan="2">按实车状态约束各个安装点</td><td rowspan="3">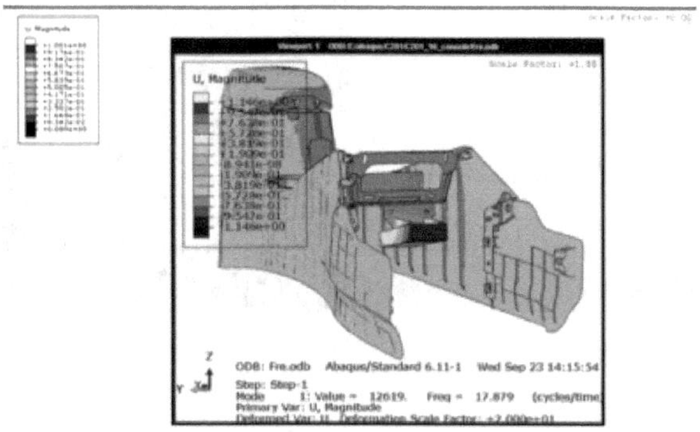
</td></tr>
<tr><td>车型</td><td>一阶模态</td></tr>
<tr><td>结论</td><td>满足要求</td></tr>
</table>

图 8-83　总成的模态

（9）总成的刚度　与模态分析类似，在定义材料属性和外部连接后，即可启动副仪表板总成的刚度分析。由于各主机厂的一阶模态标准不同，以下仅以某车型分析为例说明，如图 8-84 所示。

<table>
<tr><th colspan="2">加载方式</th><th>原因说明及建议</th></tr>
<tr><td colspan="2">在规定的受力点施加载荷</td><td rowspan="3">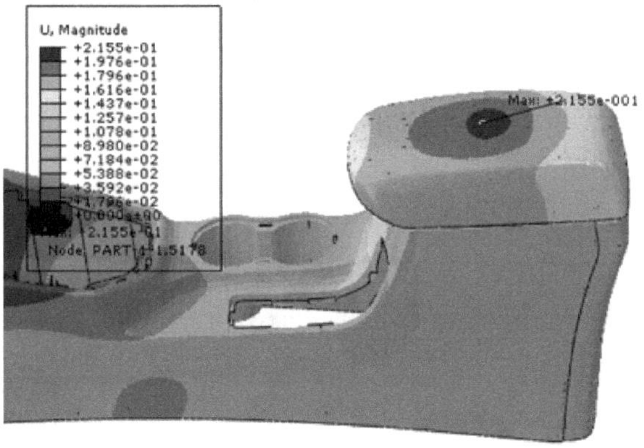
</td></tr>
<tr><td>车型</td><td>扶手表面刚度</td></tr>
<tr><td>结论</td><td>满足要求</td></tr>
</table>

图 8-84　总成的刚度

8.2.7　转向支撑的设计

转向支撑（Cross Car Beam，CCB）安装在乘员舱的前端，主要用来安装转向管柱、电器件、仪表板等零件，为仪表板系统总成提供整体刚性的同时在整车正碰时对整个乘员舱起到加强保护作用。

1. 转向支撑的功能及设计原则

1）满足整体刚度，在正碰时能有效地防止防火墙变形而伤害到乘客。

2）支撑转向管柱，具有足够的模态，以满足 NVH 要求。

3）支持电器件的固定。

4）支持仪表板的固定，有效地提高仪表板的强度。

5）支持膝盖碰撞保护，能提供一个缓冲吸能的空间。

6）支持 PAB 的固定，为 PAB 的顺利爆破提供支撑。

7）在满足强度要求、NVH 试验要求的情况下最大限度地减小重量。

2. 转向支撑典型结构简述

为实现上述功能，转向支撑须包含具备典型结构的关重零部件，它们是横梁、左右安装支架、前端安装支架、中央安装支架、转向柱安装支架、副安全气囊安装支架、仪表板安装支架、电装件安装支架 8 个部分，如图 8-85 所示。横梁钢管材料通常采用的是 20 号钢材，各支架的材料根据支架的厚度而定，如果厚度在 1.8mm 以内，则选用 DC01 的材料，如果厚度在 1.8mm 以上，则选用 SPHC 的材料。支架经过冲压成形后通过点焊或 CO_2 气体保护焊焊接为分总成，再与横梁焊接为转向支撑总成。

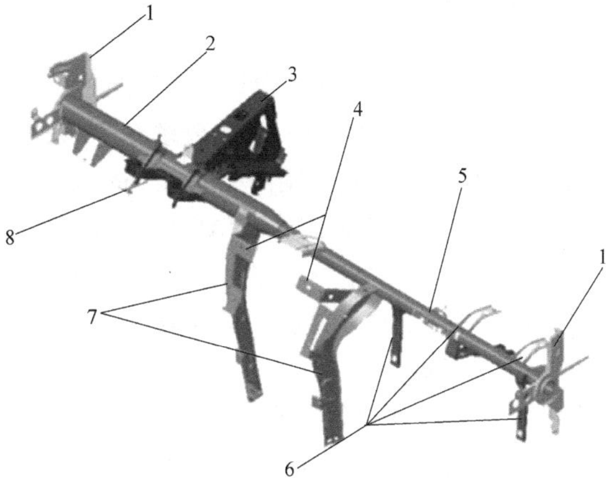

图 8-85 转向支撑总成

1—左右安装支架 2—横梁 3—前端安装支架 4—电器安装支架 5—PAB 安装支架 6—仪表板安装支架 7—中央安装支架 8—转向管柱安装支架

3. 转向支撑与车身的定位与安装

安装在乘员舱前端的转向支撑，通常通过螺栓连接来实现定位并安装固定在车身左右侧围、前壁板、车身地板上，具体的定位及固定形式如下：

1）定位：转向支撑与车身的定位，通常在转向支撑上设计定位销，在车身侧围上设计定位孔；主定位设计在主驾侧侧围上，次定位设计在副驾侧侧围上。

2）固定：转向支撑与车身侧围（左、右）通常分别设计 2~4 个螺栓固定，前端与车身前壁板通常至少设计 1 个安装支架，2 个螺栓固定；中央支架通常设计为单侧支架或双侧支架，与地板采用 2~4 个安装点固定。

4. 转向支撑的结构设计

（1）转向支撑横梁的设计

1）在设计之初，首先要确定横梁的外径。横梁有标准横梁和非标准横梁之分，标准横梁供应商可以直接采购到，而非标准横梁需要定制，这样一来就增加了成本，而且不容易采购到，所以应尽量选择标准的横梁。转向支撑通常使用的几种横梁的外径有 35mm、42mm、45mm、50mm、54mm、60mm，根据所设计车的大小选择合理的外径尺寸。

2）确定横梁的外径尺寸后，接着需要确定中心管的形状。中心管按照成型分为无缝横梁和有缝横梁，有缝横梁由于公差比较大，一般都很少采用，现在的车型基本上采用的都是无缝横梁。横梁按照结构分为直管和弯管，在布置的时候通常都是采用直管布置，因为直管布置有以下优势：公差好控制，不容易产生焊接变形，横梁总成精度高；对碰撞有利，能有效地防止正碰时前围钣金的变形。如果由于蒸发器、转向管柱的原因无法按照直管布置，就只能按照弯管布置。弯管布置存在以下问题：一是折弯精度不高，难以控制，目前国内的横梁厂家所使用的都是台湾产的弯管机，精度很差，折弯半径有限，容易产生废料，成本增加很多；二是弯管折弯后由于应力作用变形很大，直接导致焊接在其上的支架的精度很差，横梁总成和车身、仪表板匹配的时候产生很多配合问题；此外弯管强度不好，不利于正碰。

3）横梁的另外一种结构是由一根管和多根管焊接成型的，如果弯管设计成两截管的时候能有效地减少废料的产生，弯管折弯时也容易成型，而且能局部增大布置空间，但是焊接变形量很大。

4）横梁与周边零部件的间距设计建议如下：

① 横梁与 HVAC 之间的距离要求在 15mm 以上，满足制造公差和安装公差的要求。

② 横梁与风管之间的距离要求在 5mm 以上，满足制造公差和安装公差的要求。

③ 横梁的上表面要求比 HVAC 出风口表面要低，满足仪表板安装的方便性。

④ 横梁中心点的坐标要求 X 和 Z 都为整数，降低累积公差。

⑤ 确定中心线的位置后，根据驾驶侧的宽度及仪表板的安装位置拉伸直管，直管厚度一般为 1.5~2.5mm。

5）如果因为 HVAC 等的原因无法布置直管，则只能布置弯管。弯管的设计需注意：弯管中心线的确定和直管中心线的确定方法一样，弯管另外还要满足折弯半径的要求，要求折弯半径最小为管径的 1.5 倍，中心线的台阶范围最小可以做到 40mm，如图 8-86 所示。

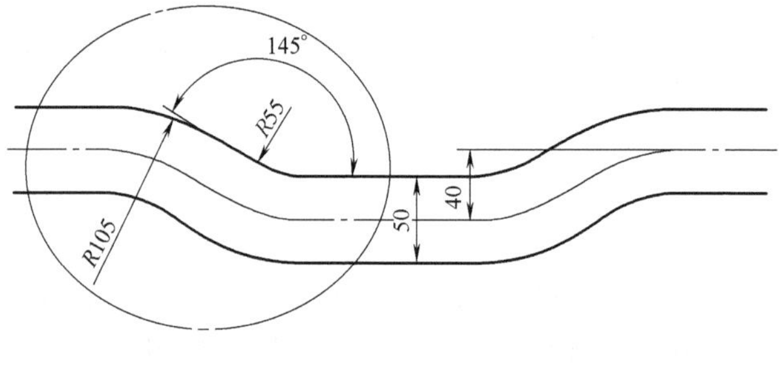

图 8-86 折弯半径

（2）左右安装支架的设计

1）左右安装支架是转向支撑与侧围的重要安装点，通常被选为转向支撑总成的主基准面，设计时须对相应安装面面轮廓度及安装孔位置度输出要求。主次定位通常选用具备防退落结构的圆销，并通过 CO_2 保护焊焊接在安装支架上；主定位通常焊接在主驾驶侧（左侧）安装支架上，孔销采用间隙配合，销的加工走下公差，配合孔为圆孔；次定位通常焊接在副驾驶侧（右侧）安装支架上，孔销采用间隙配合，销的加工走下公差，配合孔位腰形孔。

2）与侧围固定点通常为 2~4 个 X 向固定点，有的转向支撑设计有 Y 向固定点；固定方式通常采用一定规格的螺栓进行固定。

3）左右安装支架的安装需考量横梁中心线的位置，尤其是和仪表板总成一起往车上安装的时候须校核安装空间，不能被车身侧围挡住。

（3）前端安装支架及转向管柱安装支架的设计　转向支撑通过前端安装支架与前壁板实现 X 向连接，固定点处焊接有凸焊螺母，螺栓从发动机舱内透过前壁板将转向支撑固定在前壁板上。除实现固定外，前壁板安装支架也可为线束提供安装点，支架设计时须根据碰撞、CAE 分析等输入进行结构优化。

（4）中央安装支架的设计　中央安装支架是转向支撑与地板连接并固定的重要零部件，通常采用双支架或单支架（根据整体模态及刚度需求而定）；中央安装支架通过螺栓连接与地板实现固定；除此之外中央安装支架也是线束、电器设计安装点的重要基础。

（5）转向管柱安装支架

1）转向管柱安装支架是转向支撑上为转向管柱及转向盘系统提供安装的重要零部件，如图 8-85 所示。通常安装支架上焊接有 4 个凸焊螺柱，转向管柱及转向盘系统通过打螺母的形式固定在转向支撑上。

2）设计时需注意：如图 8-87 布置截面图所示，转向盘的中心到横梁中心线的距离越小越好，最大不得超过 460mm，这样能有效地减小转向盘的共振。

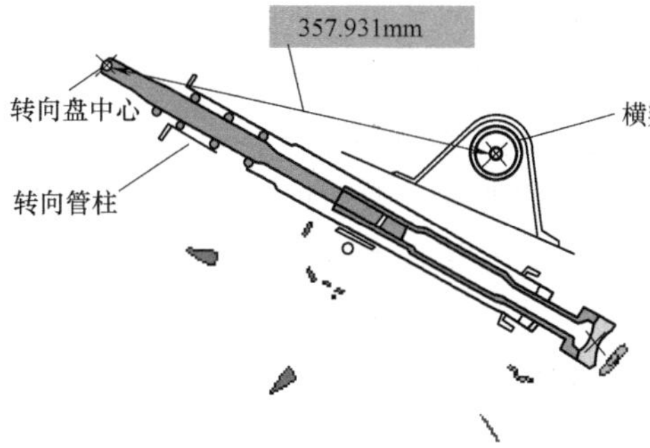

图 8-87　某车型转向盘中心至横梁中心线的距离

3）转向管柱的安装面到横梁中心线之间的距离推荐范围是 60～70mm，如图 8-88 所示。

（6）PAB 安装支架的设计　若横梁采用直管设计，PAB 模块安装在 PAB 支架上以后，须确定管子中心线的位置，横梁管子不能布置在 PAB 模块的正下方，一般间距选在 10～45mm 之间，图 8-89 是 PAB 布置截面图。

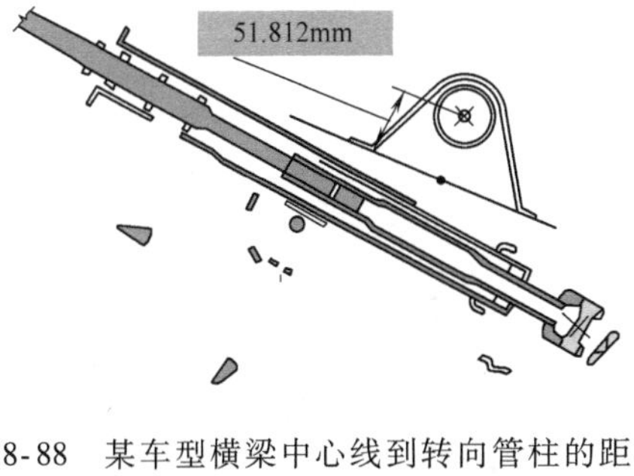

图 8-88　某车型横梁中心线到转向管柱的距离

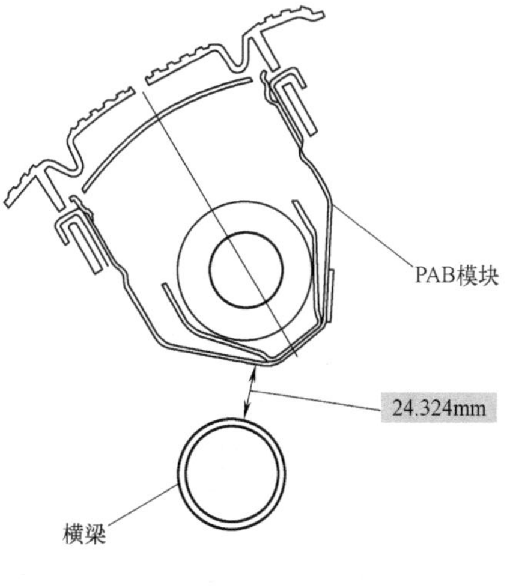

图 8-89　PAB 布置截面

（7）电器安装支架与仪表板安装支架的设计　根据电器的安装点分布以及仪表板定位系统、安装策略等进行针对性设计，在满足设计性能要求的前提下，尽可能减少转向支撑总成上安装支架的数量及尺寸，可以共用安装支架的尽量不设计单独的安装支架，以降低制造工艺复杂程度及质量管控风险等。

5. 发展趋势

随着排放法规的要求愈加严厉，汽车轻量化的诉求越来越紧迫。对于转向支撑，在满足设计性能的前提下，具备轻量化优势的新兴材料与结构正逐步得到应用，如采用铝合金转向支撑、碳纤维转向支撑等。

8.3 主副仪表板系统制造工艺

8.3.1 成型工艺

由于硬质成型工艺主要以注塑为主，而注塑工艺已经非常成熟，不再赘述。本节主要介绍软质成型工艺。

1. 表皮搪塑成型

（1）工艺原理　将PVC（或TPO、TPU等）粉末加入到旋转的搪塑模具中，PVC粉末因为热量烧结在模具表面，通过控制加热的温度和时间，从而得到所需厚度的搪塑表皮。

（2）工艺过程（图8-90）

1）表面带有花纹的搪塑模具被加热到搪塑表皮的成型温度。

2）搪塑模具和装有搪塑粉末的粉箱扣合。

3）搪塑模具和粉箱一起按照设定的程序旋转，粉末熔化粘附于模具表面，达到一定厚度后，粉箱与搪塑模具分离。

4）模具外表面被继续加热，内表面的搪塑表皮被塑化烧结。

5）模具通过水或空气等快速冷却。

6）成型的搪塑表皮从模具内取下。

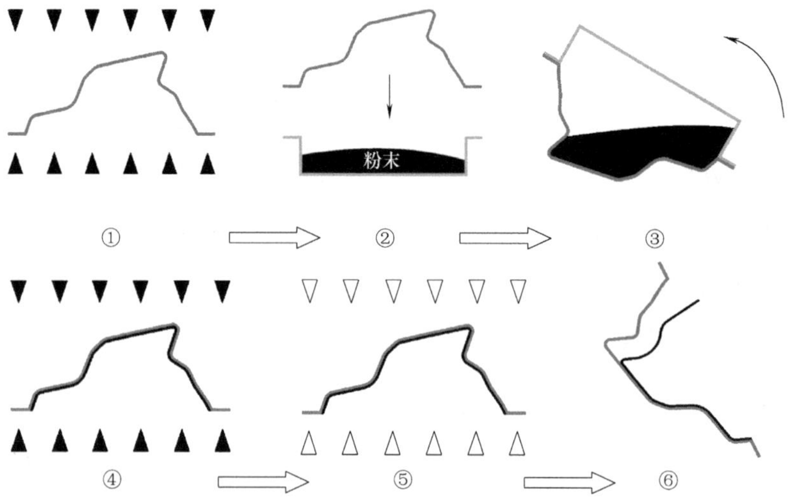

图8-90　搪塑成型工艺过程

2. 阴模真空吸附成型

（1）工艺原理　TPO（或PVC等）表皮经预热后，通过真空吸附与模具紧密贴合，从而得到满足外观要求的成型表皮。

（2）工艺过程

1）随着人们对表皮制品的颜色、光泽、纹理一致性及造型形状要求越来越高，传统的阳模真空吸附成型工艺已经难以满足这些要求。为此，阴模真空吸附成型技术应运而生。该技术在很大程度上弥补了阳模真空吸附制品纹理变浅或消失的缺陷，且作为仪表板真空吸附制品的主流技术被广泛应用。

2）阴模真空吸附成型如图 8-91 所示，不带纹理的表皮首先被加热到成型温度后，下降阴模，上升下台面，使加热表皮与阴模间形成真空腔，开启阴模真空抽吸系统，抽真空，使表皮紧贴于阴模表面，冷却后拔模，得到成型的表皮制品。利用该工艺生产的制品的外表面与模腔贴合，质量较高，结构上也比较分明细致，壁厚的最大部位在模腔底部，最薄部位在模腔侧面与底面的交界处，而且随着模腔深度的增大，制品底部转角处的壁厚就变得更薄。因此，阴模真空吸附成型不适于生产深度很大的制品，但适合生产皮纹和光泽均匀的制品。用于阴模真空吸附成型的模具表面刻有皮纹，皮纹通过真空吸附转压到表皮上。因此表皮上的皮纹是均匀的，不随表皮拉伸量的变化而变化，这是阳模真空吸附成型难以做到的。优点是表面花纹效果接近搪塑，模具寿命 30 万套左右，生产效率高。缺点是设备要求高，模具的一次投入高，对产品外观设计具有一定局限性。

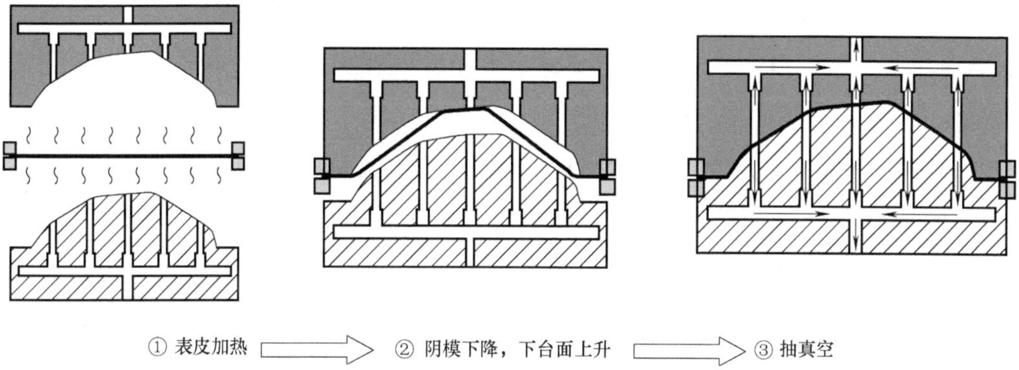

图 8-91 阴模真空吸附工艺

3）表皮类真空吸附成型。在成型过程中仅成型表皮，表皮成型后还需后续加工，如缝纫，再与仪表板等骨架发泡或热覆合。

4）复合类真空吸附成型。真空吸附成型前仪表板等骨架首先被放置在阳模或阴模的对碰模具上，真空吸附成型后表皮直接复合在骨架上，后续不需要再对表皮进行加工。

复合类阴模真空吸附成型仪表板的工艺流程如图 8-92 所示。

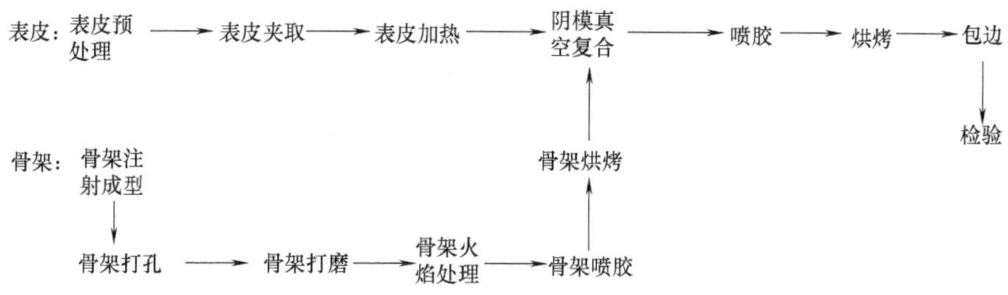

图 8-92 复合类阴模真空吸附成型仪表板的工艺流程

3. 聚氨酯喷涂

（1）工艺原理　PU Spray（聚氨酯喷涂成型）工艺过程如图 8-93 所示。其工艺原理是聚氨酯的两种组分——异氰酸酯（ISO）与多羟基化合物（Polyol），经过精确计量后，在一定的温度和适量催化剂的控制下，经过高压混合反应，然后被喷涂到镍壳模具上，经过一段塑化时间后，聚氨酯附着在镍壳上形成一种手感很好的多孔性的弹性体表皮。在此过程中，聚氨酯的两个组分混合反应属于化学反应，反应生成的是热固性材料，它不像热塑性材料那样容易受外部物理条件的影响，因此材料具有良好的环境适用性能。

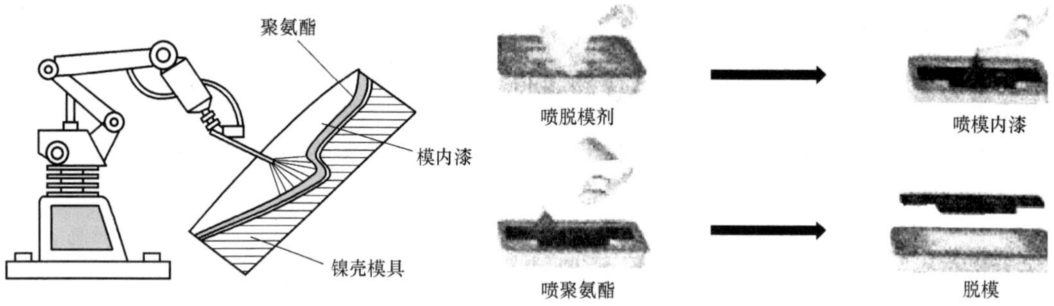

a) 喷涂示意图　　b) 工艺流程图

图 8-93　PU Spray 工艺操作流程图

（2）PU Spray 的优点

1）PU 从喷枪出来后是液态的，粘附在模具上，PU Spray 的表皮在模具皮纹的复现性很优秀，可以更加接近于真皮的效果。PU Spray 的表皮皮纹可以做得很深，可以更好地吸收和反射光线，从而降低表皮表面的光泽度。

2）表皮可以实现双色效果。

3）由于 PU 的表皮在成型后化学反应已经完成，不会再受外部环境温度的影响。而 PVC 是热塑性材料，受外部环境影响相对要高一些，尤其是低温下会发脆，无论是无缝低温爆破性能，还是低温状态的手感，都比较差。而 PU 则没有这方面的不足，尤其是低温状态的手感相对要好很多。

4）PU Spray 表皮具有优秀的低温爆破性能，韧性好，不易撕裂，对于采用隐形安全气囊的仪表板而言，上述优点尤为明显，该工艺可以使表皮在低温下的爆破性能非常好，而且不会产生表皮碎屑。

5）PU Spray 的模具寿命在 30 万模次左右。

6）将几种常见的表皮成型工艺进行比较，详见表 8-4。

表 8-4　常见表皮成型工艺对比

工艺	PVC、TPO 阳模吸附	PVC、TPO 阴模吸附	PVC 搪塑	TPU 搪塑	TPO 搪塑	PU Spray
技术是否成熟	是	是	是	是	否	是
双色成型	否	否	是	是	是	是
纹理成型性	不好	好	好	好	好	好
回收性	PVC 不好	PVC 不好	不好	不好	好	不好
手感	不好	不好	好	好	不好	好

（续）

工艺	PVC、TPO 阳模吸附	PVC、TPO 阴模吸附	PVC 搪塑	TPU 搪塑	TPO 搪塑	PU Spray
设计自由度	不好	不好	好	好	好	不好
是否能做缝纫线	TPO 是	TPO 是	否	是	是	否
热老化性能	PVC 不好	PVC 不好	不好	好	好	好
低温性能	PVC 不好	PVC 不好	不好	好	好	好
耐磨性	TPO 不好	TPO 不好	好	好	不好	好
雾化性	PVC 不好	PVC 不好	不好	好	好	好
模具寿命	30 万模左右	30 万模左右	2 万模左右	2 万模左右	2 万模左右	30 万模左右
模具费用	低	中	高	高	高	高
产能	高	高	低	低	低	低
设备投资	中	中	低	低	低	高
原材料资源	多	多	多	少	很少	少
总成本	低	中	中	高	高	高

8.3.2 连接工艺

主要就仪表板特有的振动摩擦焊接进行说明：振动摩擦焊是通过摩擦产生的热量软化接合表面的加压焊接方法。常用于中控箱本体侧面加强板的焊接（图 8-94）。

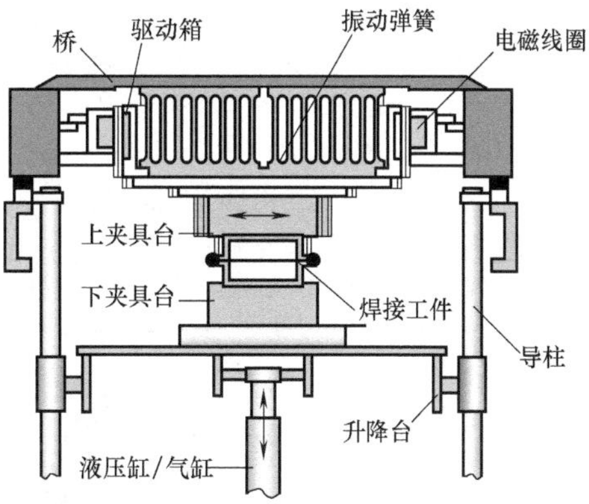

图 8-94 振动摩擦焊

8.3.3 组装工艺

在设计阶段需要对零件检查其装配性。装配性评估的内容包括零件静态是否干涉、零件动态安装可行性、工具和操作空间，以及安装的人机性等。该步骤是制造可行性分析的重要内容，它把零部件装配过程中可能存在的问题在设计阶段就识别并解决，从而确保了零部件快速、高效、低成本并符合人机工程的安装过程。有了设计阶段的装配性检查，后期组装可更加顺利地进行。

1）由工程师结合装配性评估内容及总装车间实际情况设计组装工艺流程。一般情况下，将不影响仪表板本体在车身上安装的零件在分装线上组装好，再将仪表板本体在总装线上进行与车身的组装。最后将剩余的零部件安装完毕。以某车型为例，根据图 8-95 所示的仪表板的爆炸图和图 8-96 所示的副仪表板的爆炸图，可大致了解仪表板系统的零部件构成和安装位置。

2）将仪表板在分装线上组装好后，在指定工位将其安装在车身上。与车身组装时，将仪表板本体总成沿与 *XY* 平面成 9°推入转向支撑上，将主定位孔对准转向支撑上对应的定位销，推入到位。先用螺母将仪表板本体总成主定位固定，然后依次固定其余安装点。将仪表板本体组装到车身上后，再将其余零件依次组装完毕。

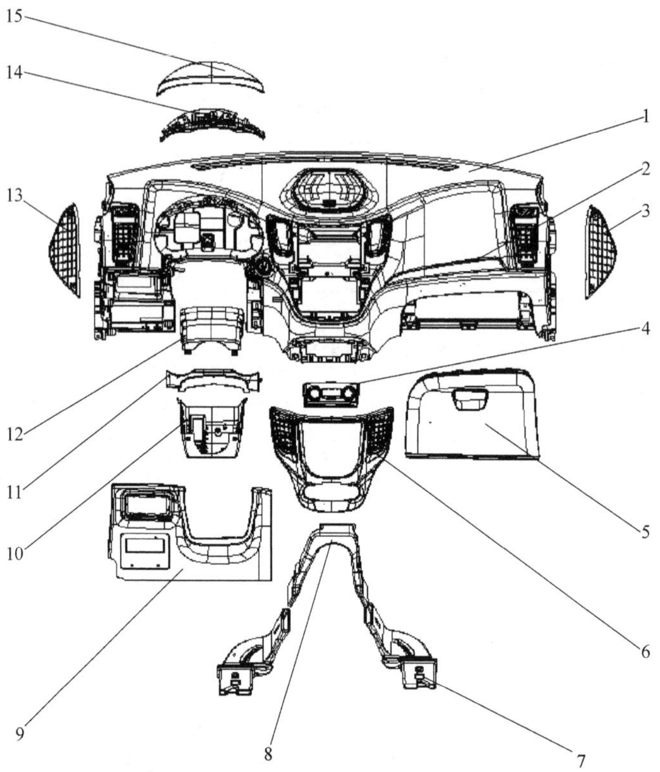

图 8-95　某车型仪表板爆炸图

1—仪表板本体总成　2—中央装饰亮条总成（右）　3—侧盖板总成（右）　4—点烟器盖板总成　5—杂物箱总成
6—中央控制面板总成　7—右吹脚风管　8—中央吹脚风管　9—左下侧装饰盖板总成　10—转向锁下壳总成
11—组合仪表罩螺钉盖板总成　12—转向锁上壳总成　13—侧盖板总成（左）　14—组合仪表罩骨架　15—组合仪表罩总成

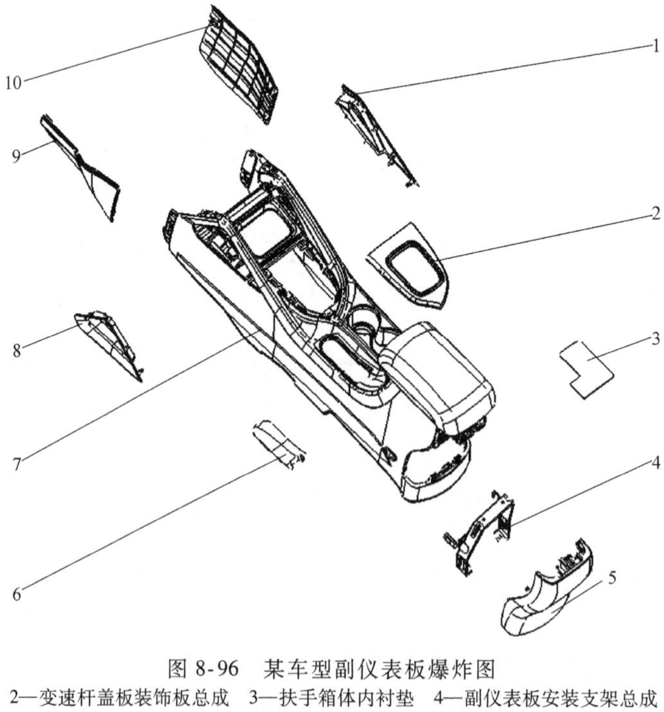

图 8-96　某车型副仪表板爆炸图

1—拉手右装饰盖板总成　2—变速杆盖板装饰板总成　3—扶手箱体内衬垫　4—副仪表板安装支架总成　5—副仪表板后盖板总成
6—驻车制动调节前盖板　7—副仪表板本体　8—拉手左装饰盖板总成　9—副仪表板前端左护板总成　10—副仪表板前端右护板总成

3）将副仪表板本体在分装线上组装好后，在指定的工位将其安装在副仪表板安装支架总成上。一般来说，该工位是在仪表板总成组装后、座椅系统组装前。图 8-97 所示是副仪表板总成在副仪表板安装支架总成、转向支撑及仪表板总成上的安装。

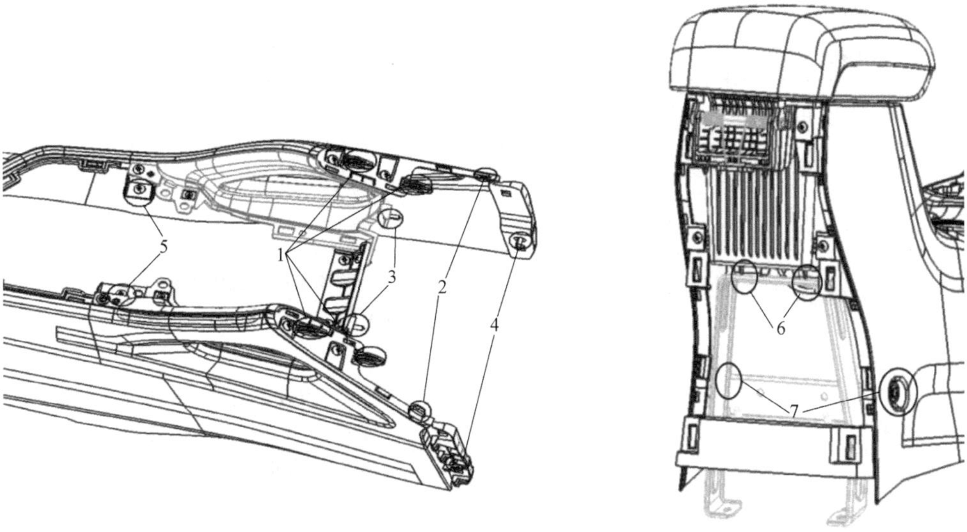

图 8-97　副仪表板总成的安装

1—副仪表板与仪表板插销　2—副仪表板侧边限位筋　3—副仪表板与 IP 连接螺钉　4—副仪表板与转向支撑连接螺钉　5—副仪表板与变速杆连接螺钉　6、7—副仪表板与副仪表板安装支架侧安装螺钉

装配步骤 1：拉起驻车制动手柄，将控制箱本体总成套入变速杆及驻车制动手柄；步骤 2：“1”、“2”定位销对准仪表板总成对应孔位后，沿 X 向推入仪表板；步骤 3：调整控制箱本体总成与仪表板配合间隙后，固定“3”处两颗螺钉；步骤 4：固定“4”“5”“6”“7”处螺钉。再将副仪表板前端盖板、副仪表板变速杆面板总成、驻车制动调节前盖板、扶手箱体内衬垫、副仪表板前端储物盒垫等零部件依次组装完成。

8.4　主副仪表板系统设计试验验证

8.4.1　零部件 DV 验证

仪表板的 DV（Design Verification）全称设计验证，适用于设计验证阶段，从产品 A 面设计开始，到结构设计结束。

1. 仪表板 DV 验证要点

仪表板的设计需要相关的试验数据做参考，同时结合设计规范、DFMEA 以及 Benchmark 等技术资料，国内几大主要设计仪表板的供应商，如佛吉亚、常熟英提尔、常州新泉、江阴万奇、宁波华翔、延峰等，都有相关的设计开发流程。但是不管怎样设计，都必须通过相关 DV 试验验证，一个好的设计只有通过试验验证才能应用于实践。

本节列举出国内外仪表板相关 DV 试验项目清单供参考（表 8-5）。

表 8-5 国内常用 DV 试验项目清单

序号	试验描述	接受标准	参考要求	备注
1	仪表板低阶自然频率	≥35Hz	≥35Hz	
2	转向管柱	≥30Hz	≥30Hz	
3	仪表板头部碰撞	锤头以 24.1km/h 的速度撞击试验构件，锤头的减速度超过 80g 的持续时间不得超过 3ms	系统总成无破裂，或产生尖锐的边缘和飞射物	
4	杂物箱静态承重	杂物箱放置 50N 的重物	杂物箱可以正常开启和关闭，无功能失效	
5	杂物箱疲劳试验	一次循环包括把盖子完全打开，盖子合上并锁上。用≤40N 的操作力进行 10000 个循环	目测盖子不允许出现任何损坏，杂物箱能灵活地打开和关上，无操作噪声	
6	出风口耐久性试验	对出风口的调整件各进行 10000 次动作，频次：(8±2)次/min	完成试验后，风口各零件不允许有断裂和发生干扰噪声；操作力、密封性、调节的可逆性必须满足要求	
7	气囊静态展开试验	要求仪表板分别在低温度 -30℃±3℃、常温 23℃±3℃、高温 85℃±3℃ 环境温度下，气囊静态展开	试验后不允许杂物箱打开，不允许出风口飞出，卡扣无松动，气囊打开区域无突起的断裂棱角，不能击碎玻璃等	
8	头部碰撞试验	FMVSS 201 ECE R21 GB 11552	要求在测试的时候，以 24km/h 撞击仪表板时，头部受到的冲击值在 3/1000s 内不得大于 80g	
9	除霜除雾 CFD 分析	通过 CAE 模流分析	要求内部风道通风顺畅，不允许有涡旋，不允许有可听见的尖叫声	
10	膝部碰撞试验	通过 CAE 分析以及实车碰撞	要求腿部伤害值满足法规要求	

其实仪表板 DV 试验验证项目还有很多，各大主机厂可根据整车的定位、开发周期以及成本等各方面因素综合考虑选择相应的 DV 试验项目。

2. 常见问题描述及整改方案

（1）头部碰撞试验　试验设备及失效模式分析，详见表 8-6 及图 8-98～图 8-100。

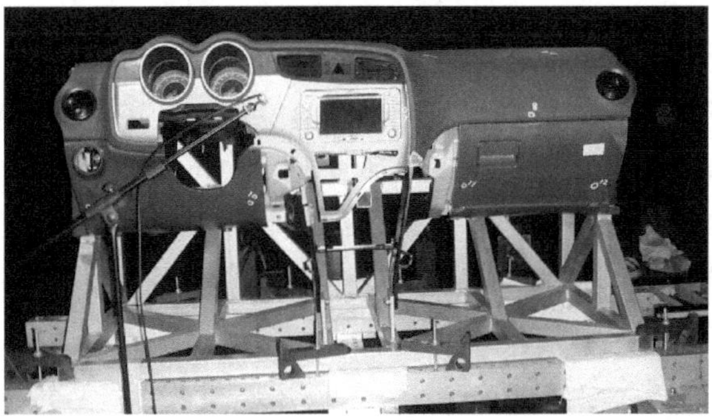

图 8-98　失效模式 1

图 8-99　失效模式 2

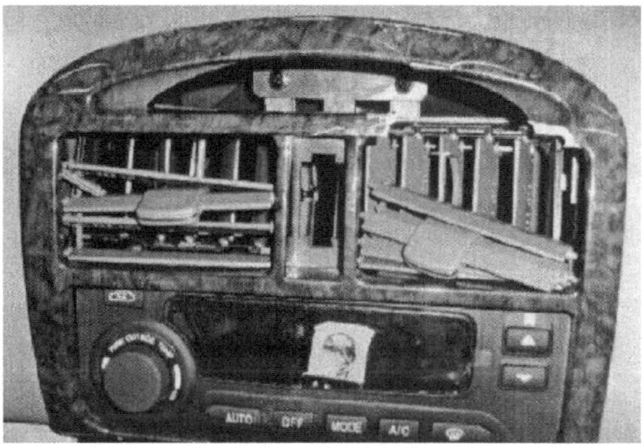

图 8-100　失效模式 3

表 8-6　常见问题描述及整改方案

序号	问题描述	整改措施	后期如何预防	备注
图 8-98	头部碰撞值偏大，超出法规要求	分析碰撞区域内部结构，设计更改，切除尖锐凸出物	避免头部碰撞区域设计有尖锐凸出物	
图 8-99	出风口叶片强度不够，头碰后易损坏	调整材料强度，增加壁厚	设计校核，通过可靠性试验验证	
图 8-100	电器开关 *R* 角不符合法规要求	设计校核，参考内部凸出物标准法规要求	设计校核	

（2）除霜除雾试验（表 8-7）

表 8-7　常见问题描述及整改方案

序号	问题描述	整改措施	后期如何预防	备注
1	除霜除雾角度不符合设计规范要求	设计更改，更改风道或者格栅吹风角度	设计校核，DFMEA 验证	
2	除霜风道模流分析不合格	更改风道，避免风量局部集中	CFD 分析，调整截面大小，保证出风顺畅	
3	除霜除雾试验不合格	排查具体原因，根据具体原因分析并制定相关整改措施	CFD 分析，在软模件或者快速成型件装车时安排除霜除雾试验，降低风险	

8.4.2 整车路试验证

整车路试验证包括汽车异响道路主观评价试验、可靠性道路试验和汽车异响耐久道路可靠性道路试验。主副仪表板可以通过路试验证发现一些问题。

1. 汽车异响道路主观评价试验

汽车异响道路主观评价试验的目的：模拟用户评价汽车异响水平，并量化各系统对异响的贡献量，以便对突出问题进行整改。

（1）试验前准备

1）评价车辆初始里程必须≤500km。

2）评价车辆需满足异响评价条件，含整车零部件按照设计要求定位或固定牢固，整车功能部件齐全且运行正常，并做好必要的安全检查。

（2）基本异响评价步骤

1）静态评价

静态评价指停机或速度≤10km/h 状态下，对车辆进行静态异响检查，以便排除由于漏装、错装或者零部件本身质量问题引起的异响。

2）冷车动态评价

冷车动态评价主要指车辆在自然环境温度下静置 12h 及以上，未经热车操作立即起动车辆进行异响评价。该评价主要考核整车各部件在冷车工况下有无异响。

3）动态驾驶评价

动态驾驶评价主要指在热车后的各种工况评价，主要包括怠速工况评价、加速异响评价、稳定行驶异响评价、自由驾驶评价。

（3）汽车异响道路主观评价结果记录（表 8-8）

表 8-8 汽车异响道路主观评价结果记录

序号	系统	评价条件	异响现象
1	仪表板系统		
2	副仪表板系统		
……			

2. 汽车可靠性道路试验

（1）试验目的　鉴定汽车新产品或改进设计后的产品的可靠性指标是否达到设计标准，同时在新产品研制过程中，一边测定可靠性，一边进行改进，使样车的可靠性水平逐步增长，直至达到设计要求。通过评价设计质量，再反馈到设计中去，以利于改进设计。

（2）汽车可靠性试验涉及的功能件

1）杯托　疲劳实验后，杯托功能保持正常。杯托支承耐久实验：将杯托固定后，在杯托中放置圆形、适应杯托大小的重物，放置若干小时，取出重物后，杯托功能正常。

2）杂物箱。

① 开启拉手的开启力。

② 开启拉手破坏力：试验后拉手不得损坏，箱盖不得打开。

③ 箱盖的关闭力。

④ 箱盖打开时间（阻尼型）：开启时间要求。

3）出风口

测试之前，需要先检查出风口总成外观有无缺陷，至少要将风门及拨轮操作三次。出风口操作应灵活、平稳、无异响。

① 操作力测试。

② 密封性能测试。

③ 耐久试验测试：试验循环后，风口总成仍能保持良好的外观和功能

4）扶手箱。

① 侧面打开的承重实验。

② 后部开启方式的承重实验。

③ 有基座的扶手的承重实验。

④ 扶手滑动力测试。

⑤ 扶手关闭力测试。

3. 汽车异响耐久道路可靠性道路试验

1）试验的目的：对整车异响进行可靠性评价，掌握汽车在道路可靠性试验后的异响水平，以便对突出问题进行整改。

2）异响试验道路条件见表 8-9。

表 8-9　异响道路路况定义

序号	试验路况	试验路面描述
1	平滑路况	平滑路面、综合路辅道
2	一般坏路	部分接缝、坑洼、修补路面
3	恶劣路况	卵石路、路障、窨井盖、坑洼路、共振路等

第9章

门内饰板系统设计

汽车门内饰板是汽车的重要零部件之一，主要功能是包裹金属门板，提供优美外观，同时满足人机工程、舒适性、功能性、密封和方便性等要求。门内饰板上的地图袋、储物盒是车内的主要储物空间之一，部分门内饰板上还会有卡片夹、烟灰盒等，以满足更多的储物要求。此外，当车辆发生侧面碰撞时，“二次碰撞”会使乘员和内饰板接触，内饰板总成可以大幅吸收车内乘员撞击内饰板的能量。

门内饰板系统通常包括左前门内饰板、右前门内饰板、左后门内饰板、右后门内饰板和侧门三角窗装饰件等。两厢汽车通常还有背门内饰板总成。

1. 门内饰板组成及功能说明

门内饰板是由多个零件组成的，不同车型组成的零件数目不同，每个零件的功能也不尽相同。如图 9-1 所示，以侧门内饰板为例，对门内饰板组成及功能进行说明。

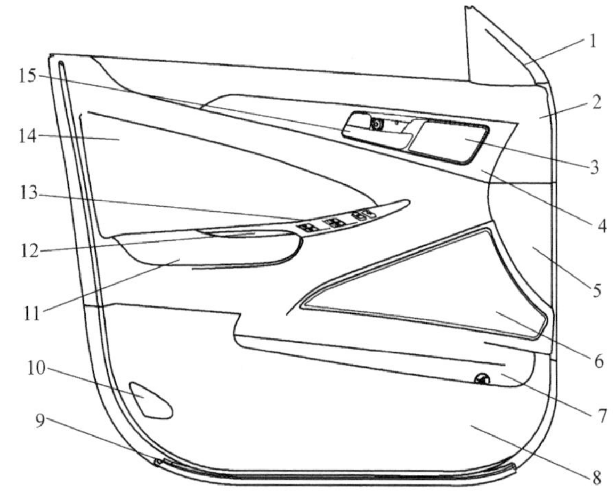

图 9-1　侧门内饰板总成组成部分

1—三角窗装饰件　2—门内饰板上本体总成　3—高音扬声器盖板　4—左前门装饰亮条　5—门内饰板中本体总成　6—低音扬声器区域　7—地图袋　8—门内饰板下本体总成　9—门板下部密封条　10—前门槛照明灯　11—扶手板总成　12—前门扶手盒　13—开关面板　14—嵌饰板总成　15—内开手柄总成

1）三角窗装饰件：三角窗装饰件的主要作用是装饰和密封。外后视镜装配后，螺栓外露，设计采用三角窗装饰件覆盖安装位置，起到装饰作用。另外在三角窗装饰件的内部，通常增加发泡的海绵等吸音材料，起到降低风噪和密封的作用，提升整车 NVH 性能。有的高音扬声器也布置在该位置，来提高整个车内的音响效果。

2）门内饰板上本体总成：同门内饰板中本体总成、门内饰板下本体总成一同组成门板本体，遮蔽门内钣金，同时作为其他装饰件和功能件的载体。门板本体分为上中下本体，实现门板 CTF 的多样化；有的车型门板本体为一体式。

3）高音扬声器盖板：高音扬声器孔载体，属于门板精致工艺零件。

4）左前门装饰亮条：主要起装饰作用，提高门内饰板品质，一般采用品质高的表面处理工艺，如水转印、膜内转印、铝合金等。

5）门内饰板中本体总成：承载嵌饰板、扶手板及开关面板等零部件。

6）低音扬声器区域：低音扬声器孔开孔区域，为门内饰板重点精致工艺区域。

7）地图袋：地图袋为便捷性部件，主要具备储物功能，方便存放水杯或小物件，以满足乘员的储物需要。

8）门内饰板下本体总成：门板总成组成部分，表面处理一般为皮纹。

9）门板下部密封条：主要起密封作用，保证门板下部与门槛密封。

10）前门槛照明灯：前门槛照明灯的作用是晚上停车开门时，警示后来车辆，以免发生事故。

11）扶手板总成：提供驾乘人员手臂的休息装置，是门板的关键性零件，一般采用织物包覆或皮革包覆。

12）前门扶手盒：盛放物品，同时为乘客关门时提供便利。

13）开关面板：为玻璃升降器开关的载体，同时为门内饰板主要的精致工艺零件，为提高内饰品质，表面处理工艺一般为软触漆、水转印等。

14）嵌饰板总成：嵌饰板总成是人手侧向接触件，是门护板重要的组成部分，它的作用主要是装饰和提供舒适的胳膊休息空间。一般采用织物包覆或皮革包覆。

15）内开手柄总成：用于在车内部对车门解闭锁的装置，同时也是门内饰板系统中重要的精致工艺零件，主要表面处理工艺为镀铬、喷银等。

2. 背门内饰板总成组成及功能说明

如图9-2所示，背门内饰板通常都由四部分组成，主要作用是遮蔽背门内钣金，另外背门下装饰件总成有两处尾灯检修盖板和一处背门锁手动开启盖板，方便尾灯维修和背门开启；背门下装饰件有两处拉手盒，方便背门关闭。

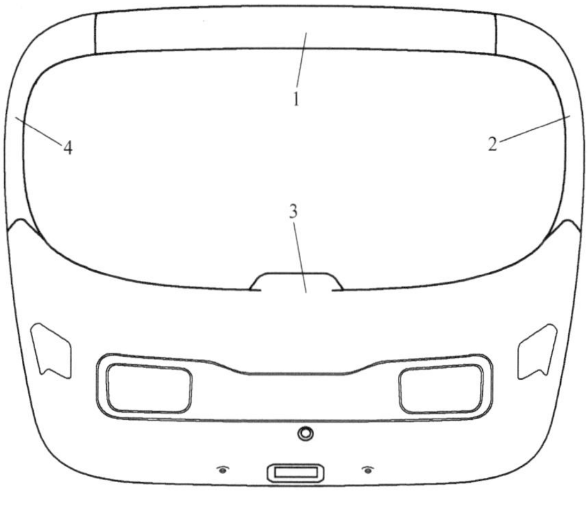

图9-2 背门内饰板总成组成部分

1—背门上装饰件总成 2—背门装饰件总成（左）

3—背门下装饰件总成 4—背门装饰件总成（右）

9.1 门内饰板设计可行性分析

为实现产品的有效性开发，在其整个设计前期需对人机、法规、安全等方面进行可行性分析，同时在产品设计开发整个过程中也要反复地校核和更正。项目前期的系统可行性分析的重要性就在于减少后期数据及产品修改次数，对项目的进度及产品最终成功与否起着决定性的作用。

门内饰板开发前期总布置分析是至关重要的，如果总布置分析不到位，可能会造成后期的重大设计更改，导致研发成本增加及研发周期增长。以下就针对在门内饰板开发过程中需要总布置重点关注和校核的人机、法规、安全方面的内容进行简单介绍。（注：各车型因其适用范围不同，在经验值上可能存在差异，以下仅以普通家用轿车为例，仅供参考）

9.1.1 人机

门内饰板人机校核主要有内开手柄布置位置、玻璃升降器开关布置、肘靠（扶手）布置、立扶手（或扶手盒）布置、储物空间人机验证等。

1. 内开手柄、立扶手、摇机手柄及玻璃升降器开关人机布置

1）如图9-3所示，乘员操作最舒适位置为以50%假人肘点为圆心半径360mm的弧到以50%假人肩点为圆心半径670mm的弧之间区域，最大不超过以95%假人肩点为圆心半径760mm的弧区域，内开手柄、立扶手、摇机手柄及玻璃升降器开关布置原则上不能超出乘员操作最舒适区域。

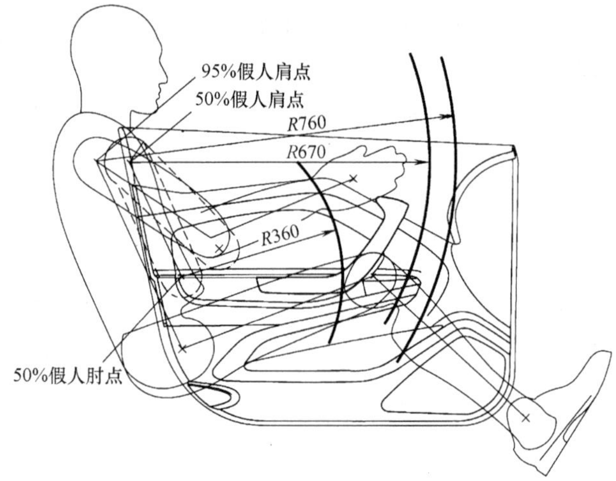

图9-3 前门内开手柄、立扶手、玻璃升降器开关人机布置

2）立扶手除满足以上区域要求，还需满足开关门人机要求，立扶手关门时力矩需大于400mm，门开启最大角度时，手伸长度不得大于1000mm，如图9-4所示。

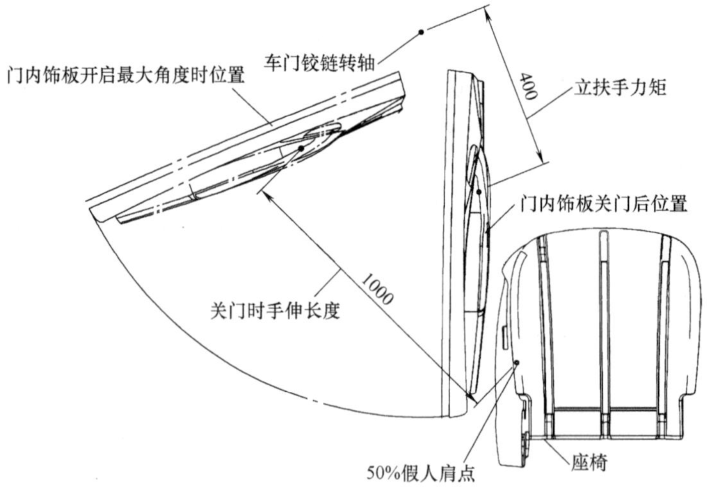

图9-4 立扶手人机布置

2. 肩部空间、肘部空间及臀部空间要求

以某款普通轿车为例，肩部空间满足 $YZ=1400\text{mm}\times196\text{mm}$（如图肩部虚线部分）尺寸

校验，肘部空间满足 $YXZ = 93\text{mm}\times310\text{mm}\times5\text{mm}$（如图肘部虚线部分）尺寸检验，臀部空间需满足 $YXZ = 1370\text{mm}\times152\text{mm}\times101\text{mm}$ 尺寸检验，如图 9-5 所示。

3. 地图袋储物空间人机验证

地图袋需满足标准瓶放取顺畅，标准瓶高 220mm，最大直径 65mm，如图 9-6 所示。

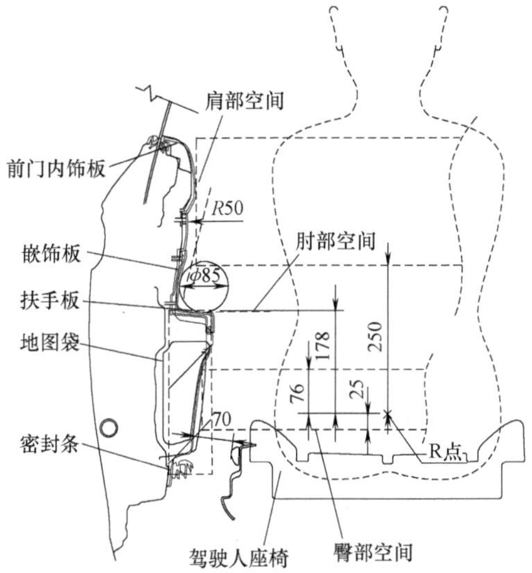

图 9-5 肩部、肘部、臀部空间布置

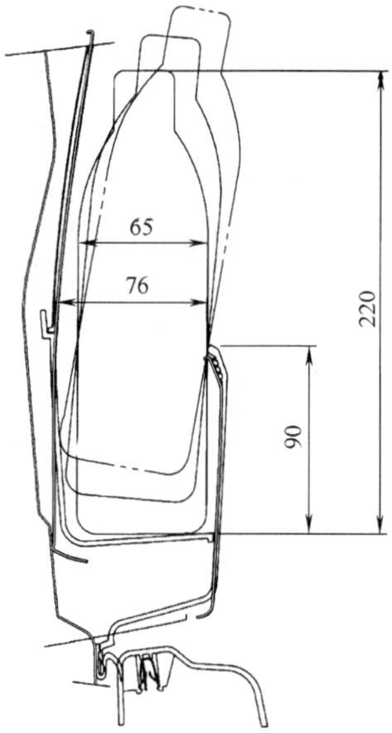

图 9-6 储物空间人机要求

9.1.2 法规

产品设计最基本的要求就是要满足法规，只有满足法规的产品才能上市销售，因此在产品设计前期需进行法规项校核。表 9-1 为门内饰板部分法规要求。其他常规性法规内容及校核方法要求详见第 6 章。

表 9-1 门内饰板部分法规清单

法规项	国　标
轿车内部凸出物	GB 11552
汽车内饰材料的燃烧特性	GB 8410
侧碰要求	GB 20071

9.1.3 安全

门内饰板安全设计中，主要校核侧碰法规 GB 20071 要求。在侧碰的过程中，门内饰板总成必须起到减少乘员伤害的作用，必须考虑人盆骨区域和大腿的保护。在盆骨区域和大腿以及髋保护区域，门内饰板总成通常要增加吸能块设计，其中 PU（发泡）、EPP（发泡聚丙烯）最为常见。

1. 吸能块的位置、尺寸

各项参数须以碰撞性能单位的输入为准，但是基本位置如图 9-7 所示。

1）吸能块布置位置需包含 H 点为圆心，以 60mm 为半径的圆投影区域。

2）车门内饰和钣金之间留有足够的变形空间。

2. 门内饰板碰撞区域要求（图 9-8）

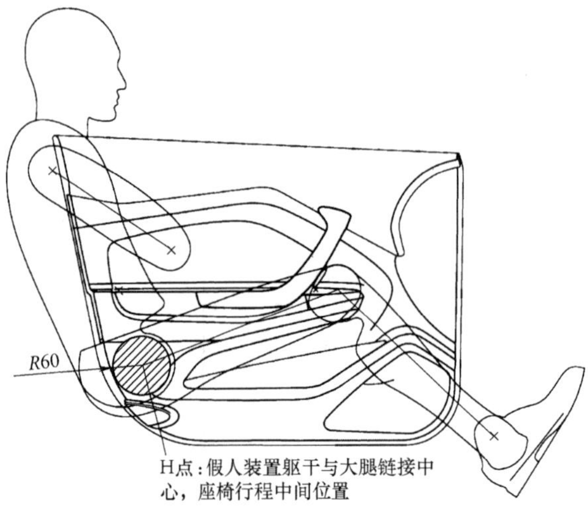

图 9-7 吸能块空间布置

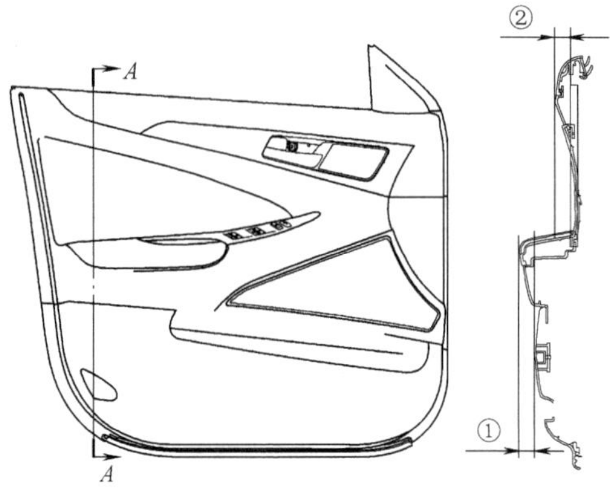

图 9-8 （断面 A—A）门板碰撞区域要求

1）门内饰扶手以下造型面要尽量平缓，避免出现明显凸出的扶手造型，图中①≤10mm。

2）门窗沿区域的内饰如果与假人肩部区域接触，要有凸出的造型设计，图中②>0mm。

3）门窗沿区域的内饰如果与假人肋骨区域接触，不能有凸出的造型设计，图中②≤0mm。

9.2 门内饰板系统结构设计

门内饰板结构设计主要涉及门板定位、安装设计及典型断面设计，为了便于读者理解，本节给出了部分经验值，仅供参考，以主机厂要求为准。

门内饰板设计中涉及以下关键名词，相关说明如下：

H 点：指三维 H 点装置的躯干和大腿的铰接中心，它位于此模型两侧 H 点标记间的中心线上。

R 点：是指主机厂规定的设计 H 点。

EO 点：人体模型的肩部回转中心点。

详细位置如图 9-9 所示。

9.2.1 侧门内饰板系统设计

1. 侧门内饰板系统定位及安装点布置

1）门内饰板主次定位方向与车门钣金和窗框焊接定位方向一致，采用卡扣或定位柱定位，窗台线处采用门板挂钩辅助定位，主定位为圆孔，次定位为腰形孔，孔尺寸与定位卡扣或定位柱尺寸需满足配合关系，通常在定位方向上单边设计 0.1mm 的间隙。

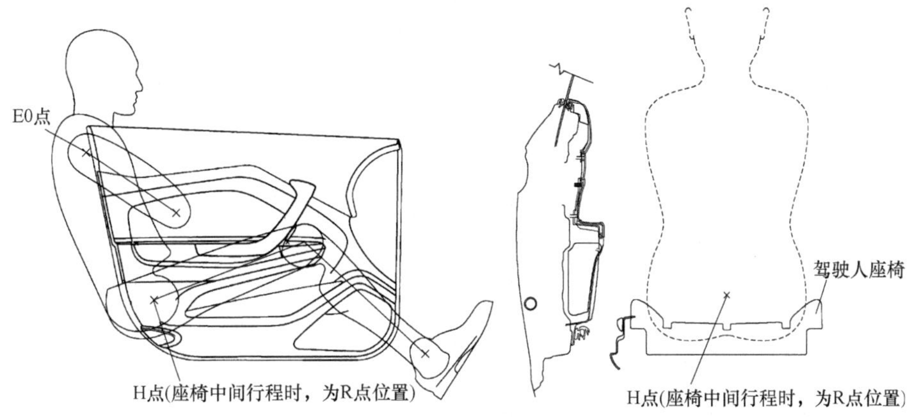

图 9-9 点位置示意图

2）门内饰板安装点布置，为实现门内饰板与钣金间隙控制，两两安装点间的尺寸和安装点与翻边的距离需满足一定的尺寸要求。一般建议安装点到翻边尺寸①不大于 40mm，安装点间的尺寸②不大于 150mm，如图 9-10 所示。

基准体系			
基准		描述	方位
主基准	A	主基准目标A1-A11	Y
	B	主定位孔B	X,Z
	C	次定位孔C	Z

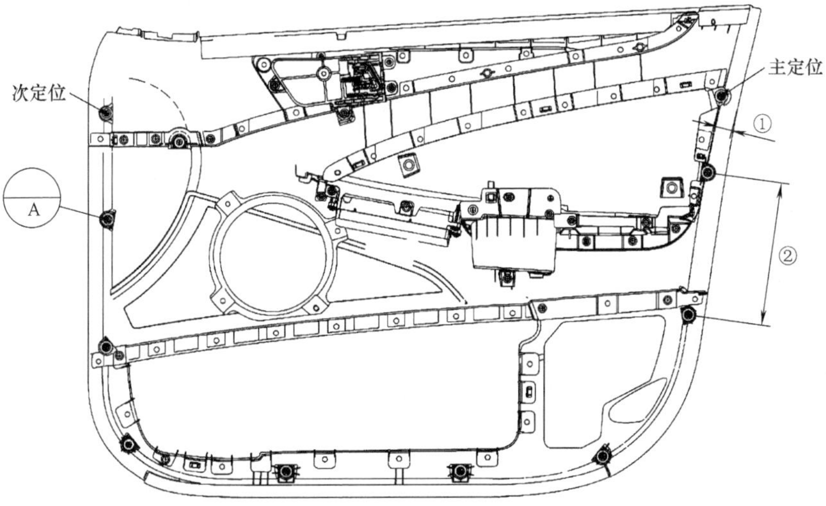

图 9-10 门内饰板定位、安装示意图

2. 门内饰板典型断面设计

断面是门内饰板设计前期分析的重要工具，通过断面可对门内饰板的分块、工艺、拔模方向、配合方式等进行初步可行性分析，也是 A 面制作的必要条件。门内饰板典型断面如图 9-11 所示。

(1) 门内饰板与内夹条搭接方式断面 *B—B* 与内夹条的搭接方案影响门内饰板上边缘 *Y* 向固定效果，根据内夹条装配方案的不同，将此处结构分为以下两大类：

1) 内夹条固定到钣金。此类型的方案中，门内饰板通过内夹条或其他结构来进行 *Y* 向固定，内夹条水切部分均隐藏在内饰板以内，如图 9-12 所示，表 9-2 为相关参数经验值。

表 9-2 设计要点及参数

编号	内 容	经验值	备 注
①	内饰板与玻璃包络距离	大于 5mm	
②	内饰板与内夹条 *Z* 向间隙	1.2mm	
③	内饰板与钣金搭接量	不小于 2mm	

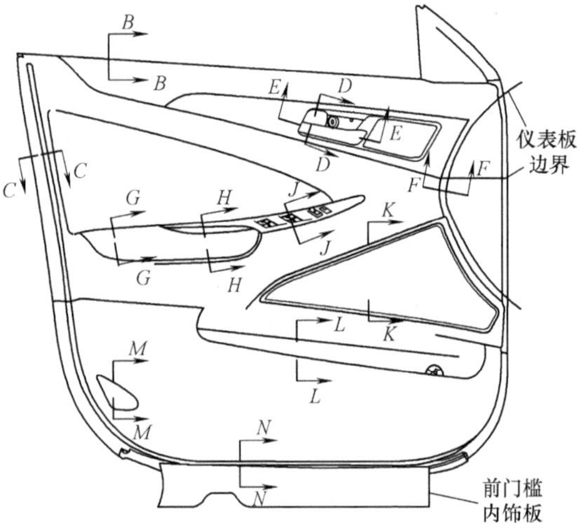

图 9-11 门内饰板典型断面

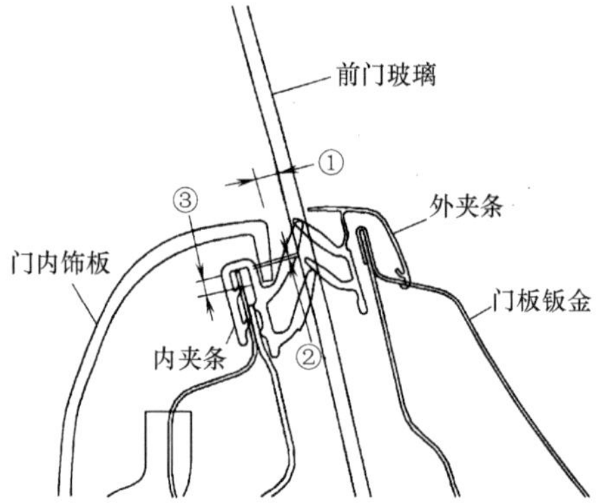

图 9-12 (断面 *B—B*) 内夹条搭接方式一

2) 内夹条固定在门内饰板上。此类型的方案中，门内饰板通过自身卡槽结构来进行 *Y* 向固定。设计要点：内饰板与玻璃包络距离、内饰板与内夹条 *Z* 向高差等，如图9-13所示，经验参数见表 9-3。

(2) 门内饰板与车门钣金搭接方式、与周圈密封条配合断面 *C—C* 与车门钣金搭接方式多种多样，常见的有两种，如图 9-14 所示。

1) 密封面位于钣金上，内饰板翻边贴合到钣金上，这种方式存在露钣金风险。

2) 密封面位于门内饰板上，可以规避门洞周圈钣金外露风险。

3) 门内饰板与密封条间隙①一般设计 6~10mm。

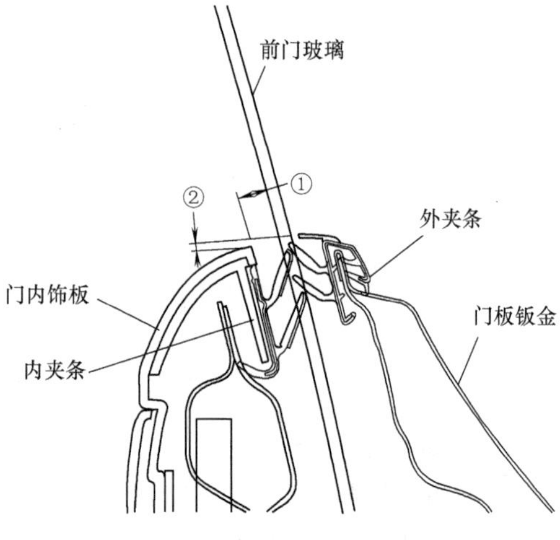

图 9-13 (断面 *B—B*) 内夹条搭接方式二

表 9-3 设计要点及参数

编号	内 容	经验值	备 注
①	内饰板与玻璃包络距离	大于 5mm	
②	内饰板与内夹条 Z 向高差	4mm	避免内夹条外露

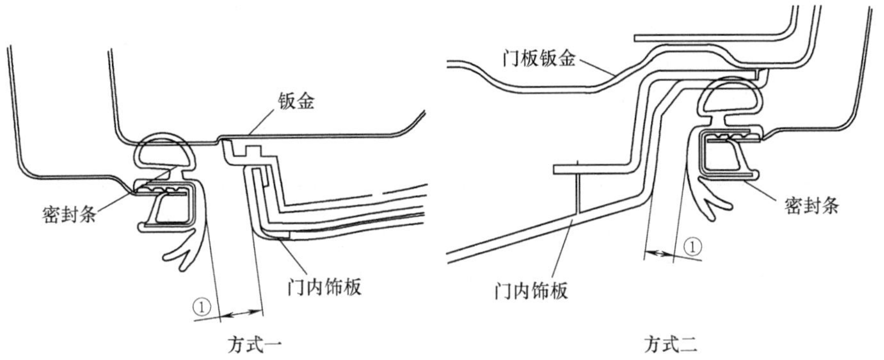

图 9-14 （断面 *C—C*）与钣金搭接方式断面设计

（3）内开手柄处配合关系断面 *D—D*、*E—E* 内开手柄处设计主要是与内开手柄盒或装饰条间隙设计、内开手柄操作空间设计，如图 9-15～图 9-17 所示，经验参数见表 9-4。

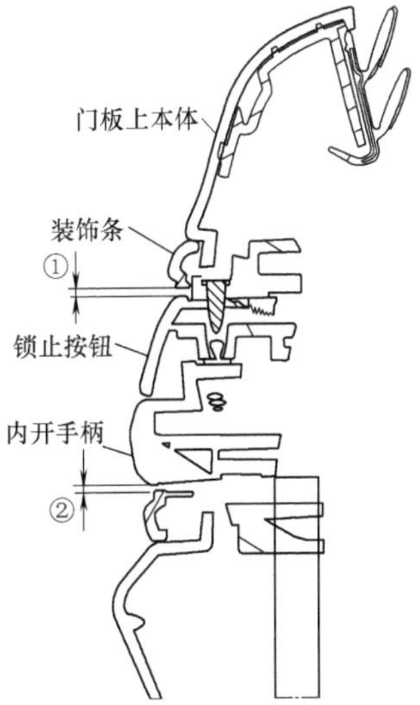

图 9-15 （断面 *D—D*）内开手柄与装饰条断面设计

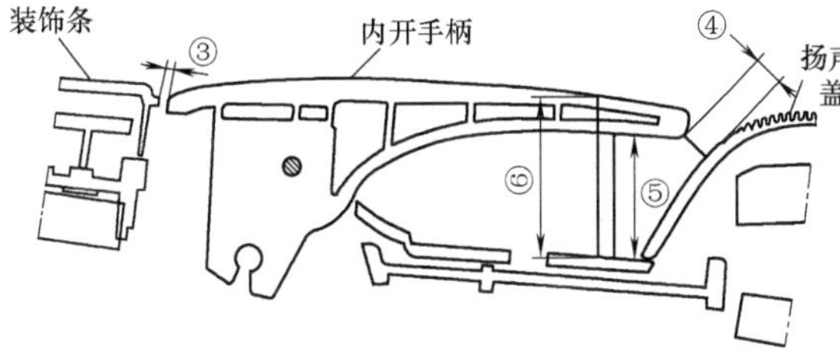

图 9-16 （断面 *E—E*）内开手柄设计

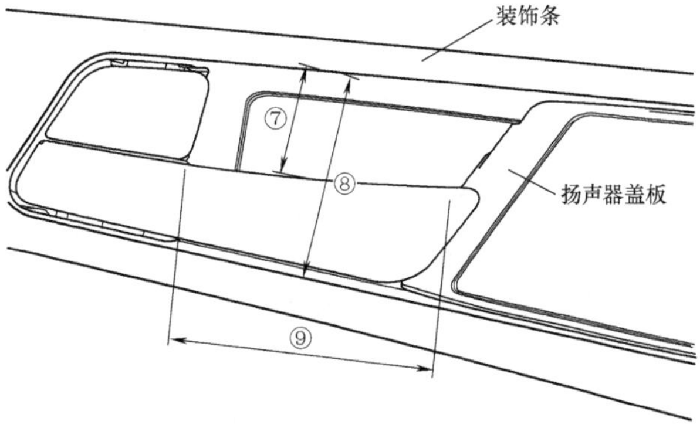

图 9-17 内开手柄操作空间设计

表 9-4 设计要点及参数

编号	内　　容	经验值	备　　注
①	锁止按钮与装饰条 *Z* 向间隙	1~2mm	
②	内开手柄与装饰条 *Z* 向间隙	1~2mm	
③	内开手柄与装饰条 *X* 向间隙	1~2mm	需同时兼顾手柄运动干涉问题及内部结构外露问题
④	内开手柄与扬声器盖板间隙	5~10mm	
⑤	内开手柄扣动空间	大于 15mm	
⑥	内开手柄 *Y* 向伸入空间	大于 25mm	
⑦	内开手柄 *Z* 向伸入空间	大于 25mm	
⑧	内开手柄 *Z* 向操作空间	大于 35mm	
⑨	内开手柄 *X* 向伸入空间	大于 70mm	大于 4 指宽度

（4）侧门内饰板与仪表板搭接断面 *F*—*F*　断面 *F*—*F* 设计时，尽量规避前排乘员观测到该位置间隙内部结构，如图 9-18 所示，相关参数详见表 9-5。

表 9-5 设计要点及参数

编号	内　　容	经验值	备　　注
①	门内饰板与仪表板间隙	5mm	
②	门内饰板与仪表板断差	5~8mm	门内饰板的棱线位于 IP 棱线前端，且断差大于仪表板 *R* 角

（5）肘靠（扶手面板）断面 *G*—*G*

1）为提高人机舒适性，肘靠现多为软质包覆件，同时增加了倾斜角设计和宽度设计，如图 9-19 所示，相关参数详见表 9-6。

表 9-6 设计要点及参数

编号	内　　容	经验值	备　　注
①	R 点距离扶手上表面的距离	180mm	从 R 点开始
②	扶手上表面的左右倾斜角	0~5°	
③	扶手上表面的宽度	>60mm	

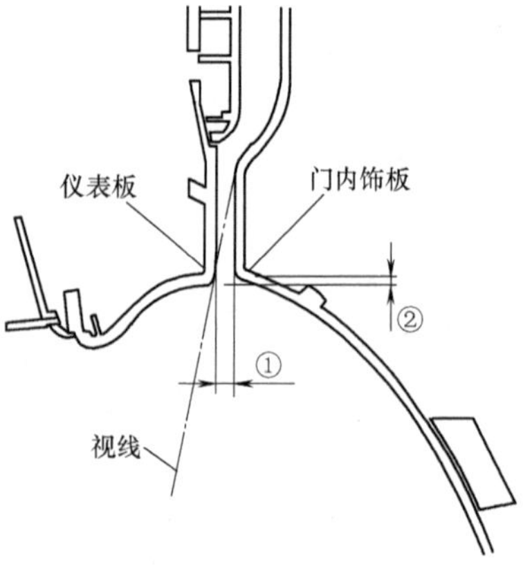

图 9-18 （断面 *F*—*F*）与仪表板搭接方式

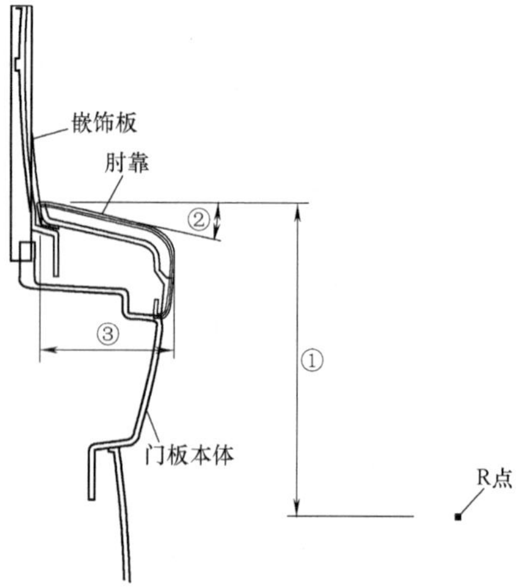

图 9-19 （断面 *G*—*G*）肘靠断面设计

2）肘靠包覆设计主要使包覆具有可执行性，同时规避一些包覆产品常见问题，例如皮革起泡、渗胶、皮革破裂等。设计要点有安装点与包覆区域间距①一般设计大于 10mm，背部包覆空间②一般设计大于 10mm，同时应注意边缘尖角包覆规避设计、边缘干涉设计等，如图 9-20 所示。

（6）扶手盒设计断面 *H—H*　扶手盒除临时存放小物件外，还是关门时常用的着力点，所以扶手盒 *X* 向尺寸需大于 4 指宽度（100~120mm），同时需满足一定的强度要求，扶手盒一般与钣金通过螺钉固定。为提高手握盒体舒适性，一般将软质包覆的肘靠延伸到盒体上方，与肘靠综合设计。扶手盒除基本的空间尺寸设计外，与手掌接触面的 *R* 角还需满足一定的数值要求，如图 9-21 所示，相关经验参数详见表 9-7。

表 9-7　设计要点及参数

编号	内　　容	经验值	备　　注
①	扶手盒宽（*Y* 向）	20~30mm	
②	扶手盒高（*Z* 向）	≥35mm	
③	扶手盒边缘宽度	25~35mm	
④	扶手盒外边缘 *R* 值	10mm	结合造型考虑
⑤	扶手盒内边缘 *R* 值	8mm	结合造型考虑

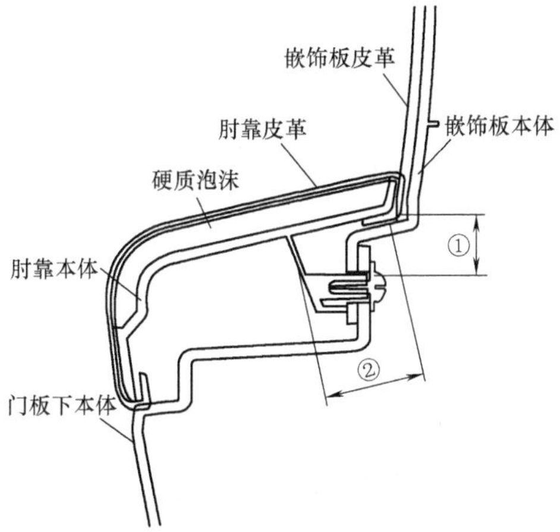

图 9-20　（断面 *G—G*）扶手包覆断面设计

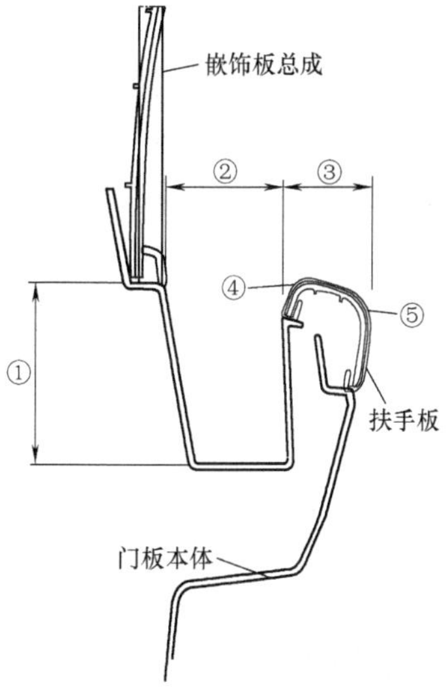

图 9-21　（断面 *H—H*）扶手盒结构断面

（7）玻璃升降器开关面板断面 *J—J*　面板作为玻璃升降器开关的载体，除考虑自身与周边零件配合外，还必须同时满足开关的一些布置要求，比如手在 *Z* 向上的操作空间①须大于 60mm，手指在 *Y* 向上的操作空间②须大于 30mm；面板本身还需一定的强度，面板的材料一般采用 ABS，壁厚一般设计为 3mm，如图 9-22 所示。

（8）低音扬声器断面 *K—K* 及扬声器孔设计

1）扬声器棚架到门内饰板扬声器孔表面距离应在 5~40mm 范围内（图 9-23 中①、②代表扬声器棚架到内饰距离测量点）。

2）扬声器棚架周圈设计有泡棉，泡棉与导音筒设计 2~3mm 压缩量，保证音响效果。

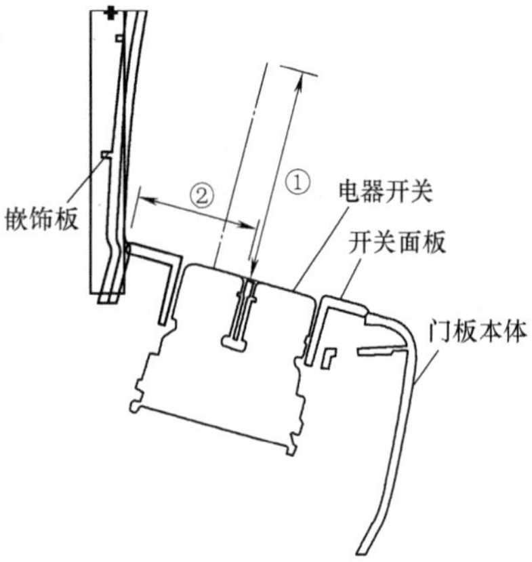

图 9-22　（断面 *J—J*）玻璃升降器开关面板设计

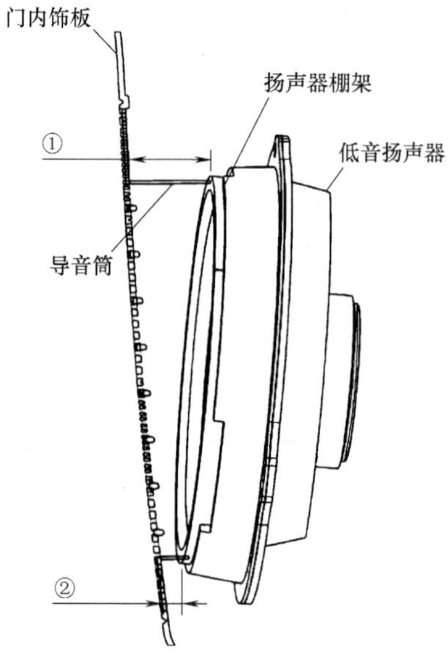

图 9-23　（断面 *K—K*）扬声器与面罩安装距离设计

3）扬声器孔的主要作用是使扬声器的声音顺利地进入车内，故开孔面积比例越大，声音衰减越小，扬声器效果越好。

① 安装形式：

a. 与门板一体成型，孔的结构易受工艺的影响，出现填充不满等问题。

b. 分体式，通过焊接或螺钉固定在门板上，增加了模具及装配工序，孔的质量控制较好，工艺受限较小；具体选择方式根据实际的造型及成本进行考虑。

② 扬声器孔常见分布形式有三角形和正方形两种，一般前者的开口率更大（图 9-25）。

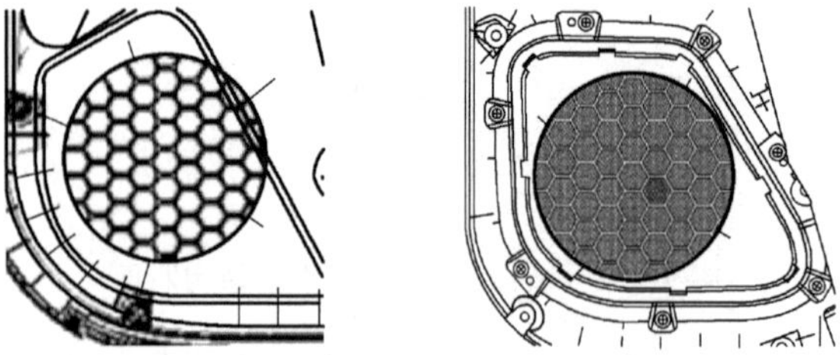

方式一：一体成型　　方式二：分体式

图 9-24　扬声器孔造型

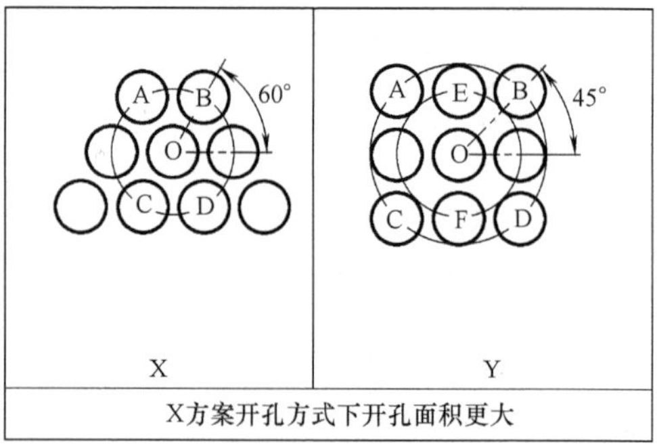

图 9-25　扬声器孔开孔率

③ 扬声器孔设计要素：主要有孔径、孔间距、加强筋壁厚、加强筋间距、拔模角度等；同时为便于出模，扬声器孔一般设计双向分模如图 9-26 所示，相关经验参数详见表 9-8。

表 9-8 设计要点及参数

编号	内 容	推荐值	备 注
①	孔径	低音 ϕ2.0mm、高音 ϕ1mm	
②	孔中心距	低音 2.8mm、高音 1.7mm	
③	加强筋宽度	低音 2.0mm	
④	加强筋间距	低音 12.8mm	
⑤	加强筋高度	低音 5.0mm	
⑥	孔拔模角度	5°~7°	
⑦	孔格栅厚度	低音 1.5mm	

（9）储物盒（地图袋）断面 *L—L* 储物盒重点在空间尺寸设计，必须满足一定的尺寸要求，方便物品取放；除此之外，储物盒外板边缘刚性和强度也是其设计要点，一般在边缘处设计 3~5 条筋结构；为提高储物盒品质，设计时储物盒外板边缘分模线、*R* 角、厚度等都需重点关注，如图 9-27 所示，相关参数详见表 9-9。

表 9-9 设计要点及参数

编号	内 容	推荐值	备 注
①	宽（尽可能做大）	≥40mm	地图的厚度+5mm
②	边缘厚度	9.5~10.5mm	
③	长度	320mm（前门） ≥250mm（后门）	地图的长度+10mm 后门长度容下一把折叠雨伞
④	筋条排列宽度	16~22mm	
⑤	边缘 *R* 角	5.5~9mm	结合造型效果

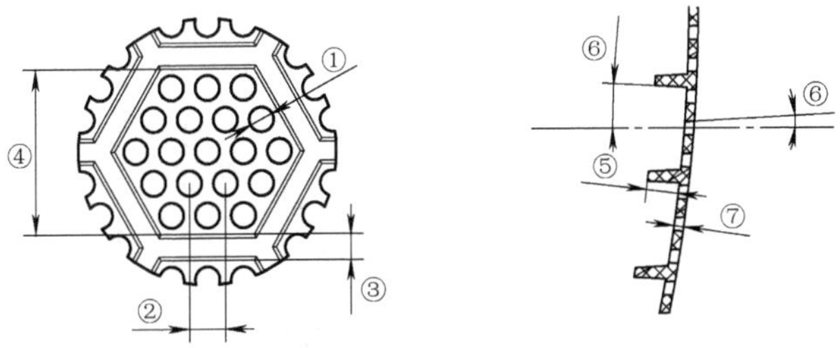

图 9-26 扬声器孔方案

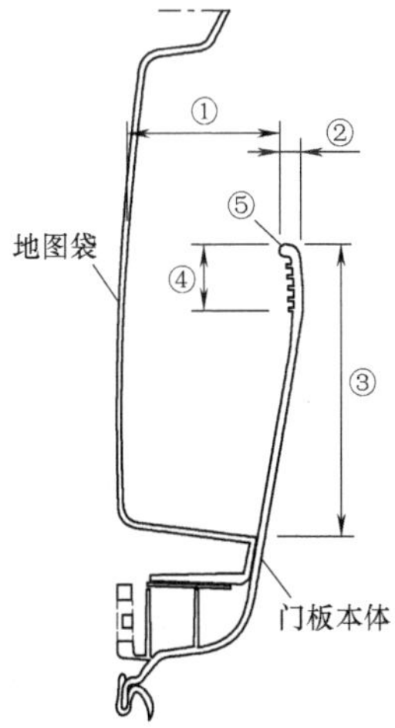

图 9-27 （断面 *L—L*）地图袋结构断面

（10）与前门槛照明灯配合方式断面 *M—M* 门内饰板与门灯配合设计主要为间隙①和面差②设计，如图 9-28 所示，间隙①通常设计为 0.5mm，面差②通常设计为 0.3mm。

（11）与门槛配合断面 *N—N* 主要关注点为与门槛距离设计，如图 9-29 所示，距离①通常为 10mm。

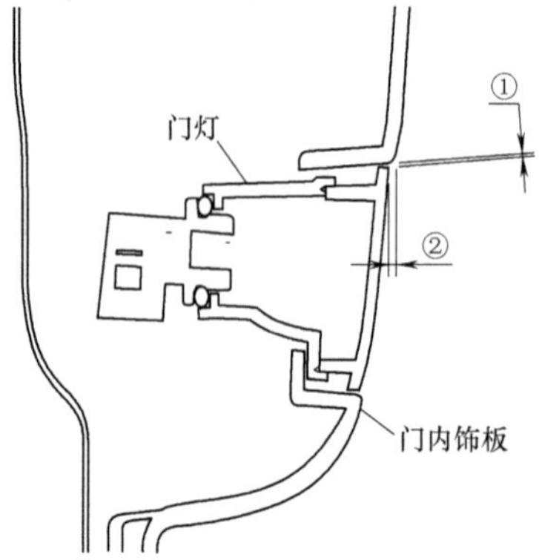

图 9-28 （断面 $M—M$）与前门槛照明灯搭配断面

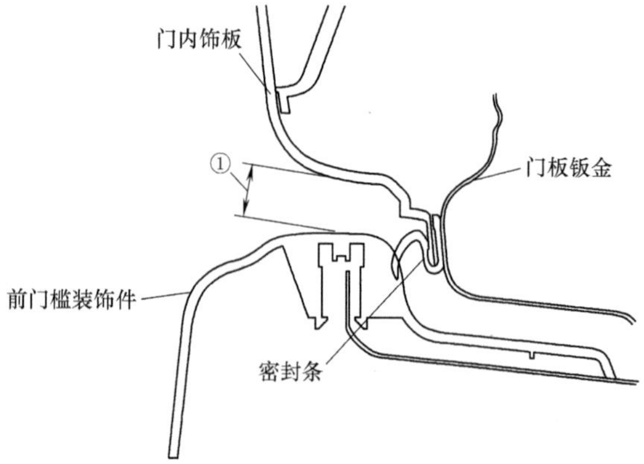

图 9-29 （断面 $N—N$）与门槛搭接方式

（12）侧门内饰板/立扶手 立扶手设计在满足人机的条件下，手握的舒适性也是其重要的设计要点，例如立扶手的手握空间、立扶手倾斜角等，如图 9-30、图 9-31 所示，参数详见表 9-10。

表 9-10 设计要点及参数

编号	内容	建议值	备注
①	角度	20°~30°	
②	有效长度	>120mm	
③	立扶手宽度	40~50mm	
④	立扶手高度	20~30mm	
⑤	扶手距内饰板距离	≥35mm	

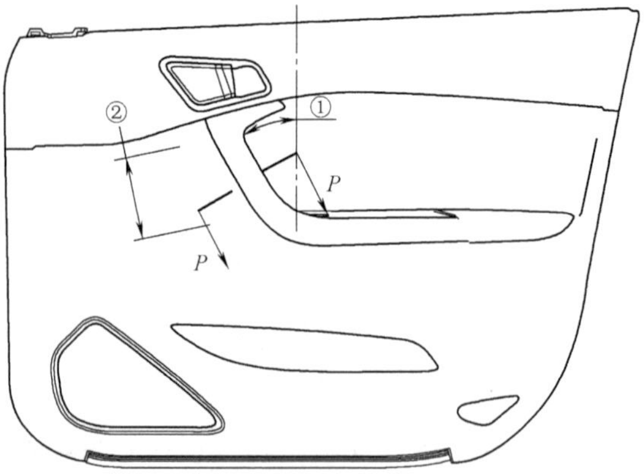

图 9-30 立扶手断面位置

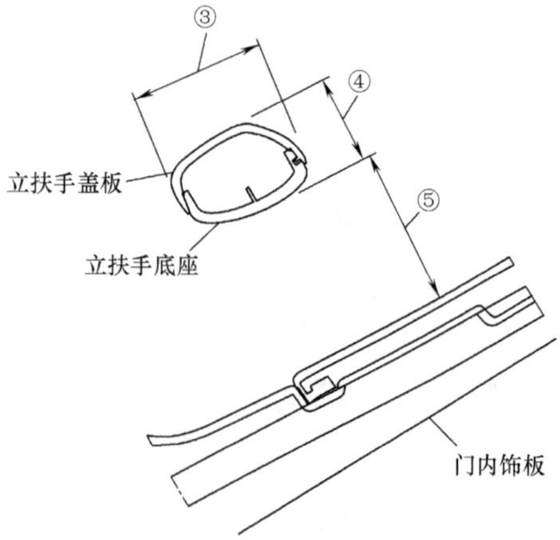

图 9-31 （断面 $P—P$）立扶手断面设计

（13）侧门内饰板/门内饰板下部密封条 门板下部密封条设计时，为确保密封效果，密封条单边需至少超出门槛 20mm，如图 9-32 中①所示距离。

9.2.2 背门内饰板结构设计

1. 背门内饰板定位及安装固定方式

1）背门内饰板定位方式主要采取主次定位销定位，如图 9-33、图 9-34 所示，主定位销周边建议设计 0.2mm 间隙，次定位销定位方向建议设计 0.2mm 间隙。

2）由于背门内饰板较大，一般采用 10 颗以上的塑料卡扣和 2 颗以上螺钉固定。安装方式通常为盲装，所以在设计时，将主定位销定为比次定位销及安装卡扣长 3～5mm，做装配导向。

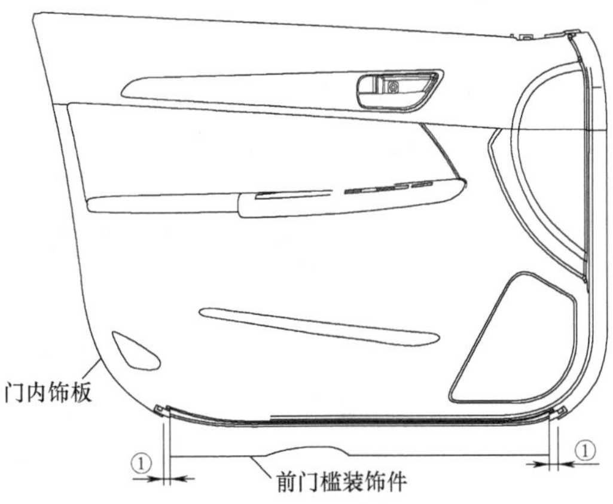

图 9-32 门内饰板下部密封条设计

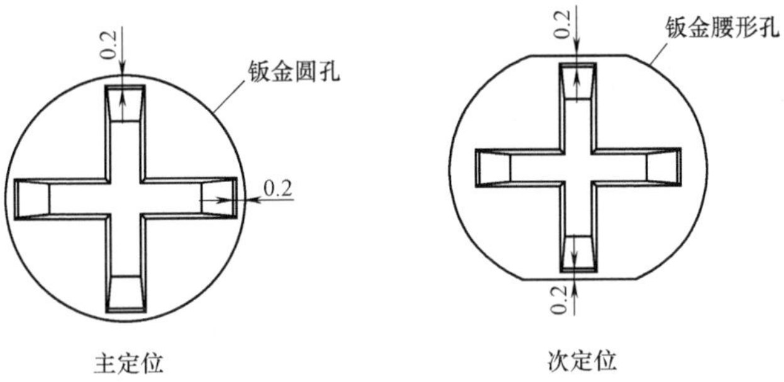

图 9-33 背门内饰板定位销

基准体系			
基准		描述	方位
主基准	A	主基准目标A1-A14	*X*
	B	主定位孔B	*Y*, *Z*
	C	次定位孔C	*Z*

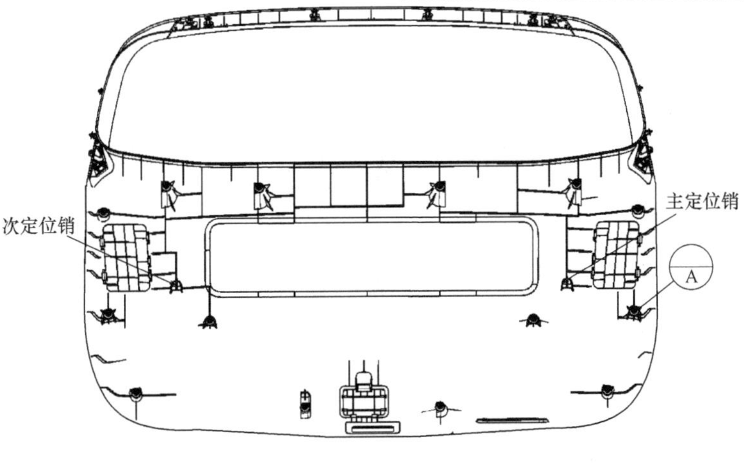

图 9-34 背门内饰板定位、安装系统布置

2. 背门内饰板系统典型断面

背门内饰板系统主要是与周边零部件钣金、C柱、背门槛、密封条及后风窗玻璃配合的典型断面，如图9-35所示。

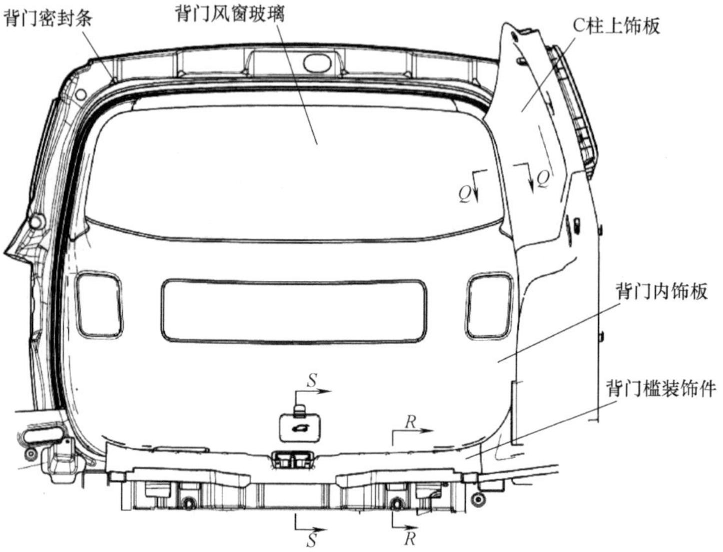

图9-35 背门内饰板典型断面位置

（1）背门内饰板断面 $Q—Q$ 断面 $Q—Q$ 主要涉及与风窗玻璃黑边距离①、与风窗玻璃间隙②、与钣金止口边距离③、与立柱饰板距离及与密封条距离等设计要点，如图9-36所示，相关参数详见表9-11。

表9-11 设计要点及参数

编号	内　　容	建议值	备　　注
①	与风窗玻璃黑边距离	6mm	
②	与风窗玻璃间隙	4mm	
③	与钣金止口边距离	4mm	
④	与立柱饰板距离	15mm	
⑤	与密封条距离	15mm	

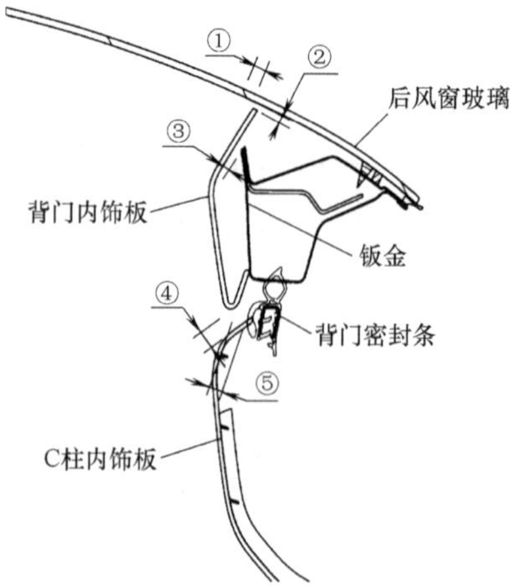

图9-36 背门内饰板断面 $Q—Q$

（2）背门内饰板断面 *R—R* 该断面主要描述与背门槛内饰板距离①，一般设计 15mm，如图 9-37 所示。

（3）背门内饰板断面 *S—S* 该断面主要描述背门内饰板与背门锁的配合关系，关注点为与锁销距离①和与锁体间隙②，一般①设计大于 6mm，②设计 1～1.5mm，如图 9-38 所示。

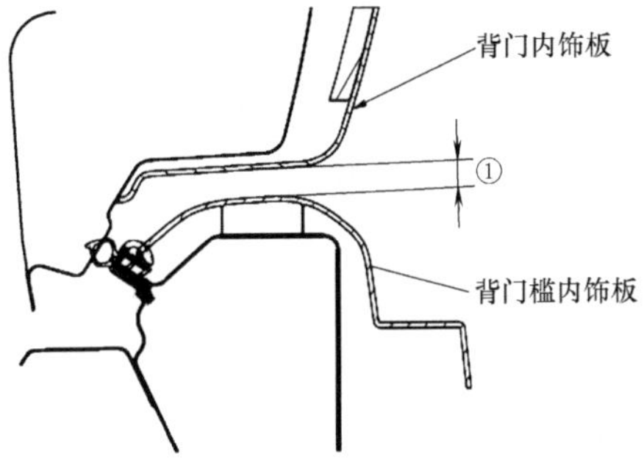

图 9-37 背门内饰板断面 *R—R*

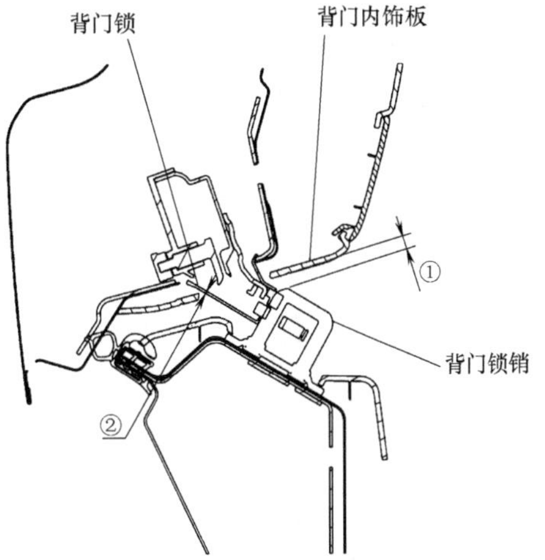

图 9-38 背门内饰板与锁体配合断面 *S—S*

9.3 门内饰板系统制造工艺

门内饰板制造工艺主要为注射工艺，注射工艺详见第 4 章。现在高端车型的门板多采用软质门内饰板，软质门板工艺与仪表板工艺相同，相关详见第 8 章。

9.4 门内饰板系统设计试验验证

9.4.1 门内饰板设计验证

门内饰板总成结构数据制作完成后，通常要对门内饰板总成的设计进行验证，确认目前的设计是否满足门内饰板总成的使用要求。

在本章节试验中介绍了门内饰板总成的部分设计验证项目，同时也给出了一些经验值，目的是为了使读者更易理解和接受，所给出的试验条件、试验方法、试验要求和评价等相关内容，仅供参考，其他常规设计检验详见第 6 章。

1. 门内饰板卡扣固定座的强度

分别将样品在以下环境下放置 4h，按图 9-39 所示在环境仓内进行试验，缓慢增加拉力直至卡座破坏，记录最大拉力。如果试验无法在环境仓中进行，可以将零件放置在高低温箱中到规定的时间后取出进行卡座强度试验，但试验应在 30s 内完成。

1）常温环境温度。

2）高温环境：80℃±3℃。

3）高湿环境：38℃和95%湿度。

4）低温环境：-30℃±3℃（对于出口极寒地区的项目，采用-40℃±2℃）。

2. 乘客扶手在 Z 方向的受力

将门内饰板按实际安装状态固定，在扶手水平面肘压区域（由工程师指定）垂直向下施加500N的压力（图9-40），压头大小50mm×100mm，在压头上覆盖5mm厚，硬度小于60A的橡胶。压力应在1s达到500N，且持续5~6s。沿压头中线方向，在受压区域边缘20mm内选择至少三个点测量变形量。

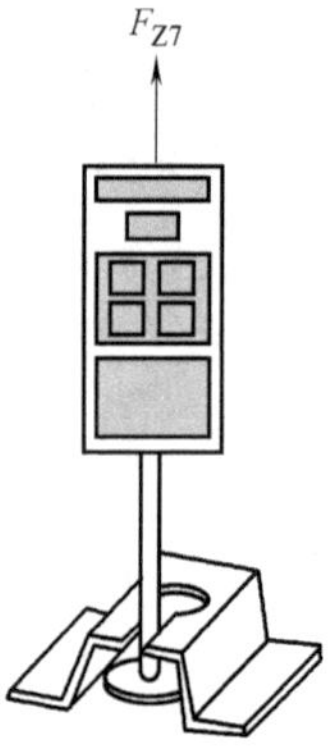

图9-39 门饰板卡座强度

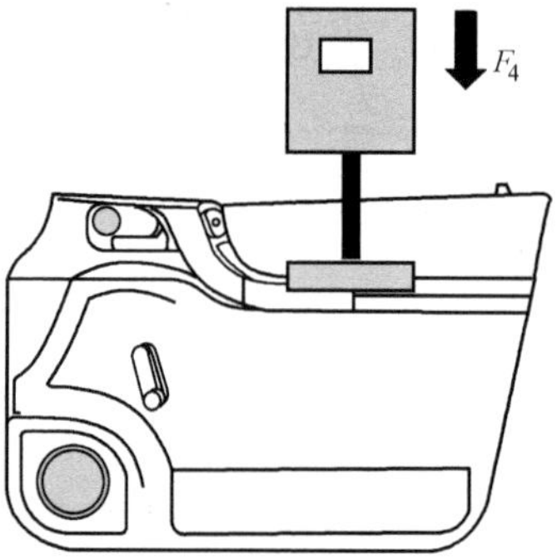

图9-40 扶手的最大承载力

3. 门内饰板地图袋的强度

在地图袋的中间，用长×宽为60mm×50mm的拉钩作用在地图袋上边缘（图9-41），分别施加100 N的拉力 F_{Z2} 和200N的拉力 F_{D2} 来进行刚度和强度测试。每种力应施加三次。使用量表测量其变形，记录测量的数值。撤销施加的负载后，应测量永久变形。在地图袋的上边缘往下20mm处、开启长度的中间进行变形测量。

（注：刚度、强度试验使用不同门饰板进行试验，不允许用进行过刚度试验后的门饰板进行强度试验。）

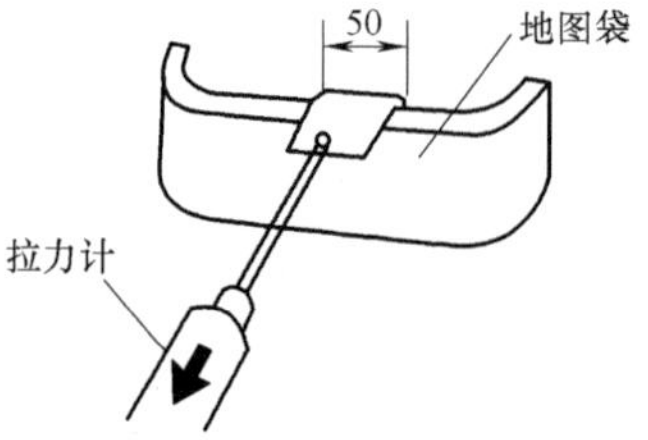

图9-41 地图袋刚度、强度试验

9.4.2 门内饰板产品验证

门内饰板总成经过设计验证符合要求后，还需要对门内饰板总成进行相关产品验证的试验，检查门内饰板是否满足设计和使用的要求，即要对门内饰板总成进行性能方面的试验。

表9-12列出了门内饰板系统部分验证项目，仅供参考。

表9-12 门内饰板系统验证项目清单

序号	技术要求项目	性 能 要 求
1	耐高低温循环	试验过程中及试验后，产品不得出现可见颜色或光泽变化、裂纹、难闻气味、分层、起泡、收缩、翘曲变形、增塑剂析出、皱褶、卷边等缺陷及其他任何影响正常使用的缺陷

（续）

序号	技术要求项目	性能要求
2	耐热老化性	外观上不得出现起皱、翘曲变形、分层、脆化、龟裂、表面污染、析出等不可接受的缺陷，与试验前相比色差 $\Delta E \leqslant 3.0$（用色差仪检测实验前后产品的色差 ΔE）
3	耐低温冲击性	产品不得出现破裂
4	耐刮擦性	十字划格法：采用 10N 载荷，亮度变化 $\Delta L \leqslant 2.0$
5	气味	气味等级应小于等于 3 级
…	…	…

第10章 立柱门槛内饰件设计

立柱门槛内饰件作为乘员舱内的重要部件，其功能是满足乘员侧面保护，提供优雅的内饰外观，增加乘客舒适度，满足乘员操作方便性等，具体包括有各自特定功能的系统、子系统和部件。

- 对钣金、天窗水管、电器线束、安全带和安全气帘等提供经久耐用的包覆。
- 为安全带高调器提供操作结构。
- 为扬声器和空调风管、出风口提供传输和装接结构。
- 为杯托、储物盒、行李箱灯、12V 电源、行李箱衣架钩、遮阳帘、安全拉手等提供装接面。
- 在侧撞时提供适当的吸能保护，对车外噪声起消减作用。

10.1 立柱门槛内饰件设计输入

10.1.1 人机

1. 视野校核

视野校核主要是针对 A 立柱内饰板和 C 立柱内饰板，造型设计初期进行。

（1）A 立柱上内饰板前方视野校核　根据 GB 11562《汽车驾驶员前方视野要求及测量方法》，汽车不得有两根以上的 A 柱，每根 A 柱双目障碍角不得超过 60°。若两柱相对汽车纵向铅垂面是对称的，则右柱不需要再测量。需要确保 A 柱内饰板满足法规要求。A 柱双目障碍角越小越好。

（2）C 立柱上内饰板后方视野校核　根据 GB 15084《机动车辆后视镜的性能和安装要求》，驾驶人借助内后视镜必须能在水平路面上看见一段宽度至少为 20000mm 的视野区域，其中心平面为汽车纵向基准面，并从驾驶人的眼点后 60000mm 处延伸至地平线。视野校核主要是看内后视镜眼点的反射线是否会与 C/D 上内饰板相交，不相交且距离越大越好。

2. 内部空间

在整体内部造型要求的前提下，立柱内饰板 X 和 Y 向尺寸应尽量小，以增加乘员舱内部空间，由总布置工程师提供整车内部空间模型进行校核，如 $A/B/C$ 立柱下内饰板相对 R 点尽量大以保证进出方便性。

以前排进出性为例（图 10-1），L 是指车门开启最大时，从门槛内饰件上方的 102mm 处（避开圆角 R 测量）测得的座椅座垫与内饰件最小距离。它主要表征人的整个腿部、脚部是否能够顺利进出，一般应保证 $L>440$mm，若不能满足，则需在内饰件上设计避让面以满足要求。

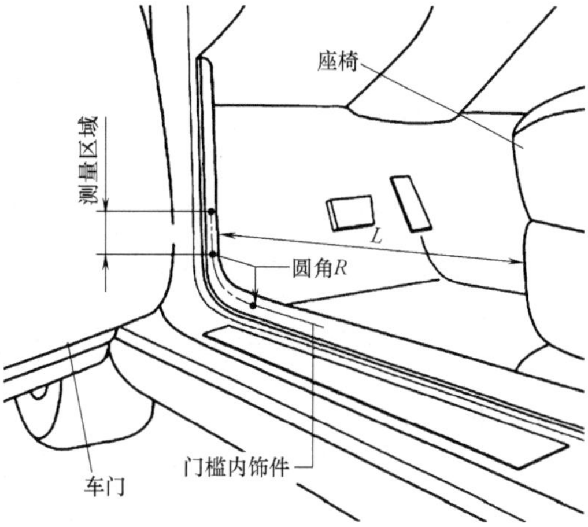

图 10-1 前排进出性

10.1.2 法规

本节列出了立柱内饰板在中国、欧洲和北美的常见法规要求，其他国家和地区的法规要求，需根据项目需求调研补充。

1）中国法规见表 10-1。

表 10-1 中国法规

GB 8410	汽车内饰材料的燃烧特性
GB 11562	汽车驾驶员前方视野要求及测量方法
GB15084	机动车辆后视镜的性能和安装要求
GB 11552	轿车内部凸出物
GB/T 30512	禁限用物质要求

2）欧盟/欧共体法规见表 10-2。

表 10-2 欧盟法规

ECE R21	关于就内饰件方面批准车辆的统一规定
ECE R95	关于就侧碰撞中乘员防护方面批准车辆的统一规定

3）美国法规见表 10-3。

表 10-3 美国法规

FMVSS 201	乘员车内碰撞的保护
FMVSS 214	侧面碰撞保护
SAE J 941	汽车驾驶员眼点位置
SAE J 287	驾驶员手控制区域
SAE J 1344	塑料零件的标识

10.1.3 安全

立柱装饰件在侧面碰撞时能起到一定的吸能作用，给乘员提供适当的保护。具体的要求可参考 10.1.2 中有关碰撞法规的内容。

10.2 立柱门槛内饰件结构设计

进行立柱门槛内饰件设计前应收集或确定的相关信息有总布置要求（包括内部空间、视野要求、伸及界面与舒适区域）、储物及空间利用要求、人机要求、安全策略与要求、密封策略和要求、振动与噪音（NVH）要求、周边零件尺寸及空间布置（包括相关车身和密封，电器、电子模块、电子附件及线束，空调控制和风道，安全带与安全气囊模块布置及相关要求等）。

10.2.1 立柱门槛内饰件零部件安装定位设计

1. 定位设计

立柱内饰板一般装配顺序为由立柱饰板上端往立柱饰板下端装配。主基准放在饰板上端，以保证与顶盖内衬间隙/面差，公差向下端累积；副基准在下端，控制旋转；若零件较大，可考虑增加辅助基准增加稳定性。

前/后门槛内饰板一般由B柱饰板部位向A/C立柱饰板方向装配。主基准在B柱处，以保证与B立柱下内饰板间隙/面差，公差向前/后累积；副基准在A/C立柱下内饰板处，控制旋转。

2. 安装设计

立柱门槛内饰件位于车身侧围，与车身、密封条、顶盖内衬、仪表板、门内饰板、门槛内饰板、地毯、前/后风窗玻璃、天窗水管、线束、侧气帘等零件相邻，安装点通常选择在车身侧围内蒙皮上，其安装布置需满足的要求详见表10-4。

表10-4 立柱门槛内饰件安装设计要求

	描　述
总体	在所有车型上，立柱内饰板都应以相同的装配顺序安装，若有不一致，必须和工艺部协商
	立柱内饰板应包含有在装配时起定位作用的定位特征
	吸音/吸能件和卡子应作为总成件的一部分由供应商总成交样
	立柱内饰板连接到车身上应避免使用螺钉
	立柱内饰板连接到车身上应避免使用工具
安装方案/支架/紧固件/卡子	立柱内饰板应在车门安装前安装完毕
	一般采用塑料卡扣或金属卡子直接装配在车身内蒙皮上
	安装点的布置必须均匀，保证立柱上内饰板在进行道路试验以及使用过程中不脱落、松动、异响等
尺寸基准方案/定位方案	立柱内饰板应设计有相对于整车坐标的自定位系统
	1）应至少有三个车身横向的主定位面 2）至少有一个上/下和前/后方向的第二基准特征 3）至少有一个两向定位的第三基准特征 注：车身构件规定了这些基准特征（如孔、槽孔及面） 两向定位特征可以是上/下方向，也可是前/后方向，取决于造型
	所有立柱上/下内饰板应使用共同的基准定位策略
安装顺序（根据实际生产线修订）	A立柱上饰板应在座舱系统之后，前风窗之前安装 C/D立柱上饰板应在后风窗之前安装 前/后/背门槛内饰板在A/B/C下内饰板之后安装

3. A立柱内饰板的安装定位设计

通常在A柱上饰板上端的卡扣（带顶气帘配置使用高强度卡扣）附近，会设计一个四向定位销，以控制Y方向、Z方向的定位；而A柱饰板的卡扣与钣金的配合面，则用于X方向定位；在A柱上饰板与仪表板配合面的前端，由A柱上饰板伸出一个插入仪表板的特征，用于X方向的定位，以保证A柱上饰板与仪表板的配合（图10-2）。

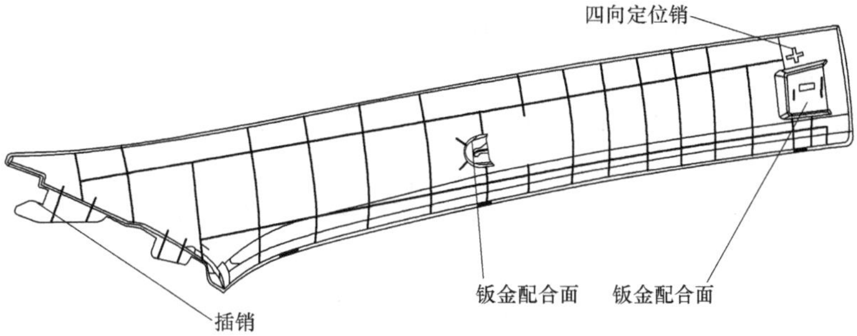

图10-2 A柱上饰板定位

10.2.2 立柱门槛内饰件零部件典型断面

以A立柱内饰板为例，本节分别从与顶盖内衬、与密封条、与仪表板3个典型断面进行A立柱的断面设计，位置如图10-3所示。

1. A立柱内饰板与顶盖内衬

为满足相关DTS的一些间隙、外观、气帘爆破功能等要求，一般选择搭接式，既能保证和顶盖内衬的零贴，又可以保证侧气帘正常脱出和降低顶盖内衬异常脱出风险。图10-4为A立柱内饰板与顶盖内衬的典型断面示意图，在设计时需要注意：

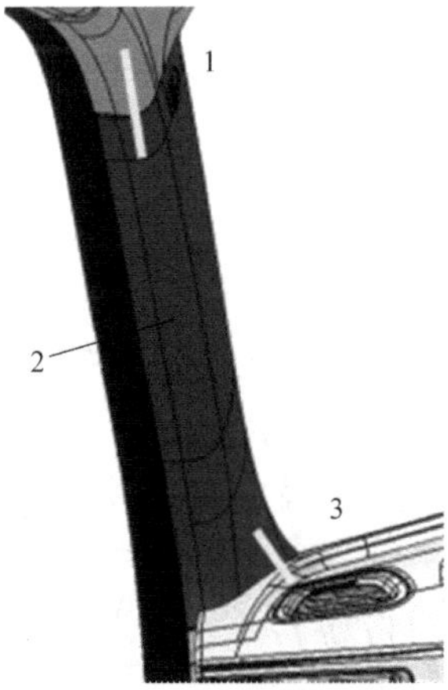

图10-3 A立柱内饰板典型断面
1—A立柱与顶盖内衬搭接 2—A立柱与密封条搭接 3—A立柱与仪表板搭接

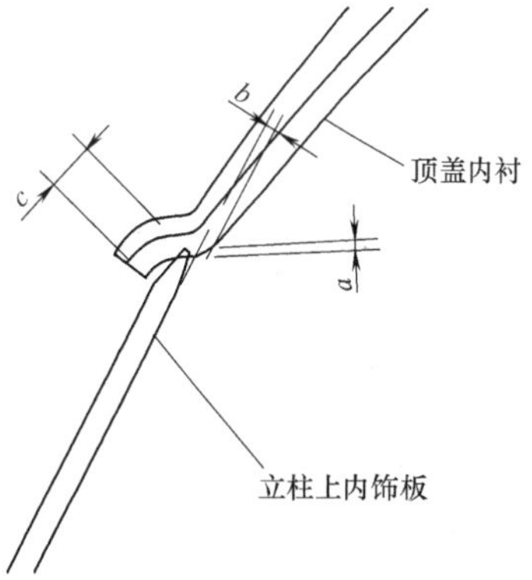

图10-4 A立柱内饰板与顶盖内衬配合

1）在立柱上内饰板B面倒角。

2）顶盖内衬倒角角度应大于立柱上内饰板倒角角度。

3）与顶盖内衬面干涉量 a 一般为 1~2mm，正面差 b=1~2mm（带泡沫面料 2mm，无泡沫面料 1mm，以保证外观饱满度），侧面差 B=0.5~1mm（带泡沫面料 1mm，无泡沫面料 0.5mm，以保证密封条搭接处无台阶，避免老鼠洞产生）。

4）与顶盖内衬搭接量根据有无侧气帘不同，通常有侧气帘 c=6~8mm，无侧气帘 c=8~10mm

5）与顶盖内衬分缝线建议在一个平面内，且垂直于门洞线，以保证一致配合。

2. A 立柱内饰板与密封条

为满足相关 DTS 的一些间隙、外观、密封功能等要求，一般在立柱内饰板上设计一个直接卡入密封条的卡接结构，既能保证跟密封条的配合关系，又可以防止立柱饰板转动和增加立柱饰板定位可靠性。图 10-5 为 A 立柱内饰板与密封条的典型断面示意图，在设计时需要注意：

1）立柱与止口边面差 a=0~1.5mm。

2）与前、后门洞密封条搭接量 b = 8 ~ 10mm。

3）与背门洞密封条防旋转结构内部空间 c=2.5~3mm 。

4）密封条安装注意事项：从密封条设计来看，所有的密封条都应该卡入门框线底部，尤其对于饰板包密封条的 B 柱饰板来讲，这一点很重要。在安装密封条时门框转角处更应该用力将密封条卡到底。

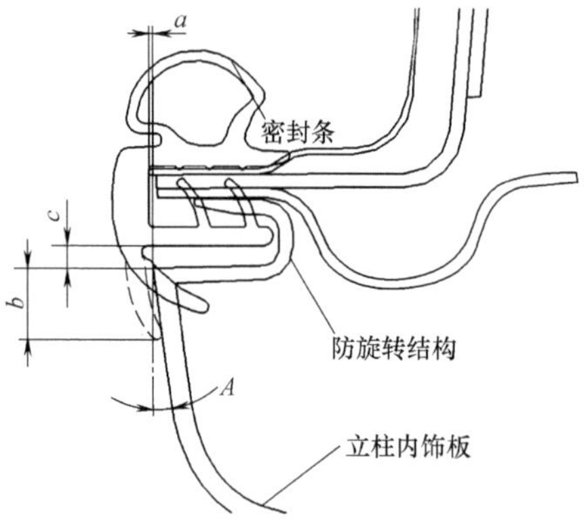

图 10-5 立柱内饰板与密封条配合

3. A 立柱内饰板与仪表板

为满足相关 DTS 的一些间隙、外观等要求，一般在立柱内饰板上设计两个以上直接卡入仪表板的卡接结构，既能保证和仪表板零贴，又可以防止立柱饰板转动和增加立柱饰板定位可靠性。图 10-6、图 10-7 分别为不同工艺的 A 立柱内饰板与仪表板的典型断面示意图，在设计时需要注意：

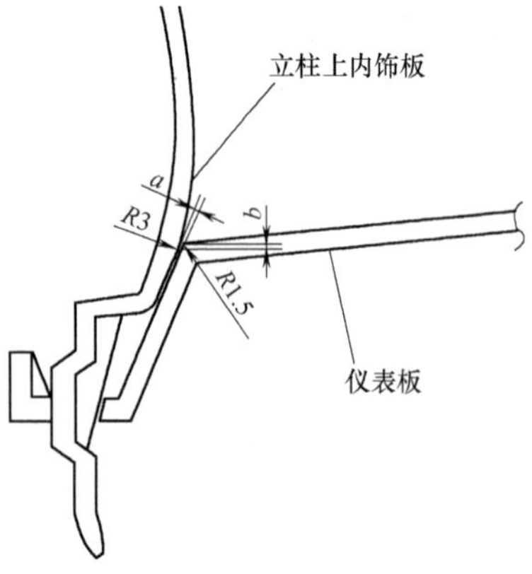

图 10-6 硬质立柱内饰板与仪表板配合

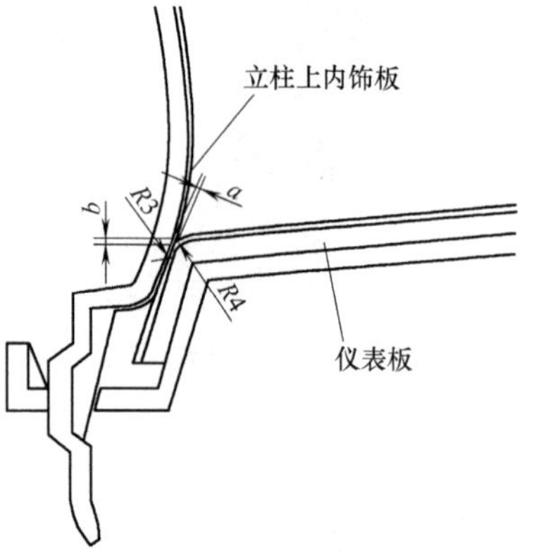

图 10-7 低压注射立柱内饰板与 IMG 仪表板配合

1）A 立柱上内饰板与仪表板应满足相关 DTS 的一些间隙、断差、外观等要求，其中硬质立柱内饰板与仪表板设计间隙 $a=0\sim0.5\text{mm}$，面差 $b\geq0.5\text{mm}$；低压注射立柱内饰板和 IMG 仪表板匹配圆角需 $\geq R4\text{mm}$，设计干涉量 $a=0\sim0.5\text{mm}$，面差 $b\geq0.5\text{mm}$。

2）A 立柱上内饰板最下方安装点与仪表板表面距离 $\leq200\text{mm}$（使其与仪表板面零贴，且允许 A 立柱上内饰板完全变形）。

10.2.3 立柱门槛内饰件零部件结构设计

1. 拔模方向

拔模方向针对每个立柱护板都有所不同，一般立柱上饰板拔模方向有些复杂，其余的立柱护板尽量选用标准方向。

1）A、B、C/D 立柱上内饰板以 Y 方向为拔模基准进行调整，根据车身造型调整出合适的拔模方向。当 A 面与初定方向有负角时，调整拔模方向与最大面的垂直线最接近，使 A 面拔模角度不小于 5°。

2）A、B、C 立柱下内饰板尽量选用 Y 方向作为拔模方向（原则上必须）。

3）前/后门槛内饰板尽量选用 Z 方向作为拔模方向（原则上必须）。

4）背门槛内饰板以 Z 方向为拔模基准进行调整，根据车身结构（尤其是锁机构）调整出合适的拔模方向。

2. A 面与 DMU 检查

1）A 面由造型设计中心，根据效果图、产品中心提供的布置断面和拔模方向制作。

2）DMU 检查包括与其他零件间隙、面差、配合尺寸、搭接关系、装配和拆卸性等检查。

3）在造型 A 面检查的时候，以 A 柱内饰板为例（图 10-8），需对其型面进行分析。如果型面整体平缓（如图 10-9 中序号 1），在长度方向上容易扭曲，且因要配置气帘的原因，无法增加太多的加强筋，导致整个产品强度较低，容易变形。可通过调整型面（如图 10-9 中的序号 2，使型面有突起）改善变形问题，或者在靠近风窗玻璃一侧做翻边（如图 10-9 中的序号 3）。

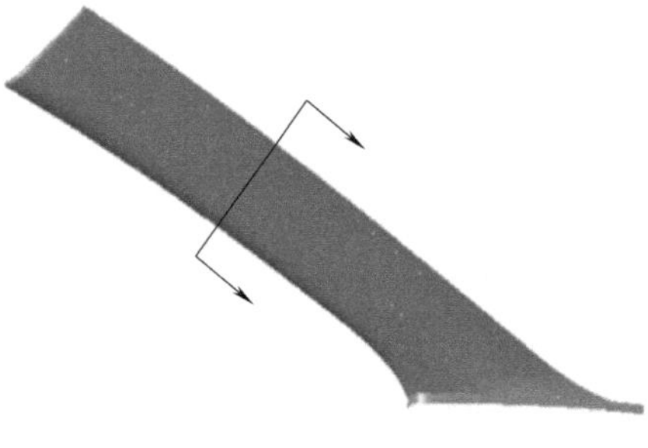

图 10-8 A 柱内饰板

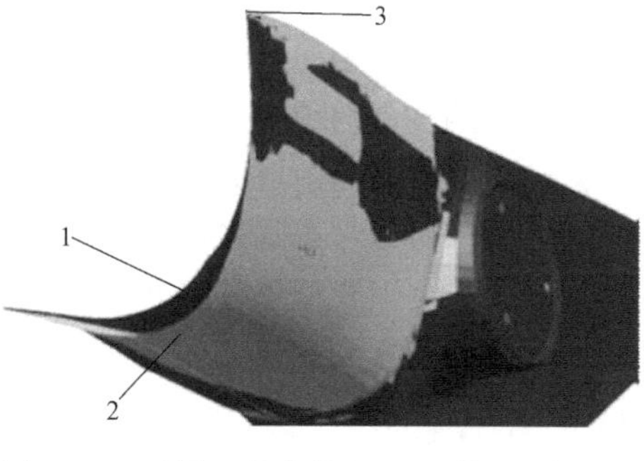

图 10-9 不同 A 柱内饰板型面对变形的影响

3. 壁厚

1）立柱门槛内饰件如在无面料包覆情况下：壁厚名义值 2.5mm，最大值 3.0mm。

2）立柱内饰板如在有面料包覆且无发泡情况下：壁厚名义值 2.5mm，最大值 2.75mm。

3）立柱内饰板如带有发泡（3mm）和面料，并且包覆为手工包覆，基材厚度名义值为2.5mm，最大值为2.75m。

4. 加强筋

图10-10所示为A柱上饰板上加强筋的布置。其中A区域的筋布置在与仪表板配合处附近，保证了零件有足够的刚度，同时也能保证在装配后与仪表板保持良好的配合结果，使得间隙和面差达到设计要求。

B区域的筋布置则是根据CAE分析的侧面碰撞的结果，使得满足FMVSS201要求。

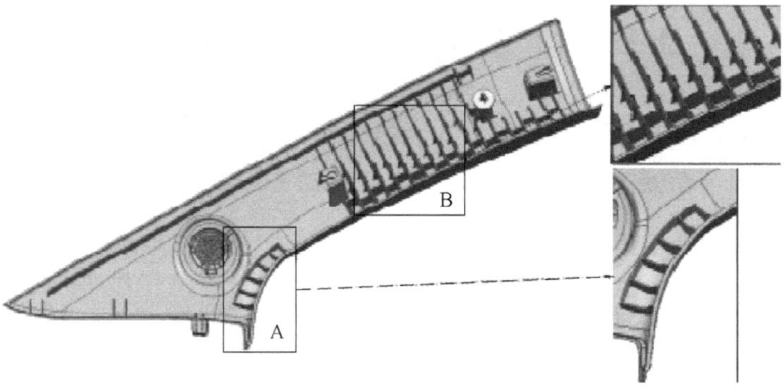

图10-10　A柱上饰板加强筋的布置

（1）加强筋的位置在设计布置时应考虑的因素

1）较薄弱区域，布置适当的加强筋可提高立柱饰板的刚度。

2）立柱饰板相配合处或饰板与其他零件（如仪表板）相配合处附近，以保证零件有足够的刚度来达到预想的配合效果，满足间隙和面差的要求。

3）综合CAE分析结果，在侧面碰撞中较弱区域布置适当的加强筋，起到吸能和增加刚度的作用。

4）是否为周边零件，如气帘、线束留有了足够的空间。

（2）加强筋的经验值介绍

1）加强筋的宽度一般为本体料厚的1/3~1/2。

2）加强筋的高度一般为本体料厚的2.5~3倍。

3）加强筋的方向与美国标准测试的碰撞方向一致。

4）加强筋的间距一般为15~50mm。

5）平直面可以考虑加强筋分布密一些。

6）加强筋一般要低于外壁0.5mm以上，使支撑面易于平直。

7）加强筋的排列要尽可能顺着熔融塑料在型腔内的流动方向，防止挡料，造成产品缺料。

5. 分模线

分模线的位置原则上不能出现在A面上，但是若造型需要而在工程没有办法避免的情况下，需要得到外观工程师的认可，且要求供应商对分模线的外观进行控制。

6. 圆角

1）在头部碰撞区内突出物最小圆角为3.2mm。

2）低压注射的最小圆角要求为 3.5mm，但是该要求可以根据翻边的深度进行适当调整。

3）对接式配合处倒角一般为 0.5mm 左右。

10.2.4 与 NVH 性能相关的设计

NVH 设计可分为两方面，一方面立柱设计要避免异响，另一方面，立柱设计要有良好的吸音效果，能减少外面的声音进入车内。

1. 异响

立柱门槛内饰件的异响设计要关注五个要素：间隙、刚性模态、材料摩擦匹配、工艺设计和质量控制。首先要设计足够的间隙，充分考虑操作过程、运动过程、湿热环境和制造偏差，当零件之间有接触面或零件之间间隙过小，且材料为不防噪的材料时，在零件之间设计阻隔，防止噪声发生；其次要设计足够的刚性和强度避免共振，要提供足够的紧固防止零件间的相对运动；再次要选择合适的材料，或增加表面喷涂防异响材料，避免摩擦异响。建议在做零件设计评审的同时也进行异响的评审。

2. 吸音

在许多细节之处，如 A 柱内饰、B 柱内饰、C 柱内饰等位置增加吸声材料（推荐材料：250~350g/m^2 PP/PET 双组分吸音棉）以提高车内声品质。

注：根据不同车型要求，吸音棉布置位置、吸音棉尺寸等要与声学包装工程师共同评审、验证决定。

10.3 立柱门槛内饰件制造工艺

立柱内饰件主要工艺是注射工艺，根据车型档次的不同还有面料包覆、低压注射等工艺。具体工艺介绍详见本书第 4 章。

10.4 立柱门槛内饰件设计试验验证

10.4.1 设计验证

1. 模流分析

模流分析在注射产品设计中非常重要，尤其是翘曲分析、压力分布、保压分析、冷却分析。通过模流分析可以优化产品和模具设计，预测零件缺陷，从而找到预防措施，提高产品质量。

1）通过分析可以更好地控制变形，提高外观和配合质量。

2）填充分析可以预测填充时间，通过改变浇口位置或浇口形式来缩短注射时间。

2. 模型验证

1）杂合车验证：1.5mm 的误差，可以低速驾驶。主要零部件采用铣制工艺，用于检查总布置和硬点、空间和主要零部件的配合，确认项目需求和硬点。

2）模型验证：0.5mm 的误差，分内模型和外模型，是油泥、代木和金属的混合体，主要用于关键部件的造型型面和配合的展示。

3）UCF 验证：0.05mm 的误差，铝合金制造，主要验证内外饰零件的配合。

10.4.2 产品验证

根据项目开发时间节点、供应商开发计划、零部件 DFMEA 等完成零部件设计验证计划（DVP）的制定，并与供应商完成零部件设计验证计划（DVP）签字确认。

1）制定零部件 DVP 时，应满足以下条件：

① 应包含图纸、规范要求的所有试验目的。

② 试验标准、样本容量满足图纸规范要求。

③ 试验的实施和完成时间应满足项目时间的要求。

2）对于冲压、焊接、涂装、热处理等重要工艺，应考虑选择靠规格下限的最差极限样件进行试验。

① 不便于取样的应加大样本容量。

② 可以借鉴其他阶段试验或借用其他同类产品的试验项目，须提供相关证据和所借用的试验报告，并在 DVP&R 中注明。

立柱门槛内饰件常规的 DV 项目，如阻燃性、耐热老化性、刚度、禁限用物质要求、气味、VOC 等试验与一般的内外饰零部件相同，其试验方法、接受标准和要求可参见本书第 6 章。

第11章 NVH系统设计

近年来，随着人们生活水平的提高，对汽车舒适性提出了更高的要求。国际汽车界制定了一项新标准，简称 NVH 标准，即噪声（Noise）、振动（Vibration）、声振粗糙度（Harshness）三项标准，通俗称谓为乘坐轿车的“舒适感”。而 NVH 系统零部件则定位为满足整车 NVH 性能要求及乘坐舒适性要求的内外部装饰件。在汽车设计中此类零部件色彩简单，手感柔软、舒适，是提升汽车 NVH 性能最重要的组成部分，统称为软内饰件，是汽车内饰件中较为关键的部分。

NVH 系统主要包含车内顶部装饰件、地板装饰件、前围装饰件、发动机舱装饰件、行李箱装饰件等部件，此类零部件主要是从吸振、隔音隔振、减振、改变激振形态等方面采取的被动控制手段，因此 NVH 系统根据要求及车型的不同，所包含的零部件也不尽相同。典型的 NVH 系统主要包含的零件如图 11-1 所示。

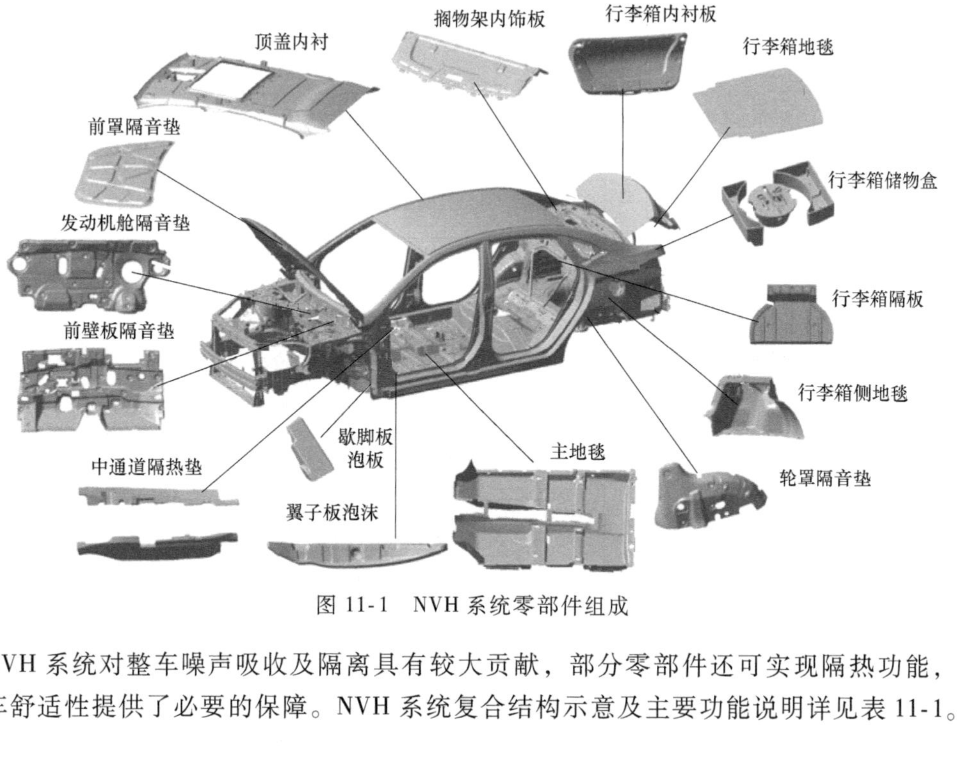

图 11-1　NVH 系统零部件组成

NVH 系统对整车噪声吸收及隔离具有较大贡献，部分零部件还可实现隔热功能，为提升整车舒适性提供了必要的保障。NVH 系统复合结构示意及主要功能说明详见表 11-1。

表 11-1　NVH 系统常用材料及复合结构示意图及功能说明

零部件	常用材料	复合结构示意图及功能说明
顶盖内衬	PET 针织面料、PET 无纺面料、PU 片材、玻纤、热熔胶	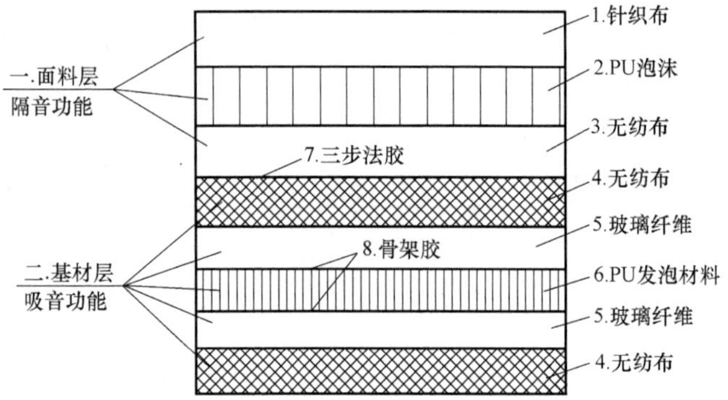
主地毯	PET 复膜面料、PU、平切毡、尼龙搭扣、防尘膜、热熔胶	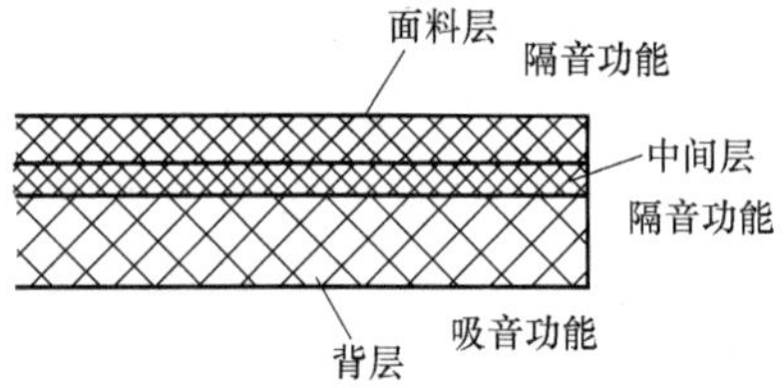
前壁板隔音垫	EVA、PU、PET 棉毡、热熔毡、EPP、尼龙搭扣	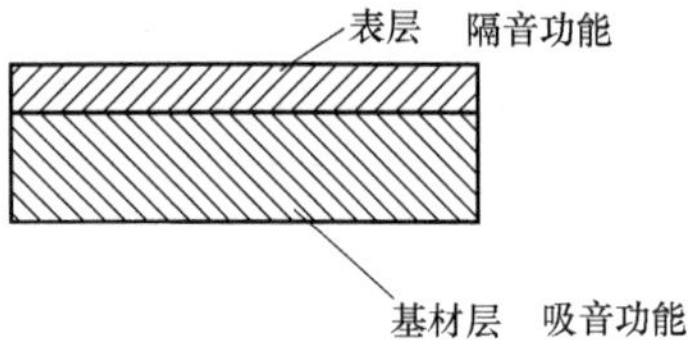
发动机舱隔音垫	无纺布、玻璃棉、轻质泡沫	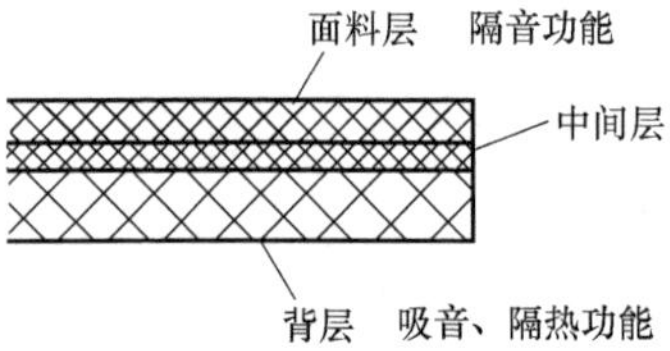
搁物板（衣帽架）	PET 面料、PP 玻纤板、PP 麻纤板、PP 木粉板	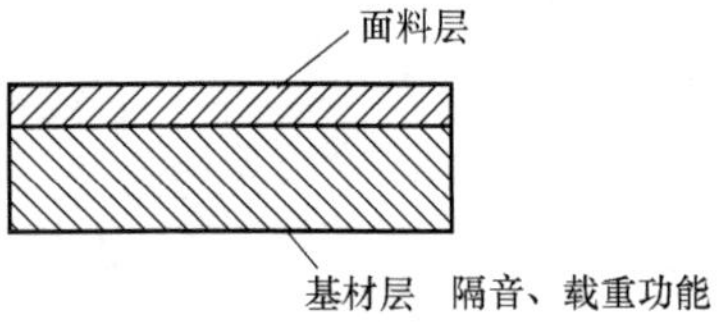
行李箱饰件	PET 面料、PP 低熔点混合毡、PP 玻纤板、PP 麻纤板、PP 木粉板	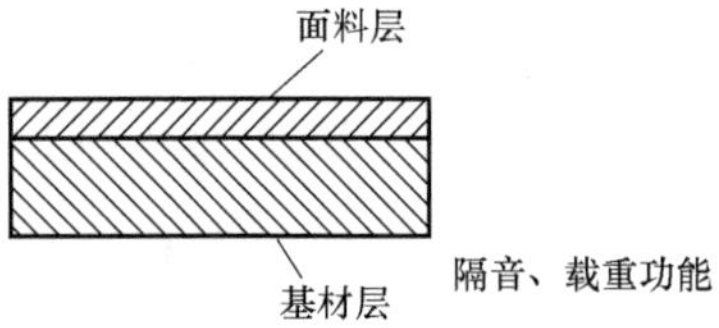
行李箱储物盒	PP、EPP	单一结构，主要是承载重量与储物（EPP 具有部分隔音功能）

NVH 系统除了具备 NVH 功能外，还同时具备以下特点。以顶盖内衬为例，作为乘员舱内的重要内装饰件，主要作用是提高车内的装饰性，同时还可达到提高与车外的隔热、绝热，降低车内噪声提高吸音能力，提高乘员乘坐舒适性和安全性的效果。由于太阳直射车顶，汽车顶部温度较高，顶篷的耐热性和耐候性指标要求较严。顶盖内衬正常使用时，虽不承受自重以外的其他应力，但因跨度较大，所以需要一定刚度。另外，由于面积大，对车内隔音、隔热效果起着重要的作用，具有重量轻、强度高、导热系数低等特点的泡沫、塑料、蜂窝结构基材将成为其优先发展方向。但综合考虑环保及资源再生利用，热塑性材料，尤其是价格低、性能优异的聚丙烯，将会得到更多的发展与应用。

除此之外，顶盖内衬上通常还集成了乘客安全拉手、遮阳板、天窗、顶灯、线束等部件，还可承担对以下系统、部件的特殊功能：

为天窗、水管、电器线束、顶灯、安全气帘、安全带、钣金等提供装配和包覆功能。

与遮阳板、安全拉手、立柱内饰板、密封条、前后风窗玻璃匹配。

与车身顶盖、天窗进行装配固定等。

11.1　NVH 系统设计可行性分析

NVH 系统在设计阶段，需要外部输入各项要求，包括周边零部件结构、性能指标等信息，便于 NVH 系统零部件前期的设计开发。以顶盖内衬为例，其设计开发流程如图 11-2 所示。

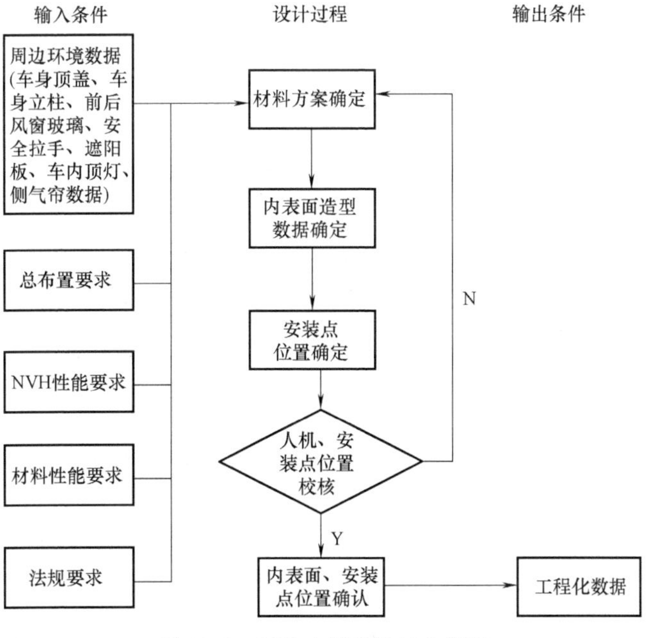

图 11-2　顶盖内衬设计开发流程

11.1.1 顶盖内衬性能要求

1. 声学目标-顶盖内衬吸音系数

NVH 系统对整车舒适性能起关键作用，因此每个零部件必须达到其 NVH 性能目标是设计过程中的首要任务。

声学目标确定主要通过竞争车型比对以及结合本车型所在的平台车型声学目标而制定（仅供参考）。首先根据声学目标进行材料的测试。

材料的声学性能测试方法一般有混响式法、阿尔法舱法、驻波管法（此测试方法目前国内主机厂使用较多）等。表 11-2 为某车型顶盖内衬材料在开发前期所做的竞争车测试数据示意表。

表 11-2 竞争车型顶盖内衬材料吸音系数测试数据

车型(X)	400	500	630	800	1000	1250	1600	2000	2500	3150	4000	5000	6300
车型 A 顶盖内衬材料	0.01	0.03	0.05	0.13	0.09	0.1	0.21	0.37	0.43	0.52	0.45	0.5	0.53
车型 B 顶盖内衬材料	0.07	0.08	0.1	0.15	0.24	0.31	0.33	0.32	0.56	0.4	0.44	0.42	0.35
车型 C 顶盖内衬材料	0.03	0.05	0.08	0.1	0.15	0.2	0.25	0.3	0.4	0.55	0.65	0.7	0.75
车型 D 顶盖内衬材料	0.06	0.07	0.09	0.11	0.13	0.15	0.13	0.14	0.15	0.23	0.26	0.34	0.41
车型 E 顶盖内衬材料	0.1	0.1	0.09	0.08	0.08	0.08	0.09	0.09	0.1	0.14	0.19	0.25	0.13
车型 F 顶盖内衬材料	0.16	0.16	0.19	0.22	0.26	0.3	0.35	0.4	0.46	0.54	0.66	0.75	0.86
车型 G 顶盖内衬材料	0.07	0.07	0.15	0.15	0.15	0.18	0.28	0.32	0.56	0.54	0.74	0.74	0.88
目标-顶盖内衬材料	0.05	0.08	0.1	0.15	0.2	0.25	0.3	0.35	0.45	0.54	0.63	0.72	0.81

2. 在半消声室内完成整车级测试

针对顶盖内衬吸音量进行测试分析，形成数据对比图表（图 11-3），并提供给零部件设计人员（在整车测试阶段需要测试的区域较多，相关要求需要专业从事 NVH 性能研究的人员综合车型匹配情况等信息才能提供详细要求）。

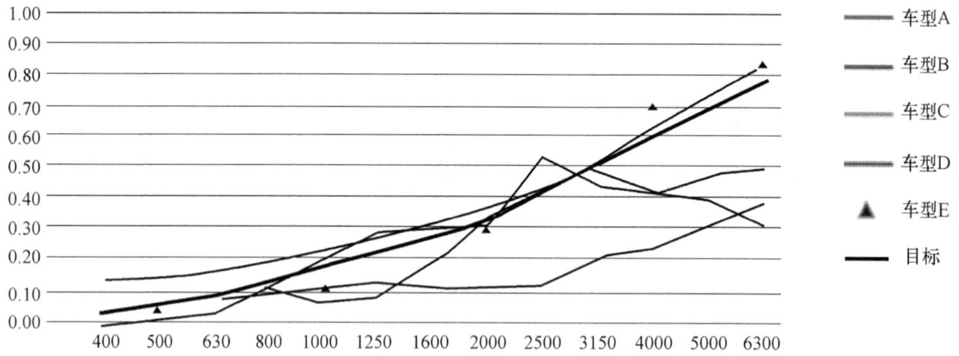

图 11-3 其他车型顶盖内衬前部吸音测试数据

11.1.2 人机

1. 视野要求

1）顶盖内衬最低点不能遮挡驾驶人前方视野且不与头部包络干涉，如图 11-4 所示，前方视野由总布置提供。

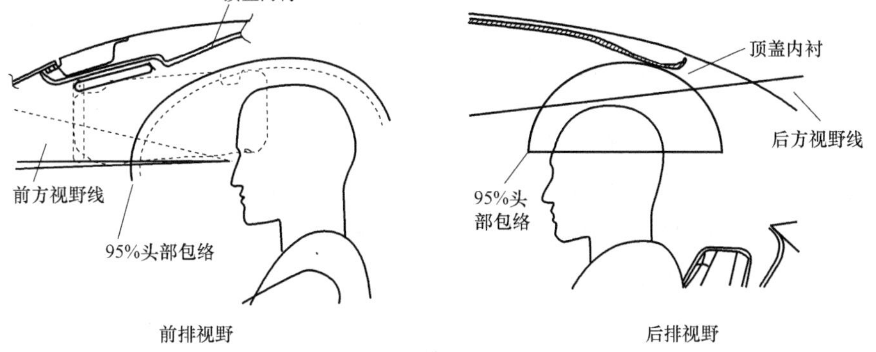

图 11-4 顶盖内衬头部包络图

2）顶盖内衬最低点不能遮挡驾驶人后方视野且不与头部包络干涉，如图 11-4 所示，后方视野由总布置提供。

2. 顶盖内衬与车内乘员头部空间的校核

前排、后排头部空间尺寸是总布置在前期输入给造型部门的布置硬点，在后续造型制作过程中都是非常重要的控制点。

1）前排头部空间校核如图 11-5 所示，前排头部空间尺寸主要关注以下尺寸：

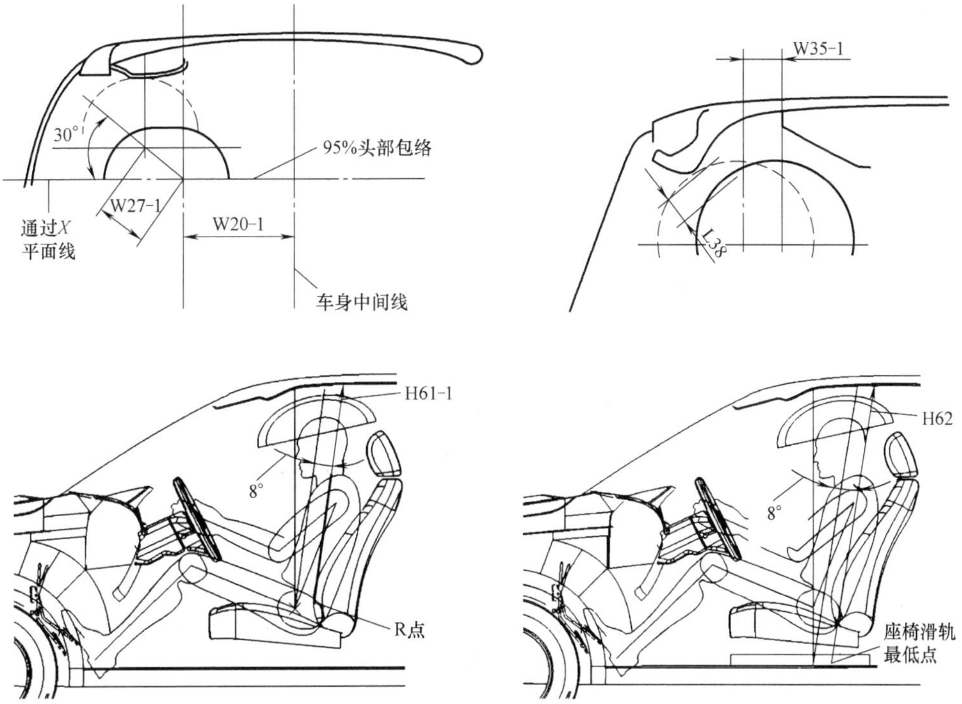

图 11-5 顶盖内衬前排头部空间校核

W27-1：在过头部包络最高点的 X 平面上，利用 95% 人体的头部包络沿与头部包络底部成 30°的线移动，头部包络与内饰之间接触的最小移动距离。如果头部包络本身已经与内饰干涉，则相反方向移动，此尺寸为负值。

W35-1：在过头部包络最高点的 *X* 平面上，在后视图中 95%人体的头部包络的中心截取断面并将其水平移动，与内饰或其他部件接触时的最小移动距离，如果头部包络已经与部件或内饰干涉，则相反方向移动，此尺寸为负值。

H35-1：在过头部包络最高点的 *X* 平面上，在前排头部空间中心点 *X* 平面内，头部包络沿 *Z* 向偏移至与车辆零部件干涉时的偏移量。

L38：在过 R 点的 *Y* 平面内，内饰件最低点到头部包络的最小距离。

H61-1：R 点沿向后 8°线到顶盖的距离加上 102mm。

H62：在过 R 点的 *Y* 平面内，以座椅滑轨最下点为起点做与 *Z* 轴成 8°并与顶盖内衬相接的线的长度。

2）目前可供参考的总布置推荐的头部空间值详见表 11-3。

表 11-3　顶盖内衬前排头部空间推荐值　（单位：mm）

尺寸代号	推荐值					
	微/小型	紧凑/中型	中大/大型	MPV	CUV/SUV	轿跑
W27-1	≥45	≥5.5	≥30	≥40	20~50	≥5.5
W35-1	≥60	≥28	≥45	≥60	20~50	≥28
L38	—	—	—	—	20~50	—
H61-1	—	—	—	—	50~100	—
H62	—	—	—	—	>970	—

3）后排头部空间校核如图 11-6 所示，后排头部空间尺寸主要关注以下尺寸：

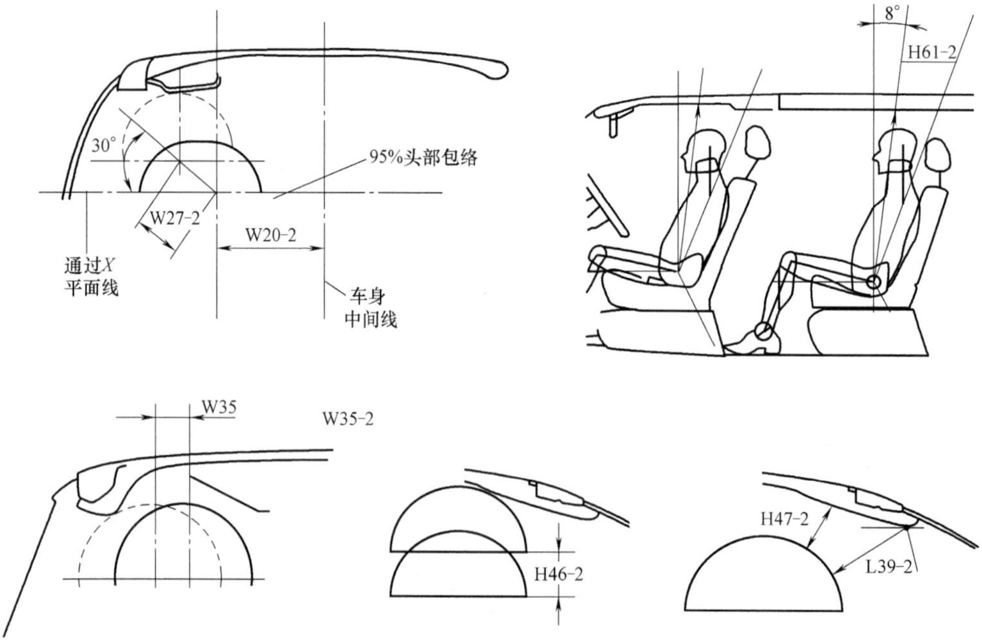

图 11-6　顶盖内衬后排头部空间校核

W27-2：在过头部包络最高点的 X 平面上，利用95%人体的头部包络沿与头部包络底部成30°的线移动，头部包络与内饰之间接触的最小移动距离。如果头部包络本身已经与内饰干涉，则相反方向移动，此尺寸为负值。

W35-2：在过头部包络最高点的 X 平面上，在后视图中95%人体的头部包络的中心截取断面并将其水平移动，与内饰或其他部件接触时的最小移动距离。如果头部包络已经与部件或内饰干涉，则相反方向移动，此尺寸为负值。

H35-2：在过头部包络最高点的 X 平面上，在前排头部空间中心点 X 平面内，头部包络沿 Z 向偏移至与车辆零部件干涉时的偏移量。

L39-2：在过后排R点的 Y 平面内，顶盖内饰件最低点到95%人体的头部包络的最小距离。

H46-2：在侧视图中95%人体的头部包络的中心截取断面并将其垂直移动，与内饰或其他部件接触时的最小移动距离。如果头部包络已经与部件或内饰干涉，则相反方向移动，此尺寸为负值。

H47-2：在过R点的 Y 平面内，95%人体的头部包络与顶盖内衬的最小距离。

H61-2：R点沿向后8°线到顶盖的距离加上102mm 。

4）目前可供参考的总布置推荐的头部空间值详见表11-4。

表11-4 顶盖内衬后排头部空间推荐值 （单位：mm）

尺寸代号	推荐值					
	微/小型	紧凑/中型	中大/大型	MPV	CUV/SUV	轿跑
W27-2	≥4	≥10	≥20	≥40	20~50	≥10
W35-2	≥27	≥30	≥30	≥60	≥91	≥30
L39-2	—	—	—	—	—	—
H46-2	—	—	—	—	50~100	—
H47-2	—	—	—	—	—	—
H61-2	≥880	≥950	≥940	≥1000	980	920

11.1.3 法规

针对NVH系统不同市场有不同的法规要求，但基本的要求是一致的，如需出口至其他国家，则需要遵守其他国家的相关法规要求。以顶盖内衬为例，国内、国际主要法规条目参见表11-5。

表11-5 顶盖内衬法规要求

法规项	中国国标	欧标	美标
轿车内部凸出物	GB 11552	ECER21-01	—
汽车内饰材料的燃烧特性	GB 8410	95/28/EC	FMVSS302
禁限用物质要求	GB/T 30512	—	—
汽车驾驶员前方视野要求及测量方法	GB 11562	—	—

11.2 NVH系统结构设计

11.2.1 顶盖内衬安装、定位设计

1. 顶盖内衬安装、定位点要求

1）顶盖内衬主次定位点：主次定位点分别布置在顶盖内衬前、后端位置，前端设置一个主定位（也可将前端两个点都设置为主定位，顶盖内衬是柔性大件，采用过定位设计可以加强定位作用并保证装配效果），后端中部设置一个 Y 向次定位，以保证顶盖内衬能准确定位。

2）安装点的布置：安装点布置在顶盖内衬后端两侧，安装点的布置要均匀，对于 MPV 等因顶盖内衬“X 向尺寸较大的部件，建议中排靠后位置增加两个安装点，具体的安装点布置视情况而定，总之应满足顶盖内衬安装方便与装配准确性要求。

3）顶盖内衬其他固定点通常还有安全拉手安装点处的压紧点、遮阳板安装点处的压紧点、车内顶灯安装部位压紧点、天窗支架与顶盖内衬连接点等配合。

4）安装选用标件应为结构强度较好的塑料卡扣，保证顶盖内衬在进行道路试验及使用过程中不松动异响。与天窗配合方式应考虑顶盖内衬水切精度及安装强度因素，建议采用塑料（金属）支架与其他固定点配合的方案。安装、定位点要求如图 11-7 所示。

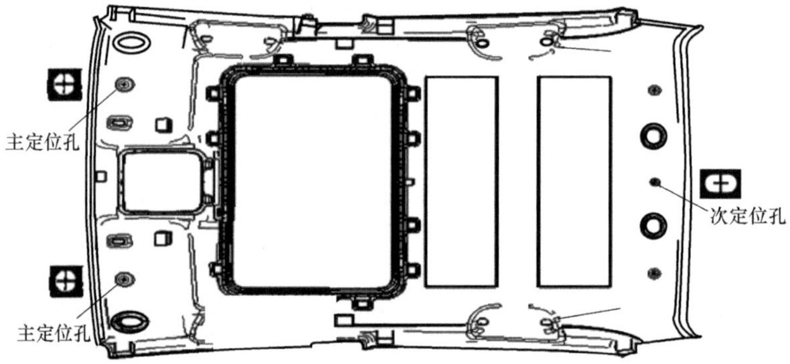

图 11-7 顶盖内衬安装定位

2. 顶盖内衬安装、定位点结构设计

顶盖内衬与车体的安装固定方式一般有两种形式，分为外露式和隐藏式。

1）外露式（图 11-8）：外露式安装方便，卡子的安装空间（尺寸 k）≥5mm。

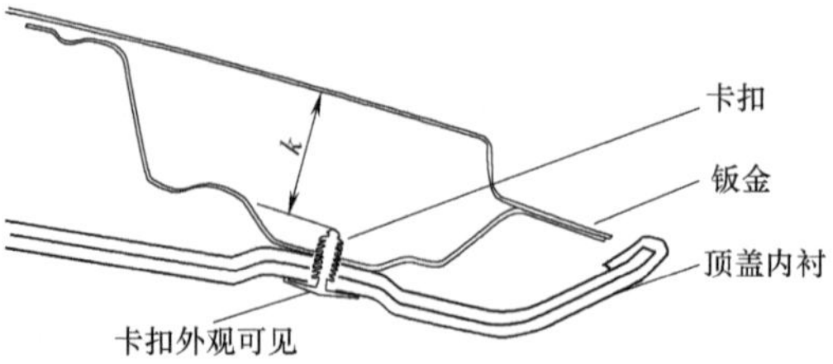

图 11-8 顶盖内衬安装固定方式一

2）隐藏式（图 11-9）：隐藏式的卡扣座可采用金属和塑料两种材料，通常，金属卡扣座和顶盖内衬采用粘接形式固定，塑料和顶盖内衬采用粘接或者焊接形式固定在一起。卡扣座的垂直拔出力需≥200N，卡子的安装空间（尺寸 k）≥5mm。

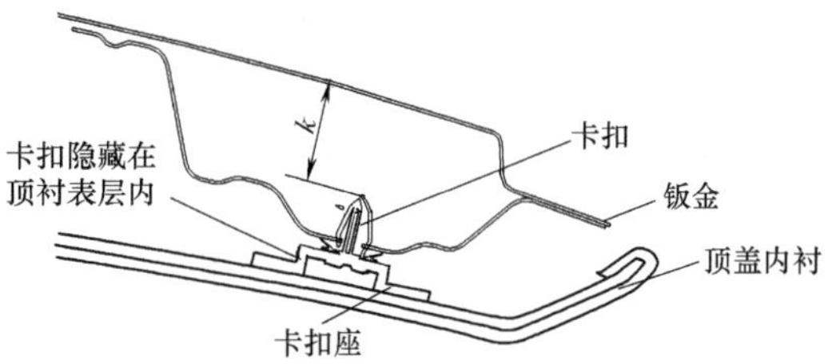

图 11-9　顶盖内衬安装固定方式二

11.2.2　顶盖内衬总成结构设计

1. 顶盖内衬天窗结构形式

顶盖内衬分为带天窗和不带天窗两种形式，非天窗版的结构相对比较简单，只与周边的零件搭接，天窗版顶盖内衬与天窗的搭接形式主要分为两种，一种是天窗带密封条（图 11-10），另一种是天窗不带密封条（图 11-11）。

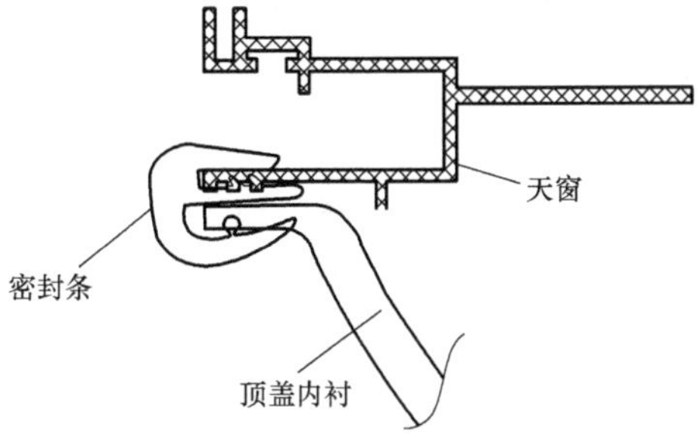

图 11-10　天窗带密封条结构

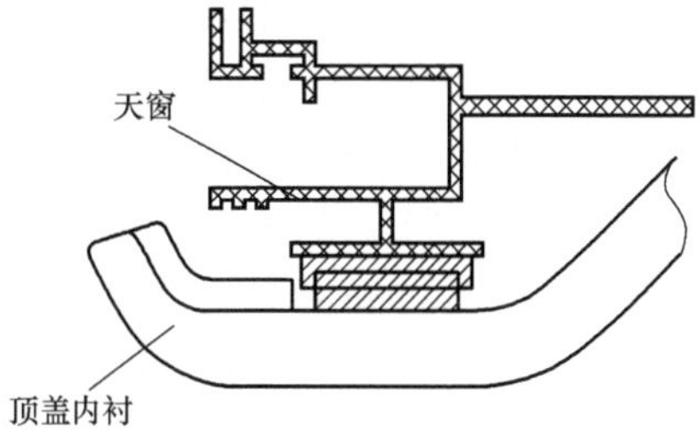

图 11-11　天窗不带密封条结构

2. 顶盖内衬（带侧气帘）的结构形式

1）顶盖内衬与帘式气囊的布置，要注意帘式气囊与顶盖内衬的过渡配合，一般间隙要大于 5mm（图 11-12），同时 B 柱与顶盖内衬的对接面要有一定的角度，设计时也可以根据气囊的开发进行配合。顶盖内衬和帘式气囊模块的距离不能太大，否则气囊爆破时可能会偏向别的方向，降低了气囊的保护效果。

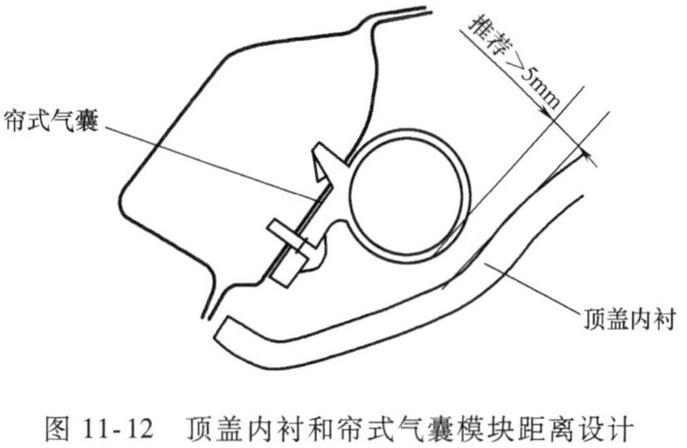

图 11-12　顶盖内衬和帘式气囊模块距离设计

2）气囊撕裂线部分的顶盖内衬厚度一般比正常位置要减薄 1/3~1/2T（图 11-13）。

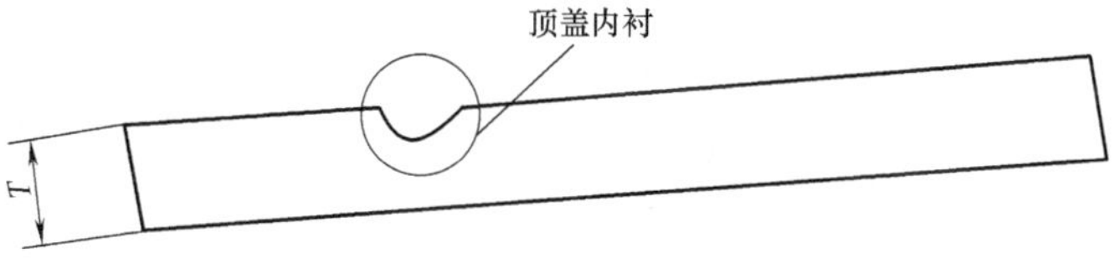

图 11-13　气囊撕裂线设计

3）顶盖内衬和立柱内饰板的配合不应太紧密，为了保证顶盖内衬在气囊爆破时能顺利让开，并且为了防止在气囊爆破时内饰板摆动，顶盖内衬和立柱内饰板一般采用图 11-14 所示的配合方式。

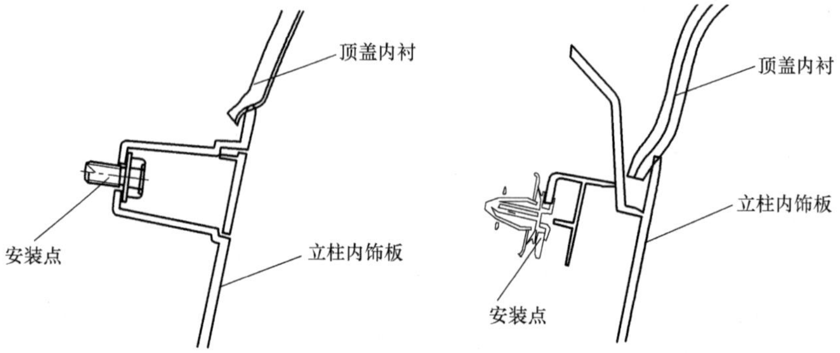

图 11-14　顶盖内衬和立柱内饰板配合方式设计

3. 顶盖内衬与周边件搭接设计（具体数值为推荐值，仅作参考）

（1）与前、后风窗玻璃的配合要求

1）顶盖内衬在前后风窗玻璃的结构形式主要有两种，一种是采用包边工艺，此种工艺较为复杂，需将顶盖内衬半成品在预切工装切割撕裂线，将需包边位置的多余基材去除后喷胶，然后进行手工或机械包边。另一种是不采用包边形式，工艺简单，但需要控制水切飞边。为保证人在车外看不见顶盖内衬水切边（或包边），必须保证玻璃黑边与顶盖内衬的相对关系（图 11-15、图 11-16）。

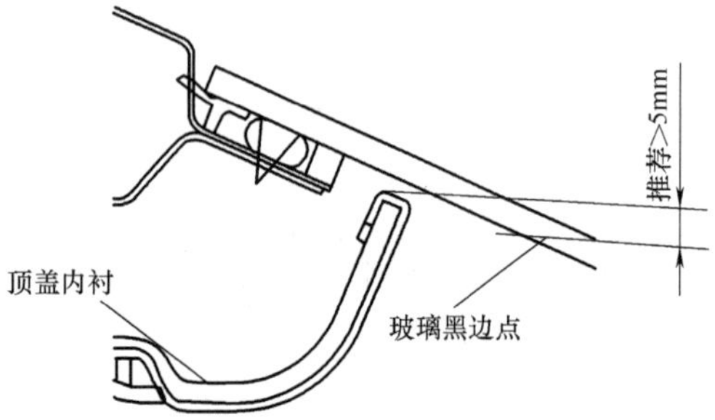

图 11-15　包边顶盖内衬与前后风窗玻璃的配合间隙

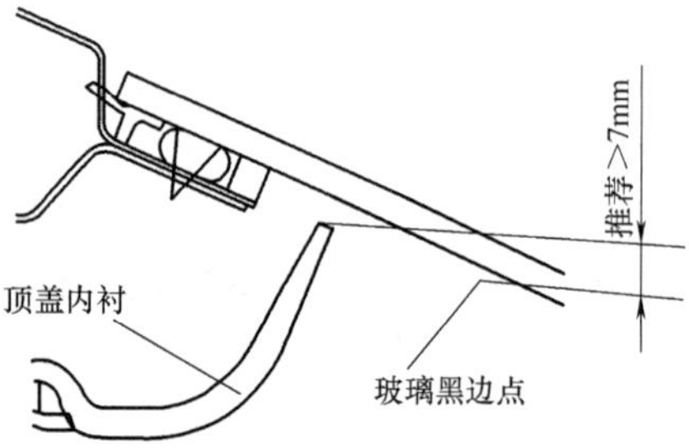

图 11-16　不包边顶盖内衬与前后风窗玻璃的间隙

2）顶盖内衬与前后风窗玻璃的搭接部位末端设计成凸缘形状来保证强度，凸缘的深度由表层材质及布置空间来决定（图 11-17）。

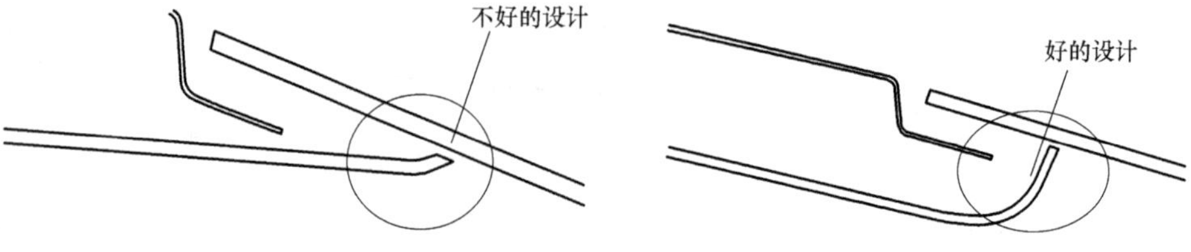

图 11-17　顶盖内衬在前后风窗玻璃强度设计要求

（2）与左右侧围、密封条等的配合间隙　顶盖内衬与左右侧围焊接边安全距离控制在8~12mm（图11-18），便于门框密封条的安装。间隙过小会造成密封条装配后顶盖内衬起皱，影响美观，间隙过大会造成密封条搭接边不能掩盖顶盖内衬切边，出现缝隙，影响美观。顶盖内衬与密封条的设计与密封条断面形状有直接关系，一般情况下干涉量设计为3.0~6.0mm，搭接量5.0~10.0mm。

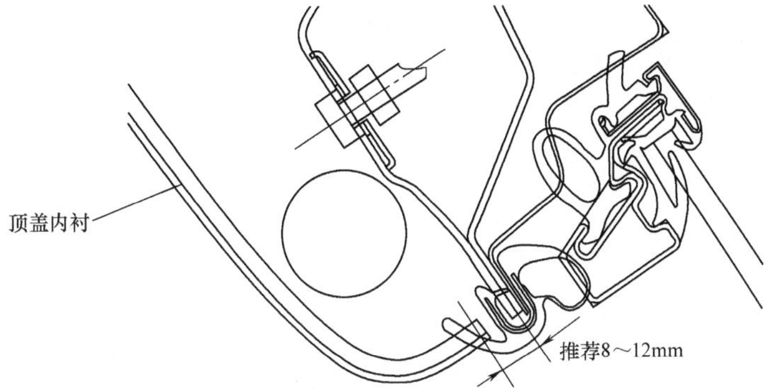

图11-18　顶盖内衬与左右侧围、密封条等的配合间隙

（3）与遮阳板的配合间隙　顶盖内衬与遮阳板的间隙一般设计原则为必须有一个手指的间隙：至少应为16mm，车内一侧至少有3mm，并且遮阳板靠转轴转动时，车内间隙是指距离转动轨迹的间隙（图11-19）。

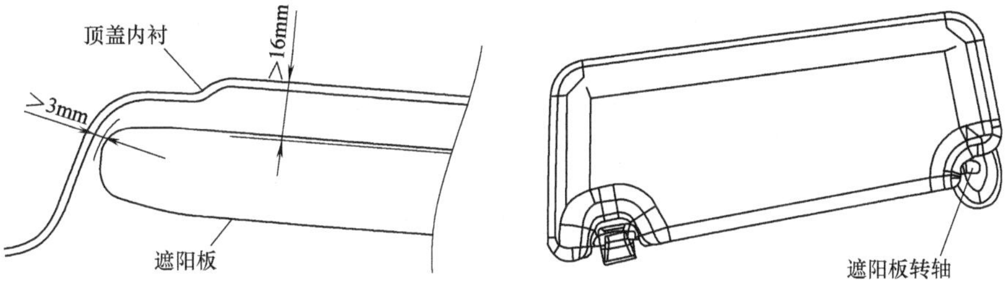

图11-19　与遮阳板的配合间隙

（4）与立柱内饰板的配合要求

1）顶盖内衬与立柱内饰板搭接部面差为0mm，并且通过公差管理确保立柱内饰板不成凸形。

2）顶盖内衬与立柱内饰板搭接部的重合部分至少为8mm。

3）顶盖内衬与立柱内饰板末端搭接部到顶盖内衬凹部R处的间隙至少应为3mm。

4）顶盖内衬与立柱内饰板末端搭接部手指能触及到的地方，都要把立柱内饰板末端做成R角，并且分块线很显眼的地方要与质量部门商量后决定（图11-20）。

（5）与顶灯的配合要求

1）顶盖内衬与顶灯配合形式一：若顶灯通过压接在顶盖内衬上安装，从顶盖内衬倒角末端到顶灯分块之间的平面至少留有5mm，而且末端要做R角（图11-21）。

2）顶盖内衬与顶灯配合形式二：若顶灯不是通过压接在顶盖内衬上安装的，从顶盖内

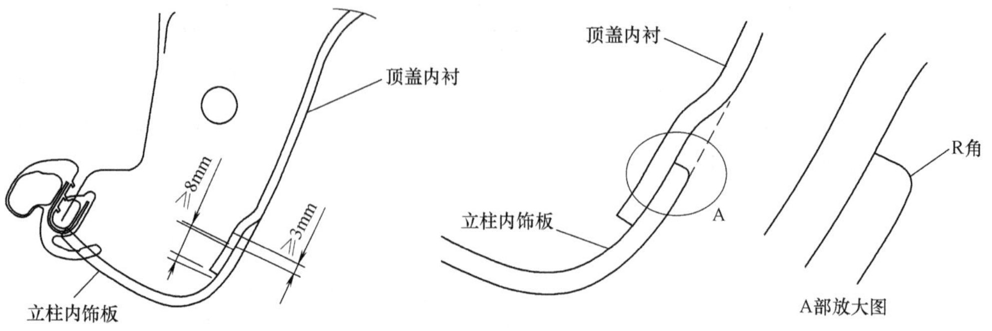

图 11-20　顶盖内衬与立柱内饰板的配合要求

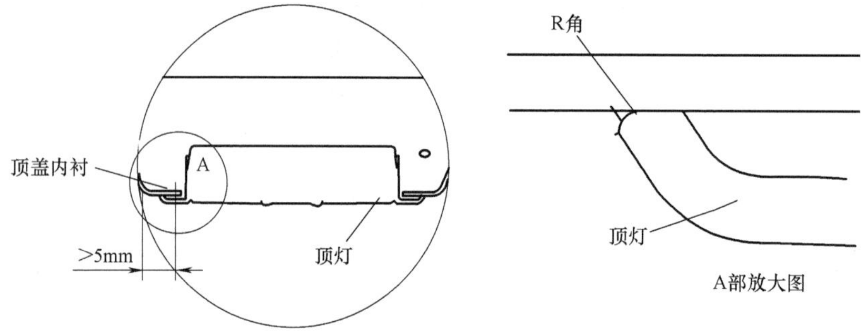

图 11-21　顶盖内衬与顶灯的配合要求方式一

衬 R 角末端，距离顶灯末端的面差至少应为 1mm（图 11-22）。

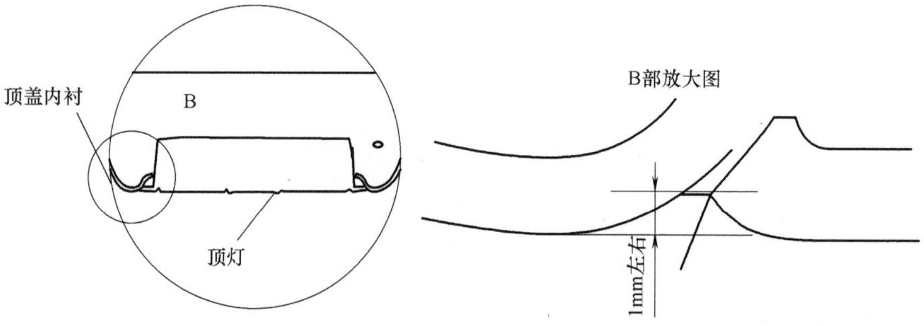

图 11-22　顶盖内衬与顶灯的配合要求方式二

（6）与安全拉手的配合要求　确保安全拉手与顶盖内衬的搭接，它们之间的手指空间至少应为 10mm（图 11-23）。

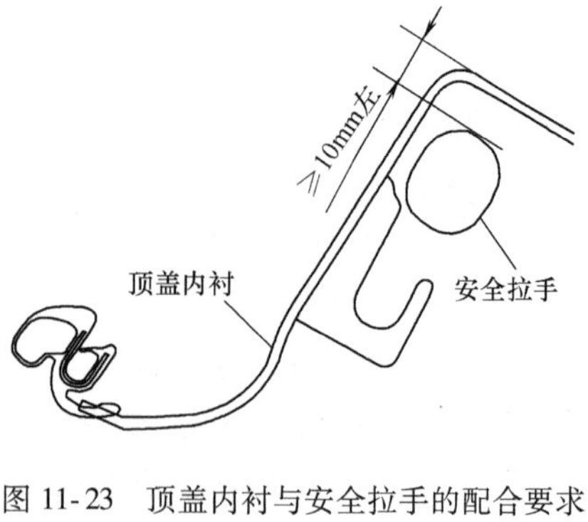

图 11-23　顶盖内衬与安全拉手的配合要求

4. 顶盖内衬自身设计要求（图 11-24）

1）顶盖内衬凸鼓的深度形状 *L* 是根据采用的表层伸长率来决定的。

2）顶盖内衬凸鼓的侧面角度 *A* 是根据采用的表层起毛高度来决定的。

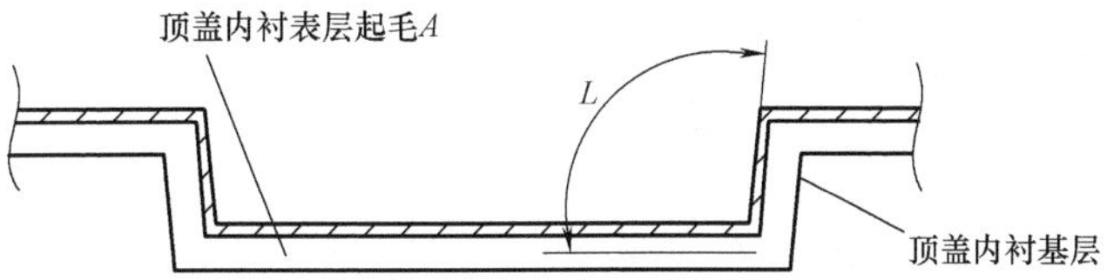

图 11-24 顶盖内衬自身设计要求

11.2.3 顶盖内衬常见故障模式

1. 顶盖内衬异响

顶盖内衬异响主要受间隙设计、搭接方式设计、材料摩擦兼容性设计以及其他细节设计等方面的影响（图 11-25）。

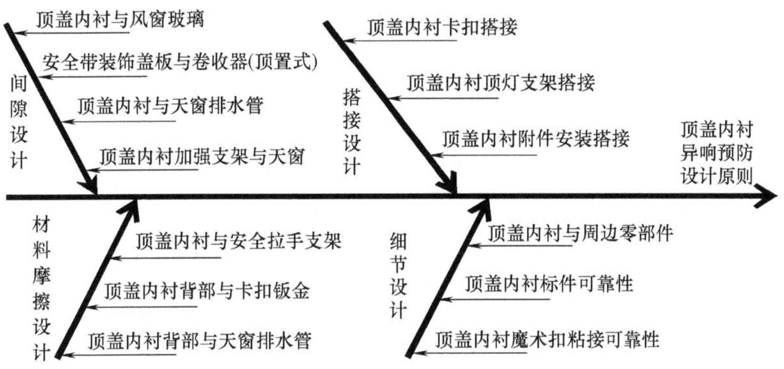

图 11-25 顶盖内衬异响影响因素

2. 顶盖内衬异响设计原则（表 11-6）

表 11-6 顶盖内衬异响设计

序号	影响因子	异响预防设计原则	影响部位
1	间隙设计	顶盖内衬与周边零件安全间隙设计合理（与风窗玻璃 2.5~3.5mm，与金属钣金间隙 8~15mm） 间隙无法满足的（间隙<8mm），需有泡棉等柔性材质阻隔	顶盖内衬与风窗玻璃 顶盖内衬与天窗支架 顶盖内衬顶灯支架与钣金横梁
2	材料摩擦设计	顶盖内衬背部考虑选用无纺布 0 间隙部位，需有泡棉等柔性材质阻隔	顶盖内衬背部材料选择 顶盖内衬与安全拉手钣金支架 顶盖内衬固定卡扣部位与卡扣钣金孔
3	搭接设计	顶盖内衬与天窗连接方式优先选用蘑菇搭扣，如连接方式选用卡扣，则选用应用成熟的标件 包边应完全包覆加强支架	顶盖内衬与天窗连接部位 顶盖内衬加强支架包边位置
4	细节设计	附件使用热熔胶粘接，则需在热熔胶位置使用柔性材质阻隔热熔胶与钣金直接接触 对热熔胶粘接尺寸和位置固化（如每隔 100mm 一个粘胶点，每个粘胶点上覆盖 60mm×50mm 无纺布） 蘑菇搭扣粘接表面应清洁无污染，且粘接面应为平面	顶盖内衬线束和水管集成 顶盖内衬顶灯支架 顶盖内衬加强支架蘑菇搭扣

11.2.4 顶盖内衬精细化设计要求

顶盖内衬精细化设计要求见表 11-7。

表 11-7 顶盖内衬精细化设计要求

<table>
<tr><th>序号</th><th>精致工程维度</th><th colspan="2">精致工程问题描述</th><th>原因分析</th></tr>
<tr><td rowspan="7">1</td><td rowspan="7">视觉品质</td><td colspan="2">与周边零件存在配合间隙</td><td>1. 设计间隙不合理
2. 背面无支撑
3. 定位系统不统一、不准确,装配后错位</td></tr>
<tr><td colspan="2">与立柱分块方式及型面断差明显,不美观</td><td>外表面设计不合理</td></tr>
<tr><td rowspan="5">外观缺陷</td><td>天窗包边不平整</td><td rowspan="5">1. 人工制造一致性难以保证
2. 喷胶量未控制好
3. 过程质量未完全监控</td></tr>
<tr><td>边缘切边不整齐,毛边</td></tr>
<tr><td>表面起皱,分层</td></tr>
<tr><td>底端弯折</td></tr>
<tr><td>表面渗胶,颜色变黄</td></tr>
<tr><td rowspan="3">2</td><td rowspan="3">使用品质</td><td colspan="2">表面耐脏污性差</td><td rowspan="3">1. 材料选择
2. 背部无支撑
3. 前期布置校核不充分</td></tr>
<tr><td colspan="2">按压刚度不足</td></tr>
<tr><td colspan="2">头部空间</td></tr>
<tr><td>3</td><td>嗅觉品质</td><td colspan="2">异味</td><td>1. 材料本身特性
2. 生产制造过程产生</td></tr>
<tr><td>4</td><td>听觉品质</td><td colspan="2">异响</td><td>1. 设计间隙不合理
2. 生产制造一致性控制不良</td></tr>
</table>

11.3 NVH 系统制造工艺

NVH 系统零部件一般都为层积复合材料，主体一般采用模压、发泡、纤维注射等三种工艺，部分复杂零部件总成中可能包含有注射工艺、金属冲压等附件。

以下内容针对顶盖内衬制造工艺进行描述。

11.3.1 顶盖内衬工艺介绍

顶盖内衬成型分干法和湿法成型工艺 ，PU 材料顶盖内衬可采用干法和湿法工艺，PP+GF 材料顶盖内衬一般采用干法工艺 。

1. 干法工艺

所谓干法生产工艺是指顶盖内衬厂家购买已加工好的 PU 复合板材（该复合板材包括底无纺布、玻纤、PU 泡沫通过胶粘剂熔接复合在一起），通过烘烤加热 PU 板，再铺上面料，通过冷模压制成型的一种工艺方法（图 11-26）。

2. 湿法工艺

所谓湿法生产工艺是指厂家购 PU 原材料、面料、玻纤、胶粘剂，通过 PU 发泡切片，利用热固性胶粘剂复合面料及玻纤，最后热模压制成型的一种工艺方法（图 11-27）。

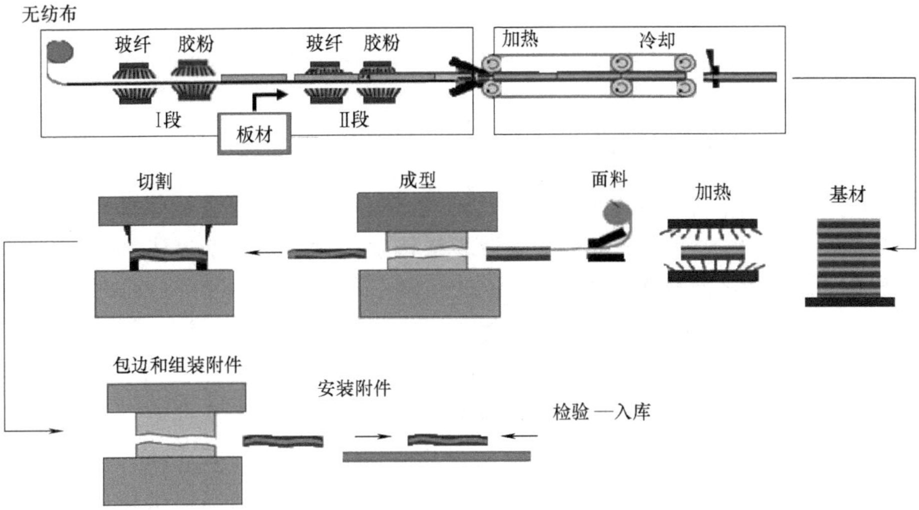

图 11-26　顶盖内衬干法工艺

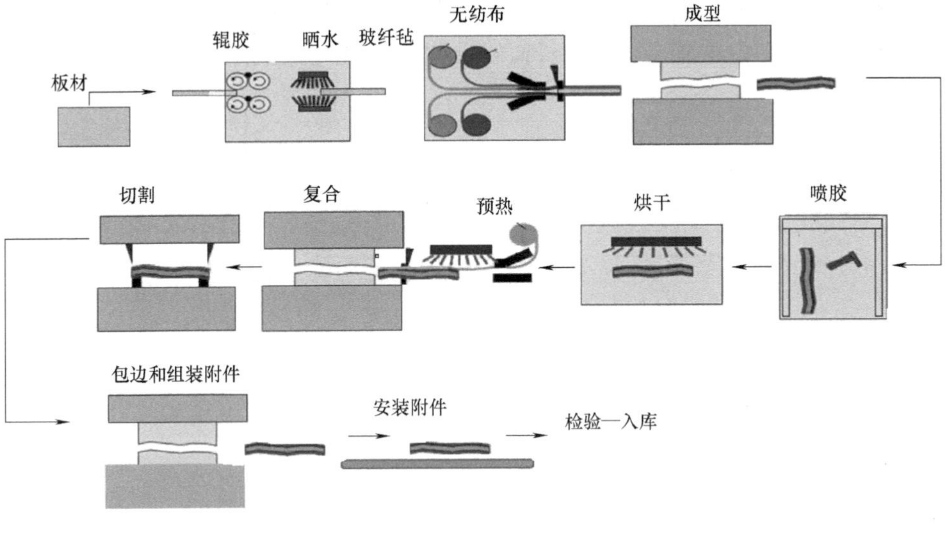

图 11-27　顶盖内衬湿法工艺

11.3.2　顶盖内衬工艺优缺点介绍

1. 湿法工艺顶盖内衬相对干法工艺顶盖内衬的优点

1）耐高温性能好，夏日高温不会造成顶盖内衬前后边缘的变形。

2）在其他性能相同的条件下，PU 湿法工艺比干法 PU 顶盖内衬单位面积轻。

3）抗弯折和回弹性能好，密度越大的物质更容易折断而不能回弹。

2. 湿法工艺相对干法工艺的缺点

湿法工艺相对复杂；干法工艺流程简单，需要设备、人员、材料种类比较少。

11.4 NVH 系统验证

11.4.1 设计验证

根据项目开发时间节点、供应商开发计划、零部件 DFMEA 等完成零部件设计验证计划（DVP）的制定，并与供应商完成零部件设计验证计划（DVP）签字确认。

1. 制定零部件 DVP 时要求满足的条件

1）试验标准、样本容量满足图纸规范要求。

2）试验的实施和完成时间应满足项目时间的要求。

3）应考虑选择靠规格下限的最差极限样件进行试验。

4）不便于取样的应加大样本容量。

5）可以借鉴其他阶段试验或借用其他同类产品的试验项目，须提供相关证据和所借用的试验报告，并在 DVP 注明。

2. 声学性能测试验证

NVH 系统中最重要的测试为声学性能测试，测试方法根据各大主机厂的试验室条件不同而选择不同的测试方法。图 11-28 所示是国内常用的阻抗管法测试材料吸声系数与阻抗管法测试材料传声损失。驻波管是由一个长筒管设备和声源及配套信号采集处理系统组成的。

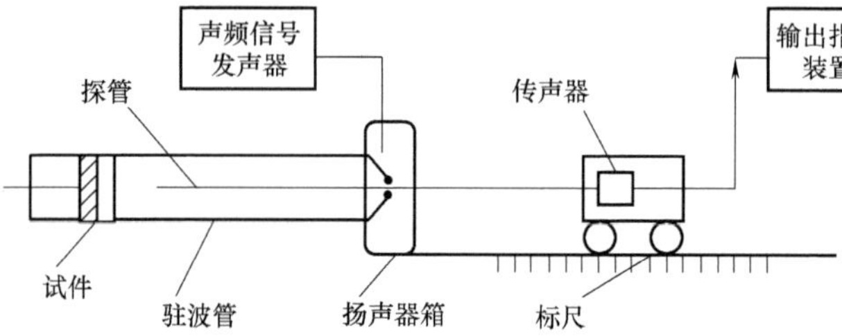

图 11-28 阻抗管法测试

3. 其他材料性能测试验证

详见第 6 章内外饰性能与验证内容，本节不做详细描述。

11.4.2 产品验证

产品验证项目包括外观、气味等，其检验标准可参见第 6 章内外饰性能与验证内容，本节不做详细描述。属于 NVH 系统特定的验证项目主要包括四类，详见表 11-8。

表 11-8 部分 NVH 系统产品验证

<table>
<tr><th colspan="2">试验描述</th><th>目标要求</th></tr>
<tr><td colspan="2">抗压及回弹性</td><td>满足各主机厂要求</td></tr>
<tr><td colspan="2">泡沫垫粘接强度</td><td>满足各主机厂要求</td></tr>
<tr><td colspan="2">加强件粘接强度</td><td>满足各主机厂要求</td></tr>
<tr><td rowspan="2">线束粘接强度</td><td>初始状态</td><td rowspan="2">满足各主机厂要求</td></tr>
<tr><td>经高温环境放置后</td></tr>
</table>

第12章 座椅系统设计

随着汽车逐渐普及，人们对座椅的认识也更加深入。汽车座椅作为轿车内饰的重要组成部分，其作用不仅体现在安全方面，当发生事故时，可以保护乘员避免或减少伤亡；同时作为装饰件，要与整车造型风格、色彩协调一致，给人以美感，赏心悦目；作为乘员与整车发生关系的介体，在保证方便进出和驾驶操作的前提下，还应该提供驾乘者预期的可调节性和长途驾驶的舒适感。

座椅系统的主要功能如下：

- 支撑功能：支撑是座椅最基本的功能。
- 定位功能：乘客的定位对于汽车的使用安全性至关重要，因为它能让乘客实现对车辆的良好控制。
- 舒适的乘坐和操作功能：为乘客提供合理支撑，保证乘坐的短期和长期舒适性能，增加用户满意度。
- 保护功能：座椅应该能够防止乘客正常使用时的无意识滑移；或者在发生事故时，阻止乘客移动；或防止因座椅损坏导致的乘员伤害。这要求座椅与其他系统一起提供乘客保护的功能。

座椅的设计、制造应满足以下几点：

- 具有良好的静态特性，即座椅的尺寸和形状具备良好的人机设计，应该满足乘员的舒适坐姿、良好的体压分布和触感，并能调节不同位置以满足人们的舒适性及良好的视野。
- 具有良好的动态特性，即能衰减和缓和由车身传递的冲击和振动，减少乘员长时间乘坐导致的疲劳和不适感；良好的侧向保持性能，让乘员在转弯路况时减少身体晃动。
- 具有足够的结构强度、刚度和寿命，保证在发生交通事故时，尽可能地降低乘员的受伤程度。
- 具有良好的造型、色彩，与车身内饰相协调，具有精致的外观，以提升整车品质；通过优良的方案设计和新工艺新材料的应用，实现轻量化。

12.1 座椅系统设计输入、输出

座椅本身是一个比较复杂的系统部件，从属于整车这个大系统。每个座椅不仅与座椅内部各零件间有一定的尺寸关系，同时还与整车中其他的部件系统存在能量传递、搭接、人机等关系。

座椅是整车内饰中与驾乘人员支撑、约束、安全、外观等高度相关的部件，客户对座椅关注度通常较高。前期策划时，对座椅的市场定位要准确，后期制造要确保产品质量稳定、一致。因此，在开展座椅设计、开发工作前，要对座椅配置、性能、质量要求进行明确输入。同时，座椅对周围相关部件的搭接关系、人机等要求要及时以规范的技术文件形式，输出给相关部件及总布置、造型等部门的工程师。

12.1.1 输入

座椅系统工程师在做方案前，需要得到足够的技术信息，才能有针对性地、准确地进行座椅设计开发，这些信息包括以下几个方面：

1. 市场定位

这是产品研发时必须确定的最重要的信息。首先是目标人群的确定，要明确我们的整车是针对哪个消费群体开发的，只有目标明确，我们才能有针对性地进行产品的设计开发。其次是车型定位的确定，以确定座椅档次，对我们的产品进行差异化设计开发。

在外观、功能、性能和成本之间，一个汽车产品往往很难同时达到最优，要进行取舍、平衡，使我们的产品具备差异化的竞争优势。

2. 市场配置及出口要求

市场配置是我们设计、开发依据的基本资料，从面料选择、座椅功能配置等都必须详细、准确。同时，产品有无出口要求也是必须先确定的，这样座椅工程师才能在设计、开发过程中，对法规、产品使用环境、包装物流要求等方面确定相应技术要求，根据技术要求进行产品设计和问题规避。

3. 质量目标

根据整车的质量目标，分配得到座椅系统的质量目标，并作为技术要求，写入开发技术要求中，这些指标会影响成本。

4. 性能目标

性能目标中，规定了如设计硬点、碰撞星级、整车性能目标、试验目标、VOC 目标、精致工艺目标、重量目标等。这些指标决定了产品的法规符合性、寿命、环境适应性、性能衰减性、操作舒适性等相关性能。详细信息要求如下：

1）硬点输入：座椅相关的总布置图。

2）使用地域输入：根据使用地域要求，明确满足法规和相应性能要求。

3）碰撞安全输入：挥鞭伤目标分值、整车碰撞波形、台车碰撞波形。

4）整车性能目标输入：项目整车性能目标书。

5）气味 &VOC 目标：座椅系统气味等级要求、座椅总成 VOC 限值要求。

6）重量目标：各座椅总成重量目标。

7）精致工艺目标：本项目座椅精致工艺目标书。

5. 成本目标

没有成本优势的产品往往在市场竞争中处于劣势地位。我们在设计、开发过程中要努力达成成本目标。

成本输入形式：座椅总成上限价格。座椅总成上限价格由原价工程师根据材料占比，结合座椅配置和档次要求，与产品工程师充分讨论后，确定座椅开发价格的上限。通过座椅开发技术要求输入给供应商，由供应商根据上限价格编制技术方案。

12.1.2 输出

座椅设计是一个系统化的过程，必须与造型、总布置、电器、车身、内饰、精致工艺、性能、试验等相关专业的工程师共同协作，才能完成座椅系统的设计。同时，座椅不是一个孤立的部件，它与内饰、电器、车身等周围相关部件相互关联。所以我们要带着全局观、系统化的思维与其他系统的工程师一起来进行协同设计。

在各系统布置阶段，座椅工程师需以规范的文件格式对各相关系统的工程师提出相应的要求。

1. 座椅造型工程要求

造型工程师的工作职责是设计出符合审美需求的产品，较少考虑产品法规、性能、工程制造、成本等要素。当然，有经验的造型工程师也会在设计中对这些方面进行关注，尽量做到兼顾。座椅工程师要和造型工程师进行充分的沟通，以便造型工程师设计出既满足美学，又满足法规、性能、工程制造可行性及成本要求的造型方案。

输入给造型的工程要求主要包含这几方面的内容：座椅主断面、关键尺寸 、搭接边界的间隙、配合要求、制造工艺可行性要求、结合骨架及配置给出的手柄及护板造型推荐方案等。其中，影响法规的关键尺寸是必须满足的，其余要求在与造型美学要求有冲突时（这是经常会有的）需双方进行沟通、平衡、取舍。

2. 座椅总布置工程要求

一般总布置工程师着眼于整车总体布置，而座椅工程师还要对座椅系统具体的法规、乘坐舒适性、人机结构工程性等方面做细致的考虑。为了提前规避这些方面的设计冲突，避免问题遗留到后期导致大的设变成本，座椅工程师要在前期就以规范的技术文件形式将座椅的总布置相关诉求输入给总布置工程师，并进行充分的沟通、交流。

3. 座椅内饰工程要求

内饰相关系统与座椅之间有着重要的间隙、配合、运动关系。由于各系统有各自不同的要求，相应产品工程师站在不同的立场思考问题，座椅工程师要在布置阶段，就梳理出对有边界关系的内饰零件的约束技术信息，与内饰工程师充分交流、固化，从整体上设计出均衡、满足要求的产品。

4. 座椅电器工程要求

座椅系统常常包含有许多电器件，如侧安全气囊（Side air bag，SAB）、安全带提醒装置（Safety belt reminder，SBR）、按摩、加热、通风、安全带锁扣、座椅调节电动机、DVD显示屏、记忆功能模块等。这些零部件的控制与整车电器有各种信号交付，零件的控制逻辑、电信号的平衡、信号传递方式及通道设置、接插件型号和线束的布局、开关的布置等都需要早期规划。必须提前梳理座椅电器相应的要求输入给电器工程师。

5. 座椅车身地板工程要求

座椅与车身的关系，主要在于座椅在车身上的安装以及后排座垫的防下潜结构。在整车开发进度中，与座椅相关的下车体都是设计先行，车身的修改容易导致底盘零件方案的变更，车身模具要求高，修改成本大，需要尽量早地梳理出座椅对车身的相关需求，避免车身冻结后变更导致的设变成本增加。

12.2 座椅系统设计可行性分析

在断面设计阶段，就需要对座椅在整车中的人机布局、满足的法规及与周边部件搭接关系、座椅型面舒适性等进行同步分析。

座椅在整车中的布局如图 12-1 所示。

12.2.1 人机

汽车的使用者是特征各异的广大消费者，人机布置时，一般需要考虑 5%女性到 95%男性消费者的正常使用。总布置工程师给出了总布置图，该布置图定义了 H 点、假人设计躯干角、大腿角、脚跟点、座椅调节行程等，这些参数确定了假人的坐姿和座椅调节范围等，座椅必须围绕这些设计硬点进行设计。

1. 坐姿舒适性校核

总布置给出的设计硬点，确定了假人的坐姿，详见图 12-2。该坐姿是否舒适，重点检查设计靠背角、躯干与大腿夹角、大腿与小腿夹角、小腿与脚掌夹角等，基于长期以来对人体生理舒适性的研究，这些角度有一个推荐取用值范围，详见表 12-1。

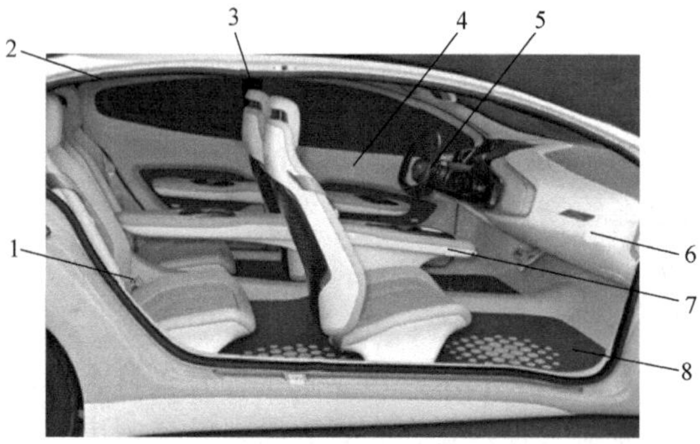

图 12-1 座椅在整车中的布局示意图

1—安全带 2—顶篷 3—B 柱护板 4—门护板
5—转向盘 6—仪表板 7—中控台 8—地毯

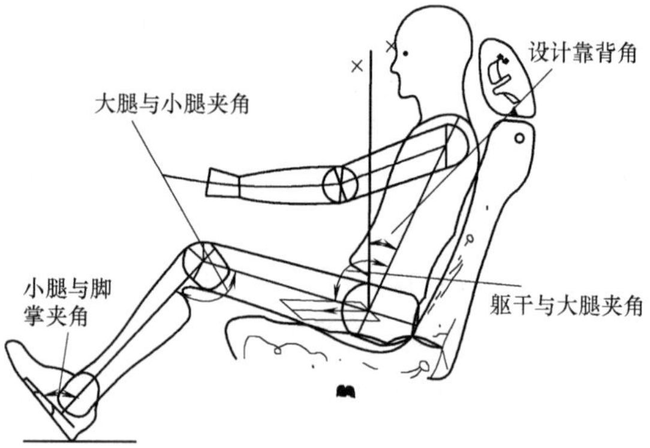

图 12-2 假人坐姿

2. 踏板操控干扰校核

不同的车，假人的布置、各踏板运动包络不尽相同。座垫型面设计时，需要通过踏板操控干扰校核，参见图 12-3，确定合适的座垫深度、倾角、座垫前沿型面 R 等。

表 12-1 假人坐姿参数推荐取用值范围

序号	描 述	参 考 值
1	设计靠背角	20°~30°
2	躯干与大腿夹角	95°~120°
3	大腿与小腿夹角	95°~135°
4	小腿与脚掌夹角	95°~110°

3. 后排乘员脚部空间校核

1）设计时，需要保证座椅在前后上下运动过程中，后排乘员有足够的脚部空间，且不能产生夹脚等问题。

2）将座椅调节到最恶劣的使用位置，按图 12-4 所示进行校核，推荐：宽度空间 $A=350\sim420$mm；高度空间 $B=90\sim150$mm；座椅全行程无夹脚风险。

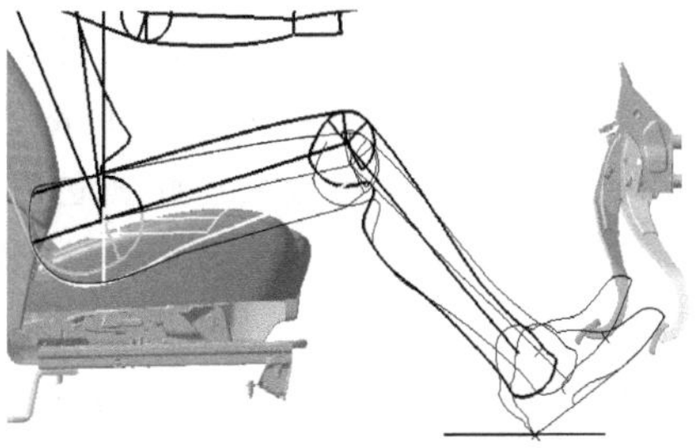

图 12-3 踏板操控干扰校核

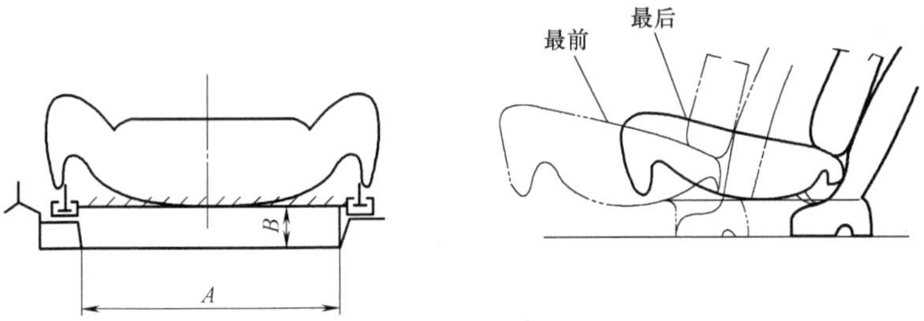

图 12-4 座椅脚部空间校核

4. 座椅手柄布置操控性校核

座椅手柄及按钮应布置在乘员方便触及范围内，推荐布置区域如图 12-5、图 12-6 所示。

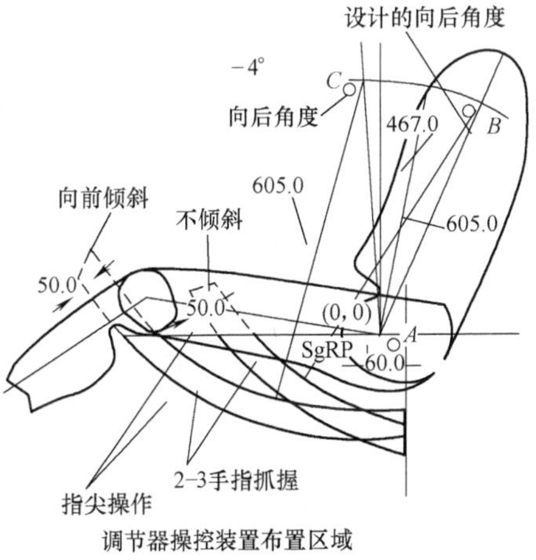

图 12-5 座椅手柄及按钮布置校核 1

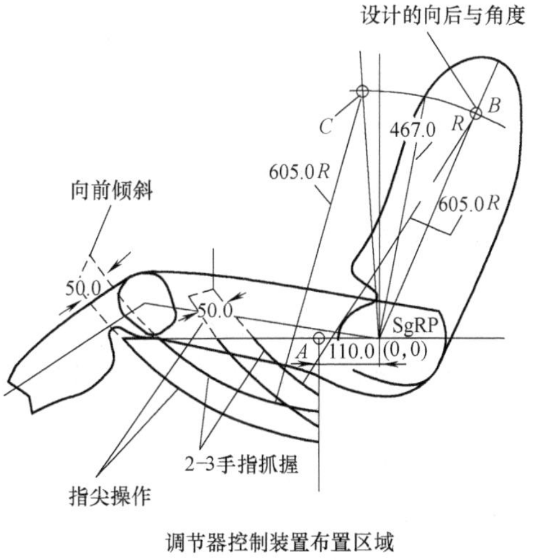

图 12-6 座椅手柄及按钮布置校核 2

1）当调节器随着座椅纵向移动时，调节器操作手柄及按钮布置区域确定方法：

① 确定侧视图上的 SgRP 从 SgRP 向前面画一条至少 650.0mm 长的水平线，延长水平线到 SgRP 后 50.0mm 的点 *A* 处。

② 从 SgRP 沿着人体模型躯干的线画一条 467.0mm 的直线，直线的末点为点 *B*。

③ 从 SgRP 画另外一条 467.0mm 的直线，直到它相交于相对于 *B* 点垂直向前 4°的一个点，这个点是点 *C*。

④ 从点 *B* 做一段半径为 605.0mm 的圆弧，此圆弧位于第一步所做的水平线下方，直到 SgRP 后部 50.0mm 限制处，这些确立了在所坐的位置不倾斜时，手指抓握操作的触及限度。

⑤ 从点 *B* 做一段半径为 655.0mm 的圆弧，此圆弧位于第一步所做的水平线下方，直到 SgRP 后部 50.0mm 限制处，这些确立了在所坐的位置不倾斜时，手指尖操作的触及限度。

⑥ 从点 *C* 做一段半径为 605.0mm 的圆弧，此圆弧位于第一步所做的水平线下方，直到 SqRP 后部 50.0mm 限制处，这些确立了在所坐的位置倾斜时，手指尖操作的触及限度。

⑦ 从点 *C* 做一段半径为 655.0mm 的圆弧，此圆弧位于第一步所做的水平线下方，直到 SqRP 后部 50.0mm 限制处，这些确立了在所坐的位置倾斜时，手指尖操作的触及限度。

2）当调节器不随着座椅纵向移动时，调节器操作手柄及按钮布置区域确定方法：

① 确定侧视图上的 SgRP。在 SgRP 的前方 110.0mm 标记一个点，此为点 *A*。

② 从点 *A* 画一条向前至少 650.0mm 的水平线；从 SgRP 沿着人体模型躯干的线画一条 467.0mm 的直线，直线的末点为点 *B*。

③ 从 SgRP 画另外一条 467.0mm 的直线，直到它相交于相对于 *B* 点垂直向前 4°的一个点，这个点是点 *C*。

④ 从点 *B* 做一段半径为 605.0mm 的圆弧，此圆弧位于第一步所做的水平线下方，直到 SgRP 后部 50.0mm 限制处，这些确定了在所坐的位置不倾斜时，手指抓握操作的触及限度。

⑤ 从点 *B* 做一段半径为 655.0mm 的圆弧，此圆弧位于第一步所做的水平线下方，直到 SgRP 后部 50.0mm 限制处，这些确定了在所坐的位置不倾斜时，手指抓握操作的触及限度。

⑥ 从点 *C* 做一段半径为 605.0mm 的圆弧，此圆弧位于第一步所做的水平线下方，直到 SgRP 后部 50.0mm 限制处，这些确定了在所坐的位置倾斜时，手指抓握操作的触及限度。

⑦ 从点 *C* 做一段半径为 655.0mm 的圆弧，此圆弧位于第一步所做的水平线下方，直到 SgRP 后部 50.0mm 限制处，这些确定了在所坐的位置倾斜时，手指抓握操作的触及限度。

注意：布置座椅侧的调节器操作手柄应低于座垫进出时下压变形位置。这点是保证使用者在进/出车辆时，不会接触到调节器操作手柄。

5. 进出方便性校核

为保证乘员方便进出，进行座椅设计时，需要充分考虑座椅及门板、立柱等的相互关系，推荐按图 12-7 所示进行校核。

1）在距离门槛装饰件表面向上 102mm 位置做断面 *A*—*A*，测量 *L*18、*L*19 值。

2）座垫与立柱、车门内饰的距离（座椅处于设计位置、车门处于全开位置）：前排 $L18 = 340 \sim 450$mm。

3）座垫与立柱、车门内饰的距离（座椅处于设计位置、车门处于全开位置）：前排 $L19 \geqslant 275 \sim 350$mm。

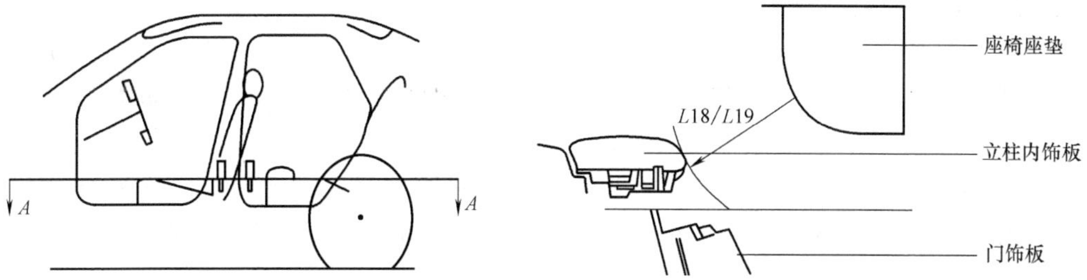

图 12-7 乘员进出性校核

12.2.2 法规

1. 座椅需要满足的强制法规要求

根据整车出口面向的市场区域要求，座椅系统应该满足下述对应法规要求，并在法规部门认可的机构完成相应法规的认证或自检，具体详见表 12-2。

表 12-2 座椅系统强制法规要求对照表及认证形式

认证形式	第三方认证	第三方认证		自 检
适用范围名称	中国	欧盟		北美
汽车座椅、座椅固定装置及头枕强度要求和试验方法	GB 15083	ECE-R 17.07	78/408 EEC	FMVSS 207 FMVSS 202a
汽车座椅头枕性能要求和试验方法	GB 11550	ECE-R 17	78/932 EEC	FMVSS 202a
汽车安全带安装固定点、ISOFIX 固定点及上固定点系统	GB 14167	ECE-R 14.05 ECE-R 44.04	76/115 EEC	FMVSS 210 FMVSS 213 FMVSS 225
机动车乘员用安全带、约束系统、儿童约束系统和 ISOFIX 儿童约束系统	GB 14166	ECE-R 16.04	77/541 EEC	FMVSS 209
乘用车内部凸出物	GB 11552	ECE-R 21.01	74/640 EEC	
汽车内饰的燃烧特性	GB 8410	ISO3795-1989(R. E. 3)	ISO3795-1989	FMVSS 302
H 点和实现范围		ECE-R 17.07	77/649 EEC	FMVSS 208 SAE J826
汽车正面碰撞的乘员保护	GB 11551	ECE-R 94.01	96/79 EEC	FMVSS 208
汽车 40%正面碰撞的乘员保护	GB 20913	ECE-R 94.01	96/79 EEC	FMVSS 208
汽车侧面碰撞的乘员保护	GB 20071	ECE-R 95.01	96/27 EEC	FMVSS 214
整体式儿童座椅	GB 27887			FMVSS 208
机动车运行安全技术条件	GB7258			48CFR 571.3

2. 座椅法规可行性分析

座椅法规校核主要包括内部凸出物、头枕高度、头枕宽度、座椅宽度、座垫深度、座垫高度的校核。座椅相关的安全带固定点和儿童安全座椅固定系统（International standards organization fix，ISOFIX）固定点布置区域，不在本节中阐述。

（1）内部凸出物校核　座椅与人体经常接触，尖锐的部件或硬的凸出物都会对人体产生伤害。在 ECE R21 和 GB 11552 中，明确了内部凸出物的要求，对于座椅而言，主要包括三区域的校核：

1）座椅各区域定义及曲率半径要求：

① 区域 1：曲率半径≥2.5mm，不带头枕的独立式座椅和不带头枕的长条座椅各外侧座位 *A* 为 100mm，*B* 为 100mm（图 12-8）；带头枕座椅和带头枕的长条座椅各外侧座位 *A* 为 635mm，*B* 为 70mm（图 12-9）。

② 区域 2：曲率半径≥5.0mm。

③ 区域 3：曲率半径≥3.2mm，是指位于水平面以上的座椅背部区域，但不包括区域 1 和区域 2（如果各排座椅高低不同，则从后排座椅起，每一平面或调高或调低，形成一垂直阶梯，并通过次前排座椅 R 点）。

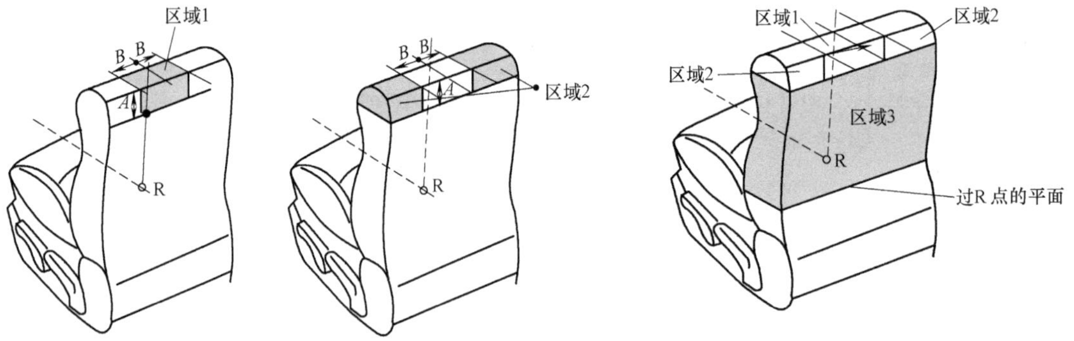

图 12-8　不带头枕区域独立式座椅定义示意图

2）上述区域定义不适用以下情况：

① 表面凸起部分的凸出高度小于 3.2mm，且凸出高度不超过凸出部分宽度的区域。

② 最后排座椅和背对背安装的座椅；位于通过每排座椅最低 R 点的水平平面以下的座椅靠背部分；诸如柔性线网类部件。位于区域 2 内的表面，若满足吸能性试验，则允许其曲率半径小于 5mm，但不应小于 2.5mm，且表面应加衬垫以避免座椅骨架与乘员头部直接接触。

3）位于上述区域内的部件，若表面材料邵氏（A）硬度低于 50，除对吸能性试验的要求之外，上述的所有要求只适用于刚性部件。

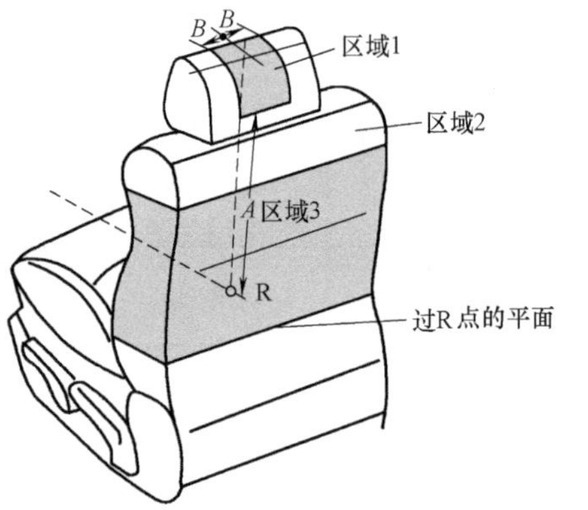

图 12-9　带头枕区域独立式座椅定义示意图

（2）座椅头枕高度校核

1）座椅头枕高度要求（图 12-10）：

① 对于高度可调的头枕，前排座椅头枕高度不应低于 800mm，其他排座椅头枕高度不应低于 750mm。

② 对于高度不可调的头枕，在最高位置，前排座椅头枕高度不应低于 800mm，其他排座椅头枕高度不应低于 750mm。

③ 为保证头枕与车顶、车窗和车身其他结构部件之间的间隙，前排座椅头枕高度可以小于 800mm，其他排座椅可以小于 750mm，但该间隙不应超过 25mm。

④ 后排中间座椅头枕高度不应低于 700mm。

⑤ 对于高度不可调头枕，头枕距离座椅靠背的间隙不应大于 60mm。

⑥ 对于高度可调头枕，头枕最低位置时，头枕与座椅靠背的间隙不应大于 25mm。

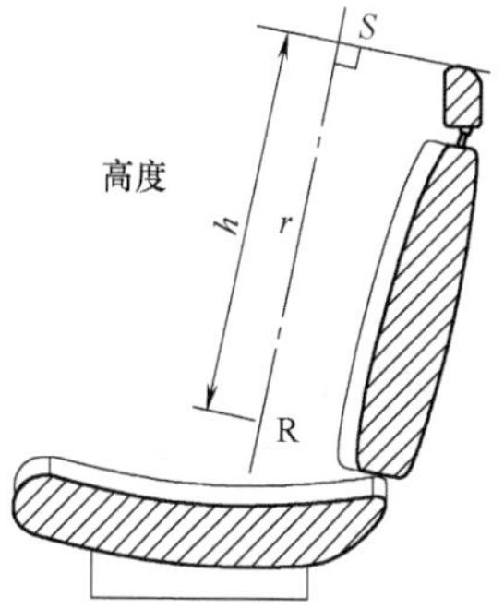

图 12-10 座椅头枕高度测量方法

2）头枕宽度要求（图 12-11）：

① 切线 S 以下 65mm 处并且垂直于基准线的平面 $S1$ 来确定由轮廓线 C 所限定的头枕剖面；或在过从 R 点沿基准线向上 635mm 处且垂直于基准线的平面所切的头枕剖面。头枕两侧距座椅垂直中心平面的距离都不小于 85mm。

② 头枕枕用部分高度要求：对于高度可调头枕，其枕用部分高度不应低于 100mm。

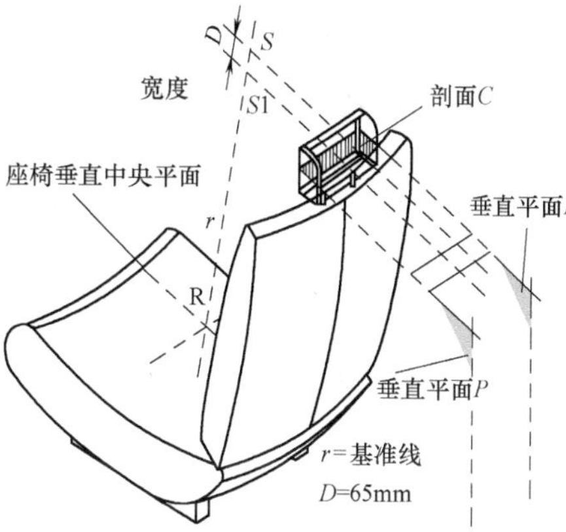

图 12-11 座椅头枕宽度测量方法

12.2.3 安全

1. 法规要求

座椅作为安全件，当发生事故时，对乘员保护起到关键作用。座椅与其他系统一起，形成乘客被动安全保护系统，这就要求座椅必须有足够的强度和可靠性；能够防止乘客正常使用时的无意识滑移，或在发生事故时，阻止乘客移动以及避免因座椅损坏导致的乘员伤害。因涉及乘员生命安全，故座椅被列入法规件，执行相关强制标准，详见表 12-2。

2. 其他重点关注性能

除了满足强制法规标准外，为了保证整车 C-NCAP 碰撞得分，对于座椅单体，一般会重点关注座椅动态强度、座椅挥鞭伤、座椅气囊起爆等方面的性能。

1）座椅动态强度性能：重点评估座椅试验过程中，座椅结构的失效、变形及零件损坏、座椅动态下潜和侧向偏移量等。

2）座椅挥鞭伤性能：重点评估按 C-NCAP 规则要求，座椅挥鞭伤得分和试验过程中靠背张角等。

3）座椅气囊起爆性能：重点评估座椅侧气囊在高温高爆、高温标爆、高温低爆、常温高爆、常温标爆、常温低爆、低温高爆、低温标爆、低温低爆九种工况下，是否在规定时间、按设计要求形状展开，飞溅物重量是否超标，气袋是否燃烧、破损，气囊安装结构是否永久变形等。

12.2.4 舒适性

座椅作为人体重要承载部件，人体压力直接作用于座垫与靠背，压力分布合理对于减轻乘员疲劳至关重要。根据人体解剖学理论，人体臀部承受压力的能力最强，大腿下表面分布大量血管神经，受压过大，会影响血液循环和神经系统。臀部不同部位感受到的不舒适压力也是不同的，所以，在座垫上的压力应根据人体臀部不同部位承压能力合理分布。良好的体压分布，应该是坐骨结节处受压力最大，从此点由大到小向四周平滑过渡，在座垫前端接近大腿弯处达到最低。所以，座垫设计时，应使坐骨结节处座垫刚度大于其他区域，座垫前沿处要圆滑过渡。

1. 座椅设计考虑要点

人体腰椎几乎承受着人上体全部重量，所以容易损伤或弯曲变形。在靠背设计中强调“两点支撑”原则。乘员乘坐时，在肩胛骨与腰椎骨两个部位压力最高，从该两点分别由大到小平滑过渡。两点支撑分别指由肩胛骨提供凭靠的“肩靠”，高度相当于第五到第六节胸椎之间；和由腰椎骨提供支撑的“腰靠”，高度相当于第三到第五腰椎之间。

座椅设计中，还应根据座椅使用者常用工况，区分考虑侧重因素。如对于乘员来讲，座椅的主要作用是乘用休息为主，应偏重保证舒适的坐姿，肩靠起主要作用；对于驾驶人座椅，主要以直立工位为主，腰靠起主要作用，需重点考虑腰部支撑性能设计。

座垫、靠背的几何尺寸，也影响体压分布的合理性，对舒适性有重要影响。

2. A 面分析

在座椅的静态舒适性设计中，基于人体工程学的原理，座椅的结构形式、人体接触座垫和靠背的几何参数、体压分布特性等都需要重点考虑。前期对外形尺寸参数的确定是决定产品是否体现舒适性指标的重要环节。下面以驾驶人座椅设计 A 面分析中对参数的设定为例进行说明。

（1）座垫宽度　分为座垫外轮廓宽度及内部乘坐宽度，宽度依据整车内部的空间及人体臀部尺寸。外轮廓宽度需要考虑与中控台及门护板之间的间隙和驾乘人员的操控性，座垫宽度可以适度稍宽些，便于调整坐姿，但内部乘坐宽度过宽，会出现包覆性不足，同时在动态时侧向支撑性不明显，所以，应根据车型大小选择尺寸。座垫外部宽度为 450～530mm，座垫内部宽度为 300～340mm，参见图 12-12。

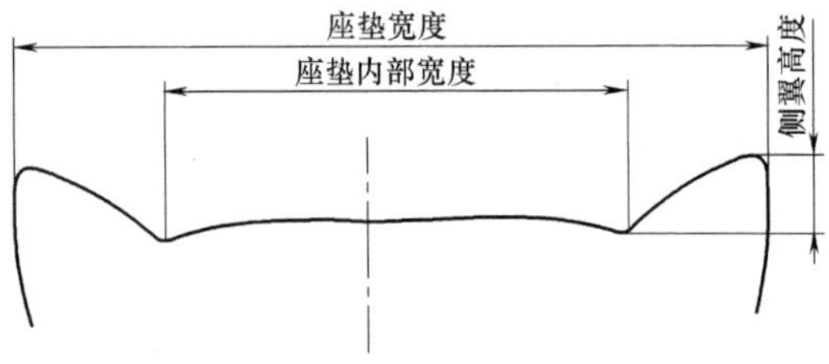

图 12-12　座垫尺寸

（2）座垫侧翼参数　座垫侧翼参数结合座垫内部乘坐宽度一起，对人体的包覆性和侧向稳定性、上下车的方便性等影响较大。侧翼对舒适性影响因素主要有侧翼高度及侧翼倾角两个方面，这两个因素和座垫内部乘坐宽度一起，具体对座椅舒适性影响的校核方式参见图 12-13。

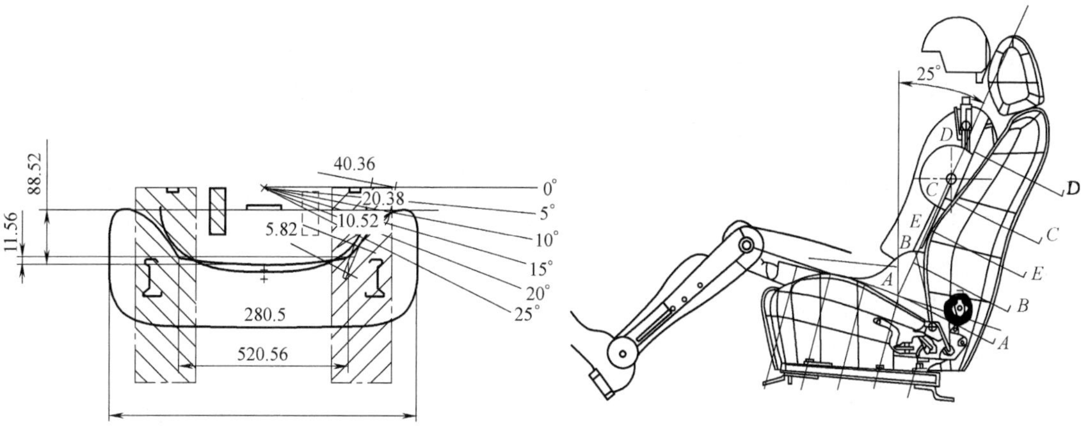

图 12-13 座椅侧翼参数校核

(3) 座垫深度

1) 座垫深度是指从座垫前沿到靠背宽度对称中心前表面并平行于座垫平面的距离，参见图 12-14。座垫深度的定义对乘坐支承性影响非常明显，也会影响到驾驶的安全性。座垫深度的选择，既不能太长，导致乘员的腰背与靠背不能够互相贴合，影响到肩部、腰部支撑，让小腿与座垫的前端距离不足，乘员小腿活动受影响；也不能太短，导致大腿支撑不足。

2) 有些车型为了更好地满足不同人群的需要，在座垫前端增加座垫长度可调整结构。

3) 座垫深度推荐为 450~510mm。

(4) 座垫倾角

1) 座垫倾角是指布置假人在座垫表面前后咬合点连线与水平面形成的夹角。

2) 为了减少行车时乘客身体向前滑移，同时在碰撞时，配合安全带、气囊的使用，让身体相对移动的距离控制在一定范围内，座垫表面设计成与水平面成一定倾角。有的车型座椅设计成座垫前段倾角大于后段倾角，该倾角随车型风格、坐姿高低不同而有所不同，一般随坐姿高度的增加而适当减少，轿车座垫倾角大于 SUV 车、MPV 车，参见图 12-15。

3) 座垫倾角取值推荐范围为 11°~15°。

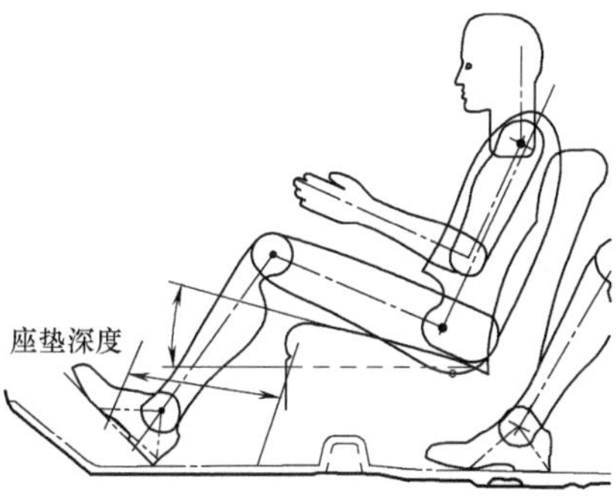

图 12-14 座垫深度测量

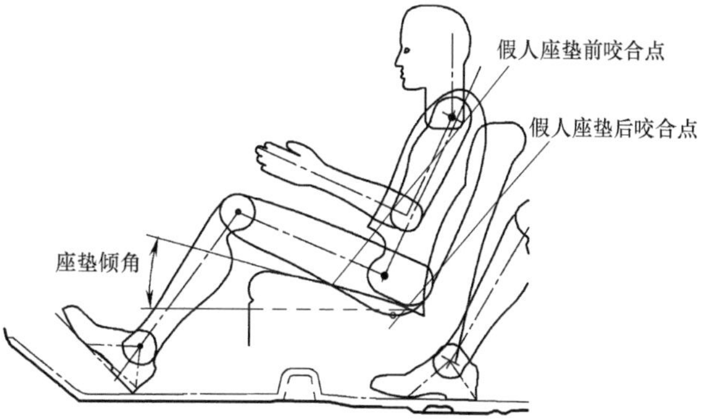

图 12-15 座垫角度测量

座椅整体几何尺寸的确定基于法规、整车内部空间、周边零部件、驾驶安全性等综合因素决定。前面介绍了法规对 A 面的设计要求，对于周围环境对座椅设计几何外形的确定也需要重点考虑，主要体现为对截面进行详细布置与检查。座椅内部自身尺寸参数需要明确整椅的长、宽、高，座垫角度，靠背角度，头枕、骨架、泡沫等，如果有附加功能，如腰托、按摩功能、通风功能等，还需要在可行性分析时，在断面设计时预留好空间。豪华型与运动型座椅因座椅风格不同，外观尺寸也会有较大差异。

通过上述断面分析后，座椅 A 面形成已具备了基本条件。根据造型、零部件功能、工程设计等因素进行分解，定义好每个部件的边界因子。在 A 面上初步体现间隙、面差参数、分型线等。

12.2.5 搭接边界

1. 座垫外轮廓与门护板

座垫外轮廓由座垫泡沫、座椅侧护板、调节按钮、操作手柄等座椅部件构成，参见图 12-16。设计时需要保证座椅在前后上下运动过程中，形成的包络面与门护板保留相应的间隙。座椅外侧不同形式的调节手柄对此处的间隙设定各不相同，轮式手柄设定间隙一般不小于 50mm，泵式与上下提拉式的手柄一般 a 值不小于 45mm。

2. 座椅外轮廓和中控箱

1）座椅在前后及靠背角度调节全行程中，任意位置，不得与中控箱发生干涉，并留有一定间隙，避免因座椅内侧表面或安全带锁扣和中控箱摩擦时产生噪声，尤其是皮面料的座椅更为明显。在满足造型需要情况下，尽量保证座垫、靠背表面、安全带锁扣与中控箱之间，留有 10～15 mm 的间距，当不能保证时，座椅前滑到最前位置与中控箱少量接触也可以接受。当安全带锁扣为软连接时，锁扣与中控箱间隙小于推荐值也被接受，根据间隙情况，常用安全带锁扣表面粘贴织物来解决可能产生的噪声问题，参见图 12-17。

2）座垫与周边件如转向盘、驻车制动、变速杆等的配合，也需要在前期设定好。

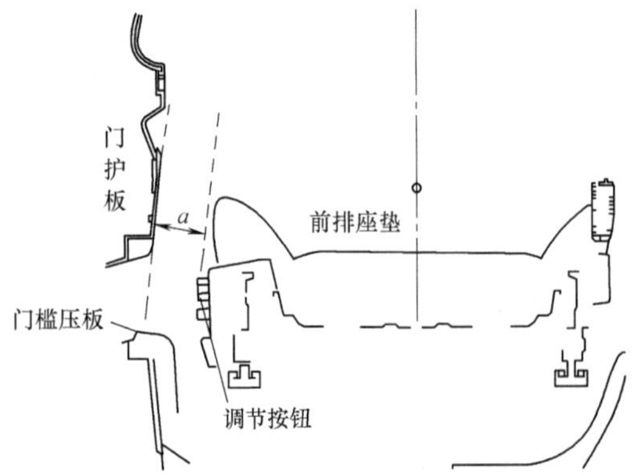

图 12-16　座椅座垫外轮廓和门护板

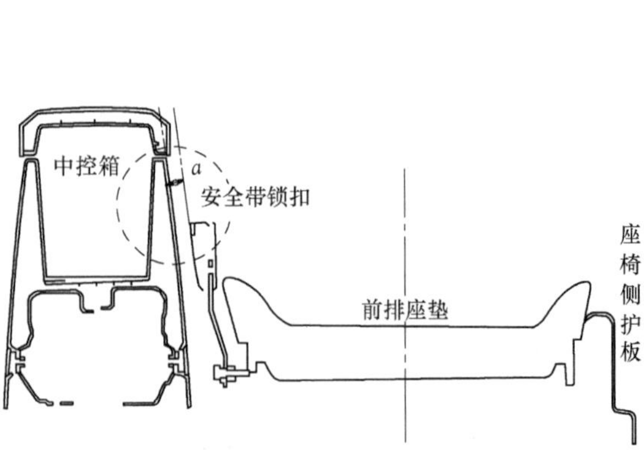

图 12-17　座垫和中控箱

3. 座椅靠背和门护板、B 柱

通常情况下，靠背的外表面和门护板及 B 柱护板的间隙要求不小于 20 mm，但是如果座椅靠背上需要布置侧安全气囊，则需要根据气囊的展开空间需求进行布置，以保证在发生侧碰时，气袋可以完全展开。这时，座椅在前后和靠背角度调节全行程中，靠背与立柱或门护板的间隙推荐不小于 60 mm。当小于该该值时，需要与碰撞安全工程师充分讨论，看是否可以通过侧气囊进一步优化匹配，以满足要求，详见图 12-18。

4. 后座垫和门护板

确保后座垫和门护板间有足够的间隙，保证车门顺利关上，同时不影响到车门闭合力，且防止座垫和门板间的摩擦噪声。一般该距离（图 12-19 中 *a* 处）推荐为 20~30mm。

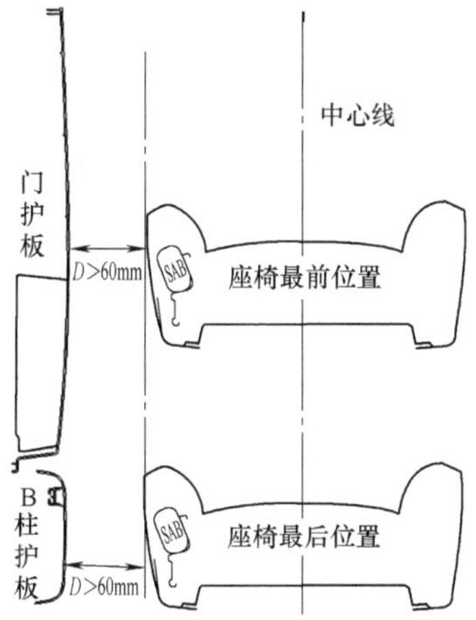

图 12-18 靠背和门护板

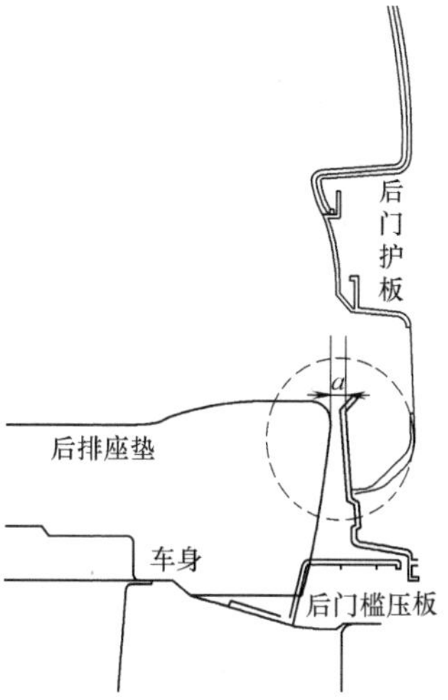

图 12-19 后座垫和门护板

5. 后座垫和后靠背

有时，后靠背和后座垫具有翻转功能，靠背需要解锁向前翻转放平。为消除两者在使用时结合处之间的间隙，保证外观质量，同时保证靠背、座垫翻转正常，在数据设计时，后排座垫后部和靠背下部留有 10~20mm 干涉量，同时为了便于安装，该区域内不应有钢丝，参见图 12-20。

6. 后靠背和衣帽架

为保证外观质量，防止靠背和衣帽架之间产生间隙，保证可移动式衣帽架、翻折式座椅靠背正常翻折及搁置物体不易滑落等因素，后排座椅靠背与后面衣帽架的高度差（图 12-21 中 *a* 处）通常为 20~40mm，靠背泡沫和衣帽架间隙，根据衣帽架及靠背形式不同，当可翻折靠背、可移动式搁物板处于最大包络位置时的间隙（图 12-21 中 *b* 处）通常为

1）可翻折靠背+可移动衣帽架形式：+10~15mm。

2）可翻折靠背+固定式衣帽架：+8~15mm。

3）固定靠背+固定衣帽架：-5~10mm。

7. 侧安全气囊（SAB）与靠背外装饰件

1）侧安全气囊按照保护区域可以分为头胸和胸臀，两者的尺寸会有一些区别，在座椅靠背中的布置区域对应发生变化。

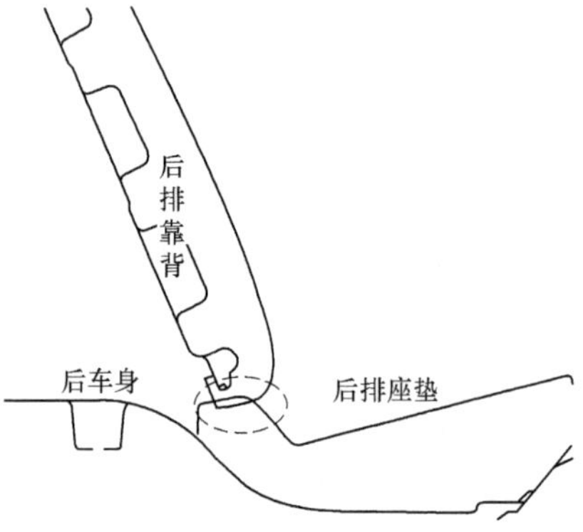

图 12-20　后靠背和座垫

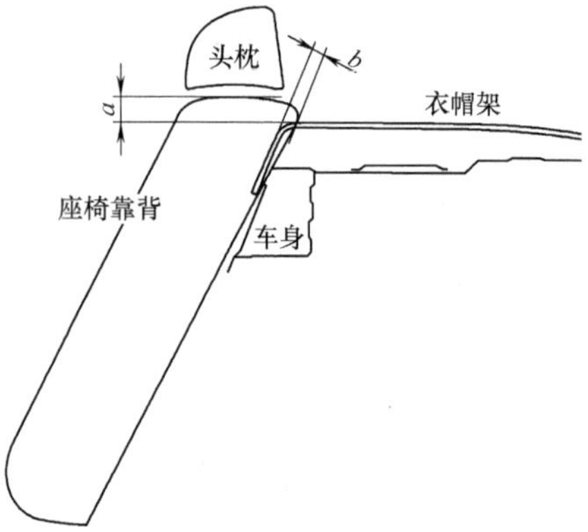

图 12-21　靠背和衣帽架

2）侧安全气囊模块布置区域一般为气囊开发工程师根据选择的气囊保护区域类型，输入气囊大小和布置位置，最常见的为安装在座椅的侧翼里。座椅设计人员重点需要考虑的是保证气囊到侧围内饰的距离足够，侧气囊在座椅中的安装布置、结构合理，不因为侧气囊的布置而影响座椅的舒适性。

3）座椅侧气囊布置，除满足第 12.2.5 第 3 条处，气囊在座椅内部布置位置与座椅 H 点及靠背泡沫的距离关系如图 12-22 所示，推荐值见表 12-3。

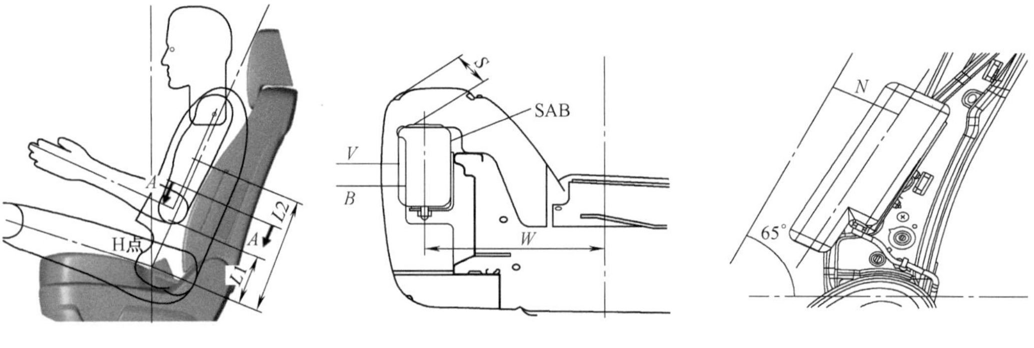

图 12-22　侧安全气囊布置位置

表 12-3　侧气囊比值推荐参数

序　号	参　数	建 议 值
1	$L1$：气囊下边缘高度	100～110mm
2	$L2$：气囊上边缘高度	170～185mm
3	N：气囊中心线与靠背躯干线的夹角范围	±10°
4	S：气囊与面套撕裂缝距离	20～40mm
5	B：气囊与座椅泡沫干涉量	≤5mm
6	V：气囊与座椅靠背侧面面套的距离	10～15mm

12.3　座椅系统结构设计

12.3.1　头枕设计

头枕是为提高汽车乘坐舒适性和安全性而设置的一种辅助装置。在后碰过程中，通过限制乘员头部相对于其躯干后移，以减轻颈椎可能受到的损伤，起到保护头部的作用；同时，头枕还起到为驾乘人员提供头部休息的作用。当然，头枕最核心的功能是保护头部，头枕的所有设计工作都是围绕保护头部功能展开的。

1. 座椅头枕的分类

座椅的头枕通常可以分为整体式、可拆式和分体式三种。

（1）整体式头枕　由靠背上端部分形成或仅能用工具将其从座椅或车身结构上拆下来的头枕；利用将座椅外罩全部或部分拆下来的方法拆下的头枕也属于整体式头枕范畴。

（2）可拆式头枕　采用插入或固定的方式与座椅靠背相连且可与座椅分开的头枕。

（3）分体式头枕　采用插入或固定的方式与车身或座椅靠背结构相连，且完全与座椅可分开的头枕。

座椅常见的可调节头枕主要为两向和四向调节。两向调节头枕使用最普遍，四向调节头枕因成本因素，常见于中高端车使用。实现调节的方式有手动和电动。

2. 头枕需要满足的法规要求

头枕需要满足的法规要求有头枕高度、头枕宽度、头枕与靠背间隙、头枕吸能、头枕强度（位移）、内部凸出物、禁限用物质要求等，设计时还要考虑挥鞭伤性能、头枕操作力性能、振动噪声、外观精致化等要求。

（1）挥鞭伤性能校核

1）对乘员的安全保护是头枕的核心功能，头枕设计中，对于挥鞭伤保证是设计重点。C-NCAP 只对前排驾驶人座椅有要求，E-NCAP 同时对后排座椅也有要求。

2）影响挥鞭伤性能的主要因素有头枕后距离值、头枕高度、头枕泡沫硬度、头枕内部结构、头枕型面等。采用主动式头枕或头枕内部塑料骨架结构，对于挥鞭伤性能提升有利。校核参数测量如图 12-23 所示，推荐参数见表 12-4。

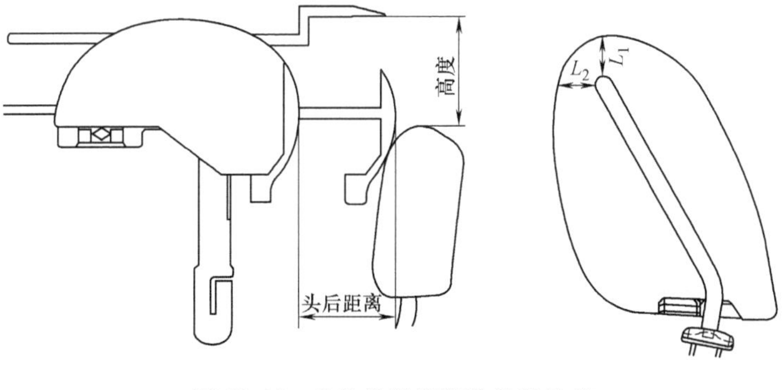

图 12-23　头枕设计挥鞭伤性能校核

表 12-4　头枕设计推荐参数表

序　号	参　　数	推 荐 范 围
1	头后距离	30～60mm
2	头枕高度	60～-10mm
3	头枕杆到头枕表面上方距离 $L1$	30～40mm
4	头枕杆到头枕表面前方距离 $L2$	30～40mm
5	头枕硬度（皮料包覆，推挽式测量）	30～60N

（2）头枕杆选择　头枕杆常用的有直径为 9mm 实心杆，直径 12mm、12.7mm、14mm 的空心管，材质一般为 SAE1010，强度更高的材料可以选合金钢 SAE4340；在满足性能要求前提下，从成本和通用化考虑，应该优先选择直径 9mm 的 SAE1010 实心杆；管状结构重量轻，但比实心杆成本高。有挥鞭伤性能要求的头枕，一般情况下使用外径为 12mm 的空心管，且呈现出有使用强度、刚性更好的外径 14mm 空心管的趋势。

（3）头枕杆的公差控制　头枕杆与塑料头枕导套形成重要配合关系，头枕杆尺寸精度对于控制头枕异响、操作力至关重要。头枕杆直径公差一般控制在±0.1mm，头枕杆两杆中心线横向间距公差一般控制在±1.0mm。

（4）头枕杆开槽

1）头枕杆开槽加工方式常见有冷压、拉削两种。采用冷压工艺开槽，强度好，常用于空心管，但该工艺控制不好时，会在两斜面交线处形成材料堆积，影响头枕插拔力。拉削工艺通过去掉部分金属，强度受一定影响，会产生毛刺，影响头枕插拔力，头枕调节噪声较大。推荐采用冷压工艺。

2）头枕开槽位置确定时，考虑因素有便于用户操作，则最低锁止位置不能太低；满足法规要求，最低锁止位置不能太高；故一般最低锁止齿的位置设计在头枕处于最低锁止位置时，头枕底面与靠背上表面距离 10~15mm 时的位置。有头枕设计案例显示，为了让挥鞭伤测试时，头枕处于一个较高的位置进行测试，这个距离取得较高，但必须满足法规对头枕的相关要求。一般前排头枕调节行程设计为 20mm×3 齿；考虑挥鞭伤测试位置要求，最好在头枕全行程中间位置向下 8mm 左右设计一个齿。

（5）座椅头枕塑料导套设计　头枕导套最重要的功能就是控制头枕插拔，对头枕插拔操作舒适性及头枕异响控制有重要影响。

1）影响头枕插拔功能的因素主要有：

① 头枕杆的尺寸、公差和表面镀层质量。

② 头枕导套内表面的尺寸、公差和表面质量。

③ 头枕导套外表面的公差和尺寸。

④ 头枕导套和头枕杆的实际配合。

⑤ 头枕导套和头枕导套安装支架的实际配合。

⑥ 靠背骨架上支架安装孔间距的尺寸和公差。

⑦ 靠背骨架上支架安装孔上下端的对齐度。

⑧ 头枕导套安装支架孔的径向公差。

头枕插拔力与异响是一对冲突问题，需要通过反复调配头枕杆、头枕导套、头枕导套安装支架之间的配合关系，寻找操作力和异响的配合平衡点。

2）头枕导套设计要点主要有增大头枕导套和头枕杆之间的接触面积，会减小异响；头枕导套和头枕杆之间的最小接触直径为 9mm；推荐使用 12mm 或更大直径。头枕导套在便于工厂装配前提下，安装得尽可能紧。头枕导套应提供尽可能大的支撑面以获得更大的稳定性，如长度、直径增加，都有利于异响改善。头枕导套在导套安装支架中固定也非常重要，如果有松动间隙，也导致头枕异响。在内径表面设计三到四个间隙调整筋来实现配合调整问题。在头枕杆和导套之间经常设计一定过盈配合，在第一次装配中多余的材料被刮去，就达到了良好的配合效果。

12.3.2 骨架设计

座椅骨架是座椅中最主要的部分，为泡沫提供支撑，护板、座椅附件等都直接或间接固定在座椅骨架上，承受着乘员的所有静态和动态负载。

座椅的骨架结构一般分为以下五种形式：

1）弯管为主的管框式结构：这种结构的优点是成本较低、生产工艺简单；缺点是强度、刚度等性能相对较差，扩展性差，对泡沫侧翼支撑差。常用于低端车型上。

2）冲压钣金和弯管焊接为主的管板式结构：这种结构比较常见，优点是相对于管状结构更容易控制制造尺寸，且强度及刚度性能更好；缺点是相对于管框骨架结构，重量较重且成本较高。比较常见于中高端车型上。

3）冲压钣金焊接而成的板板式结构：这种结构优点是制造尺寸更容易控制，且强度及刚度性能更好，可以为丰富的附加配置提供安装位置，对泡沫支撑更好，有利于座椅造型更豪华大气；缺点是需要投入的工装费用高，焊接工艺要求高，成本较高。一般用于成本压力相对较小、性能要求较高的车型上。

4）钢丝和弯管组合而成线管结构：这种结构一般用于对强度要求不高的整体式后排座椅靠背。结构优点是成本优势明显，缺点是不能承受较大的靠背冲击力。

5）钢丝弯型焊接而成的线线结构：这种结构完全由钢丝按照需要弯型后焊接而成。一般用于后排座椅座垫上。

座椅骨架上载荷的传递路径从上到下依次为头枕—头枕导套支架—靠背骨架—调角器及连接板总成—座骨架侧边板—高调器齿板—高调连杆—滑道总成—座椅固定螺栓—车身地板。

1. 靠背骨架设计

1）组成靠背骨架的主体零件有上横杆、左侧板、右侧板、下横杆、支撑网格、调角器（焊接）、联动杆、第二根上部横杆、保护头枕杆末端、侧板上侧翼撑型钢丝、四边的面套挂接钢丝、腰托及支撑机构（手动或电动）、头枕导套支架等。

2）靠背骨架组成零件形式有上横杆一般用管件或冲压件，旁侧板一般用管件或冲压钣件或管板组合，下横杆一般用管件、冲压钣件或钢丝。

3）靠背骨架设计要点主要有：

① 骨架和座椅轮廓面（Seat Trim Outline，STO）及假人的布置关系，与H点控制和舒适性紧密相连，需要控制骨架到布置假人表面距离。该距离推荐范围为座垫骨架与假人身体偏移面距离不小于50mm，靠背骨架与假人身体偏移面距离不小于35mm。

② 调角器选装中心布置尽可能地靠下、靠后，以保证舒适性、功能性、面套包覆精致工艺性等更优。

③ 如图12-24所示，靠背骨架上与调角器连接板相连或直接焊接调角器的两个侧板面A、B之间的距离①需要满足公差要求，以确保在安装螺栓时，调角器及骨架没有扭曲，没有产生较高的应力，特别是对于双边调角器。该尺寸推荐的公差±1.0mm。

④ 当选用M8螺栓时，靠背骨架侧板上与坐骨架相连的两个孔C、D的孔直径不能大于9.00mm，理想的尺寸是8.5mm，必须将几何公差控制在0.5mm以内。

⑤ 调角器基准孔与头枕导套安装支架之间的距离，调角器孔是用来安装靠背骨架的，应该以调角器安装孔为基准，在三个坐标方向控制头枕导管支架位置③。

⑥ 横杆布置不正确对舒适性产生影响，所以，把调角器的旋转点布置得尽可能低一些；必须保证横杆与假人的最小间距，将横杆布置得尽量低，离假人尽量远；发泡的 B 面（即泡沫背面）必须附着在横杆上；靠背横杆区域必须对乘员有一定支撑，不然乘员乘坐时，会陷入过多，导致靠背角、H 点 *X* 坐标不满足设计理论值。

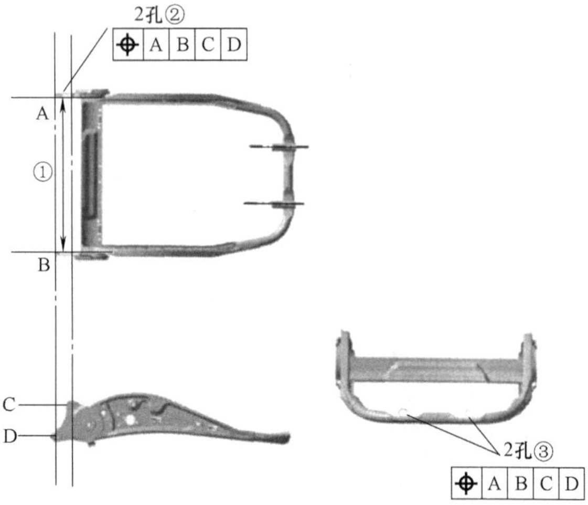

图 12-24　靠背调角器连接侧边板公差要求

2. 靠背支撑簧设计

1）靠背支撑簧从结构上分为蛇簧结构及网格结构，两种结构特点及要求如下：

① 靠背蛇簧结构一般用于成本压力较大的商用车或紧凑型乘用车上，舒适性较网格结构差些。常采用两或三根曲簧结构，曲簧布置位置为腰部位置一根、肩部位置一根，当靠背骨架靠近旋转中心附近支持结构不足时，也会布置一根钢丝，以增加该区域支撑性。

② 用于靠背支撑的 S 簧选择：材料使用最广的是 65Mn 钢丝，也有用碳素弹簧钢丝的情况，但性能不如 65Mn 钢丝。规格：ϕ3mm、ϕ3.5mm、ϕ4mm 都有使用，主要根据布置假人与钢丝距离进行选择；需要嵌入量大，则选择直径细的钢丝。

③ 靠背网格结构在乘用车上广泛应用，适于大批量生产。

2）除以上靠背支撑机构外，座椅腰托也很常见。人体在长时间驾车后，不同的姿势和不同时间都需要不同的腰托支撑，不同体形的人对腰托支撑的位置要求也不同。可调式腰托布置设计时，初始支撑位置应该与被压缩的靠背 A 面相贴合，以确保腰托在最后位置时也能够充分支撑。5%到 95%百分位人体对腰托高度要求差异仅在±10mm 内变化，故上下可调节腰托意义并不大。高腰托顶点推荐在 H 点竖直上方 135~150mm 位置处（针对的 50%男性假人位置），这样，骶靠和肩靠都可兼顾。腰托行程一般推荐为 30~40mm。

3. 座垫骨架设计

1）座垫骨架主要包含座盆、座骨架侧边板、高调器、高调连杆、滑道总成等。

2）座盆的主要作用为承受乘客重力产生的荷载，对面套、发泡的支撑和固定，对发泡进行限位，使其不能移动，从而减小噪声，固定座垫网格，增加座骨架刚性，对 H 点和舒适性进行控制等作用。座盆作为非主要承力结构，目前已经有了用塑料替代钢材的量产产品。

3）座盆设计中，防下潜设计非常重要。在前撞过程中，乘客在安全带的约束下，有向前向下滑的趋势，从而有可能从安全带底下滑出。设计时要从结构上防止该现象发生，该结构就是防下潜结构。碰撞时，假人向前移动的轨迹只能通过视频来观察。绝大多数轨迹都是水平向前、向下 20°方向移动。

4）前排座椅防下潜的任务落在前横杆上，后排座椅防下潜结构落在车身结构或座椅前横杆骨架结构上。防下潜结构设计侵入推荐区域如图 12-25 所示。特别在后排防下潜结构设计时，注意通过实物样件，开展对舒适性影响的主观评价。因不同的坐姿、不同的上下车路径、不同的泡沫物性指标及不同泡沫厚度，相同的防下潜结构可能导致不同的主观感受。

12.3.3 座椅调节机构件设计选择

座椅的调节机构也是座椅骨架的重要组成部分。座椅的调节机构主要包含座椅滑道、调角器、高调器、腰托等。座椅的滑道除了是主要的调节机构件外，同时也起着座椅和整车底板的连接作用。座椅的调节机构可以使乘员按照自己的使用要求来调整座椅，包含座椅的前后、上下调节，或是将座垫的前后端分别进行上下调节及靠背的角度调节等。

1. 调角器设计选择

调角器分类：按结构可分为线性调角器、齿轮调角器和扇形齿调角器；按驱动方式可分为手动调角器和电动调角器。

（1）调角器使用

1）除扇形齿调角器外，上面几种调角器都可以采取电动或手动方式。

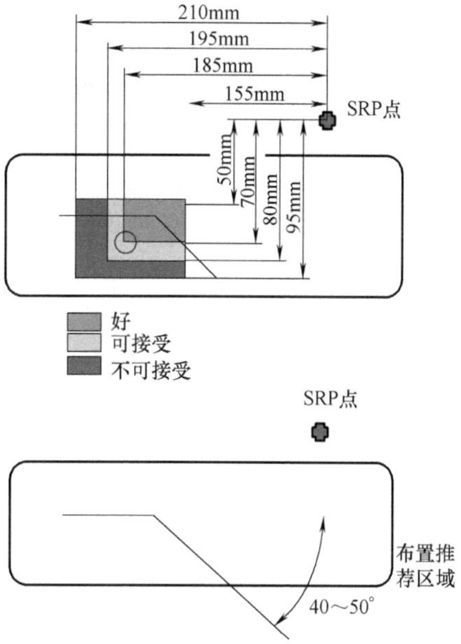

图 12-25 防下潜结构布置推荐区域

2）连续调节调角器大量使用于欧洲，北美洲一般使用扇形齿调角器。

3）连续调节调角器在其调节行程中，手的旋转调节动作需多次才能完成；扇形齿调角器的调节手柄抬起时，可以快速地将靠背调节到合适的角度。

4）调角器可以焊接或螺栓连接在靠背骨架上。欧洲一般使用焊接，北美多使用带连接板调角器螺栓连接。

5）根据需要满足的性能要求，选择不同强度性能要求的调角器。如有挥鞭伤要求座椅，需要选择双边调角器，单只调角器强度推荐不低于 1500N · m；有后碰需要或需要满足行李冲击试验的座椅，推荐使用双边调角器，单只调角器强度推荐不低于 2000N · m；集成有卷收器的后排座椅，同时需要满足行李冲击的座椅，推荐采用双边调角器结构，中间侧（一般调角器也布置在该侧）调角器强度不低于 3000N · m。当然，基于成本考虑，在仅满足国标要求的情况下，还是有不少车型采用单边调角器结构。

（2）双边调角器的优缺点

1）主要优点：由于载荷被均分，不需要抗扭加强件，靠背骨架可以轻些；驾驶座靠背和副驾座靠背可以通用，具有较高的抗扭强度。

2）主要缺点：虽然减少了靠背骨架的重量、成本和零件的种类，但增加了自身的重量和成本；空间布置比较困难；装配比较困难，多数焊接在靠背骨架上；运输焊接后的半成品会产生其他问题；操作力比较大；双边调角器在座椅靠背间隙和操作手柄回位、操作力大小方面具有更高的风险。单边调角器的操作力就是一只调角器的操作力，而双边调角器的操作力要比两个调角器的操作力之和大，操作力矩通常会是单只调角器力矩×2×(1.1~1.2)。

3）单边调角器相对于双边调角器的主要优点是成本有优势，重量更轻；缺点是不能满足有挥鞭伤，后碰、集成安全带等要求所需的强度、刚度。

（3）盘簧回卷力参数选择

1）盘簧回卷力是帮助乘客将调节后的座椅从休息位置返回到驾乘位置，回卷力至少达到推动50百分位男性靠背作用力。选择回卷盘簧的主要考虑点是它的布置空间和用户操作力舒适性，回卷力越大，需要的布置空间也就越大；回卷力越大，靠背后倒操作力也相应增大，超过用户舒适性操作力范围，会增大用户抱怨度。

2）靠背回卷效果也会受座垫泡沫干涉量多少的影响。干涉过多，为了保证靠背回位效果，势必通过加大弹簧来增加回位力，增加了成本、加大了布置空间需求，同时增加了靠背向后放倒推动力和靠背最大位置回位时对乘员背部的冲击力。

2. 滑道设计选择

滑道的主要功能是连接车身与座椅，实现座椅前后调节及在车身的相对固定，如图12-26所示。

1）滑道一般分为手动滑道和电动滑道。手动滑道主要由上轨、下轨、锁止机构、解锁机构组成。最常见的步距一般为10、12mm，部分进口滑道步距可达4.5mm，步距越小调节舒适度越高，相对滑道强度控制难度也就越高。电动滑道主要由直流电动机、齿轮减速盒、丝杆机构、上轨和下轨等组成。

2）某些滑道还带记忆功能，即记忆上一次调整好的目标位置，自动回复原位。记忆功能同时也分机械记忆和电动记忆两种，此类滑道在中高级轿车上较为流行。

3）衡量滑道性能的最重要的指标包括，纵向强度和模拟安全带铆接点GB 14167试验的45°/15°拉伸试验，还有涉及操作舒适性等指标的试验，各个厂商对滑道均有不同的要求。

4）常见的滑道截面形式如图12-27所示。

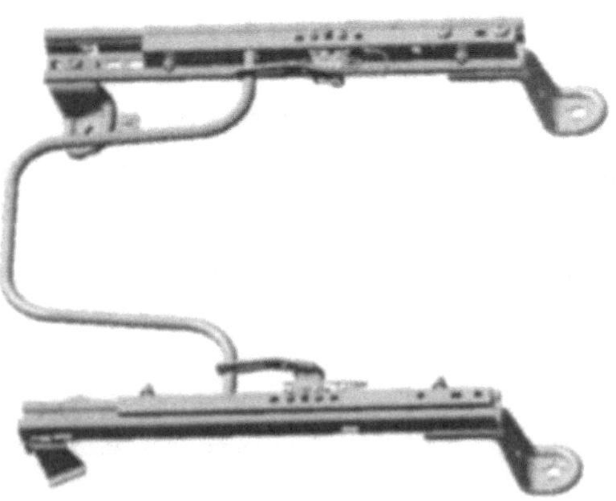

图12-26 滑道及解锁机构总成图

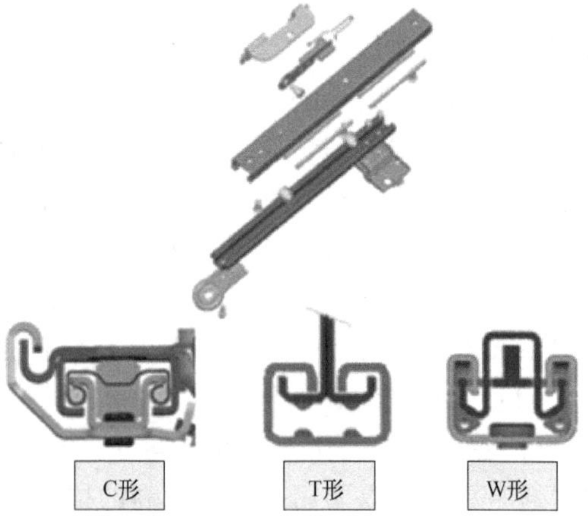

图12-27 滑道截面形式示意图

5）滑道设计时，主要关注以下要点：

① 滑道的间隙控制非常重要，间隙将在靠背顶部放大，给乘客造成极差的影响。

② 滑道的支撑滚珠都施加了预载（干涉），目的是减小间隙。通过控制钢球的预载来调整内外滑道间隙，也是改变滑道滑动阻力的主要手段。

③ 滑道间隙和滑动阻力是一对矛盾，需根据操作力和异响要求进行平衡。

④ 座椅滑动阻力的变差也会给用户带来不良感觉，滑动阻力差应该控制在最小范围内，一般情况下在10%以内。

⑤ 如果座椅滑道倾角太大，可增加一个辅助弹簧加以解决。在向后调节时储存能量，向前调节时释放能量以克服或平衡重力，详见图12-28。

⑥ 滑道锁销和齿的设计要求比较高，锁的主要功能依靠锁齿和齿窗之间的自锁力来实现。须仔细研究锁齿及窗口的结构，特别是锁齿的自锁角必须仔细审核。锁止结构必须保证在静态和动态条件下都能满足负载要求。

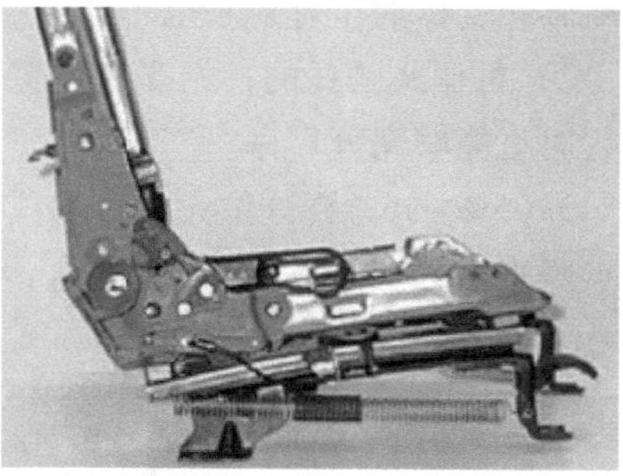

图12-28 滑动辅助弹簧

⑦ 锁止结构的可靠性还依赖于锁止机构的回复力，回复力较大时，锁止比较快，而且牢固，但也会增加解锁的操作力，需要兼顾。

⑧ 座椅骨架的扭转刚度是影响滑道两边锁止机构同步的一个关键因素；常使用横杆（或管）构成一个筐体，增加其刚性。

⑨ 滑道设计时，锁止机构的定位齿与滑道配合间隙对滑道总成表现出来的间隙感和振动异响至关重要，特别注意定位齿的配合设计。

3. 高调器设计选择

1）座椅高度调节常见的有两种，一种是座垫靠背整体式调节，一种是低安全系数低成本的座垫调节。高度调节器基本分为两种，一种是旋钮式锁止机构，此类锁止机构可连续旋转用以调节高度，但是强度低，操作力大，操作次数多，容易引起用户抱怨，如图12-29所示。

2）另外一种是泵式高度调节器，如图12-30所示。此类高调器通过调节手柄在小角度内运动以达到升高及降低座椅的效果。此类调节器强度好，使用最普遍。

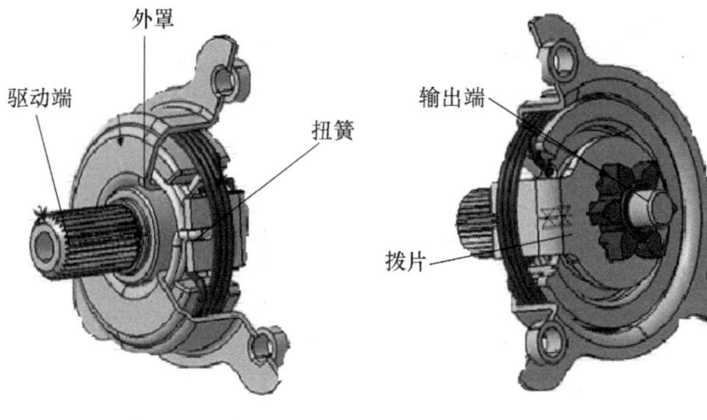

图12-29 旋钮式高调器锁止机构

图12-30 泵式高度调节器

3）仅有高度调节器是无法完成高度调节的，还必须有与之匹配的四连杆机构。升降四连杆设计时，特别要注意座椅升降轨迹是否满足总布置要求、不同体重乘员上下操作力的平衡、连杆强度对座椅动态试验时座椅侧偏性能满足、颠簸耐久后座椅下沉要求满足等方面。

4. 腰托设计选择

腰托的形式常见的有拉索网格式、栏板式、气袋式、一档塑料板式。从执行方式，还可分为手动式和电动式。电动腰托又可以分为机械式、气动式。

腰托设计时，需要考虑的因素有：

1）人体在长时间驾车后，不同的姿势和不同时间都需要不同的腰托支撑；不同体形的人对腰托支撑的位置要求也不同。

2）可调式腰托的初始支撑位置应该与被布置假人腰部表面相贴合，以确保腰托在最后位置时也能够充分支撑。

3）5%~95%百分位人体对腰托高度要求差异仅在±10mm内变化，腰托最高点推荐落在H点竖直上方135~150mm范围内，这样可同时兼顾骶靠1和肩靠3，参见图12-31。

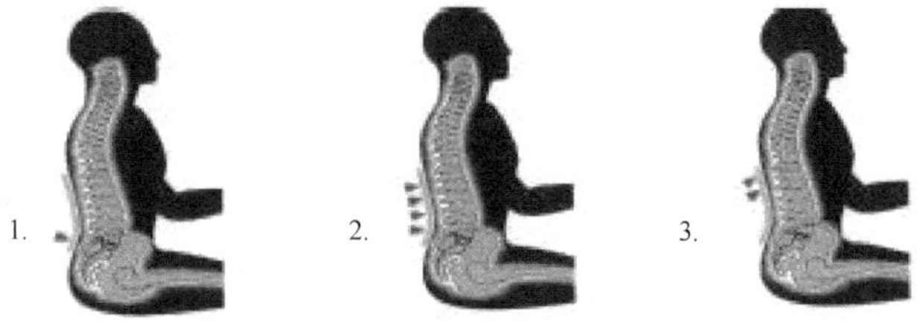

图12-31　靠背支撑位置图

4）因不同人体对于腰托高度调节需求不大，一般两向腰托居多，四向腰托成本高，不推荐使用。腰托行程一般推荐30~40mm。

12.3.4　座椅接插件固定设计

随着座椅配置越来越高，电器接插件的使用也越来越多，接插件型号以及固定结构的选择需要座椅设计人员协调整车线束接插件的选择和固定位置来考虑。

接插件若通过开孔方式固定在钣金上，则建议选用具有防止旋转功能的接插件卡子。同时为了防止异响等问题，建议接插件与接插件之间，接插件与钣金支架侧边之间的距离大于10mm，如安装情况不能满足该要求，则该距离至少大于3mm。

安全气囊的接插件则需考虑以下几项内容：

1）安全气囊接插件卡接好后，卡子的上端与座垫泡沫（动态包络）的最小距离应大于10mm。

2）安全气囊接插件与电动机的距离应大于30mm，理论上越远越好。

3）安全气囊接插件附近60mm处的气囊线束波纹管上需设置一个线卡，可有效减少气囊灯常亮故障风险。

12.3.5　座椅操作手柄设计

乘员通过操作座椅手柄，调节座椅以达到某种功能或舒适性要求。座椅工程师设计手柄时，要立足于手柄的功能、使用环境、舒适性、法规等要求，从结构形式、材料选择、性能要求等方面来进行设计。座椅常用的手柄有滑道解锁手柄、靠背角度调节手柄、座椅高度调节手柄、座椅腰托调节手柄、后排靠背解锁手柄等。

手柄材料一般选择改性 PP，在特殊结构尺寸下，为了保证强度，也有尼龙+玻纤的应用。

手柄设计要遵循的原则有调节手柄应该易于操作；调节手柄的操作过程不应该受到门、扶手、座垫和安全带等的阻碍；调节手柄最佳的位置应该在座位的外侧；视觉、触觉上区别不同功能的调节。

手柄设计时，主要考虑的因素有：

1）不推荐手轮型操作手柄，该方式在中国市场不易接受。

2）在打开和关闭时提供触觉上的反馈。

3）表面易于抓握，不打滑（如凸缘、纹理、外形）。

4）手指作用区域应该避免尖锐的边缘、紧压区域、夹指甲的区域。

5）调节手柄应该舒服顺畅，避免尖锐的轮廓、压力点或是裂缝。

6）调节手柄的操作应该顺畅、易于调整到希望的位置。

7）后排靠背解锁手柄位于椅背的外部边缘，可在座椅的上部、后部或侧面部，站在开门的车辆外，手柄应当能够被操作。

8）手柄应当得到充分保护，以避免无意中被触动。

12.3.6 座椅鞋盒设计

鞋盒主要功能是用于放置女士单鞋、雨伞等体积不大的日常用品，要保证有一定容积，同时，物品易于取放，操作轻便，车辆碰撞后不能脱落。座椅鞋盒材料一般选择改性 PP。

鞋盒设计时主要考虑的因素有鞋盒开关应当容易操作；进出通路不应当被滑道、座椅骨架、地毯等阻碍；鞋盒关闭后应当与座椅整体协调，放置物品不得外露；鞋盒关闭时应当固定可靠，不得晃动；车辆行驶过程中鞋盒在空置和有物品时均不得有异响；开关结构的表面容易抓握，防滑（例如：凸起、纹理、外形）；手抓握区域应避免所有尖锐的边缘、夹手区域和夹住手指甲。

鞋盒尺寸推荐：长度 200~300mm，宽度 300~350mm，高度 50~70mm。

12.3.7 座椅泡沫垫及面套设计

1. 座椅泡沫垫设计

座椅座垫、靠背泡沫垫一般采用软弹性-聚氨酯-冷-泡沫材料，是由多元醇、发泡剂及异氰酸酯相互反应而制成的、软质、高承载、内部多孔的聚醚基聚合物材料。在汽车上应用较多的是高回弹软质聚氨酯泡沫塑料。

座椅泡沫垫设计是座椅开发中非常重要的一环，一方面，座椅泡沫垫经过面套包覆后，形成座椅的外观面，影响外观造型，与骨架及泡沫硬度等一起影响整个座椅型面对人体的约束感受。另一方面，泡沫垫又作为支撑件和阻尼件，影响座椅的支撑强度和振动衰减性能。考虑到座椅的表面触感、支撑舒适性，需要将不同区域泡沫软垫的硬度设计为不同，即“软硬兼施”的方法来改善乘员在座椅上的合理体压分布。主要生产方法有两种，一是采用多硬度发泡，将座垫中间部位用较低硬度泡沫，侧翼等需要保持较高的侧向支撑的部分用硬度较高泡沫。有时，为了进一步提高舒适性和便于外观饱满成型，有的座椅还将座垫前端与大腿前沿接触区域分离出来，用更低硬度泡沫，同时将靠背上沿分离出来，使用较靠背稍硬的泡沫。二是采用嵌件法，在浇注泡沫垫时，在模具中相应部位放入高硬度泡沫嵌件，然后在周围浇注低密度泡沫。以上两种方法都在量产中广泛应用。

泡沫垫构成了座椅的形状和轮廓，发泡的特性影响乘坐的舒适性和 H 点。发泡模具直接影响到泡沫产品的质量和特性，了解发泡模具制造工艺和制造质量将有助于泡沫结构的设计。

1）发泡模具分类：根据发泡件设计数据和发泡生产工艺的要求，用来生产泡沫件的模具我们称之为发泡模具。按照模具结构，可以分为两片式（图 12-32）和三片式（图 12-33）；按照分型面的制造方式，又可以分为环氧分型面模具和电火花分型面模具；按照模具型腔的制造材料，又可以分为环氧模和铝合金模。

图 12-32　两片式模具（上、下模）

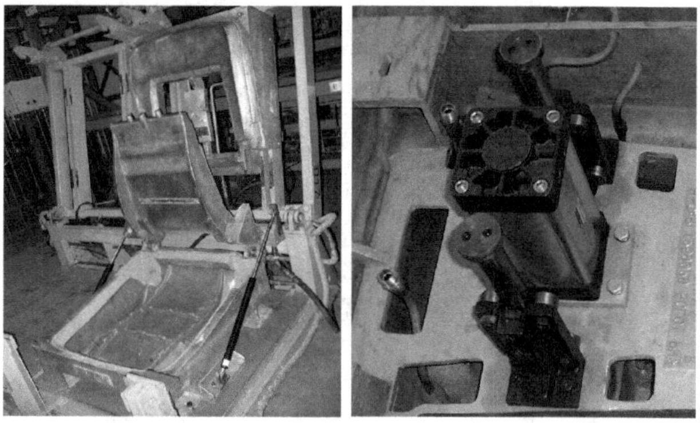

图 12-33　三片式模具（上、下模和模芯）

2）发泡模具的设计、制造工艺流程分为几个主要步骤：

① 设计输入信息的整理和分析：设计输入信息包括车型、座椅配置、开发进度、项目预算、开发依据（三维、二维数据、样件）等。

② 主模型、铝模、检验卡板数据的处理：主模型是含综合收缩率的放大了的模型，铝模是综合收缩率——铝合金材料收缩率的成型模具，检验卡板是用来检验泡沫产品尺寸的检具。

③ 模具开发的技术、工艺要求输出。

④ 翻砂模制作和检验：翻砂模是在主模型基础上制作的用来为铝合金模翻砂做准备的模型，它将确定包括型腔角度、分型面、安装尺寸、水管分布、壁厚等所有的模具结构，其质量的好坏直接影响到翻砂铸造的质量。

⑤ 翻砂和铸造：在翻砂模基础上，用砂箱进行造型，为浇注铝合金做准备，这一过程为翻砂。翻砂完毕后，将通过各种工艺控制后达到浇注标准的液态铝合金浇入砂箱，冷却成型的过程为铸造。翻砂和铸造直接影响到将来模具的内在质量和模具后加工的质量。

⑥ 铝模的加工、装配和检验：包括型腔、外围尺寸、分型面的加工和检验以及定位装置、气缸、管接头等零部件装配。

⑦ 试模验证：经过模架安装、零部件定位、自动排气气缸安装、工艺参数准备等相关的准备工作后，便开始上线试制，熟化后进行尺寸和性能检测。

3）发泡模具及泡沫垫设计要点：

① 模具完成之后，按照一定的轨迹、流量和浇注时间向模具中进行发泡原料的注射，并控制原料的温度、模具的温度以及压力，原料在一定的温度下反应，成型时间约为几分钟。泡沫成品出模后，进行破泡处理，最后进行悬挂熟化，熟化几小时后，就得到了最终产品。

② 发泡模具设计时，首先确认模具的结构，是两片式、三片式，还是一模多种配置；其次要选择分型面形式，是环氧或是电火花，并根据产品的外观、功能确定模具制造工艺以及发泡工艺，确定分型面的分布；再次为零部件的固定和定位，选择骨架定位基准并控制公差；还需要考虑综合收缩率，它的影响因素有很多。聚氨酯发泡原料的收缩，铝合金材料在浇铸过程中的收缩，泡沫内零部件的形状、位置的影响，泡沫尺寸形状、结构的影响，包含以上各种收缩因素得到的收缩率，称为综合收缩率。

③ 影响发泡模具制造质量的设计因素：数据设计直接影响着发泡模具的质量，因此在数据发放之前，需要经过严格的审核，以确保数据符合 STO 造型及其他设计输入要求（如 H 点、骨架、车身环境和功能等）的同时，满足模具制作的要求。这里总结了一些泡沫设计要求，见表 12-5。

表 12-5　泡沫设计要求

外形轮廓	1. 所有过渡面是否光顺
	2. 曲面与面套设计和包装的要求是否匹配
	3. 曲面与发泡模具的制造工艺是否相匹配
	4. 曲面与发泡制造工艺是否相匹配
倒角、泡沫厚度	1. 除特殊要求外，倒角应大于或等于 $R6$
	2. 除特殊要求外，分型线位置不倒角
	3. 除特别限制外，泡沫厚度尽量避免小于 15mm 的设计
	4. 针对发在泡沫内的骨架，如果不外露，骨架表面和泡沫表面的距离必须大于或等于 15mm
槽标记和 ILD 测试	1. 面套用槽，通常槽宽 25mm，深 18mm，C 形环处深 20mm，长 25mm
	2. 是否有必需的 ILD（泡沫硬度）测试标记
	3. 对相似的左右两个零件，应考虑做出“L”或“R”标记
嵌件设计	1. 应在设计中至少标识出毡布、加强块、钢丝、骨架等发在泡沫内的所有零部件的轮廓
	2. 面套吊紧钢丝尺寸和形状必须便于生产中安放定位
	3. 加强块和毡布的设计应便于放置、定位
	4. 骨架的设计应便于放置、定位，尽量避免出现不利于模具制造和产品生产的结构
	5. 发在泡沫内的所有零部件的定义，尽可能选用标准件

④ 去除面套后，剩下的不被束缚的自由发泡的形状是正式的发泡模具所需要的形状，所以，必须有自由发泡的图纸。同时，需要辅以泡沫卡板检具，对自由发泡的尺寸进行严格控制。自由发泡的形状与被包裹后的发泡形状是不一样的，自由发泡预留量的大小取决于发泡的硬度、面套的张紧度和发泡的形状。经验不足的供应商，满足 STO 面比较困难，所以，最后总成状态表面与 STO 面，一般通过表面三维扫描或三坐标打点手段获取数据进行对比符合检查。

⑤ B 面泡沫挖孔以达到减重、降本目的，这是设计工程师常用的做法，但对于挖孔区域的选择要慎重。B 面挖孔，对于 H 点控制和舒适性是相当不利的，挖孔还会产生强度问题，因为对于长时间使用的发泡其状态无法预知，面套包装效果受到影响，H 点的位置无法预测，对舒适性的影响更无法评估。这些问题多数会在汽车使用一定里程数后发生，那时再想改善问题就需要更改模具了。所以，如果要选择对泡沫进行挖孔，尽量选择支撑受力不大、使用频率低的区域，如后排座垫前沿、靠背肩部区域等。

⑥ 发泡上拉型槽位置和拉型方式对于舒适性也有影响。建议在 D 点或距大腿离去点后 20mm 内不能开横向拉型槽，如果有，建议用卡扣或粘扣方式吊紧。卡扣或粘扣经常用于替代钢丝“C”形钉吊紧方式，虽然成本贵一点，但遇到其他方式无法保证某些造型、主承力区拉型时也可以使用。

⑦ 泡沫的密度和硬度是发泡的重要参数，密度影响着泡沫的耐久性，硬度是在泡沫受承载的情况不发生变形的重要因素，两者直接影响着座椅乘坐的舒适性。

在最大允许承载的情况下，较高的密度会带来较好的耐久性能，但密度太高导致硬度高，影响乘员乘坐舒适性。较高的密度也会增加发泡成本和重量，高密度的泡沫意味着给模具注入更多的泡沫原材料，所以需要控制发泡的密度。密度太低，泡沫的物理性能无法满足乘坐的舒适性要求。

泡沫硬度是通过压陷载荷来量化的，一般用座椅发泡厚度压缩到一定比例所需要的载荷来表示。测试时，不同的原始设备制造商（Original Equipment Manufacturer，OEM）厂家，对于泡沫测试区域及泡沫压缩比例的选择都有所不同，常见的压缩比例有 25%、40%、50%。压陷载荷主要取决于发泡成分和发泡厚度。压陷载荷用以确定人体给泡沫加载力时泡沫的压陷量，是衡量乘员乘坐舒适性的重要指标。

测量压陷载荷值，需要一个与发泡 B 面相匹配的胎膜，排除测量时由于非发泡变形产生的误差，如发泡 B 面贴合不好、发泡 B 面支撑面受力不均会导致局部压缩量大。测量压陷载荷值时，应模拟乘员正常乘坐时所接触的位置，测试方法如图 12-34 所示。

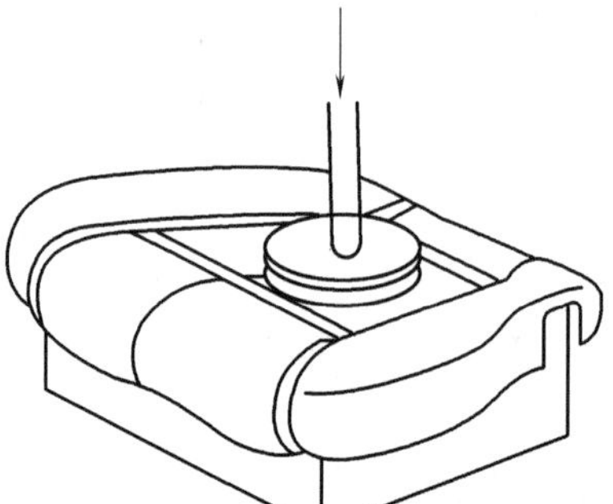

图 12-34 测量压陷载荷值装置

⑧ 座椅泡沫垫的技术要求见表 12-6。

表 12-6 汽车座椅泡沫垫一般技术要求

序号	技术要求项	技术要求
1	尺寸	符合图纸要求
2	材料性质	符合批准用的材料
3	外观	泡沫垫不应有内部裂缝、表面不平、密集的折痕或肋条等影响舒适性或在修整后影响外观的缺陷
4	气味	材料不应散发令人不舒服的气味，也不能散发损害皮肤的物质，气味≤3 级
5	甲醛含量	≤10mg/kg
6	冷凝组分	≤5mg

（续）

序号	技术要求项	技术要求
7	有机物含量	≤50μgC/g
8	抗污性	不允许严重污染
9	透气性	材料应由开孔的泡沫组成，并经破泡处理，表皮应透气
10	质量	应和已认可的产品一致。当质量≤1500g 时，误差为±5%，当质量>1500g 时，误差为±3%
11	阻燃性	≤100mm/min

⑨ 通常使用颠簸和蠕动试验来验证座椅的骨架、泡沫和面套的疲劳寿命。在 100 次/min 的频率下，进行座垫 100000 次、靠背 50000 次的颠簸和蠕动试验，试验的样品应无异常情况出现，座椅骨架无裂缝，泡沫无变形，面料和衬垫无破损，H 点最大变动在额定范围之内。

2. 座椅面套设计

座椅的面套是指包覆在座椅外层的织物或真皮、人造革，这些不同风格、颜色、纹理的面料通过裁剪和缝制，做成面套后包覆在座椅上，使得座椅体现出个性化的外观和良好的触感，为座椅提供美观和令人愉悦的包覆。面套材质的特性和绷紧程度，对座椅乘坐舒适性也有较大的影响。面套主要有剪裁缝制法、直接成型法和粘接法 3 种包覆工艺。

1）剪裁缝制法是传统的座椅面套工艺，其过程是将事先缝制好的面套包覆在发泡外并使用不同的紧固件将面套固定，最常用的固定方式包括尼龙搭扣、C 形环、J 形条。座椅表面的风格线可通过不同的连接件及装饰缝制技巧获得。

2）直接成型法是将缝制好的面套安装在发泡模具中，然后将液态的发泡材料直接注入成型。直接成型的优点是可以很方便地获得形状较复杂的表面，无须通过 C 形环的方法进行面套和发泡的贴合，还可以改善面套外观质量，如避免面套结合处的外观缺陷和包覆扭曲、空鼓等问题。该工艺要求发泡渗透性低、密度高，以防止发泡表面层出现渗胶，同时对面套起到较好的支撑作用。该工艺主要用于头枕、扶手等小部件。

3）粘接法是先将聚氨酯粘接剂喷在发泡上，然后将缝好的面套直接包覆上去，可以获得凹凸变化比较大的座椅造型设计。

面套设计时，需对成本、表面质量、耐久性、制造可行性等因素进行综合考虑后选择合适的包覆类型。

面套的设计也会对座椅舒适性产生较大的影响。面料选材会影响座椅的支撑感；面料品质直接影响座椅的外观；面料性能影响面套的耐久性和柔软及触摸温度舒适感；吊紧结构距离人体太近会有异物感；面套的张紧度和复合层厚度影响 H 点实际位置、座椅振动衰减性能等。

12.3.8 座椅塑料件设计

塑料护板也是座椅外形的重要组成部分，除了起外观装饰和遮蔽作用外，塑料护板结构对于碰撞安全性能也有一定影响。

座椅塑料件主要为护板、手柄、头枕导套、杯托、装饰盖等。

座椅塑料件材料一般选用 PP 或者 PP+T10，如有特殊要求可选用 ABS 或者 TPO。

座椅塑料件工程设计时，需要重点关注的有：

1）壁厚设计，推荐壁厚 2.5~3.0mm，一般为 2.5mm。

2）拔模角度：如果没有特殊要求，推荐拔模角度不小于 5°；同时，皮纹类型和深度对拔模角度大小选择有影响；皮纹越粗、深度越深，需要拔模角度越大。

3）分型线避免设计在可视 A 面上，以免影响外观。

4）外观面上圆角设计需满足法规要求；用户可能触摸的区域，必须倒圆角，最小圆角半径≥0.5mm，避免对用户造成伤害。

5）在安全带绕过的区域，尽量保证大的圆角，避免碰撞时割断安全带；在安全带绕过护板和调角器手柄区域时，要保证座椅护板高于手柄表面，避免碰撞时安全带受力滑移过程中，将力施加于调角器手柄而导致靠背解锁。

6）设计护板 B 面加强筋时，注意兼顾强度和对外表面的影响。

7）护板固定点设计需注意护板各自由度的有效约束，避免安装点布置在近似一条直线上。

8）尽量减少导致模具抽芯的设计。

12.3.9 座椅舒适性设计

关于座椅舒适性，近年来相关人员做了大量的研究，但对座椅的舒适性仍然没有精确的、科学的定义。舒适性是一种主观意念，对于相同的座椅，舒适性有许多不同的意见，没有任何两个人意见完全相同，但一些因素对舒适性产生影响，是大家已达成共识的。舒适性设计的真正含义是坐在座椅上的各个百分位的人都感觉舒适。

按照使用需求，座椅舒适性分为静态舒适性与动态舒适性。

1. 静态舒适性设计

静态舒适性是指座椅与人体的匹配关系是否为乘员提供舒适坐姿、合适的支撑以及所能提供的舒适程度。静态舒适性一般分为前 5min（或展厅舒适性）、30min（或长距舒适性）两种。

1）前 5min 舒适性：是用户坐在座椅上的第一印象，它一般出现在经销商的展览厅里，因此也经常称之为展厅舒适性。许多人坐在椅子上，马上就会感觉到座椅是否舒适。在这种情况下，具有软、时髦、轻松感觉的椅子会被认为很舒服。原因之一是 5min 的时间不会影响人体的血液循环，因此不均匀的压力分布或血液循环和肌肉紧张问题一般都不会引起注意。

2）30min 舒适性：是坐在椅子上至少 30min 的感受，一般是在驾驶时，所以经常也叫作长距舒适性。如果座椅有压力不均、比较硬的点、使腿或其他身体部分麻木或使肌肉紧张，这段时间足可以让乘客感觉到不舒服。如果座椅的座垫角度、座垫长度、靠背角度、腰托位置都已经合适，一般情况下，硬一点的座椅在长距离中更舒适些。原因之一是硬座椅使肌肉和血管不至于因陷入座椅太深而阻止血液循环。

3）影响座椅静态舒适性的因素是总布置假人坐姿、泡沫型面、金属骨架与布置假人相对关系、支撑弹性元件刚度、泡沫硬度、面套材质和绷紧程度等。舒适性设计的要点有：

① 座垫和靠背的中垫宽度应尽量保持在 300mm 以上以获得最大的舒适性。

② 假人与座垫和靠背及侧翼的位置关系会影响舒适性，需要仔细校核。

③ 假人大腿在座垫上的离去点和靠背上的离去点必须保证在一定的区域内。

④ 头枕的位置和型面、硬度对头部支撑舒适性和挥鞭伤性能都有影响。

⑤ 操作手柄、开关的位置要符合人机工程学要求，用户必须能够不用前倾就可以方便地调节。

⑥ 靠背主要压力分布在人体的腰部，逐渐过渡到肩部，往上压力越来越小，腰托的位置设计也很重要。

⑦ 必须保证人体与硬物的最小距离，推荐座垫为 50mm 以上，靠背为 35mm 以上。

⑧ 一般情况下，硬一点的发泡能够提供比较均匀的压力分布，也易于面套包装撑型。

2. 动态舒适性设计

座椅的动态特性是指其对汽车的悬架弹性元件、轮胎、车身等振动系统的冲击和振动所能起到的缓冲作用和减振特性。动态特性的研究主要应从座椅的弹性特性和减振特性两方面来考虑，即从作用在座椅上的载荷及其变形求出座垫的刚度值，以及从乘员质心在座椅上垂直振动的衰减曲线来确定乘员在座椅上的振动频率和振幅的衰减值。现已趋向于把“路面-汽车-人”这三个方面作为一个整体系统，研究由道路状态所产生的原始振动和传到人体的实际振动之间在频率和振幅方面的差别以及在心理和生理上的感觉反应。

（1）振动对人体的影响及评价标准

1）在路面-汽车-人系统中，人是振动的承受者。人体对振动的反应，是评价汽车平顺性的基础。当汽车在不平路面上行驶时，将承受极不规则的随机振动，从而导致乘员在不同程度上产生疲劳和不适。由于人的身体素质、年龄以及生理上的差异，对振动的敏感程度会有很大不同。到目前为止，人们还不能用一个或几个简单的物理量精确地客观评价振动对人体的影响。目前广泛采用的方法，仍然是感觉评价。近年来国际标准协会（ISO）在综合大量资料的基础上所提出的《人体承受全身振动的评价》（ISO 2631/1—1985）已经得到许多国家的承认和采纳。该标准用垂直和水平两个方向的加速度均方根值给出了在 1~80Hz 振动频率范围内，人体对振动反应的三种不同感觉极限，即暴露极限、疲劳-降低工作效率界限和舒适降低界限。在座椅研究中，主要应用疲劳-降低工作效率界限曲线（图 12-35）。

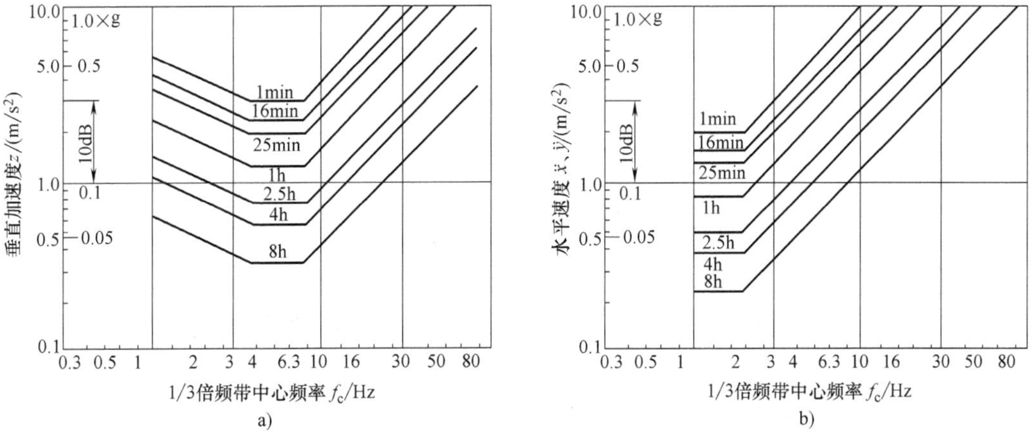

图 12-35　人体对振动反应的“疲劳-降低效率界限”

人体忍受垂直振动的能力大于忍受水平振动的能力。因此，除要考虑垂直振动外，还应注意水平振动的影响。

随着承受振动持续时间的加长，感觉界限所容许的加速度值下降。

人体最敏感的频率范围（即忍受加速度最小的频率范围）：对垂直振动来说为4～8Hz，对水平振动则在2Hz以下。而且在2.8Hz以下同样的持续时间内，水平振动容许的加速度值低于垂直振动，在2.8Hz以上，则相反。

2）座椅作为一个独特的隔振环节，可以在不涉及悬架、轮胎和车身悬置等结构的情况下，单独匹配改进，从而改善座椅乘坐舒适性。因此，需要获取准确的座椅动态参数。通过计算机处理得到的传递函数和相关函数，利用幅频特性求座椅的固有频率和相对阻尼系数的方法，可认为是简单有效的。

① 座椅的振动参数。汽车座椅的振动参数主要有两个，一个是固有频率 ω_n，刚度 C 决定了座椅的固有频率（圆频率）。由振动理论可知：

$$\omega_n=\sqrt{C/m}$$

式中 C——座椅刚度；

m——座椅与乘员质量。

因为 m 变化范围不大，因此可以认为固有频率 ω_n 的平方与刚度 C 成正比。

另一个振动参数是相对阻尼系数 ψ，它决定了座椅的振动衰减特性。

$$\psi=\frac{k}{2\sqrt{cm}}$$

式中 k——座椅系统的阻力常数（kg · s/cm）；

c——座椅弹性元件的刚度（kg/cm）；

m——人体与座椅质量（kg）。

② 座椅传递特性。在行车过程中，人的臀部运动与车身地板运动是不同的。通过大量的道路实验，可以获得臀部加速度（ω^2y）相对于车身地板垂直加速度（ω^2x）的放大因素（y/x）与激振频率（$\omega/2\pi$）的关系曲线，表示了座椅的传递特性。用传递率 β_0 表示为

$$\beta_0=\frac{y}{x}=\frac{\omega^2y}{\omega^2x}=\frac{\ddot{y}}{\ddot{x}}$$

式中 $\ddot{y}$——臀部加速度；

$\ddot{x}$——地板加速度。

激振频率
$$f=\frac{\omega}{2\pi}$$

由图12-36可见，当激振频率在4Hz附近时，将产生共振，此时的振幅出现峰值。

（2）参数的选择

1）座椅刚度 C 的选择。座椅、悬架、车轮是一个串联的弹性系统。因此，座椅刚度 C 的选择，要从座椅的固有频率与悬架、车轮的固有频率相匹配来考虑，既要避免与悬架、车

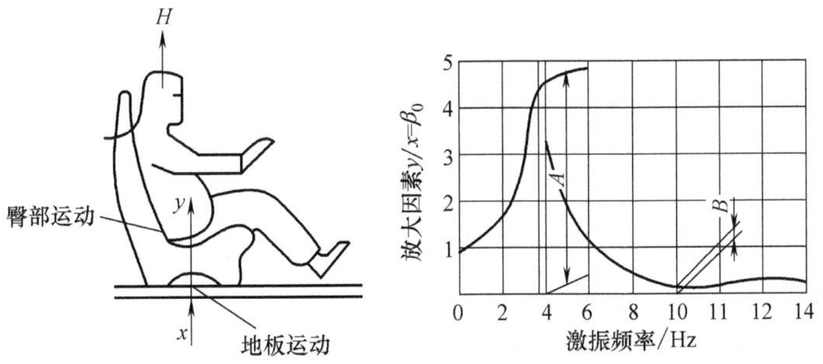

图 12-36 座椅的振动传递特性

轮的固有频率相重合，又要避开人体最敏感的 4.0~8.0Hz 的频率范围。一般车身在悬架上的固有频率为 1.2~2.0Hz，车轮（轮轴）的固有频率为 9.0~11.0Hz。当主要考虑垂直振动时，座椅的刚度与车身刚度、轮轴的刚度相互作用的试验结果如图 12-37 所示。其中 a 表示车身加速度的放大因素与激振频率的关系，b 表示座椅传递率与激振频率的关系，c 表示座椅与车身共同作用的叠加（表现为幅频特性的乘积）的结果，反映了某汽车座椅上人所承受传递率与激振频率（路面不平度）之间的关系。

① 由图 12-37a 可知，当激振频率分别达到 1.42Hz 和 9.95Hz 时，车身幅频特性将出现

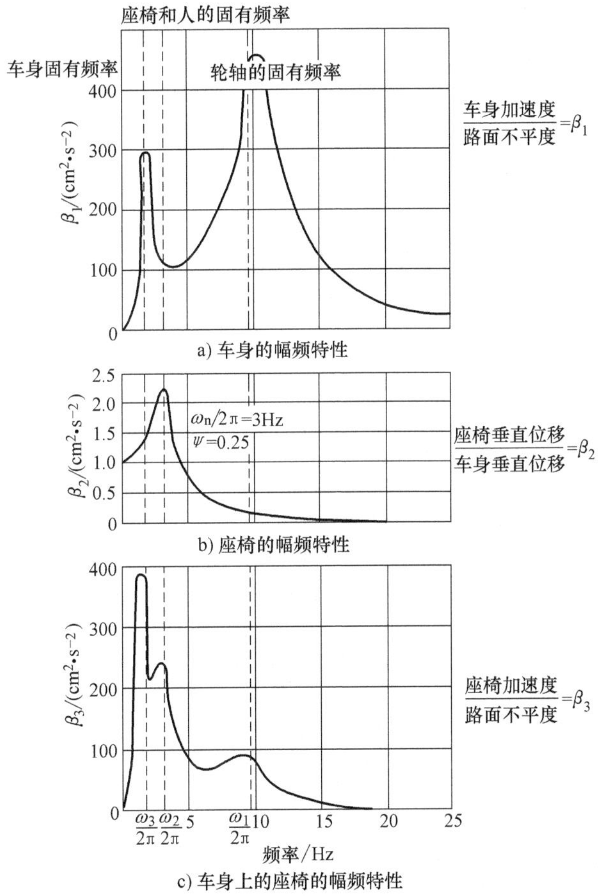

图 12-37 座椅的隔振作用

共振峰值。由图 12-37b 可知，当激振频率达到 2.9Hz 时，放大因素达到共振峰值。由图 12-37c可知，当它们共同作用时，在轮轴固有频率为 9.95Hz 下，人所能承受的座椅加速度的放大因素的共振峰值减小，达到减振效果，但在车身固有频率 1.5Hz 及座垫固有频率 3Hz 附近，车身加速度却被放大，没能起到减振作用。因此，在设计座椅弹性元件时，一定要考虑它的影响。

② 如上所述，人体最敏感的振动频率介于 4.0~8.0Hz 之间，应予避免。如果设计高于 8.0Hz 的弹性元件，会导致刚度过大（太硬），乘坐感觉不舒服，所以最好选择小于 8.0Hz。

③ 为了避免与车身的固有频率（1.2~2Hz）相重合，如果设计低于 1.0Hz 的弹性元件，那么人坐上去虽然很柔软，但一方面其挠度将超过 25mm，这样会给座椅布置造成困难，另一方面，当汽车在崎岖不平的坏路面上行驶时，有可能使弹簧（如弹性元件采用螺旋弹簧）各圈并紧，其效果将适得其反，非但不能缓和振动，反而会造成很大冲击。因此最好选择在 2.0Hz 以上。由此可见，座椅弹性元件的频率，建议选择在 3.0Hz 上下。座垫的刚度选择，以使其固有频率 ω_n 在 2.0~3.0Hz 为宜，刚度在 78~118N/cm 之间较为合适。

2）座椅相对阻尼系数的选择。座椅的相对阻尼系数 ψ 对振动特性的影响如图 12-38 所示。图中，ω 为激振频率，ω_n 为振动系统的固有频率，横坐标为频率比 λ，纵坐标为传递率 β_0。

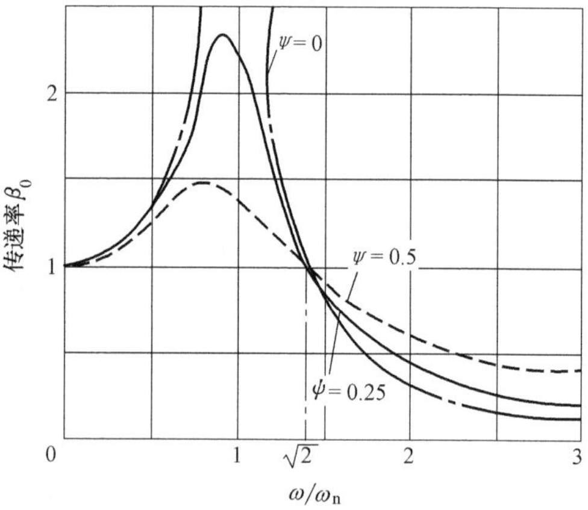

图 12-38　振动传递特性

① 由图可见，当 $\lambda=1$ 时，$\omega=\omega_n$，将发生共振；共振区域范围为 $0.75\leqslant\lambda\leqslant\sqrt{2}$，$\beta_0>1$，在此区域，相对阻尼系数越大，则传递率越小，即抑制共振效果越好。当 $\lambda>\sqrt{2}$ 时，属于减振区，此时，振动被衰减。在减振区域，相对阻尼系数越大，则传递率越大，减振效果变差。

② 由上所述可知，座椅能使人最敏感的频率处于减振区，故该系统的自然频率以 $\omega_n<$ 3.0Hz 为最佳。振动传递与系统阻尼有关，大阻尼可减少共振峰，但在减振区，大阻尼反而对减振不利。实践证明，系统的相对阻尼系数 $\psi=0.25$ 比较合适，这样，在共振区其幅值不会太大，而高频区又能保持良好的减振效果。

3）座椅动态特性的简便计算。为了较简便地评价各种座椅的动态特性，20 世纪 80 年代初，国外有人提出测量和计算座椅的“乘坐舒适性”的经验评价方法：

$$R=\frac{K_0}{ABf_n}$$

式中　K_0——座椅舒适性常数，估算时可取 1；

A——座椅共振频率所对应的振动传递率；

B——10Hz 时的振动传递率；

f_n——座椅的固有频率（Hz）。

只要测得 A、B、f_n，即可算出 R 值。R 越大，说明动态特性越好。由大量的统计分析表明，R 值与 67%的主观评价相等。R 值大的座椅减振特性好。

（3）座椅动态特性优化方向

1）大量的研究证明，改变座椅的结构件或者金属件（靠背骨架、座盆、调角器和高度调节器）的固有频率，对座椅的固有频率没有多大影响，故这些零件对舒适性的影响很小。

2）假如已经将座椅的固有频率控制在规定的范围内，而且金属件对座椅固有频率的影响又非常小，那么，要将来自汽车的能量与人体隔绝开来，即提高座椅振动衰减性能，就必须借助座椅的泡沫、座垫网格、面套等进行优化。

3）面套、发泡、座垫网格这三个零件放在一起，就像一个组合弹簧，起到舒适性和振动隔绝的作用。如果是没有座垫网格的全盆结构，就只有面套和发泡起作用。通过大量的数据和 CAE 分析对比，各零件对于振动衰减的贡献度可参考的简单模型为：

① 有座垫网格结构状态：面套占 25%～35%，发泡占 20%～40%，座垫网格占 35%～45%；

② 无座垫网格结构状态：面套占 50%～60%，发泡占 40%～50%。

4）数据显示，在隔绝振动的零件中，面套的作用比我们预期的要大，相反，发泡起到的作用并不是最大。如果装有悬置零件，它也起到了非常重要的作用，这对振动衰减性能的优化指出了方向。

12.4 座椅制造工艺

汽车座椅是一个集功能和装饰作用为一身、由多种零件集成的系统，材质涉及金属、纺织、聚氨酯化工、塑料等，生产工艺包含了金属冲压、弯管、焊接、冷发泡、注射、裁剪、缝纫、总装等多种工艺。这些工艺都被各座椅生产厂成熟应用，在此不详细阐述。

12.5 座椅系统设计试验验证

汽车是一种持续高速运动的交通工具，要求其必须保证安全、可靠；乘员随着路况的差异而有前后、左右冲击，上下颠簸等运动趋势，应避免振动等引起乘员的抱怨。作为汽车上的一个关键零部件，在每个国家或地区、行业、OEM 厂都有规定的方法来验证座椅性能，以确认其能否满足有关座椅的法规、舒适性、疲劳强度等要求。表 12-7 所示是某汽车公司对座椅总成的试验项目。

表 12-7 座椅试验验证项目

座椅试验验证项目	
汽车座椅、座椅固定装置及头枕强度要求和试验方法	头枕拔出力
乘用车内部凸出物	头枕杆镀铬要求
汽车内饰材料的燃烧特性	座椅头枕松动
50km/h 正面 100%重叠刚性壁障碰撞座椅性能	座椅小桌板性能要求
汽车侧面碰撞的乘员保护	可调试腰托操作耐久
64km/h 正面 40%重叠可变形壁障碰撞试验座椅性能	可调式座椅侧翼支撑寿命

（续）

座椅试验验证项目	
座椅动态强度性能	座椅靠背地图袋性能
座椅侧气囊起爆性能	座椅参考点和靠背角度检测
座椅头枕挥鞭伤性能	座椅滑道性能
座椅头枕向后抗弯强度	座椅系统振动耐久
座椅靠背的后向强度	靠背角度调节/靠背后向折叠循环寿命
座椅靠背扭转强度	折叠、翻转功能座椅循环寿命
座椅扶手强度	座椅总成异响性能要求（噪声清单）
座垫靠背侧钢丝强度	座椅总成模态性能
座椅护板及手柄强度	座椅振动衰减性能
手动座椅总成操作耐久	座椅系统短期和长期的舒适性评价
电动座椅总成操作耐久	座椅体压分布测试
座椅系统颠簸蠕动耐久	座椅系统非金属材料性能
座椅系统进出耐久	座椅电器零件电磁兼容性能
座椅系统在极限温度下操作力	安全带未系提醒系统（SBR）性能
座椅零部件耐候、耐光老化性能	座椅加热系统性能
座椅折叠疲劳耐久	座椅通风装置性能
座椅防腐性能	座椅按摩系统性能
座椅扶手循环寿命	座椅调角器总成性能
可调式头枕寿命	汽车回收利用与禁限用物质管控的要求

第13章 保险杠系统设计

汽车保险杠是汽车安全防护装置之一，是现代汽车结构的重要组成部分，具有一定的强度、刚性和装饰性。从安全上看，汽车发生碰撞事故时保险杠能起到缓冲作用，保护前后车体；从外观上看，保险杠可以很自然地与车体结合在一起，浑然一体，具有很好的装饰性。随着汽车工业不断发展，人们安全意识不断加强，试验条件不断提升，世界各国对保险杠技术条件及行人保护的要求逐渐提高，因此对保险杠的性能要求越来越严格。一些新的设计理念不断融合到保险杠的设计之中。

常见的汽车保险杠系统通常由外蒙皮、吸能泡沫、金属横梁等部分组成，其中吸能泡沫作为缓冲吸能元件。按保险杠的功能，可分为非吸能式保险杠和吸能式保险杠。非吸能式保险杠没有缓冲元件，所以缓冲吸收能力较差，不符合碰撞中的共存性原则，不能发挥保险杠的基本保护功能，尤其不能满足对行人的保护。然而我国市场上部分轻型客车、货车上使用的就是非吸能式保险杠，这其实是汽车安全性能的隐患。吸能式保险杠可吸收外界冲击力，防护车身前后部。它的防护结构包括两部分：一是减轻行人受伤的软表层，主要由弹性较大的塑料或其他弹性体制成；二是能吸收汽车一部分碰撞能量的装置，常用的有金属结构、全塑料结构、泡沫缓冲结构等形式。吸能式保险杠目前的应用最为广泛。

保险杠功能：

1）车辆保护功能。车辆在发生接触和轻度碰撞时，不会导致车辆的严重损伤，保护汽车车身、发动机供油系统、排气系统、冷却系统，以及自动泊车系统（APA）、雷达及灯具等与安全有关的电器零部件不受损伤。

2）行人保护功能。在发生行人碰撞时，保险杠系统有效地降低被撞行人的腿部受伤害程度。

3）为车辆冷却系统提供换气通道。为空调、冷凝器等前舱零部件总成提供足够的空气进气量，满足冷却需求。

4）装置功能。在保险杠上，通常装置着APA、雷达、灯具、牌照等零件，要给予足够的空间和装置条件。

5）外观装饰功能。保险杠系统在体现整车造型风格方面有相当重要的作用。

6）改善空气动力特性功能。光顺圆滑的保险杠外形可以减少气流剥离和涡流的产生，对减小正面迎风阻力系数和升力系数效果明显。在前保险杠下部设置导流板一类的形状，也对改善空气动力特性有一定作用。

保险杠系统通常包括以下零部件：图 13-1 所示前保险杠系统、图 13-2 所示后保险杠系统。不同的车型保险杠系统配置不同，其组成零部件也略有差异。

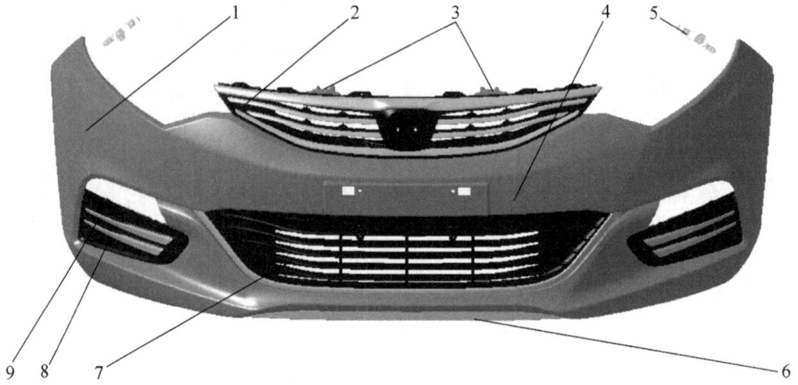

图 13-1　前保险杠系统

1—前保险杠本体　2—前保险杠上格栅　3—前保险杠上部安装金属支架　4—吸能泡沫（保险杠蒙皮后面）
5—前保险杠安装支架（左右对称）　6—前保险杠下胶条　7—前保险杠下格栅
8—雾灯装饰罩（左右对称）　9—前保险杠下装饰条

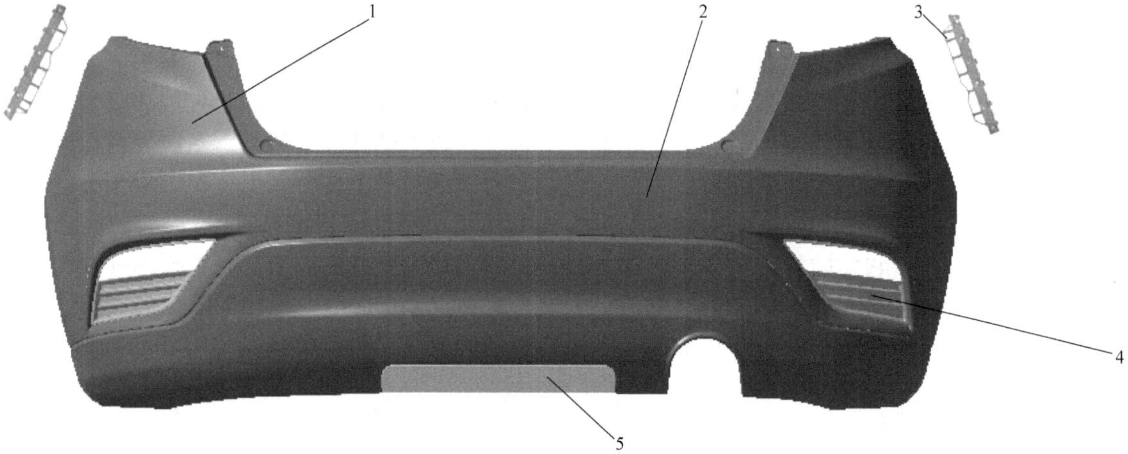

图 13-2　后保险杠系统

1—后保险杠本体　2—吸能泡沫（保险杠蒙皮后面）　3—后保险杠安装支架（左右对称）
4—雾灯装饰罩（左右对称）　5—回复反射器

13.1　保险杠系统可行性分析

保险杠是汽车的重要被动安全件、外观件。在前期设计时，首先要明确整车的销售市场，如果不好确定具体市场就需要满足不同市场的法规要求。要基于以前的设计经验和竞争车型（Benchmark）的分析，通常包括竞争车型的各类静态间隙、面差、各个零部件的尺寸等信息，同时还需要记录各零部件的材料类型、大致结构、拆卸顺序、分析产品功能，以及所使用的各类紧固件、紧固力矩等。通过上述分析形成对保险杠系统的设计概念和设计目标。

总布置和造型阶段的可行性分析非常重要，因为这个阶段需要工程开发人员根据相关的工艺知识进行相应的可行性分析，对造型提出相应的更改建议，尽量将一些工程问题在前期暴露，避免后期的更改。一般来说前期的可行性分析和造型阶段的工程技术支持是否充分，直接决定了后续工作的进展顺利性、开发周期的长短及开发成本的高低。

13.1.1 人机

保险杠系统总布置分析主要包括低速碰撞、行人保护、外部凸出物、牌照安装等对保险杠造型布置尺寸的要求及冷却系统对格栅进气面积的要求。

1. 低速碰撞总布置分析

本书将重点讨论国标（GB 17354）、欧标（ECE R42）和美标（FMVSS 581）法规对保险杠造型布置尺寸的要求，由于国标和欧标内容是一致的，下面简称“中欧”。前后保险杠低速碰撞的设计要求是在发生接触和轻度碰撞时，不会导致车辆严重损伤，保护汽车车身、发动机供油系统、排气系统、冷却系统以及与安全有关的灯具等不受损伤。为达到这个设计要求，保险杠造型布置主要的设计方向是保险杠蒙皮超出前照灯、雾灯和发动机舱盖等附件，以便在碰撞时首先接触保险杠以保护其附件。为保证正碰时保险杠对发动机舱盖或行李箱盖的良好保护作用，保险杠沿 X 向最前端距发动机舱盖或行李箱盖的尺寸，如图 13-3、图 13-4、图 13-5 所示。中欧经验值≥50mm，美标经验值≥70mm。为保证角碰时保险杠对前照灯或尾灯的良好保护作用，保险杠最前端距前照灯或尾灯尺寸，如图 13-3、图 13-6、图 13-7 所示。中欧经验值≥30mm，美标经验值≥50mm。中欧低速碰撞高度 445mm，美标低速碰撞高度 406.4~508mm（图 13-4、图 13-5）。

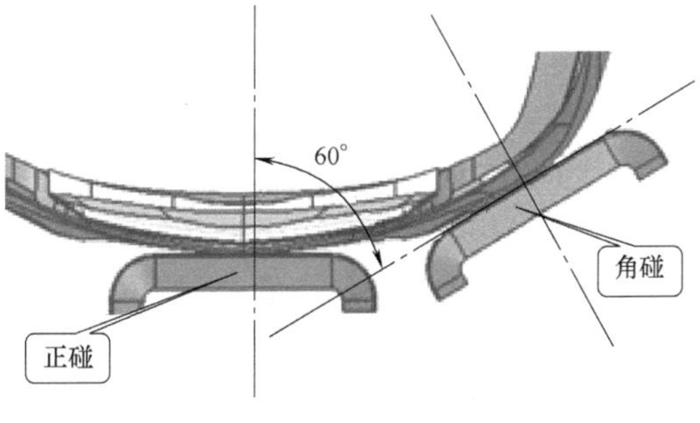

图 13-3 牌照安装区域核查

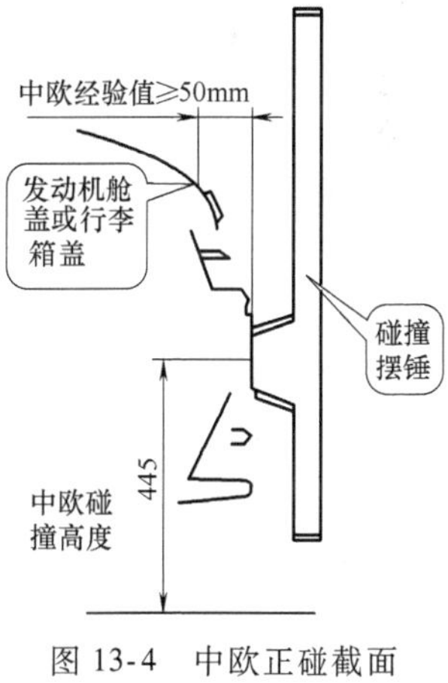

图 13-4 中欧正碰截面

2. 行人保护总布置分析

行人保护目前已成为所有车辆制造商在改进被动安全、车辆总布置和造型方面所关注的重要课题。行人保护中影响保险杠布置和造型的主要是小腿碰撞部分，其主要的评价指标有胫骨加速度 $G(g)$、最大弯曲角度 A（°）、最大剪切位移 S（mm）。为了实现对小腿的保护，在前保险杠横梁和前保险杠内表面之间通常布置保险杠吸能块。该吸能块多采用 EPP 泡沫，能符合 ECE R42 低速碰撞要求的泡沫密度约为 30g/L，其刚度完全适合行人保护小腿的碰撞。根据实际试验经验，满足欧洲低速碰撞和行人保护 E-NCAP 小腿碰撞达到满分是完全可

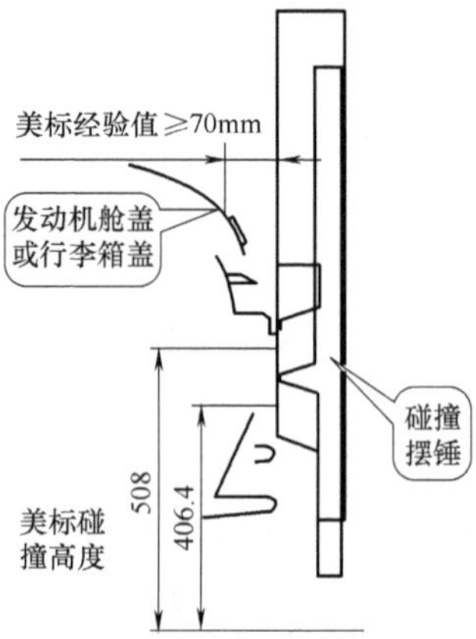

图 13-5　美标正碰截面

图 13-6　中欧角碰截面

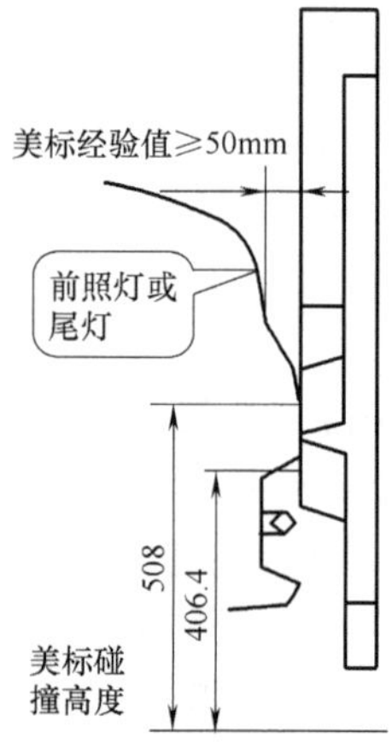

图 13-7　美标角碰截面

能的。而满足北美的低速碰撞法规难度很大，因为其泡沫的密度是欧洲的 2~3 倍，这样刚度有很大提高，碰撞时泡沫的溃缩有限，行人保护小腿碰撞性能很难达到法规要求。

1）前保险杠横梁和蒙皮内表面距离（S）如图 13-8 所示。假设碰撞过程碰撞器受到的平均力 $F=mg$，碰撞过程碰撞器能量 $E=mv^2/2$，通过能量的平衡可以计算出 $E=mv^2/2=FS=mgS$，得出胫骨加速度与前保险杠横梁和蒙皮内表面距离的关系 $v^2/2=gS$，即 $g=v^2/2S$。要降低胫骨加速度，前保险杠横梁和蒙皮内表面距离（S）越大越好，此空间尺寸的增大可以为小腿碰撞器提供足够的变形空间。为达到标准要求，保险杠整个小腿碰撞区域的该距离尺寸（S）需保证在 80mm 以上。

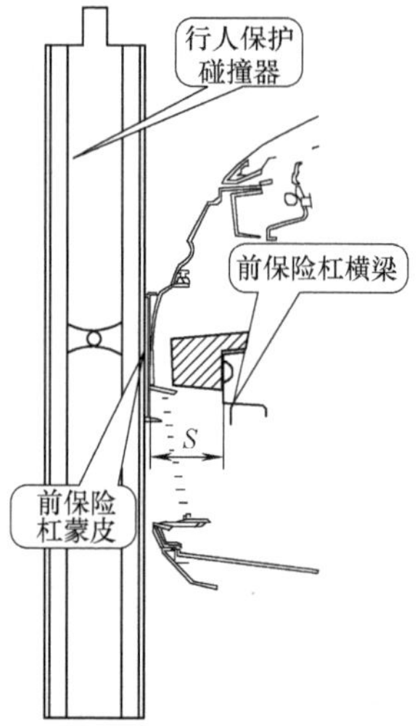

图 13-8　前保险杠横梁和前保险杠蒙皮布置图

2）在造型上，如图 13-9、图 13-10 及图 13-11 所示，可通过优化保险杠下端造型的方式优化小腿的弯曲角度。图 13-11 示意了碰撞旋转的过程，当保险杠下端缺少向前的造型时，小腿碰撞器会按照①、②所示方向以关节为中心旋转，当保险杠存在下端向前的造型时，小腿碰撞器会按照③所示的方向以保险杠的下端突出造型为中心旋转，其碰撞过程以膝关节为中心旋转运动会大大降低，这对降低最大弯曲角度 A 有很大作用。

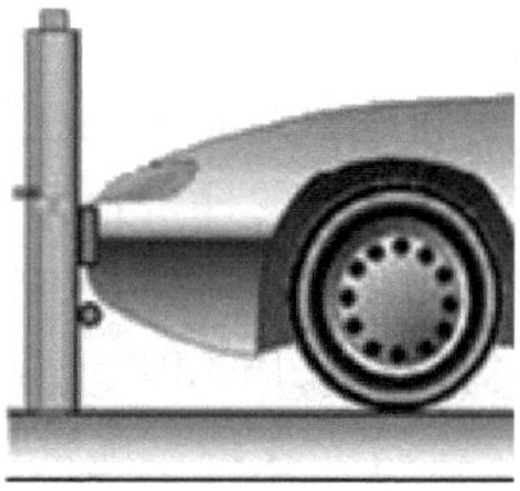

图 13-9　保险杠造型

图 13-10　造型优化

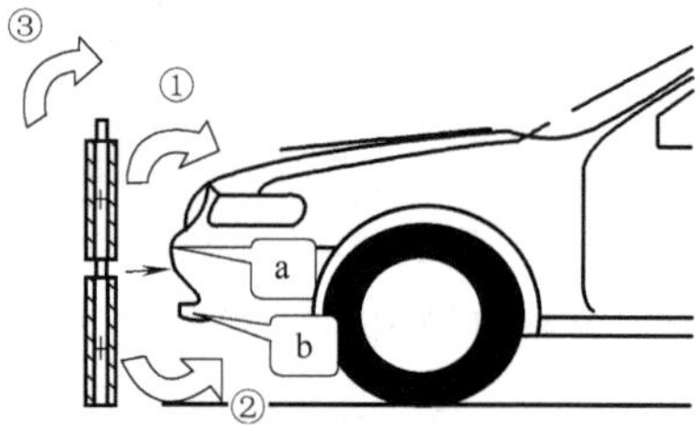

图 13-11　碰撞分析示意

3）如图 13-11 所示，通常 a、b 两处的刚度要求是 b 处刚度要大于 a 处刚度，以便于以 b 处保险杠下端的突出造型为旋转中心，按照③所示的方向旋转。增大 b 处刚度常用的方法是在保险杠内部增加行人保护支撑支架。

4）行人保护布置分析主要包括图 13-12 所示三个碰撞位置的分析，如图 13-13 所示，在碰撞区域内前保险杠横梁距离前保险杠蒙皮尺寸 1 需要达到经验值≥80mm，同时前保险杠下部行人保护区域的造型距离 X 向前保险杠最前端的距离尺寸 2 需要尽量小。

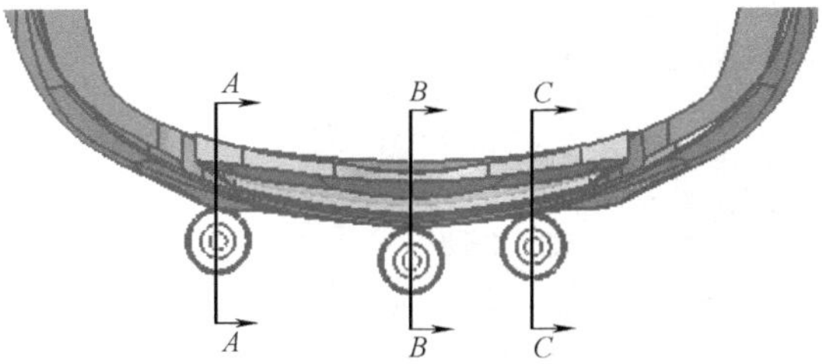

图 13-12　行人保护分析位置

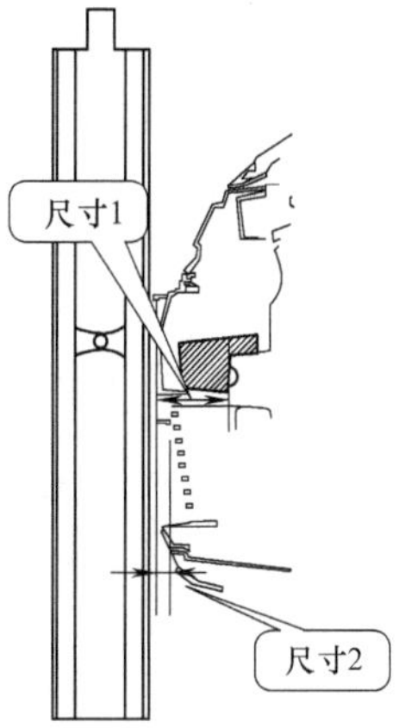

图 13-13　碰撞位置截面
（适合于 A—A、B—B、C—C）

3. 外部凸出物可行性分析

在前期 CAS 面可行性分析时的外部凸出物核查中，主要是对保险杠外表面的特征圆角的检查，图 13-14 所示为保险杠不同圆角要求的区域划分。通常采用的核查方法是在保险杠上不同位置处做截面线，然后用直径为 100mm 的圆，顺着保险杠截面线的外表面进行滚动检查，对于能被球接触的部位，测量其圆角特征半径，确认是否满足法规要求。

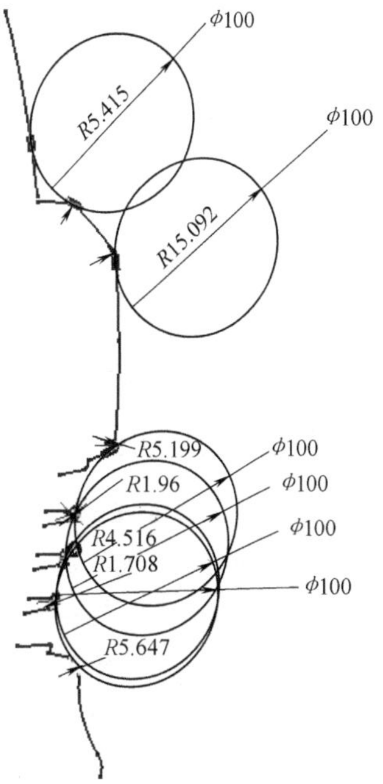

图 13-14　外部凸出物核查

4. 牌照安装布置分析

前后保险杠应有足够的空间满足中、欧、美等牌照的安装，如图 13-15 所示。

安装于号牌板（架）上的号牌应在如下空间范围内可视，该空间由以下四个平面组成：通过号牌两侧并呈向外 30°的两个铅垂平面；通过号牌上边缘与水平面呈向上 15°的平面；经号牌下边缘的水平面（若号牌上边缘离地高度大于 1.20m，该平面应与水平面呈向下 15°）。如图 13-16 所示。

5. 格栅进气面积

在设计保险杠格栅时需要对进气面积进行核查，方法如图 13-17（图中箭头方向为车辆行使时的气流方向）所示，在 3D 数据中确认格栅有效进风面积之和与散热器芯体面积，两

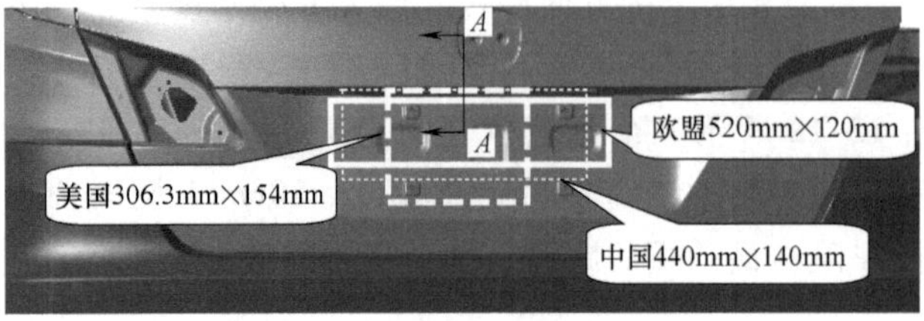

图 13-15　牌照安装区域核查

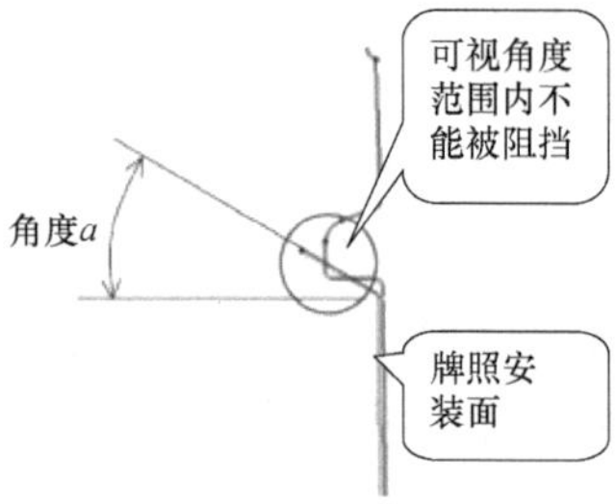

图 13-16　截面 A—A 牌照可视范围

者比值接近30%。一般通风散热投影比例达到25%，格栅进气基本就能达到要求，在25%～35%区间最为合适。

图 13-17　格栅进气位置参考图

13.1.2　法规

保险杠系统涉及的法规见表13-1。

表 13-1　保险杠系统相关法规

范围	中国	欧盟	美国
低速碰撞（强制性法规）	GB 17354	ECE R42	FMVSS 581
保险协会（非强制低速碰撞标准）	—	—	IIHS保险杠障碍物测试协议
	RCAR保险杠障碍物测试协议		
	RCAR 15km/h 40% 10°偏置碰撞协议		
行人保护（强制性法规）	GB/T 24550—2009	2003/102/EC、EC-78-2009	—
	GTR（全球技术标准）		
行人保护（非强制性标准）	—	Euro-NCAP行人保护部分	—
外部凸出物（强制性法规）	GB 11566	ECE R26、EEC 74/483、EEC 79/488	—
牌照安装（强制性法规）	GB 15741/ GA 36	EEC 70/422	SAE-J686

1. 低速碰撞法规

随着乘用车保有量的不断上升，城市交通越来越拥挤，汽车经常发生低速碰撞。由于这种情形在停车场和拥挤的交通环境中发生频率很高，很有必要提高汽车前后端保护装置的性能。前后端保护装置的设计要求为在发生接触和轻度碰撞时，不会导致车辆严重损伤，保护汽车车身、发动机供油系统、排气系统、冷却系统，以及与安全有关的灯具等不受损伤。目前关于低速碰撞的强制性法规主要有ECE R42（欧洲）、GB 17354（中国）、FMVSS 581（美国）。下面是各法规试验方法对比。

（1）ECE R42 和 GB17354 法规中纵向碰撞试验（图 13-18）

1）本试验包括对车辆正前方的两次碰撞和正后方的两次碰撞。在每一方向的两次碰撞中，一次是在车辆质量为“空载质量”时进行的，另一次是在其质量为“加载试验车质量”时进行的。

2）在车辆每一方向的两次碰撞中，第一次碰撞时，对碰撞器的位置没有限制，而第二次碰撞时，碰撞器的中垂面位置应与第一次碰撞时的位置相距不小于 300mm，并应保证这两次碰撞时，碰撞器的外廓不超越由通过“车角”并平行于车辆纵向对称面的两个平面所限定的区域。

3）碰撞器基准线保持水平且基准高度达到 445mm。

4）车辆的摆放位置应进行调整，使位于“车角”间的点接触碰撞器但又不致引起碰撞器晃动，同时车辆的纵向对称面应与碰撞器的 A 平面保持垂直。

5）车辆的碰撞速度应控制在（4.0+0.25）km/h。

（2）ECE R42 和 GB 17354 法规中对“车角”的碰撞试验（图 13-19）

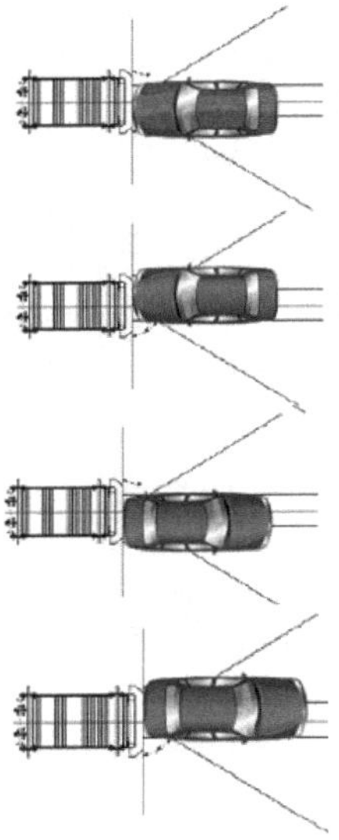

图 13-18 碰撞示意图 1

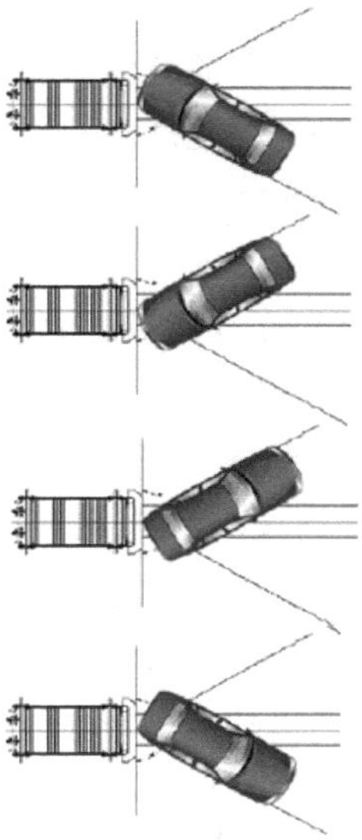

图 13-19 碰撞示意图 2

1）本试验包括在车辆质量为“空载质量”时对一个前“车角”和一个后“车角”的各一次碰撞，以及在车辆质量为“加载试验车质量”时对另一前“车角”和另一后“车角”的各一次碰撞。

2）碰撞器基准线保持水平且基准高度达到 445mm。

3）车辆的摆放位置应进行调整，使位于“车角”间的点接触碰撞器但又不致引起碰撞器晃动，此外还应满足以下条件：

① 碰撞器的 A 平面应与车辆的纵向对称面构成 60°±5°夹角。

② 碰撞时最先接触的点应在碰撞器的中垂面上（允差±25mm）。

4）车辆的碰撞速度应控制在（2.50+0.1）km/h。

（3）ECE R42 和 GB 17354 法规中碰撞后的要求

1）照明和信号装置应能继续正常工作并清晰可见。如果出厂时安装好的照明装置失调，允许进行调整以符合规定要求，但只限于采用常规的调整方法。如果灯丝折断，应允许更换灯泡。

2）发动机舱盖、行李箱盖和车门应能正常开闭。车辆的侧门在碰撞的作用下不得自行开启。

3）车辆的燃料和冷却系统应无泄漏，不发生油、水路堵塞，其密封装置与箱盖应能正常工作。

4）车辆的排气系统不应有妨碍其正常工作的损坏或错位。

5）车辆的传动系统、悬架系统（包括轮胎）、转向和制动系统应保持良好的调整状态并能正常工作。

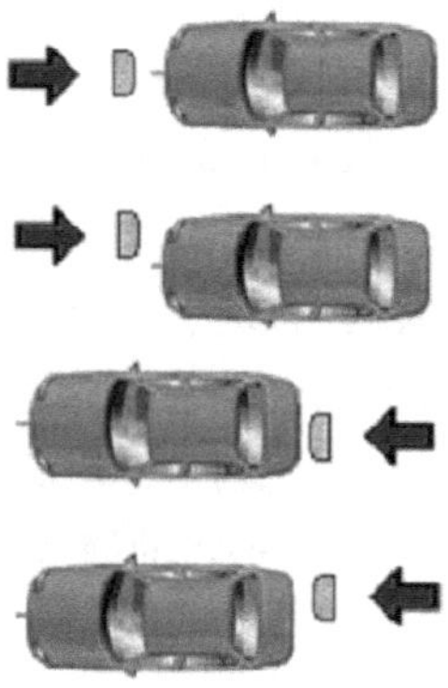

图 13-20　碰撞示意图 3

（4）FMVSS 581 碰撞试验（图 13-20）

1）本试验包括对车辆正前方的两次碰撞和正后方的两次碰撞。

2）在车辆每一方向的两次碰撞中，第一次碰撞时，对碰撞器的位置没有限制，而第二次碰撞时，碰撞器的中垂面位置应与第一次碰撞时的位置垂直相距 2in[一]或左右水平相距不小于 12in。

3）碰撞器安置时应使 A 平面与地面保持垂直，基准线保持水平且基准高度 16~20in。

4）车辆的碰撞速度应控制在 2.5mile/h[二]。

（5）FMVSS 581 角碰试验（图 13-21）

1）本试验包括对车辆前车角和后车角在基准高度为 20in 的各一次碰撞和在基准高度为 16~20in 对前另一车角和后另一车角的各一次碰撞。

2）碰撞器安置时应使 A 平面与地面保持垂直，基准线保持水平且基准高度 16~20in。

3）车辆的碰撞速度应控制在 1.5mile/h。

（6）FMVSS 581 平面障碍碰撞试验（图 13-21）

1）本试验包括对车辆正前方和正后方的各一次碰撞。

2）车辆的碰撞速度应控制在 2.5mile/h。

（7）FMVSS 581 碰撞后的要求

1）所有车灯和反射装置，牌照灯除外，不得破裂，车灯的光线不得受阻，前照灯依然可以满足法规规定的调光要求。

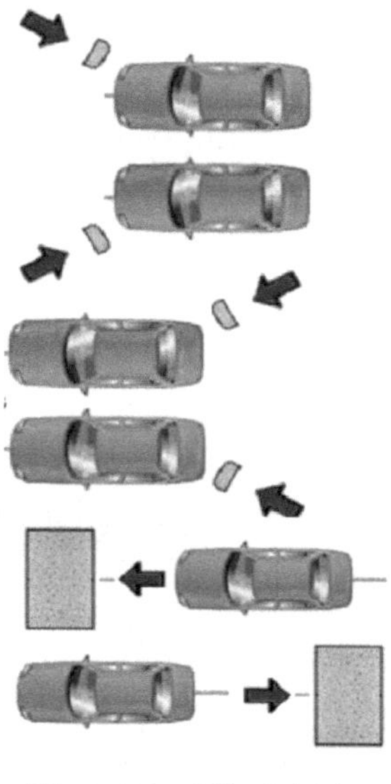

图 13-21　碰撞示意图 4

2）车辆发动机舱盖、行李箱盖和车门均能保持正常工作。

3）燃料和冷却系统没有泄漏和挤压变形，所有的密封元件工作正常。

4）排气系统没有泄漏和变形。

5）动力传递、悬架、转向和制动系统操作正常。

6）能量吸收系统的任何破裂，不导致燃料或液体泄漏。

7）车辆与摆锤的上下端作用力不得大于 2000lb[三]。

[一] 1in = 0.0254m。

[二] 1mile/h ≈ 1.6km/h。

[三] 1lb ≈ 0.4536kg。

8）外观：除保险杠蒙皮、保险杠器件及保险杠与车架连接件部分以外，其他位置的表面材料、涂层或其他覆盖物没有分离，碰撞试验 30min 后外部轮廓没有永久变形。

2. 保险业试验标准

每年，全世界的保险公司都为车辆索赔支付了巨额资金。在这些索赔款中有很大一部分用于损坏车辆的修理。将保险客户的车辆恢复到原来的状态是一项既费钱又费时的事情，很显然保险公司都会力争控制这项花销。为了达到这个目标，国际保险业寄希望于汽车研究机构，期望他们能为减少或抑制世界各地的修理费用而提供帮助。主要测试标准有美国高速公路安全保险委员会（Insurance Institute for Highway Safety，IIHS）的保险杠测试协议、车辆维修研究委员会（Research Committee for Automobile Repair，RCAR）的保险杠测试和 15km/h 偏置碰撞程序。下面是各试验方法及车辆要求的对比。

（1）IIHS 和 RCAR 保险杠测试中正向碰撞试验（图 13-22、图 13-23）

1）本试验包括对车辆正前方的一次碰撞和正后方的一次碰撞。

2）下边缘距离地面 457mm。

3）碰撞时车辆中心线和壁障中心线对齐。

4）碰撞速度为 10km/h。

图 13-22　前保险杠正向碰撞示意图

图 13-23　后保险杠正向碰撞示意图

（2）IIHS 和 RCAR 保险杠测试中偏置碰撞试验（图 13-24、图 13-25）

1）本试验包括对车辆前方的一次 15%偏置碰撞和后方的一次 15%偏置碰撞。

2）下边缘距离地面 406mm。

3）碰撞时车辆中心线和壁障中心线对齐。

4）碰撞速度为 5km/h。

图 13-24　前保险杠偏置碰撞示意图

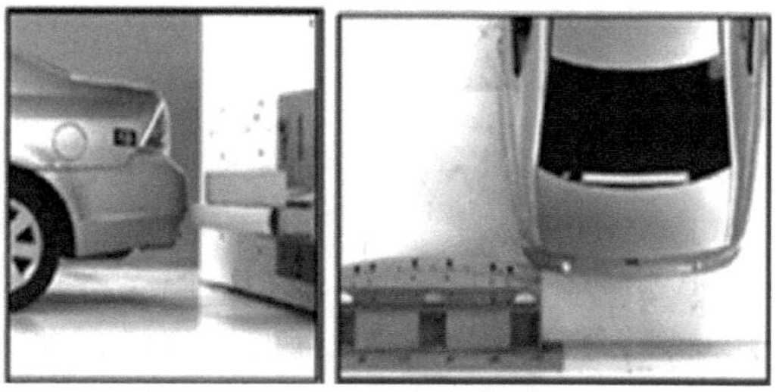

图 13-25　后保险杠偏置碰撞示意图

（3）RCAR 15km/h 偏置碰撞程序（图 13-26）

1）本试验包括对车辆前方的一次 40%偏置碰撞。

2）碰撞壁障为刚性不可移动壁障。

3）碰撞速度为 15km/h。

（4）RCAR 15km/h 偏置碰撞程序（图13-27）

1）本试验包括对车辆后方的一次40%偏置碰撞。

2）碰撞壁障为刚性可移动壁障，壁障质量（1400±5）kg。

3）碰撞速度为15km/h。

3. 行人保护法规

汽车给人们的生活带来了便利，但同时也给人们的生命安全带来了威胁，因此对汽车和行人安全的研究是十分必要的，未来车辆的造型和总布置将越来越受制于行人保护的要求。行人保护始于20世纪80年代的一项欧洲计划，目前已经迅速扩展至世界各地，成为所有车辆制造商在改进被动安全、车辆总布置和造型方面所关注的重要问题。主要行人保护的法规和标准有GTR（Global Technical Regulation）、2003/102/EC和EC-78-2009、E-NCAP行人保护部分等。目前我国也已积极开展行人保护方面的研究，其标准的内容与GTR内容基本是等效的。下面主要介绍一下关于行人保护的各项法规中与保险杠设计相关的小腿碰撞试验方法与要求。

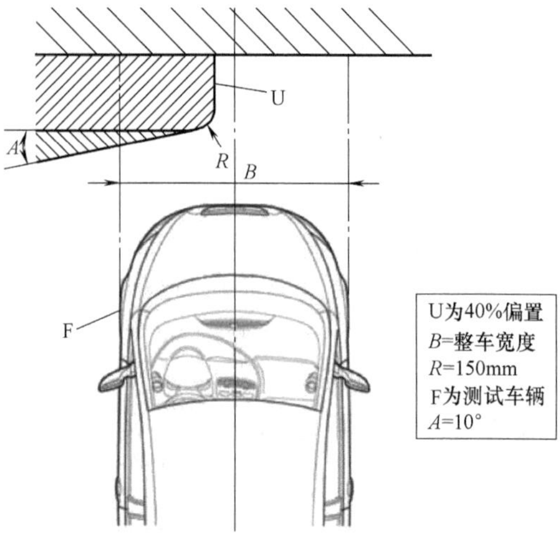

图13-26　前方碰撞示意图

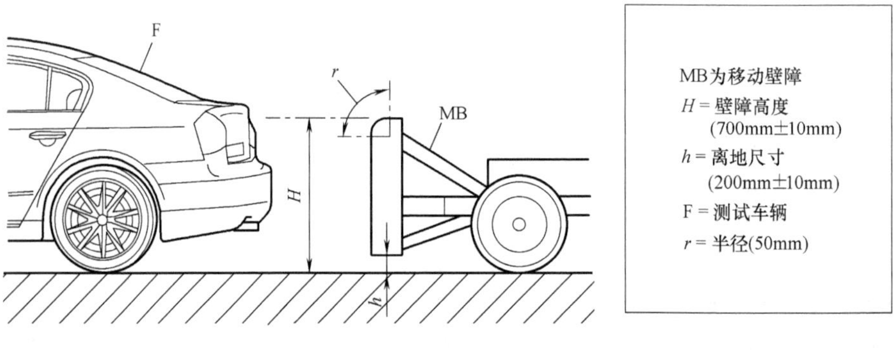

图13-27　后方碰撞示意图

（1）小腿碰撞区域碰撞点的确定　试验区域是过保险杠角（车辆和与车辆纵向对称面呈60°角的铅垂面的切点，如图13-28所示）的两个纵向垂直平面分别向内平行移动66mm后，两个纵向垂直平面之间的保险杠的前表面，如图13-29所示。各参考线的确认方法参考法规2003/102/EC。将前保险杠试验区域三等分，然后在每个区域各选相对危险的点，如图13-29中LL1、LL2、LL3碰撞点（一般是碰撞结果可能最差的点，通常为有内部刚性硬点的部位）。

（2）各法规对试验结果要求　小腿碰撞主要评价参数有最大弯曲角度 A（°）、最大剪切位移 S（mm）、胫骨加速度 G（g），如图13-30所示。这几个参数是在试验过程中通过碰撞器上的传感器获得的，具体要求见表13-2。

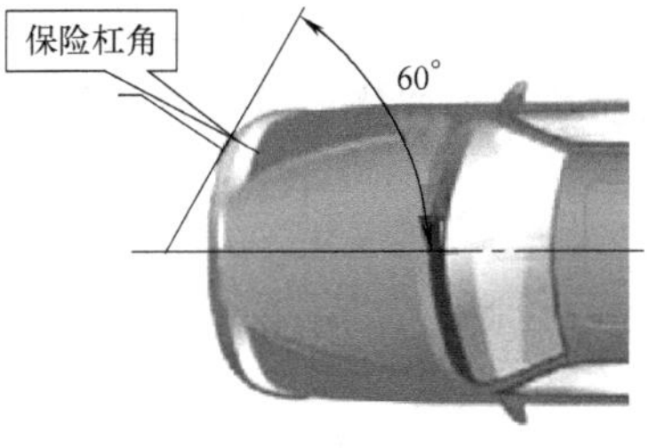

图 13-28 保险杠角

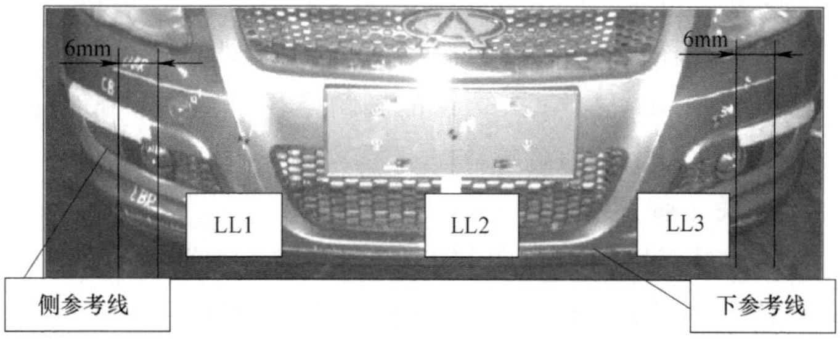

图 13-29 小腿碰撞区域碰撞点确定

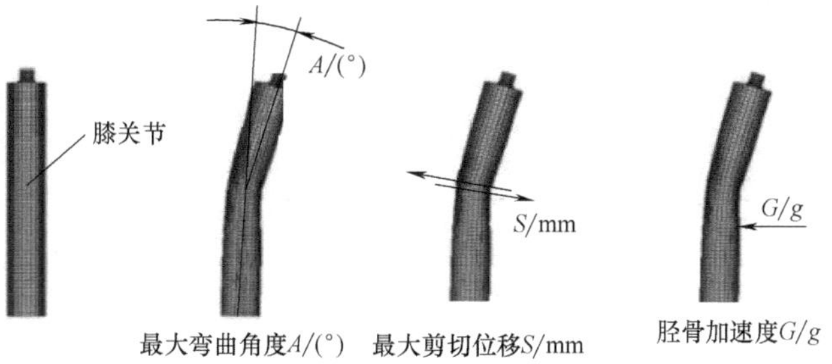

图 13-30 小腿碰撞评价参数

表 13-2 保险杠行人保护试验要求

欧标:78/2009		GTR(即将实施的国标与其等效)	E-NCAP		
第一阶段	第二阶段		红(0分)	黄(0.01~1.99分)	绿(2分)
$A<21°$ $S<6mm$ $G<200g$	$A<19°$ $S<6mm$ $G<170g$	$A<19°$ $S<6mm$ $G<170g$	$A>20°$ $S>8mm$ $G>200g$	$15°<A<20°$ $6mm<S<8mm$ $150g<G<200g$	$A<15°$ $S<6mm$ $G<150g$

4. 外部凸出物法规

实施外部凸出物法规的目的是降低在碰撞时被车身擦、碰的人员的伤害程度。主要的外部凸出物法规有中国的 GB 11566、欧洲的 74/483/EEC 及修订版 79/488/EEC、ECE R26。上述法规对保险杠系统零件的要求内容都是等效的。主要要求如下：

1）车身外表面凸出零件的圆角半径不得小于 2.5mm。这一要求不适用于凸出车身外表面不到 1.5mm 的零件以及凸出车身外表面 1.5mm 以上 5mm 以下且零件朝外的部分是圆滑的零件。

2）车身外表面凸出零件的材料硬度不超过 SHORE A 60 时，圆角半径可小于 2.5mm。

3）保险杠两端应向车身表面弯曲，以减少刮伤的危险。如果保险杠是嵌入式的，或和车身结构形成一体，或保险杠侧端部向内弯曲但不能被直径 100mm 的球体所接触，并且保险杠端部和最近的车身表面之间的距离不超过 20mm，则认为满足要求。

4）如果车身外轮廓线与前或后保险杠的曲线的垂直投影相重合，在距离车辆前向（对于后保险杠是后向的）的车身外轮廓线内侧 20mm，和车身外轮廓线及其与车辆垂直纵向对称平面成 15°夹角的两垂直平面相切的法线围成的区域（图 13-31）内，所有点组成的表面的圆角半径不应小于 5mm，其他情况下不应小于 2.5mm。上述要求不适用于凸出高度小于 5mm 的保险杠局部零件或保险杠上的镶嵌件，尤其是前照灯洗涤器的连接盖及喷嘴，这些零件朝外的角应是圆滑的，但凸出高度小于 1.5mm 的零件除外。

5）格栅间隙在 25~40mm 之间时，其外边缘的圆角半径不得小于 1mm，若缝隙宽度等于或小于 25mm 时，其外边缘的圆角半径不得小于 0.5mm。在前端与形成格栅或缝隙的每个元件接合处应该是圆滑的。

5. 关于牌照法规

各国对其机动车牌照都有相关法规，主要法规包括中国 GA 36、GB 15741、欧洲 70/222/EEC、美国 SAE-J686。具体尺寸要求见图 13-32 和表 13-3。

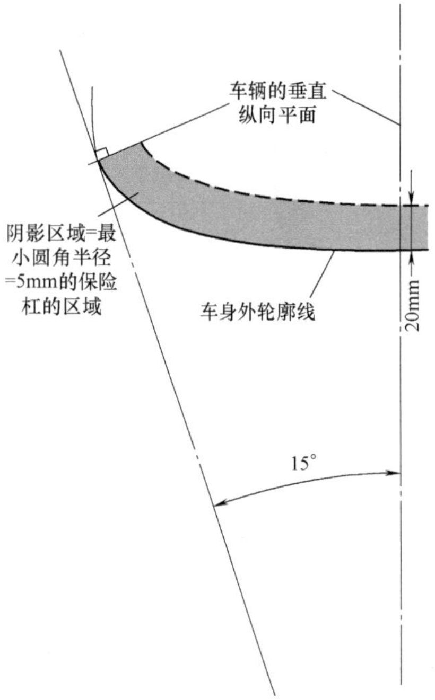

图 13-31　保险杠不同圆角要求区域划分

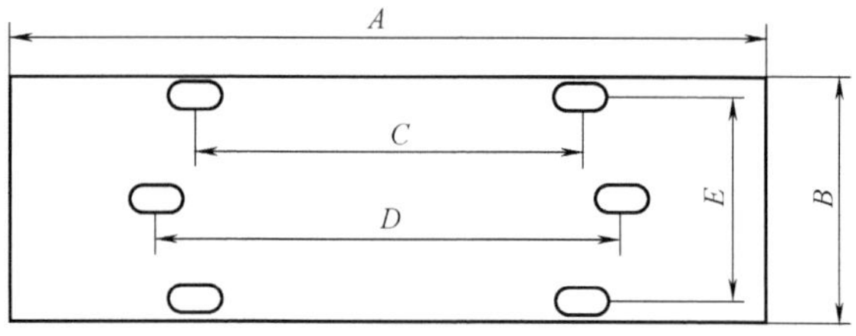

图 13-32　牌照尺寸

表 13-3　中欧美牌照尺寸要求

（单位：mm）

区域＼尺寸	A	B	C	D	E
中国	440	140	225	/	115
西欧	520	120	/	270	/
美国	306.3	154	/	178.6	/

> 后保险杠上的号牌板（架）的位置设计，需考虑号牌板（架）的灯光照明要满足法规的要求，在后保险杠上安装号牌板（架）的，除在保险杠上给出号牌板（架）的合适安装位置外，还需考虑牌照灯的安装结构位置设计，确保牌照灯的安装对号牌板（架）的照明满足 GB 18408《汽车及挂车后牌照板照明装置配光性能》的要求。

13.2　保险杠系统结构设计

保险杠本体是保险杠系统最为关键的组成部件，同时也是汽车上最大的塑料覆盖件。另一方面，车辆的造型特征、空气动力性特点以及相关法规（例如低速碰撞、行人保护等）的要求，都对保险杠本体的设计产生着重大影响。

通常情况下，保险杠本体必须承载多个子部件，如散热器格栅、雾灯、前照灯清洗堵盖、拖钩堵盖、雷达探头，摄像头、牌照灯等。它们共同组成一个保险杠总成进行整车装配。另一方面，保险杠在整车装配过程中，相关周边件对其产生的影响也不容忽视，例如，翼子板、发动机舱盖、前照灯、吸能块、尾灯、行李箱盖等均与其有配合关系。

综上所述，保险杠的结构设计有着较为严格的外部约束条件及复杂的内部结构匹配关系。保险杠设计的合理性，直接影响到整车前后的外观效果、法规的通过性以及其他诸多系统零部件功能的顺利实现。保险杠系统零部件常用材料见表13-4。

表 13-4　保险杠系统零部件常用材料

序号	零件名称	常用材料
1	保险杠本体	PP+EPDM-Tx
2	散热器格栅	ABS、ASA、PC+PET、PP+EPDM-Tx
3	保险杠安装支架	POM、PA+GF30、PP-T20
4	吸能块	EPP
5	保险杠下部扰流板	PP+EPDM、PP+EPDM-Tx
6	保险杠拖钩堵盖	PP+EPDM-Tx
7	保险杠防擦条	PP+EPDM-Tx
8	牌照安装板	ASA、PP+EPDM-Tx
9	后排气管装饰件总成	SUS304
10	复合材料后防撞横梁	PBT+PC
11	智能进气格栅	PP+GF30

注：Tx 的含义是材料中加上 x% 的滑石粉。

13.2.1　保险杠系统与车体的典型结构设计

1. 前保险杠总成与前罩焊接总成典型断面设计

前保险杠总成与前罩焊接总成的外观配合断面为保险杠系统的重要断面（位置如图13-33所示 A-A 断面），对整车外观品质有至关重要的作用。目前前保险杠总成与前罩焊接总成的断面主要有如下三种结构，各车型可根据具体情况进行设计。

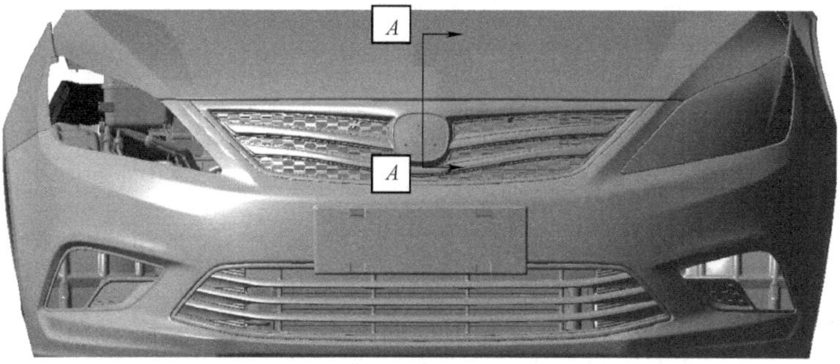

图 13-33　前保险杠与前罩焊接总成配位示意图

（1）类型一（图13-34）

① 前保险杠总成与前罩焊接总成的配合间隙，一般设计为4~6mm。

② 前保险杠总成与前罩焊接总成的配合面差，一般设计为前罩焊接总成高于前保险杠总成。

③ 优缺点：对造型限制小，前保险杠本体模具结构简单，有利于降低成本，但对前保险杠总成及前罩焊接总成精度要求较高，间隙及面差值很难保证，外观缺陷易被放大。

（2）类型二（图 13-35）

① 前保险杠总成与前罩焊接总成在 X 向的外观配合间隙，一般设计为 4~6mm。

② 前保险杠总成与前罩焊接总成在 Z 向的功能配合间隙，一般设计为 8~10mm。

③ 前保险杠总成与前罩焊接总成的配合面差，一般设计为 1mm，前保险杠总成高于前罩焊接总成。

④ 优缺点：前保险杠总成与前罩焊接总成在外观上形成有机整体，外观配合美观，且两者的面差配合精度要求相对较低，缺陷不易暴露，但对于造型限制相对较大，前保险杠本体模具结构相对复杂，成本较高，且两者间隙配合精度要求高。

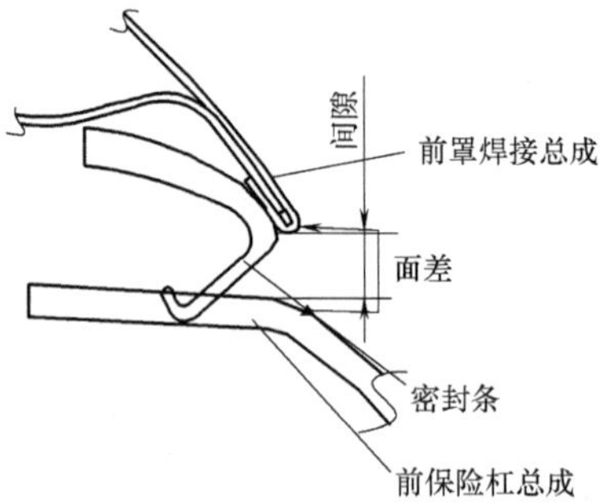

图 13-34　前保险杠总成与前罩焊接总成搭接断面类型一（断面 A—A）

（3）类型三（图 13-36）

① 前保险杠总成与前罩焊接总成的配合间隙，一般设计为 6mm。

② 优缺点：前保险杠本体模具结构简单，两者间隙配合精度要求相对较低，吸收车身公差能力强，外观缺陷不易暴露，但对造型限制相对较大。

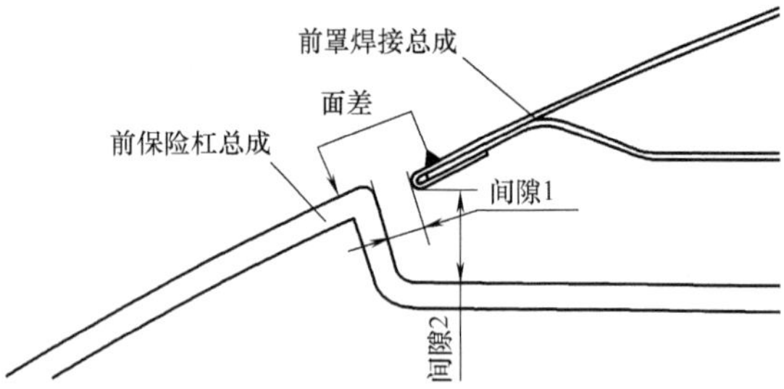

图 13-35　前保险杠总成与前罩焊接总成搭接断面类型二（断面 A—A）

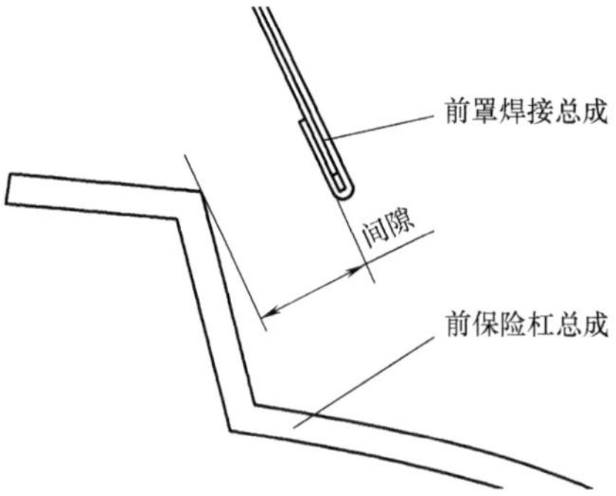

图 13-36　前保险杠总成与前罩焊接总成搭接断面类型三（断面 A—A）

2. 前保险杠总成与翼子板典型结构设计

前保险杠总成与翼子板的间隙面差是最为主要的关注点之一，必须在前期设计时予以充分考虑。

1）图 13-37 所示为前保险杠总成与翼子板的典型外观配合断面。

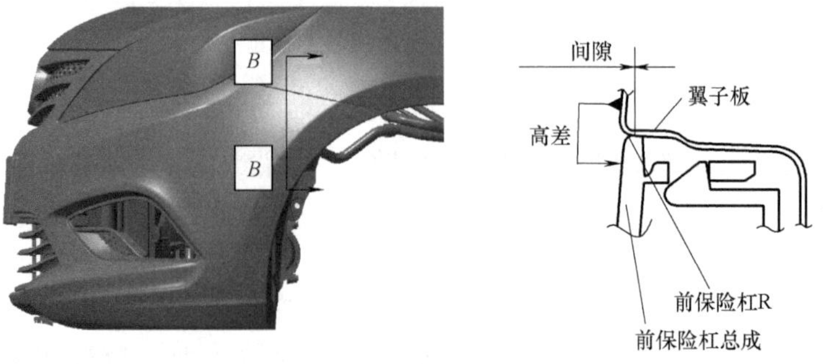

图 13-37　前保险杠与翼子板的典型外观配合断面（断面 B—B）

① 前保险杠总成与翼子板的配合间隙，一般设计为 0~0.5mm。

② 前保险杠总成与翼子板的配合面差，一般设计为 -1~0mm，前保险杠总成低于翼子板。

③ 前保险杠总成与翼子板配合处 R 角大小，一般设计为 0.5~1.5mm，实际设计过程中需与翼子板 R 角大小综合考虑设计。

2）前保险杠总成与翼子板的安装结构对两者的外观配合有着直接影响，绝大多数车型的保险杠与翼子板的连接通常是通过塑料安装支架来实现的。支架的主流设计大体分成两种：

① 图 13-38 所示为类型一，利用一个塑料支架安装到翼子板上，再将保险杠卡接固定于塑料支架上。

② 图 13-39 所示为类型二，利用一个塑料支架先与保险杠集成，再通过紧固件固定到翼子板上。

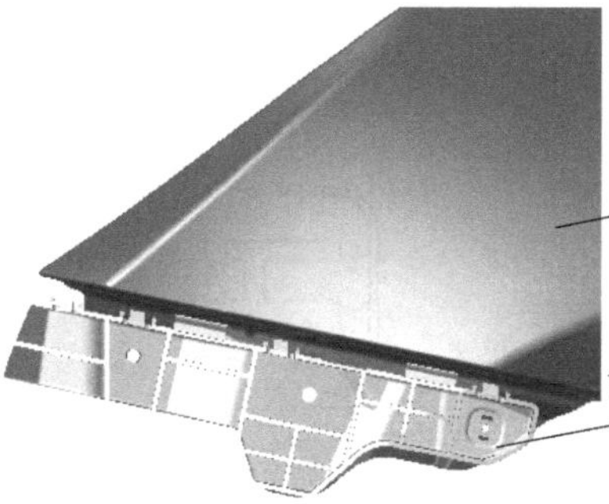

图 13-38 翼子板与前保险杠安装支架安装类型一

图 13-39 翼子板与前保险杠安装支架安装类型二

③ 优缺点对比：

a. 采用塑料前保险杠安装支架，装配及拆卸方便，后期可通过调整支架改善前保险杠与翼子板的间隙高差，但对翼子板及保险杠本体成型要求高，吸收车体公差能力差，安装耐久性及牢固性差。

b. 采用塑料前保险杠安装支架先与前保险杠集成，结构设计相对简单，对翼子板及保险杠本体成型要求低，吸收车体公差能力强，安装耐久性及牢固性高，但装配空间要求较高，前保险杠总成拆卸较困难。

因此，类型一是目前较为常见的支架形式，其塑料前保险杠安装支架材料通常选取 POM。一般分为以下几个步骤：通过支架的两个定位柱实现支架与翼子板的定位及预安装；通过螺钉或者螺栓等将支架紧固到翼子板上；将保险杠沿 Y 向拍入支架（通过两者相匹配的卡接结构实现）；最后在匹配的边缘轮罩处，将保险杠和安装支架直接固定到翼子板上，保证其靠近轮胎处匹配的间隙面差。

3）类型一安装说明：

① 塑料安装支架的定位、预安装　如图 13-40 所示。安装支架需通过两个销结构实现与翼子板的定位、预安装，以保证支架与翼子板的位置相对正确。主定位销与翼子板圆孔间

隙单边 0.2mm，控制 X 及 Z 向自由度。次定位销作为辅助定位用，翼子板开 X 向长方形孔，控制 Z 向自由度，并防止支架在安装过程中产生旋转。

图 13-40　前保险杠安装支架定位示意图

② 支架与翼子板的安装固定。

a. 如图 13-41 所示，该安装固定方式，需充分考虑钣金冲压的误差，不能用支架的大面与翼子板相贴合，安装点应避免在同一条直线上，否则支架被拍入保险杠后会因受力产生向下的翻转。

b. 图 13-42 所示为图 13-41 中 1 处安装点的截面示意图。

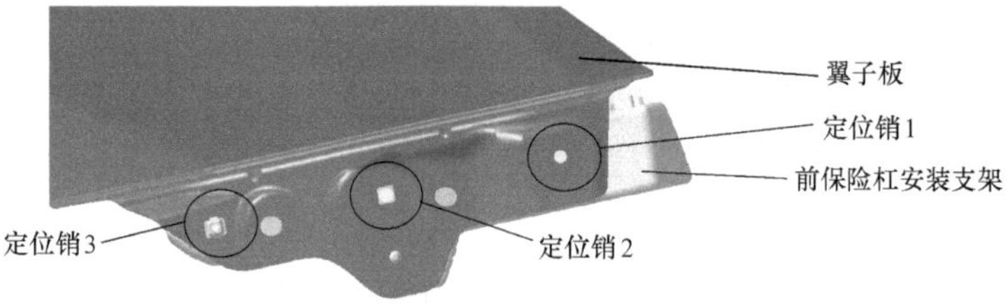

图 13-41　前保险杠安装支架的安装示意图

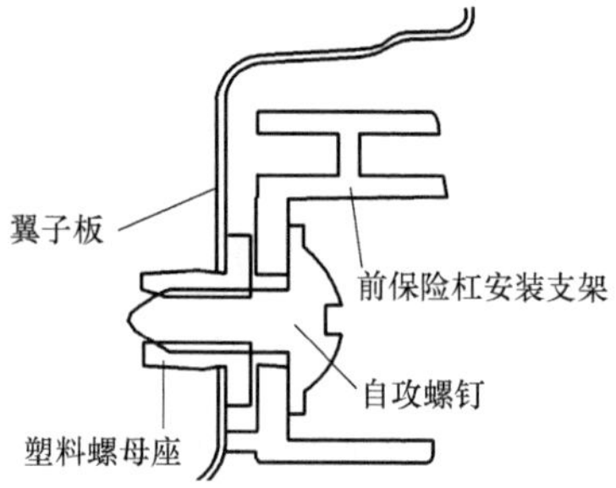

图 13-42　前保险杠安装支架与翼子板安装结构断面示意图

③ 保险杠与支架的定位、安装。

a. 如图 13-43 所示，前保险杠总成与支架的定位通过支架上部的一个楔形销实现，销前部导向，单边与保险杠开孔间隙为 0.2～0.3mm。通过楔形销，安装支架可控制保险杠 X 向自由度。

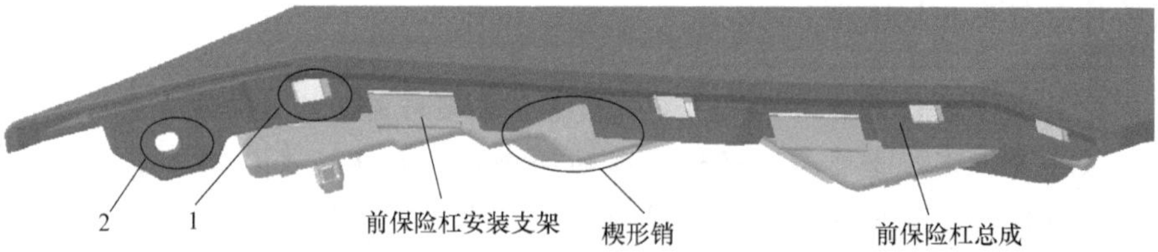

图 13-43　前保险杠总成与支架的定位安装示意图

b. 图 13-44 所示为图 13-43 中 1 处安装结构断面，前保险杠总成与支架通过卡接结构连接，卡接面保持深度为 1.5mm。考虑到前保险杠的可拆卸维修性，保持面要留有 100°～115°的斜度，以方便前保险杠拆卸，降低拆卸力和减少破坏性。

c. 图 13-45 所示为图 13-43 中 2 处安装结构断面，靠近轮胎处，前保险杠总成及支架通过一个 Z 向安装点与翼子板紧固，保证翼子板与前保险杠尖角匹配间隙及面差得到有效控制。

4）类型二安装说明：

① 前保险杠安装支架与前保险杠总成的定位　如图 13-46 所示，前保险杠安装支架与前保险杠总成通过两个圆形定位销（圆形定位销的位置应设计于两端）进行定位，以保证支架与前保险杠总成的位置相对正确。其中圆形孔处结构为主定位，主定位销与前保险杠总成圆孔间隙单边 0.2mm，控制 X 及 Y 向自由度。腰形孔处结构作为辅助定位用，前保险杠总成开 X 向长圆孔，控制 Y 向自由度。

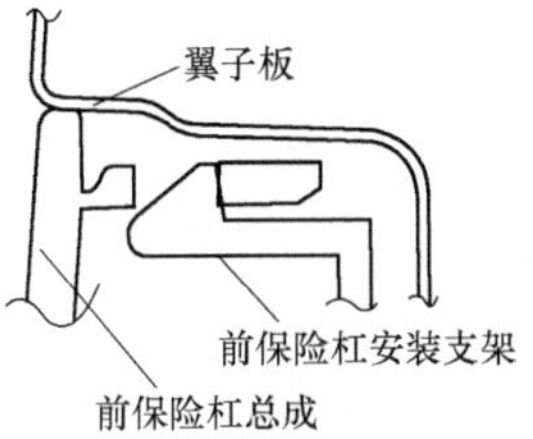

图 13-44　前保险杠总成与支架卡接结构断面

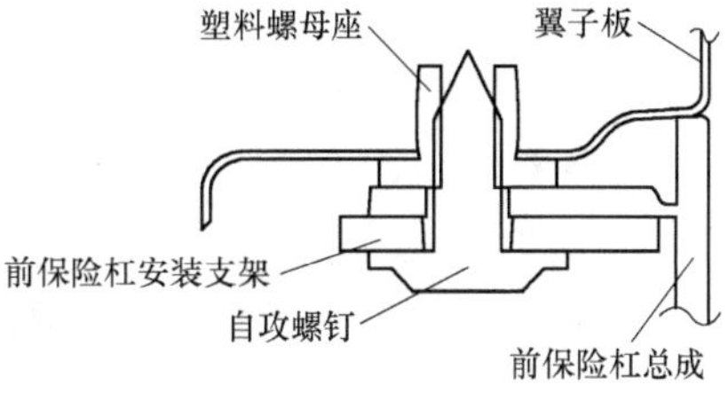

图 13-45　靠近轮胎处前保险杠总成的安装结构断面

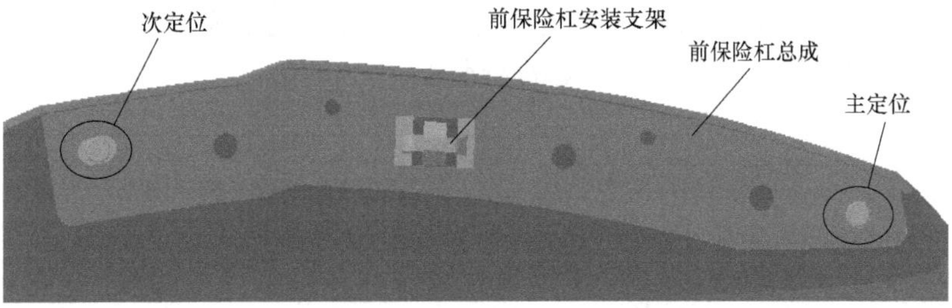

图 13-46　前保险杠安装支架与前保险杠总成的定位示意图

② 前保险杠安装支架与前保险杠总成的安装。

a. 如图 13-47 所示，前保险杠安装支架与前保险杠总成采用铆钉或螺栓与前保险杠总成进行安装，以保证两者的连接强度。

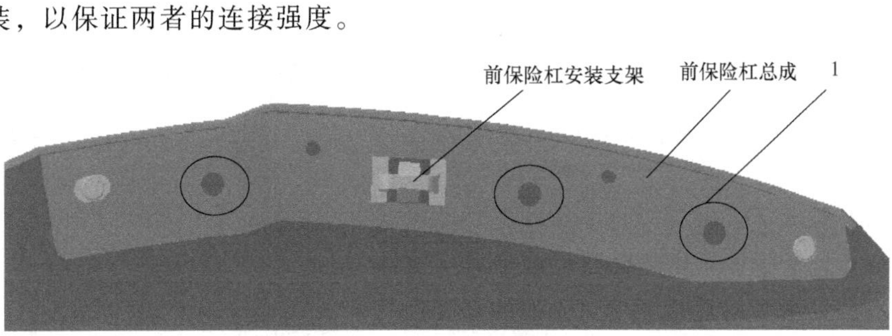

图 13-47　前保险杠安装支架与前保险杠总成的安装示意图

b. 图 13-48 所示为图 13-47 中 1 处安装结构断面。

③ 前保险杠安装支架与前保险杠总成集成后与翼子板的定位。如图 13-49 所示，前保险杠安装支架与前保险杠总成集成后采用两个定位销与翼子板进行定位，以保证前保险杠安装支架、前保险杠总成及翼子板三者的位置相对正确。其中圆形孔处结构为主定位，主定位销与翼子板圆孔间隙单边 0.2mm，控制 *X* 及 *Y* 向自由度。腰形孔处结构作为辅助定位用，翼子板开 *X* 向长圆孔，控制 *Y* 向自由度。

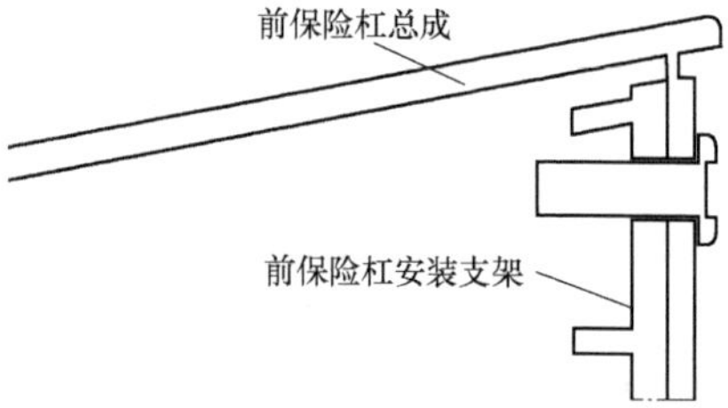

图 13-48　支架与前保险杠总成的铆接结构断面

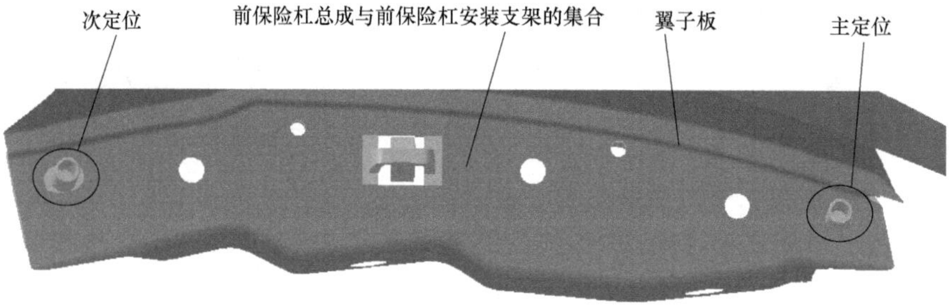

图 13-49　前保险杠总成与翼子板的定位示意图

④ 前保险杠安装支架与前保险杠总成集成后与翼子板的预安装。

a. 如图 13-50 所示，前保险杠安装支架与前保险杠总成集成后与翼子板采用一两个自带卡子的形式进行预安装，以便于对三者进行装配。

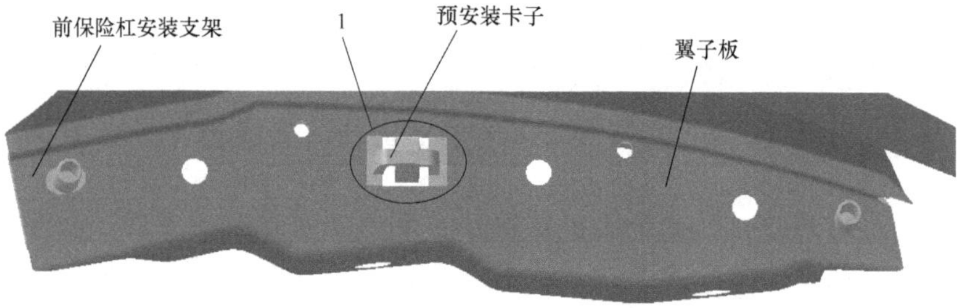

图 13-50　前保险杠总成与翼子板的预安装示意图

b. 图 13-51 所示为图 13-50 中 1 处预安装结构断面。

⑤ 前保险杠安装支架与前保险杠总成集成后与翼子板的安装。

a. 如图 13-52 所示，前保险杠安装支架与前保险杠总成集成后与翼子板采用螺栓及片螺母的形式进行安装，以保证两者的连接强度。两端的安装点需尽量靠近端部（靠近两端点的距离应小于 40mm），相邻两个安装点距离为 60～100mm，且尽量布置均匀，以保证两端点处的外观匹配效果良好。

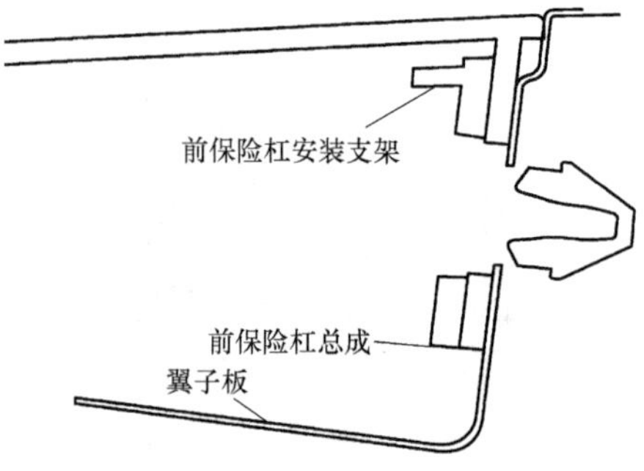

图 13-51　前保险杠总成与翼子板的预安装结构断面

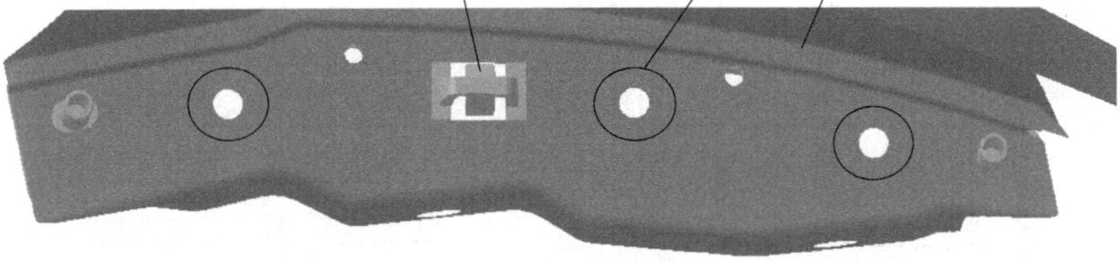

图 13-52 前保险杠总成集成后与翼子板的安装示意图

b. 图 13-53 所示为图 13-52 中 1 处安装结构断面。

3. 前保险杠总成与前上构件典型结构设计

前保险杠总成与前上构件一般设计有4个安装点，其中左右两个安装点为 X 向定位点，前保险杠总成开 Y 向长圆孔，短边直径较安装螺栓直径大 0.2mm，以控制前保险杠总成 X 向自由度。

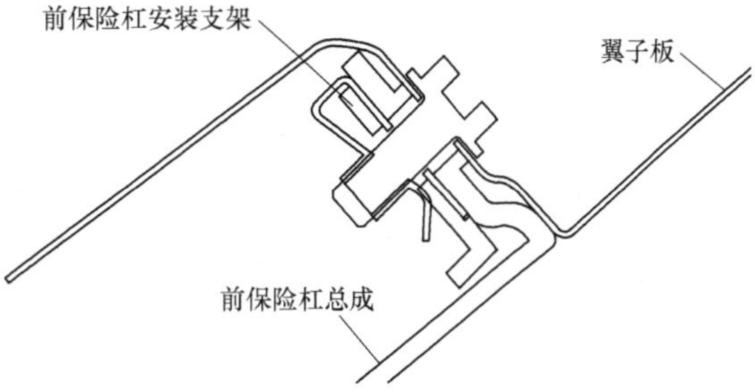

图 13-53 前保险杠总成集成后与翼子板的安装断面

目前前保险杠总成与前上构件总成典型结构有如下两种类型：

1）类型一：前保险杆总成与前上构件螺栓及凸焊螺母进行连接（图 13-54）。

2）类型二：前保险杆总成与前上构件通过子母扣进行连接（图 13-55）。

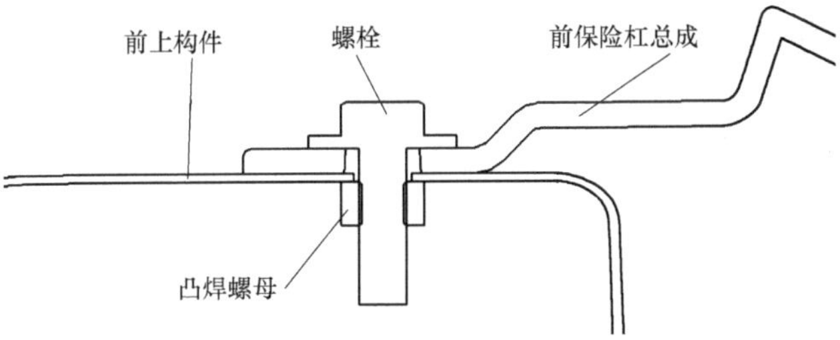

图 13-54 前保险杠总成与前上构件安装结构类型一

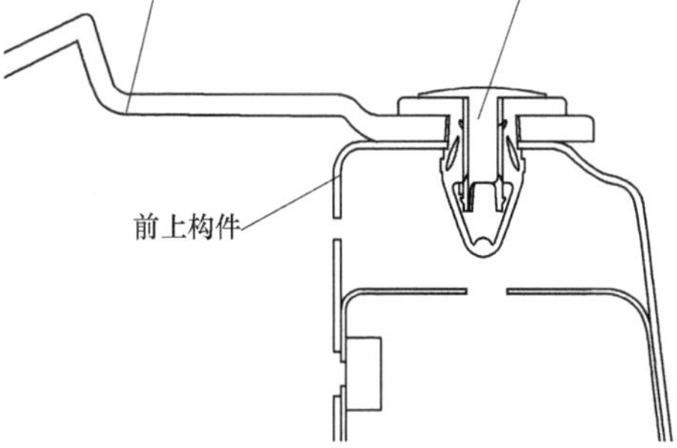

图 13-55 前保险杠总成与前上构件安装结构类型二

4. 前保险杠总成与前下构件典型结构设计

前保险杠总成与前下构件一般设计有 4 个安装点，且均为 X 向定位点，前保险杠总成开 Y 向长圆孔，短边直径较安装螺栓直径大 0.2mm，以控制前保险杠总成 X 向自由度。

前保险杆总成与前下构件的安装结构主要有如下三种类型：

1）类型一：车体设计带凸焊螺母金属支架，用螺栓将前保险杠总成固定在金属支架上（图 13-56）。

2）类型二：车体钣金件上开孔，将塑料螺母座安装在开孔上，用自攻螺钉将前保险杠总成固定在前下构件上（图 13-57）。

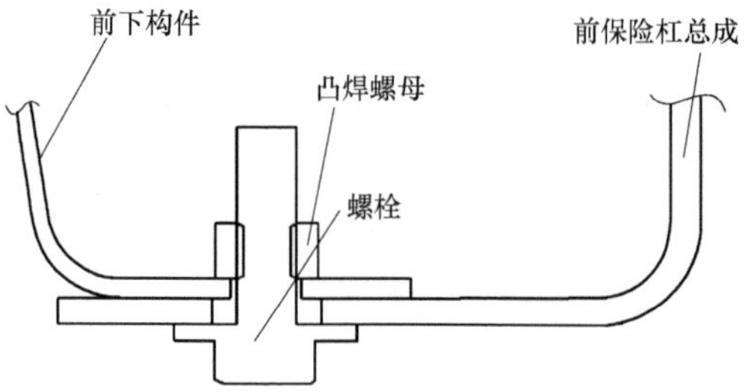

图 13-56　前保险杠总成与前下构件安装结构类型一

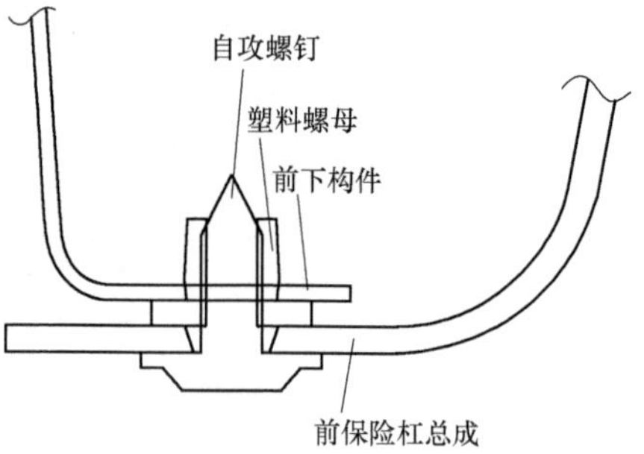

图 13-57　前保险杠总成与前下构件安装结构类型二

3）类型三：车体钣金件上开孔，前保险杠总成上开孔，用子母扣将前保险杠固定在前下构件上（图 13-58）。

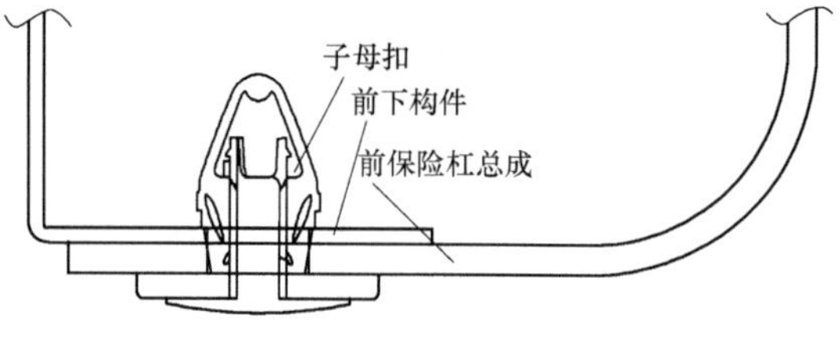

图 13-58　前保险杠总成与前下构件安装结构类型三

5. 后保险杠总成与侧围典型结构设计

后保险杠总成与侧围的间隙面差是最为主要的关注点之一，必须在前期设计时予以充分考虑。

1）图 13-59 所示为后保险杠总成与侧围的典型外观配合断面。

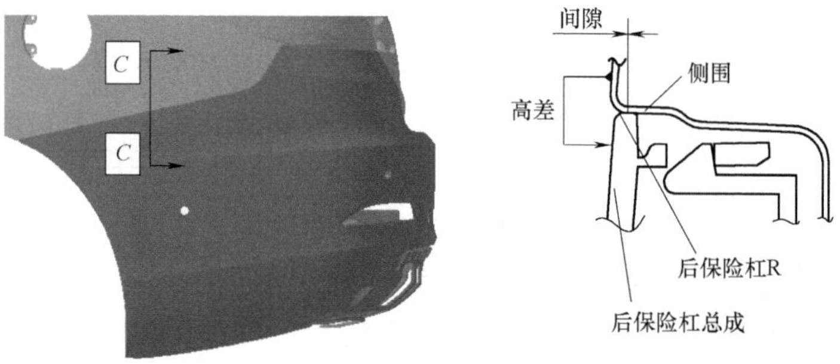

图 13-59　后保险杠总成与侧围外观配合断面（断面 C—C）

① 后保险杠总成与侧围的配合间隙，一般设计为 0～0.5mm。

② 后保险杠总成与侧围的配合面差，一般设计为-1～0mm。

③ 后保险杠总成与侧围配合处 R 角大小，一般设计为 0.5～1.5mm，实际设计过程中需与侧围 R 角大小综合考虑设计。

2）后保险杠总成与侧围的安装结构对两者的外观配合有着直接影响，绝大多数车型后保险杠总成与侧围的连接通常是通过塑料安装支架来实现的。主流设计大体分成如下两种：

① 图 13-60 所示为类型一，利用一个塑料支架安装到侧围上，再将后保险杠总成卡接固定在塑料支架上。

② 图 13-61 所示为类型二，利用一个金属支架先与后保险杠总成集成，再通过紧固件固定到侧围上。

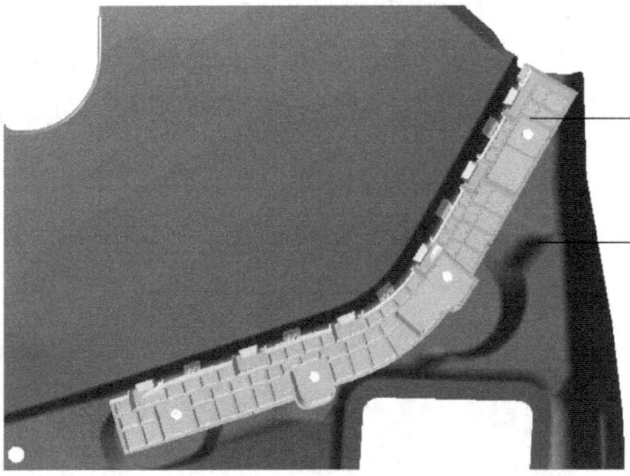

图 13-60 后保险杠安装支架与侧围配合类型一

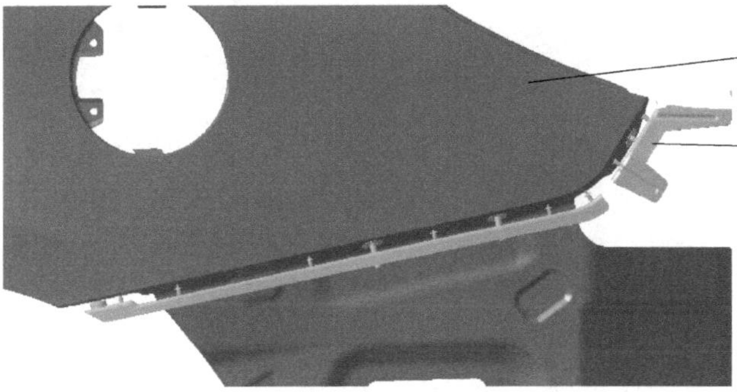

图 13-61 后保险杠安装支架与侧转配合类型二

③ 优缺点对比：

a. 采用塑料后保险杠安装支架，装配及拆卸方便，后期可通过调整支架改善后保险杠外观，但对侧围及后保险杠总成成型要求高，吸收车体公差能力差，安装耐久性及牢固性差。

b. 采用金属后保险杠安装支架先与后保险杠集成，结构设计相对简单，对侧围及后保险杠总成成型要求低，吸收车体公差能力强，安装耐久性及牢固性高，但装配空间要求较高，后保险杠总成拆卸较困难。

因此，类型一是目前较为常见的支架形式，其塑料后保险杠安装支架材料通常选取POM。采用塑料后保险杠支架实现的后保险杠与侧围的安装一般分为以下几个步骤：通过支架的两个定位柱实现支架与侧围的定位及预安装；通过螺钉或者螺栓等将支架紧固到侧围上；将后保险杠总成沿 Y 向拍入支架（通过两者相匹配的卡接结构实现）；最后在匹配的边缘靠近轮胎处，将保险杠和安装支架直接固定到侧围上，保证其靠近轮胎处匹配的间隙面差。其具体结构与前保险杠总成通过塑料安装支架与翼子板的连接结构相似。

④ 图 13-62 所示为类型二的典型断面结构，后保险杠总成与金属支架集成后，通过螺栓及凸焊螺母进行连接。

6. 后保险杠总成与行李箱盖、背门框密封条典型断面设计

后保险杠总成与行李箱盖、背门框密封条的外观配合对整车外观匹配质量及背门正常开闭功能的实现有重要影响，目前主流车型后保险杠总成与行李箱盖及背门框密封条的外观配合断面如下（图 13-63、图 13-64）：

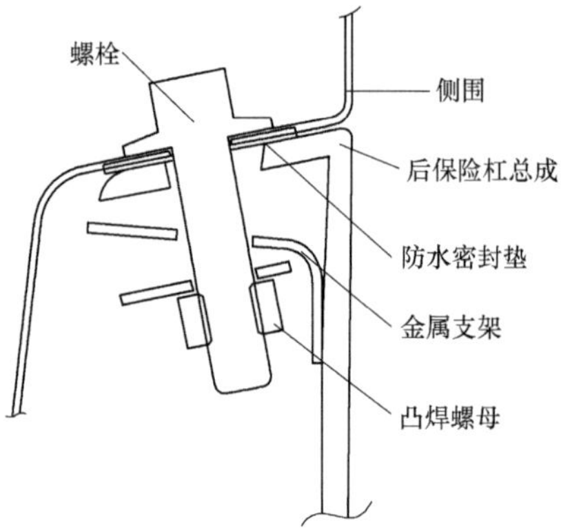

图 13-62　后保险杠总成与侧围安装结构断面

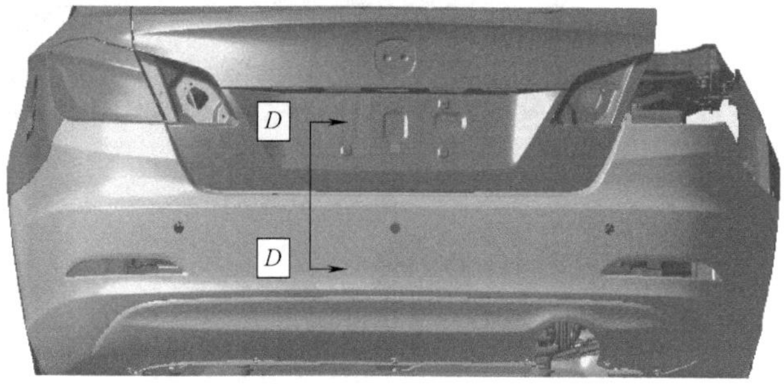

图 13-63　后保险杠总成与行李箱盖及背门框密封条外观配合示意图

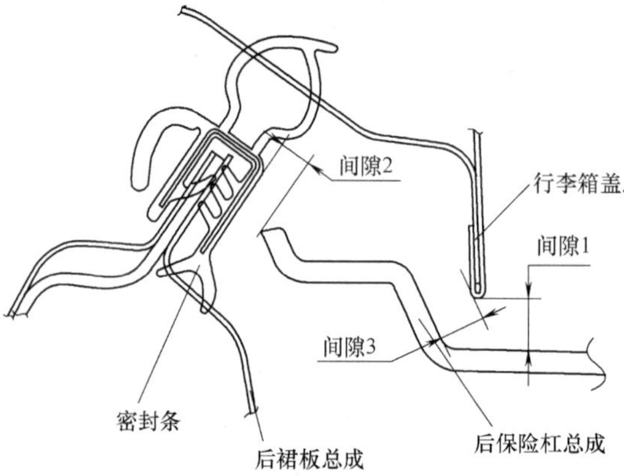

图 13-64　后保险杠总成与行李箱盖及背门框密封条外观配合断面（断面 *D—D*）

1）后保险杠总成与行李箱盖的外观配合间隙，一般设计为 6～8mm。

2）后保险杠总成与背门框密封条的外观间隙配合，一般设计为 5～10mm。

3）后保险杠总成与行李箱盖的功能间隙配合，为保证行李箱盖关闭时能确保不与后保险杠总成发生干涉的安装间隙，该间隙值一般设计至少 7mm。

13.2.2　保险杠系统与电器的典型结构设计

1. 前保险杠总成与前照灯总成典型结构设计

前保险杠总成与前照灯总成的外观配合对整车外观匹配质量有重要影响。

1）目前主流车型前保险杠总成与前照灯总成的外观匹配断面如下（图 13-65）：

① 前保险杠总成与前照灯的配合间隙，一般设计为 1.5～2.5mm。

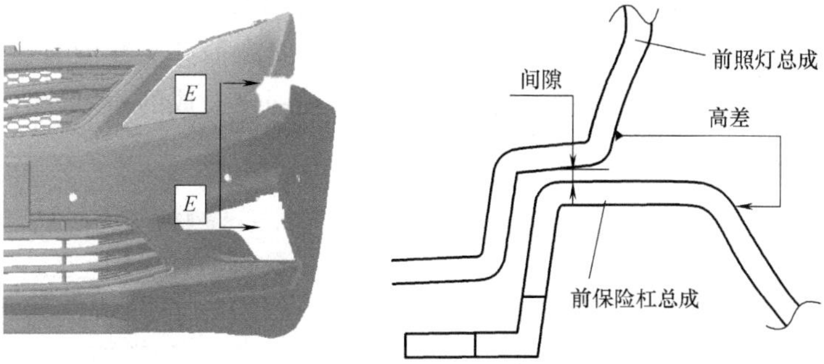

图 13-65 前保险杠总成与前照灯总成外观配合断面（断面 E—E）

② 前保险杠总成与前照灯的配合面差，一般设计为 5mm 以上，且保险杠总成高于前照灯总成。

2）目前主流车型前保险杠总成与前照灯总成安装结构主要有如下四种类型：

① 类型一（图 13-66）。

a. 前照灯设计塑料安装支架，前保险杠总成设计开孔与支架卡接。

b. 优缺点：可有效控制前保险杠与前照灯的间隙面差，但增加了一个零件及装配工序，增加了成本及控制点。

② 类型二（图 13-67）。

a. 前照灯设计金属安装支架，前保险杠总成设计开孔与支架卡接。

b. 优缺点：可有效控制前保险杠与前照灯的间隙面差，但增加了一个零件及装配工序，增加了成本及控制点。

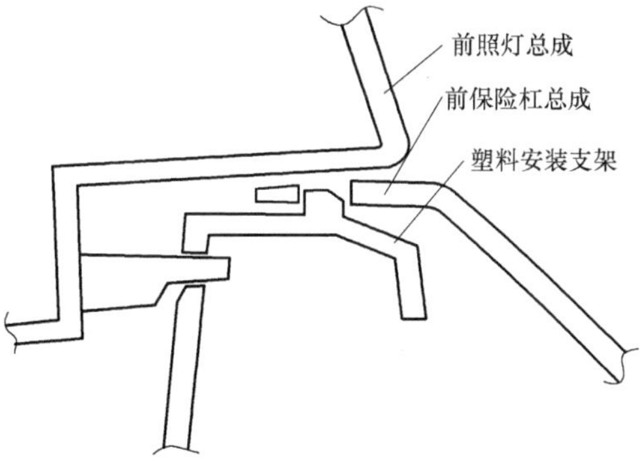

图 13-66 前保险杠总成与前照灯总成安装结构类型一

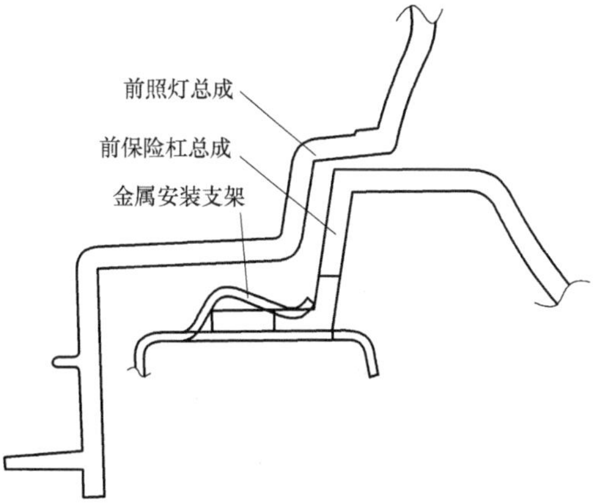

图 13-67 前保险杠总成与前照灯总成安装结构类型二

③ 类型三（图 13-68）。

a. 前照灯的配光镜上设计前保险杠总成卡接结构，前保险杠总成设计开孔与其卡接。

b. 优缺点：可有效控制前保险杠总成与前照灯的间隙面差，相对来说无须新增零件，总装少一道工序，降低了成本，但存在因配光镜受力后密封性能降低导致前照灯进水的风险。

④ 类型四（图 13-69）。

a. 前照灯的配光镜上设计前保险杠挂接结构，前保险杠总成设计开孔与其挂接。

b. 优缺点：可有效控制前保险杠总成与前照灯的间隙面差，相对来说无须新增零件，总装少一道工序，降低了成本，但对前保险杠总成与前照灯总成的面差控制不足，且存在因配光镜受力后密封性能降低导致前照灯进水的风险。

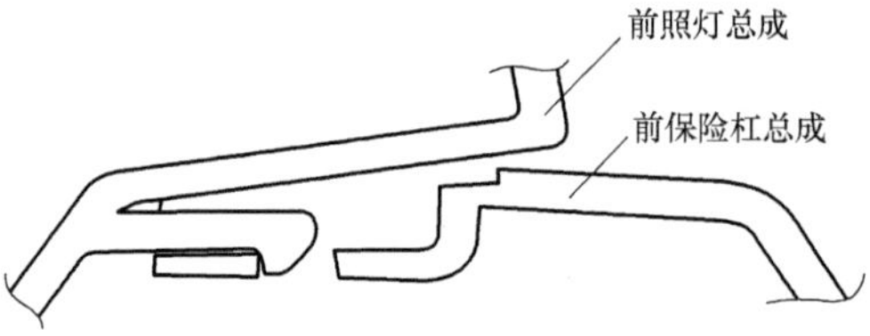

图 13-68　前保险杠总成与前照灯总成安装结构类型三

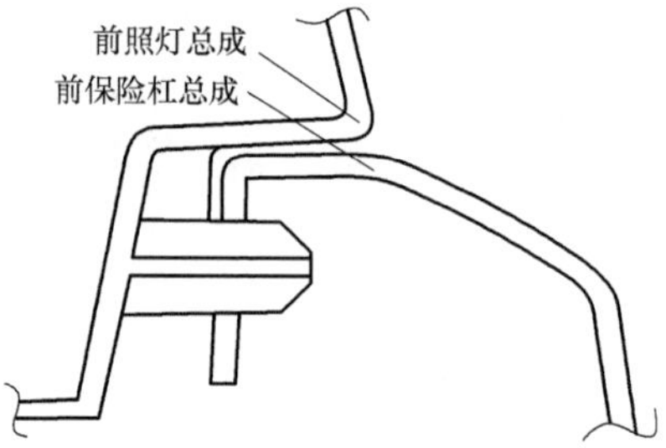

图 13-69　前保险杠总成与前照灯总成安装结构类型四

2. 前保险杠总成与前雾灯总成典型结构设计

1）前保险杠总成与前雾灯总成的外观配合方式有如下两种类型（图 13-70）：

① 类型一（图 13-71）。前保险杠总成包裹前雾灯总成，该方式对两者配合精度要求较高，易暴露外观缺陷，两者外观配合间隙值一般设计为 1.0mm。

② 类型二（图 13-72）。前保险杠总成与前雾灯总成对接，该方式对两者配合精度要求相对较低，不易暴露外观缺陷，两者外观配合间隙一般设计为 1.0mm。

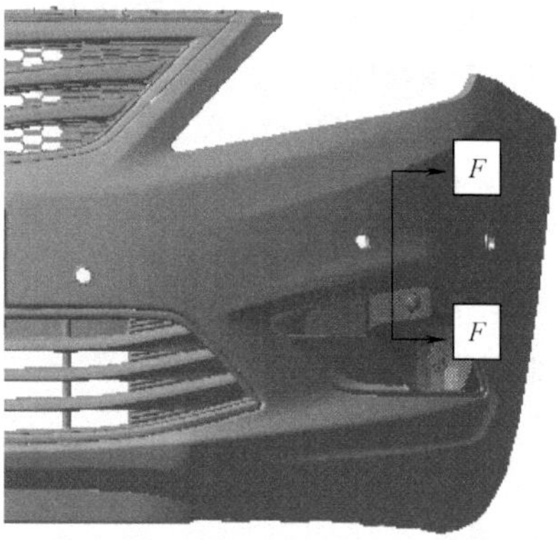

图 13-70　前保险杠总成与前雾灯总成的外观配合示意图

2）前保险杠总成与前雾灯总成的安装结构主要有如下两种类型：

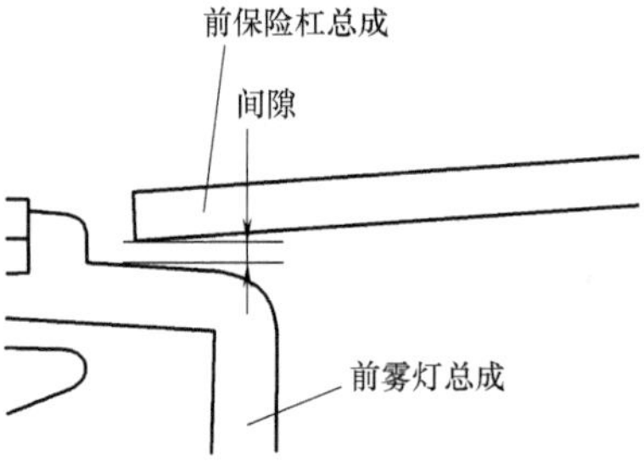

图 13-71　前保险杠总成与前雾灯总成的外观配合断面类型一（断面 *F—F*）

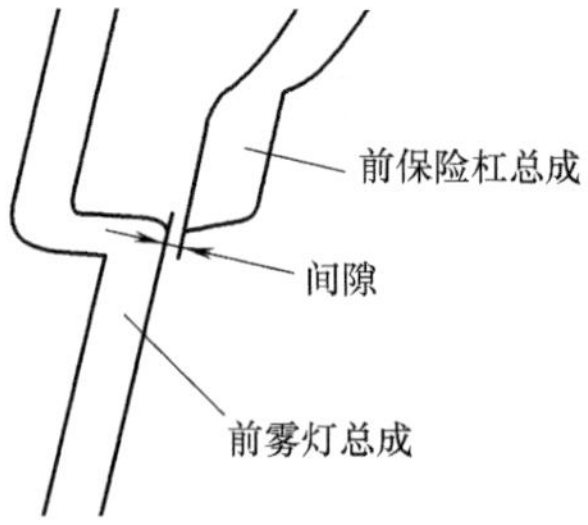

图 13-72　前保险杠总成与前雾灯总成的外观配合断面类型二（断面 *F—F*）

① 类型一（图 13-73）。

a. 前雾灯总成设计安装支架，主定位支架设计为圆孔（圆孔直径较支架直径大 0.2mm，控制两个方向自由度），次定位设计为长圆孔（短边直径较支架直径大 0.2mm，控制一个方向自由度），其余支架设计为安装过孔（过孔直径较安装支架直径大 2.0mm），采用自攻螺钉与前保险杠总成进行安装。

b. 优缺点：简化了前保险杠本体模具结构，但前雾灯安装支架定位可靠性不足，外观间隙无法得到有效保证。

② 类型二（图 13-74）。

a. 前雾灯总成设计安装支架，前保险杠总成设计雾灯安装座，并设计两个圆形定位销，主定位销直径较主定位圆孔直径小 0.2mm，次定位销直径较次定位长圆孔的短边直径小 0.2mm，采用自攻螺钉与前保险杠总成进行安装。

b. 优缺点：前保险杠本体雾灯安装座定位可靠，外观间隙可得到有效保证，但前保险杠本体模具结构相对复杂。

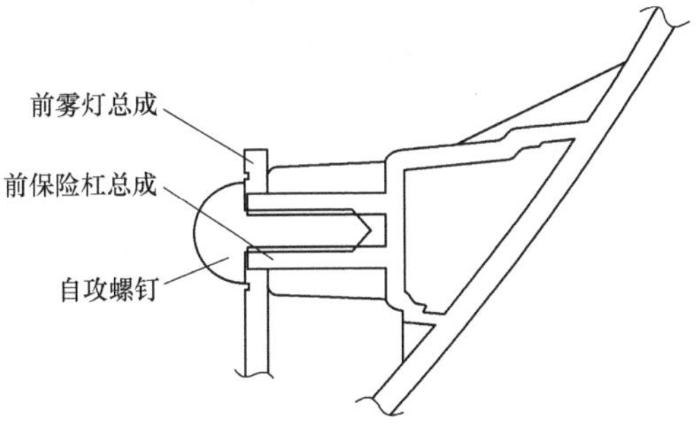

图 13-73 前保险杠总成与前雾灯总成的安装结构类型一

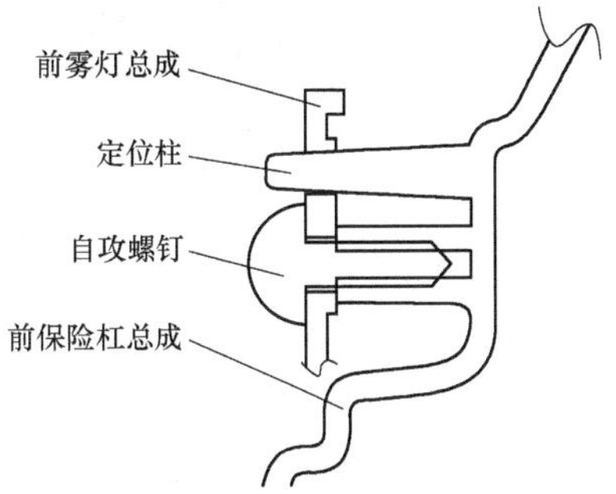

图 13-74 前保险杠总成与前雾灯总成的安装结构类型二

3. 保险杠总成与雷达及 APA 支架的典型结构设计

随着科技的飞速发展，目前倒车雷达及 APA 已经成为汽车主动安全的重要装配，而保险杠总成是其主要载体。目前保险杠总成与雷达及 APA 的外观配合方式有如下三种类型：

1）类型一（图 13-75）。APA 雷达采用外露式设计。其中 APA 雷达总成主要由 APA 雷达、APA 自带泡沫、塑料支架等零件组成。

① 安装方式：首先采用工装对保险杠总成进行冲孔，然后将塑料支架由外往里卡入前保险杠总成上，最后将 APA 雷达由里往外卡入塑料支架中。

② 优缺点：保险杠总成冲孔工装结构简单，冲孔精度及外观要求相对较低，但 APA 雷达外露式设计外观效果相对较差，适用于相对经济实惠的 A 级车使用。

图 13-75 保险杠总成与雷达及 APA 安装结构类型一

2）类型二（图 13-76）。APA 雷达采用内嵌式（不带角度）设计。其中 APA 雷达总成主要由 APA 雷达、APA 自带泡沫、塑料支架等零件组成。

① 安装方式：首先采用工装对保险杠总成进行冲孔，然后将塑料支架焊接在保险杠总成内侧，最后将 APA 雷达由里往外卡入塑料支架中。

② 优缺点：APA 内嵌式（不带角度）设计外观效果美观，但保险杠总成冲孔工装结构相对复杂，对冲孔的外观要求较高，外观质量不易控制，一般应用于 B 级车。

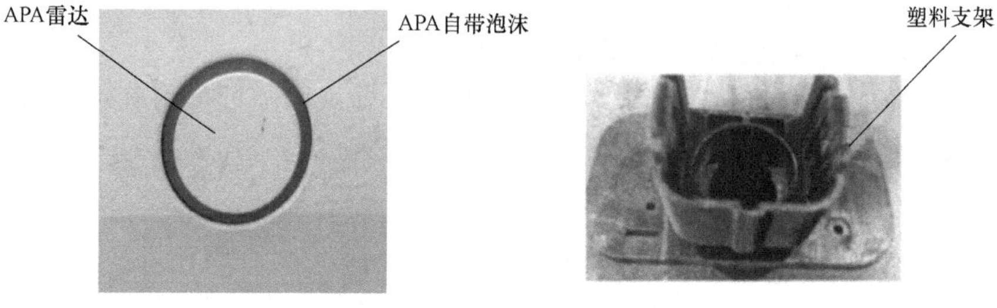

图 13-76 保险杠总成与雷达及 APA 安装结构类型二

3）类型三（图 13-77）。APA 雷达采用内嵌式（带角度）设计。其中 APA 雷达总成主要由 APA 雷达、APA 自带泡沫、塑料支架等零件组成。

① 安装方式：与类型二相似，区别在于塑料支架增加了外表面，以适当调整 APA 雷达的安装方向。

② 优缺点：APA 内嵌式（带角度）设计外观效果更为美观，与保险杠本体浑然一体，但保险杠总成冲孔及焊接工装结构相对复杂，对冲孔及焊接的外观要求较高，外观质量不易控制，一般应用于 C 级车。

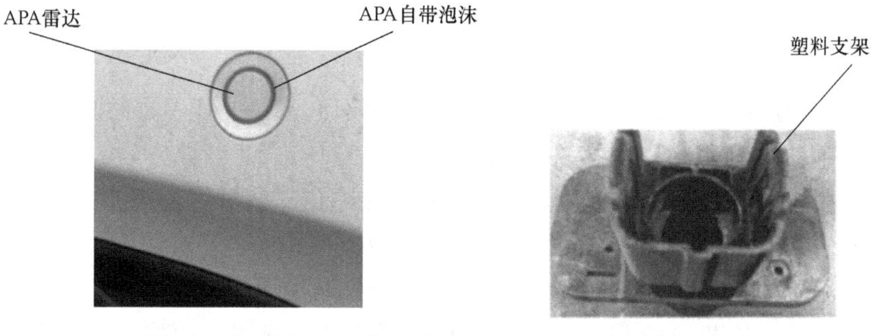

图 13-77 保险杠总成与雷达及 APA 安装结构类型三

4. 后保险杠总成与后组合灯总成典型结构设计

1）后保险杠总成与后组合灯总成的外观配合是汽车后保险杠总成外观匹配的重要组成部分。后保险杠总成与后组合灯总成的外观匹配断面如下（图 13-78）：

① 后保险杠总成与后组合灯总成的配合间隙，一般设计 1.5~2.0mm。

② 后保险杠总成与后组合灯总成的配合面差，一般设计-2.0~2.0mm，且后保险杠总成低于后组合灯总成。

2）后保险杠总成与后组合灯总成的安装结构主要有如下两种类型：

① 类型一（图 13-79）。

a. 车体设计金属支架，用子母扣将后保险杠总成固定在金属支架上。

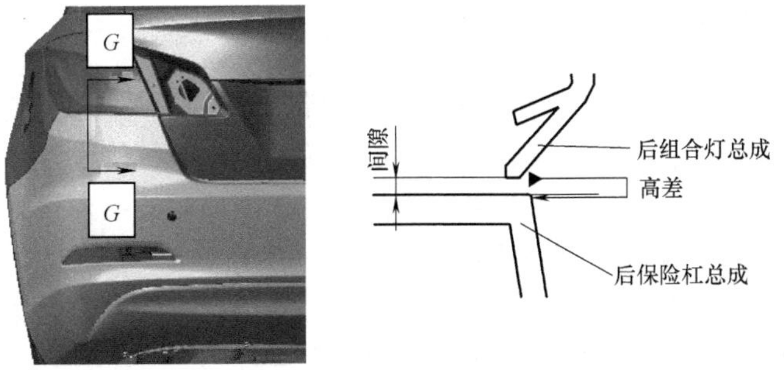

图 13-78 后保险杠总成与后组合灯总成的外观匹配断面（断面 $G—G$）

b. 优缺点：装配牢固性及耐久性好，但对装配顺序有限制，必须先装配后保险杠才能装配后组合灯。

② 类型二（图 13-80）。

a. 车体设计金属支架，后保险杠总成设计卡接结构卡夹在金属支架上。

b. 优缺点：对装配顺序无限制，但拆卸困难，装配牢固性及耐久性相对较差。

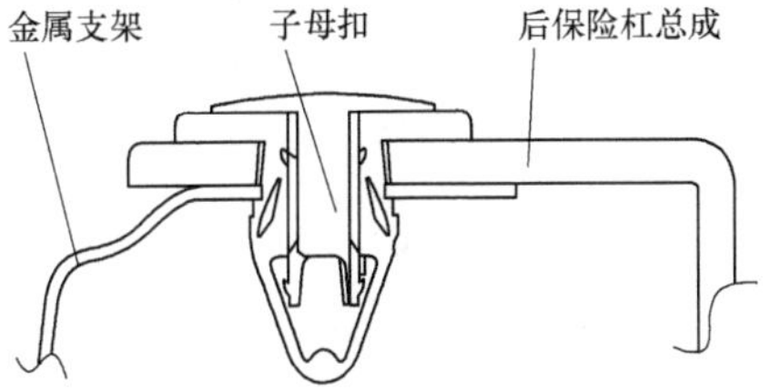

图 13-79 后保险杠总成与后组合灯总成的安装结构类型一

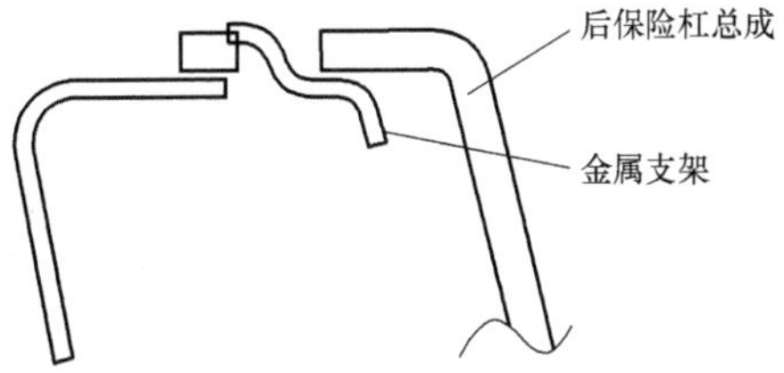

图 13-80 后保险杠总成与后组合灯总成的安装结构类型二

13.2.3 保险杠系统与其他外饰件的典型断面设计

本节主要介绍保险杠总成与轮罩衬板总成的典型结构设计。轮罩衬板总成是与保险杠系统配合的主要外饰件。目前保险杠系统与轮罩衬板总成的典型安装结构有如下两种类型。

1）类型一。这种安装结构是采用子母扣将保险杠总成与轮罩衬板总成进行连接（图 13-81）。

2）类型二。保险杠总成上设计限位筋，轮罩衬板总成安装时起支撑作用，轮罩衬板总成上设计金属片螺母，采用自攻螺钉与保险杠总成进行连接（图 13-82）。

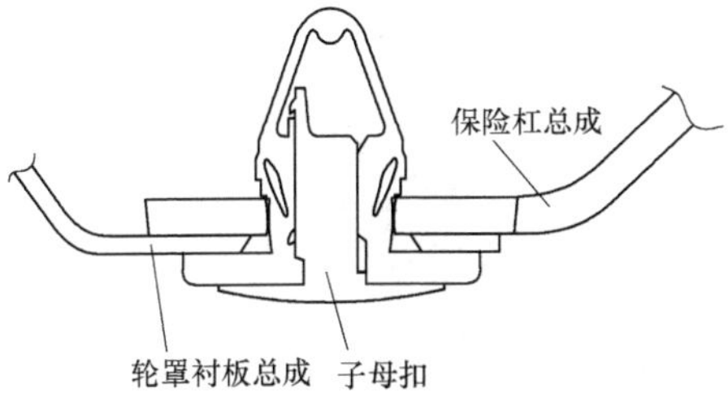

图 13-81 保险杠总成与轮罩衬板总成安装结构类型一

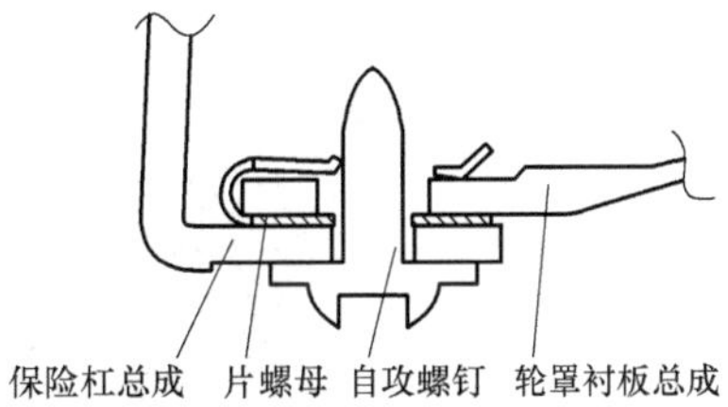

图 13-82 保险杠总成与轮罩衬板总成安装结构类型二

13.2.4 保险杠系统内部的典型断面设计

保险杠系统是一个复杂的汽车外饰系统，其中包括保险杠本体、散热器格栅、装饰亮条、吸能泡沫以及雾灯装饰罩等众多子零件。必须通过合理的结构设计才能将各子零件装配成为一个有机的整体。下面对保险杠系统内部各主要子零件间的结构设计进行详细介绍。

1. 前保险杠本体与格栅的典型结构设计

汽车在正常运转时，发动机会产生大量热量。为使热量有效散失，保险杠需在中间部位开设较大的通风过孔，以导入空气，保证机器的正常运行。

另一方面，为使整车外观具有吸引力，同时也为防止汽车在运行时，道路上的杂物（类似纸张、塑料袋等）进入汽车发动机舱内损害部件的正常运转；在前保险杠开设的通风过孔处，常采用安装格栅的方式，以美化车体、遮挡内部零部件和阻挡废弃物。

安装在前保险杠上的格栅，从外形上看，其本体结构形状通常设计成由纵横相交的筋条组成的网格状结构。根据造型定义，其表面处理方式一般有以下几种：电镀、喷漆、皮纹及高光免喷涂。按照结构可以分为分体式和整体式，下面分别对这两种类型进行介绍。

1）图 13-83 所示为分体式结构：将格栅电镀部分与油漆或皮纹部分分件设计。

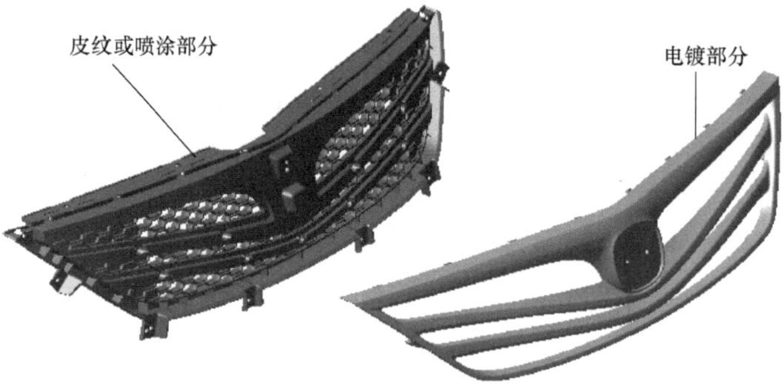

图 13-83　分体式散热器格栅

① 材料：喷涂或皮纹部分一般为 PP；电镀部分一般为 ABS 及 PC+ABS；高光免喷涂一般为 ASA 等。

② 优缺点：采用分体式结构可以省去格栅本体的大部分电镀区域，大大降低电镀成本；同时可省去喷涂工艺中所要做的遮蔽罩具，节省罩具的制作及人工费用。但需要增加模具成本，分开的部件因结构细小，在电镀工艺中易导致匹配问题，对结构设计考虑要求较高，且增加装配工时。

2）图 13-84 所示为整体式结构：将格栅整体电镀后再遮蔽喷涂。

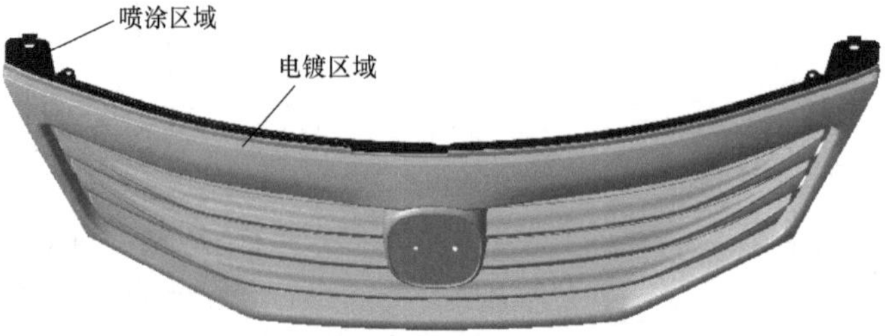

图 13-84　一体式散热器格栅

① 材料：一般为 ABS 及 PC+ABS。

② 优缺点：相对于分体式，减少了零件的匹配关系，更好地保证了部件的整体质量，减少装配工时，减少模具的投入成本等；但增加了电镀成本、喷涂罩具成本及人工成本。

电镀工艺是格栅的特殊工艺，且格栅外观上除了要满足美学要求及与整车的造型风格相匹配外，在具体的结构设计上应力求简单，节省材料用量，节约成本，同时要求格栅内侧的加强筋、结构筋其壁厚比例应设计合理，避免在产品表面留下收缩痕等缺陷。下面针对格栅上的设计要点进行更详细的介绍。

要点一：沿 *X* 向拔模角度小于 10°的电镀表面长度不超过 10mm，以保证电镀效果（图 13-85）。

要点二：为保证良好的外观质量，装饰亮条的边缘藏在格栅或保险杠内侧，间隙值应设计较小（参考值：0.3mm），*L*1 推荐值 2mm，*L*2 推荐值 2mm。

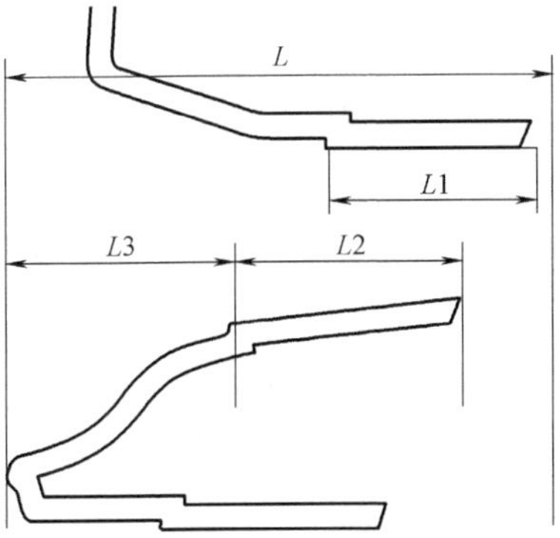

图 13-85　电镀格栅设计要点一

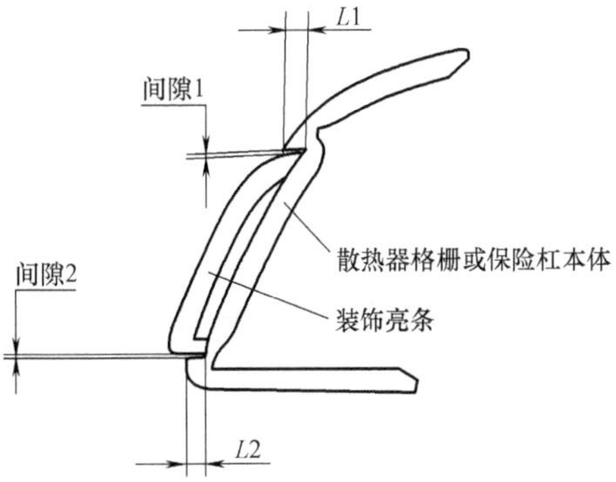

图 13-86　电镀格栅设计要点二

保险杠与格栅的安装结构主要有以下三种类型：

类型一：前保险杠本体设计 DOGHOUSE，用自攻螺钉将格栅固定在前保险杠本体上（图 13-87）。

类型二：前保险杠本体设计 BOSS 柱，用自攻螺钉将格栅固定在前保险杠本体上（图 13-88）。

类型三：格栅设计卡子与前保险杠本体进行连接（图 13-89）。

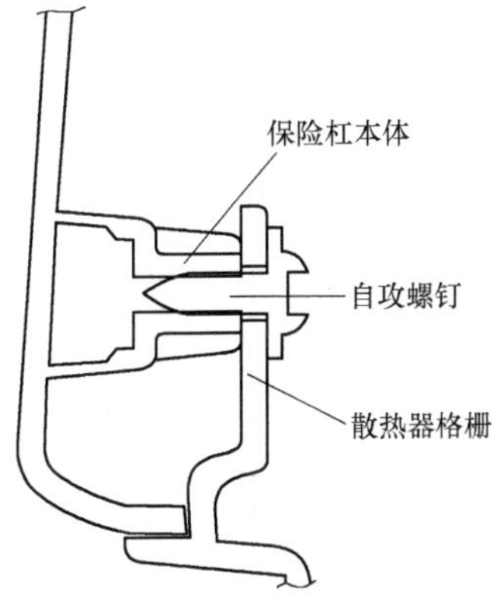

图 13-87　保险杠本体与格栅的安装结构类型一

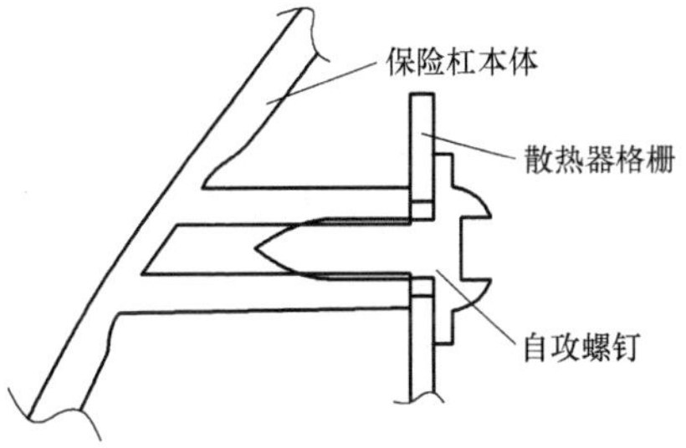

图 13-88　保险杠本体与格栅的安装结构类型二

2. 保险杠本体与下部唇边的典型结构设计

保险杠本体与下部唇边的结构主要有以下两种类型：

类型一：唇边设计 BOSS 柱，采用自攻螺钉与保险杠本体进行连接（图 13-90）。

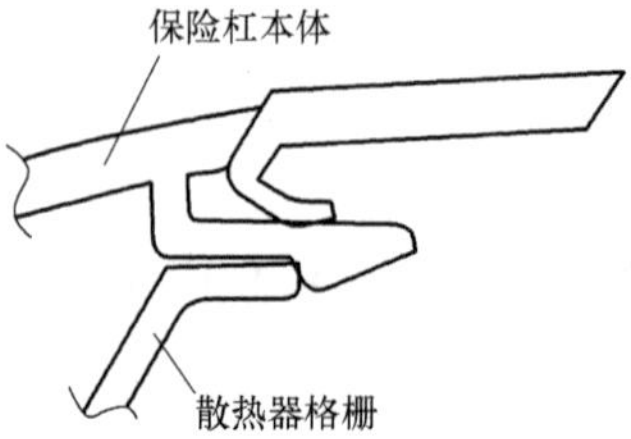

图 13-89 保险杠本体与格栅的安装结构类型三

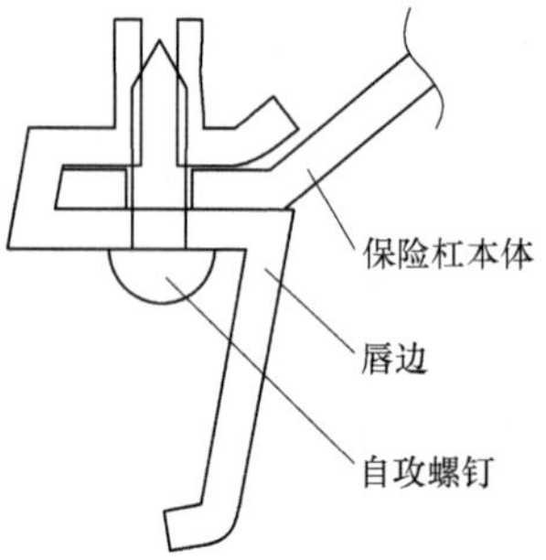

图 13-90 保险杠本体与下部唇边的安装结构类型一

类型二：唇边设计卡子，保险杠设计开孔，两者进行卡接连接（图 13-91）。

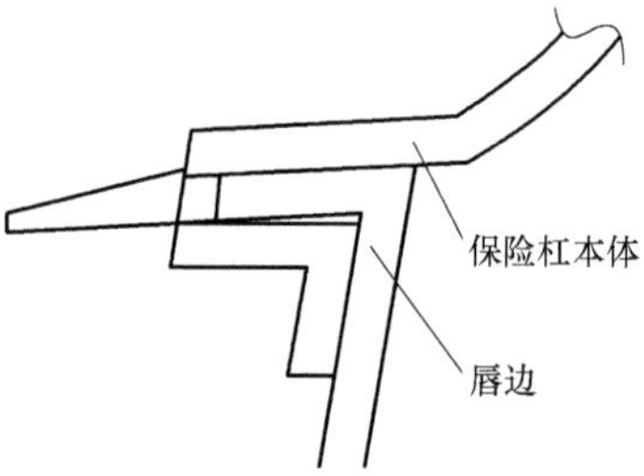

图 13-91 保险杠本体与下部唇边的安装结构类型二

3. 保险杠本体与吸能泡沫的典型结构设计

保险杠吸能泡沫具有吸收外界压力的作用，材料一般选择 EPP，并采用发泡工艺进行生产，发泡倍率一般为 20~30 倍。保险杠本体与吸能泡沫的安装结构主要有以下两种类型：

（1）类型一（图 13-92）

1）前保险杠本体设计 DOGHOUSE 及 BOSS 柱，采用热熔焊接的形式将吸能泡沫固定在前保险杠本体上。

2）优缺点：装配牢固，不易脱落，但需采用热熔焊接，保险杠本体需设计 DOGHOUSE，模具结构复杂，成本较高，且泡沫拆卸后无法再进行装配，不利于返修。

（2）类型二（图 13-93）

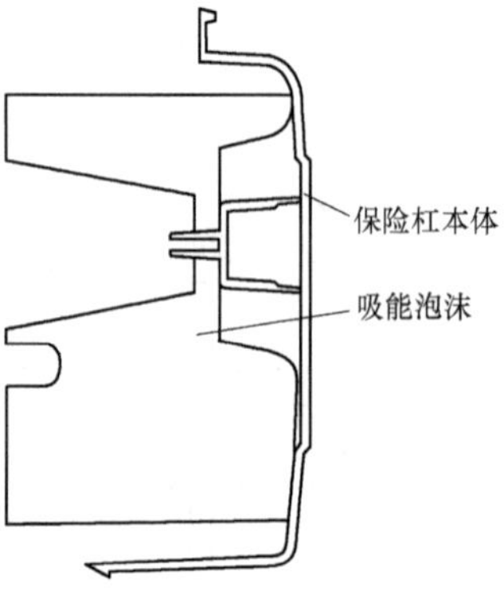

图 13-92 保险杠本体与吸能泡沫的安装结构类型一

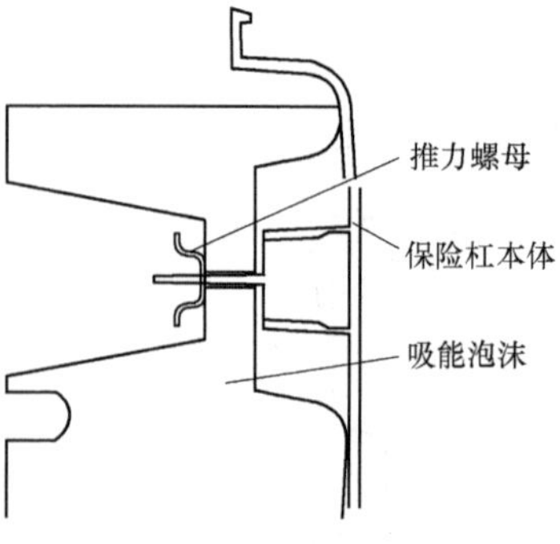

图 13-93 保险杠本体与吸能泡沫的安装结构类型二

1）前保险杆本体设计 DOGHOUSE 及卡片，用推力螺母将吸能泡沫固定在前保险杠本体上。

2）优缺点：可以进行正常拆卸，利于返修，但保险杠本体需设计 DOGHOUSE，模具结构复杂，成本较高。

4. 前保险杠本体与雾灯盖板的典型结构设计

保险杠本体与雾灯盖板的安装结构如图 13-94 所示。雾灯盖板与保险杠本体通过卡接方式固定，保险杠本体与雾灯盖板的间隙设计为 0.3～0.5mm，面差设计为 1mm 以上，且保险杠本体高于雾灯盖板。

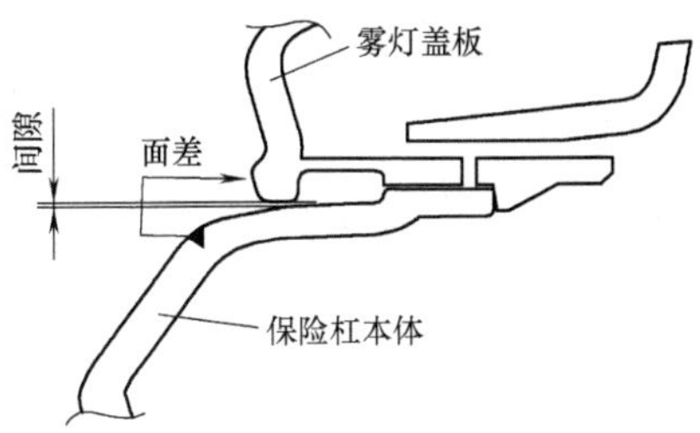

图 13-94　保险杠本体与雾灯盖板的安装结构断面

5. 后保险杠本体与后排气管装饰件的典型结构设计

随着消费者对汽车外观品质的要求越来越高，汽车金属后排气管装饰件已成为汽车后保险杠总成不可或缺的一部分。

1）典型的后保险杠本体与后排气管装饰件的外观配合断面如图 13-95、图 13-96 所示。

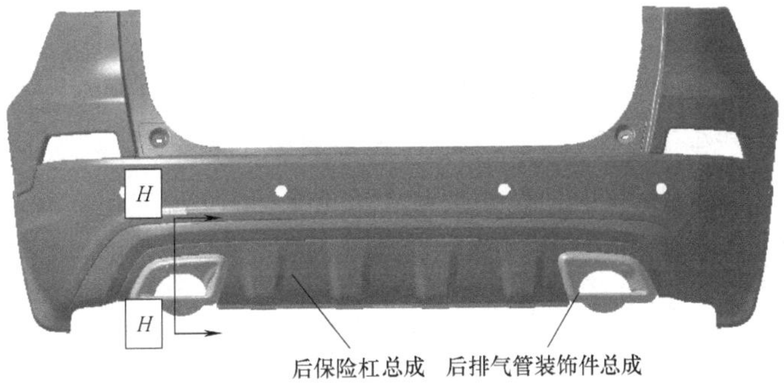

图 13-95　后保险杠本体与后排气管装饰件的外观配合示意图

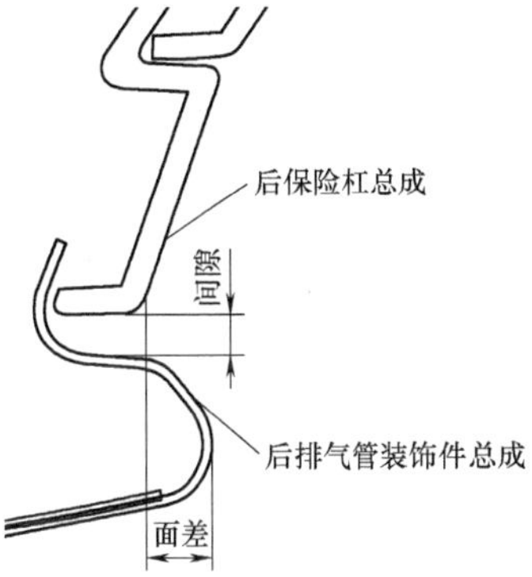

图 13-96　后保险杠本体与后排气管装饰件的外观配合断面（断面 *H—H*）

① 后保险杠本体与后排气管装饰件的配合间隙，一般设计为 3～5mm。

② 后保险杠本体与后排气管装饰件的配合面差，一般设计为 5mm 以上，具体根据造型要求确定，且后保险杠本体低于后排气管装饰件。

2）典型的后保险杠本体与后排气管装饰件的定位安装结构如下：

① 如图 13-97 所示，后排气管装饰件设计定位孔，后保险杠本体设计圆形定位销，主定位孔设计为圆孔，直径较定位销大 0.2mm，控制 *Y* 及 *Z* 向两个方向自由度，次定位孔设计为 *Y* 向的长圆孔，其短边直径较定位销直径大 0.2mm，控制 *Z* 向的自由度。

② 如图 13-98 所示，后保险杠本体设计金属片螺母，后排气管装饰件设计安装支架，采用螺栓将后排气管装饰件与后保险杠本体固定在一起，推荐安装点数量为 4～5 个。

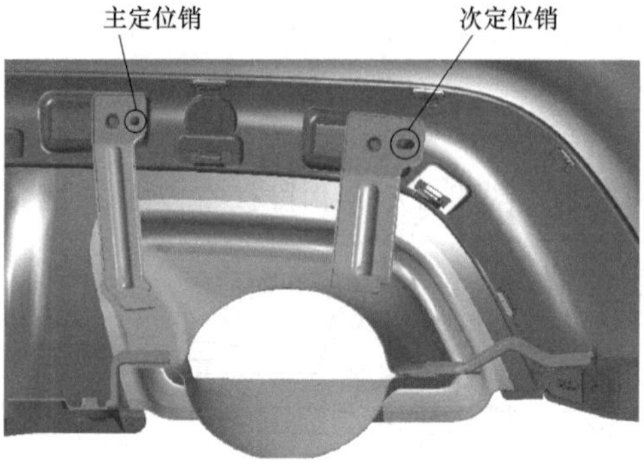

图 13-97　后保险杠本体与后排气管装饰件的定位结构示意图

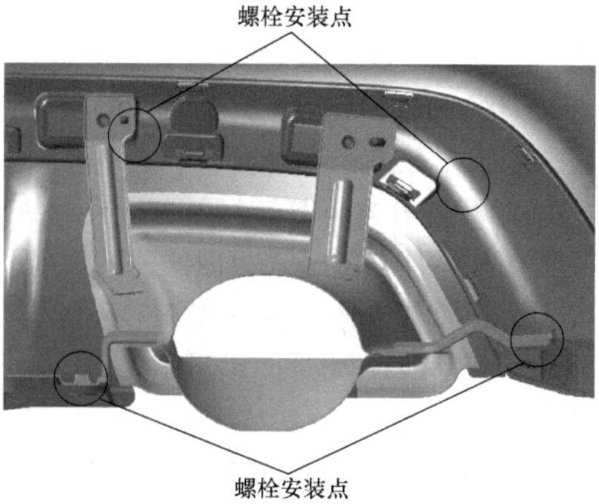

图 13-98　后保险杠本体与后排气管装饰件的安装结构示意图

13.3　保险杠系统制造工艺

13.3.1　保险杠系统内部各子零件的制造工艺

1. 制造工艺概述

保险杠系统由各子零件有机组成，各子零件由不同的材料、工艺及表面处理方式制造而成，随着内外饰制造工艺的飞速发展，产生了众多新兴的制造工艺。具体见表 13-5。

表 13-5　保险杠系统各子零件制造工艺

序号	零件名称	常用制造工艺
1	保险杠本体	注射+喷涂、注射+皮纹
2	散热器格栅	注射+喷涂、注射+皮纹、注射+电镀、高光免喷涂注射
3	保险杠安装支架	注射
4	吸能块	发泡、注射
5	保险杠下部扰流板	注射+喷涂、吹塑+喷涂
6	保险杠拖钩堵盖	注射+喷涂、注射+皮纹
7	保险杠防擦条	注射+电镀、注射+皮纹
8	牌照安装板	注射
9	后排气管装饰件总成	冲压+焊接+抛光
10	复合材料后防撞横梁	模压、注射
11	智能进气格栅	注射+皮纹

2. 分色槽的设计

保险杠本体的表面处理方式复杂多变，通常一个保险杠本体上会出现两种及两种以上的表面处理方式，如喷涂与皮纹，这就需要在保险杠本体上设计分色槽，在喷涂时以分色槽为界将不需要喷涂的部分进行遮蔽，以达到分色的效果。分色槽的设计主要有“U”形及“V”形两种类型。

类型一："U"形分色槽适用于遮蔽线较平缓的情况，遮蔽线带转角时不宜使用，不良率高（图 13-99）。

类型二："V"形分色槽适用于遮蔽线带转角的情况（图 13-100）。

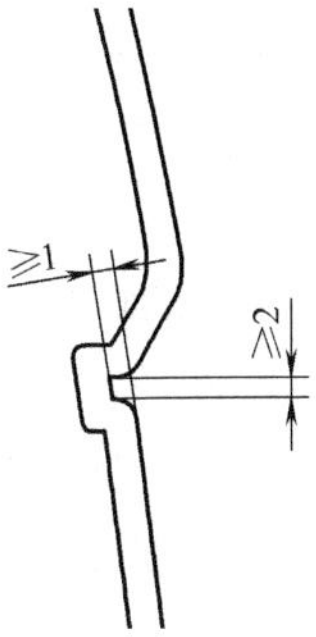

图 13-99 "U"形分色槽

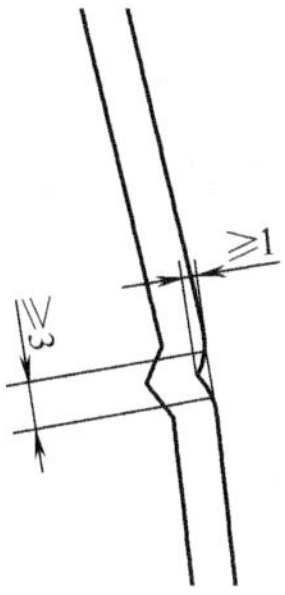

图 13-100 "V"形分色槽

13.3.2 保险杠系统的装配工艺

保险杠系统中各零件由不同的生产工艺完成，通过装配形成有机的整体。保险杠系统的装配工艺有焊接、卡接、铆接、粘接及螺钉连接等。

13.4 保险杠系统设计验证试验

保险杠系统的工装样件生产出来后，为确保零件的可靠性及质量稳定性，需要对使用模具生产出来的工装样件进行设计验证试验（DVP&R），如下常规试验详情请见第 6 章。

1. 保险杠总成试验项目（表 13-6）

2. 保险杠系统涂装零件试验项目（表 13-7）

表 13-6 保险杠总成试验项目

序号	试验项目	
1	耐热老化性	
2	耐高低温循环	
3	耐光照老化性	
4	耐燃油性能	
5	耐刮擦性	
6	耐低温冲击性	
7	碎石冲击试验	
8	前保险杠表面刚度	掌压刚度
		指压刚度
9	后保险杠表面刚度	
10	后保险杠踩踏强度	
11	禁限用物质	
12	CAMDS 数据的要求	
13	多环芳烃的要求：与皮肤接触超过 30s（长时间接触）的零部件所用材料	

表 13-7 保险杠系统涂装零件试验项目

序号	试验项目
1	漆膜的外观
2	镜面光泽度
3	铅笔硬度（破裂）
4	耐冲击性
5	附着力
6	耐酸性
7	耐碱性
8	耐清洁剂性
9	耐增塑剂性
10	耐汽油性
11	耐潮性
12	耐温水性
13	强化耐候性
14	室外耐候性

3. 保险杠系统电镀零件试验项目（表 13-8）

表 13-8 保险杠系统电镀零件试验项目

序号	试验项目	序号	试验项目
1	外观	3	耐腐蚀性
2	镀层厚度	4	耐高低温循环

4. 保险杠其他试验项目

保险杠系统除进行上述常规试验以外，还需进行如下一些特殊的试验，以满足性能要求。

（1）前保险杠总成表面刚度　如图 13-101 所示，在前保险杠表面 Point1、Point2、Point5 加载 50N 力，加载面积为直径 ϕ20mm 的圆，在加载点测量加载时产品的变形量；在格栅区域 Point6、Point7 加载 10N 力，加载面积为直径 ϕ10mm 的圆，在加载点测量加载时产品的变形量。

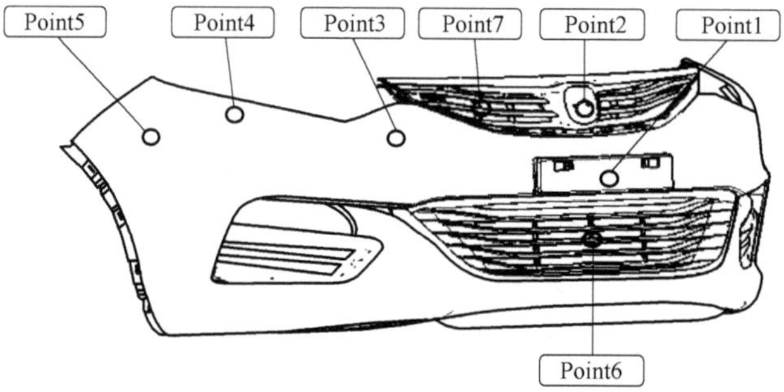

图 13-101　前保险杠按压刚度位置图

（2）后保险杠总成表面刚度　如图 13-102 所示，在后保险杠表面 Point1、Point2 加载 90N 力，加载面积为直径 ϕ20mm 的圆，在加载点测量加载时产品的变形量，加载位置由设计工程师指定。

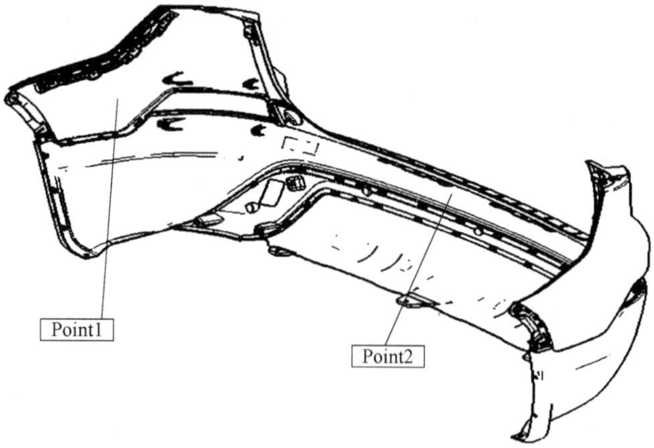

图 13-102　后保险杠按压刚度位置图

（3）后保险杠踩踏强度　在保险杠处于与实际安装状态一致的条件下，在后保险杠上边缘水平区域加载 500N 力，加载位置由设计工程师指定，加载面积 100mm×50mm，加载时间 10s，载荷撤销后对产品进行评价。

第14章 外装饰件设计

汽车外部大部分非金属零件都属于外装饰件系统，如车门防擦条、扰流板、轮罩护板、车身下护板、行李架、顶饰条、前罩装饰件等。

本章重点介绍三种典型的汽车外装饰件：前罩装饰件、车身下护板、扰流板。

14.1 前罩装饰件设计

前罩装饰件在一些主机厂又称为流水槽盖板或刮水器盖板；其英文名称是 cowl garnish。前罩装饰件是汽车上较大的外覆盖件之一，作为一个独立的部件安装在汽车上，对车辆的造型效果及防水作用有着较大的影响。前罩装饰件主要使用塑料材料制作，重量轻，外观效果好。

前罩装饰件一般应用在汽车前风窗玻璃和汽车发动机舱盖外板之间，基本功能是装饰、遮蔽作用。在前风窗玻璃和发动机舱盖之间如果没有前罩装饰件，人们就会直接看到白车身，通过前罩装饰件装饰后，对汽车起到了更好的遮蔽、造型美化效果。

对前罩装饰件有一定的光泽度和雾化度的要求。同时与其他一般装饰件相比，前罩装饰件的工作环境复杂，因而设计难度增加很多，主要体现在下列方面：第一，各种天气变化，特别是雨水、日照等造成前罩装饰件很容易老化，所以要求其具有较好的耐热性、耐寒性和耐候性。在我国大部分地区，汽车夏季长时间停在烈日之下，在气温为35℃、湿度为70%RH、日射量为3762kJ/(m^2·h) 的环境下，汽车停放1h，路面温度可以达到40℃，车表温度可以达到70℃以上。第二，前罩装饰件与汽车其他部件一样，处于剧烈而频繁的振动和冲击条件下，抗振性能要求很高，需要各部件有足够的机械强度。

> 除了基本的装饰作用，前罩装饰件的其他主要功能有遮挡发动机舱内的零部件、阻挡沉积（树叶等）、将雨水分流、防止发动机舱的气体泄露进驾驶舱、有足够的空气通过提供给空调、可满足洗涤器喷嘴及软管的布置装配需求等。

根据前罩装饰件与翼子板及侧围的分块、遮蔽范围、装配影响，一般分为一体式、两段式、三段式几种结构，详见表14-1。

表 14-1 前罩装饰件常见结构形式分类

序号	结构形式	图示	特点	备注
1	一体式	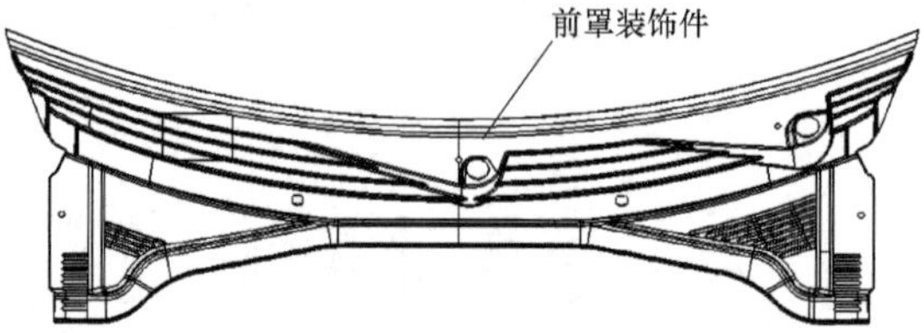	适用于车身两侧遮蔽范围小，两端装配无遮挡。结构简单，易于安装，对车身布置要求高，与车体、玻璃配合不良	
2	两段式	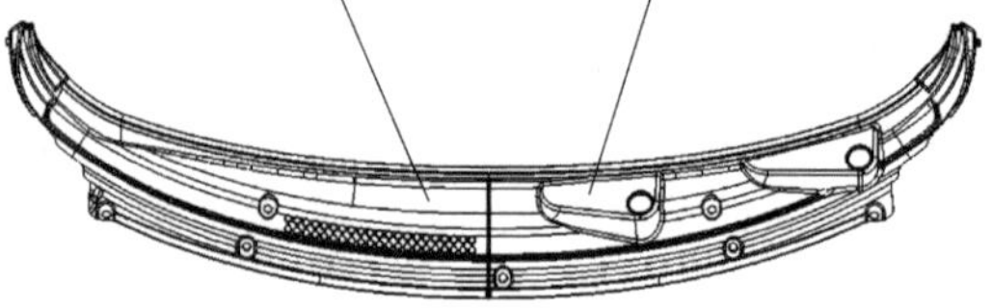	适用于对车身两侧需要遮蔽。易于安装，装配后左右件的间隙段差不易控制，与车身配合间隙段差不易控制	
3	三段式	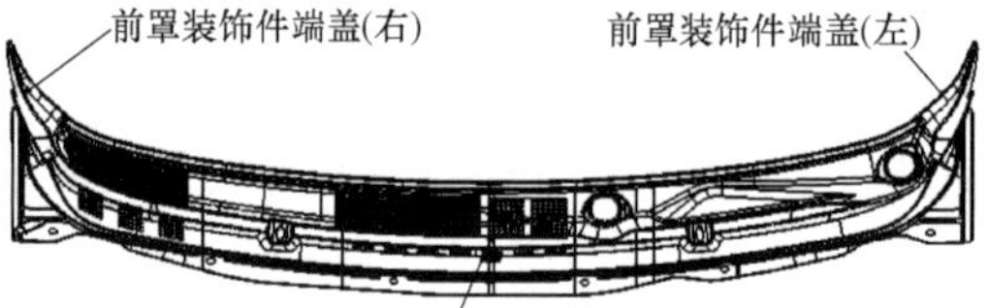	适用于对车身两侧遮蔽，两端由于装配困难进行分件。端盖分为软质和硬质两种，软质端盖与本体焊接或者双色注射成型	

14.1.1 前罩装饰件可行性分析

前罩装饰件的主要可行性分析包括 A 级曲面、车体数据、前风窗玻璃、翼子板、洗涤器软管及喷嘴、刮水器及刮水器电动机、前罩总成、前罩铰链、前罩密封条、空调进风口要求等。

1. 人机

设计前罩装饰件需要考虑装配工艺性，尤其是一体件更需要进行装配工艺性分析，考虑发动机舱、刮水器、前罩、前罩铰链等是否对前罩装饰件的装配有影响。

前罩装饰件人机方面还需要考虑顾客维修拆装前罩装饰件的便利性、拆装前刮水器的便利性以及维修拆装前减振器的便利性等。

2. 法规

前罩装饰件的设计必须满足以下法规：

1) GB 11566—2009《乘用车外部凸出物》。

2) GB/T 24550—2009《汽车对行人的碰撞保护》。

3) GB/T 30512—2014《汽车禁用物质要求》。

4) GB 8410—2006《汽车内饰材料的燃烧特性》。

3. 安全

在前罩装饰件造型设计时，需尽量减少头部碰撞区域，规避刮水器，降低头部碰撞的风险。前罩装饰件的造型主要影响发动机罩后缘参考线，如图 14-1 所示，是指当直径为 165mm 的球与前风窗玻璃保持接触并在车辆前部结构上横向滚动时，球与车辆前部结构的最后接触点所形成的几何轨迹。

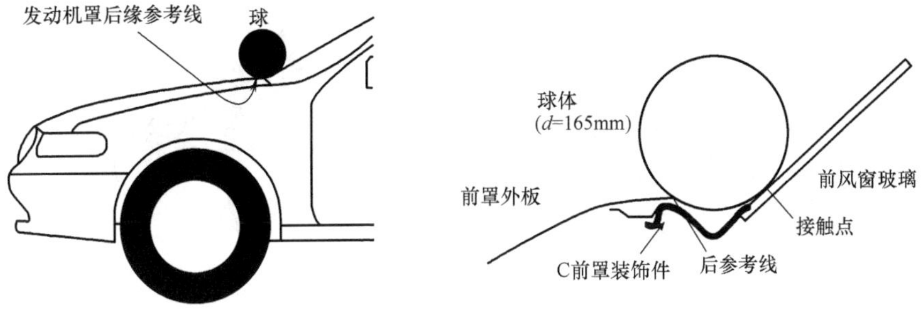

图 14-1　头部碰撞区域校核示意图

1）需要确保在发动机罩后缘参考线划分时，球体与前罩装饰件没有接触点。

2）确保后缘参考线位于发动机罩上，而不在前罩装饰件上，从而将刮水器轴有效地从头部碰撞区域规避出去。

14.1.2　前罩装饰件结构设计

1. 定位设计

以整体式前罩装饰件为例：定位孔一般布置在中间位置，如图 14-2 所示。

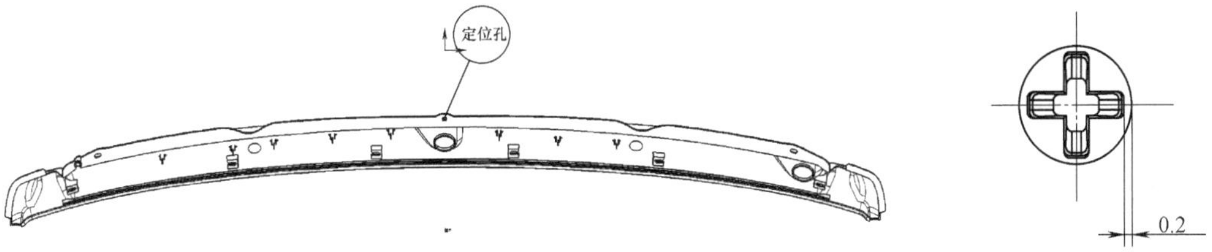

图 14-2　前罩装饰件主定位孔示意图

2. 前罩装饰件与前风窗玻璃的固定方式

前罩装饰件与前风窗玻璃一般采用卡接形式搭接，卡子之间间距推荐 100mm<L<200mm，卡子均布 10~12 个。示意图如图 14-3 所示。

3. 前罩装饰件与前风窗玻璃的搭接方式

前罩装饰件与前风窗玻璃搭接多采用两种形式，如图 14-4 所示。

4. 前罩装饰件本体与端盖的搭接方式

前罩装饰件本体与端盖搭接多采用两种形式，如图 14-5 所示。

5. 前罩装饰件进风格栅

前罩装饰件格栅一般设置空调进风口，主要通过格栅网格形式及布置位置来实现，每个孔的开口面积建议不大于 4mm×4mm，并且还要具有遮蔽性，避免杂物混入。格栅布置位置如图 14-6 所示。总开孔面积需要达到空调进气需求。

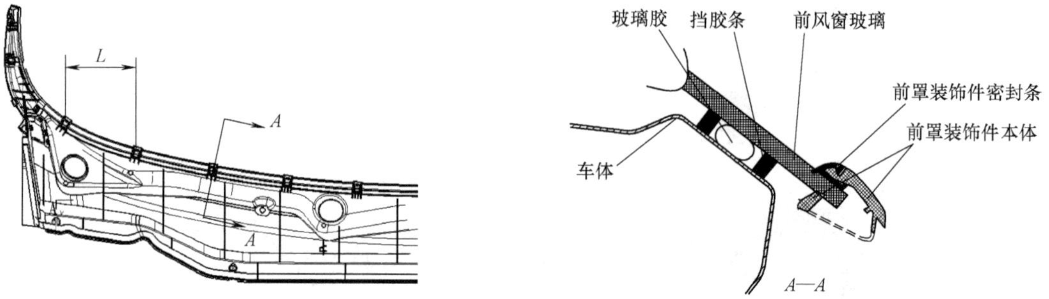

图 14-3　前罩装饰件与风窗玻璃的搭接示意图

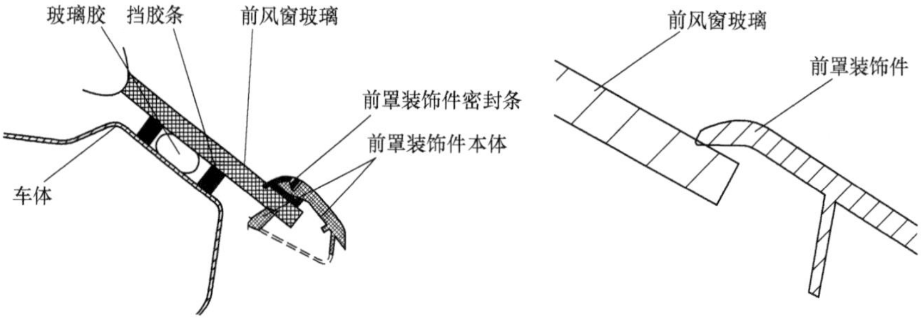

图 14-4　前罩装饰件与风窗玻璃搭接示意图

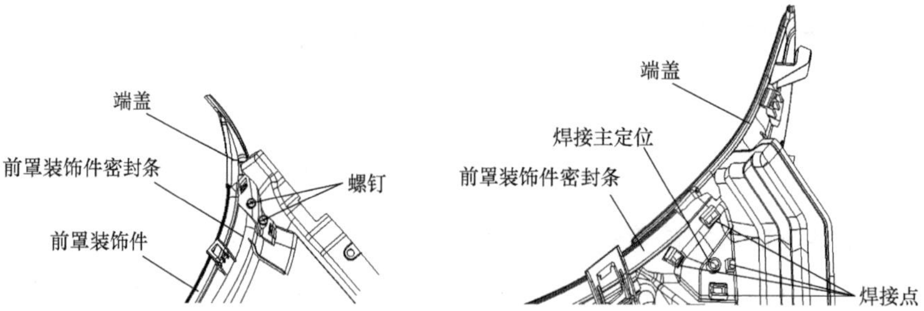

图 14-5　前罩装饰件与端盖搭接示意图

6. 前罩装饰件装饰条与前罩密封条

1）前罩后密封条多采用两种形式，如图 14-7 所示。

2）前罩装饰件密封泡沫。前罩装饰件、密封泡沫及车身发动机舱零件需要将空调进气口与发动机舱内气体隔开，避免发动机废气吸入乘员舱。为了保证密封效果，需要在前罩装饰件与车身的接触面设计密封泡沫，如图 14-8 所示。

7. 前罩装饰件与周边零部件间隙

前罩装饰件与周边零部件间隙设计详见表 14-2。

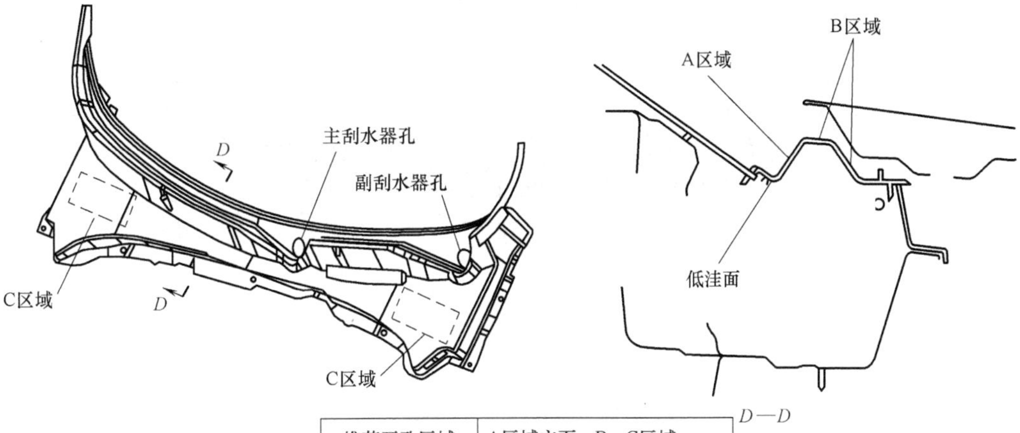

推荐开孔区域	A区域立面，B、C区域
避免开孔区域	A低洼面、刮水器电动机上方

图 14-6　前罩装饰件开孔示意图

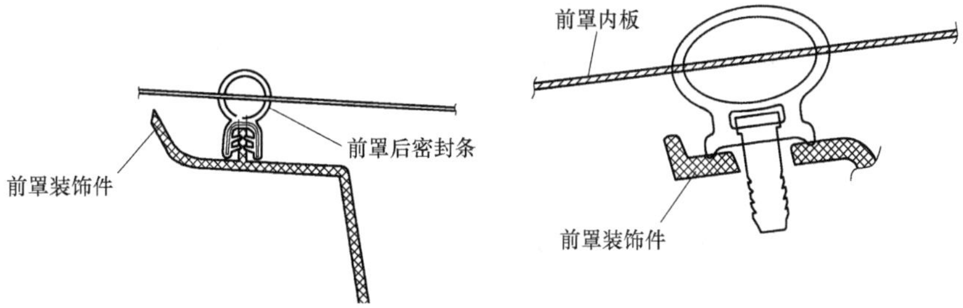

图 14-7　前罩装饰件后密封条固定示意图

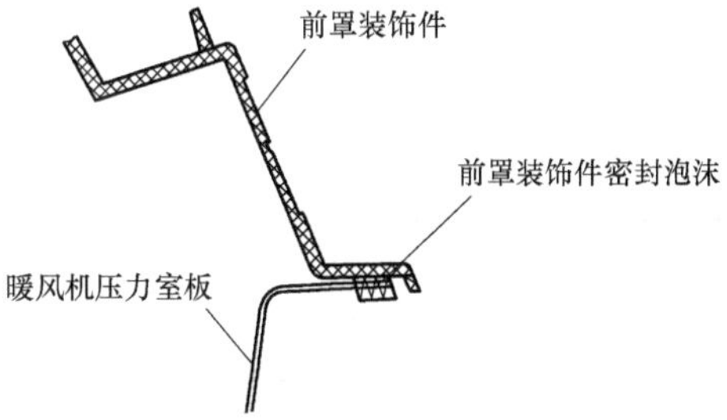

图 14-8　前罩装饰件密封泡沫示意图

14.1.3　前罩装饰件制造工艺

1. 前罩装饰件的制造工艺选择

前罩装饰件系统常见的成型工艺见表 14-3。

表 14-2 前罩装饰件与周边零部件搭接间隙设计

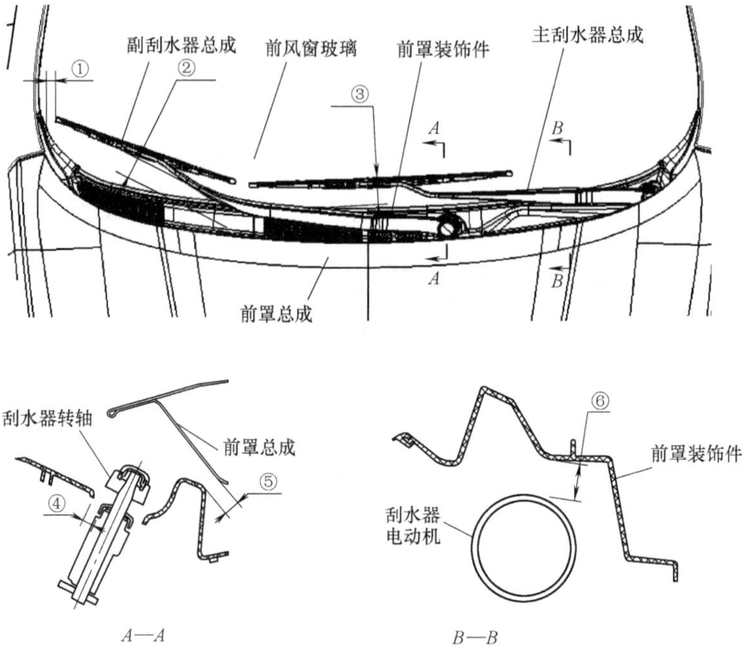

序号	安 装 位 置	推荐值
①	前罩装饰件与副刮水器刮片停止位置最小距离	≥40mm
②	前罩装饰件与刮水器刮臂运动包络最小距离	≥20mm
③	前罩装饰件与主刮水器刮片停止位置最小距离	≥45mm
④	前罩装饰件与刮水器电动机轴最小距离	4mm
⑤	前罩装饰件与前罩总成及运动包络最小距离	≥8mm
⑥	前罩装饰件与刮水器电动机最小距离	≥8mm

表 14-3 前罩装饰件常见成型工艺

序号	零件	成型工艺	备　注
1	前罩装饰件本体	注射成型	详细的工艺介绍，请参阅本书第 4 章“汽车内外饰材料与工艺”
2	前罩装饰件端盖	注射成型	
		与本体双色注射	
3	前罩装饰件装饰条	挤出成型	
		与本体双色注射	
4	前罩装饰件密封泡沫	发泡	

2. 前罩装饰件的材料选择

前罩装饰件系统常选用的塑料材料见表 14-4。

14.1.4 前罩装饰件设计试验验证

1. 外观及尺寸方面

前罩装饰件外观表面要求产品光洁，无明显斑点、划痕和气泡。纹理表面无由于脱模方

表 14-4 前罩装饰件常用材料

序号	零件	材料	备　注
1	前罩装饰件本体	PP+EPDM-TD30	详细的塑料高分子材料介绍,请参阅本书第 4 章“汽车内外饰材料与工艺”
2	前罩装饰件端盖	TPV	
3	前罩装饰件装饰条	EPDM	

向而引起的纹理拉伤等缺陷，纹理清晰圆润，花纹形式与样板一致。各零部件的纹理搭接应过渡自然、方向一致、色泽均匀。产品尺寸必须满足前罩装饰件产品检具要求。

2. 性能方面

前罩装饰件性能试验要求一般包括满足耐高低温循环要求、耐热老化要求、耐低温冲击性要求、耐候性要求、静态刚度要求、耐风窗玻璃洗涤液要求、材料禁限物质要求等。其通用性能与验证，详见本书第 6 章“内外饰常规性能验证”。

14.2 扰流板设计

扰流板（或带高位制动灯总成）一般安装在车身背门上部，主要作用为：一方面，在汽车高速行驶的情况下，通过改变气流方向，使之作用于汽车尾部表面，有效地减少车辆在高速行驶时产生的空气阻力，既节省了燃料，同时也提高了车辆行驶的稳定性；另一方面，它使轿车外形增添了动感，使整车更美观。

扰流板主要分为三类：一是赛车上的扰流板。比如 F1 赛车，由于它的车速高，车体在高速气流中所表现出的“机翼”化现象特别明显，非常有必要来安装抵消这种现象的装置：扰流板。它不仅安装在尾部，车的前端也有这种扰流板，一般分为单层和双层两种，而材质有铝合金、玻璃纤维、碳纤维等多种，其工作方式也有手动可调和自动调节之分。不过无论结构材质有何区别，其根本的目的都是通过增加下压力来改善车辆在动态状况下的稳定性。我们关注 F1 赛事会发现，F1 赛车的前后都安装有定风翼，它们为车体提供了近 60%的下压力，从而保证了高速下轮胎具有足够的抓地力来保持车身的稳定性。二是一般汽车的扰流板。一般的运动型小汽车都装有一个扰流板，一是为了体现它的运动特性，二是因为运动型汽车的用户可能喜欢玩车技，偶尔做一些急转弯、漂移等特技动作，这时候扰流板就会起到稳定车身的作用，增加安全性。三是一些两厢车后出现的鸭尾状扰流器。现在的一些旅行车、多功能车都采用掀背式，大多数都会有一个鸭尾状的尾翼，既可以将车顶上的气流顺畅地导至车后，同时还利用了该气流将后车窗的灰尘清除掉，避免因灰尘附着而影响到驾驶人的后视野。

本节主要介绍的是一般汽车的扰流板。扰流板设计涵盖吹塑和注射两种类型，以下从设计开发流程、A 面设计、结构设计、成型工艺、法规等各方面综合介绍扰流板设计规范，为汽车外饰设计人员提供学习参考。

汽车扰流板并不只是起简单的装饰作用，还增加了汽车在高速驰骋时的抓地力和稳定性，特别是使汽车在弯道不易于翻倒，并且可以节省燃油。

根据空气动力学原理分析，我们知道汽车在行驶过程中会遇到空气阻力，这种阻力可分为纵向、侧向和垂直上升三个方面的作用力，并且空气阻力与车速平方成正比。也就是说，车速 120km/h 的升力，是车速 60km/h 的 4 倍，是车速 40km/h 的 9 倍。一般情况，当车速超过 60km/h，空气阻力对汽车的影响就表现得非常明显。为了有效地减少并克服汽车高速行驶时空气阻力的影响，采用汽车尾部扰流板使空气对汽车产生第四种作用力，即对地面的附着力，它能抵消一部分气动升力，控制汽车上浮，使汽车能紧贴着道路行驶，从而起到提高汽车行驶稳定性的作用。除了提高行驶稳定性，汽车扰流板对于节省燃油也有一定帮助。以排气量为 1.6L 的轿车为例，安装扰流板后，在一般道路上行驶，耗油量减少或许不明显，但在高速路上行驶，则能省油大约 10%。

14.2.1 扰流板可行性分析

1. 法规

扰流板安装在车身外部，需要满足 GB 11566《乘用车外部凸出物》法规中对外部凸出物的要求：车身外表面凸出零件的圆角半径不得小于 2.5mm。因此在设计扰流板时注意扰流板的圆角要求为 $R \geqslant 2.5$mm。

2. 安全

扰流板一般安装在行李箱盖上，需要校核扰流板的安装位置是否对驾驶人后方视野造成影响，以免带来行车安全问题。

14.2.2 扰流板结构设计

1. 扰流板总成的组成

扰流板总成的子零件主要由扰流板本体、胶条、镶嵌螺栓、卡扣、密封垫组成，如图 14-9 所示。根据布置及外观配置要求确认高位制动灯、后喷嘴总成是否布置在扰流板总成上，如果布置在扰流板总成上，则需要增加紧固螺母以及相应的线束粘接胶带或线束卡位结构。

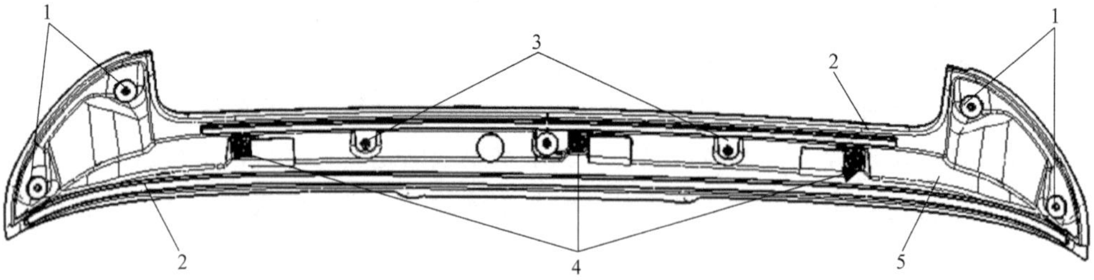

图 14-9 扰流板总成示意图

1—螺母 2—胶条 3—螺栓 4—卡扣 5—扰流板本体

2. 扰流板总成设计

扰流板总成一般采用卡扣与螺栓相结合的方式与行李箱盖外板连接，装配时先将卡扣沿卡扣轴线方向拍入，卡扣卡入车身后再将行李箱盖打开并用螺母将两端打紧。此安装方式简单、快捷。扰流板总成上应设计胶条，可以避免扰流板总成与车身直接接触而产生异响或者刮漆的问题，同时也可以弥补扰流板总成与车身的间隙，降低车辆在行驶过程中产生的风噪。一般扰流板上端比行李箱盖外板面差低于 1mm，两端与侧围面差 1mm，如图 14-10、图 14-11 所示。此设计方式可以降低车辆在行驶过程中的风阻、风噪。

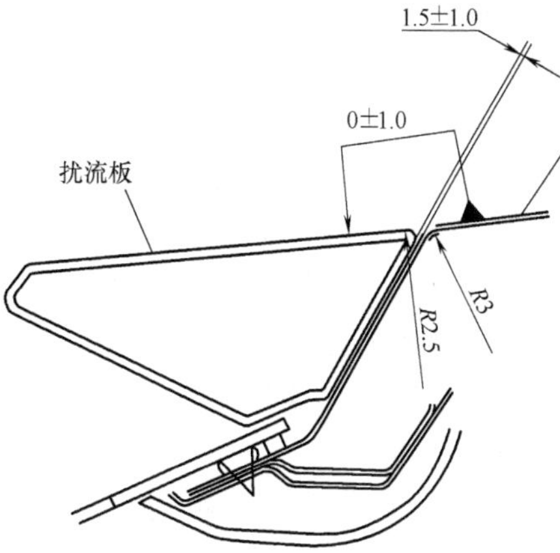

图 14-10 扰流板与行李箱盖外板截面

（1）吹塑扰流板设计 扰流板本体根据工艺划分有吹塑成型、双层板注射+焊接成型、单层板注射成型 3 种工艺，本节主要描述的是吹塑扰流板本体的设计。

1）壁厚设计：基本壁厚 2.5~3.0mm，有嵌件结构时，为保证嵌件强度，一般基本壁厚应满足 3mm。

2）产品设计：

① A 级面要求：A 级面在满足保证整车外观美观的前提下，尽量设计为相对比较平滑的面。

② 装配面设计：装配面根据行李箱盖及玻璃进行结构设计，与玻璃及钣金搭接的地方需要减振设计，如图 14-12 所示。

③ R 角要求：产品设计时尽量避免尖角，圆角过渡要求 $R \geqslant 2.5$mm（尖角处油漆附着率低，易掉漆）。

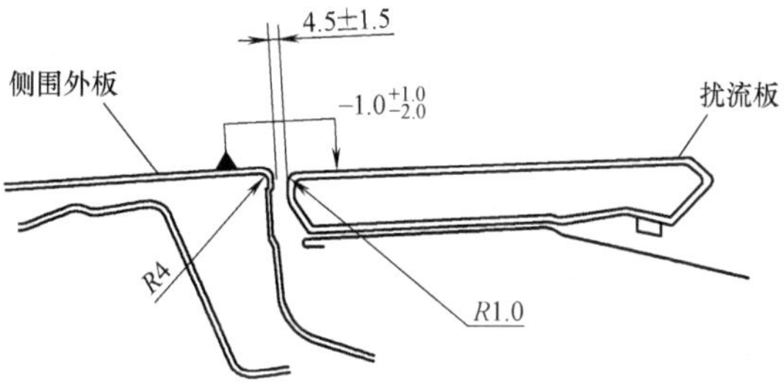

图 14-11 扰流板与侧围外板截面

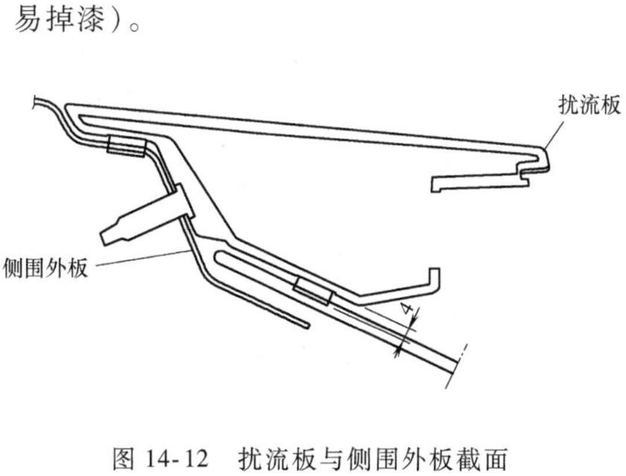

图 14-12 扰流板与侧围外板截面

④ 产品空腔尺寸要求：产品内腔尺寸≥设计壁厚，以免工艺成型时产品外观出现褶皱等外观不良而影响下一个工序（断面如图 14-13 所示）。

⑤ 防雨及减振的要求：设计时需注意防雨及减振设计，一般采用 PE 发泡胶。发泡胶分两种，一种为闭孔 PE 胶，起防雨作用；另外一种为开孔 PE 胶，起减振作用。设计时根据不同的目的选择材料。PE 发泡胶采用双面胶，要求能承受环境温度并且能防水。产品上应该预留一定深度的贴胶槽，具体深度根据产品结构和壁厚设计，保证产品与行李箱盖装配后密封胶条能被压缩一定尺寸。

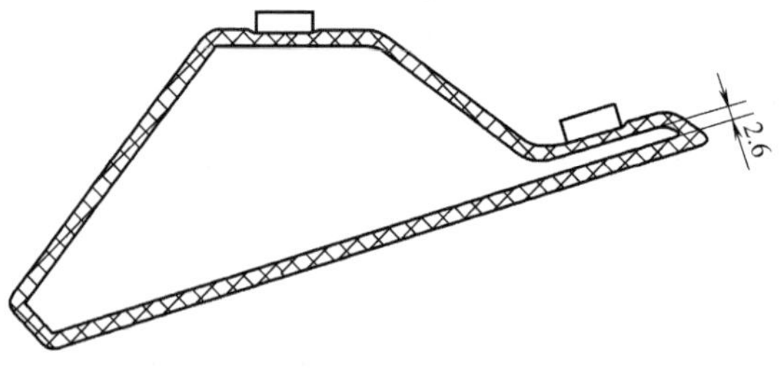

图 14-13　扰流板与侧围外板截面

⑥ 安装点间距：两端固定点距边界尽量近，其余均布，各安装点布置间距为 150～200mm。

⑦ 主次定位方式：主定位在零件中间，建议用定位柱作为主定位，卡扣可作为次定位。

（2）注射扰流板结构设计　注射扰流板主要有双层板注射+焊接成型和单层板注射成型两种成型工艺。单层板注射成型扰流板的成型工艺简单，与普通注射塑料件成型类似。在这里主要介绍双层板注射+焊接成型。

双层板注射+焊接成型扰流板目前在轿车、MPV、SUV 等乘用车上应用较为广泛，该工艺的工序主要为注射、焊接、喷涂装配。该工艺的优势是基本不会对造型有太多限制。该工艺需要一台注射设备和一台超声波焊接设备。与吹塑扰流板相比较，其外观感知质量更好，一次性合格率高。但是，该结构需要两层板，产品重量较重，单件成本较高，需要投入两副注射模具、一台焊接工装、一台焊接设备，因此工装和设备投入较大。双层板注射+焊接成型扰流板主要分为单色（图 14-14）和双色（图 14-15）两种形式。这两种双层板注射+焊接成型扰流板在结构设计上差异不大，本节以单色双层板注射+焊接成型扰流板为例来介绍。

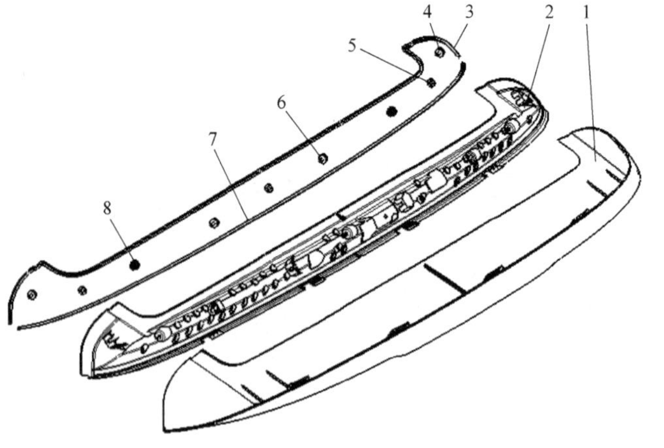

图 14-14　单色注射扰流板示意图

1—扰流板本体　2—扰流板骨架　3—胶条 1　4—防水垫 1　5—防水垫 2　6—特制螺栓　7—胶条 2　8—防水卡扣

单色双层板注射+焊接成型扰流板总成的子零件主要由扰流板本体、胶条、镶嵌螺栓、

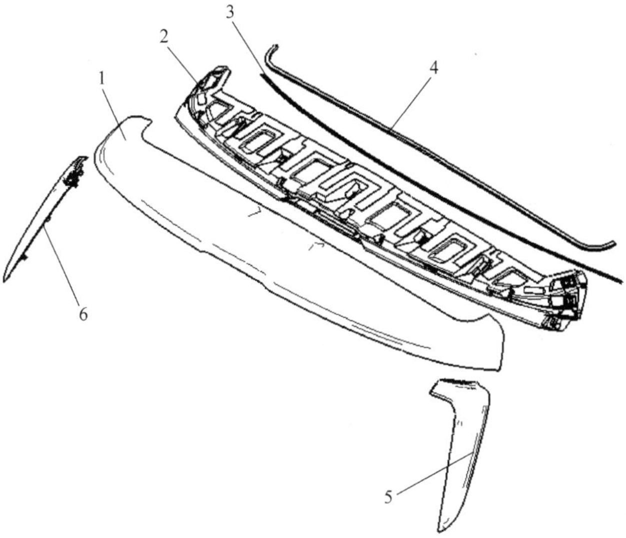

图 14-15 双色注射扰流板示意图

1—扰流板上本体 2—扰流板下本体 3—密封条 1 4—密封条 2

5—扰流板装饰件总成（右） 6—扰流板装饰件总成（左）

卡扣、密封垫组成。与高位制动灯、后喷嘴总成、车身等零部件的安装配合关系参见吹塑扰流板设计小节。

双层板注射+焊接成型扰流板总成与吹塑扰流板的主要差异是设计时需考虑两层板之间的焊接宽度（即焊接机焊头宽度），一般为 15~20mm。

14.2.3 扰流板制造工艺

扰流板的材料选择及制作工艺见表 14-5。

表 14-5 扰流板常用材料及制造工艺

序号	零件名称	材料	壁厚/mm	成型工艺	备 注
1	扰流板本体	PC+ABS	2.5~3	注射	详细工艺、材料介绍，请参阅本书第 4 章“汽车内外饰材料与工艺”
2	扰流板本体	吹塑级 ABS	2.5~3	吹塑	
3	密封胶条	PVC/EPDM		挤出/ PU 闭孔发泡	

1. 吹塑扰流板的制造工艺流程

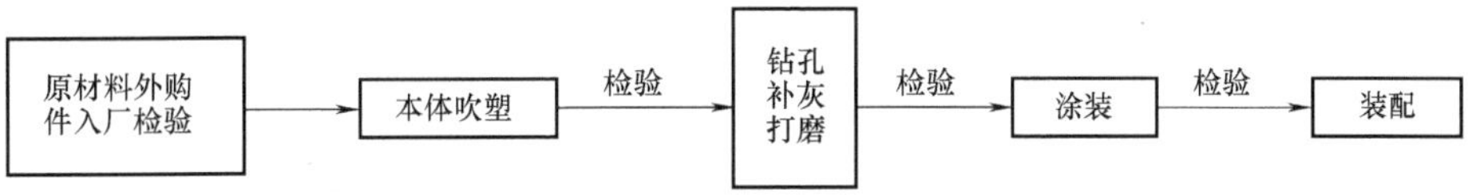

2. 注射扰流板的制造工艺流程

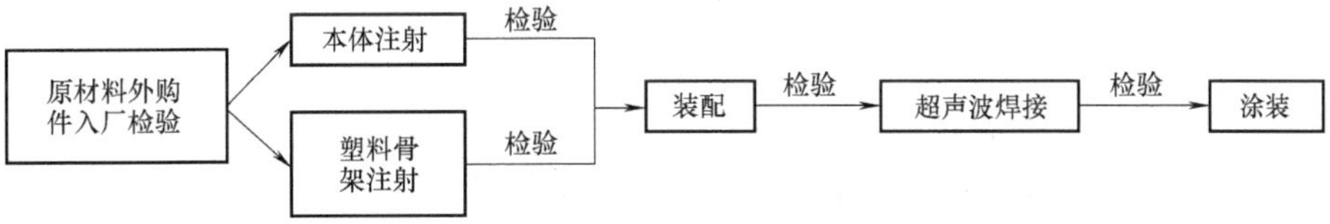

14.2.4 扰流板设计验证

当A面出来以后，需要进行最小间隙校核，在间隙最小的位置做断面校核，大于计算间隙则判定为满足设计要求。

1. 3D数据校核

当3D数据出来后，需要再进行3D数据校核，此过程在CATIA DMU运动机构模块下操作实现：

1）创建新机制，固定铰链。

2）创建旋转、距离及旋转角度（旋转角度=行李箱盖最大开启角度）。

3）仿真模拟。

4）仿真结果判定：将运动模拟过程中最小间隙值与前面的计算结果相比较，大于计算间隙则判定为满足设计要求。

2. 扰流板通用性能与验证

详见本书第6章“内外饰常规性能验证”。

14.3 车身下护板设计

车身下护板主要应用于SUV车型，能防止车身下部因碎石飞溅导致对车身钣金的伤害，同时对侧围钣金受到的刮擦起一定的防护作用。它还能遮蔽车身底部钣金焊接间隙，防止雨水浸透腐蚀钣金。

14.3.1 车身下护板可行性分析

车身下护板安装于车身侧围下部，需要满足乘用车外部凸出物的法规要求，设计时需满足车身下护板 $R \geqslant 2.5$mm。

14.3.2 车身下护板结构设计

产品结构设计前先要保证产品的脱模角度，使之能顺利脱模；其次进行运动校核，与车门内外板在 Z 向的安全距离需满足要求。

1. 车身下护板的分块配置

车身下护板根据产品分块或造型不同可分为车门外护板或车身下护板，如图14-16、图14-17所示。

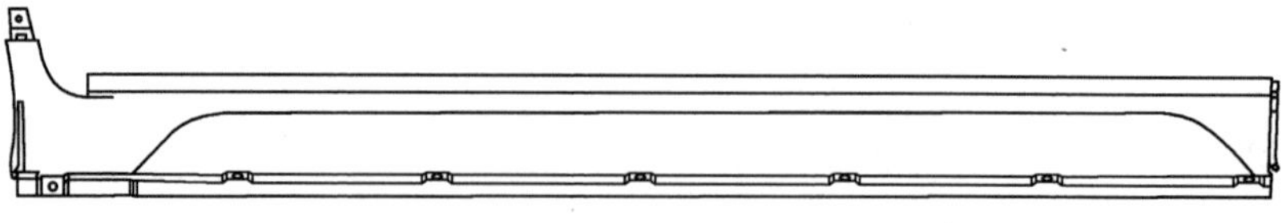

图14-16 车身下护板

2. 车身下护板的定位设计

车身下护板尺寸较长，在产品定位设计时需考虑到材料对产品尺寸的影响。对于有前后

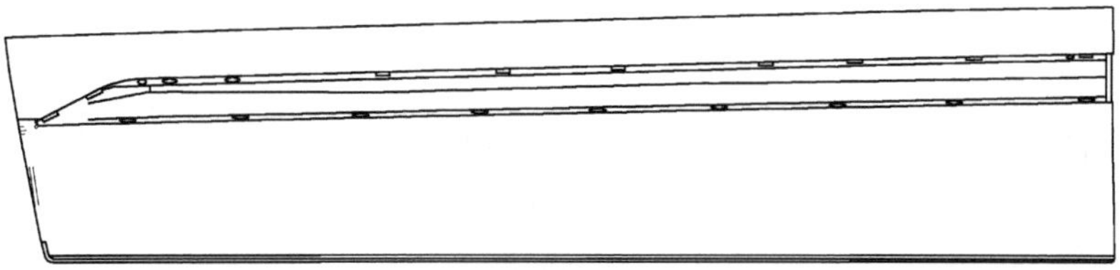

图 14-17 车门外护板

轮眉的车型，下护板主定位点应位于产品的中心区域；若无前后轮眉，则可将定位点放置于前后两端（图 14-18）。

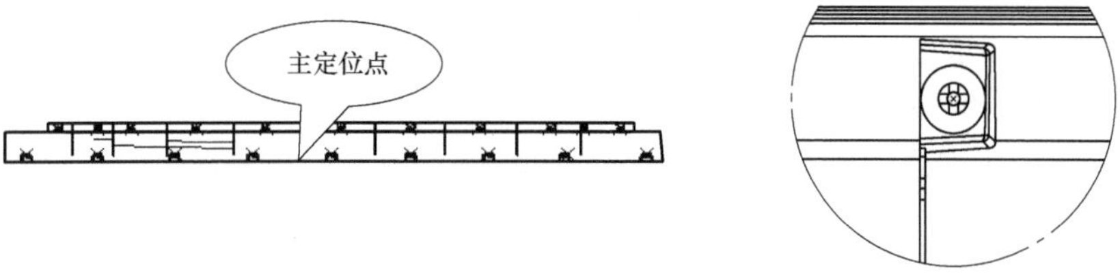

图 14-18 车门外护板定位

3. 车身下护板的安装点分布

对于车身下护板这类尺寸较长的零部件，与车身的安装点要求在直线上的分布尽量均匀，各安装点需保证适当的距离（图 14-19 中 a、c 值），这样有利于车身下护板与车身钣金在 Y 向的间隙控制，同时也有利于零件安装的牢靠性。车身下护板两端安装点与边缘距离（图 14-20 中 b 值）也应控制在较短范围内。

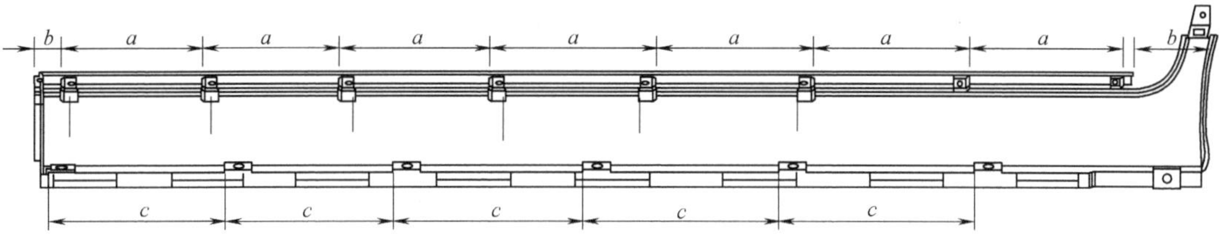

图 14-19 车身下护板安装点布置示意图 1

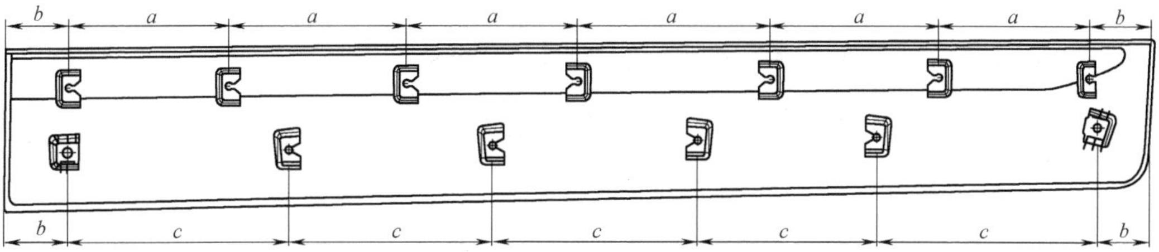

图 14-20 车身下护板安装点布置示意图 2

4. 车身下护板与周边配合件的搭接关系

车身下护板配合整个侧围，与车身上众多零部件搭接，需考虑侧围外板间隙 a，一般在侧围外板处设置内凹型面，以规避间隙；由于维修拆卸时使用举升机，故对 Z 向间隙 b 同样需预留安全间隙，如图 14-21 所示。

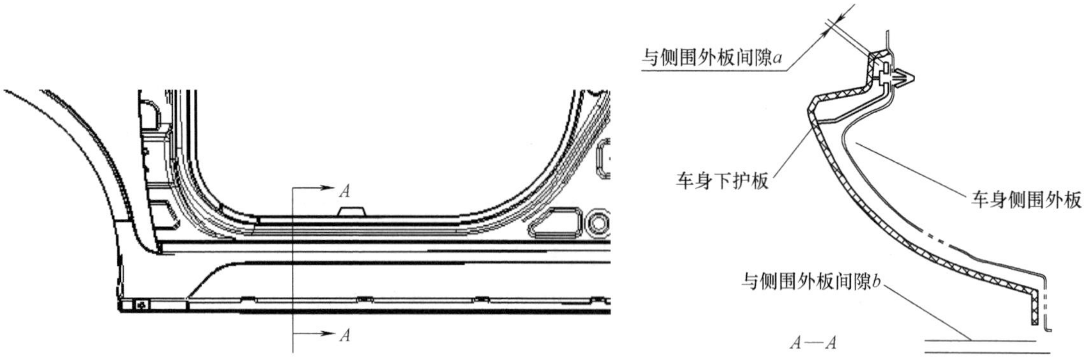

图 14-21　车身下护板安装断面图

5. 车身下护板的精致化工艺

车身下护板由于裸露于车身之外，属外观可视件，故对产品精细化要求较高，其中尤以间隙为甚。

（1）与周边轮眉等间隙配合

1）为了充分保证车身下护板与轮眉等周边配合件之间的搭接间隙，需要在两个零件之间设计连接结构，确保零件之间的相对位置。常用的控制结构如图 14-22 所示。

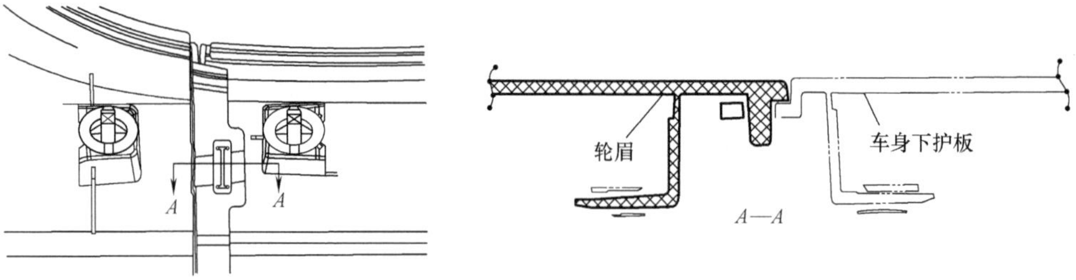

图 14-22　车身下护板限位示意图

2）通过在相邻两部件上直接设计成型结构（如倒钩、定位销等）来将两部分扣合在一起。

（2）与车身钣金间隙配合　为保证与车身配合的一致性，规避车身焊接等因素导致的间隙问题，设计时在车身下护板边缘处增加胶条，以遮盖间隙，如图 14-23 所示。

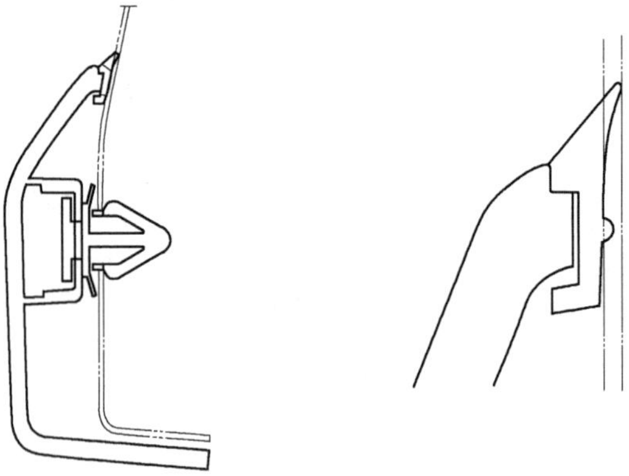

图 14-23　车身下护板与车身搭接示意图

14.3.3　车身下护板制造工艺

车身下护板的材料选择及制作工艺见表 14-6。

14.3.4　车身下护板试验验证

车身下护板在不同阶段需进行不同的试验验证。在产品前期需进行运动校核、干涉情况检查，在数据阶段进行模流分析、CAE 计算验证、快速样件外观验证，对工装件进行耐高低温循环、耐热老化性、耐冲击性等性能试验。关于车身下护板的通用性能与验证，详见本书第 6 章“内外饰常规性能验证”。

表 14-6　车身下护板常见成型工艺

序号	零件名称	材料	壁厚/mm	成型工艺	备注
1	车身下护板本体	PP+EPDM-TD15	2.5~3	注射	详细工艺、材料介绍，请参阅本书第4章“汽车内外饰材料与工艺”
2	密封胶条	PVC/EPDM		挤出	

第15章 内外饰功能件设计

汽车内外饰功能件是指在用户使用车辆过程中，具有某些特殊功能的零部件，如内外后视镜、遮阳板、安全拉手、衣帽钩、眼镜盒等。

本章重点介绍四种典型的汽车功能件：外后视镜、遮阳板、安全拉手、出风口。

15.1 外后视镜

外后视镜是一种能在规定的视野内映出汽车后方清晰图像的装置，安装位置如图 1-16 所示。外后视镜一般由镜片、保持件（镜体、镜座等）、方向调节件、支架等组成，其功能可以扩展到集成镜片加热（除霜）、盲区监测、镜片位置记忆、转向灯、照地灯、摄像头、电子防眩、温度传感器等。

外后视镜在整车上属于法规件和安全件，在整车造型上起画龙点睛的作用，集功能性、美观性、装饰性、安全性于一体。

外后视镜结构详见图 15-1 及表 15-1。

表 15-1　外后视镜零部件明细

序号	中文名称	序号	中文名称	序号	中文名称
1	镜片总成	7	安装座密封条	13	转轴
2	镜片调节器	8	接插件	14	镜盖
3	镜框	9	安装座	15	镜壳
4	安装座装饰件	10	安装座旋转面盖板	16	侧转向灯总成
5	双头螺柱	11	镜体支架		
6	安装座密封垫	12	弹簧		

外后视镜主要有以下几种分类：

- 根据镜片调节方式：车内调节（电动、手动）、车外手动调节。
- 根据镜片类型：平面镜、单曲率球面镜（$r \geqslant 1200$mm）、双曲率球面镜、变曲率球面镜。
- 根据镜片镀层类型：镀银、镀铅、镀铬、TiO_2 涂层（俗称“蓝镜”）。
- 根据后视镜折叠结构：手动折叠、电动折叠。
- 根据后视镜的防眩功能：不防眩、镀层防眩、电子防眩目。

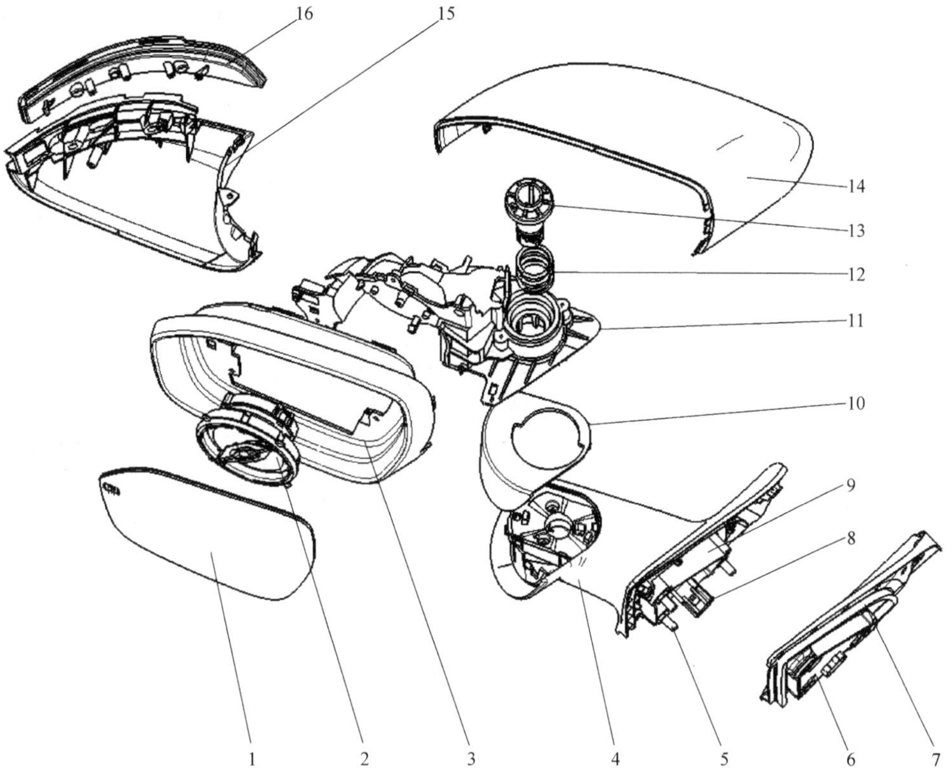

图 15-1 外后视镜结构

本节内容涵盖了所有轿车外后视镜，从零件构成、功能扩展、人机工程、法规、常用材料及零部件成型工艺等方面进行了介绍，为外后视镜开发提供一定的设计依据。

15.1.1 外后视镜可行性分析

1. 人机

后视镜人机影响因素：

1）驾驶人 R 点位置。

2）整车外形尺寸（A 柱障碍角、窗台线、车身轮廓等）。

3）眼椭圆。

4）地面线。

5）驾驶人的眼点：过 R 点做一个平行于汽车纵向基准面的平面，从该平面内 R 点向上 635mm，做垂直于该平面的一条直线段，在直线段与该平面交点的两侧各 32.5mm 做两个点，即为驾驶人的眼点。

根据车辆人机工程学的要求：视野由水平视野和竖直视野组成，如图 15-2 所示。水平单眼视野是从驾驶人眼部水平线向两眼中心线方向旋 160°，两单眼视野的重合部分即双眼水平视野为 120°，双眼竖直视野为高于视平线最大 50°~55°，低于视平线最大

60°~70°。此外，在设计安装后视镜时，要尽量能够将驾驶人的视线保持在行驶正前方。如果驾驶人的眼睛注意力需要离开前进方向时，要尽量保持在最短的时间内，这样就必须了解眼部和头部的运动视野。人的眼部水平旋转最舒适的区域是左右各15°，最大旋转区域是左右各30°，头部水平旋转的舒适区域是左右各45°，上下各30°，最大转动区域为上下各50°。

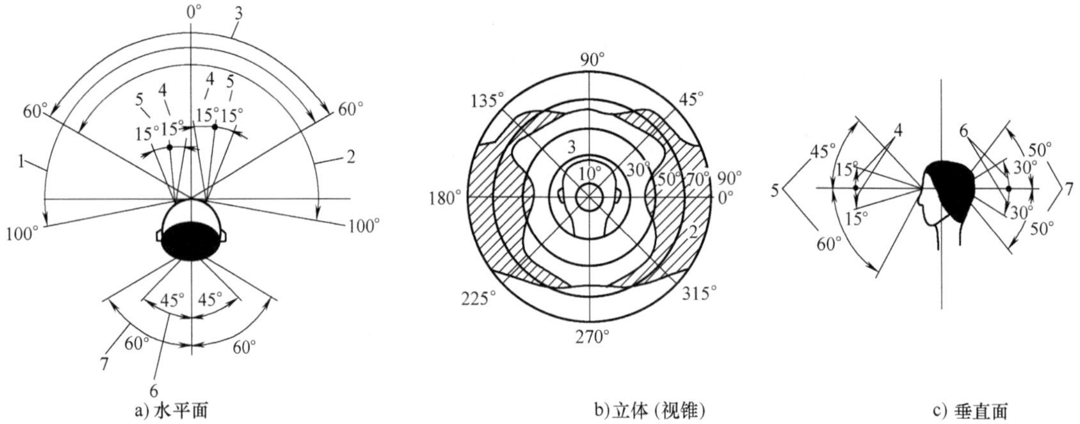

图 15-2 双眼视野示意图

1—左眼视野 2—右眼视野 3—双眼视野 4—眼球自然转动角度 5—眼球强制转动角度 6—头部自然转动角度 7—头部强制转动角度

结合我国国家标准要求，左侧后视镜安装位置须在驾驶人前方水平视野55°，右侧后视镜舒适角度在水平视野60°（45°头部运动舒适区域+15°眼部运动舒适区域），竖直方向视平线上、下各45°（30°头部运动舒适区域+15°眼部运动舒适区域）的范围内。极限情况，右后视镜安装位置在驾驶人前方水平视野不应超过75°（45°头部运动舒适区域+30°眼部转动最大区域），否则会降低驾驶人对前方情况的观察能力，影响行车安全。

2. 法规

轿车外后视镜一般为Ⅲ类后视镜，其相关法规要求如下：

（1）后视镜尺寸要求

1）最小尺寸：必须能在反射面上绘出一个矩形，矩形高度为40mm，长度为 a，和该矩形的高平行的 b 线段计算如下：

$$a=\frac{130}{1+\frac{1000}{r}},\quad b=70$$

2）反射面的曲率半径：

① 后视镜的反射面必须为平面镜或者凸面镜，曲率半径 $r\geqslant 1200$mm。

② 每个基本曲率半径 r_i 与该点曲率半径 r_{pi} 之差须≤0.15r。

③ 任何点的曲率半径 r_{pr} 与 r 之差须≤0.15r。

3）外后视镜安装界限尺寸法规要求：外后视镜安装界限尺寸指的是汽车在满载条件下，如果外后视镜安装后镜体最下端离地面高度小于1800mm，那么该外后视镜不得超出车辆最大宽度（不包括外后视镜时的车辆最大宽度）250mm以上。

4）驾驶人一侧外后视镜布置要求：在确定车辆驾驶人一侧外后视镜的位置时，应保证车辆垂直纵向中间平面，与通过后视镜中心和驾驶人两眼点中点的直线之间的夹角不大于55°。

（2）后视镜间接视野要求

1）驾驶人一侧外后视镜视野。驾驶人至少能看到4000mm宽、由平行于车辆垂直纵向中间平面并且通过驾驶人一侧车辆最远点的平面所界定，并延伸至驾驶人眼点后方20000mm的平坦道路的水平部分。同时，驾驶人必须能够看到从通过驾驶人两眼点的垂面后方4000mm的点开始、宽1000mm、由平行于车辆垂直纵向中间平面并通过车辆最远点的平面所限定的路面，如图15-3所示。

2）乘客一侧外后视镜视野。驾驶人至少能看到4000mm宽、由平行于车辆垂直纵向中间平面并且通过驾驶人一侧车辆最远点的平面所界定，并延伸至驾驶人眼点后方20000mm的平坦道路的水平部分。同时，驾驶人必须能够看到从通过驾驶人两眼点的垂面后方4000mm的点开始、宽1000mm、由平行于车辆垂直纵向中间平面并通过车辆最远点的平面所限定的路面，如图15-3所示。

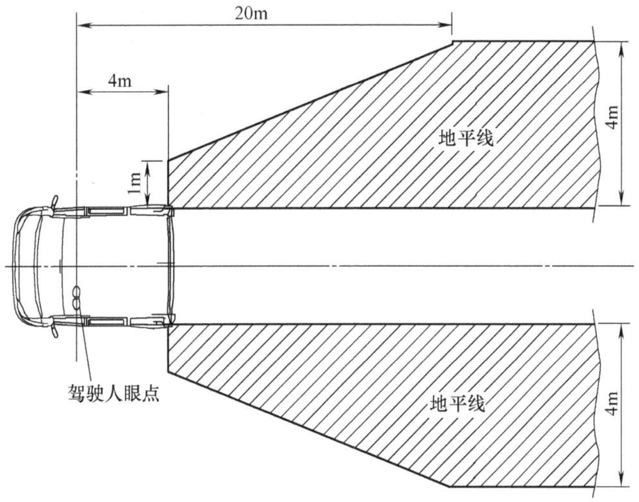

图15-3 Ⅲ类后视镜视野

3）外后视镜的视野障碍物。车身结构和门把手、示廓灯、转向灯、后保险杠等部件遮挡部分的总和不应超过以上所规定视野的10%。

以上为欧洲标准（ECE、EEC）相关视野要求，国家标准（GB 15084—2013）与欧洲标准相同。

15.1.2 外后视镜结构设计

1. 镜片曲率半径设计

曲率半径为后视镜设计的基础，直接影响后续视野区域和法规校核。镜片曲率半径越大，图像越真实，但视野范围也就越小，为满足法规所需的镜片尺寸也越大，从而影响到整个镜体尺寸和重量。法规要求镜片曲率半径 $r \geqslant 1200$mm，设计尺寸需要考虑镜片的加工公差，具体视每个主机厂的实际情况而定。

2. 镜片调节角度设计

外后视镜镜片调节角度设计直接影响后视镜视野调节范围，设计角度过大会造成镜片调节器布置困难，同时在极限使用情况下还会导致镜片外爆出镜框，影响美观；设计角度过小会导致调节范围有限，影响后视野范围，造成部分用户人群抱怨。故合适的镜片调节角度，对于每一款车型都至关重要，为满足不同人体对后视镜使用视野的需求，镜片上、下、左、右调节角度视每个主机厂而定。

3. 镜体位置设计

外后视镜的初始位置布置原则为：

1）低于相切于95%的眼椭圆下沿的水平面。

2）保持头部和眼部的联合运动左侧不超过55°，右侧不超过75°。

3）避免视野被A柱及窗台线遮挡，特别是乘员侧后视镜。

4）外后视镜的调整装置应在驾驶人手可触及部位。

5）外后视镜在行驶过程中会对车辆周边气流产生影响，因此镜体颈部与车辆行驶方向夹角需考虑对风噪的影响，一般要求镜体颈部与车辆行驶方向夹角 $a \geqslant 0°$，否则气流容易被导向前门窗玻璃，产生风噪。具体设计角度需要结合造型以及整车外流场分析而定，如图15-4所示。

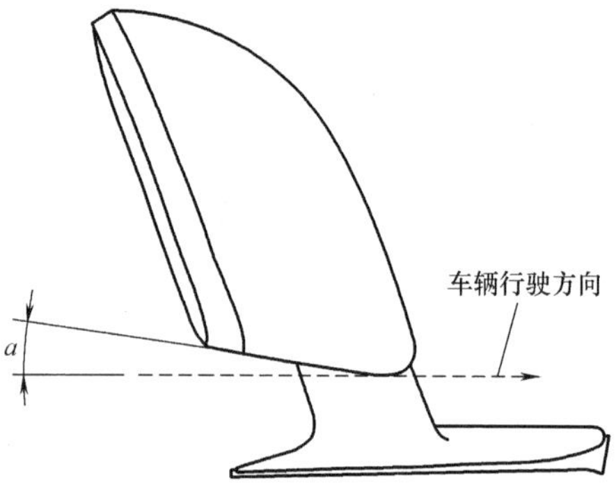

图15-4 外后视镜镜体角度示意图

4. 视野校核

（1）视野校核原理

1）根据球面镜反射原理，眼点通过镜片对应反射点看到目标点，则三点应在同一平面，基于CATIA可绘制对应目标点的反射线。同理可绘制眼点通过镜片周圈的视野边界线。

2）其眼点视野区域定义如图15-5所示。

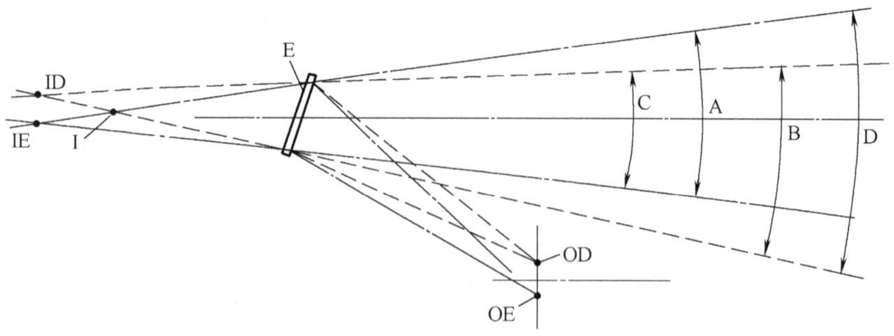

图15-5 外后视镜左右单眼总视野

E—后视镜镜片 OD/OE—驾驶人眼点 ID/IE—单眼虚像 I—左右单眼总虚像

A—左眼视角 B—右眼视角 C—双眼视角 D—左右单眼总视角

3）初步确定镜体布置位置后，结合镜片曲率半径及调节角度范围，须对后视镜视野进行校核，检查后视镜视野边界线及视野区域是否满足法规及布置要求，并结合校核结果对后视镜布置位置进行调整。

（2）视野校核判定原则

1）眼点通过镜片周圈视野边界线需能看到法规要求地面视野区域（图 15-3）。

2）眼点通过镜片周圈视野边界线须与窗框及窗台面保持一定距离，以满足不同人体的视野需求。

3）如以上不满足，须调整镜片尺寸或者位置后再进行效核，最终满足以上要求。

15.1.3　外后视镜制造工艺

外后视镜生产制造中，其关键制造工艺技术包含几个方面：后视镜镜面制造工艺技术、后视镜塑料件表面喷涂工艺技术、后视镜塑料件注射工艺技术、装配工艺及在线检测技术。

部分工艺见表 15-2，其余工艺详见本书第 4 章“汽车内外饰材料与工艺”。

表 15-2　外后视镜常用材料以及制造工艺

名　称		材　料	备　注
密封垫		PE/TPE	注射或发泡
整体式安装座		PA6+30% GF/35% GF	
分体式安装座	安装座装饰件	ASA/ABS	一般表面处理为皮纹时材料选 ASA，喷漆可选 ABS
	安装座	铝合金	
镜盖		ABS	一般为喷漆件，与车身同色
镜片		制镜级浮法玻璃	
镜框/镜壳		ASA/ABS	一般表面处理为皮纹时材料选 ASA，喷漆可选 ABS
弹簧		65Mn	
卡圈		65Mn	与金属转轴配合
U 形卡片		65Mn	与金属转轴配合
转轴		铝合金/PA6+50% GF	
镜体支架		PA6+35% GF/50% GF	外观件一般用前者，非外观件可用后者

15.1.4　外后视镜设计验证

外后视镜属于法规件和安全件，除必须进行国家相关强检和认证检测外，还必须对后视镜的可靠性进行相关试验验证，以保证产品的性能和稳定性。部分设计验证项见表 15-3，其余材料相关验证详见本书第 6 章“内外饰常规性能验证”。

表 15-3　外后视镜设计验证清单

序号	试验描述	接受标准	参考要求	备注
1	固有频率	单件测试，不得低于整车固有频率	不得低于整车固有频率	

（续）

序号	试验描述	接受标准	参考要求	备注
2	低温起动可靠性	1. 将功能正常的后视镜在低温环境下放置一定时间 2. 保持低温并通电进行基本电器性能测试 3. 取出后进行基本操作测试	各零件不得产生变形、损伤、裂纹、脱落等影响其功能现象，镜面及镜壳等外观件不得有不可恢复外观缺陷，电器部分应工作正常	
3	耐高低温循环	1. 将外后视镜放入高低温试验箱内，在低温下保持一定时间 2. 温度缓慢升至高温并在高温下保持一定时间 3. 温度缓慢降至低温 按以上步骤循环数次		
4	耐温度冲击	1. 将外后视镜放入高低温试验箱内，在高温下保持一定时间 2. 降到低温并在低温中保持一定时间 3. 最后再升到高温 按以上步骤循环几次后对零部件状态进行评价		
5	耐湿度循环	1. 将外后视镜放入高低温试验箱内，从室温及一定湿度缓慢升至一定高温 2. 在高温环境下保持一定时间，降温至低温区域 3. 在低温区环境中保持一定时间，升至室温、一定湿度 4. 保持在室温环境中，如此循环多次		
6	耐寒性	将外后视镜放入高低温试验箱内，在低温放置一定时间后，检查零部件性能		
7	耐候性	按照 SAE J2527 进行试验	试验后的零件与初始样品色差ΔE 需控制在一定范围内，安装座装饰板不允许出现发白、起泡，镜片不得有不可恢复外观缺陷，且转向灯符合 GB 4785 的光色规定	
8	电磁兼容性	1. 相应的零部件进行辐射发射测试、传导发射测试、瞬态传导发射，并满足标准要求中的等级要求 2. 相应的零部件进行 BCI、辐射抗扰度、ESD、瞬态抗扰测试，并满足标准等级要求 3. 当相应零部件不能满足要求时，需与电磁兼容部门评审并根据评审结果进行优化测试	电器部件需满足电磁兼容要求，根据不同类型的器件需要，按照要求满足对应测试项目的等级要求	
9	耐腐蚀性	QC/T 531—2001 中 4.4.9 中相关规定	QC/T 531—2001 中 4.4.9 中相关规定	
10	耐振性	将后视镜安装在振动试验台上，分别对前后、左右四个方向进行振动试验，试验后对镜体总成及电器性能进行检测	各零件不得产生变形、损伤、脱落、断裂、裂纹等现象，镜面应保持原正常使用位置，试验后电器部分应工作正常，运行过程中无异响，转向灯密封性满足要求	
11	使用耐久	检查后视镜折叠、镜片调节、电除霜、转向灯等功能耐久性能	试验后满足相关性能耐久要求	
12	禁用物质	QC/T 941《汽车材料中汞的检测方法》 QC/T 942《汽车材料中六价铬的检测方法》 QC/T 943《汽车材料中铅、镉的检测方法》 QC/T 944《汽车材料中多溴联苯（PBBs）和多溴二苯醚（PBDEs）的检测方法》	GB/T 30512《汽车禁用物质要求》	

15.2 遮阳板设计

遮阳板总成用于遮蔽太阳光对车内乘员眼睛的直射，提供优美外观，并满足舒适性、功能性和方便性的要求。遮阳板总成上通常还集成了安全气囊警告标签、化妆灯、化妆镜等。安全气囊警告标签起警示乘员安全的作用，化妆灯和化妆镜则是为车内乘员提供照明和化妆作用。

15.2.1 遮阳板设计可行性分析

1. 人机

遮阳板总成总布置要求：主要是对遮阳板视野区域、前遮阳、侧遮阳的布置以及人机操作等提出要求，具体设计要求根据各主机厂的设计规范不同而略有差异。举例说明如下：

1）遮阳板翻转过程中与头部包络区域的间距要求：保证在遮阳板前遮阳调节时，不进入人体模型头部包络区域。

2）遮阳板翻转垂直时与顶盖内衬的间距要求：遮阳板翻转至与顶盖内衬表面垂直状态时，遮阳板最边缘与顶盖内衬内表面预留安全间隙，保证遮阳板翻转过程中不与顶盖内衬干涉；考虑遮阳板边缘强度，遮阳板 X 轴转轴中心不能离遮阳板边缘太远；考虑精致化，遮阳板边缘最好与顶盖内衬内表面平行。

2. 法规

遮阳板总成在不同市场上有不同的法规要求，但基本的要求是一致的，主要法规见表 15-4。

表 15-4　遮阳板总成法规

法规项	中国国标	欧标	美标
轿车内部凸出物	GB 11552	ECER21-01	/
汽车内饰材料的燃烧特性	GB 8410	95/28/EC	FMVSS302
禁限用物质要求	GB/T 30512	/	/

15.2.2 遮阳板结构设计

1. 遮阳板结构及零部件要求

1）遮阳板结构示意图如图 15-6 所示。示意图对应的零件名称见表 15-5。

表 15-5　遮阳板总成构成明细

图示号	零部件名称	图示号	零部件名称
1	遮阳板本体	7	遮阳板化妆镜底座
2	遮阳板轴套	8	遮阳板化妆镜缓冲垫
3	安全气囊警告标识	9	遮阳板安装支座底板
4	遮阳板化妆镜弹簧片	10	遮阳板安装支座盖
5	遮阳板化妆镜片	11	遮阳板安装支座转轴
6	遮阳板化妆镜盖		

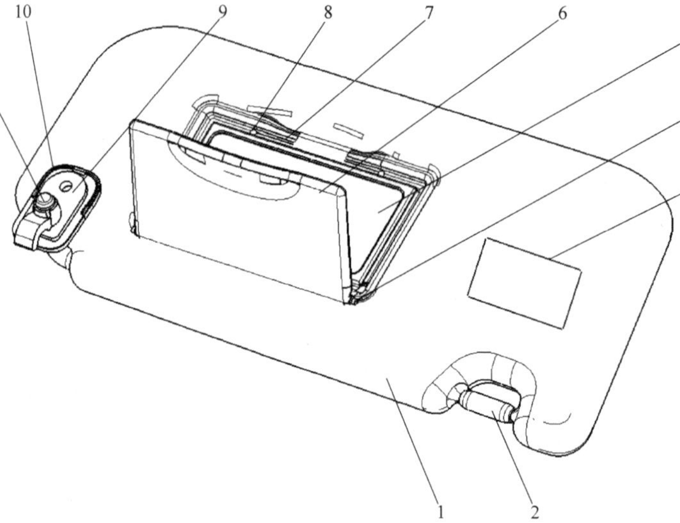

图 15-6　遮阳板结构示意图

2）零部件设计要求。

① 遮阳板本体：一般有 EPP 发泡本体、PU 发泡本体、PP 注射本体三种，内部一般会嵌入钢丝骨架，同时遮阳板本体要设计一定的厚度，增加本体的强度。

② 遮阳板安装座总成：插入遮阳板本体，与卡夹及卡簧片配合成一定角度。

③ 轴套：通过超声波焊接包裹在遮阳板本体钢丝骨架上，实现与安装支座的配合旋转作用。

④ 化妆镜总成：卡接在遮阳板本体化妆镜钢丝骨架上，实现美观、化妆作用。

⑤ 遮阳板安装支座总成：通过螺钉固定在顶盖前横梁钣金上，实现与遮阳板本体轴套的配合旋转作用。

⑥ 遮阳板面料：通过超声波焊接包裹住遮阳板本体，所选择的材料有 PVC、针织面料等。

⑦ 安全气囊警告标识：通过热转印工艺方式与遮阳板表皮材料粘合。

⑧ 遮阳板运动轨迹与周边零件不能出现干涉。如遮阳板翻转过程中，不能影响到内后视镜的使用和后视野法规区域，遮阳板边缘与后视镜 X 向预留足够的安全间隙。同理，遮阳板翻转过程中，与周边其他零件也要预留安全间隙。

2. 遮阳板总成的定位方式

方式一：转轴安装座总成通过导向结构插入钣金，用两颗螺钉固定，有盖板遮挡；安装支座带一个定位导向柱，并与车身通过一颗螺钉固定。

方式二：转轴安装座总成通过两颗金属卡子固定，有盖板遮挡；安装支座通过自身卡接结构与车身直接固定。

15.2.3　遮阳板制造工艺

遮阳板本体有多种制造工艺，如 EPP 发泡、PU 发泡、PP 注射等。遮阳板表皮面料与遮阳板本体则通过高频热合、缝纫、缝合等工艺实现连接。详见本书第 4 章“汽车内外饰材料与工艺”。

15.2.4 遮阳板设计验证

遮阳板相关设计验证清单见表 15-6，其余相关验证详见本书第 6 章“内外饰常规性能验证”。

表 15-6 遮阳板总成相关设计验证清单

序号	试验描述		试验方法	接受标准
1	操作性		将遮阳板安装在实车或模拟车身上，按照正常使用情况进行操作	灵活、平稳、无噪声
2	热合接缝强度	表皮间热合接缝强度	使用拉伸试验机进行测试，在一定拉伸速度下进行，直至表皮热合接缝被破坏，记录期间的最大力值	一定条件下，不得开裂
		表皮与化妆镜热合接缝强度	表皮和化妆镜分别夹持在拉伸试验机的两端，在一定拉伸速度下进行，直至热合接缝被破坏，记录期间的最大力值	一定力条件下，不得开裂
3	上下翻转力		在遮阳板边缘中央施加垂直于遮阳板表面的力，缓慢用力直至遮阳板完全打开，记录期间的最大力值	满足主机厂的要求
4	左右翻转力		将遮阳板按照实际安装状态固定，将卡接一端拔出，在遮阳板的一端施加垂直于遮阳板表面的力，缓慢用力，直至遮阳板完全翻转至另一边，记录期间的最大力值	满足主机厂的要求
5	票据带保持力		在票据带中心处悬挂一定的重物，并保持一定时间	不能出现与遮阳板本体脱离或破裂
6	化妆镜静载强度		将遮阳板带化妆镜的一面向上水平放置，在化妆镜中央加载一定的力，作用一定时间，观察化妆镜状态	化妆镜不得出现破损，松动等其他影响使用功能的缺陷
7	化妆镜盖板操作力	翻盖式	将遮阳板总成固定，使用推拉力计在化妆镜盖板开启部位施加垂直于化妆镜盖板的力，直至化妆镜盖板顺利开启，记录期间的最大值	满足主机厂的要求
		推拉式	将遮阳板固定，使用推拉力计在化妆镜盖板开启部位施加平行于化妆镜盖板的力，直至化妆镜盖板顺利开启，记录期间的最大值	满足主机厂的要求
8	操作耐久性试验		检查遮阳板翻转等功能耐久性能	遮阳板不能出现功能上的损坏
9	禁限用物质		QC/T 941《汽车材料中汞的检测方法》 QC/T 942《汽车材料中六价铬的检测方法》 QC/T 943《汽车材料中铅、镉的检测方法》 QC/T 944《汽车材料中多溴联苯(PBBs)和多溴二苯醚(PBDEs)的检测方法》	GB/T 30512《汽车禁用物质要求》
10	阻燃性		参考 GB 8410 的要求	满足 GB 8410 的要求
11	耐高低温循环		先在低温区域放置一定的时间，之后在高温下放置一定的时间，最后在超高温区域放置一定的时间	试验后间隙或零件配合改变应在图纸标识范围内，外观不得出现起皱、分层、脆化、表面污染等不可接受的缺陷

（续）

序号	试验描述	试验方法	接受标准
12	耐潮湿性	取一个样品在一定相对湿度和温度环境下放置一定的时间，进行外观评价	零件不得出现发黏、粘接失效、霉菌难闻气味或其他不良缺陷
13	耐热老化性	将产品总成在高温烘箱中放置一定时间，在常温下冷却，然后对外观及颜色变化进行评价	试验后间隙或零件配合改变应在图纸标识范围内，外观不得出现起皱、分层、脆化、表面污染等不可接受的缺陷
14	耐低温冲击性	取一样品放置在低温冲击装置内，在低温环境中放置一定时间后进行耐低温冲击试验	试验后无脆裂或分层现象

15.3 安全拉手设计

安全拉手总成主要是便于车内乘员保持身体平衡并对乘员起到保护的一种安全装置，要满足人机工程、舒适性、功能性和方便性等要求。安全拉手总成上的螺钉座盖板起遮蔽螺钉外露的作用，阻力器让安全拉手回位速度更加平稳。

15.3.1 安全拉手可行性分析

1. 人机

安全拉手总成在总体布置时，需要考虑前后排安全拉手在车体的相对位置、乘员手握安全拉手的舒适区域、安全拉手与顶盖内衬的位置关系等。

2. 法规

安全拉手总成不同市场有不同的法规要求，但基本的要求是一致的，主要法规见表 15-7。

表 15-7 安全拉手总成法规

法规项	中国国标	欧标	美标
轿车内部凸出物	GB 11552	ECER21-01	
汽车内饰材料的燃烧特性	GB 8410	95/28/EC	FMVSS302
禁限用物质要求	GB/T 30512		

15.3.2 安全拉手结构设计

1. 安全拉手结构及零部件要求

1）安全拉手结构如图 15-7 所示。示意图对应的零件名称见表 15-8。

表 15-8 安全拉手构成明细

图示号	零部件名称	图示号	零部件名称
1	安全拉手本体	5	安全拉手螺钉座
2	螺钉座盖板	6	弹簧
3	阻力器	7	弹簧套
4	旋转转轴		

2）零部件设计要求：

① 安全拉手本体：安全拉手本体是人体主要握扶区域，如图 15-7 中 1 所示。

② 安全拉手螺钉座：用于将安全拉手本体固定到车体上。

③ 安全拉手螺钉座盖板：卡在螺钉座上，遮蔽螺钉外露。

④ 弹簧、弹簧套及旋转转轴：通过旋转转轴串联上弹簧、弹簧套及其中一个螺钉座后，两端固定在安全拉手本体上，起到使安全拉手回位的作用。

⑤ 阻力器及旋转转轴：通过旋转转轴串联上阻力器及另一个螺钉座后，两端固定在安全拉手本体上，起到阻止安全拉手回位的作用。可根据不同要求选择阻力器的规格。

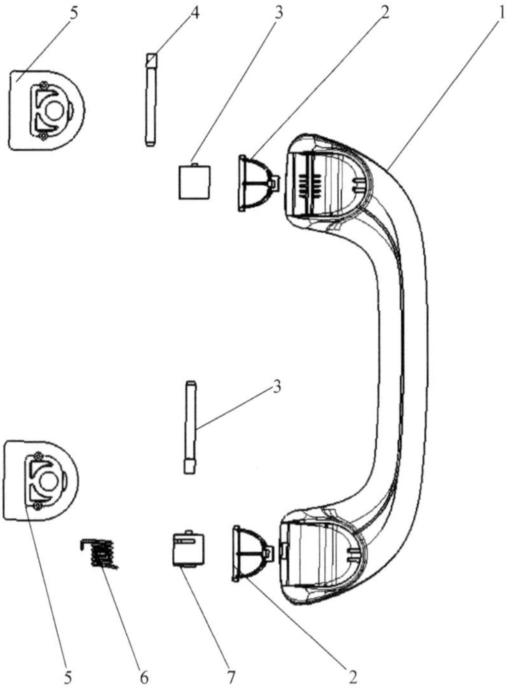

图 15-7 安全拉手结构示意图

2. 安全拉手本体

安全拉手本体是人体主要握扶区域，其要求如图 15-8 及表 15-9 所示。

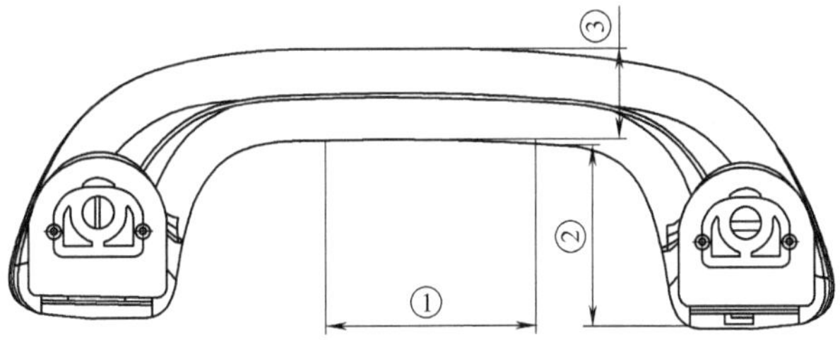

图 15-8 安全拉手本体要求

表 15-9 安全拉手本体要求

编号	内　　容	本体要求
1	安全拉手握手有效宽度	图 15-8 中①
2	安全拉手握手有效深度	图 15-8 中②
3	安全拉手本体大小	图 15-8 中③

3. 安全拉手与周边零件的配合

1）安全拉手与周边零件（顶盖内衬总成及拉手支架）搭接关系，如图 15-9 所示，与头部包络关系，如图 15-10 所示。

2）安全拉手设计时，需要考虑其与周边零件的配合关系，见表 15-10。

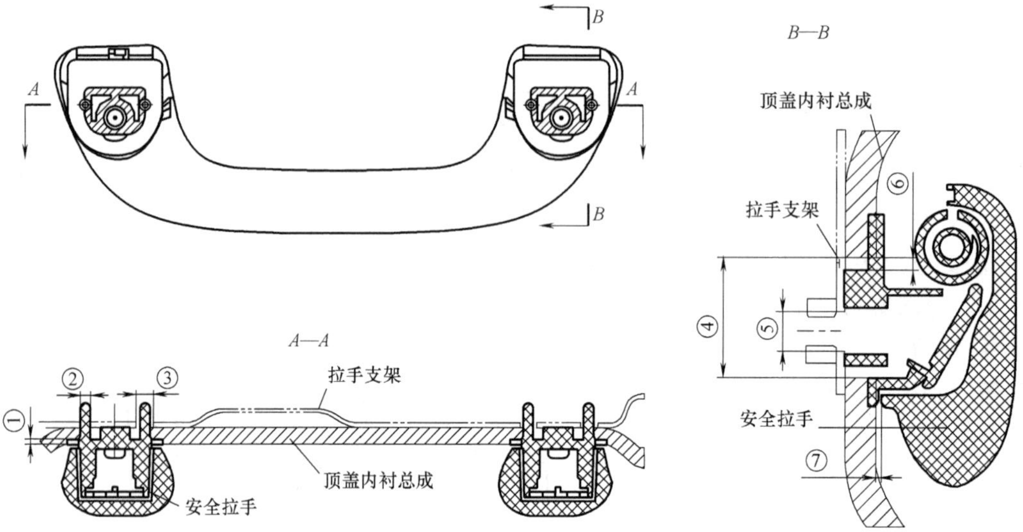

图 15-9　安全拉手与周边零件搭接关系

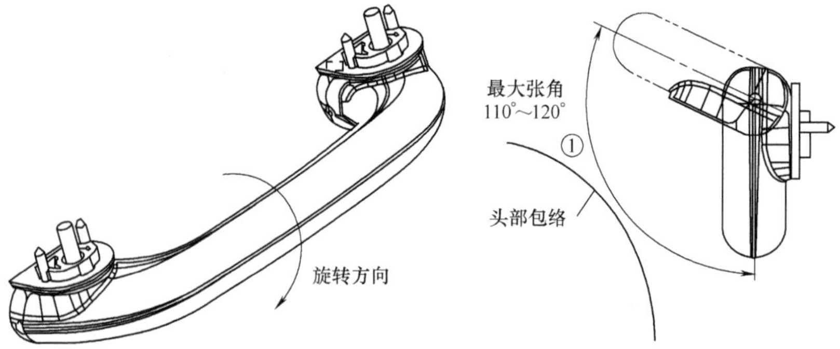

图 15-10　安全拉手与头部包络关系

表 15-10　安全拉手配合关系

编号	内　　容	配合关系
1	安全拉手底座与顶盖内衬总成干涉量	图 15-9 中①
2	安全拉手安装支架上主定位销开孔尺寸	图 15-9 中②
3	安全拉手安装支架上次定位销开孔尺寸	图 15-9 中③
4	安全拉手底座处顶盖内衬开孔尺寸	图 15-9 中④
5	安全拉手安装支架上安装螺钉处开孔尺寸	图 15-9 中⑤
6	安全拉手底座凸台与顶盖内衬开口间距	图 15-9 中⑥
7	安全拉手翻转过程中与周边零件最小距离	图 15-9 中⑦
8	与头部包络间距	图 15-10 中①

15.3.3 安全拉手制造工艺

安全拉手总成中本体一般为气辅成型，也有使用注射+软质包覆的，其余部分零部件则为注射成型，相关制造工艺详见本书第 4 章“汽车内外饰材料与工艺”。

15.3.4 安全拉手设计验证

本节列举出安全拉手相关设计验证清单供参考（表 15-11），其余相关验证详见本书第 6 章“内外饰常规性能验证”。

表 15-11 安全拉手相关设计验证清单

序号	试验描述	试验方法	接受准则
1	静态载荷	常温安装环境下，在拉手本体中间向下施加一定的拉力，持续一定的时间	试验后不得有下列影响功能/外观的缺陷：变形、扭曲、裂纹、断口，拉手体无明显变形
2	安全拉手操作力	常温安装环境下，在拉手本体中间垂直于拉手本体表面施加向下的拉力，直至拉手完全打开，测量该过程的最大操作力	安全拉手在整车静止和运动过程中，不会出现下掉
3	安装座螺钉盖板翻折耐久性	在常温条件下，将安全拉手按实际使用状态固定，以螺钉盖板“打开-扣合”为一个循环，进行多次循环，检查螺钉盖板的功能性及外观变化	安装座螺钉盖板应卡接可靠、拆卸方便，经多次翻折试验后，应保持功能正常，不能有断裂现象
4	噪声试验	在安装状态下用拉力器在拉手本体正中间向下拉动，并听下拉及回位时的噪声	无明显噪声
5	耐腐蚀性（弹簧）	经 24h 盐雾实验后，室温放置 24h	金属零件不得出现锈蚀，保持正常使用功能
6	禁限用物质	QC/T 941《汽车材料中汞的检测方法》 QC/T 942《汽车材料中六价铬的检测方法》 QC/T 943《汽车材料中铅、镉的检测方法》 QC/T 944《汽车材料中多溴联苯（PBBs）和多溴二苯醚（PBDEs）的检测方法》	GB/T 30512《汽车禁用物质要求》
7	阻燃性	参考 GB 8410 的要求	满足 GB 8410 的要求
8	耐高低温循环	先在低温下放置一定的时间，之后在高温下放置一定的时间，最后在超高温下放置一定的时间	试验后间隙或零件配合改变应在图纸标识范围内，外观不得出现起皱、分层、脆化、表面污染等不可接受的缺陷
9	耐潮湿性	取一个样品在一定相对湿度、一定温度下放置一定的时间，进行外观评价	零件不得出现发黏、粘接失效、霉菌难闻气味或其他不良缺陷
10	耐热老化性	将产品总成在高温烘箱中放置一定时间，在常温下冷却，然后对外观及颜色变化进行评价	试验后间隙或零件配合改变应在图纸标识范围内，外观不得出现起皱、分层、脆化、表面污染等不可接受的缺陷
11	耐低温冲击性	取一样品放置在低温冲击装置内，在低温环境中放置一定时间后进行耐低温冲击试验	试验后无脆裂或分层现象

15.4 出风口设计

出风口安装在汽车仪表板上，主要作用是调节空调风量的大小和方向，实现车内通风、温度调节的功能，同时也要满足人机工程、舒适性、功能性和方便性等要求。

15.4.1 出风口可行性分析

1. 人机

（1）横向布置要求　采用95%的假人模型，其最小吹风角度范围需要覆盖人体的左右肩部，一般布置是能够使吹风范围向外越过假人所在区域，并增加一定的余量，风应避免被其他物体（如转向盘）遮挡；副驾横向风口布置方法与主驾相同。

（2）吹风角度要求　采用95%的假人模型，因座椅在最前置时，人体离风口位置是最近的，出风口相对于人体的吹风范围也是最小的，只有满足了前置座椅的要求，才可以同时满足其他状态下的要求；中间出风口和侧出风口向上的最小吹风范围是相同的，都是要求能够吹向与眼椭圆上沿相切的切线，但由于中间区域需要布置的零件比较多，出风口能够摆放的位置范围受限于A面的形状和周边零件的影响。在吹风范围的纵向调节方面，需要优先考虑向上的吹风角度必须满足，向下如果无法满足，需要增加辅助出风口。

（3）风口人机影响因素：

1）驾驶人R点位置。

2）眼椭圆。

3）座椅布置位置。

4）仪表板A面。

5）风口周边零件。

2. 法规

在不同市场针对出风口有不同的法规要求，但基本的要求是一致的，主要法规见表15-12。

表15-12　出风口法规

法规项	中国国标	欧标	美标
汽车风窗玻璃除霜和除雾系统的性能要求及试验方法	GB 11555—2009	78/317/EEC	FMVSS103
轿车内部凸出物	GB 11552	78/632/EEC	FMVSS201
汽车内饰材料的燃烧特性	GB 8410	95/28/EC	FMVSS302
禁限用物质要求	GB/T 30512	2002/95/EC	WSS-M99P9999-A1(福特)

15.4.2 出风口结构设计

出风口的结构如图15-11、图15-12、表15-13所示。

风口拨钮：风口拨钮通过自身卡钩与上层叶片固定，其中拨钮下端拨叉与内部叶片连接，通过上下、左右调节拨钮，改变上层叶片、下层叶片方向，控制出风方向。

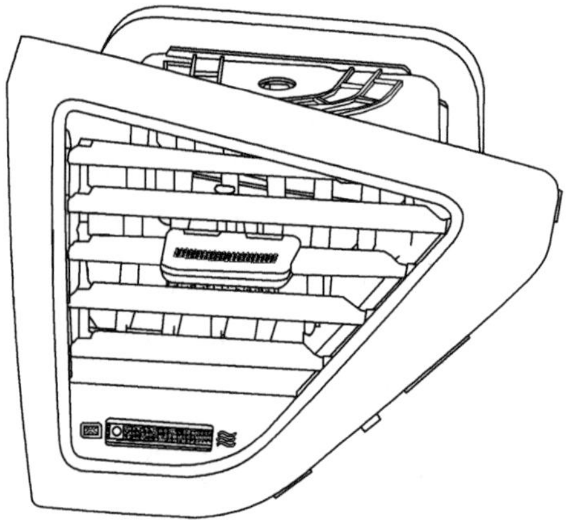

图15-11　出风口总成

风口叶片、风口风门：风口外部叶片层和内部叶片层一起注射成型，通过工装夹具与风口叶片安装座一次性装配在风口壳体上；风口风门也通过工装夹具装配在风口壳体上。

风口拨轮、风口连杆：风口拨轮通过螺钉装配在风口面板上，然后将风口连杆一端装配在风口拨轮上、一端装配在风门曲轴上；通过调节拨轮方向，拨轮带动连杆、连杆带动风门改变出风量大小。

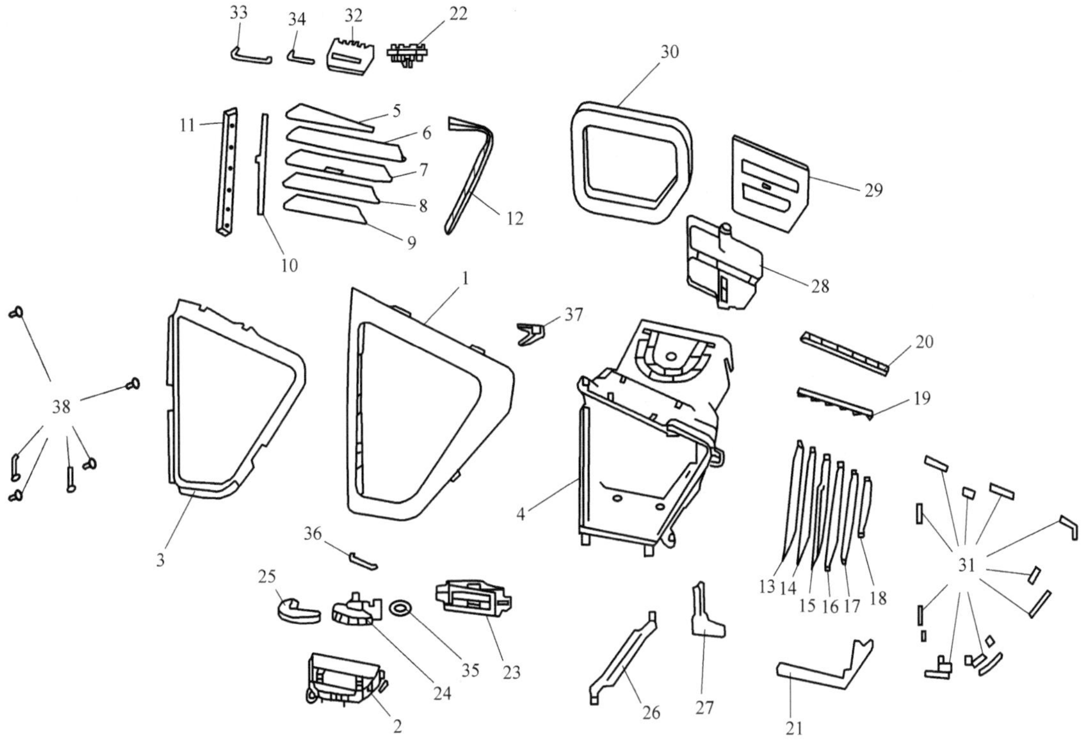

图 15-12 出风口零部件结构示意图

表 15-13 出风口总成构成明细

序号	中文名称	序号	中文名称	序号	中文名称
1	风口面板	14	风口垂直叶片-2	27	风口风门曲柄
2	风口内面板	15	风口垂直叶片-3	28	风口风门
3	风口装饰条	16	风口垂直叶片-4	29	风口风门密封棉
4	风口壳体	17	风口垂直叶片-5	30	风口密封棉
5	风口水平叶片-1	18	风口垂直叶片-6	31	风口毛毡
6	风口水平叶片-2	19	风口垂直叶片连杆	32	风口拨钮
7	风口水平叶片-3	20	风口垂直叶片底座-1	33	风口拨钮装饰条
8	风口水平叶片-4	21	风口垂直叶片底座-2	34	拨钮阻尼
9	风口水平叶片-5	22	风口拨钮拨叉	35	O 形圈
10	风口水平叶片连杆	23	风口拨轮底座	36	拨轮弹片
11	风口水平叶片底座-1	24	风口拨轮骨架	37	风口卡扣
12	风口水平叶片底座-2	25	风口拨轮包胶	38	面板固定螺钉
13	风口垂直叶片-1	26	风口风门连杆		

风口叶片、风口拨钮、风口风门：三个运动机构利用四连杆机构原理相互配合，拨钮带动叶片和风口运动，控制吹风大小和方向；利用限位机构保证拨钮在开关过程中叶片吹风角度的要求。

风口总成安装方式有两种：正面装配和背面装配；风口运动过程中不能与周边零件干涉。

1）正面装配：需要的空间较大，风口正面装配需要有足够的空间布置塑料卡扣，风口盖板与仪表板的搭接量≥5mm，正面装配便于风口的维修和更换；主要缺点是卡接结构易失效产生异响。

2）背面装配：不需要较大空间，风口从仪表板内部通过螺钉安装在仪表板上，主要优点是背面装配安装比较牢固，不易产生异响，主要缺点是维修需要将整个仪表板总成拆下。

15.4.3 出风口制造工艺

风口各零件大多数为注射成型，部分注射成型后需表面处理（喷漆、镀铬）。

风口面板工艺：风口面板表面一般为喷漆处理，为增加美观性可部分增加镀铬工艺。

风口开关标识：风口拨钮处印刷或热烫印开关标识。

其余工艺详见本书第 4 章“汽车内外饰材料与工艺”

15.4.4 出风口设计验证

本节列举了出风口相关设计验证清单供参考（表 15-14），其余相关验证详见本书第 6 章“内外饰常规性能验证”。

表 15-14 相关设计验证清单

序号	试验项	试验方法	接受标准
1	阻燃性	参考 GB 8410 的要求	满足 GB 8410 的要求
2	耐高低温循环	先在低温情况下放置一定的时间，之后在高温情况下放置一定的时间，最后在高温情况下放置一定的时间	试验后，产品间隙、高差或零件配合改变应在图纸标识范围内。试验过程中及试验后，产品不得出现可见颜色或光泽变化、裂纹、难闻气味、分层、起泡、收缩、翘曲变形、增塑剂析出、皱褶、卷边等缺陷
3	耐潮湿性	在要求的相对湿度、温度环境下放置一定的时间，进行外观评价	零件不得出现发黏、粘接失效、霉菌难闻气味或其他不良缺陷，软质包覆件表面不出现溢胶、颜色纹理不均匀等缺陷
4	耐热老化性	将产品总成在高温烘箱中放置一定时间，在常温下冷却，然后对外观及颜色变化进行评价	外观上不得出现起皱、翘曲变形、分层、脆化、龟裂、表面污染、析出等不可接受的缺陷
5	耐低温冲击性	取一样品和一个直径是原材料厚度 10 倍的钢制机心轴；将测试样品及机心轴放置在低温箱内，放置一定时间后打开箱体，戴手套将测试样品迅速缠绕机心轴 180°（整个步骤均在低温箱里进行，为使低温箱温度波动最小化，在测试过程中应避免向低温箱中呼吸）	产品不得出现破裂
6	耐光照老化性	按 SAE J2412 进行试验，辐照量选择腰线以上受阳光直射的零件	试验后样品不得出现粉化、龟裂等缺陷，总成上每一个零件的样品应集中进行评估，不得存在色调转变或者颜色不匹配的现象

（续）

序号	试验项	试验方法	接受标准
7	耐摩擦色牢度	从产品上取一块样品，将样品安装在摩擦仪平台上，把2块白色棉布包在摩擦头上，对样品施加一定的力，并以每秒一个循环的速度进行循环摩擦，在样品上形成一定的摩擦痕。用试验后的白布与原白布比较沾色情况。根据GB 251评定白布沾色的级数。湿式摩擦：将实验用的白色棉布用蒸馏水湿润，其余实验步骤与干态相同	干式摩擦和湿式摩擦色迁移评级都应达到一定等级
8	耐化学液体	将1mL的人工汗液、0.5%肥皂水、97号汽油、玻璃窗洗涤液分别滴到样品表面上不同位置，在常温下静置5min，然后将一折叠好的白棉布在规定的长度范围内来回擦拭10次，然后将样品在RH的环境下放置24h。对样品擦拭位置的外观进行评价，同时根据GB 251对白棉布的沾色情况进行评价	零件中所有组件及每一颜色的组件经试验后，不得出现褪色、变色、表面软化、皮纹丢失、表面剥离等缺陷
9	雾化特性	根据ISO 6452进行试验，采用重量法	符合法规要求
10	挥发性有机物(VOC)	取一个仪表板总成，根据内饰零部件材料VOC试验规范进行试验	满足风口总成VOC的要求
11	气味	取样及实验根据内饰零部件材料气味特性评价实验规范执行	材料气味：符合要求 总成气味：符合要求
12	多环芳烃	按照ZEK 01.4-08进行抽检和测试	仅针对出风口面板、风口叶片、拨轮、拨钮的表面材料 满足法规要求
13	禁限用物质	按SY-HB-14《长安汽车禁限用物质的限值及测量方法(中国)》中要求进行试验	满足法规要求
14	振动试验	在出风口装配状态下，固定在振动试验台架上，设置振动试验台参数、频率，在X、Y、Z三个方向上分别进行试验，每次一定时间，循环多次，试验完成后对出风口进行评价	无异响和功能失效
15	噪声试验	在出风口装配状态下，正常操作出风口各项功能，对使用过程中声音进行评价	没有摩擦吱吱声和其他异响
16	金属卡扣腐蚀性	经一定时间盐雾实验后，室温放置一定时间	产品表面不出现白锈
17	出风口耐久性	1. 带拨钮和拨轮机构的风口：水平叶片开启、风门开启一定时间，水平叶片关闭一定时间，为一个循环；竖直叶片左右摆动各一定时间为一个循环 2. 圆形沿轴心旋转的风口：顺时针旋转一周，逆时针旋转一周为一个循环。试验分别在常温、低温、高温下进行	出风口经过机械耐久性试验，产品应无断裂、裂纹、磨损或其他任何影响产品使用功能的缺陷
18	出风口叶片刚性	以下为水平式风口的试验方法，竖直式风口的试验方法同水平式风口	叶片变形量必须小于要求的标准
19	出风口强度	在任意位置加载一定的力和加载面积	叶片、拨钮、拨轮等风口所有组件不得出现脱落或功能失效

第16章 汽车内外饰发展理念与趋势

过去汽车内外饰零件的主要功能是装饰作用，因此在整车开发过程中，曾一度受到忽视。随着中国汽车产业和市场趋于成熟，人们对汽车内外饰设计越来越讲究，要求环保、舒适、精致、充满人性化，这促进了设计师们对内外饰感知质量的研究。一个比较明显的例子是现代汽车愈加重视内饰装饰材料的质地、色彩、纹理的配合和使用，借鉴服装、家纺设计的相关方法，对不同类型的汽车分别配以不同类型的内饰设计纹理和色彩，追随国际流行的色彩设计趋势，力求让消费者置身于一种新鲜奇妙的内部环境之中。汽车内外饰不但要满足法规、功能、耐久等传统需求，同时还对安全、节能、环保等提出了更高的要求。

同时，随着消费理念不断转变，消费者对汽车的智能化、个性化提出了更高的要求，不但期望它安全、可靠、耐用、低成本，而且开始逐渐强调内饰的氛围和个性化。所以本章重点围绕环保、轻量化、精细化、智能化、模块化等展开阐述。

16.1 环保

随着人们生活水平的提高，用户对汽车健康环保的关注日益增强，特别是汽车用材和车内空气质量等方面。“环保”已成为未来汽车技术发展的趋势之一。

16.1.1 法规介绍

1. 相关法规

针对环保各国都制定了相应的法规和标准，主要包括禁用物质、回收再利用、车内空气质量等方面。

1）《汽车禁用物质要求》（GB/T 30512—2014）标准中要求禁止使用的物质特指以下6种物质：铅或其化合物、汞或其化合物、镉或其化合物、六价铬、多溴联苯（PBBs）、多溴联苯醚（PBDEs）。禁用物质的含量限值规定：除标准规定的在一定期限内豁免的汽车零部件和材料外，汽车及其零部件产品中的每一均质材料中的铅、汞、六价铬、多溴联苯（PBBs）、多溴联苯醚（PBDEs）的质量分数不得超过0.1%，镉的质量分数不得超过0.01%。

2）自2004年起，相关部门先后发布《汽车产业发展政策》《汽车产品回收利用技术政策》等政策文件，引导汽车生产企业提高产品的可回收性；并制定了《道路车辆可再利用性和可回收利用性计算方法》（GB/T 19515—2015）、《汽车部件可回收利用性标识》（GB/T

26988—2011)、《汽车回收利用术语》(GB/T 26989—2011) 等一系列标准，有力推动了汽车有害物质和报废汽车回收利用工作。

3) 自2008年起，汽车生产企业或销售企业要开始进行汽车的可回收利用率的登记备案工作，为实施阶段性目标做准备。

4) 2010年起，所有国产及进口的M2类和M3类、N2类和N3类车辆的可回收利用率要达到85%左右，其中材料的再利用率不低于80%；所有国产及进口的M1类、N1类车辆的可回收利用率要达到80%，其中材料的再利用率不低于75%；同时，除含铅合金、蓄电池、镀铅、镀铬、添加剂(稳定剂)、灯用水银外，限制使用铅、汞、镉及六价铬。

5) 2012年起，所有国产及进口汽车的可回收利用率要达到90%左右，其中材料的再利用率不低于80%。

6) 2017年起，所有国产及进口汽车的可回收利用率要达到95%左右，其中材料的再利用率不低于85%。

7) 为保护生态环境，提高资源综合利用效率，促进汽车行业生产方式、消费模式向绿色低碳清洁安全转变，提高产品的国际竞争力，2015年6月，工业和信息化部发布了《汽车有害物质和可回收利用率管理要求》，要求自2016年1月1日起，对总座位数不超过九座的载客车辆(M1类)，有害物质使用和可回收利用率实施管理。

新产品有害物质使用、可回收利用率计算方法应分别符合国家标准《汽车禁用物质要求》《道路车辆可再利用性和可回收利用性计算方法》的要求，并纳入《车辆生产企业及产品公告》(以下简称“公告”) 管理。在生产车延后24个月执行。

汽车生产企业应在申请新产品《公告》时，报送《汽车有害物质信息表》，并在获得《公告》6个月内，通过适当的途径和方式，向回收拆解企业提供《汽车拆解指导手册》。对于未按要求提供上述材料和信息的，责令限期改正，或将名单予以公布。

8) 为了应对车内空气污染，原国家环境保护总局组织有关科研机构对车内空气污染问题进行了调查研究，并在2004年5月将《车内空气污染物浓度限值与测量方法》列入国家环保标准制修订计划，2007年12月7日由原国家环保总局批准发布HJ/T 400—2007《车内挥发性有机物和醛酮类物质采用测定方法》，该标准于2008年3月1日正式实施。该标准为各有关方面展开车内空气污染物质检测，了解车内空气污染浓度水平，降低和消除车内空气污染物的技术措施等工作提供了权威的技术依据。2011年，国家环保部和国家质量监督检验检疫总局联合发布了《乘用车内空气质量评价指南》GB/T 27630—2011，该标准于2012年3月1日起正式实施。该指南根据车内空气中挥发性有机物的种类、来源和车辆主要内饰材料本身挥发特性，确定了8种主要控制物质，规定了车内空气中苯、甲苯、二甲苯、乙苯、苯乙烯、甲醛、乙醛、丙烯醛的浓度要求。该指南的实施为车内空气质量监督检测提供了科学的标准和依据，为各级质量监督部门提供了规范性监督检查的依据，还可以加强我国对进口汽车车内空气质量的控制，对促进我国汽车工业的绿色低碳环保发展进步和消费者的权益保护具有重要的现实意义和深远的历史意义。

综上所述，车内环保健康未来主要包含三大主题五个方向，相关法规见表16-1。从法规和标准来看，各国政府对环保要求越来越高。环保是一个系统性工作，需要全员和全供应链参与，因此汽车厂需要建立一套从设计到报废的汽车材料回收体系，从而可持续满足环保法规要求。

表 16-1 车内环保健康发展方向及法规

类别	方向	现有法规	法规动态
环境友好	禁用物质	GB/T 30512《汽车禁用物质要求》	纳入公告管理(2016.1.1):《汽车有害物质和可回收利用率管理办法》
	回收利用	GB/T 19515《道路车辆 可再利用性和可回收利用性 计算方法》	
车内空气质量	VOC	GB/T 27630《乘用车内空气质量评价指南》	
	气味	暂无相关行业或国家法规	CQC 正在对车内气味进行认证发布(类似整车碰撞星级)
接触安全	多环芳烃	德国 GS 证 ZEK01.4-08	行业规范:《汽车有害物质分级控制规范》,包含禁用物质、多环芳烃、石棉、苯等约 200 种有害物质

16.1.2 内外饰产品禁用物质控制和可回收利用率提升

按照国家相关要求，受国外汽车行业先进理念及相关技术的影响，我国汽车企业已经接受了汽车产品限制使用有害物质和提高可回收利用性的管理理念，并有一定的技术储备。据调查，我国 70%的汽车企业已经开始建立有害物质和回收利用率管理体系；铅、镉、六价铬、汞、多溴联苯、多溴联苯醚等有害物质主要存在于发动机、变速器、底盘紧固件、后视镜、车灯等豁免范围的部件材料中，且绝大多数都已具备可靠的替代方法或技术。

1. 现存差距

我国汽车行业有害物质和可回收利用率与发达国家尚存在一定差距，主要表现在：一是企业对汽车产品有害物质和回收利用管控重视程度不够，主动性不强，企业间水平参差不齐；二是没有从源头有效控制有害物质使用，开展易拆解、易回收性设计与绿色选材等先进技术的研发和推广应用；三是缺乏拆解技术信息支持，如存在安全和污染危险汽车零部件的拆解和处置方式以及对含有毒有害物质或存在安全威胁的零部件进行标识等，导致报废汽车实际回收拆解效率低而且易造成二次污染。

2. 提升措施

提升内外饰产品环保性需要将环保要求贯穿于产品设计、生产和制造的整个过程中，并考虑产品报废后如何实现可回收利用。在有害物质和汽车回收利用主要做好三个方面：

（1）建立材料回收体系　将环保要求纳入到整车开发流程中，并与质量管理体系和环境管理体系相结合，建立相应的程序文件和供应链管理措施。

（2）通过供应链数据管理系统管理有害物质和材料数据　通过中国汽车材料数据库系统（CAMDS）让零部件供应商提交零部件材料数据表，可以监控其有害物质使用情况，同时为汽车再利用率和再回收利用率计算提供数据支撑。

（3）使用环保材料和环保设计

1）在内外饰材料选择时，应考虑以下因素：

① 选择同种材料，减少材料种类，如仪表板表皮使用 TPO，发泡层采用 EPP，仪表板本体采用 PP+EPDM-T20，利于整体回收。

② 选择不含有害物质的材料，特别是阻燃剂不能含有卤素元素，稳定剂中不能含有铅元素以及着色剂中不能含有铬、镉元素等。

③ 选择可回收利用的材料取代不可回收材料，如密封条使用 TPV 材料替代 EPDM 材料，烟灰缸壳体材料使用 PA66-GF30 替代热固性材料等。

2）在内外饰零部件设计时，应考虑以下因素：

① 充分考虑产品报废后的可拆和易拆解性，遵循易于分拣不同种类材料的原则。

② 采用系列化、模块化的产品设计。

③ 一次加工成型的原则，避免零件表面的二次处理，如电镀等。

④ 减少零件数。

⑤ 考虑材料的兼容性，即便这些材料构成的零部件无法拆卸，也可一起被再生利用。

16.1.3　车内空气质量提升

车内空气质量不仅影响着驾驶者及乘员的身体健康，而且对安全行车也有重要影响。现在车内空气质量已成为消费者购车的重要影响因素，因此受到汽车生产厂越来越多的关注。

1. 车内空气污染来源

车内空气质量问题成因比较简单，主要是汽车内饰材料释放的有害物质。车内空间狭小、密闭性好，车内空气与驾乘人员直接接触，车内空气污染对驾乘人员的健康有重大影响。虽然车内空气污染程度可能会随着车体材料中有害物质的不断释放而有所减轻，但是在一般情况下，车辆从制造完成到交付给用户使用的间隔只有几天到几周的时间，加上车辆在库存和运输过程中，乘员舱都处于与外界环境隔绝的密闭状态，因此这段车辆储运的过程根本不足以释放和消除车内污染。往往用户开始使用新车的时候，也是车内空气污染最为严重的时期。虽然目前市场上有各种声称能够消除车内污染的方法和技术手段，但是其有效性往往难以验证。

1）车内空气质量问题的主要来源有两大方面：一是来自于乘员舱外的大气污染、发动机舱气体等；二是乘员舱内的汽车零部件、顾客加装的装饰零件及人体本身或抽烟带来的异味。

2）车外的污染物进入车内：如果密封不严，外界环境的污染物将进入车内环境，造成车内空气污染。污染物主要有碳氢化合物、一氧化碳、二氧化硫、氮氧化物、颗粒物等。

3）汽车自身排放的污染物进入车内环境：包括通过排气管、曲轴箱、燃油蒸发等途径排放的污染物，或者汽车空调长期使用后风道内积累的污染物对车内空气造成污染。污染物主要有碳氢化合物、一氧化碳、氮氧化物、微生物、苯、烯烃、芳香烃等。

> 车内空气污染状况与车辆制造工艺和零部件种类有直接关系，影响较大的有汽车仪表板总成、车门内饰板、地毯、顶篷、汽车线束、座椅总成等。从材料工艺来看，主要有热压复合类、注射塑料类、油漆、胶水、皮革、面料、橡胶、反应发泡类等。汽车零部件和车内装饰材料中所含有害物质的释放，包括有机溶剂、助剂、添加剂等挥发性成分，在汽车使用过程中释放到车内环境。污染物主要有苯、甲苯、甲醛、碳氢化合物、卤代烃等。

2. 提升车内空气质量措施

车内空气污染问题有车辆制造产生，要解决这个问题，必须改进汽车、零部件、原材料等的生产工艺，使用更加绿色环保的内饰材料。企业应正视自己承担的社会责任，认真对待车内空气污染问题，并切实采取措施予以解决。汽车生产企业应对车内各种污染物的来源进行定量分析，找到污染物发生的主要来源，有针对性地采用材料替换、技术升级等措施。零部件生产企业应根据汽车企业环保健康的要求，选择适当的基础材料、改进生产工艺。汽车和零部件生产企业都应逐步建立和完善主要内饰件和粘结剂、密封条的有机挥发物质的控制体系。解决车内空气污染问题的根本技术路线是釜底抽薪，防患于未然，在车辆制造过程中消除和减少污染，切断车内空气污染物的产生来源。在车辆制造出来之后再去治理污染的方式不适合汽车工业，而且其治理效果极其有限，不能从根本上解决问题。对车内污染物的控制最重要的是源头控制，明确汽车生产企业的责任。车内空气污染的祸根一般是在车辆生产过程中种下的，在汽车使用过程中已经很难消除，而且汽车消费者一般也不可能具备这方面的专业知识和技术能力，汽车生产企业应对车内污染治理承担第一责任。

汽车生产企业应通过技术进步和生产工艺变革，不断改进工艺水平，提高原材料的质量，兼顾经济可行性，不断降低车内空气污染物的浓度水平，降低其有害物质含量。

通过对车内空气质量问题主要来源进行分析，提升车内空气质量的方法主要是堵和梳，其中堵主要指少带入（提高原材料纯度）、少产生（加强工艺过程控制）；梳指多排出（仓储、物流控制）、速净化（后处理工艺）。具体如下：

1）少带入。以 PP 为例，通过分析改性聚丙烯 VOC 和气味物质来源，PP 材料中总共含有 15~30 种产生气味的活性物质，其中涉及四类 VOC 管控物质；对于改性聚丙烯等原材料，材料本身清洁最重要，对该类材料采用认证入库的方式管控（表 16-2）。

表 16-2 不同基材 VOC 影响

组分	VOC 管控物质								备注
	甲醛	乙醛	丙烯醛	苯	甲苯	乙苯	二甲苯	苯乙烯	
合成 PP 基材	√	√			√		√		醛类物质是加工过程中烷烃类物质老化造成的,苯类物质是由于 PP 在合成中催化剂残留及热稳定剂带入的
抗氧剂(受阻酚类,四[β-(3,5-二叔丁基-4-羟基苯基)丙酸]季戊四醇酯,亚磷酸酯类,三[2.4-二叔丁基苯基]					√		√		热稳定剂分解及热稳定剂合成时带入
光稳定剂(受阻胺类)					√		√		光稳定剂分解及光稳定剂合成时带入
耐刮擦剂(硅酮类)									
滑石粉									
润滑剂(酰胺类)									

2）少产生。如 PU 发泡过程中会产生一定量挥发性低分子物质，同时产生少量甲醛和乙醛。通过采用模具恒温、自动化发泡机，并改善发泡剂、催化剂、其他助剂等反应助剂材料的核心配方可以降低零部件生产过程中产生的气味和 VOC。

3）多排出。产品气味及 VOC 性能，随通风时间延长、后处理温度升高以及负压值的提升，出现不同程度降低。这类产品需要在盛具、物流方面想办法，增加通风，降低气味。

4）针对不同材质及工艺成型的典型零部件，通过“少带入、少产生、多排出”具体措施见表 16-3。

表 16-3 不同材质、工艺类型零部件 VOC、气味管控措施

类型	典型零部件	少带入	少产生	多排出
注射塑料类	仪表板、门板、立柱总成	稳定性更高的材料	降低加热成型温度	
热压或胶粘复合类	顶盖内衬、地毯总成	1)选用低 VOC 的胶水、面料、棉毡等原材料 2)顶衬基材选用 PP 玻纤板	降低加热成型温度	
反应发泡类	座椅泡沫、PU 发泡前壁板隔音垫	选用低气味 VOC 的材料配方体系	1)选用反应型氨催化剂,减少氨气产生 2)添加助剂,对部分挥发物质反应消耗	加强泡沫产品强制通风
表皮类	PVC 表皮	1)选用低气味的 PVC 粉 2)选用环保型、低挥发性增塑剂 3)开发水性胶粘剂 4)开发低气味、水性表面处理剂		生产过程及存放库房增设吹、排风设备,强化残留溶剂的挥发
橡胶类	密封条、备胎	1)采用环保型硫化促进剂,如促进剂 CBS、M、DM、ZBEC、TP-50 等 2)降低石蜡油类物质的挥发,采用闪点在 300℃ 以上的石蜡油 3)增加循环排气的后处理工艺,增加产品有害气体的挥发		增加循环排气的后处理工艺,增加产品有害气体的挥发
胶水	仪表板、门板、顶盖内衬等	1)采用水作为溶剂或无溶剂热熔胶;如采用油性溶剂,严格控制不含苯等八项物质 2)采用高品质、低挥发树脂体系 3)开发低 VOC、低气味体系助剂		1)生产过程及存放增加强制通风设备 2)采用原装周转桶,保证无交叉污染
油漆	仪表板、中控箱、门板			

5）针对外部污染物如汽油味、粉尘味进入车内的解决方案主要有：

① 通过加装空气净化装置进行“速净化”。

② 联合远程控制空调技术，在人进入车内前，提前进行车内空气净化，提升车内空气质量。

6）外部污染物如出风霉臭味进入车内，可以采取以下措施：

① 亲水处理：使蒸发器表面冷凝水迅速排出，减少车内腐臭、霉味（还可降低风阻，达到节能目的）。

② 蒸发器干燥：增加逻辑控制，空调开启先将模式开启到吹脚，同时增加蒸发器自干程序。

③ 采用负离子发生器和高效过滤网，降低霉味。

主机厂通过流程、标准，从材料设计、生产制造、物流包装、整车设计四大方面进行一致性管控，最终达到整车 VOC、气味的控制目标。

1）材料设计方面：

① 推进二级物料库的建立。

② 对各零件散发出来的主要物质进行 VOC 和气味研究，锁定主要物质，制定解决措施。

③ 对影响 VOC 和气味的物质进行环境变化的衰减测试，研究其性能。

2）整车设计方面：

① 推动整车密封的 DMU 检查。

② 推动主动净化装饰的实施：蒸发器干燥、负离子发生器和高效过滤网等技术的应用。

3）生产制造方面：规范模具、零部件和整车装配过程中的工艺参数和要求。

4）物流包装方面：规范供应商及物流包装要求。

5）一致性管控方面：

① 将材料、生产制造和物流包装要求体现在招标技术要求中。

② 将供应商零部件和整车零部件的抽检工作常态化。

16.1.4 接触安全（多环芳烃）

多环芳香烃（Polycyclic Aromatic Hydrocarbons，PAHs）是由多个苯环组成的不含杂原子和基团取代的碳氢化合物。重点管控 18 种高危害 PAHs（萘、苊、蒽、苯并（a）芘、苯并（a）蒽等）。PAHs 在工业上无生产和使用价值，它只是生产过程中形成的有害副产物，具有致癌性、致畸性、致基因突变性等严重危害，主要载体为黑色或深色、柔软的聚合体以及油漆、涂料等。目前，欧美及中国对汽车内外饰零部件均无多环芳烃要求，欧盟法规仅针对儿童玩具，德国的法规针对食品及日用品，均不针对汽车。中国准备制定汽车行业规范，将多环芳烃纳入重点管理范围。主要管控措施有材料认证测试、二级物料入库、二级物料定期抽检。通过建立主机厂企业多环芳烃管控规范来达成管控目的，主要包括转向盘、座椅、扶手、安全带、手柄等 15 种零部件。此外，还需要推动整个汽车行业的规范管理，如通过车用材料工作组，建立包含多环芳烃的行业规范。

16.2 轻量化技术

1. 轻量化的意义

节能减排是整个社会对汽车发展的要求。从国际上看，解决汽车节能环保问题主要采用以下三种方式：一是大力发展新能源汽车，通过推广使用气体燃料、生物质燃料、电能等替代能源来减少汽车燃油消耗和对石油资源的依赖；二是大力发展先进发动机技术，通过一系列电子技术的应用，提高燃油效率，改善燃油经济性；三是大力发展汽车轻量化，在保障汽车安全性和其他基本性能的前提下，通过减轻汽车自身重量来实现节能减排。据世界铝业协会统计，汽车自重每减少 10%，燃油消耗可降低 6%～8%，排放降低 5%～6%。而燃油消耗每减少 1L，CO_2 排放量减少 2.45g。可见，汽车轻量化是实现节能减排的重要手段和方法。

2. 实现轻量化的步骤

实现轻量化主要途径有两种：结构优化设计和轻质材料与先进成形工艺的应用。即通过模块化集成设计、结构拓扑优化和板厚减薄优化等结构优化技术实现轻量化，在此基础上通过采用铝合金、镁合金、塑料、复合材料等轻质材料并采用先进成形工艺来实现零件的轻量化。内外饰作为汽车重要的组成部分，对其实施轻量化具有十分重要的意义。内外饰件进行轻量化设计，优化产品结构，较少零部件数量，以达到减重的目的。在内外饰轻质材料的应用上，主要以塑料复合材料应用为主，其主要发展趋势大体上可以分成四步：

1）已迈出的第一步（时间周期：2015～2016 年）：通用改性塑料，如 PP、PE、PVC、

ABS 及 PA 等耐热增强的改性，主要应用在汽车内外装饰件上，主要内容如下：

① 重点推广薄壁化、微发泡材料、麻纤维等轻量化技术的量产应用。

② 开展长玻纤增强塑料，如前端模块、后碰横梁等样件试制试验，实现首次量产搭载应用。

③ 开展复合材料后背门、座椅靠背骨架和碳纤维应用技术研究。

2）正在迈进的第二步（时间周期：2017~2019 年）：长/短玻璃纤维增强复合材料（纤维热固性塑料：SMC/BMC，纤维热塑性塑料：GMT、LFT），主要应用在部分结构件和功能件上，主要内容如下：

① 长玻纤增强塑料技术应用推广。

② 复合材料后背门等技术首次搭载应用。

③ 塑料玻璃（三角窗、天窗、后风窗）研究应用。

④ 碳纤维复合材料应用技术零部件装车试验，碳纤维“黑车身”开发。

3）第三步（时间周期：2020~2024 年）：碳纤维增强复合材料（CFRP）整车白车身和承载机构件，主要内容如下：

① 全谱系车型推广应用长玻纤增强塑料技术。

② 在 SUV 及 MPV 车型上规模推广应用复合材料背门等技术。

③ 适当推广应用塑料车窗玻璃技术。

④ 碳纤维零部件在新能源、高端车上实现应用。

4）第四步（时间周期：2025 年）：天然植物纤维增强复合材料，主要应用于内外装饰件-有机回收（环保），主要内容如下：

① 碳纤维复合材料和各种特种塑料在量产车上全面应用。

② 生物可降解材料量产应用。

③ 开发全复合材料汽车。

16.2.1 传统内外饰轻量化技术

针对传统内外饰零部件产品，轻量化途径主要有采用低密度材料、优化产品结构、降低产品壁厚或者使用先进的成形工艺如微发泡等，在未来较长一段时间主要的轻量化技术和零部件由薄壁化保险杠、纤维注射棉毡技术、微发泡技术等。

1. 薄壁保险杠

通常保险杠蒙皮出于高安全系数的考虑，其典型壁厚基本定义为 3.0mm，最低仍达到了 2.8mm。近年来，日系车更多考虑到降低燃油消耗，它的多款车型保险杠设计的实际零件壁厚已经达到了 2mm，如马自达 CX-5，且仍有下降趋势。而已知的国内自主品牌汽车的塑料件的最薄壁厚为 2.6mm。薄壁保险杠呈现的材料特性是高模量、高韧性、高熔指。其中高模量是为了满足制件减薄后的刚性要求，高韧性是为了满足零件碰撞或者模拟碰撞试验的要求，这也是保证保险杠材料所固有的高韧性性能。另外，在壁厚减薄的前提下，材料的加工性能必然要求更高，这就更需要以高熔指作为必要条件，在保证外观的前提下完成材料对模具的填充。因此，这种高模量、高韧性、高熔指材料的配方体系及润滑体系需要同时朝着这三个方向发展。一般来说，与常规保险杠材料相比，在减薄率达到 10%的情况下，材料单价成本约提高 30%，总体成本提高约 7%。保险杠薄壁化后，可缩短保险杠注射成型周期、提高生产效率、还可以简化保险杠背部结构、简化保险杠内部装配程序，而且能提高保险杠尺寸稳定性、提升装配效果。

2. 纤维注射棉毡前壁板隔音垫

纤维注射棉毡前壁板隔音垫的工艺步骤：将 PET 纤维与低熔点纤维开松混合后，纤维吸附到打孔的金属模片上，形成零件雏形，接着用转运模将雏形零件转移到蒸汽真空吸附模具中，使零件成型，然后用冷却模定型，再根据设计要求进行模切。与传统的 EVA+PU 前壁板隔音垫相比，减重效果明显，减重率在 30%以上，吸音性能好，装配性好，贴合度好。

3. 微发泡技术

微发泡注射成型工艺是一种革新的精密注射技术。微发泡注射成型工艺突破了传统注射的诸多局限，可显著减轻制件的重量、缩短成型周期，并极大地改善了制件的翘曲变形和尺寸稳定性。在生产高质量要求的精密制品上，微发泡注射成型工艺具有很大的优势。在注射成型领域中，Trexel 公司的 MuCell 微发泡成型工艺表现得尤为突出，也是精密成型技术中发展最快、应用最广泛的成型技术之一。

1）微发泡注射成型工艺可以将制件的生产尺寸精度控制在 0.01～0.001mm，有时甚至能够达到 0.001mm 以下。与传统的注射工艺相比，由该技术生产的制件具有良好的力学性能以及尺寸稳定性，而且制件的尺寸精度和重复精度高，公差范围小。

2）MuCell 微发泡成型工艺主要靠气孔的膨胀来填充制品，并在较低且平均的压力下完成制件的成型。微发泡成型可分成三个阶段：首先，将超临界流体（CO_2 或 N_2）溶解到热融胶中形成单相溶体，并在一定的恒定压力下保持下来；然后，通过开关式射嘴将单相溶体射入温度和压力较低的模具型腔中，形成微发泡产品。由于温度和压力降低引发分子的不稳定性，从而在制品中形成大量的气泡核，这些气泡核逐渐长大生成微小的孔洞。同时可以看到制件的表层还是未发泡的实体层，这是由于模具温度较低，表面树脂冷却迅速，细胞核没有成长的时间而导致的。其优点如下：

① 精确控制零件尺寸。MuCell 微发泡成型工艺可将制件的公差控制在要求的区间范围内，保证制件的尺寸稳定性。对于模具开发的前阶段，这还能够减少模具设计的反复修改，节约生产成本。

② 改善零件翘曲变形。翘曲变形是传统注射生产中常见的较难解决的制品缺陷之一，它主要是制品由于应力和收缩不均匀而产生的。由于在整个 MuCell 微发泡成型工艺中，制件始终处于平均的压力下，保证了不同位置的均匀收缩，使得这一问题得以解决。以导纸板为例，采用传统的注射工艺所得的实心制件的翘曲变形程度为 0.807mm，而采用 MuCell 发泡成型工艺得到的制件，其翘曲变形程度仅为 0.429mm，比前者提高了 47%。

③ 减轻重量，MuCell 工艺在减轻重量方面的优势也是显而易见的。选用 PBT、填充尼龙和 ABS 等不同树脂材料来生产制件，该工艺能够在保证制件结构强度不发生很大变化的前提下，将其重量减少 10%。

16.2.2 以塑代钢轻量化技术

“以塑代钢”是实现汽车轻量化发展的有效途径，特别是随着复合材料技术的不断发展，越来越多的汽车零部件实现了以塑代钢，其中长玻纤增强聚丙烯材料不仅具有高强度，高刚性，好的冲击强度、抗蠕变性能和尺寸稳定性，而且资源丰富，成本较低，同时还具有良好的流动性以方便做出形状复杂的汽车部件，越来越受到汽车厂的重视和青睐。国外汽车制造商现在已经大规模使用LFT、SMC和高性能的工程塑料等，部分车型也开始使用碳纤维复合材料，如宝马i3和i8、大众XL1、雷克萨斯LFA、奔驰SLR等，福特、通用也在研究碳纤维技术并拟推广到量产车型上。以下介绍部分内外饰件减重案例。

1. 塑料翼子板

目前越来越多的车型采用塑料翼子板（图16-1）。塑料取代金属用于汽车翼子板有很多优点：设计自由度大，可实现各种造型需要；重量轻，可减重40%以上；可实现各种喷涂工艺，如在线喷涂、离线喷涂等；当年产量在3万辆以下时具有很大的成本优势；同时金属翼子板受到轻微撞击时容易产生变形或凹坑，而塑料翼子板能自动恢复形变。

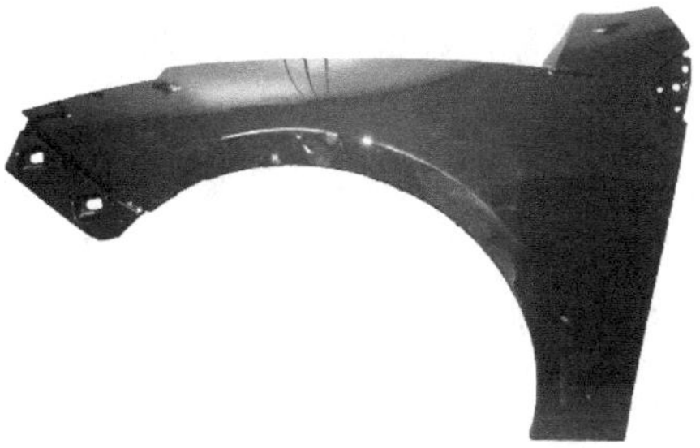

图16-1　塑料翼子板

2. PP长玻纤前端模块

汽车前端模块技术是指将汽车前端散热器横梁、散热器、前照灯支架等零件进行模块化设计的技术。前端模块涉及照明系统、发动机冷却系统、减振装置、空调冷凝器和空气净化器以及发动机舱盖锁紧装置、软管、接头和部分线束（图16-2）。塑料前端组件的优势：功能集成，一个零件综合多种功能；模具个数少，减少加工成型时间；减少安装工序；减少材料种类，便于材料回收；结构比较紧凑，容易装配，便于安装、拆卸和维护；简化车身结构设计；能实现40%以上的减重。

3. PP长玻纤门内板

塑料门内模块（图16-3）的设计自由度高，可以根据部位的不同而设计壁厚，部分位置可以取消加强板，直接靠零部件的壁厚和加强筋来加强，作为安装和固定其他件的基座。在减轻重量方面，塑料材料的密度约为钢板材料的密度的1/7，而零部件厚度为钢结构的4~5倍，故相同面积的板材可以减轻重量约3/7。同时塑料门内模块的集成度高，可以集成玻璃升降器、门锁、扬声器等，可以节约主机厂装配时间，提高效率。而且塑料门内模块可以减少金属件之间的碰撞和摩擦，从而降低噪声。此外由于塑料门板材料不吸水，可以减少使用防水薄膜。

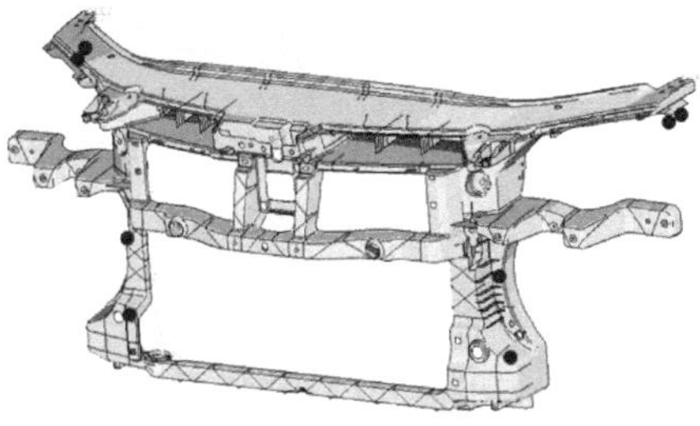

图16-2　前端模块

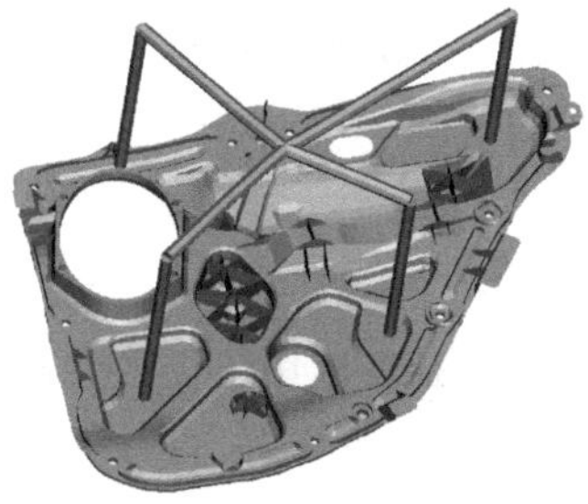

图16-3　塑料门内模块

4. 复合材料背门

背门又称尾门，位于两厢车、SUV、MPV等车型的尾部，相当于三厢车的行李箱盖，主要作用是提供乘员存放行李或其他备用物品的通道。传统的钣金背门通过采用 SMC、PP-LGF 等复合材料进行材质替换集成再设计后（图 16-4），制成的复合材料背门具有以下优点：

1）轻量化：较钣金背门减重 30%以上，较铝合金背门减重 10%左右。

2）集成化：塑料背门外板可以集成扰流板、外饰板，内板可以集成内饰板。

3）一体感：无内饰板分割线，色调统一。

4）零部件数量减少，一方面提高了产品精度，另一方面减少了装配工序，提高生产节拍。

5）设计自由度大：金属难以成型的形状，如果使用树脂进行一体成型，使设计更显独具匠心。

6）低速碰撞可还原，弹性好，复原性强，在低速碰撞下能自动复原，不像钣金需要维修。

7）耐蚀性好，即使表面擦刮掉漆后，也不用担心腐蚀生锈等问题。

8）使用便捷，塑料背门重量降低后，可以适当减少背门气动撑杆的支撑力，开闭更轻便。

5. PC 转向盘骨架

PC 取代镁铝合金应用于转向盘骨架，采用喷软触漆或者与弹性体进行双色注射，可无表皮包覆，A 级表面，一次成型完成。在不牺牲 NVH 的条件下，降低 30%～40%的重量。在完成减重目标的前提下，可将成本控制得更低，与目前的镁铝合金/PU 表皮方案比较可节约 15%～20%的成本。此外，PC 转向盘由于用注射成型取代浇注工艺，具有更大的造型自由度（图 16-5）。

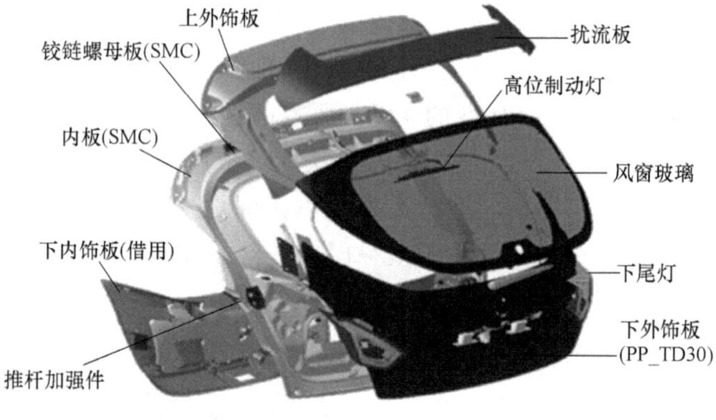

图 16-4　复合材料背门

图 16-5　PC 转向盘骨架（表面喷漆）

6. PC 天窗

PC 代替玻璃用于天窗和侧窗制造的最初目的是通过减轻车体重量来降低油耗。但现在除了达成这一目标外，PC 天窗（图 16-6）还能降低整车重心和优化前后轴负重分配，为探求汽车最佳的动力学表现提供了新的资源，在改善安全性的同时也提高了驾驶乐趣。

与无机玻璃相比，PC 天窗可减重 30%～50%，并能提高设计自由度，对其他零件进行集成性整合，同时 PC 韧性好，具有红外吸收、隔热的特点。但 PC 的耐候性比玻璃差，需要在 PC 天窗表面涂覆一层耐候涂层来提高耐候性和耐刮擦性。

7. GMT 备胎舱

GMT是玻璃纤维毡增强热塑性材料，刚性好、强度高，被用于备胎舱取代金属件。塑料化的备胎舱单件可减重 45%，同时抗冲击性好，防腐蚀性佳，并具有较高的设计自由度，可以做成较复杂的形状和结构（图 16-7）。备胎舱与车身的连接，一般选择 PU 胶粘接。备胎舱为接近竖直壁的部件，拔模角度 3°左右；此外筋位布料需要考虑断开布料，使之容易流动。

图 16-6 PC 全景天窗

塑料备胎舱可以简化生产工艺，减少喷涂和喷胶防腐，能综合体现汽车节能、环保与安全的发展趋势。

8. 碳纤维转向支撑总成

碳纤维转向支撑总成采用长碳纤维热塑性复合材料整体注射成型，将原钣金件 20 余件集成为一两件，实现减重 40%~50%（图 16-8），还具有以下优势：由于是一体成型，零件尺寸精度高且重复性好；集成很多零件，质量容易控制；容易装配；NVH 性能比较好；整体单一件；抗扭强度远远优于焊接结构，安全性得到提高。

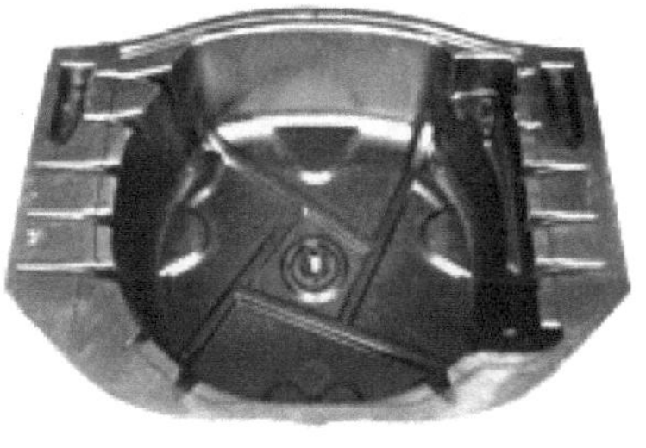

图 16-7 GMT 备胎舱

图 16-8 碳纤维转向支撑总成

9. 天然纤维零部件

汽车内外饰更多地关注未来汽车内饰装饰材料的发展方向，开发更多、更好的汽车用非织造材料是我国汽车内饰件的发展方向之一。我们的目标是开发具有深度模压成形性、轻量化、薄型化的非织造材料，开发以节省能源、资源及具有循环再生使用特性的“绿色”内饰材料，开发单一材质的非织造内饰复合材料，开发轻量化，具有更好的吸音、隔音性能，防沾污、抗菌、消臭、芳香、具有负离子性能的功能性非织造内饰复合材料，来减少汽车工业对不可持续原材料的依赖。根据欧盟的法规，至 2015 年汽车必须以 95%的可循环使用的材料制造。天然纤维是一种可以新生的原料，其产品更容易循环使用，且能耗较少、成本较低。福特公司认为天然纤维较合成纤维而言，是更好的吸收能量的材料，可以制造更强韧的板材，受撞击不易碎裂，从而安全性更佳（图 16-9）。此外使用天然纤维复合材料还有利于降低车辆重量、改善车辆的燃油经济性。

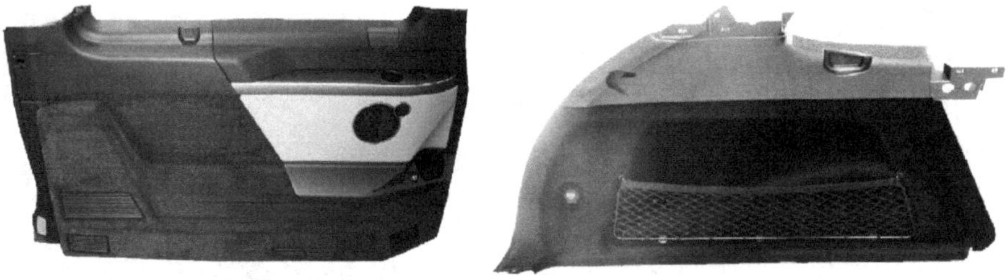

天然纤维制成的侧护板　　天然纤维制成的行李箱护板

图 16-9　用天然纤维制成的板材

16.3　感知质量

随着社会的进步，汽车走进了大众的生活。人们对汽车的认识也发生了改变，从身份的象征到代步工具，再从代步工具到日常生活的一部分。人们不满足于汽车的代步功能，不但要求汽车安全可靠、皮实耐用，而且要更加人性化。汽车要舒适、精致、个性化，驾乘成为一种乐趣。人机工程学的出现，给了设计师更大的发挥余地，并很快应用到汽车内外饰设计中，以人为本，围绕人的生理和心理特点来展开设计，即要全面地考虑人的感受，包括视觉、嗅觉、触觉、听觉、方便性、舒适性以及主观感受等。为了区别于传统质量因素，我们暂且称之为“感知质量”（图 16-10）。

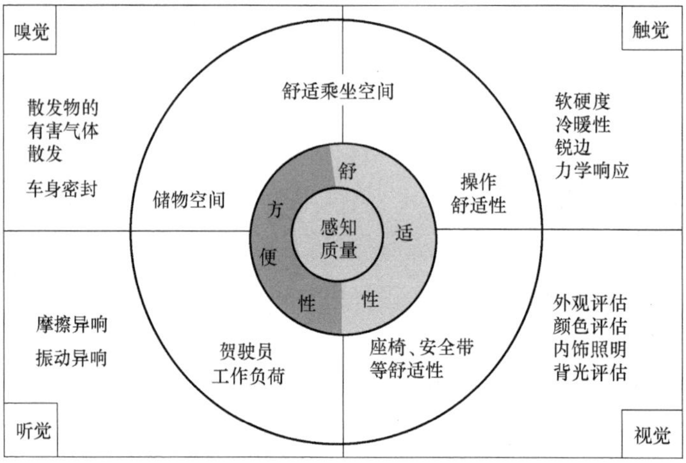

图 16-10　感知质量要素

16.3.1　舒适性

1. 舒适的乘坐空间

鉴于多方面原因考虑（经济性、政策引导还有实用方便性等），人们倾向于购买的车型拥有更大的内部空间。最近这几年，汽车内部空间的重要性上升得非常快。在 2004 年，仅有 4%的车主把车辆内部空间放在首要的购车原因，到了 2008 年这一比例上升到 9%。

SAE J1100《机动车车辆尺寸》推荐了车身硬点的代号、定义、测量方法。设计时需要密切关注影响舒适性的尺寸，结合竞争车型信息制定内部尺寸目标，给出适当的预留空间；对模型、实车都需要进行实际的测量和评审，验证目标的符合度。

2. 操作舒适性

从驾乘人员的主观感受出发，考核零件的操作舒适性，主要有以下几个方面：

1）零件位置布置得是否合理，是否很容易被找到。

2）零件是否容易触及，操作过程中是否被束缚，或者被阻挡。

3）零件标识是否容易理解，是否能够迅速地看清。

4）操作的空间是否足够，力的反馈是否合理。

设计中采用3D假人，定义手伸及界面，可以为设计师提供参考。值得注意的是，由于人种和文化存在差异，人体体型和习惯差异巨大，需要在设计中加以考虑。

国外某些汽车设计公司利用动作捕捉软件来辅助动画设计，建立了乘客模拟系统（图16-11），让工程师更准确捕捉车内人体动作，可以在生产实车之前就进行各种虚拟仿真设计，以制造出更合理、更人性化的汽车。

3. 乘坐舒适性

对座椅、安全带等直接与人体接触部件的舒适性进行评估，包括静态、动态、操作方便性等。目前主要的设计分析手段有CAE分析（RAMSIS及舒适性模拟软件）、压力分布测试和道路试验主观性评估等。通过设计经验参数、CAE计算机分析和开发期间反复几次的专业主观评估，可以设计出非常舒适的座椅。

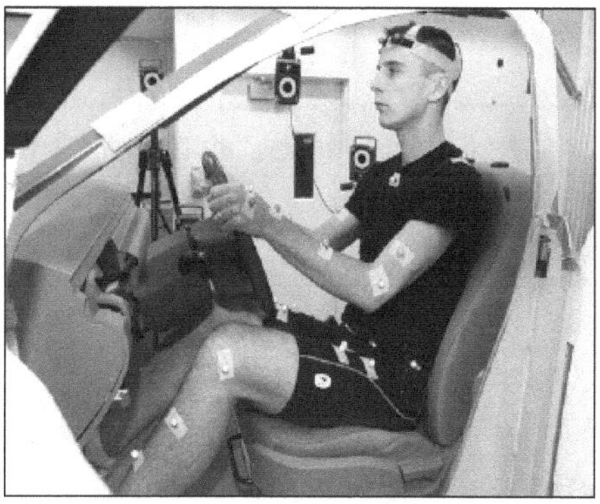

图16-11 乘客模拟系统

4. 储物空间

丰富、有效、合理的车内储物空间会提高驾乘人员的方便性，给顾客带来惊喜甚至还会提高顾客的满意度。在设计前期就需要根据车型定位定义合适的储物空间，并在后期进行反复的测量、验证调整。部分车型在储物盒内连接了空调出风口，不但具有储物功能，还能适当加热或制冷，成为车型的卖点。

5. 驾驶人工作负荷

对于车载娱乐系统、导航系统、车载电话等设备，不要设计得复杂、难懂，加重驾驶人的工作负荷，位置要布置在非常容易触及的地方。抬头显示系统（HUD）可以把某些重要的信息投影到风窗玻璃上，减轻了驾驶人的工作负荷，也保证了行车安全。

16.3.2 精致工艺

对于汽车精致工艺水平的评价主要体现在内饰方面，因为消费者有机会得以更近距离地评估和感知内饰产品，也有更多的时间去观察它。因此，精致工艺的执行不仅对于产品展示效果来说显得至关重要，对于内饰产品的长期使用寿命来说也是举足轻重的，这一点可以与“质量体验”相互联系起来。在欧洲、美国和日本等成熟汽车市场，消费者能够分辨出一个设计精巧、具有较高精致工艺水平的产品，同一个粗制滥造产品之间的差别。所以，精致工艺的执行不仅会反映到销售数据上，也会影响到人们对于汽车品牌的认知。图 16-12a 显示了精致工艺涵盖的适用区域；图 16-12b 说明在正常情况下，平均顾客的期望度，即顾客可接受的精致工艺的标高门槛。

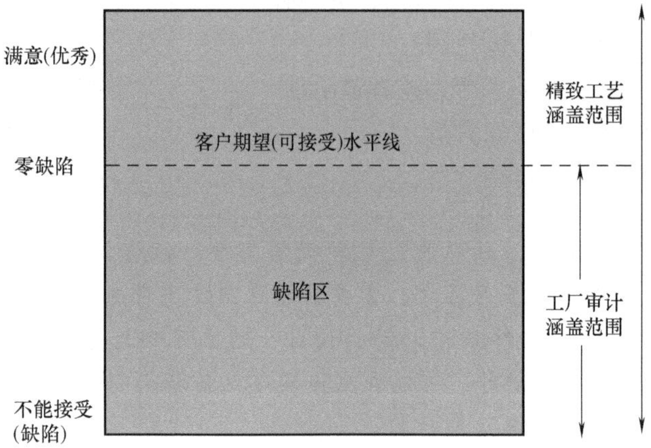

a) 精致工艺涵盖的适用区域

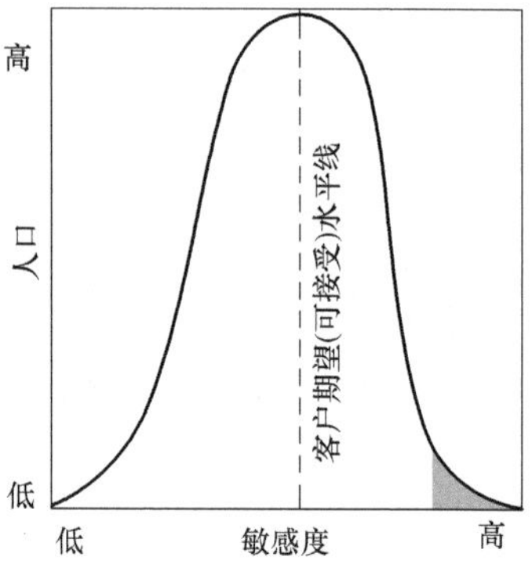

b) 平均顾客的期望度

图 16-12　顾客对汽车精致工艺水平评价示意

与成熟市场相比，中国汽车消费者的成熟度尚处于起步阶段，因此精致工艺也许看起来对很多首次购车的消费者来说并没有太大的影响。虽然中国是一个相对年轻的汽车市场，但是就可选汽车品牌和车型数量而言，它可能是全球竞争最激烈的市场。这就意味着消费者有充分的选择权来进行比较和购买；此外，中国消费者趋向成熟的速度也比其他市场来得快。

在中国，有超过 130 家的交通工具制造商（包括摩托车、三轮机动车和大客车），独特新颖的设计是在众多竞争者中脱颖而出的“必要”因素。但是在将来，独特造型对消费者的影响力将越来越少，消费者将变得更加成熟，更有品位。单纯感观上的设计将不再成为汽车的卖点。

在过去的三十年里，西方汽车工业界经历了这一切，最初造型设计主宰了一切，但是随后“感知质量”和“感知价值”的重要性慢慢浮现出来。这并不代表造型的重要性可以被忽略，而是说经过卓越精致工艺提炼的成熟设计，将更为消费者所喜爱。

汽车研发过程中如何实现优秀的精致工艺水平？我相信大多数业内人士都会感同身受：在制造第一辆样车时，会发现很多精致工艺方面的问题。比如：配件安装不到位、有零件缝隙和外露、颜色不匹配、织物和分型线上有褶皱、表面有明显缩痕等，这些都是常见的问题。为了修正这些问题，不得不更改设计和进行二次开发，而且还要在生产层面的样车上再次确认这些解决方案的有效性。这样的流程不仅费时，也降低了质量和增加了成本。所以，一流公司都会在项目开发伊始（即设计阶段）就执行一个优秀的“精致工艺”流程，以避免此类问题的发生。

要想满足人的心理感受，如安全感、整体感、牢固感、温馨感、放松感、满足感等，根据不同的车型定位，精致工艺所要达到的目标也会有所差异。有的车型营造豪华的氛围，有的追求科技感，有的强调简洁，对此我们将从感官因素入手，来做进一步的探讨。

1. 视觉因素

（1）造型设计　内饰造型应美观、简洁、工整，并且与外饰造型协调，达到内外和谐统一。设计师的审美取向不同，会形成造型风格的差异。另外，造型设计需考虑不同的文化背景和时代特征，融入不同的国度、地域、文化中特有的内涵，使产品更具表现力和生命力，更贴近人们的审美价值取向。我们会看到日系车型的精致细腻、美系车型的豪放以及德系车型的严谨等。因此，车型进入不同的地域，就需要考虑做一些适当的调整，以便取悦当地的客户（图 16-13、图 16-14）。

a) 北美版　　b) 中国版

图 16-13　同一款车不同地域的造型风格

1）如图 16-14 所示，可以清晰地看出不同地域造型风格的巨大差异。

a) 北美版内饰　　b) 中国版内饰

图 16-14　同一款车不同地域的内饰风格

2）中国版内饰不但配置更加丰富，内饰风格也存在明显的差异，其更加细腻，营造出高档的感觉。造型风格的不同，成为影响视觉效果的首要因素。

（2）装饰和色彩设计　装饰和色彩设计体现的是细节和品味，并烘托出内饰的格调（图 16-15）。

1）主要内容是定义内饰零件的颜色、纹理、光泽、面料和外观装饰等。装饰设计分为硬装饰和软装饰：硬装饰包括皮纹、木纹、电镀和油漆等；软装饰包括面料、人造革、真皮、地毯、织带和网兜等。

a) 油泥模型　　b) 油泥模型带装饰和色彩

图 16-15　装饰和色彩设计在油泥模型上的应用

2）我们同样能够看到，由于装饰和色彩设计的不同，导致视觉感受的巨大差异，图 16-16 是深色内饰和浅色内饰的效果对比。

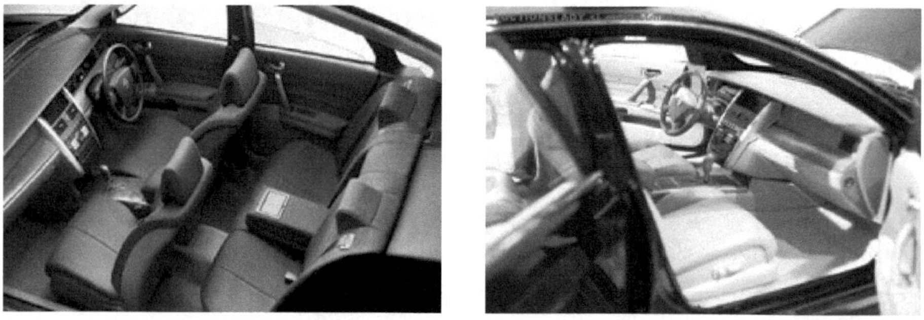

a) 深色内饰　　b) 浅色内饰

图 16-16　不同色彩内饰对比

（3）尺寸配合　内饰质量提升的工作之一就是零件之间的尺寸配合，如间隙、直线度、平整度等，如仪表板与门护板之间的配合关系。尺寸工程是集成产品和工艺、通过使用基于数据的工具和稳定的测量系统以满足客户要求的持续改进过程。尺寸工程包括 DTS、GD&T、测量系统和装车验证。

（4）产品分块优化　内饰系统产品分块对系统质量影响巨大，合理的分块会降低设计及工艺难度，同时带来较好的外观效果；不合理的分块会增加设计及匹配难度，提高系统成本，降低系统质量。

1）避免多零件对碰，消除“老鼠洞”：产品分块需避免老鼠洞的出现，不合适的产品分块会造成四个零件之间的对接配合，由于对接点需要倒圆角处理，老鼠洞也随之形成；比较好的做法是错开多个零件的分型线，避免对接产生孔洞（图 16-17）。

2）减少分块数量：需减少多个零件同时配合的情况，由于误差、变形、温度等因素，

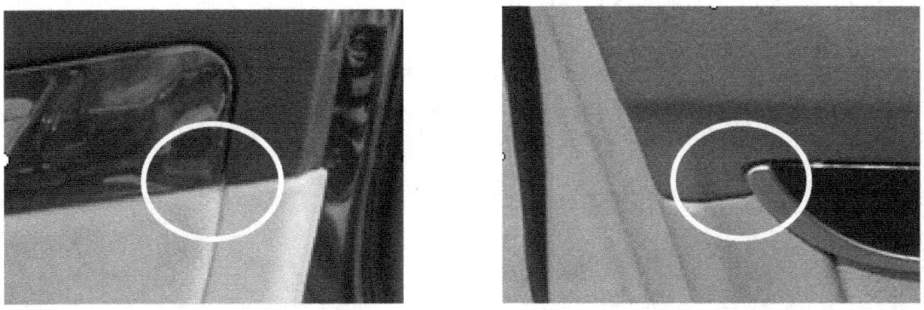

a) 多件对碰形成“老鼠洞”　　b) 避开多件对碰

图 16-17　消除“老鼠洞”的例子

每个零件都会有公差，而零件叠加配合，会造成公差的累积放大，造成精度难以控制；因此，在分块的时候，最好能够选择一个基体，其余零件与基体配合，减小误差累积，提高配合质量。该设计思想在内饰产品设计中有大量的应用，仪表板、副仪表板、门板等件都可以采用。图 16-18、图 16-19 是某车型副仪表板的分块设计示意图，简述如下：

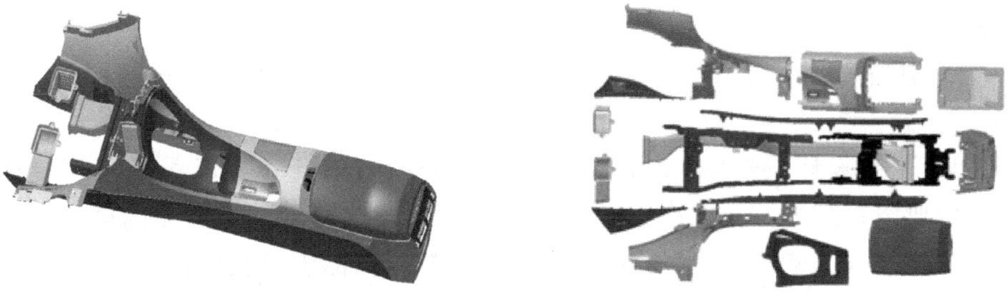

a) 分块优化前整体效果　　b) 零件构成

图 16-18　某车型副仪表板分块设计前

① 原设计分前后两个部分，在内部采用了支撑用的铁支架，其余零件分成多块与铁支架配合，由于支架复杂，本身精度差，地板及 CCB 安装误差很大，导致各零件配合精度无法保证。

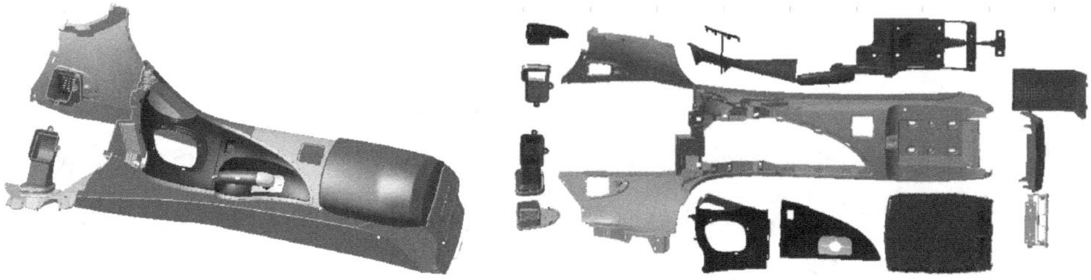

a) 分块优化后整体效果　　b) 零件构成

图 16-19　某车型副仪表板分块设计后

② 经过重新分块，零件数量大大减少，外观整洁，匹配难度降低，并且原先的设计风格得以保持，获得了较好的效果。

（5）结构缺陷遮蔽　需要对内部结构及外露的缺陷进行有效的遮蔽处理（图 16-20）。螺钉布置在可视区域是不允许的，因为这样会带来低档廉价的感觉。如果由于各种限制，无法避免，则要对其进行遮盖，比如设计堵盖等方法。

1）产品的内部结构需要进行有效的遮蔽，避免直接暴露在人的视线下，尤其是运动件，在静止位置、极限位置以及运动过程中，都需要对其内部结构进行遮蔽。

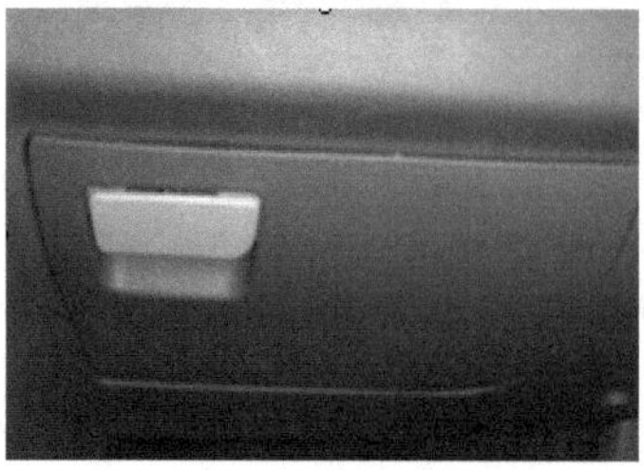

a) 杂物箱上部边缘外露

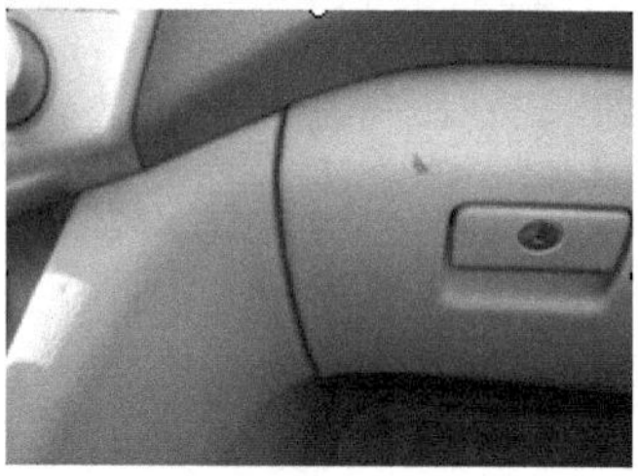

b) 上部边缘有效遮蔽

图 16-20　结构缺陷遮蔽示例

2）另外，“看穿”的问题也比较常见，通常存在于相互配合的零件之间，恰当的翻边或者避开视线方向等方法都可以解决该问题。

（6）工艺缺陷处理（图 16-21）　在设计中就需要对工艺可行性进行分析，需要注意如下内容：

1）产品分模线设计，要避免出现在视线范围内的 A 面上，尤其是处于可视区域的零件，在设计中要坚决避免。在对产品做工艺分析的时候，如果要把产品的分模线体现到 A 面上，那就需要得到造型等各方面的认可。同时，塑料产品上分模线的极小化，对分模线、飞边、台阶的定义，巧妙地设计模具分模面的细节。

a) 顶白

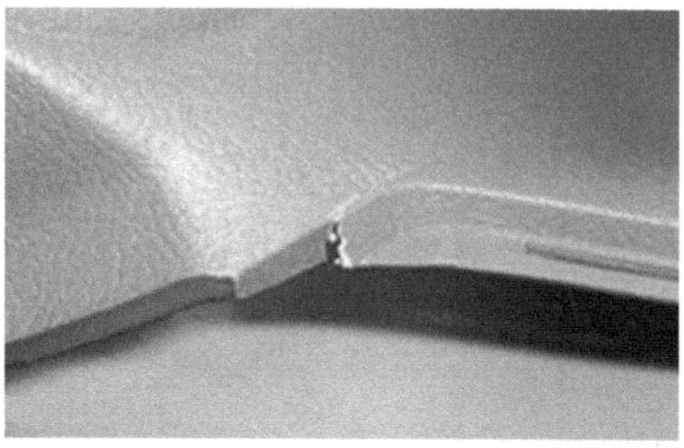

b) 开裂变形

图 16-21　工艺缺陷举例

2）如果无法避免，可以采用一些措施进行弥补，如在部分区域考虑采用其他零件进行遮蔽，比如密封条的唇边、表面包布或者植绒等办法。采用“美工线”，作为产品的造型特征出现，进而弱化工艺缺陷。

3）另外，需要对明显的焊接印记，粗糙的结构，暴露的钣金边缘做适当的遮蔽处理。

4）产品表面产生的缩痕、熔接痕、顶白等缺陷：这些缺陷与模具、工艺参数、材料、产品结构等密切相关。目前有分析软件可以对产品的成型工艺性进行分析，如 Moldflow，通过分析，可以优化工艺参数，提高产品质量，节省材料及注射成本。

（7）材料　汽车内饰件要求材料具有高流动、高装饰和高性能，具有低光泽、低气味和低散发的特点。同时，要求给客户带来舒适、高档和环保的体验，并注重自身的轻量化以实现节能的目标，降低碳排放。严格的目标，需要通过双色注射、免喷漆工艺、以塑代钢等工艺和方案来实现，并能大胆使用长玻纤增强塑料、天然纤维和覆膜等新材料、新工艺。

（8）内饰照明 越来越多的设计师开始致力于为车辆提供一个精心设计的车内环境，尤其是通过各种新的车内照明方法，为夜间驾车营造一个舒适的环境。设计师们正尝试在腿部空间及门饰板处设置照明灯，在车顶设置射灯，甚至还研究了车内织物的发光。比如，劳斯莱斯的星空顶篷（图16-22），既浪漫又高雅。

图16-22 劳斯莱斯星空顶篷

车内照明正在向非直接照明的方向发展，未来的挑战并不是增加照明灯，而是确保车内环境与车辆的实际运行及使用状态相符。照明设计必须在车辆设计的早期就介入，白天和夜间的照明风格必须协调。LED能耗低、寿命长，将很快取代传统的白炽灯泡。多色彩车内氛围照明将在未来车型中运用，品牌将与色彩及车内氛围照明联系起来。

2. 嗅觉因素

车内空气质量越来越引起人们的重视，有害气体会对身体造成伤害，直接影响人们对车辆质量的判断。对嗅觉产生直接影响的有气味性、甲醛含量。

（1）气味性 气味是人对环境的主观评价，会对人造成心理和生理影响。恶臭物质（是指一切刺激嗅觉器官引起人们不愉快及损坏生活环境的气体物质）会引起气味的超标。不仅取决于它的种类和性质也取决于它的浓度。恶臭物质会刺激人的感觉器官，使人感到不愉快和厌恶，造成心理上的负担，使人感到压抑。

（2）甲醛含量 甲醛是一种无色、具有强烈气味的刺激性气体，吸入高浓度甲醛后，会出现严重的呼吸道刺激和水肿、眼刺痛、头痛，也可发生支气管哮喘。

由于车内空间狭小，车内密封性好，气味性比较敏感，需要对内饰材料和生产过程中使用的化学物质进行控制。

此外，需要对车身进行良好的密封处理，防止车外的废气进入室内；对空调进气口的设计尤其重要，进气口周边进行良好的密封隔断处理，与发动机舱隔离开，确保吸入室内的是新鲜的空气。

新的空气净化技术也在涌现，如在客车上已经采用的纳米光催化、等离子复合型客车用空气净化灭菌装置，能高效清除异味、臭味、香烟味，杀灭细菌，净化空气，在载人密闭行车时能够保障氧气量，不会导致人体缺氧现象。光触媒能将空气中的氧变成负氧离子，使汽车内的空气质量得到充分改善。

3. 触觉因素

针对内饰所有可触及的零件表面质量，评估零件表面的软硬、冷暖、表面黏性、平滑度、粗糙度；是否存在飞边、分型线、尖锐的倒角；按钮的响应、反馈时间、行程、操作力、平顺性等；以及功能件的响应特性等。

人体触觉高度复杂，难以在实验室内复制，因此内饰工程师往往依赖消费者的直觉来确定最舒适的车辆内部环境设计，然而，由直观反应取得的结果是不科学的。

北美某汽车公司开发了一个新型装备——触感和触觉学机器人单元，该机器人能让设计人员改进车辆内部的各个不同触点，客观地满足消费者的主观偏好（图 16-23）。

通过引入科学的三维方法来衡量触觉，利用摩擦、受力、粗糙感、柔软度和温度来衡量整个车辆的内部指标。这些指标数据被采集后与消费者反馈的高质量外观和感觉描述进行比较并关联起来。与人类相比，该机器人的感知分辨率更高，能够模拟复杂的人类活动，从推动旋钮到调整空调出风口，与真实的消费者体验方式一样。测量推动按钮和旋转按钮的阻力，以确定按钮不会让人感觉太松或者太紧，并逐一检测不同的按钮或旋钮，以确保有一致的感觉。确定仪表板等部件的表面柔软度、硬度和质地，以确保处于消费者偏好的范围之内。测量部件的温度，保证部件材质与人们对于该材质温度的预期感觉相符。为了实现整体紧凑感，测量部件之间的空间使间距达到最小。

4. 听觉因素

每个功能部件动作的声音都必须给人带来高质量和精致的感觉；同时在设计中要考虑消除异响。主要措施如下：

1）预留间隙：需要考虑不同零件在静止、运动、极限状态下的间隙，防止不同零件之间相互碰撞，产生异响。

2）隔断处理：采用毛毡、泡棉、润滑剂等材料，消除配合零件之间产生的噪声。

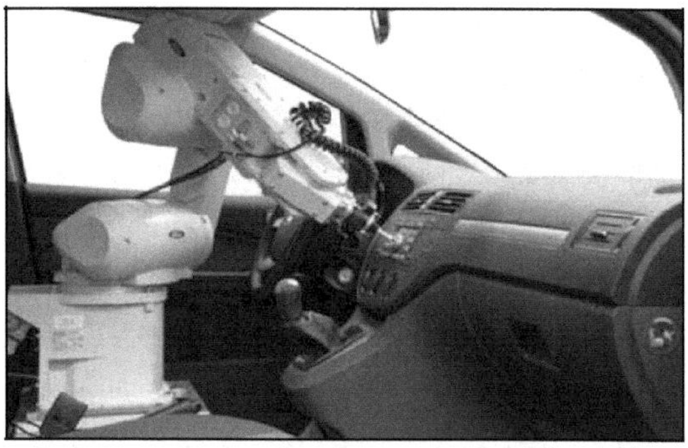

图 16-23　某公司开发的触感和触觉学机器人单元

3）结构强化：确保零件具有足够的强度、刚度，避免产生共振。

4）固定牢靠：采用可靠的固定方式，防止零件之间相互运动产生噪声。

5）材料的选择：直接配合的零件，需选用耐磨性好的自润滑材料。例如，PVC 与塑料及钣金接触会发出噪声，最近已被 TPO 取代。

随着中国汽车业愈发成熟，在全球市场的竞争力愈发强大，设计在这过程中起到越来越重要的作用。成熟的设计，加上卓越的精致工艺，将会是中国汽车业发展的必然趋势，也将是在中国汽车市场竞争中必胜的要则。

16.4　模块化

随着汽车工业的迅速发展和行业内竞争的不断加剧，新知识、新技术也得到了广泛的应用，系统模块化装配正逐渐被越来越多的主机厂采用。模块化具有减少装配步骤、节省装配时间、节省仓储空间、优化装配平台、全面提升产品质量的优点，同时也大大降低了因单个零件的缺陷而导致生产停滞事件的发生概率。

所谓模块化，就是将多个相关联的或不同性能的产品根据相互之间的联系集成一个整体，如将仪表板、仪表板横梁、空调系统等零件集成一个模块，然后通过机械手安装在车身上。这种新型的作业方式，就是在20世纪90年代后期开始兴起的集成单元化，也就是模块化装配方式。

16.4.1 汽车产品模块的种类

模块产品的特点是既可分解又可集中，因此从分解和集中的层次看，模块存在程度问题。可分解和集中层次多的模块，即所谓的大模块，反之就是小模块。另外，模块的大小是一个相对概念，随着技术进步和分工深化将可能发生改变。当前汽车产品模块可以划分为几类。

第一类是将相关联的零部件进行某种程度的装配。第二类是将相关联的零部件组装后形成具有完整性能的半成品。第三类是将不同性能的模块或零部件组合装配成为一组部件。

目前引起汽车企业重点关注的主要是第三种类型的产品模块化，而事实上第三种类型的模块化产品须以第一种和第二种的模块化产品为基础，换言之，这三种类型的模块产品之间存在递进和演化关系。只是因为第三种类型的模块化产品会直接影响甚至改变汽车产业的传统生产组织模式才备受关注。

16.4.2 模块化的优点

对于汽车制造商而言，模块化可为其带来以下优势：缩短生产线，减少装配时间及所需劳动力；降低生产成本；提升产品质量；节省仓储空间，优化装配平台；减少采购项目，优化供应商管理；与模块供应商分摊研发与投资风险。

此外，不同车型使用相同的驾驶舱模块结构的案例在越来越多的驾驶舱平台上得以实现，这一模式降低了开发和集成费用，使共享零件成本大幅降低。

16.4.3 内外饰模块化设计简介

1. 驾驶舱模块

根据整车的概念，一个现代化的驾驶舱模块包括了防火墙与转向盘之间的所有部件，如仪表板、横梁、转向管柱、空调、电器元件、线束等。驾驶舱模块也被看作是整车中最为复杂的集成模块（图16-24）。

2. 顶篷系统模块化

目前国内汽车顶篷的供货大多只是供应顶篷本体，在主机厂流水线上装配顶篷及其配合的附件。顶篷几乎是整个内饰件中最大的一个部件，分为普通型和天窗型两类。中高档车型顶篷系统的分件有将近30种，全部需要装配到顶篷上或者是固定在顶盖上，包括左右遮阳板总成、前后顶灯总成、乘客扶手总成、衣钩总成、线束、隔音垫、卡扣、支架总成等。如果这些零部件能够集成在顶篷上一起供货，将可以减少主机厂流水线上的工作负荷，并且由

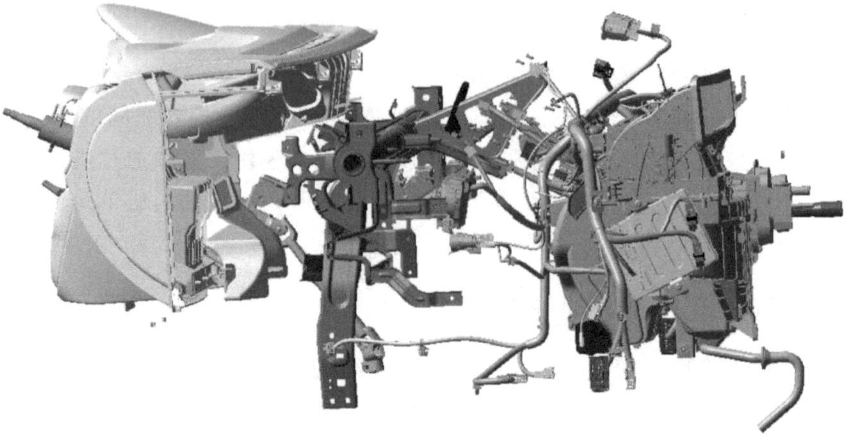

图 16-24　驾驶舱模块

于模块化供货在入库前要经过采购质量工程师和库房检件员双重检查，比在流水线上生产控制的质量会好很多。图 16-25 为顶篷系统示意图。

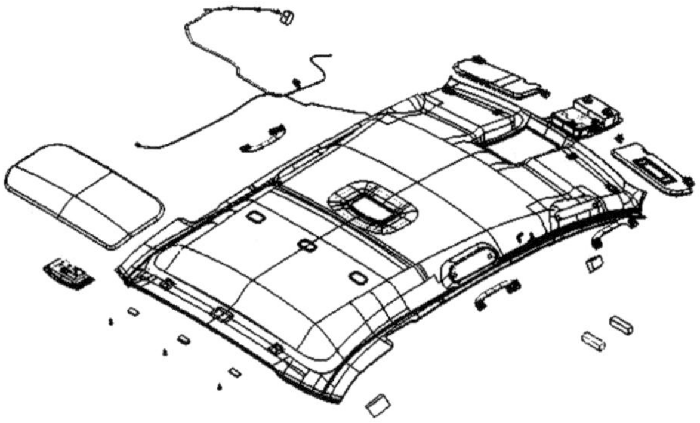

图 16-25　顶篷系统示意图

3. 车门系统的模块化

在现代汽车设计中，很多车型的车门系统在设计时采用了模块化设计。通常情况下，车门模块分为承载式门模块以及门护板集成模块两种。

1）承载式门模块通常是门内钣金、玻璃升降器、扬声器、线束、门锁、拉线拉杆等零件集成在一起，把总成一起装配到车门上。承载式门模块及组成的零件如图 16-26 所示。

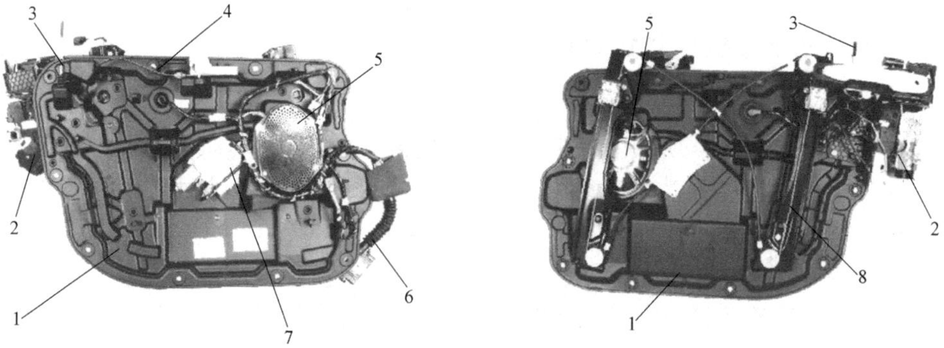

图 16-26　承载式门模块及其组成零件

1—门内板　2—门锁　3—保险拉杆　4—内开拉线　5—扬声器　6—线束　7—玻璃升降器电动机　8—玻璃升降器

① 这种装配形式省去了主机厂玻璃升降器、扬声器以及其他附件的现场装配，由供应商装好后，直接送达装车现场，节约了主机厂的成本。

② 承载式门模块特点是，门内钣金作为玻璃升降器等的承载零件，和玻璃升降器一起集成。由于玻璃升降器等零件重量较重，对门内钣金的强度有特殊的要求，通常在门内钣金的结构设计中会做一些 CAE 等类似的强度分析，以保证门内钣金的强度满足要求。

③ 门内钣金的材料通常为钢、铝，也有采用塑料的设计，但是无论什么材料，保证强度是第一重要的任务。

④ 在这种模块的设计中，要考虑门内板安装到钣金上的密封，通常在门内板上安装密封机构，多用粘接海绵条来密封。更为重要的是，承载式模块的整体定位要求比较严格，否则会直接影响玻璃升降器等模块的零件位置，影响零件的正常工作。

⑤ 承载式模块也有把门护板集成的案例，但是市场上并不多见，大都还是以上述的模块为主。

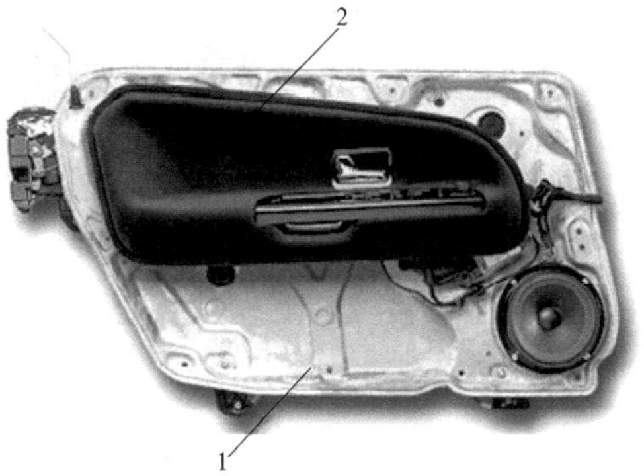

图 16-27 门模块内饰件集成

1—承载式模块总成 2—门护板中饰板

2）门护板集成模块如图 16-27 所示。这种门模块不仅要考虑钣金的密封，同时要考虑门护板和其他内饰件的密封。

① 门护板集成模块是指，把线束、扬声器、拉线、密封条等固定在门护板上，然后再整体装到门钣金上。

② 与承载式门模块一样，门护板集成模块上集成的零件由供应商进行组装，省去了主机厂的安装工位、人力以及工作场地，节约了成本。

除了上述列举的系统之外，还有前端模块化、地毯与减振垫的集成、防火墙模块等。模块化生产是一个新兴的汽车制造产业，至今也只有十年左右的时间，但以模块化具备的众多优势，必将得到大力的发展，成为汽车制造商所追随的一个趋势。

16.5 个性化定制

汽车用户群体年龄有向年轻化的趋势，他们更加强调个人喜好，追求个性化的内外饰。主机厂为了快速响应年轻人的个性化需求，创建了一种快速的个性化定制方式。PPO（Post Product Option）是丰田汽车首创的一种纯牌用品加装方式，在本土生产的产品出口到全世界的最初阶段，为了不耽误生产线的效率，厂家选择在港口装船运输前在量产车型上加装相对应的纯牌用品来满足各个国家以及地区的不一样的需求，迄今为止已有三十多年的成功经验。我国自主品牌采用 PPO 方式来满足市场需求还处在起步阶段，但是随着特殊用车用量的增加，个性化订制等需求将会得到进一步的发展。

PPO 零部件包括外饰、内饰部分。外饰部分有彩色后视镜、彩色车身、装饰彩条等，如图 16-28 所示。装饰彩条，也叫贴花，是目前在 PPO 车型上比较容易实现、比较常用的个性化方案。

图 16-28　个性化定制外饰零件

内饰零部件的个性化定制主要包括：仪表板、门饰板装饰件换色，采用在基础款上喷涂的工艺实现多种不同的颜色；座椅面料颜色调整，材质由布料调整为 PVC 超纤；增加氛围灯、发光踏板、彩色装饰件等。内饰的个性化定制效果如图 16-29 所示。

图 16-29　个性化定制内饰零件

16.6　智能化

汽车智能化是指汽车通过智能化技术进步并与车辆结合，可以实现自动驾驶、人工智能等功能，同时可以让车辆驾驶以及乘坐变得更安全、便捷以及更具娱乐性。“智能化”已成为未来汽车技术发展的趋势之一。

1. 智能化后视镜

随着社会的发展和科技水平的提高，人们对驾驶汽车的安全性、娱乐性提出了更高的要求。汽车的中央后视镜应运而生，衍化为集成安卓（Android）、WinCE 等操作系统，包含多种功能的汽车智能后视镜。智能后视镜，通常是指具有独立的操作系统、独立的运行空间，可以由用户自行安装软件、游戏、导航等第三方服务商提供的程序，并可以通过 WIFI 或者移动通信网络来实现无线网络接入，同时可以提供行车记录、GPS 定位、电子测速提醒、倒车可视、实时在线影音娱乐等功能的智能化的汽车后视镜，如图 16-30 所示。在汽车行驶过程中，驾驶人根据汽车中央后视镜内的影像，可以有效判断后车距离。

集多种功能于一身、向智能化方向发展的智能后视镜也将成为普通汽车后视镜发展进化的必然趋势。因其节省空间、功能强大、方便使用，已经成为国内外汽车用户的热门加装项目。

2. 带 ETC 功能的后视镜

电子不停车收费系统（Electronic Toll Collection，ETC），是 20 世纪 90 年代后期出现的高新技术产品，是目前世界上最先进的收费系统。目前国家正在大力推广高速公路 ETC，部分大城市的停车场也大量采用了 ETC 缴费系统。汽车 ETC 有两种形式：前装和后装。前装方式借鉴国外经验，将 ETC 系统集成于内后视镜，如图 16-31 所示，实现 ETC 在主机厂前装开发，在用户通过相关收费站时，完成不停车而自动缴费，省去用户申请、办理、安装 ETC 的相关流程，提升了用户体验。

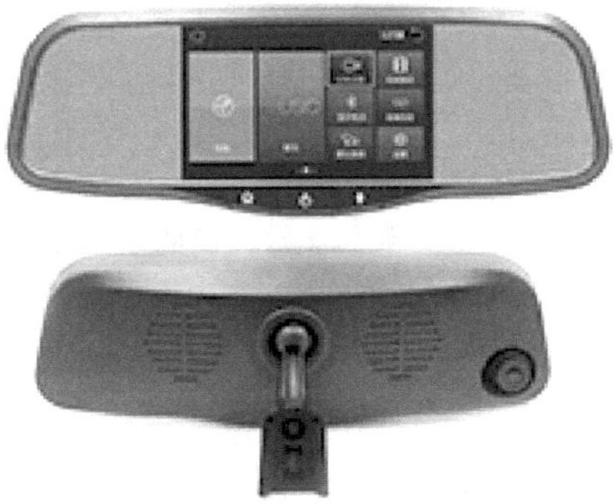

图 16-30　带摄像头的智能后视镜

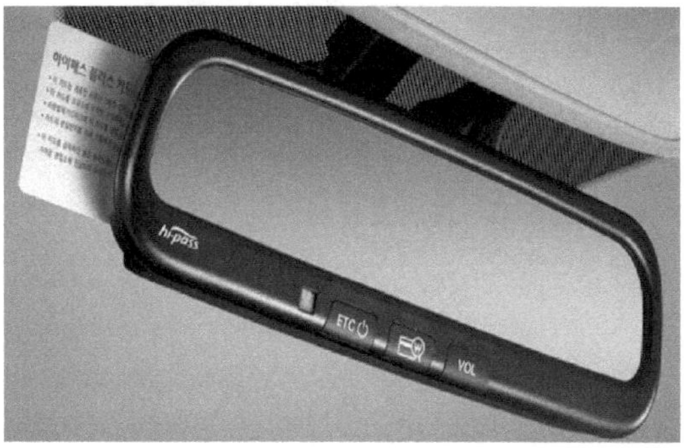

图 16-31　带 ETC 功能的后视镜

3. 无人驾驶座舱

随着自动驾驶技术的不断发展，未来将极有可能出现完全自动驾驶的汽车。如佛吉亚推出了智能内饰“Intuition”（图 16-32），它提高了汽车内饰的联网程度、定制水平以及舒适度，适应用户的更现代的生活方式。这套内饰开启了高清屏幕创新的使用方式，而且提供智能座椅和大量充电接口，方便移动设备充电。中控台是这套内饰的核心，带有很轻薄的高清触屏，操作逻辑非常直观而且易于使用，和智能手机一样。它自带智能手机插槽，能将驾驶人和乘员的手机或平板电脑高清投射到中控触屏上。同时，车门储物格、杂物箱、中控储物格都带有无线充电设备，可以随时为移动设备充电。最终结果就是确保用户的电子设备永远不会断网。当车辆切换到自动驾驶模式的时候，座椅靠背就向后仰，车内灯光自动变柔和，营造轻松的氛围；中控屏幕永远不会离开驾驶人手臂所能触及的范围，在必要时，这块屏幕还能绕轴转动，缩短和驾驶人的距离。这些都营造了无压力的环境，确保了平静、祥和的行车体验。这套内饰已经开始考虑自动驾驶的影响。

设计方面，它的目标是营造现代、沉着的氛围。佛吉亚的专家大量采用了现在在汽车上很少用到的几种材料，并加以混合。一个例子就是由铝制成的触控面板，并内置了传感器，提供轻微的照明效果以及触觉反馈。整个面板的操控流畅、直观，相比常规的注射成型塑料面板，提供了完全不同的使用体验。副驾驶正前方也有屏幕，当不用的时候，能自动缩到面板里面隐藏起来。这套内饰不但大量采用了木材，更大胆地采用了石头作为装饰，安排在面板上，营造冷静的氛围，类似日式园林。

奔驰汽车公司针对自动驾驶汽车推出了一个虚拟的汽车内饰理念。该理念的主要目的就是将未来城市交通中的自动驾驶汽车的内部环境打造成一个“完全隐私的私人空间”。在奔驰公司的设计理念中，自动驾驶汽车的内饰被设计成人们日常生活起居室的模样，如图16-33所示，这与传统的汽车内饰是完全不同的。

图 16-32　佛吉亚智能内饰“Intuition”

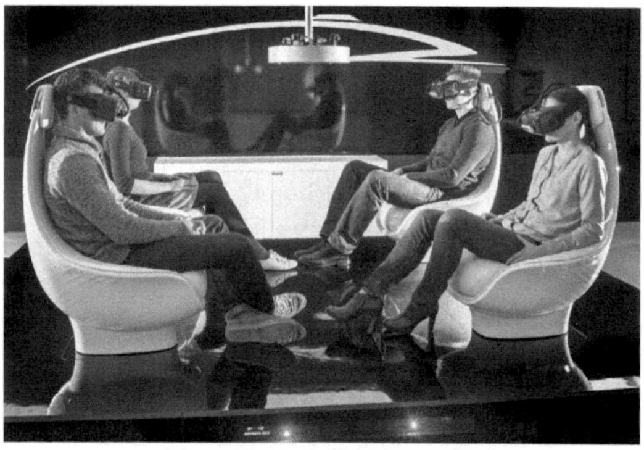

图 16-33　奔驰汽车针对自动驾驶汽车推出的超级未来内饰

参考文献

[1] 黄志清．汽车造型设计风格演变研究［D］．上海：上海交通大学，2010.
[2] 彭剑，项娇．整车产品开发流程浅析［J］．上海汽车，2010（8）：43-51.
[3] 陈红军，曹渡，李鹏，等．中国品牌轿车内外饰设计对标研究［J］．汽车与配件，2014（6）：46-48.
[4] 梅绍祖，James T. C. Teng. 流程再造—理论、方法和技术［M］．北京：清华大学出版社，2004.
[5] 刘建华．汽车项目可行性研究及多目标分析探讨［D］．武汉：武汉理工大学，2002.
[6] 贺新云．汽车造型设计中轿车设计新流程研究［D］．武汉：武汉理工大学，2011.
[7] 李军均．基于实例的汽车整车开发技术及其应用研究［D］．上海：上海交通大学，2010.
[8] 王莹．上汽集团自主品牌汽车研发战略［D］．上海：复旦大学，2007.
[9] 郑周千．一汽吉林公司新产品开发项目管理体系优化研究［D］．长春：吉林大学，2010.
[10] 邓人锋．江铃汽车产品开发项目组织与流程设计研究［D］．南昌：南昌大学，2009.
[11] 陈宪涛．汽车造型设计的领域任务研究与应用，［D］．长沙：湖南大学，2009.
[12] 王巍．汽车造型的领域知识描述与应用［D］．长沙：湖南大学，2008.
[13] 赵江洪，谭浩，谭征宇．汽车造型设计：理论、研究与应用［M］．北京：北京理工大学出版社，2010.
[14] 张志军．汽车内外饰设计概述［M］．北京：人民交通出版社，2008.
[15] D H Stamatis. 故障模式影响分析 FMEA 从理论到实践［M］．陈晓彤，姚绍华，译．2 版．北京：国防工业出版社，2005：23.
[16] 陈靖芯，徐晶，陆国民，等．基于 CATIA 的三维参数化建模方法及应用［J］．机械设计，2003，20（8）：48-50.
[17] 宁贵欣．CATIAV5 工业造型设计实例教程［M］．北京：清华大学出版社，2004：30-40.
[18] 甘永立，几何量公差与检测［M］．5 版，上海：上海科学技术出版社．2001.
[19] 徐石安．汽车构造——底盘工程［M］．北京：清华大学出版社，2011.
[20] 张哲．汽车内饰超纤皮革的开发与应用［J］．产业用纺织品，2009（4）：32-36.
[21] 张大省．国内外超细纤维合成革的发展现状及展望［J］．非织造技术及产业用纺织品，2008（8）：75-80.
[22] 曲建波．合成革材料与工艺学［M］．北京：化学工业出版社，2015.
[23] 廖双泉，赵艳芳，廖小雪．热塑性弹性体及其应用［M］．北京：中国石化出版社，2014
[24] 童忠良．胶黏剂最新设计制备手册［M］．北京：化学工业出版社，2010.
[25] 冯光灶．胶黏剂配方设计与生产技术［M］．北京：中国纺织出版社，2009.
[26] 刘乃亮，齐暑华，理莎莎，等．难粘塑料表面低温等离子体处理研究进展［J］．中国胶黏剂，2009，18（12）：53-59.
[27] 陈剑鹤．模具设计基础［M］．北京：机械工业出版社，2003.
[28] 黄虹．塑料成型加工与模具［M］．北京：化学工业出版社，2003.
[29] 曹宏深，赵仲志．塑料成型与模具设计［M］．北京：机械工业出版社，1993.
[30] 袁国定．模具常用机构设计［M］．北京：机械工业出版社，2003.
[31] 许发樾．模具机构设计［M］．北京：机械工业出版社，2004.
[32] 德群．塑料成型工艺与模具设计［M］．北京：机械工业出版社，1993.
[33] 王旭．塑料模结构图册［M］．北京：机械工业出版社，1994.
[34] 许鹤峰，陈言秋．注射模具设计要点与图例［M］．北京：化学工业出版社，1999.
[35] 许发樾．实用模具设计与制造手册［M］．北京：机械工业出版社，2001.
[36] 钱志屏．塑料制品设计与制造［M］．上海：同济大学出版社，1993.

[37] 申开智. 塑料成型模具 [M]. 北京：中国轻工业出版社，2003.
[38] 黄锐. 塑料成型工艺学 [M]. 北京：中国轻工业出版社，2009.
[39] 王海岩. 汽车零件高标准检具的设计制造 [J]. 上海汽车，2001 (09)：34-37.
[40] 赵喜广. 汽车大型饰件检具设计制造技术 [J]. 模具技术，2007 (01)：34-37.
[41] 云兆坤，姜坤. 汽车检具设计系统（KBE）的研究与运用 [J]. 模具技术，2009 (4)：55-58.
[42] 周一鸣，毛恩荣. 车辆人机工程学 [M]. 北京：北京理工大学出版社，1999.
[43] 曹民干. 注射工艺对 PP 板材结构发泡的影响 [J]. 工程塑料应用，2001，29 (12)：14.
[44] 龚梦泽. 基于 CATIA 的轿车仪表板布置设计方法研究 [D]. 长春：吉林大学，2002.
[45] 苏荣. HFC1061 汽车仪表板设计 [J]. 汽车技术，1998 (12)：14-17.
[46] 黄世霖，张金换，王晓冬，等. 汽车碰撞与安全 [M]. 北京：清华大学出版社，2000.
[47] 汽车工程手册编委会. 汽车工程手册——设计篇 [M]. 北京：人民交通出版社，2001.
[48] 李尹熙. 汽车用非金属材料 [M]. 北京：北京理工大学出版社，1999.
[49] 王登峰，汽车噪声分析预测与声学包装设计优化（第一部分）[D]. 长春：吉林大学，2013.
[50] 胡广军. 汽车座椅减振特性频响特性分析 [D]. 长春：吉林大学，2004：23-29.
[51] 郑郧. 汽车座椅的舒适性评价 [J]. 汽车科技，1995 (6)：46-47.
[52] 马佳，范智声，阮莹，等. 汽车座椅舒适性研究综述 [J]. 上海汽车，2008 (1)：101-107.
[53] 朱龙根. 简明机械零件设计手册 [M]. 北京：机械工业出版社，2005.
[54] 毛恩荣，张红，宋正河. 车辆人机工程学 [M]. 2 版. 北京：北京理工大学出版社，2007.